全球资本账户双向开放再测度及其经济效应

彭红枫 等 著

科学出版社

内 容 简 介

本书对 IMF 披露的《汇兑安排与汇兑限制年报》进行信息提取和分类，梳理资本账户开放政策并进行权重赋值，构建了全新的资本账户开放数据库（GKAOPEN），对全球 188 个国家和地区资本账户总体和 11 个子项的月度、季度及年度开放程度进行了测度。基于该特有数据，探讨各国资本账户开放的细节特征与动态变化，分析资本账户双向开放的动态溢出效应，识别资本账户双向开放与跨境资本流动的动态因果关系，探究资本账户双向开放与汇率失衡之间的关系，并进一步研究了资本账户双向开放对经济增长、全要素生产率以及收入不平等的影响。

本书适合金融及世界经济领域的学者、从业者和监管者阅读使用。

图书在版编目（**CIP**）数据

全球资本账户双向开放再测度及其经济效应 / 彭红枫等著 . —北京：科学出版社，2023.6
（国家哲学社会科学成果文库）
ISBN 978-7-03-074969-7

Ⅰ.①全⋯　Ⅱ.①彭⋯　Ⅲ.①国际金融－金融开放－研究　Ⅳ.① F831

中国国家版本馆 CIP 数据核字 (2023) 第 034010 号

责任编辑：徐　倩　郝　悦／责任校对：贾娜娜
责任印制：霍　兵／封面设计：有道设计

科学出版社 出版
北京东黄城根北街 16 号
邮政编码：100717
http://www.sciencep.com

北京中科印刷有限公司 印刷
科学出版社发行　各地新华书店经销
*
2023 年 6 月第 一 版　开本：720×1000　1/16
2023 年 6 月第一次印刷　印张：63　插页：2
字数：880 000

定价：**328.00 元**
（如有印装质量问题，我社负责调换）

《国家哲学社会科学成果文库》
出版说明

为充分发挥哲学社会科学优秀成果和优秀人才的示范引领作用，促进我国哲学社会科学繁荣发展，自 2010 年始设立《国家哲学社会科学成果文库》。入选成果经同行专家严格评审，反映新时代中国特色社会主义理论和实践创新，代表当前相关学科领域前沿水平。按照"统一标识、统一风格、统一版式、统一标准"的总体要求组织出版。

全国哲学社会科学工作办公室

2023 年 3 月

前　言

　　本书是我主持的国家社会科学基金重大项目"高水平开放背景下全球金融周期冲击与系统性金融风险防控研究"（22&ZD119）和国家自然科学基金面上项目"国际金融周期、跨境资本流动及资本账户开放政策动态调整：理论、建模与实证"（72273073）的重要成果。2011年，我担任学术带头人的"人民币国际化及其风险管理研究"团队组建完成。团队成员共同开始了在货币国际化这个领域的研究和探索，货币国际化与资本账户双向开放程度密不可分。自然地，资本账户双向开放的研究逐渐成为我们工作的重中之重。2017年，在原团队的基础上，我依托泰山学者特聘教授项目组建了"人民币国际化、资本账户开放及风险管理"研究团队，开始展开全球资本账户双向开放及相关的经济问题研究。

　　已有的资本账户开放测度方法主要包括法理（de jure）指标测度法和事实（de facto）指标测度法。法理指标测度法主要是以一国或地区对资本账户结算的管制程度为切入点，根据现有法规进行分析。此类测度主要以国际货币基金组织（International Monetary Fund，IMF）《汇兑安排与汇兑限制年报》（Annual Report on Exchange Arrangements and Exchange Restrictions，AREAER）为依据。1996年之前，AREAER提供了对各国资本账户"0"（限制）或"1"（不限制）的单一哑变量说明，这意味着AREAER可以展示哪些国家资本账户封闭或者哪些国家资本账户完全开放，但是对于资本账户尚未完全开放的大多数国家，则无法提供差异化信息。1996 年起，IMF 对 AREAER 进行了优化，开始对资本账户子项进行细分，分别对哑变量赋值。以此为基础的相关研究也取得更多进展，其中影响力最大的是 Chinn 和 Ito（2006）的资本账户开放（capital account openness，KAOPEN）指数，该指数对经常项目、资本项目和多重汇率等方面的管制进行主成分分析，并将第一主成分作为该指数的度量，用于表示资本管制的广度和深度。然而，KAOPEN 指数没有细分资本账户子项，也没有区分资本流入及流出项，因此无法用来研究资本账户的双向开放。

　　事实指标测度法直接基于资本账户交易数据进行计算和分析，实现对资本账户开放程度的估计。这些研究主要涉及国内投资和储蓄内在关联分析、国内外利率偏离度分析以及跨境资本流动规模分析等。其中最具代表性的工作是 Lane 和 Milesi-Ferretti（2007）用国际资产和国际负债总量占国内生产总值（gross domestic product，GDP）的比重来衡量资本账户开放程度，该方法后续得到非常广泛的应用。然而，国际资产和国际负债只能刻画资本账户开放的宏观角度，度量结果难免失之偏颇。同时，外部资产、外部负债除了受资本账户管制的影响外，同时也可能与经济面因素相关，如政策或环境变化、数据波动、价值调整等，可能会导致该指标失真。

　　随着团队研究工作的深入，现有资本账户开放度量的问题对我们的困扰越来越严重。第一，我们计量分析中大多数宏观经济指标是季度和月度频率的，但所有度量资本账户开放的面板数据均为年度的，即便回归分析中我们使用混频技术，也失去了很多相对高频数据的信息含量。第二，绝大多数资本账户度量数据仅包含资本账户总体层面的开放程度，忽视了子项层面政策差异与异质性。后来，Fernández 等（2016）参照 Schindler（2009）的指标构建方法，将 AREAER 中的资本流动分为 11 类，根据对这些子项管制的描述来对管制程度进行赋值，实现了对资本账户子账户开放程度的度量。然而，该数据也是年度频率的。第三，在对 AREAER 的报告文本进行分析的过程中，所有的度量指标均忽视了各国资本管制（放松）政策强度的差异，在计算开放程度时将强度不同的政策赋予了相同的权重。这些困扰直接导致了团队部分研究工作的停顿，摆在我们面前的是一个艰难的选择：从头开始自己开发数据或者放弃资本账户双向开放的度量。然而，在当前科研成果考核短期化和数量化的大环境中，自己开发数据似乎极不"经济"。

经过激烈的思想斗争后，我还是决定对世界各国资本账户双向开放重新进行测度，以期为相关领域的研究者提供更细化、更高频的资本账户双向开放数据。在对现有资本账户开放度量的各种指标进行对比分析的基础上，我对新的数据提出了三个要求：一是要有"月度、季度和年度"三个频率；二是包括总量、流入、流出三个维度；三是度量指标的每一个变化都能追溯到 AREAER 报告的文本描述。在 2017 年之后的 6 年时间中，我带领的"人民币国际化、资本账户开放及风险管理"研究团队从 AREAER 政策文本出发，精准量化各国资本账户管制制度变革的条款，以条款官方公布的时间将其精确到每个月，从总量、流入、流出三个维度，将资本账户管制总体及 11 个子项的政策归纳为"设置/取消审批制度"、"额度、范围的变化"、"监管强度的加强/放松"、"对资本流动增税/减税"和"准备金限制"五个大类，按照政策条款关于管制和开放的不同力度（主要是根据语言描述所用的措辞，结合彼时该国资本账户的真实状态）进行五级打分，最终形成了全球资本账户开放（Global Capital Account Openness，GKAOPEN）数据库。样本涉及 188 个国家和地区（部分国家和地区没有明显的资本账户开放情况变动，因此正文章节中未进行分析），时间跨度为 1999 年 1 月至 2017 年 12 月。2021 年，我们又将数据更新到了 2019 年 12 月，并决定今后每两年进行一次动态追踪和更新。除 AREAER 披露的信息外，我们还辅之事实指标测度法收集了一些重要国家在关键时间节点上的跨境资本流入和流出、利率波动等一手数据，丰富信息库实现交叉验证，提高法理指标测度法的精确性。

　　基于 GKAOPEN 数据库，我们开始了资本账户双向开放经济效应的研究，形成了系列研究成果。本数据库为研究全球主要经济体资本账户开放、区域经济合作组织、发展中国家或欠发达国家资本账户管制问题提供了翔实的基础数据，可以用于货币政策独立性、汇率制度选择、金融风险管理及金融政策效果评估等相关领域的实证分析，以及动态随机一般均衡（dynamic stochastic general equilibrium，DSGE）模型中参数校准等基础性研究工作。对于金融管理部门，本数据库为实现国家间资本账户管制程度的横向对比提供了可能性，数据库的动态更新也可为金融管理部门及时跟踪和掌握全球资本账户管制趋势提供参考。

　　感谢先后进入研究团队的 60 多位山东财经大学和武汉大学的老师与学生！特别是肖祖沔、尹智超、余静文、刘彦臻、刘海莹等老师，王文浩和刘建建博士后，常晓君、梁子敏、万洋及马世群等博士生。没有他们的支持，GKAOPEN 数据库的研究工作是无法完成的。研究团队在宣讲数据研发及依托数据所做的研究成果时，也得到了同行们的广泛认可。目前，团队正在开展 2020 年和 2021 年相关数据的收集、整理工作，将对 GKAOPEN 数据库进行更新，并向广大学者和研究者免费开放。

　　感谢在国家哲学社会科学成果文库申报过程中评审专家给予的高度评价、鼓励及中肯的修改建议！大部分建议被采纳到本书的修改当中，让本书增色不少。限于出版时间，少部分建议还来不及吸收到书稿中，我会在后续的研究中继续采纳深化。感谢科学出版社及徐倩老师在国家哲学社会科学成果文库申报和本书出版过程中的大力支持！

　　感谢所有鼓励和帮助我们进行此项研究工作的人！

彭红枫

2023 年 5 月 28 日

目　录

CONTENTS

CHAPTER 6　MEASUREMENT AND CHARACTERISTIC ANALYSIS OF BILATERAL OPENING OF CAPITAL ACCOUNTS IN MIDDLE-LOW INCOME COUNTRIES

CHAPTER 7　MEASUREMENT AND CHARACTERISTIC ANALYSIS OF BILATERAL OPENING OF CAPITAL ACCOUNTS IN LOW INCOME COUNTRIES

第 1 章

绪　　论

1.1　重新测度全球资本账户双向开放的重要性

1.1.1　理论价值

自 1973 年布雷顿森林体系瓦解到 21 世纪初，多数发达国家基本实现了资本账户的自由兑换。与此同时，McKinnon（1973）和 Pagano（1993）指出普遍存在的金融抑制现象是阻碍发展中国家经济发展的重要原因，并提出了发展中国家金融自由化的观点。1989 年，"华盛顿共识"确立了新自由主义经济理论的主导地位，在 IMF 的推动下，拉美、东欧和亚洲新兴市场国家开始尝试放松对资本账户的管制。

然而，拉美债务危机、亚洲金融危机的爆发并未在本质上改变人们对金融自由化的认知，发展中国家应实施资本账户自由化的观点甚嚣尘上，认为资本自由流动可以实现资源的最优配置，提高发展中国家的资本存量和工资水平。直到 2008 年，金融危机及全球性经济衰退成为资本账户由开放到管制的转折点，全球资本市场自由化进程整体出现了不同程度的下降。秉持金融自由化的 IMF 也转变立场，认为出于宏观经济稳定和宏观审慎发展的目的，资本管制是应对大规模资本流动的措施之一，从而推动了后金融危机时代全球金融制度的变革。McKinnon（1991）亦指出，发展中国家资本自由流动的前提是在利率市场化基础上国内借贷和国内通货膨胀能够有效抑制，且汇率无持续贬值压力，本末倒置可能会导致外债的增加或资本外逃。

资本账户开放一直以来都是宏观经济领域、国际金融领域研究的热点话题，如何高效、准确地测度资本账户开放的程度是开展相关研究工作的起点。纵览既有研究可以发现，学界对资本账户开放程度的测度并未形成统一的方法，既有方法很难兼顾全面性、客观性和准确性。一方面，事实指标测度法直接基于资本账户交易数据进行计算和分析，该方法以实际数据为基础使其具有一定的客观性，但数据可得性使其较难全面衡量资本账户开放程度。另一方面，法理指标测度法从一国或地区对资本账户交易的管制程度进行定性分析，该方法主要以 IMF 的 AREAER 报告为依据，有丰富的资本账户子项索引和相关评级标准指引，但资本账户开放条款的复杂性、不同国家开放策略的多样性，使其对全球主要国家资本账户开放程度的测度需要进行长期、大量、细致的测评工作，无疑提高了研究门槛。与此同时，现有基于法理指标测度法得到的全球资本账户开放指标均为年度数据，在宏观经济数据逐步高频化的今天，对一国资本账户开放测度的年度数据已经很难满足理论研究的需要。因此，如何对既有方法进行完善使其兼顾全面性、客观性和连贯性，是当前测度资本账户开放程度的难点。

资本开放存在双向性，资本的跨境流动包含资本从其他国家流入东道国以及从东道国流向其他国家。资本从其他国家流入东道国，需要受到东道国对流入资本的管理，在有管制的环境中，只有合规的资本才能顺利流入东道国。对于资本流入管制的放松即为资本账户资本流入开放，有助于全球其他国家资金流入东道国，补充东道国资金需求。而资本从东道国流向其他国家，需要符合东道国本国的政策要求，在有管制的环境中，只有符合要求的资本才能流出东道国。对资本流出管制的放松即为资本账户资本流出开放，有助于东道国多余资本在全球范围内寻求利益，增大东道国福利。对资本流入和资本流出的开放通常不是同步的，对于资本流入的不合理开放，可能会造成热钱的涌入，造成本国经济环境和金融市场泡沫的存在，危害经济的健康发展；而对资本流出的不合理开放，则有可能造成资本的跨境逃离，造成东道国资本的匮乏，缺乏经济增长的原动力。为此，对资本账户开放的讨论区分资本流入开放和流出开放能够更加细化研究资本账户开放对经济发展、金融稳定的作用。

为此，"人民币国际化、资本账户开放及风险管理"研究团队（简称研究团队）通过完善现有测度方法，基于 IMF 的 AREAER 文本信息，提取月度数据，在资本账户总项开放度基础上，进一步细分 11 个子项，并区分资本流入与流出管制程度，构建了 GKAOPEN 数据库，实现了对 188 个国家和地区资本账户开放程度月度变化的测度。目前，数据库时间跨度为 1999 年 1 月至 2019 年 12 月，每两年进行一次动态追踪和更新。

1.1.2 应用价值

2008 年经济危机后，全球资本账户失衡扩大，各国间资本流动的规模扩大、速度提升，全球金融市场紧密地联系在一起，市场间的互动性大大加强。与此同时，针对局部金融风险频发的态势，IMF 对资本账户开放的态度发生了微妙的转变，由倡导全球资本账户开放转变为有保留地支持，并认同一些新兴市场国家在特殊情况下对短期投机性资本流动加以管制的做法。经验表明，快速和激进地推行资本账户开放容易诱发金融风险，对一国经济发展造成不利冲击，资本账户开放的程度与速度应切合本国经济、金融发展实际，并辅之配套的政策措施。特别是对于尚未完全实现利率、汇率市场化的新兴市场国家而言，经济的发展、金融市场的深化、政策措施的适配性需要一个不断磨合与调整的过程，如何动态审视这一过程中的资本账户开放程度，从而准确掌握各主要经济体资本账户开放程度、了解资本账户开放趋势，对于高效防范金融风险、提高各国政府经济与金融治理能力，具有重要的现实意义，亦是摆在各国金融当局面前的一道难题。

随着中国稳步推进资本市场开放，资本市场投资者结构、资金成本与配置效率正在发生深刻变化。特别是人民币被纳入特别提款权（special drawing rights，SDR）货币篮子，中国在全球金融体系的重要性获得正式认可，中国资本账户开放进入新阶段。当前，中国正在更为深刻地参与到全球治理之中，中国经济的内循环正与"一带一路"沿线国家市场融为一体，坚定不移地推进"一带一路"建设，实现国内国际双循环相互促进。在新的经济发展格局下，为了实现资本双向流动、汇率稳定，为了有效甄别和防范金融风险，亟须对全球主要国家资本账户开放程度有一个全面和系统性的把握，同时也对资本账户开放度测度提出了更高的要求。一套能够准确反映各国资本账户开放程度的数据库和高效灵活的测度方法成为顺利开展上述工作的重要前提。

1.2　全球资本账户双向开放再测度及数据库构建

1.2.1　高频法理指标编制方法的提出

为了克服用于资本账户双向开放程度测度的传统法理指标测度法面临的二元变量不精确和事件分析不连贯等问题，本研究团队创造性提出了高频法理指标编制方法。此测度方法以 AREAER 披露的信息为基础，利用两年时间从国际金融机构和各国金融监管当局寻找关于各国资本账户管制制度变革的条款，以条款官方公布的时间将其精确到每个月，从总量、流入、流出三个维度，按照政策条款关于管制和开放的不同力度进行五级打分。为确保客观准确，除依据政策条款所用的措辞之外，研究团队还查阅相关学术文献、研究报告，确保对彼时该国资本账户真实状态的准确判断。在此过程中，研究团队收集了事实指标测度法涉及的跨境资本流入和流出、利率波动等一手数据，在 AREAER 报告的基础上构建了更为丰富的信息库。

1.2.2　资本账户子项双向开放的测度

GKAOPEN 数据库提供了衡量资本账户总体开放度的综合指数，以及衡量资本账户各子项开放度的分类指数，从流入和流出双向对资本账户开放进行测度。子项指数的赋值是从 IMF AREAER 报告文本中推断出来的。通过对子项指数进行加总，可以得到资本流动子项开放度的综合指数。而资本账户开放度的总体综合指数是通过对资本账户各子项开放度的综合指数取平均值计算得到。对于资本账户子项的划分，研究团队沿用 Fernández 等（2016）的做法，并且添加了额外的子项，用于统计政治、战争与冲突等因素导致的资本流动管制数据。每一个资本账户子项下的资本流动均划分为流入和流出两个方向，每个方向下根据交易主体位于境内还是境外又细分为两类。每一个最细粒度指标的赋值规则是：加强资本管制，指标加 1；放松资本管制，指标减 1。然后通过简单求和的方法得到每个资本账户子项流入与流出开放度指标，二者再次求和便得到了资本账户子项开放度综合指数。将所有资本账户子项开放度综合指标加总，就能得到一国资本账户总体开放度综合指数。

1.2.3　国家样本选取和政策分类标准完善

GKAOPEN 数据库包含当前全球资本跨境流动涉及的 188 个国家和地区，包含资本账户总项开放度和子项开放度。翔实和科学的政策分类是资本账户子项开放度的测度基础。因此，为了更好地体现不同类型政策对资本账户开放度不同程度的影响，研究团队将政策划分为五类，分别是"设置/取消审批制度"、"额度、范围的变化"、"监管强度的加强/放松"、"对资本流动增税/减税"和"准备金限制"。根据政策影响力度的不同，在最细粒度指标赋值过程中纳入预设权重值，依据是上述五类政策对资本跨境流动的影响程度，以 0.2 为步长分别设置 1、0.8、0.6、0.4、0.2 五级权重，通过加权计算得到加权资本账户开放度指标。

1.3　全球资本账户双向开放数据库的贡献

1.3.1　弥补既有数据的政策遗漏问题

目前国际上现存的资本账户开放数据库，基本没有系统性追踪资本账户管制政策对资本账户开放的影响，现有指标存在大量政策变动遗漏。例如，在 Chinn-Ito 的 KAOPEN 资本账户开放数据库中，中国等新兴市场国家资本账户多年来几乎没有变化，这显然不符合改革开放以来我国资本市场不断开放的实际情况。本书从政策文本出发，利用卷积神经网络（convolutional neural network，CNN）技术精准量化具体政策变动、差异化赋值、动态衡量资本账户开放度，对各国资本账户开放度的刻画更为精准。

我们对 Chinn-Ito 的 KAOPEN 指数、Fernández 等（2016）的 FKRSU[①]指数的年度数据进行差分处理获得当期值，将 GKAOPEN 数据库资本账户总体开放程度指标（Ka）按年度加总，从而使数据统计口径一致。除我国外，我们选取了美国作为发达资本市场代表，选取墨西哥作为发展中国家的代表，

---

① FKRSU 是 Fernández 等（2016）五位作者（Andrés Fernández, Michael W. Klein, Alessandro Rebucci, Martin Schindler 和 Martín Uribe）的姓名首字母的组合。FKRSU 数据源自：http://www.columbia.edu/~mu2166//fkrsu/，该数据库最新版本更新至 2016 年。

跨度为 1999～2019 年，进行对比分析，如图 1.1 至图 1.3 所示。总体来说，GKAOPEN 数据库的 Ka 指数总体走势与 KAOPEN 数据库和 FKRSU 数据库基本一致，但是在细节上更加丰富。

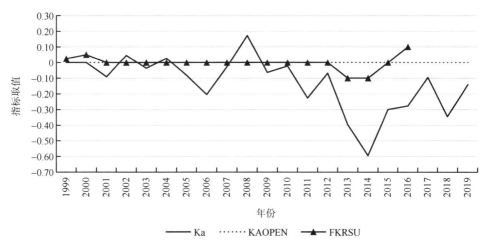

图 1.1　资本账户开放数据库比较（中国）（一）

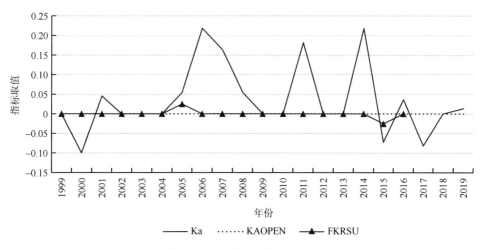

图 1.2　资本账户开放数据库比较（美国）（一）

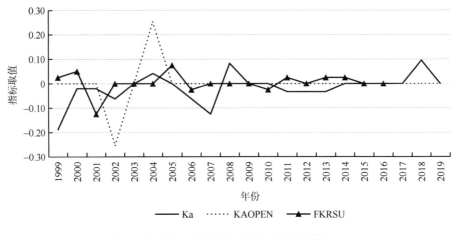

图 1.3　资本账户开放数据库比较（墨西哥）（一）

　　从中国资本账户数据来看，如图 1.1 所示，除 2008 年金融危机期间我国资本账户短暂收紧外，整个观察区间我国资本账户基本处于不断开放的进程中，特别是近年来资本账户开放程度大于以往任何时期。例如，2001 年中国加入世界贸易组织（World Trade Organization，WTO），金融业对外开放力度明显加大，投资交易项目放松管制，进一步降低了资本流动的门槛；2006 年，我国合格境内机构投资者（qualified domestic institutional investor，QDII）制度正式实施，允许外国投资者对上市公司进行战略投资，对资本账户的管制出现放松；2008 年金融危机爆发，为阻挡金融风险的传导，确保国内金融和经济不发生系统性风险，我国适时收紧了对资本项目的管制；2012 年以来，伴随着利率市场和汇率市场化改革，我国加快推进资本账户开放步伐，沪（深）港通、自贸（港）区、"一带一路"倡议等全面深化改革开放的措施极大地推动了我国资本账户开放的进程。我们的数据真实、准确地描绘了我国资本账户开放的趋势，特别是在关键时间节点上，表现出了其他指数基本不具备的客观性和准确性。

　　从美国资本账户数据来看，如图 1.2 所示，金融危机前夜，随着资产价格泡沫逐渐形成，美国逐渐收紧了对资本项目的管制，但是未能避免危机的爆发。金融危机后，美国大幅提高金融监管标准，扩大金融监管范围，全面提高金融监管力度。2010 年起，随着希腊主权债务危机演变为席卷欧洲的主权债务危机，美国加强对资金定向或非定向跨境交易的管理，避免欧洲主权债务危机对资本市场的冲击波及美国。2014 年，美国空袭叙利亚，地缘政治冲突持续升级，美国加强了对相关国家的金融制裁，特别是 2014 年 3 月起美国与欧盟对俄罗斯开始实施制裁，限制俄罗斯企业从西方金融机构获取贷款，强化资本流动的管制，直接截断俄罗斯企业的融资渠道，在此期间美国资本账户开放程度有一定的收紧。2015 年，由于中国经济疲弱、大宗商品价格持续走软、欧洲中央银行量化宽松（quantitative easing，QE）货币政策的出台以及美国联邦储备体系（简称美联储）的加息预期，国际游资带着从新兴市场国家抛售资产赚取的利润回流美国，"挽救"暴跌的美国股市和债市，美国资本项目呈现放松态势。

从墨西哥资本账户数据来看，如图 1.3 所示，2000 年后，关于外资准入银行业的限制被全部废除，资本市场不再有任何份额限制。此后墨西哥金融业混业经营模式进一步巩固，大型银行普遍同时从事商业银行和投资银行业务，其中外资金融机构在当地占据了主导地位，到 2001 年外资银行的资产比重达到 90%，至此资本账户除细节微调外，整体一直保持在比较稳定的状态，其中 Ka 指标有较好的表现。

1.3.2　提升既有数据的时序研究精度

现有资本账户数据多数为低频率的年度数据，而经济金融研究中所使用的一些宏观经济变量多为季度和月度频率数据，资本账户数据制约了相关研究的进展。本书通过高频文本分析，实现了月度频率指标的测算，并且区分了资本流入管制和资本流出管制的月度变动，能适用于更广泛领域的经济学问题研究。

图 1.4 展示了中国资本账户开放进程。其中 Kai 和 Kao 分别表示 GKAOPEN 数据库资本流入管制和资本流出管制数据，FKRSUI 和 FKRSUO 分别表示 FKRSU 数据库关于资本流入和流出的数据。可以发现，GKAOPEN 数据与 FKRSU 数据具有相似的波动性，但是在细节上包含的信息更为全面。为防止外资扰乱国内资本市场，稳步推进金融改革，我国对流入国内的资本的管制要严于对资本流出的管制，这可以从 Kai 指数的波动幅度小于 Kao 指数体现出来。例如，2004 年，大量热钱开始流入中国，面对人民币升值压力，中国人民银行对跨境资本流动采取"严进宽出"的政策，这在 Kai 指数中恰当表现出来。2006 年 QDII 制度的实施为我国资本走出去提供了重要渠道，体现了对资本流出管制的放松，这在 Kao 指数中得以体现。2008 年金融危机爆发，为防止金融风险传导至国内金融市场，我国采取了加强资本流入管制的策略。近年来，在资本账户开放程度整体加深的背景下，我国"严进宽出"的资本账户管理方式也在 Kai 指数和 Kao 指数中得以体现。

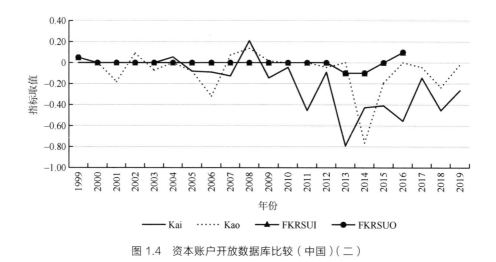

图 1.4　资本账户开放数据库比较（中国）（二）

再以美国为例，如图 1.5 所示，以资本流出审视资本账户开放程度，2008 年金融危机前后，2010 年欧洲主权债务危机前后，以及 2014 年美国冻结敌对国家资产、强化金融制裁、缩减对外投资，美国收紧资本账户的表现基本上是限制资本流出，这些措施对资本账户开放程度的影响均在 Kao 指数中得以体现。以资本流入审视资本账户开放程度，美国始终是国际资本重要的流入国，2010 年至 2012 年，为防止希腊主权债务危机和欧洲主权债务危机风险传导至美国，美国收紧了对资本流入管制；2017 年，受全球经济形势低迷、市场需求萎缩、部分大宗商品出口国经济增长乏力等影响，全球直接投资下滑，美国的资金流入减少，对资本流入的管制出现放松。资本账户开放度在这些时点的变化均体现在了 Kai 指数中。

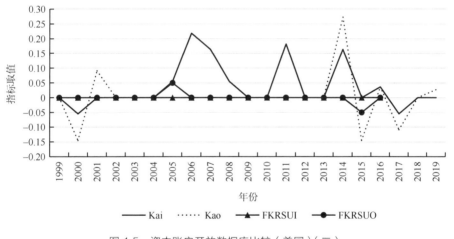

图 1.5　资本账户开放数据库比较（美国）（二）

从墨西哥数据来看，如图 1.6 所示，2000 年墨西哥完全放开对外资的全部限制时，国内经济和资本市场发展水平较低，国内金融机构的实力较弱，外资在金融业高度开放初期便大规模快速涌入，从而在短时间内对本土金融机构造成较大冲击。从 2001 年开始，墨西哥政府加强了对公司收购的审批，跨境资本以流入为主，流出资本占比少，对经济冲击小，此时墨西哥对资本外流采取放任政策，这也能够在 Kao 指数中体现出来。

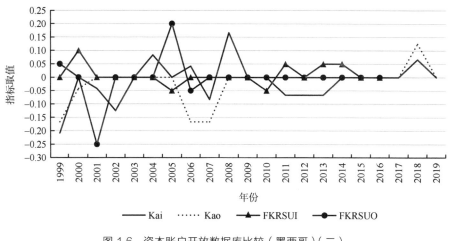

图 1.6 资本账户开放数据库比较（墨西哥）（二）

1.3.3 细化资本账户的子项区分程度

目前，绝大多数资本账户数据仅包含资本账户总体层面的开放程度，忽视了子项层面政策差异与异质性。GKAOPEN 数据库实现了子项细分指标的测度，能够更为深入挖掘细分资本市场最优开放顺序及子项开放最优政策组合。

以资本账户直接投资、股票市场等子项为例进行说明，数据处理方法与上文相同。图 1.7 展示了中国对直接投资的开放情况。从 FKRSU 指数看，我国证券市场多年来管制水平始终未变，这显然与事实不符。例如，2002 年 11 月合格境外机构投资者（qualified foreign institutional investor，QFII）制度正式实施，推动了我国证券市场发展，成为外资投资我国证券市场的重要渠道；2014 年至 2016 年，沪港通和深港通先后实施，进一步打通了资金"北上"和"南下"的渠道，我国证券市场开发度进一步提升。这些变化在 Ka_eq 指数中得以体现。伴随着证券市场的放开，外资参与的现券交易（Ka_bo）与证券市场几乎同时繁荣起来，这在 Ka_bo 指数中得以体现。

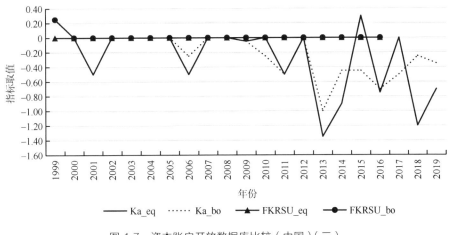

图 1.7 资本账户开放数据库比较（中国）（三）

以美国为例，如图 1.8 所示，美国作为发达的资本市场，直接投资一直是美国跨境资本流动的主要方式，美国直接投资账户开放度并非如 FKRSU 指数所示的多年未变。根据美国经济分析局（Bureau of Economic Analysis, BEA）的统计数据，除欧盟、加拿大和日本三大美国最主要和稳定的直接投资来源地外，充斥在全球新兴市场国家的国际游资也是美国资本账户的"常客"，亦是造成美国资本市场波动的重要来源。美国对直接投资账户的收紧和放松，均未在 FKRSU 指数（FKRSU_di）中体现，我们的数据（Ka_di）很好地展现了美国直接投资账户的开放程度变化情况。

从墨西哥数据来看，墨西哥金融开放过程中伴随着对直接投资的管制，以避免不利冲击。这在 Ka_di 指数（直接投资账户开放程度）中有所体现，如图 1.9 所示。同时，墨西哥的外资机构于 2003 年确立了在投资银行业务方面的领导地位。到 2004 年，外资机构在股票承销金额和数量方面的市场份额达到 90.27% 和 80.00%，此后虽有小幅波动，但外资机构在墨西哥投行业务的市场占有率基本维持在 70% 以上。在金融危机波及墨西哥前，对金融衍生工具的交易保持了较为宽松的管制状态。Ka_de 指数体现了这一点。

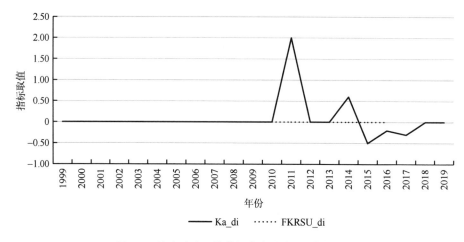

图 1.8 资本账户开放数据库比较（美国）（三）

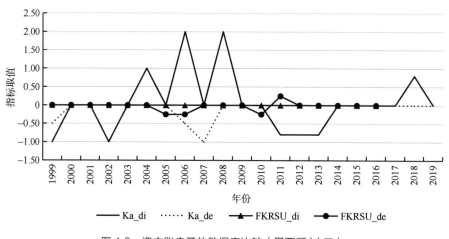

图 1.9 资本账户开放数据库比较（墨西哥）（三）

1.4 全球资本账户双向开放经济效应的研究意义

1.4.1 资本账户双向开放政策的跨国联动机制分析

从理论方面，现有成果主要从利率、汇率和贸易等方面对资本账户开放政策的效果进行分析和评述，多在"三元悖论"讨论背景下强调货币政策独立性、汇率的稳定性以及资本的自由流动间作用机制的存在。然而，鲜有学者从资本账户开放角度分析全球经济体的联动效应，研究短板明显。而具体到我国，关于资本账户开放政策跨国联动外溢效应的研究结论仍存在分歧，时变国际背景下我国资本账户开放政策的跨国联动溢出和溢入效应的研究亦有待进一步推进。

基于事实角度，历史经验表明资本账户开放政策对于一国的经济发展具有一定的溢出效应。自 20 世纪 70 年代以来，发达国家便相继推行资本账户开放政策以达到促使经济增长的目的；20 世纪 90 年代起，发展中国家跟随发达国家的步伐，也逐步推进资本账户开放。在此背景下，我国作为发展中国家的一员，也于 1996 年拉开资本账户开放的帷幕。此后政策实施的 20 多年时间里，国际金融市场的波动和各国资本账户的调整都对我国经济发展与政策导向产生了显著影响。因此，对多边开放背景下各国和我国资本账户开放政策动态溢出效应的研究能够为我国的宏观审慎发展提供一定的政策建议，助力经济发展新常态下我国"双循环"发展新格局的构建。

1.4.2　资本账户双向开放与跨境资本流动的双向因果识别

伴随着金融、经济全球一体化，国际资本出现大规模、多方向的流动，资本流动呈现出鲜明的全球化特征。在此背景下，资本账户开放按开放方向可划分为资本账户流入开放与资本账户流出开放，超额收益因素和风险因素是跨境资本流动的主要作用渠道。

这种资本账户开放存在的方向性差异造成了跨境资本流动效应的不对称性，一国的跨境资本流动又往往与国内外汇率水平差异、利率水平差异、价格水平差异、风险因素以及交易成本密切相关。因此，鉴于资本账户总体、流入与流出开放对跨境资本流动的影响存在多重机制，以及跨境资本流动对经济增长存在的反馈调节效应,在当前逆全球化趋势加剧、单边主义与保护主义抬头的背景下,深入研究跨境资本流动效用具有关键的理论和实践意义。

首先,明晰资本账户双向开放与跨境资本流动的关联机制既是厘清资本账户双向开放与跨境资本流动之间的双向因果作用关系的重要前提,亦是各国有效建立跨境资本流动预警机制与风险量化机制的理论和逻辑支撑。其次,关注资本账户开放过程中的跨境资本流动的异常变化,在全球新一轮量化宽松不断推出的背景下能够有效探索全球资本账户管制的合作与协调,从而增强各国抵抗国际金融风险冲击的能力。最后,作为易受外部风险溢入的新兴经济体,我国存在对资本账户开放下国际逐利资本冲击进行重点关注的需求,而对跨境资本异常波动的考察是实现我国资本管制政策的灵活性与针对性的必由之路。

1.4.3　资本账户双向开放的汇率失衡调整效应检验

汇率失衡,即汇率相对于均衡水平的偏离,综合反映了各国汇率政策多方面的动态差异,在开放经济条件下,无论是理论还是经验上都会对一国货币政策独立性和跨境资本流动产生一定程度的影响。一方面,汇率在国际贸易中反映了交易双方的成本;另一方面,汇率在资本流动中则直接反映了投资者的损益;此外,汇率的波动程度直接反映了一国主权货币的安全性和国际地位。因此,汇率失衡的存在与调整对国际贸易、跨境资本流动有着多渠道作用,更是促进一国货币的国际化进程的关键抓手。

汇率偏离均衡价格后,会在市场因素的驱动下回归均衡水平。然而,资本账户的管制抑制了资本跨境自由流动,从而影响了市场对汇率的调整,即汇率失衡的调整受到资本账户开放的影响。同时,由于汇率政策的国别差异,汇率失衡的调整速度亦具有国别异质性,从而致使经济主体和地区间投资者情绪、金融不确定性程度不同，在一定程度上限制资本的跨境流动，从而对资本账户开放产生反馈效应。基于此，对汇率失衡和资本账户开放之间相互作用机制的探究是厘清经典"三元悖论"内部作用机制的关键，是探寻资本开放条件下，国家汇率政策差异潜在影响和风险溢出效应的基础。

在过去的几十年间，为服务于我国经济发展，人民币汇率制度和形成机制经过多次改革，为纠正在不同阶段由我国经济发展造成的人民币汇率失衡起到了至关重要的作用。尤其在当前金融风险联动加剧的国际形势下，明确汇率失衡调整效应的机制与影响，厘清其与资本账户开放的互动机制和持续作用，可以为资本账户管制政策与汇率调整政策的配合提供有效建议。

1.4.4　资本账户双向开放的长期平衡经济增长效应验证

从历史经验来看，作为金融全球化的制度安排，为提高宏观经济发展以及社会福利水平，20世纪90年代以来世界各国各级、各类金融市场的逐步开放极大提升了金融全球化的深度和广度，金融全球化是以资本账户开放在内的一系列金融市场改革为主要标志的。因此，资本账户开放对世界经济增长程度和趋势产生的影响不容忽视，对资本账户开放背景下经济长期平衡增长效应的研究亦具有较强的现实意义。

从理论来看，现有研究对资本账户开放是否促进经济增长的结论尚存分歧。早期研究多承认资本账户开放等金融全球化措施在应对各类国际金融发展挑战时的积极作用；但随着全球金融一体化程度的不断提升，多次全球规模的国际金融危机的爆发使各国金融业脆弱性上升、经济大幅衰退，大量研究显示过度开放的资本账户情况对危机传染扩散起到了推波助澜的作用。因此，基于现有研究，资本账户双向开放的调整会直接对一国经济增长产生冲击，亦可能通过改变金融系统稳定性从而对经济增长产生间接影响。只有厘清资本账户双向开放对经济增长的作用机制和动态影响，才能合理、有效地推进资本账户开放，充分提升资本账户开放带来的经济效益。

具体到中国来看，作为最大的贸易国和国际储备持有国，同时鉴于我国在国际资本流动的参与状态正从过去的被动吸收向主动选择转变，我国的资本账户开放政策选择至关重要，亦可能对其他新兴市场产生示范效应。因此，对资本账户开放背景下经济长期平衡增长效应的研究能够全面评估资本账户开放政策的当前效益和未来导向，深化对我国资本账户开放的时变效应和对经济发展的异质性影响的探索成果，是实现我国资本账户开放合理规划、金融市场改革有序推进的基础和前提。

1.4.5   资本账户双向开放提升全要素生产率的机制检验

全要素生产率作为衡量经济增长质量的重要指标，是推动经济增长的内在动力，是有效改善资源配置、节约生产资料，进而实现高质量发展转型的关键抓手。在实现金融自由化和促进生产要素流动的基础上，如何更好地提高经济发展水平是资本账户开放进程中所要解决的重要问题，而一国生产效率对资本账户开放的影响决定了该国的经济能否从开放中获益。因此，从全要素生产率的角度对资本账户开放的经济效应做出分析不仅能够弥补现有研究的短板，深化资本账户开放经济效应的研究，亦能揭示资本账户开放的内在动力机制和长期福利效应。

此外，相关前沿研究成果显示，资本账户开放对经济增长存在门槛效应，且各子项资本账户开放对一国经济增长的影响存在异质性。历史经验亦表明资本账户开放的经济效应具有国别差异。基于此，从资本账户各子项的管制调整入手，兼顾流入、流出双向开放，分析资本账户管制程度对全要素生产率的异质性影响既是对现有研究的补足和丰富，亦是对资本账户子项市场开放的经济效应的创新性探索。

我国新发展阶段中，将经济增长的主要驱动力从生产要素投入转变为生产效率提高势在必行。在资本账户开放的全要素生产率效应日益得到承认与重视的背景下，在总项、区分不同流向和子项等多个层面探究资本账户开放对全要素生产率的作用机制和异质性影响，对于推动资本账户开放进程和促进经济高质量发展有着极为重要的现实意义，有助于我国最大限度地发挥资本账户开放的经济效应，在维持金融稳定的前提下实现经济增长驱动方式转变的政策目标。

1.4.6　资本账户双向开放的收入分配效果与助力共同富裕

从实际背景来看，金融全球化促进了国际贸易与国际投资的发展，金融自由化提升了金融资本在世界范围的流动性，带来了国际资本与人力、技术等生产要素流动性的大规模增加，进而推动了世界经济的增长与发展。然而，伴随这一经济增长现象而来的是国际、国内贫富差距的普遍扩大，收入分配效果日益恶化。因此，探究资本账户开放背景下，经济增长中潜在的收入分配问题，对于改善一国经济发展质量，实现最优的社会福利效应具有重要的实践意义。

从现有研究成果来看，资本账户开放在金融全球化中可能通过国际资本流动缓解收入差距问题的作用已经得到证实。然而，现有研究关于资本账户开放对收入分配的影响机制尚未达成一致结论，且相关分析较为笼统，缺乏影响的异质性对比和资本账户子项细分的考察，导致对影响渠道的解释力度不足。因此，对于资本账户双向开放、收入不平等与阶层差距问题进行进一步细化研究能在补足现有研究不足的同时实现对资本账户开放的收入分配效应的全面分析。

具体到我国，由于资本账户的开放对一国的经济、收入分配、阶层跃迁等问题的影响是双向的，对资本账户收入分配效应的深入探究能够为我国经济增长提出有效建议的同时，强化对收入阶层流动和跃迁的现实困境的关注，凸显我国政策制定的人文关怀，从而对伴随资本账户开放而来的伴生性问题做到提前识别和妥善解决，有助于我国在资本账户开放背景下实现经济开放新格局的构建。

第 2 章

全球资本账户双向开放指标测度方法
及数据库构建

2.1　资本账户开放测度方法梳理

2.1.1　资本账户开放度测度文献梳理

资本账户开放可以界定为"法理指标测度法"的开放和"事实指标测度法"的开放，基于不同的界定从而衍生出法理指标测度法和事实指标测度法两大类资本账户开放测度方法。

法理指标测度主要是从一国或地区对资本账户交易的管制程度进行考量，根据现有法规进行定性分析。此类测度主要以 IMF 公布的 AREAER 为依据。1996 年之前，AREAER 只提供了对各国资本账户"0"（限制）或"1"（不限制）的单一哑变量说明，这意味着 AREAER 只能准确显示那些资本账户完全开放的少数国家，对于其他国家资本账户开放程度无法提供更多差异化信息。为解决这一问题，后续研究采取了测度观察期内资本账户开放年度数目在该时段所占比重的"Share 法"、从资本账户收入和支出角度构造开放程度打分体系的"Quinn 法"（Quinn，1997）。1996 年起，IMF 对 AREAER 测算程序进行了优化以弥补其"先天不足"。新 AREAER 将资本账户交易由

1 项细化为 13 项，并分别进行哑变量说明。以此为基础的相关研究也取得更多突破，实现了对资本流入与流出的区分（Johnston and Tamirisa，1998）、对全球主要国家资本账户开放的横向对比（Brune et al.，2001；Chinn and Ito，2006），甚至资本账户管制程度的向前追溯（Chinn and Ito，2006）。Fernández 等（2016）参照 Schindler（2009）的指标构建方法，将 AREAER 中的资本流动分为 10 类，根据对这些子项管制的描述来对管制程度进行赋值。Chen 和 Qian（2016）以 AREAER 为基础融合我国主要政策部门的相关政策规定，考察了我国资本项目开放进程，编制了衡量中国资本项目开放程度的指标，数据涵盖 1999 年至 2012 年，是关于中国资本项目指标设计和构建的最新文献。

除 IMF 的 AREAER 报告外，经济合作与发展组织（Organization for Economic Cooperation and Development，OECD）、国际金融公司（International Finance Corporation，IFC）等国际组织和机构也相继推出了各自关于国际经贸往来自由度的研究报告。但是这些研究多以股票市场改革的官方法规颁布日期来确定股市开放过程中的关键时间节点，基本上只考虑了资本的流入没有考虑流出，适用范围有限。

事实指标测度法直接基于资本账户交易数据进行计算和分析，实现对资本账户开放程度的估计。这些研究主要涉及国内投资和储蓄内在关联分析、国内外利率偏离度分析以及跨境资本流动规模分析等。在国内投资与储蓄内在关联分析方面，Feldstein（1980）认为，古典经济学所假设的资本在全球范围内寻找边际收益最高的地方是有条件的。一般来说，在资本自由流动条件下，一国投资与储蓄之间并无必然联系，但是如果投资组合偏好和制度因素阻碍了长期资本在各国之间的流动，那么国内储蓄的增加将主要反映在增加的国内投资上。因此，可以利用储蓄和投资的关联程度测度资本账户开放水平。在国内外利率偏离度分析方面，相关研究认为，若一国资本实现完全自由流动，则该国内部利率通过汇率转换后应与国际利率相等，利用本国利率与国际利率的偏离度，可以测度资本账户开放水平（Edwards，1985；Haque and Montiel，1991；Reisen and Yèches，1993）。也有学者认为，可利用同类型资本市场的资产收益率利差测度资本账户开放水平，因为收益率利差一般在合理范围内波动，利差偏离度越大，意味着资本流动受限制越多。在跨境资本流动规模分析方面，相关研究一般通过实际资本流入和流出总量占 GDP 的比重来测度资本管制程度（Kraay，1998）。Lane 和 Milesi-Ferretti（2007）用国际资产和国际负债总量占 GDP 的比重来衡量资本账户开放程度，该方法后续得到非常广泛的应用。但鉴于数据可得性，事实指标测度法只能从某个角度观察资本账户开放程度，这难免失之偏颇。

纵览既有研究可以发现，学界对资本账户开放程度的测度并未形成统一的方法，既有方法很难兼顾全面性、客观性和准确性。一方面，事实指标测度法直接基于资本账户交易数据进行计算和分析。该方法以实际数据为基础使其具有一定的客观性，但数据可得性使其较难全面衡量资本账户开放程度。另一方面，法理指标测度法主要是从一国或地区对资本账户交易的管制程度进行定性分析。该方法主要以 IMF 的 AREAER 报告为依据，有丰富的资本账户子项索引和相关评级标准指引，但资本账户开放条款的复杂性、不同国家开放策略的多样性，使得对全球主要国家资本账户开放程度的测度需要进行长期、大量、细致的测评工作，无疑提高了研究门槛。

2.1.2　资本账户开放主流数据库编制方法

目前，学界主要形成了四大代表性数据库：Chinn 和 Ito（2006）的 KAOPEN 数据库、Lane 和 Milesi-Ferretti（2007）的 EWN 数据库（External Wealth of Nations Database，国家外部财富数据库）、Fernández 等（2016）的 FKRSU 数据库、Chen 和 Qian（2016）的 C&Q 数据库，其基本特征如表 2.1 所示。

表 2.1　四大资本账户数据库基本特征概览

数据库	基本特征
KAOPEN 数据库	Chinn 和 Ito（2006）的 KAOPEN 数据库对经常项目、资本项目和多重汇率等方面的管制进行主成分分析，并用第一主成分度量该指数，用于表示资本管制的广度和深度
EWN 数据库	Lane 和 Milesi-Ferretti（2007）的 EWN 数据库用一国所持有的国际投资头寸占 GDP 的比重度量一国资本账户开放程度
FKRSU 数据库	Fernández 等（2016）的 FKRSU 数据库依据 IMF 的 AREAER 报告对 10 个子项的资本管制情况进行赋值，设计了资本流入和流出管制程度指标体系
C&Q 数据库	Chen 和 Qian（2016）的 C&Q 数据库针对中国资本账户进行细分，包括有价证券投资、债务证券投资、商业信贷、金融信贷、金融衍生工具等

按照法理指标测度法和事实指标测度法进行区分不难发现，只有 Lane 和 Milesi-Ferretti（2007）指标属于事实指标测度法，这一方法不足在于外部资产、外部负债除了受资本账户管制的影响外，同时也可能与经济面因素相关，如政策或环境变化、数据波动、价值调整等，可能会导致该指标短期内反应不灵敏。大多数研究均采取或借鉴了 Chinn 和 Ito（2006）、Chen 和 Qian（2016）、Fernández 等（2016）的方法，法理指标测度法是资本账户开放度测度的主流方法。

在数据库应用方面，上述四大数据库在金融危机、全球化、经济增长、债务、资本流动风险、系统性金融风险、货币政策、经常账户、财政政策、生产率以及老龄化等 11 个领域有所应用。总体来看，四大数据库均有较高的引用率。其中，Chinn 和 Ito（2006）的 KAOPEN 数据库与 Fernández 等（2016）的 FKRSU 数据库，被引情况主要集中于全球化、资本流动风险以及货币政策三个方面；Chen 和 Qian（2016）的 C&Q 数据库则主要涉及资本流动风险方面；Lane 和 Milesi-Ferretti（2007）的 EWN 数据库的应用范围则主要集中于全球化与资本流动风险两个方面。

1. Chinn 和 Ito（2006）指标

Chinn-Ito 指数即 KAOPEN 指标是一国资本账户开放程度的名义衡量，其数值越大表明开放程度越高。最新指标包含 182 个国家 1970 年到 2019 年的资本项目开放度数据。该指标利用 AREAER 中跨境资本交易的管制信息，使用五年平均法对多重汇率、经常项目交易管制、出口收入上缴的管制和资本项目管制指数组成的向量进行主成分分析，将第一主成分作为衡量资本项目开放程度的 KAOPEN 指数。通过加入可能对资本流动产生影响的其他因素，不仅能够反映资本管制的强度，而且能够反映资本管制的广度。其中，主成分具体计算方式如下：

$$\text{SHARE}k_{3,t} = \left(\frac{k_{3,t} + k_{3,t-1} + k_{3,t-2} + k_{3,t-3} + k_{3,t-4}}{5} \right) \qquad (2.1)$$

其中，k_3 为资本转移管制；t 为资本管制实施时间。

2. Chen 和 Qian（2016）指标

随着国内和全球经济变得更加复杂，中国的资本控制似乎越来越趋于系统化和以个人交易为导向。Chen 和 Qian（2016）构建了一个资本控制指数数据集，该数据集涵盖了 1999 年 1 月至 2018 年 9 月中国资本管制变化的月度数据。该指标主要依赖 AREAER 披露的信息，并使用我国政府指令和报告、主要新闻来源以及有关资本管制的学术论文等信息进行补充和交叉核对。在细分资本账户子项时，分类方法与 IMF 和 OECD 公布的国际收支平衡表（balance of payment，BOP）第五版中关于资产和负债类别的标准略有不同，包含六个子指数、四个分指数。他们是以 1999 年 1 月为基础，如果此后出现了资本项目管制放松的政策，那么在原指标基础上减去 1，如果此后出现了资本项目管制趋紧的政策，那么在原指标基础上加上 1。由于资本项目中各个资产的输入、输出规模往往存在较大差异，赋予各类资产输入、输出同样的权重会引起测量误差的问题，因此他们将各个类型资本流动占整个资本流动的比重进行加权平均，得到资本项目开放的混合指标。该指标在时间维度上的变化更大，更符合中国项目开放的渐进过程，这也就避免了在研究中国资本项目开放问题时，量化指标没有变化或者变化很小所导致因果关系识别困难的问题。表 2.2 展示了 Chen 和 Qian（2016）指标体系中的具体子项。

表 2.2　Chen 和 Qian（2016）指标体系

子项名称	子项含义	子项名称	子项含义
eq	自然人持有的股票类证券	mm_{siar}	由居民在国外出售或发行的市场工具
eq_{plbn}	由非本国居民购买的本地的股票	cc	商业信贷（贸易信贷）
eq_{siln}	由非本国居民出售或发行的本地的股票	cco	由本国居民向非居民提供的商业信贷
eq_{pabr}	本国居民在国外购买的股票	cci	由非居民向本国居民提供的商业信贷
eq_{siar}	本国居民在国外出售或发行的股票	fc	金融信贷（主要是银行贷款）
bo	债券或其他债务证券	fco	由居民向非居民提供的金融信贷
bo_{plbn}	由非本国居民购买的本地的债券	fci	由非居民向本国居民提供的金融信贷
bo_{siln}	由非本国居民出售或发行的本地的债券	di	直接投资管制
bo_{pabr}	本国居民在国外购买的债券	dio	对外直接投资管制
bo_{siar}	本国居民在国外出售或发行的债券	dii	对内直接投资管制
mm	货币市场工具	ldi	直接投资流动性管制
mm_{plbn}	由非居民在本地购买的市场工具	im	进口和进口支付
mm_{siln}	由非居民在本地出售或发行的市场工具	ex	出口和出口收益
mm_{pabr}	由居民在国外购买的市场工具		

　　作者通过对适当的资本子项进行加权平均编制复合指数。以对"股票或其他参与性证券（股票投资）"进行总体管控为例，表 2.3 中的所有公式，描述了如何计算股票市场管制程度（流入加流出）、流入、流出、非居民和居民股票资本投资控制的总指数，表 2.3 以股票项目为例，对计算方式做出了说明，其中 eqi 为总股本流入，eqo 为总股本流出。

表 2.3　复合指数计算公式

项目	计算公式
股票市场管制程度计算方程	$eq = [eq_{plbn} + eq_{siln} + eq_{pabr} + eq_{siar}]/4$
资本流入与流出管制程度计算方程	$eqi = [eq_{plbn} + eq_{siar}]/2$
	$eqo = [eq_{siln} + eq_{pabr}]/2$
（非）居民购买股票管制程度计算方程	$eq_{nr} = [eq_{plbn} + eq_{siln}]/2$
	$eq_r = [eq_{pabr} + eq_{siar}]/2$

3. Fernández 等（2016）指标

Fernández 等（2016）提出并描述了 1995 年至 2019 年 99 个国家 10 类资产流入和流出的资本控制限制的新数据集。他们按照 0、0.5、1 的赋值标准，以 1/20 为权重，对 10 个项目按资本流入和流出分别计算并加总，从而将区域中的信息转化为一个可用的数据集。根据 AREAER 中关于这些子项管制的描述来对管制程度进行赋值，具体项目包括股份（equity）、债券（debt securities）、货币市场工具（money market instruments）、集体投资证券（collective investment securities）、金融衍生品和其他金融工具（financial derivatives and other instruments）、商业信贷（commercial credits）、金融信贷（financial credits）、担保等金融工具（guarantees and other financial instruments）、直接投资（direct investment）、直接投资清算（liquidation of direct investment）和房地产交易（real estate transactions）。

$XX_{i,j,t}^{INFLOW}$ 为国家 i 第 t 年的第 j 个子项资本管制流入程度，因此国家 i 第 t 年资本管制流入的汇总指标 $KC_{i,t}^{INFLOW}$ 为

$$KC_{i,t}^{INFLOW} = \frac{1}{11}\sum_{j=1}^{11} XX_{i,j,t}^{INFLOW} \qquad (2.2)$$

$XX_{i,j,t}^{OUTFLOW}$ 为国家 i 第 t 年的第 j 个子项资本管制流出程度，因此国家 i 第

t 年资本管制流出的汇总指标 $\text{KC}_{i,t}^{\text{OUTFLOW}}$ 为

$$\text{KC}_{i,t}^{\text{OUTFLOW}} = \frac{1}{11} \sum_{j=1}^{11} \text{XX}_{i,j,t}^{\text{OUTFLOW}} \qquad (2.3)$$

4. Lane 和 Milesi-Ferretti（2007）指标

Lane 和 Milesi-Ferretti（2007）构建了 211 个国家 1970 年至 2015 年的外部资产和外部负债的数据，不仅考虑了资金流动对外部资产和外部负债的影响，而且考虑了资本利得对外部资产和外部负债的影响。资本项目开放程度可以通过外部资产和外部负债之和占 GDP 的比重来衡量，其背后的逻辑是随着资本项目的开放，居民持有外国资产以及非居民持有本国资产都会增加，这会导致外部负债和外部资产的增加，能够较为直观地反映一国资本账户开放程度。

因此，如何对既有方法进行完善使其兼顾全面性、客观性和连贯性，是当前测度资本账户开放程度的难点。为此，研究团队通过完善现有测度方法，基于 IMF 的 AREAER 文本信息，提取月度数据，在资本账户总项开放度基础上，进一步细分 11 个子项，并区分资本流入与流出管制程度，构建了一个全球资本账户开放数据库——GKAOPEN 数据库，实现了对 188 个国家和地区资本账户开放程度月度变化的测度。目前，数据库时间跨度为 1999 年 1 月至 2019 年 12 月，可每两年进行一次动态追踪和更新。

2.2　基于 IMF 的 AREAER 报告的文本挖掘

为了构建资本账户总体开放度和各子项开放度指标，研究团队基于 AREAER 报告形成的结构化的资本账户开放文本库进行信息提取和分类。通过对分类指标进行加总，可以得到资本账户子项开放度指标。资本账户总体开放程度的变化，可通过对资本账户各子项指标取平均值计算得到。对

于资本账户子项的划分，研究团队沿用 Fernández 等（2016）的做法，详细区分了股权市场、债券市场、货币市场等细分子项，并且增加了因政治、战争、恐怖主义与冲突等因素导致资本管制的"其他资本交易限制"子项，如表 2.4 所示。

表 2.4　GKAOPEN 数据库资本账户子项划分

子项名称	子项含义	子项名称	子项含义
ka	资本账户总项管制程度	cii	集体投资资本流入管制程度
kai	资本流入管制程度	cio	集体投资资本流出管制程度
kao	资本流出管制程度	ci_plbn	非本国居民购买集体投资基金管制程度
eq	股权市场管制程度	ci_siln	非本国法人发行集体投资基金管制程度
eqi	股权市场资本入管制程度	ci_pabr	本国居民投资外国集体基金管制程度
eqo	股权市场资本流出管制程度	ci_siar	本国法人到国（境）外发行集体投资基金管制程度
eq_plbn	非本国居民购买股权管制程度	de	衍生金融资产管制程度
eq_siln	非本国法人发行股份管制程度	dei	衍生金融资产流入管制程度
eq_pabr	本国居民购买外国股权管制程度	deo	衍生金融资产流出管制程度
eq_siar	本国法人到国（境）外发行股权管制程度	de_plbn	非本国居民购买衍生金融资产管制程度
bo	债券市场管制程度	de_siln	非本国居民发行金融衍生工具管制程度
boi	债券市场流入管制程度	de_pabr	本国居民购买外国金融资产管制程度
boo	债券市场流出管制程度	de_siar	本国法人到国（境）外发行金融衍生工具管制程度
bo_plbn	非本国居民购买债券管制程度	cc	商业信贷管制程度
bo_siln	非本国法人发行债券管制程度	cci	商业信贷资本流入管制程度
bo_pabr	本国居民购买外国债券管制程度	cco	商业信贷资本流出管制程度
bo_siar	本国法人到国（境）外发行债券管制程度	fc	金融贷款管制程度
mm	货币市场管制程度	fci	金融贷款流入管制程度
mmi	货币市场资本流入管制程度	fco	金融贷款流出管制程度
mmo	货币市场资本流出管制程度	gs	保证、担保和财务支出工具管制程度
mm_plbn	非本国居民投资货币市场管制程度	gsi	保证、担保和财务支出工具资本流入管制程度
mm_siln	非本国法人发行货币市场工具管制程度	gso	保证、担保和财务支出工具资本流出管制程度
mm_pabr	本国居民投资外国货币市场管制程度	di	直接投资管制程度
mm_siar	本国法人到国（境）外发行货币市场工具管制程度	dii	直接投资资本流入管制程度
ci	集体投资管制程度	dio	直接投资资本流出管制程度

子项名称	子项含义	子项名称	子项含义
ldi	直接投资清算管制程度	re_slbn	外国居民出售房地产管制程度
re	房地产管制程度	mct	其他资本交易限制（政治/战争/恐怖主义/冲突等）
rei	房地产资本流入管制程度	mcti	其他资本交易的流入管制程度
reo	房地产资本流出管制程度	mcto	其他资本交易的流出管制程度
re_pabr	本国居民购买国（境）外房地产管制程度	pct	个人资本交易的管制程度
re_plbn	外国居民购买房地产管制程度		

既有数据库中，Chinn 和 Ito（2006）、Fernández 等（2016）根据资本项目开放管制与否来进行赋值，没有考虑对管制或开放力度进一步加大情形下的动态衡量。Pasricha 等（2018）考虑了资本开放和管制两种情况，并对两种情况进行赋值，但是这些研究仅完成了对特定资本市场自由度的衡量，多重资本市场间的自由化程度不可加总，不能衡量资本账户总体开放水平。为此，本研究团队首先将每一个资本账户子项下的资本流动均划分为流入和流出两个方向，每个方向再根据交易主体位于境内还是境外进行二次细分。参照 Chen 和 Qian（2016）对每一个细分子项进行赋值，赋值规则是：加强资本管制指标赋值为 "+1"，放松资本管制指标赋值为 "–1"。其次，根据文本分析来判断管制放松程度，设置不同的权重。最后，将指标权重与 "+1" 或 "–1" 相乘，向上逐层加总便得到该子项管制或放松的变化程度，各子项加总取均值便可得到资本账户总体开放程度。

2.3 基于 CNN 的自然语言语义分析

CNN 是典型的深度前馈神经网络模型，相较于传统的人工神经网络，CNN 上一层与下一层的神经元采用局部方式实现连接，这种方式能够很大程度地缩小模型参数的规模，使模型计算以及训练过程更加容易。通常情况下，CNN 的结构模块大致上包括了输入层、卷积层、降维层、隐藏层、全连接层 +Softmax（归一化指数函数）层和输出层，其核心在于卷积层利用卷积核采集文本特征，类似于滑动窗口，卷积核的遍历过程可以自动化地提取到相应输入文本的局部特征，如图 2.1 所示。

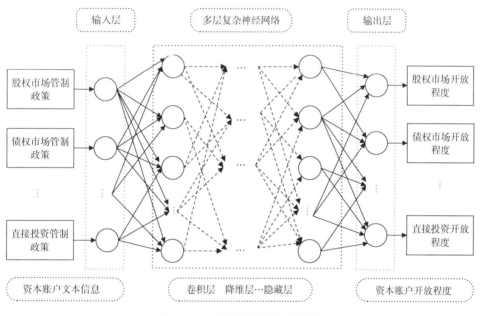

图 2.1　CNN 模型文本处理逻辑

各层网络的功能介绍如下。输入层：CNN 中的输入是一个二维矩阵。在图像识别中，CNN 的输入就是一张经过规范化的图片。而在文本分类中，由词向量组成的文本矩阵对应输入模型。通常文本矩阵的行数代表文本的字数，而矩阵的列数则代表每个单词对应的词向量维数。

卷积层：该层是 CNN 中的核心，主要作用是对 CNN 的输入进行特征提取，使用一定数量和尺寸的卷积核顺序扫过输入矩阵的所有区域，每个卷积核将从输入中习得特征，并生成对应的特征图（feature map）。不同的卷积核可获取不同类型的特征，因而在卷积层中通常集成多个卷积核来提高获取特征的能力，并将所有生成的特征图在深度上进行拼接，使其成为一个整体。特征图经过激活函数处理后，便最终完成了对输入矩阵的特征提取。

降维层：池化层的主要作用是对卷积层的输出进行降维，在此过程中也可实现特征筛选，从而提高 CNN 的训练效率。具体而言，池化的工作是将卷积层的输出矩阵划分成一定数量的子区域，然后对每个子区域内的元素进行简单的数学操作，如求其均值，或求其最大值，由此对应两种池化，即平均池化、最大池化。

全连接层+Softmax 层：池化层的一维向量的输出通过全连接的方式，连接一个 Softmax 层，Softmax 层可根据任务的需要设置，通常反映最终类别上的概率分布。

输出层：输出层的主要作用是根据下一步的任务要求来改变全连接层输出向量的维数。例如，若输出层的下一步将要进行分类任务，则输出层的维数应为分类任务的类别数。

2.3.1 基于 CNN 的词性标注

在理解文本语料时词性（part-of-speech）被认为是词所特有的语法范畴，词性标注则是根据某个词在句中的词性对该词完成标记处理的过程。

文本分析中，词性标注可理解为根据某个词所处于的上下文确定在该句中该词唯一的词性，并以某种方式进行标记处理。"在该句中该词唯一的词性"是指由于中文的特殊性，单个词的词性是不完全固定的，也就是说可能存在不同语境下拥有不同词性的现象，而不同的词性可能是同义的也可能是完全不同的语义。同时，词性的区别对于理解文本的极性所带来的影响也不完全一致，通常形容词、否定词一般隐藏着强烈的倾向性表达，而副词则包含着较少的倾向性。因此，在文本分析中加入词性标注处理，能够对文本语义理解、特征抽取提供有效的帮助，以求在后续的实验中奠定更加良好的基础。

目前而言，对于词性标注过程中出现的诸如词性不唯一、某些词未被记录等现象，一般会采用基于规则或者是基于统计的词性标注方法有效解决。

基于规则的词性标注方法的基本思想是根据搭配关系以及上下文语境，通过预先设定的规则对包含多个可能词性的词完成消歧处理，并将其唯一词性保留下来。其中的规则制定最初是由人工操作，但数据集的规模增大让人工操作变得困难，如今在更多情况下通常是采用基于机器学习的规则自动提取方法。

基于统计的词性标注方法的基本思想是提前对其中的部分内容完成人工的标注处理，接着对新数据采用统计的方法完成自动化的标注处理，即通过已经具有词性标注的一系列词序列来判断接下来的词最可能是哪种词性。综合以上两种方法，也就产生了基于统计与规则相结合的词性标注方法，另外，词性标注的处理也可以借助于现有的文本预处理工具，如 Jieba、FoolNLTK、Snow NLP、Pku Seg、THULAC 等。

2.3.2　构建语言编码 BERT 模型

BERT 模型是 Google 于 2018 年所提出的网络训练模型，在自然语言处理（natural language processing，NLP）领域的众多技术中表现卓越，分别包括分类、问答、翻译等 10 项任务。BERT 模型是神经网络语言模型（neural network language model，NNLM）通过共享结构来捕获更多上下文信息的一种改进方案，相较于 NNLM 以及其他语言模型，BERT 内部可以被看成由 Transformer（变换器）模型所组成的双向编码器表示。相较于传统的序列模型，Transformer 模型可以并行化地对文本序列中的一切词或是符号表达执行相应的操作，同时从另一个角度来看可以让文本序列中的每个词在多个执行步骤中关注到句子中的其他任意单词，利用自注意力（self-attention）能够将上下文与相对较远的词结合在一起，在训练速度和训练效果上都有了很大程度的提升。因此，内部集成变换器的 BERT 模型能够充分地学习文本中的字级、词级、句级之间的特征关系，深入挖掘其中的语法、句法特征。

Transformer 模型利用自注意力层来获得关于上下文的语义联系，其核心是计算当前句子中每个词与该句中所有词的关系，并利用这个关系对权重进行调整，以求获得当前句子新的表达方式。输入相关的 Query、Key、Value 矩阵，由输入语句相对应的向量矩阵与权重矩阵 Q^W、K^W、V^W 相乘所获得，矩阵中的每一行对应了输入语句中每个字的 Query、Key、Value 向量的值；dk 表示字的 Key 向量的维度；运用 Softmax 执行归一化的输出处理操作，可以使相应的行向量元素被等比例地压缩。整个计算过程中，在某种程度上考虑了字与字之间的语义相关性，因此最终得到的注意力值是包含了其他词意信息的一个全新的向量值。

同时，Transformer 模型在自注意力层引入多头（multi-headed）注意力机制，使用多个初始化组增强模型的关注能力，其中 head 的个数根据需求进行设置。随后对每个矩阵执行拼接的操作，并将拼接后的矩阵与一个附加的权重矩阵相乘，使其压缩为一个矩阵。考虑到在上述一系列操作中并没有关于输入语句中词序的相关处理，针对此不足，Transformer 模型分别在编码器与解码器的输入部分设置了一个额外增加的位置向量，也就是说输入到 Encoder 和 Decoder 的嵌入表示已经融合了输入语句的相关位置信息。

2.4　政策分类及权重赋值

在细分资本账户子项以及打分的基础上，考虑到不同类型的资本账户管制政策在影响力度上的差异,研究团队将资本账户管制政策归纳为五个大类,具体包括"设置/取消审批制度"、"额度、范围的变化"、"监管强度的加强/放松"、"对资本流动增税/减税"和"准备金限制",如表 2.5 所示。其中,一个国家设置或取消资本流动审批制度对资本账户总项和各子项影响最为全面与深刻,因此研究团队将"设置/取消审批制度"相关政策的权重设定为 1。资本流动额度、范围等相关资本账户管制政策相较于"设置/取消审批制度"而言,国际资本能够通过资本账户实现跨境流动,但是受到较为严格的管制,鉴于此将"额度、范围的变化"相关政策权重设置为 0.8。在资本账户常态化管理过程中,资本账户监管强度处于一个动态调整过程之中,这一过程将在短期内对跨境资本流动产生冲击,因此将"监管强度的加强/放松"的权重设定为 0.6。在局部金融风险较高或资产价格泡沫较为严重时期,金融监管当局一般通过对跨境资本征税的方式抑制国际热钱流入、平抑投机情绪,而当经济增长动力不足时期,通过对跨境资本减税可以为经济增长提供外部资金支持,因此相关政策措施会在一些特殊时点对资本账户总项和子项产生影响,将"对资本流动增税/减税"权重设定为 0.4。在宏观审慎监管框架下,外汇准备金成为对跨境资本流动动态微调的重要工具,诸如针对掉期交易、远期交易、外汇存贷款、非居民资产负债等征收准备金,考虑到其影响范围的局部性,将"准备金限制"权重设定为 0.2。

表 2.5　GKAOPEN 数据库政策分类及权重赋值

管制措施/放松管制政策分类	权重
1. 设置/取消审批制度	1
2. 额度、范围的变化	0.8
3. 监管强度的加强/放松	0.6
4. 对资本流动增税/减税	0.4
5. 准备金限制	0.2

2.5 总体和最细粒度资本账户双向开放指标构建

通过细分资本账户子项并对不同政策力度进行加权赋值，可获得各子项指标得分与其政策力度权重的对应关系，其乘积便是该政策对该子项的影响程度。由于某一时点可能同时存在对资本流入和流出的管制，不同政策力度可能有松有紧，为综合考察某一时点相关政策对资本账户的影响力度，研究团队采用取均值的方式对各子项指标进行综合评价，从而得到资本账户某一子项在某时点的开放状态。如果该均值小于零，则意味着对资本账户管制在放松，该均值越小则资本账户开放力度越大，反之则意味着资本账户管制在加强。

采取相同的计算逻辑，将各子项进行加总取均值，便可得到资本账户总体开放程度的动态变化指标 ka。此外，考虑到多数国家和地区对资本账户流入与流出的差异化管制，研究团队进一步区分了资本流入管制程度指标 kai 和资本流出管制指标 kao。各子项指标和总项指标的计算方式如表 2.6 所示。

表 2.6 GKAOPEN 数据库指标计算公式

变量名	计算方程		
ka= Average（kai, kao）	kai= Average（eqi, boi, mmi, cii, dei, cci, fci, gsi, dii, rei, mcti）		
	kao= Average（eqo, boo, mmo, cio, deo, cco, fco, gso, dio, reo, mcto）		
eq	= Average（eqi, eqo）	cio	= Average（ci_siln, ci_pabr）
eqi	= Average（eq_plbn, eq_siar）	de	= Average（dei, deo）
eqo	= Average（eq_siln, eq_pabr）	dei	= Average（de_plbn, de_siar）
bo	= Average（boi, boo）	deo	= Average（de_siln, de_pabr）
boi	= Average（bo_plbn, bo_siar）	cc	= Average（cci, cco）
boo	= Average（bo_siln, bo_pabr）	fc	= Average（fci, fco）
mm	= Average（mmi, mmo）	gs	= Average（gsi, gso）
mmi	= Average（mm_plbn, mm_siar）	di	= Average（dii, dio）
mmo	= Average（mm_siln, mm_pabr）	re	= Average（rei, reo）
ci	= Average（cii, cio）	rei	= re_plbn
cii	= Average（ci_plbn, ci_siar）	reo	= Average（re_pabr, re_slbn）

2.6　资本账户双向开放指标赋值校验

本研究团队已组织三轮专家咨询会议，聘请相关领域专家分别从课题论证、CNN 模型构建与校准、指标选取与权重设计等方面，对课题研究工作进行指导。目前，本研究团队已产生代表性研究成果，即全球 188 个国家和地区近三十年的月度资本账户开放数据。GKAOPEN 数据库经过校准与验证，基本能够用于学术研究工作，经过再次校验后，可供申请者学习和研究使用。同时，本研究团队研究思路和模型业已成形，可以每年度对数据进行及时更新，可为金融管理部门提供决策参考。

2.7　GKAOPEN 数据库特点

GKAOPEN 数据库继承了现有资本账户数据库的优势，在数据结构、样本容量、时间跨度等方面进行了完善。GKAOPEN 数据库与其他资本账户数据库的对比如表 2.7 所示。

表 2.7　GKAOPEN 数据与既有数据库的特征概览

数据库	总体开放度	流入与流出开放度	子项开放度	样本容量	时间跨度	数据类型
GKAOPEN	√	√	√	188	1999 年 1 月～2019 年 12 月	月度平衡面板
FKRSU	√	√	√	99	1995～2019 年	年度平衡面板
KAOPEN	√	×	×	182	1970～2019 年	年度平衡面板
EWN	√	×	×	211	1970～2015 年	年度非平衡面板
C&Q	√	√	√	1（中国）	1999 年 1 月～2018 年 9 月	月度时间序列

注：时间跨度为截止到 2022 年 4 月各数据库可公开检索到的最新日期。GKAOPEN 代表本成果，FKRSU 代表 Fernández 等（2016）数据库，KAOPEN 代表 Chinn 和 Ito（2006）数据库，EWN 代表 Lane 和 Milesi-Ferretti（2007）数据库，C&Q 代表 Chen 和 Qian（2016）数据库

2.7.1   样本容量特征分析

GKAOPEN 数据库在时间跨度和数据结构上与 C&Q 数据库较为类似，均为 1999 年至 2019 年的月度数据，但是在样本容量上，GKAOPEN 数据库将样本容量由中国 1 国扩展到全球 188 个国家和地区，样本容量显著增加。与 FKRSU 数据库、KAOPEN 数据库和 EWN 数据库不同，GKAOPEN 数据库频率为月度，能够拥有更大的观察样本量以及对政策变动更为精确的度量，数据更加全面和翔实，可将相关研究扩展至 OECD、欧盟、"一带一路"沿线国家、新兴市场国家的资本账户开放度关联问题。

2.7.2   时间跨度特征分析

GKAOPEN 数据库使用高频文本分析，实现月度数据指标的测算，有效记录了 1999 年 1 月至 2019 年 12 月的各国家和地区资本账户政策变动情况。相较于时间跨度类似的 C&Q 月度时间序列数据库和 FKRSU 年度平衡面板数据库，以及样本容量类似的 KAOPEN 年度平衡面板数据库和 EWN 年度非平衡面板数据库，GKAOPEN 数据库提供了"252 个月×188 个国家（地区）"的平衡面板数据，能够更加有效地捕捉政策波动情况，能够与月度频率经济数据相结合，适用范围更加广泛。

2.7.3   资本账户子项特征分析

既有数据库中，KAOPEN 数据库和 EWN 数据库并未涉及资本账户详细开放度的测度，只有 GKAOPEN 数据库、FKRSU 数据库和 C&Q 数据库对资本账户子项进行了测度。但是，FKRSU 数据库为年度数据，测度精确性有待提高，且样本容量较少，C&Q 数据库仅涉及中国一个国家。GKAOPEN 数

据库在 C&Q 数据库的子项划分以及四个分指数基础之上，同时参考
Fernández 等（2016）拓展了针对资本账户子项的测度，将资本账户子项扩
充至 11 个，从而能够更为深入地挖掘细分领域资本账户开放情况，实现对
资本账户子项开放进程的国别比较研究。

2.7.4　资本流入和流出双向开放度特征分析

从资本账户管制的实践经验来看，多数国家和地区对资本账户流入与流
出实行差异化管制，即存在"宽进严出"和"严进宽出"的政策差异，资本
账户流入与流出开放进程可能并非同步。既有数据库中，只有 GKAOPEN 数
据库、FKRSU 数据库和 C&Q 数据库涉及资本流入与流出开放度的测度，但
是 FKRSU 数据库和 C&Q 数据库在精确度和样本容量上有待完善。为此，
GKAOPEN 数据库区分了资本流入管制指标和资本流出管制指标，将每一个
资本账户子项下的资本流动均划分为流入和流出两个方向，把文本分析后的
资本账户管制政策月度得分，对应赋予资本流入或资本流出，从而实现对资
本流入月度管制程度和资本流出月度管制程度的衡量。

2.8　GKAOPEN 数据库的应用方向展望

2.8.1　GKAOPEN 数据库的比较优势

本研究团队开发的 GKAOPEN 数据库实现了对 188 个国家和地区资本账
户管制程度的月度动态描述。与既有数据库相比，更为科学、客观和翔实。
在资本账户子项管制程度上，GKAOPEN 数据库区分了对于资本流入和资本
流出管制的相对差异，从而实现了对资本账户管制的双向动态测度。

具体来看，GKAOPEN 数据库在现有资本账户开放数据库的基础之上，

在样本容量、时间跨度、子项数量以及指标测度等方面进行了改进，拥有更加广阔的应用范围。

样本容量方面：GKAOPEN 数据库在 Chen 和 Qian（2016）数据库实现单一政策变动测度的基础之上，将样本容量由中国 1 国扩展到全球 188 国家和地区，样本容量显著增加，可将前期仅用于中国资本账户开放波动情况的研究延伸至 OECD 国家、欧盟、"一带一路"倡议沿线国家等经济组织的资本账户开放关联情况以及探究新兴经济体与发达经济体之间的溢出效应等问题。同时，GKAOPEN 数据库频率为月度，能够拥有更大的样本量以及对政策变动更为精确的度量。

时间跨度方面：GKAOPEN 数据库时间跨度长，有效记录 1999～2019 年各国家和地区资本账户政策变动情况，横跨 21 年。同时，GKAOPEN 数据库使用高频文本分析，实现月度数据指标的测算，相较于 Fernández 等（2016）的年度数据能够更加有效地捕捉政策波动情况。GKAOPEN 数据库能够与月度频率经济数据相结合，用于更为广泛主题的研究。

子项数量以及指标测度方面：大多数资本账户数据往往仅包含资本账户总体层面的开放程度，忽视了子项层面的政策异质性。GKAOPEN 数据库在 Chen 和 Qian（2016）数据库 6 个子项指数（股票市场、债券市场、货币市场、商业信贷、金融信贷以及直接投资）、4 个分指数（本国居民本地购买、本国居民外国出售、外国居民本地购买以及外国居民本地出售）基础之上，同时参考 Fernández 等（2016）拓展了针对子项的指标测度，从 6 个子项指标扩充至 11 个子项指标，能够更为深入挖掘细分领域资本账户开放，可以应用到相关子项的具体国别比较研究中。

因此，相较于四大现有数据库，GKAOPEN 数据库能够较为全面、详尽地阐释全球资本账户开放变动情况，在样本期跨度、数据频率、数据粒度以及覆盖范围等指标层面实现了拓展与创新，有助于学者在更为广阔的领域开展资本账户开放相关研究。

2.8.2　GKAOPEN 数据库的研究展望

目前，研究团队正在开展 2020 年和 2021 年相关数据的收集、整理工作，将对数据库进行更新，并适时向广大学者开放。GKAOPEN 数据库对于研究全球主要经济体资本账户开放、区域经济合作组织、发展中国家或欠发达国家资本账户管制问题，提供了翔实的基础数据。此外，GKAOPEN 数据库可以用于国际金融周期、异常资本流动以及国际政策协调等领域的学术研究。对于金融监管部门，GKAOPEN 数据库为实现国家间资本账户管制程度的横向对比提供了一个更为丰富和翔实的数据支撑。后续数据库的动态更新也可为金融监管部门及时跟踪和掌握全球资本账户开放的变化趋势及特征提供参考。

第 3 章
中国资本账户双向开放情况

资本账户开放具有潜在的重大收益。为促进经济增长，自 20 世纪 70 年代发达国家便开始推进资本账户开放。发展中国家的资本账户开放进程始于 20 世纪 90 年代，并且取得了不同程度的成就。尽管部分发展中国家享受到了资本账户开放带来的潜在收益，但有很多发展中国家的金融市场却在资本账户开放的过程中遭受了重创，甚至产生了局部的货币危机。

为应对资本账户开放表现出来的"双刃剑"效应，中国吸取了其他发展中国家资本账户开放的经验，在资本账户开放进程初期遵循着渐进、审慎、可控的原则。中国资本账户开放的速度于 2008 年金融危机后呈现出明显加快的态势（张明，2016）。如今，国内外经济形势更加复杂多变，为防止国际金融周期一体化给国内金融市场带来系统性风险，中国的资本账户开放继续保持渐进、审慎、可控的原则。同时，中国也应遵循科学的开放路径，完善宏观审慎监管机制，推进国内结构性经济改革，以国内大循环为主体，持续推进国内国际双循环相互促进。

3.1　中国资本账户开放历史梳理

中国资本账户开放的进程经历了多个阶段，主要依据各个时期工作重心、管理指导思想的不同来进行阶段划分。

由于世界政治环境与中国综合政治经济实力的限制，1978 年开始实行改革开放之前，中国的资本账户基本处于严格的政府政策管制之下。改革开放以来，外商直接投资的引进开启了我国外汇体制改革和资本账户开放的进程。与此同时，中国在各个领域都进行了全方位、多层次的改革，这些改革相辅相成，互相促进，从而为中国经济带来了 30 余年的快速发展。2020 年中国 GDP 总量达 14.72 万亿美元，迈上 100 万亿元人民币大关，人均 GDP 也达到了 10 500.40 美元。

回顾中国资本账户开放的历史并总结经验与教训，可以为继续推进资本账户开放和制定具体可行的开放策略提供参考与借鉴。

3.1.1　计划经济时期（1949～1977 年）

该阶段我国主要实行封闭运行模式进行资本账户管理。由于中国在此期间实行完全计划经济体制，而且为了保证经济建设所需要的大量资金而建立了统收统支、高度集中的资本管理体制，该时期仅有的对外资本交流仅限于外汇资金交易，且数量与规模有限。在这一时期，中国的经济基本上处于封闭运行的状态，人民币也基本上不可兑换，资本账户基本处于完全封闭状态。

3.1.2　经济转型时期（1978～2000 年）

自 1978 年起，中国开始实行改革开放政策，由此拉开了外汇体制改革的序幕，并按照"先流入后流出、先长期后短期、先直接后间接、先机构后个人"的原则逐步推进（盛松成，2012）。1994 年中国开展了对外汇体制的重大改革，取消了汇率双轨制，统一了全国外汇市场，实行有管理的浮动汇率制度，并于该年度顺利实现了人民币经常项目有条件可兑换。1996 年中国颁布了《中华人民共和国外汇管理条例》,取消了所有经常性国际支付和转移的限制,从而实现了人民币经常项目的可兑换。这标志着中国资本账户开放的起步,并为推进资本账户开放提供了有利条件。

3.1.3　渐进开放资本账户时期(2001~2011年)

1997年亚洲金融危机的爆发,大幅度减缓了我国资本账户开放的步伐,也令中国政府开始认识到资本账户开放可能存在的潜在风险,因此坚持渐进、审慎、可控的资本账户开放原则,中国在这一时期实施了一系列渐进开放资本账户的政策。

2001年中国加入WTO,人民币资本账户真正开始逐渐开放;2003年明确提出要逐步实现资本项目可兑换;2005年中国再次实行汇率改革,推行更富有弹性的有管理的浮动汇率制度;2008年全球金融危机后,中国开始努力扩大人民币在国际范围内的使用,以此降低对美元的过度依赖,减少外汇储备和外汇交易风险,促进国内金融市场改革,并于2009年开始在多个城市设立跨境贸易人民币结算试点。

自2002年起,我国出台的资本账户改革措施逐渐增多,在中国资本账户开放进程中各种过渡性机制相继引入并持续扩容,这一时期中国实施的开放举措主要有:鼓励国内企业"走出去",进一步放宽国内企业境外投资外汇限制,进行境外投资改革试点;推行QFII制度和QDII制度,这是鼓励资本流入、放松外国对中国的证券投资的一项重要举措;2007年8月,国家外汇管理局宣布,允许自主持有外汇,无须按原来的政策将外汇留成比例之外的外汇强制结汇,这标志着强制结售汇制度的结束。

3.1.4　加速开放资本账户时期（2012 年至今）

2012 年以来，我国资本账户开放步伐明显加快。2012 年 2 月，中国人民银行研究报告指出我国开放资本账户的条件已经基本成熟，引起了各界的广泛关注。该报告指出，中国正处于资本账户开放的战略机遇期，而且资本管制的效率下降使得继续扩大开放成为最终的选择。2013 年 11 月，十八届三中全会提出，推动资本市场双向开放，有序提高跨境资本和金融交易可兑换程度，加快实现人民币资本项目可兑换。2015 年 10 月，《中共中央关于制定国民经济和社会发展第十三个五年规划的建议》指出，"扩大金融业双向开放。有序实现人民币资本项目可兑换，推动人民币加入特别提款权，成为可兑换、可自由使用货币"。十八届三中全会和《中共中央关于制定国民经济和社会发展第十三个五年规划的建议》均提出要实现资本账户可兑换，这意味着资本账户开放已经成为中国政府的中期政策目标。

总的来说，目前中国形成了以国内大循环为主体、国内国际双循环相互促进的资本账户开放战略。

3.2　中国资本账户开放情况与趋势

3.2.1　中国资本账户整体双向开放情况与趋势

中国资本账户整体开放状况呈现波动上升的趋势，这也意味着随着时间的推移，中国的资本账户的整体开放程度日益增大。但在某些特定的年份与时间点出现了与资本账户总体开放程度上升趋势相悖的波动，这表明中国的资本账户开放是应时、应需进行调整的。1949 年中华人民共和国成立至 1978 年改革开放之前，中国的对外资本流动受到严格的管制，资本账户开放程度极低，这与当时国内国际政治经济环境有着极大的关系。总体而言，自 1978

年中国资本账户开放有记录以来，中国资本内向外向流通的限制政策力度整体呈现减弱趋势，而这明确反映在年度政策效应的累计与总体政策趋势效应之中。本节将通过 GKAOPEN 数据库分析中国资本账户开放情况[①]。

本节从当年资本账户开放变化与开放程度两方面入手，分析中国资本账户开放程度的变化。其中，中国当年资本账户开放变化指单个时间点（每年）的资本账户开放程度变化，其数值只与当年资本账户子项变动导致的账户总体开放程度变化有关，不受前后时间段资本账户开放程度变动带来的累计效应影响；中国资本账户开放程度分析记录了中国资本账户开放的累计效应，即在每一年开放政策的基础上程度累加，以观察总体资本账户开放走向趋势，以评价在一定的时间段内，中国对于资本开放流通的政策导向、管制松紧，以及受外界系统性金融风险冲击导致的金融政策方向的变动。

1. 中国资本账户开放当年变化

本节对每年度中国资本账户开放政策变化的情况进行量化和分析，重点观察自 1978 年起，中国资本账户开放力度每年度的总体变动。除 KAOPEN 数据库与 FKRSU 数据库之外，Quinn 和 Toyoda（2008）同样基于法规对 94 个国家的资本管制强度进行了测度。为了体现 GKAOPEN 数据库的优势之处，本节将 GKAOPEN 数据库与以上三个关于资本管制强度的主流测度指标进行了对比分析。

如图 3.1 所示，1978～2000 年，包括 GKAOPEN 数据库在内的各数据库对于中国资本账户开放当年变化的表现都相对平稳。这主要与 2000 年前中国资本账户由世界政治环境以及自身经济实力、调控应对能力有限所导致的政策性暂时封闭有关。2000 年后，中国资本账户开放水平呈现波动开放的趋势。进一步来说，每年的开放政策和开放情况相互独立，不受前后时间段资本账

---

① 本章仅对数据库中政策变动次数大于等于 5 的指标以图形展示，变动次数小于 5 的指标以文字描述介绍。

户开放政策变动的影响。

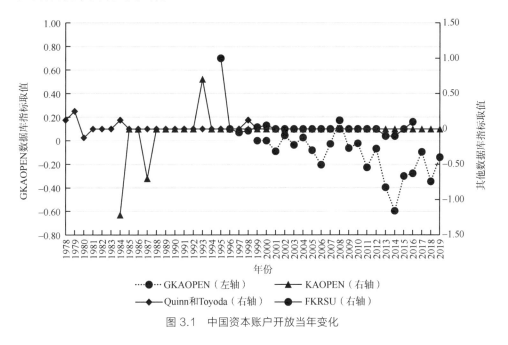

图 3.1　中国资本账户开放当年变化

图 3.1 中 GKAOPEN 数据库在考虑到政策结果方向（正向为收紧，负向为放松）的变动的同时，也考虑到了政策变动幅度的大小，根据不同层面的不同政策变动赋值并加权进行计算，其数值就反映了资本账户开放程度的变动方向和变动幅度。如图 3.1 所示，中国资本账户开放当年变化的数值于 2001~2012 年呈现显著波动，但总体开放力度并不大。2013 年和 2014 年中国资本账户开放当年变化发生大幅度的向下波动，这可能是由 2012 年发布的《我国加快资本账户开放的条件基本成熟》报告的影响导致的，而其发布是我国资本账户开放力度变化的分水岭；2012 年中国允许本国居民在海外进行股票、证券、基金等交易，同时允许海外个体在中国参与房地产交易；2013 年开始允许外国直接投资（foreign direct investment，FDI）在一定限额内不受审核管控进入中国市场和经济部门。同时中国基于资本账户开放条件已经成熟的条件进行判断，针对资本出入开放在短时间内颁布了许多刺激性、放松

性政策等，导致了中国资本账户开放当年变化出现大幅度向下波动。

2. 中国资本账户开放程度

本节对中国资本账户开放程度进行分析。其中，每年度的中国资本账户开放程度来自前期资本账户开放政策数据的累计与当年资本账户开放变化的数值之和。中国资本账户开放程度年度的变化情况如图 3.2 所示。

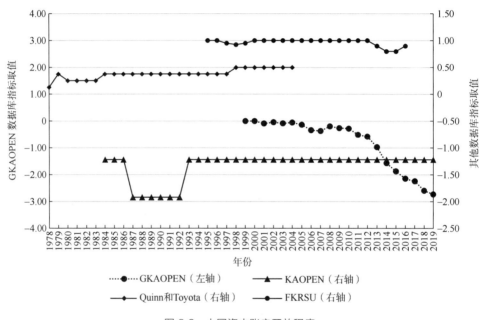

图 3.2　中国资本账户开放程度

如图 3.2 所示，中国资本账户开放程度与上文所反映的每年度资本账户开放情况变动不同。由于多年政策的累计，中国自 1978 年至 2019 年资本账户开放程度呈现逐年上升的趋势。其中，GKAOPEN 数据库的趋势图不仅表现了资本账户开放程度从稳定到快速增加的状况，也反映了资本账户开放程度在某些时间点的波动变化，而其他数据库由于衡量标准单一，无法从境内外股票、证券、基金、债券等市场交易，投资限制、金融信用、商业信用管制等方面进行资本账户开放程度的衡量。总体而言，在 2012 年后，针对中国人民银行所判定的中国资本账户开放时机成熟的情况，资本账户开放的政策性导向总体上呈现积极态势，其政策的"放管服"也相对比较活跃，这与当时中国所处的经济环境及国际金融发展要求是匹配的。自 2012 年至 2019 年，其资本账户总体开放趋势的积累变化速度较快，这表明了中国在 2012 年后资本账户的总体开放趋势加速上升，资本内外流通程度增强的情况。

3. 中国资本账户跨境流动开放情况

本节重点关注中国资本账户跨境流动方向的情况。在进行全球资本账户数据库数据处理时，相较于过往处理方法有所不同，GKAOPEN 数据库对于资本的跨境流动方向通过子项分类进行了统计，有足够的依据判断政策带来的资本流向。

下面分别从跨境资本流入、流出两个方向监测资本账户的开放程度变动。

1）资本账户跨境流动开放（资本流入）

图 3.3 与图 3.4 体现了两个数据库对资本账户跨境流动开放（资本流入）的观测。由图 3.3 可知，自 2011 年起，中国资本账户开放当年变化（资本流入）出现明显的向下波动。这可能是由于中国制定并实施了很多资本流入开放政策，从而使得外国资本大量流入。例如，2011 年允许外国投资者使用从境外合法获得的人民币进行直接投资，允许人民币合格境外机构投资者（RMB qualified foreign institutional investor，RQFII）投资于国内证券市场；2014 年针对欧美国家合规投资者开放我国股票交易市场，同时实施了投资限额放松、营业收入减税等一系列放松性政策等，这极大扩大了中国资本账户受资金波动的影响程度；2019 年取消 QFII 和 RQFII 的投资限额和试点地区限制，对 QFII 境内证券期货投资基金实行登记管理。

通过图 3.4 可知，中国的资本账户流入开放程度在 2011 年前保持较为平稳的趋势，而自 2011 年开始呈加速上升的趋势。这说明中国保持资本账户开放的指导思想不变，并根据经济金融环境，抓住机遇，适时地大力促进资本账户开放。

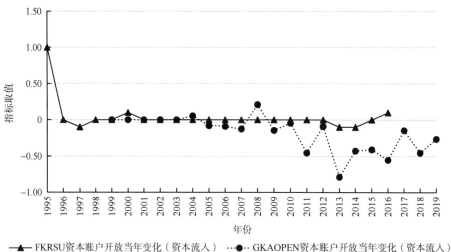

图 3.3 中国资本账户开放当年变化（资本流入）

图 3.4 中国资本账户开放程度（资本流入）

2）资本账户跨境流动开放（资本流出）

图 3.5 与图 3.6 体现了两个数据库对资本账户跨境流动开放（资本流出）的观测。由图 3.5 可知，在确定了中国政府鼓励外来资本流入的前提下，目前中国同样允许本国资本进入国外市场进行运作，这反映了中国资本账户开放是内外双向、同时进行的成果累加。但与资本流入开放力度相比，资本流出开放力度稍显不足。例如，从 2014 年起，放宽对离岸贷款用途和期限的限制，同年中国弱化人民币结算交易程序，并允许人民币对外直接投资。虽然资本流出开放力度整体上呈现加强的趋势，但在有些年份中国也采取了一系列政策收紧的措施，从而使得资本账户开放（资本流出）的管制力度上升。例如，2007 年国家外汇管理局将 2007 年中资银行的短期外债额度下调至 2006 年的 30%，非银行金融机构和外资银行的短期外债额度下调至 2006 年的 60%；2015 年国家外汇管理局停止对居民投资海外市场的新额度的批准；2018 年国内自然法人对境外敏感行业的投资需要获得国家发展和改革委员会的批准，对非敏感项目的投资超过 3 亿美元或等值人民币的,必须向国家发展和改革委员会报告。

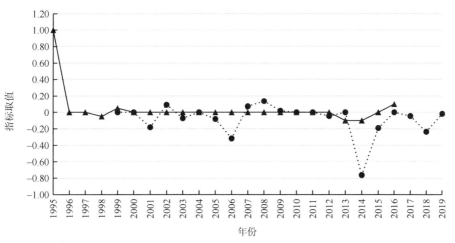

图 3.5　中国资本账户开放当年变化（资本流出）

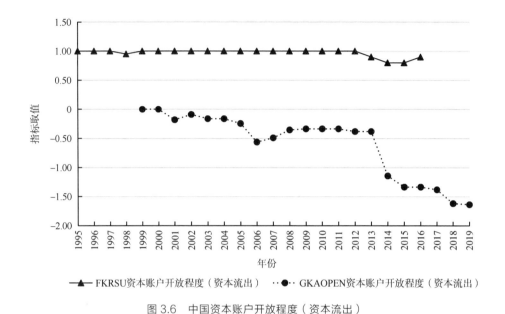

图 3.6 中国资本账户开放程度（资本流出）

从年度政策到政策结果累计，由图 3.6 可知，中国资本对外流动限制体现了应时波动的特点，但其总体趋势是逐渐放松管制的。内向外向双流通带来了中国资本账户总体开放程度的增强。其中，GKAOPEN 数据库数据变化更能够体现在特定时点、特定内外部环境下，资本账户开放情况的变化。

3.2.2 资本账户子项双向开放情况与趋势

1. 股权市场项目开放度分析

1）股权市场项目总体开放度

图 3.7 与图 3.8 分别展示了 GKAOPEN 数据库资本账户开放下的中国股权市场开放时点变化和累计变化情况。

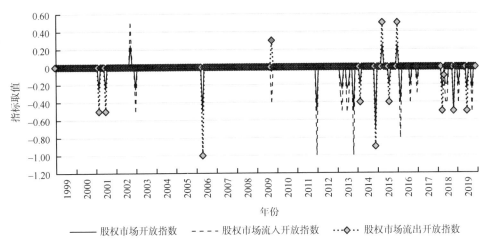

图 3.7　中国股权市场项目开放当年变化

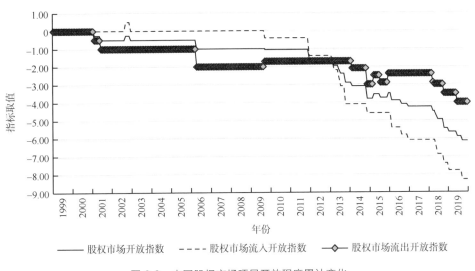

图 3.8　中国股权市场项目开放程度累计变化

图 3.7 显示，从 2001 年 2 月开始，中国的股权市场流出开放指数变为负数，意味着我国开始了股权市场的开放进程。中国股权市场的流入开放度、流出开放度与总体开放度在样本周期内呈现显著波动，各指标数值主要在

2001 年、2002 年、2006 年、2009 年、2011 年、2013 年至 2019 年出现波动，流入开放度数值在 0.5 至-1 之间变动，流出开放度指标在 0.5 至-1 之间波动，这可能与中国政府在这些年份实施多项针对股权市场开放的政策有关。例如，2001 年允许国内投资者用新增外汇存款购买 B 股；2013 年允许英国和新西兰的 RQFII 投资中国证券市场；2016 年中国证券监督管理委员会批准取消沪港通、深港通总限额。2012 年以前开放政策相对较少，自 2013 年起针对股权市场开放的政策变化较为密集，整体上开放政策要多于管制政策。

从图 3.8 可以更加直观地看出中国股权市场开放度随时间变化的累计趋势。总的来说，无论是股权市场的总体还是流入、流出都在朝着逐步开放的方向发展。尤其是自 2013 年开始，开放脚步不断加快，股权市场的开放对资本账户开放的贡献度也在不断增强。但股权市场的资本流入开放度的累计变化要大于流出开放度。

2）股权市场项目双向开放度

图 3.9 和图 3.10 分别展示了 GKAOPEN 数据库与 FKRSU 数据库股权市场项目流入开放度、流出开放度时点变动及累计变动对比结果。

从图 3.9 和图 3.10 可以看出，中国股权市场流入与流出开放度出现大幅度波动。其中，流出开放指数除 2001 年、2006 年、2014 年出现负向变动以外，还于 2009 年和 2015 年出现了小幅度正向的变动。流入开放指数于 2009 年、2011 年、2013 年和 2016 年出现向下波动，且波动幅度明显大于流出开放指数的变动幅度。这与中国实施的股权市场开放政策有关。

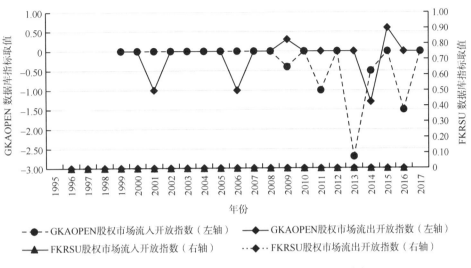

图 3.9　中国股权市场项目流入流出开放当年变化对比

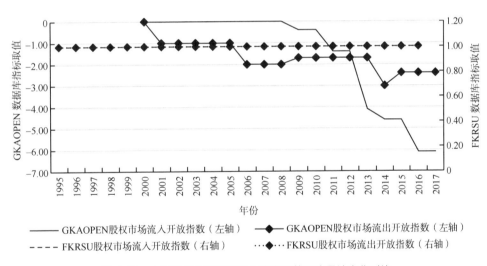

图 3.10　中国股权市场项目流入流出开放程度累计变化对比

2. 债券市场项目开放度分析

1）债券市场项目总体开放度

图 3.11 和图 3.12 分别展示了 GKAOPEN 数据库资本账户开放下的债券市场时点变化和累计变化情况。中国债券市场的流入开放度、流出开放度和

总体开放度在 1999 年至 2019 年之间经历了从相对稳定到逐渐扩大的变化过程。其中，各指标数值在 1999 年至 2012 年间变动较少，该时间内的相关政策数量也相对较少，具体的有：2006 年允许符合条件的银行将境内机构和个人的人民币资金合并，在一定范围内购汇并投资境外固定收益产品；2009 年规定境内机构投资者境外投资的资金净额不得超过批准的投资限额，同年将个人 QFII 投资上限从 8 亿美元提高到 10 亿美元；2010 年允许外国央行或货币当局，中国香港特别行政区和澳门特别行政区的人民币清算银行，以及从事人民币贸易清算的外国银行投资中国银行间债券市场等。2013 年以来，流入开放度和流出开放度当年变化数值大多在 0 到–1 之间频繁变化，这可能与中国政府在该阶段实施的促进债券市场开放的多项政策有关。例如，在 2013 年允许英国和新加坡具有人民币投资资格的 QFII 在中国证券市场进行投资。此外，在该时期内，QFII 准入不断放宽，境外机构在中国银行间债券市场发行人民币债券的监管框架和指导意见被设立并发布，同时"沪港通"等政策相继实施。总体来看，流入开放度的变化幅度高于流出开放度。上述分析说明，在前期中国债券市场开放度波动幅度较小，而在 2013～2019 年，债券市场开放度不断扩大，但流出开放的步伐仍相对滞后于流入开放。

从图 3.12 可以更直观地看出中国债券市场开放程度随时间变化的累计趋势。债券项目流入开放度、流出开放度和总体开放度在 1999～2012 年相对较为平稳。而在 2013～2019 年，债券市场累计开放度数值出现阶梯式下降。从最终结果来看，流入开放指数累计下降了 7.1 个单位，流出开放指数累计下降了 2.9 个单位，而作为两个指标平均值的总体开放指数则累计下降了 5 个单位，这进一步验证了图 3.11 中的分析结论。

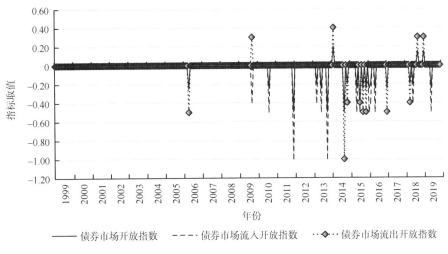

图 3.11　中国债券市场项目开放当年变化

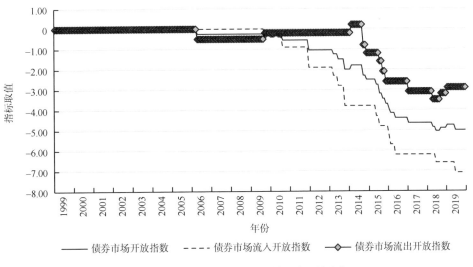

图 3.12　中国债券市场项目开放程度累计变化

2）债券市场项目双向开放度

图 3.13 和图 3.14 分别展示了 GKAOPEN 数据库与 FKRSU 数据库债券市场流入开放度、流出开放度时点变动与累计变动对比结果。

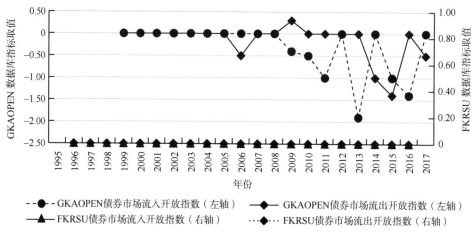

图 3.13　中国债券市场项目流入流出开放当年变化对比

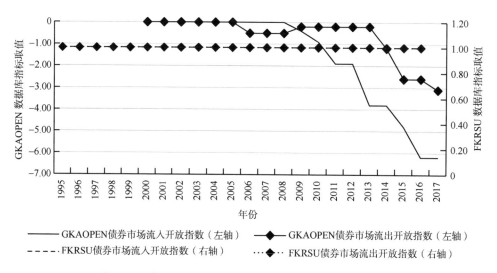

图 3.14　中国债券市场项目流入流出开放程度累计变化对比

如图 3.13 和图 3.14 所示，GKAOPEN 数据库所构建的债券市场流入开放度和流出开放度指标取值 2012 年之前变化幅度相对较小，在 2013～2017 年则出现大幅度下降的趋势，这与中国的债券市场项目开放相关政策进程是一致的。此外，从图 3.14 可以看出，债券市场流出开放度数值的下降程度比流入开放度低了 3.1 个单位，这可能是因为中国政府对债券市场流入实施的开放政策比流出开放政策多。

3. 货币市场项目开放度分析

1）货币市场项目总体开放度

图 3.15 和图 3.16 分别展示了 GKAOPEN 数据库资本账户开放下的货币市场开放时点变化和累计变化情况。

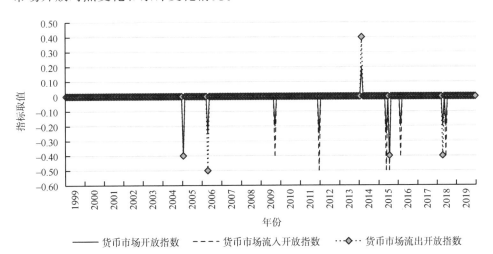

图 3.15　中国货币市场项目开放当年变化

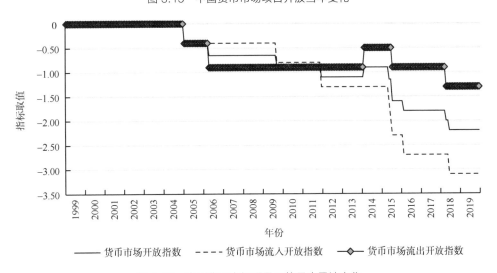

图 3.16　中国货币市场项目开放程度累计变化

图 3.15 显示，中国货币市场的流入开放度、流出开放度与总体开放度在 1999~2019 年总体上呈现波动放松的趋势。其中，各指标数值分别在 2005 年、2006 年、2009 年、2011 年、2014 年至 2016 年、2018 年出现波动。流入开放度数值在 0 至–0.5 之间变动、流出开放度数值在 0.4 至–0.5 之间变动，这可能是中国政府在该阶段实施了针对货币市场开放的多项政策所致。例如，2005 年 1 月降低了国内和国外账户的准备金要求；2009 年将个人 QFII 投资上限从 8 亿美元提高到 10 亿美元；2011 年 12 月在现有制度的基础上，试点项目进一步允许部分 QFII 使用人民币投资国内证券市场；2014 年 2 月中国将境内外同一法人实体的单次投资上限调整为公司总资产的 20%，对货币市场项目流出进行一定程度的限制；2015 年 5 月，中国允许境外人民币清算银行和有额度投资银行间债券市场的外籍人士参与银行间债券市场回购业务，为人民币离岸业务提供资金支持，加大人民币流动力度；2015 年 7 月，中国央行取消了与各国银行间进行市场交易（如债券兑现、债券回购、债券贷款、债券和利率互换、远期利率协议、投资金额等）的限制，同时取消了配额审批要求，实行备案要求，这一举措进一步提高了货币市场项目的开放力度。可以看到，中国货币市场资本流出开放度相较于资本流入开放度变化幅度较小。

从图 3.16 可以更加直观地看出中国货币市场开放程度随时间变化的累计趋势。货币市场流入开放度、流出开放度与总体开放度数值整体上呈现出阶梯式下降的趋势，其中，流入开放度数值下降了 3.1 个单位，流出开放度数值下降了 1.3 个单位，而作为两个指标平均值的总体开放度数值则下降了 2.2 个单位，这进一步验证了图 3.15 中的数据分析结论。

2）货币市场项目双向开放度

图 3.17 和图 3.18 分别展示了货币市场流入、流出开放度时点变动与累计变动对比情况。由以上两图可知货币市场流入与流出开放指数均出现较大

程度的变动，货币市场流出开放度数值的累计变动程度为 0.9 个单位，流入
开放度数值的累计变动程度为 2.7 个单位。

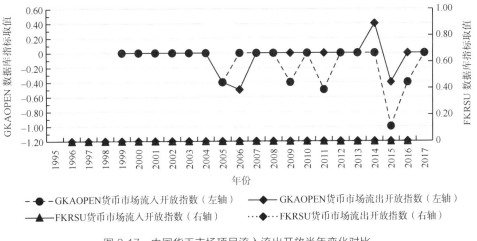

图 3.17　中国货币市场项目流入流出开放当年变化对比

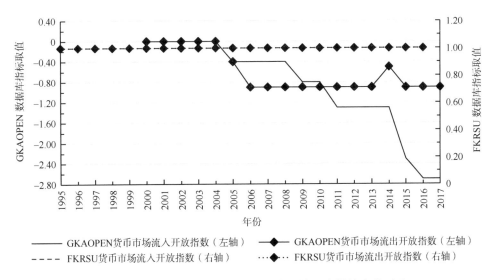

图 3.18　中国货币市场项目流入流出开放程度累计变化对比

4. 集体投资项目开放度分析

1）集体投资项目总体开放度

图 3.19 显示，中国集体投资项目的资本流入开放度、流出开放度与总体开放度在 1999~2019 年除少数年份出现波动外，总体上呈现较为平稳的趋势。其中，各指标数值主要在 2006 年、2009 年、2011 年、2014 年至 2016 年以及 2018 年出现波动，流入开放度数值在 0 至-1 之间变动，流出开放度指标在 0.4 至-0.9 之间波动，这可能与中国政府在这些年份实施多项针对集体投资资本流动开放的政策有关。例如，2006 年允许符合条件的基金管理公司和其他证券管理公司在一定限度内将境内机构和个人的外汇资金合并，用于境外的证券投资；2009 年 9 月，中国宣布有效个人 QFII 投资上限从 8 亿美元提高至 10 亿美元，各类中长期投资养老基金、保险基金、开放式基金从原先的 6~12 个月减少至 3 个月，基金禁售期从 3 年减少至 1 年；2014 年 2 月，中国境内外对股票、基金、固定收益资产的单一投资上限降低至 5%；2015 年 7 月，中国香港公募基金产品可在获得批准情况下在内地销售；2016 年 2 月，QFII 的原则锁定期由 1 年降至 3 个月；2018 年 6 月，开放式中国基金可以授权托管银行按照买入和赎回之间的净额每日进出中国，但每月汇出资金的累计金额不得超过基金上年末国内资产总额的 20%。

从图 3.20 可以更直观地看出中国集体投资开放度随时间变化的累计趋势。集体投资的资本流入开放度、流出开放度与总体开放度数值整体上呈波动下行的趋势，而且流入开放度的累计变化要大于流出开放度。其中，流入开放度数值下降了 2.6 个单位，流出开放度下降了 1.1 个单位，而总体开放度数值则下降了 1.85 个单位。

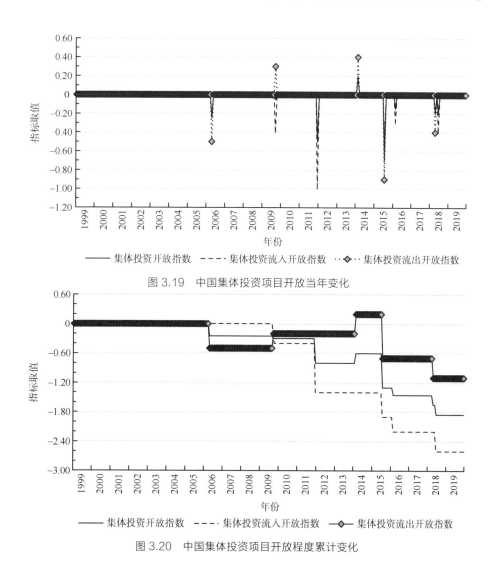

图 3.19　中国集体投资项目开放当年变化

图 3.20　中国集体投资项目开放程度累计变化

2）集体投资项目双向开放度

图 3.21 和图 3.22 分别展示了 GKAOPEN 数据库与 FKRSU 数据库集体投资资本流入开放度、流出开放度时点变动与累计变动对比结果。如图 3.21 和图 3.22 所示，GKAOPEN 数据库所构建的集体投资的资本流入开放度和流出开放度指标自 2009 年和 2006 年起开始出现显著的波动，这与中国集体投资的资本流动开放相关政策的进程是一致的。此外，从图 3.21 和图 3.22 还可

以看出，集体投资流出开放度数值的下降程度比流入开放度低了 1.5 个单位，这与中国政府的政策力度及数量相关（与流入相关的政策有 18 条，而与流出相关的政策仅有 13 条）。

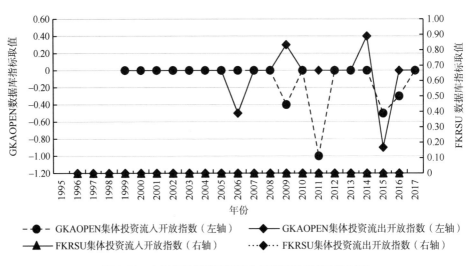

图 3.21　中国集体投资项目流入流出开放当年变化对比

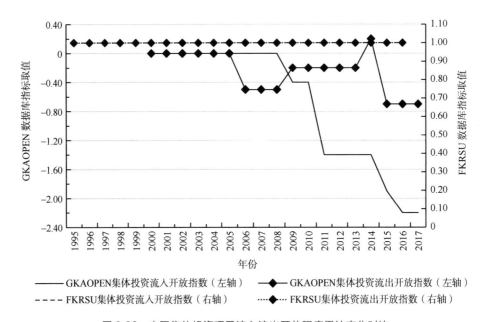

图 3.22　中国集体投资项目流入流出开放程度累计变化对比

5. 衍生工具项目开放度分析

1）衍生工具项目总体开放度

图 3.23 显示，中国衍生工具的流入开放度、流出开放度和总体开放度在 1999~2019 年出现了从基本稳定到小幅扩大的变动过程。其中，流出开放指数于 2005 年、2008 年和 2015 年出现负向波动，于 2009 年出现小幅正向波动；流入开放指数于 2011 年、2015 年至 2019 年出现负向波动，但 2015 年和 2018 年也出现了小幅正向波动。这与中国实施一系列衍生工具资本流动开放政策有关。例如，2005 年 8 月扩大了可以进行远期交易和银行间远期交易的银行数量；2008 年 3 月允许符合风险管理要求的受监管金融机构在国内市场进行黄金期货交易；2011 年 12 月允许基金管理公司和证券公司的 RQFII 投资国内证券市场；2015 年 7 月和 10 月开放度指标出现两次变化，这对应于中国政府实施的允许国外央行或某些金融组织在银行间外汇市场开展衍生品交易和要求商业银行将外汇销售收入中的 20%以衍生品或其他形式存入中国人民银行两项政策；2018 年以来，中国政府先后上市了以人民币计价的原油、铁矿石、PTA（pure terephthalic acid，精对苯二甲酸）、20 号胶等特定品种交易期货并引入境外交易者，使得衍生工具流入开放度负向波动明显加剧。

从图 3.24 可以更直观地看出中国衍生工具开放度随时间变化的累计趋势。衍生工具流入开放度、流出开放度和总体开放度数值整体上呈现波动下降的趋势。衍生工具流入开放度数值在该时期内累计下降了 6.6 个单位，流出开放度数值下降了 2.7 个单位，总体开放度数值下降了 4.65 个单位，这进一步验证了图 3.23 中的数据分析结论。

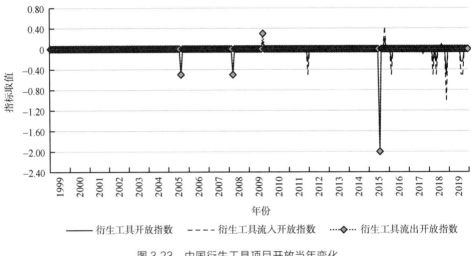

图 3.23 中国衍生工具项目开放当年变化

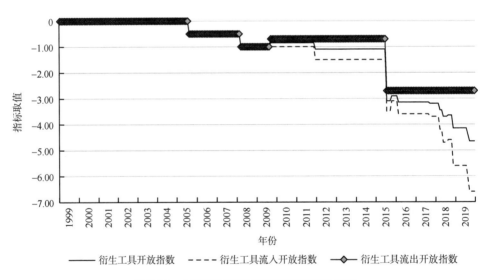

图 3.24 中国衍生工具项目开放程度累计变化

2）衍生工具项目双向开放度

从图 3.25 和图 3.26 中可以进一步看出，衍生工具流入开放度数值在 2015 年下降了 1.6 个单位，流出开放度数值下降了 2 个单位。

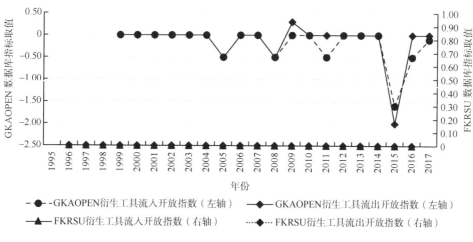

图 3.25　中国衍生工具项目流入流出开放当年变化对比

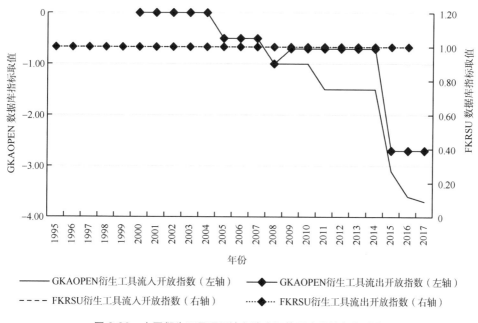

图 3.26　中国衍生工具项目流入流出开放程度累计变化对比

6. 商业信贷项目开放度分析

1）商业信贷项目总体开放度

图 3.27 和图 3.28 分别展示了 GKAOPEN 数据库资本账户开放下的商业信贷开放时点变化和累计变化情况。图 3.27 显示，中国商业信贷的资本流入开放度、流出开放度与总体开放度在 1999～2019 年除 2008 年出现较大幅度的正向波动，2014 年出现大幅度负向波动外，总体上呈现较为平稳的趋势。这与该年份中国实施的商业信贷资本流动开放政策有关。具体地，2008 年对预收出口货款、进口延期支付、进口预付款、出口延期支付实行居民与非居民贸易信贷登记管理制度，从而使得商业信贷资本流入、流出开放程度收紧；2014 年 11 月，允许跨国企业根据其自身的业务和管理需求在居民和外部非金融成员企业之间进行跨境盈余和赤字资金的转移与分配业务，说明中国的商业信贷项目流出开放程度加深。

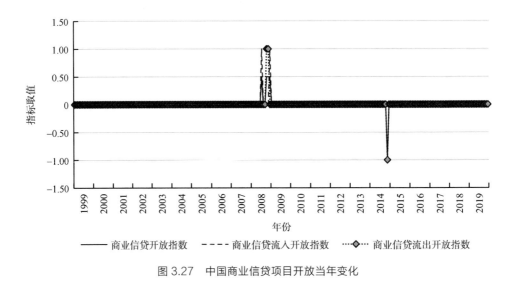

图 3.27　中国商业信贷项目开放当年变化

从图 3.28 可以更直观地看出中国商业信贷资本流动开放度随时间变化的累计趋势。商业信贷资本流入开放度、流出开放度与总体开放度数值在

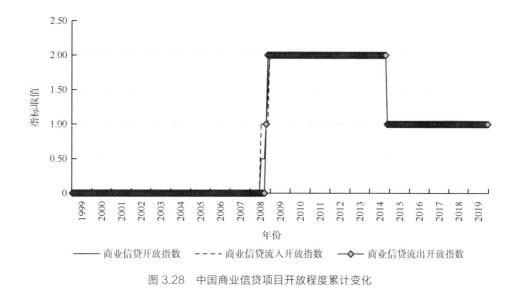

图 3.28　中国商业信贷项目开放程度累计变化

2008 年出现明显的正向波动，在 2014 年出现大幅下降，并于其他时段保持平稳。总的来说，中国商业信贷资本开放呈现收紧的趋势。其中，流入开放度、流出开放度与总体开放度数值均累计上升了 1 个单位，这进一步验证了图 3.27 中的数据分析结论。

2）商业信贷项目双向开放度

图 3.29 和图 3.30 分别展示了 GKAOPEN 数据库与 FKRSU 数据库商业信贷流入开放度、流出开放度时点变动与累计变动对比结果。从图 3.29 可以看到，在 2008 年出现商业信贷流出和流入开放指数大幅度的正向波动，均从 0上升到 2，并于 2014 年出现大幅度的负向变动，均从 0 下降到–1。2008 年对预收出口货款、进口延期支付、进口预付款、出口延期支付实行居民与非居民贸易信贷登记管理制度；2014 年 11 月，允许跨国企业根据其自身的业务和管理需求在居民和外部非金融成员企业之间进行跨境盈余和赤字资金的转移与分配业务，说明中国的商业信贷项目流出开放程度提升。

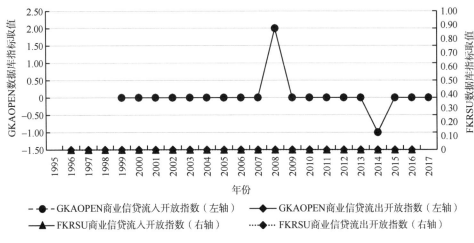

图 3.29　中国商业信贷项目流入流出开放当年变化对比

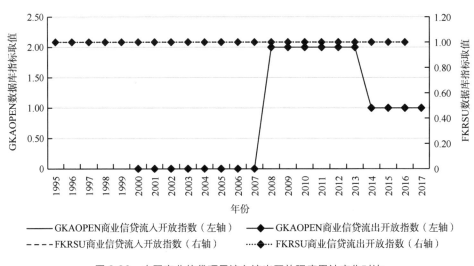

图 3.30　中国商业信贷项目流入流出开放程度累计变化对比

7. 金融信贷项目开放度分析

1）金融信贷项目总体开放度

图 3.31 和图 3.32 分别展示了 GKAOPEN 数据库资本账户开放下的金融信贷开放时点变化和累计变化情况。图 3.31 显示，中国金融信贷的流入开放度、流出开放度和总体开放度数值在 1999 年至 2019 年中较少出现波动，仅

在 2007 年出现一次正向波动，在 2014 年、2016 年和 2017 年出现负向波动，这可能是该段时间出现金融信贷开放的政策调整所致。具体地，2007 年 3 月国家外汇管理局中资银行的短期外债额度下调至 2006 年的 30%，非银行金融机构和外资银行的短期外债额度下调至 2006 年的 60%；自 2014 年 1 月起，中国宣布对离岸贷款用途和期限的限制进行放宽；2016 年 1 月，中国宣布凡注册在中国四大自由贸易区（上海、天津、广东、福建）的金融机构和被允许自由进行国内外货币跨境融资的企业法人，不受中国人民银行和国家外汇管理局事先审查和批准要求；2016 年 5 月，中国境内的法人金融机构和企业获准在其资本和净资产确定的范围内，自由开展跨境人民币或外币融资活动，无须事先获批；2017 年 1 月，允许国内外资银行的分支机构自由地进行国内外货币跨境融资的限制取决于其资本或净资产，而不受中国人民银行和国家外汇管理局事先审查和批准要求。

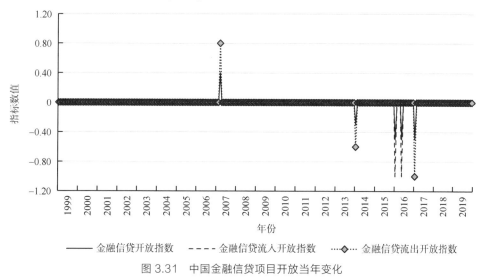

图 3.31　中国金融信贷项目开放当年变化

从图 3.32 可以更加直观地看出中国金融信贷开放度随时间变化的累计趋势。金融信贷流出开放度数值在 2007 年出现正向波动，在 2014 年和 2017 年出现负向波动；流入开放度数值仅在 2016 年出现两次负向波动。其中，流

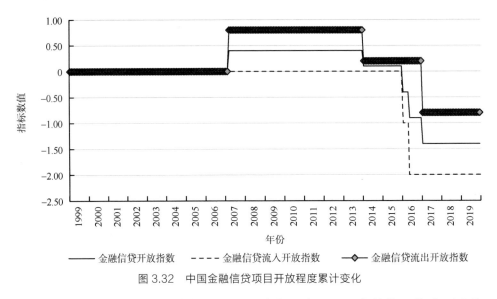

图 3.32　中国金融信贷项目开放程度累计变化

入开放度数值下降了 2 个单位, 流出开放度下降了 0.8 个单位, 作为两个指标平均值的总体开放度数值下降了 1.4 个单位, 这进一步验证了图 3.31 中的数据分析结论。

2)金融信贷项目双向开放度

图 3.33 和图 3.34 分别展示了金融信贷流入、流出开放度时点变动与累计变动对比情况。如图 3.33 和图 3.34 所示, 金融信贷流出开放度指数于 2007 年出现正向波动, 于 2014 年和 2017 年出现负向波动;流入开放度指数于 2016 年出现负向的波动。这与中国实施金融信贷资本开放政策有关, 如 2007 年 3 月国家外汇管理局中资银行的短期外债额度下调至 2006 年的 30%, 非银行金融机构和外资银行的短期外债额度下调至 2006 年的 60%;自 2014 年 1 月起, 中国宣布对离岸贷款用途和期限的限制进行放宽;2016 年 1 月, 中国宣布凡注册在中国四大自由贸易区（上海、天津、广东、福建）的金融机构和被允许自由进行国内外货币跨境融资的企业法人, 不受中国人民银行和国家外汇管理局事先审查和批准要求;2016 年 5 月, 中国境内的法人金融机构和企业获准在其资本和净资产确定的范围内, 自由开展跨境人民币或外币融资

活动，无须事先获批；2017 年 1 月，国内外资银行的分支机构被允许自由地进行国内外货币跨境融资的限制取决于其资本或净资产，而不受中国人民银行和国家外汇管理局事先审查和批准要求。

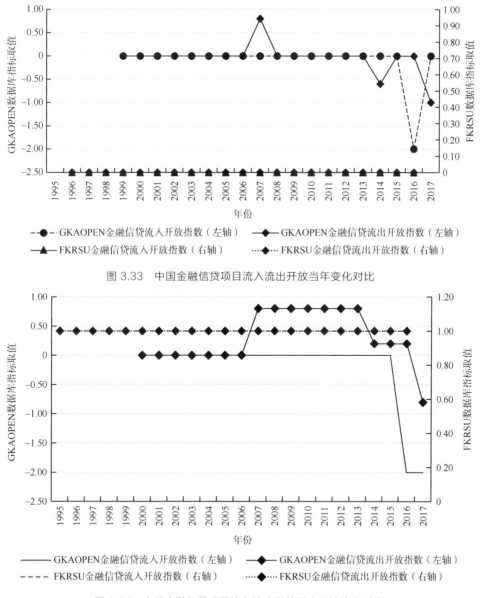

图 3.33　中国金融信贷项目流入流出开放当年变化对比

图 3.34　中国金融信贷项目流入流出开放程度累计变化对比

8. 担保、保证和备用融资便利项目开放度分析

1）担保、保证和备用融资便利项目总体开放度

担保、保证和备用融资便利开放的时点变化和累计变化如图 3.35 和图 3.36 所示。如图 3.35 所示，中国担保、保证和备用融资便利的流入开放度、流出开放度和总体开放度在 1999 年至 2019 年中表现出极强的稳定性，各指标取值绝大多数时间维持在 0 值处，仅在 2014 年 5 月流入开放度、流出开放度和总体开放度的数值均取值为–1，这对应于中国政府实施的取消对居民和非居民的跨境担保限制政策。这体现了中国政府对担保、保证和备用融资便利项目开放的调整政策较少。

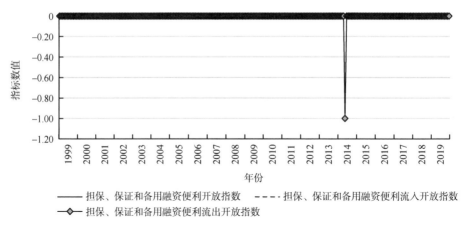

图 3.35   中国担保、保证和备用融资便利项目开放当年变化

从图 3.36 中也可以看出中国担保、保证和备用融资便利开放度随时间变化的累计趋势。中国担保、保证和备用融资便利流入开放度、流出开放度和总体开放度在 1999 年至 2013 年均呈现为 0 值处的一条水平线，在 2014 年 5 月担保、保证和备用融资便利项目各开放度均下降了 1 个单位，之后各累计开放度数值均保持不变，稳定在–1 处。这进一步验证了图 3.35 中的数据分析结论。

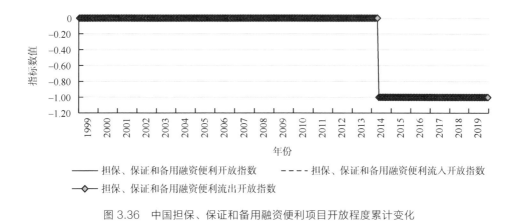

图 3.36　中国担保、保证和备用融资便利项目开放程度累计变化

2）担保、保证和备用融资便利项目双向开放度

如图 3.37 和图 3.38 所示，担保、保证和备用融资便利项目双向开放度数值在 2014 年出现一次负向的变动，这主要是受政策变动的影响。具体地，中国政府取消了对居民和非居民的跨境担保限制政策。

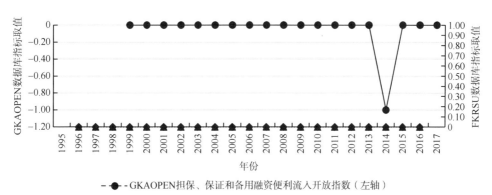

图 3.37　中国担保、保证和备用融资便利项目流入流出开放当年变化对比

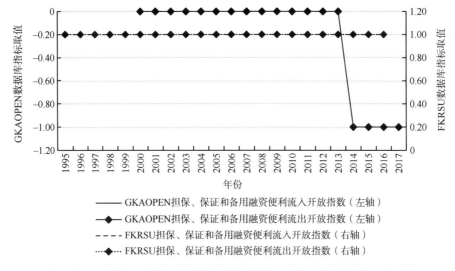

图 3.38　中国担保、保证和备用融资便利项目流入流出开放程度累计变化对比

9. 直接投资项目开放度分析

1）直接投资项目总体开放度

直接投资开放的时点变化和累计变化如图 3.39 和图 3.40 所示。由图 3.39 可知在样本周期内直接投资开放指数呈现显著波动，除 2004 年和 2008 年直接投资流入开放指数出现正向波动，2018 年直接投资流出开放指数出现正向波动外，其余的波动均为负向波动。各指标数值主要在 2001 年至 2004 年、2006 年至 2009 年、2011 年至 2015 年、2018 年出现波动，流出开放度数值在 0.6 至 −1 之间变动，流入开放度指标在 0.8 至 −1.4 之间波动。这可能与这些年份实施的直接投资开放政策有关。例如，2001 年 9 月，允许国务院批准的对外战略性项目对外投资购汇；2004 年 6 月规定，外商直接投资汇出的资本必须经外商投资企业书面支付方可兑换成人民币；2007 年 12 月将 QFII 总额度从 100 亿美元提高到 300 亿美元；2008 年 8 月，必须经外商投资企业出具付款委托书方可兑换为人民币的外商直接投资汇入的资本数额由 20 万美元减为 5 万美元；2009 年 8 月，对外直接投资外汇资金来源审查办法由事前审查改为事后登记，对外

直接投资外汇资金汇出的审批要求取消；2011 年 10 月允许外国投资者使用从国外合法获得的人民币在中国境内进行直接投资；2012 年 12 月，取消外国投资者进行直接投资清算时购买外币和资金汇出的相关审批程序；2014 年 2 月将外商直接投资和境外直接投资的外汇登记工作从国家外汇管理局转移到银行，6 月简化了人民币直接投资交易的结算手续，7 月对回程投资外汇管理进行改革，取消了融资登记和融资变更，12 月除敏感国家、地区和敏感行业外，取消了对外直接投资的审批要求，改为备案制度；2015 年 6 月取消了外资企业将外汇资本转换为人民币的限制；2018 年 3 月规定对敏感行业的投资需要获得国家发展和改革委员会的批准，对非敏感项目的投资超过 3 亿美元或等值人民币的，必须向国家发展和改革委员会报告，4 月提高了合格境内有限合伙企业的配额。

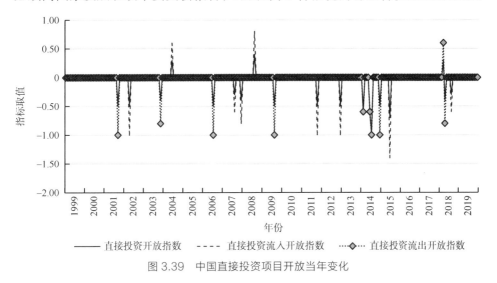

图 3.39　中国直接投资项目开放当年变化

图 3.40 可以更加直观地看出中国直接投资开放度随时间变化的累计趋势。总的来说，无论是直接投资的总体开放度数值还是流入、流出开放度数值都呈波动下行的趋势。从最终结果来看，流入开放度下降了 7.2 个单位，流出开放度下降了 7.2 个单位，而作为两个指标平均值的总体开放度也下降了 7.2 个单位，这进一步验证了图 3.39 中的分析结论。

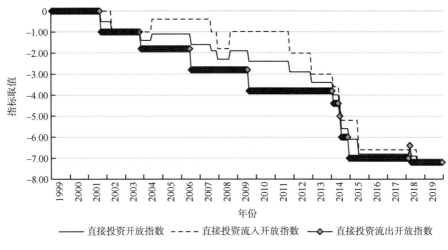

图 3.40   中国直接投资项目开放程度累计变化

2）直接投资项目双向开放度

图 3.41 和图 3.42 分别展示了 GKAOPEN 数据库与 FKRSU 数据库直接投资流入开放度、流出开放度时点变动与累计变动对比结果。直接投资流入开放度、流出开放度的时点值呈现显著的波动，累计值则表明直接投资流入开放和流出开放程度加深。

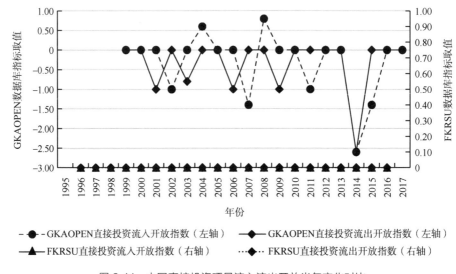

图 3.41   中国直接投资项目流入流出开放当年变化对比

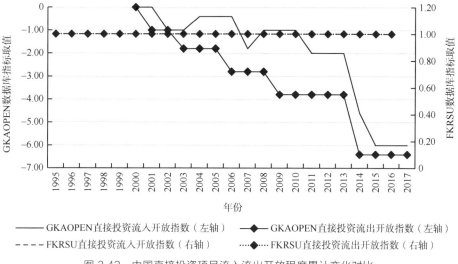

图 3.42　中国直接投资项目流入流出开放程度累计变化对比

10. 不动产市场项目开放度分析

1）不动产市场项目总体开放度

图 3.43 和图 3.44 分别展示了 GKAOPEN 数据库资本账户开放下的不动产市场项目开放时点变化和累计变化情况。

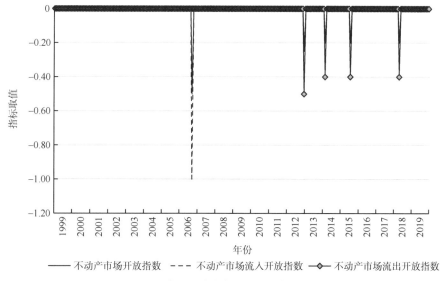

图 3.43　中国不动产市场项目开放当年变化

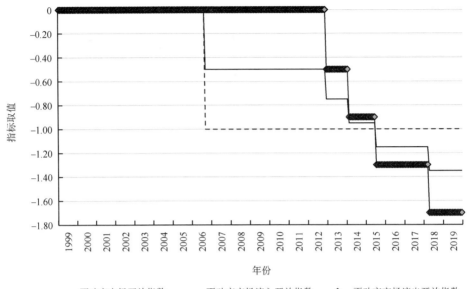

图 3.44　中国不动产市场项目开放程度累计变化

图 3.43 显示，中国不动产市场的流入开放度、流出开放度与总体开放度在 1999 年至 2019 年间除个别年份出现波动外，总体上呈现平稳态势。其中，各指标数值主要在 2006 年、2012 年、2014 年、2015 年和 2018 年出现负向波动，流入开放度数值在 0 至-1 之间变动，流出开放度数值在 0 至-0.5 之间变动，这可能是中国政府在该阶段实施了针对不动产市场项目开放的多项政策所致。具体而言，2006 年 9 月允许非居民根据个人实际需要购买境内房地产；2012 年 12 月取消了外汇审批程序，允许非居民在向国家外汇管理局登记后，直接向有关银行汇回房地产销售收入；2014 年 2 月，中国将境内外同一法人实体的单次投资上限调整为公司总资产的 20%，对资本流出进行一定程度的限制；2015 年 7 月，中国央行取消了与各国银行间进行市场交易（如债券兑现、债券回购、债券贷款、债券和利率互换、远期利率协议、投资金额等）的限制，同时取消了配额审批要求，实行备案要求；2018

年 4 月将合格境内有限合伙企业配额由 20 亿美元增加到 50 亿美元。可以看到，中国不动产市场流入开放度累计变化的幅度小于流出开放度累计变化的幅度。

从图 3.44 可以更加直观地看出中国不动产市场项目开放度随时间变化的累计趋势。不动产市场流入开放度数值在 2006 年出现一次下降，下降幅度为 1 个单位；流出开放度数值分别于 2012 年、2014 年、2015 年和 2018 年出现下降。总的来说，流入开放度数值下降了 1 个单位，流出开放度数值下降了 1.7 个单位，而作为两个指标平均值的总体开放度数值则下降了 1.35 个单位，这进一步验证了图 3.43 中的数据分析结论。

2）不动产市场项目双向开放度

图 3.45 和图 3.46 分别展示了 GKAOPEN 数据库与 FKRSU 数据库不动产市场流入开放度、流出开放度时点变动与累计变动对比结果。不动产市场流入开放指数在 2006 年出现负向波动，流出开放指数在 2012 年、2014 年和 2015 年出现负向波动。不动产市场流出开放度数值的累计下降程度为 1.3 个单位，流入开放度数值的累计下降程度为 1 个单位。

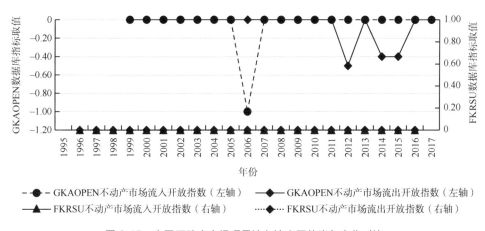

图 3.45　中国不动产市场项目流入流出开放当年变化对比

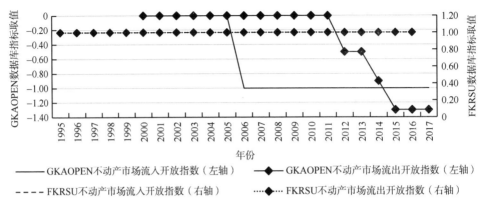

图 3.46　中国不动产市场项目流入流出开放程度累计变化对比

3.3　本　章　小　结

通过本章描述我们可以直观地发现：2000 年以前从各方面衡量，中国的资本账户开放力度都相对较小；自 2001 年以后，中国资本账户开放程度稳步上升，并以 2012 年为拐点呈现出年度与累计的持续性快速增加趋势。总体上，中国的资本账户开放始终保持着资本流入流出限制力度降低、开放力度不断增大的趋势。从资本账户子项的角度来看，除了商业信贷项目整体上呈现出开放程度下降的趋势外，其他资本账户子项均呈现逐渐开放的趋势。而无论是从整体来看，还是从子项来看，其他数据库的波动程度均不如 GKAOPEN 数据库大，这是因为 GKAOPEN 数据库能够捕捉到更多的政策变动，更加符合现实情况。

实行改革开放以来，中国取得了辉煌的成绩，向中国人民和社会各界交出了满意的答卷。经过四十余年的努力，中国的资本账户开放程度得到了显著提升，中国进一步融入全球经济、金融一体化进程中，并逐渐形成了以国内大循环为主体、国内国际双循环相互促进的新发展格局。金融体系效率的提升、应对国际金融冲击能力的增强能够对资本账户开放改革产生积极影响（彭红枫等，2018），而与发达国家相比，中国金融市场仍不成熟，需要继续深化金融改革，加快实现利率市场化，完善汇率形成机制。

第4章
高收入国家资本账户双向开放测度及特征分析

本章分析内容共包括 52 个国家,从分布上来看,以欧洲国家为主共 28 个,其次是亚洲国家共 11 个,美洲国家共 9 个,大洋洲国家共 3 个,非洲国家共 1 个[①]。从资本账户开放背景来看,多数美洲国家及欧洲国家受经济危机和欧洲主权债务危机的影响很大,虽然整体有着开放的资本账户环境,但是为抵抗危机影响,都在不同程度上加强了对资本账户的管制。例如,由于自由放任和缺乏管制的资本市场给美国金融乃至世界经济带来了太大的冲击,美国对于资本账户的管制呈现更加重视的态度,近年来随着次贷危机、金融危机等事件频发,美国的资本账户管制力度逐渐增强。此外,多数的美洲国家及欧洲国家均存在频繁实施经济制裁以打击恐怖主义等限制杂项资本流动的政策,这也在一定程度上增强了对资本流动的管制程度。例如,加拿大实施的开放性经济政策带动了 FDI 的流动,从而使得资本账户更加开放,为加拿大经济增长提供了良好的基础。但是加拿大也对多个国家使用了单边经济制裁,放缓了资本账户开放步伐。同样具有此特点的还有大洋洲国家,如澳大利亚和新西兰。

对多数东亚国家和地区而言,其经济发展多得益于开放的经济环境,受危机的影响相比于美洲国家和欧洲国家较小,对资本账户的管制也呈现出不

---

① 第 4 章至第 7 章仅对数据库中政策变动次数大于等于 5 的指标以图形展示,变动次数小于 5 的指标以文字描述介绍。并且,对于全部资本账户子项政策变动以文字描述介绍。

断放松的状态,如日本在 1991～1995 年出台了一系列资本自由化的举措,使资本市场基本达到了与美国、西欧相似的开放水平。20 世纪 80 年代日本转型成资本基本自由流动的体系,逐步废除一些管制措施。1996 年 10 月 17 日,日本全面推行金融自由化。1998 年实施"东京版金融大爆炸"的金融自由化改革方案,解除了股票市场、债券市场等不同金融领域的管制措施,实现了日元的完全自由兑换。西亚国家的经济发展主要依靠丰富的石油资源,在进行贸易吸引外资进入的同时,也在不断开放资本市场。例如,丰富的石油储量给科威特带来了丰富的经济储备,为经济和社会发展提供了坚实的物质基础,1982 年科威特成立了国家投资局,专门从事面向西欧、美国和日本等地的投资活动。除此之外,科威特还成立了一些其他合营或者私营的海外投资公司,其收益表现十分优异。1990 年,科威特受到伊拉克的入侵和地区局势不稳定的影响,贸易和金融中心地位逐渐被代替,科威特此后不断完善国内的投资法规,鼓励外资及先进技术的进入。随着外国资本流入和私人投资增加,科威特的资本市场也不断开放。

4.1 亚洲高收入国家指标测度及特征分析

4.1.1 资本账户开放背景

1. 巴林

据相关统计,巴林(Bahrain)2019 年人均 GDP 达到 23 504.98 美元。过去二十年来,巴林政府大幅放开了巴林的经济,通过了允许外国财产所有权的法律,建立了没有当地伙伴的外国公司,减少或取消了税收和关税,并取消了政府在关键行业的所有权和控制权。巴林欢迎外国投资,并允许外国公司持有 100%的所有权,以及建立没有当地合作伙伴或赞助商的外国公司。

巴林政府的这一举措非常成功地吸引了大量 FDI。

2. 塞浦路斯

自 1998 年成为欧盟成员候选国以来，塞浦路斯（Cyprus）开始按照入盟要求对经济政策、结构进行调整，不断加大资本账户开放程度。塞浦路斯在 2004 年完全放开对资本账户流动的管制。2013 年受欧洲主权债务危机影响，塞浦路斯爆发金融危机，政府实施了资本管制措施，对提取存款设置限制，并且限制资金在账户间或跨境转移；2015 年经济止跌回升；2016 年 6 月正式退出欧盟过度赤字监管程序，标志着塞浦路斯经济已度过最困难时期。2018 年，塞浦路斯经济增长 3.9%，位居欧元区前列，经济总量已超越危机前水平，实现全面复苏。

3. 以色列

以色列（Israel）位于亚、非、欧三大洲相接的西亚巴勒斯坦地区，是中东地区现代化程度最高、国防力量最强、经济发展水平最高的国家，属于发达国家行列。自 1948 年 5 月 14 日以色列正式宣布复国独立以来，该国先后经历了独立战争、苏伊士运河危机、慕尼黑惨案、巴比伦行动等一系列大大小小的战争和冲突，其资本账户开放程度和趋势呈现独特特征。

4. 日本

日本（Japan）属于高收入国家。日本的资本账户自由化进展较为缓慢，1949 年完全禁止外汇和跨境资本交易，一直到 1979 年才基本开放了资本账户。日本于 1964 年 4 月加入 OECD 后，开始实施外资自由化政策，外商直接投资逐步放开，资本账户逐步开放，除部分行业外其他行业可由外商独资。在证券投资方面，先开放外商证券投资再开放对外证券投资，先开放股票市场再开放债券市场。在 1991～1995 年出台了一系列资本自由化的举措，使资本市场基本达到了与美国、西欧相似的开放水平。20 世纪 80 年代日本转型成资本基本自由流动的体系，逐步废除一些管制措施（邢自强，2015）。1996年10月17日，日本全面推行金融自由化。1998年启动了"东京版金融大爆炸"的金融自由化改革方案，解除了股票市场、债券市场等不同金融领域的管制措施，真正地实现了日元的完全自由兑换（严佳佳和黄文彬，2014）。2020年日本名义GDP约551.1万亿日元，实际增长率为-4.8%。

5. 韩国

韩国（Korea）从1981年开始逐步对外开放资本市场，经过十多年的渐变过程，90年代后，韩国经济国际竞争力不断增强，给其资本市场提供了良好的发展和开放机遇。1997年金融危机以后韩国加大了对外开放的力度，对外开放对韩国资本市场发展的促进作用是显而易见的。韩国在开放的同时，还加大国际化进程，提高国际竞争力，以证券服务业为例，韩国积极鼓励国内证券服务业向外扩张，进入国际市场，直接学习国外先进的技术和经验，资本市场账户开放更加深入。

6. 科威特

1982年科威特（Kuwait）成立了国家投资局，专门从事面向西欧、美国和日本等地的投资活动。除此之外，还成立了一些其他合营或者私营的海外投资公司，其收益表现十分优异。1990年，科威特受到伊拉克的入侵和地区局势不稳定的影响，贸易和金融中心地位逐渐被代替。随着外国资本流入和私人投资的增加，科威特的资本市场不断开放。

7. 阿曼

阿曼（Oman）位于西亚的阿拉伯半岛东南沿海，使用的货币为阿曼里亚尔，石油和天然气是阿曼经济发展的重中之重。2019年阿曼GDP为763亿美元，经济出现小额负增长，GDP增长率约为-0.8%，人均国民总收入约为

14 150 美元，位于高收入国家行列。

8. 卡塔尔

卡塔尔（Qatar）位于亚洲西部，使用的货币为卡塔尔里亚尔。2019 年，卡塔尔燃料出口占商品出口比例约为 89%，卡塔尔 GDP 约为 1758 亿美元，GDP 增长率约为 0.8%，人均国民总收入约为 61 180 美元，属于高收入国家。

9. 沙特阿拉伯

沙特阿拉伯（Saudi Arabia）是目前世界少见的君主制国家，其经济的发展和资本账户的政策变动都相对特殊。世界银行发布的报告显示，2008 年至 2019 年，沙特的人均 GDP 保持在两万美元以上，属于高收入国家。世界银行将沙特阿拉伯列为"高收入石油输出国"之列。针对沙特阿拉伯的资本账户开放研究相对较少，但沙特阿拉伯由于其石油、天然气产业与工业制造业产业的发达，和这些产业相关的投资配套政策相对宽松。而针对石油、天然气的上游领域，特别是针对涉及外国资本参与、国内资本流通的领域，沙特阿拉伯政府的限制相对严格，有些领域目前依旧保持着对国外的封锁状态。

10. 新加坡

根据世界银行数据库统计，2019 年新加坡（Singapore）GDP 为 3744 亿美元，人均 GDP 高达 6.5 万美元，GDP 增长率为 -0.4%，被世界银行划分为高收入国家。

纵观其发展历程，可以看到，新加坡在建国之初，便着手金融开放事宜，资本账户开放政策的实施走在了世界前列。20 世纪 70 年代中期，新加坡实现了利率自由化，经济进入高速增长阶段。1978 年，新加坡政府全面取消了外汇管制；1984 年，成立新加坡国际货币交易所，用于从事金融期货交易。1997 年 7 月，亚洲金融危机严重波及新加坡，促使新加坡政府对资本账户开放政策进行调整。为应对亚洲金融危机，1998 年以来，新加坡政府出台新一轮金融改革方案，通过逐步开放国内金融市场，鼓励国内银行通过合并增强资本实力，扩大业务规模等方式，缓解金融危机带来的经济下行。在转型发展阶段资本账户呈现逐步开放的状态，且新加坡政府放松管制的程度在逐步增强。

11. 阿拉伯联合酋长国

阿拉伯联合酋长国（The United Arab Emirates），简称阿联酋，属于高收入国家。阿联酋的国民经济以石油生产和石油化工工业为主。2020 年 GDP 为 3606 亿美元，人均 GDP 为 38 000 美元。政府在发展石化工业的同时，把发展多样化经济、扩大贸易和增加非石油收入在 GDP 中的比重作为首要任务。因此，近二十年来阿联酋也在尝试推进资本账户开放，力图通过经济对外开放来促进国内经济的发展。

2001 年以前，阿联酋资本账户开放程度变化不明显。这主要与 2001 年前，阿联酋刚加入 WTO 不久，资本账户由世界政治环境以及自身经济实力、调控应对能力有限等所导致的政策性暂时封闭有关。2002 年阿联酋政府针对不动产市场项目制定了刺激性政策，2003 年政治性因素、战争或制裁等对阿联酋资本账户开放的影响很大，这些政策措施放松了阿联酋的资本管制，促使资本账户开放力度进一步增强。2003 年以后，阿联酋政府针对资本账户开放制定的政策较少，资本账户开放维持在相对稳定的状态。

4.1.2　资本账户双向开放指标测度及特征分析

1. 巴林

1）巴林资本账户开放程度变化

巴林在 1999 年就开启了资本账户开放的进程。2002 年巴林资本账户开放水平有一定程度收紧后，2003 年又回到原先的零水平。这可能是由于经济全球化浪潮引起巴林内部经济受到一定程度的消极影响，从而政府放慢开放的步伐。

1999～2001 年巴林资本账户开放程度均处于负值水平，表明政府对资本账户开放持积极态度。而 2002 年，资本账户开放程度出现较大幅度的正向跃升，此后直至 2019 年，巴林资本账户开放程度一直维持在正向水平，表明政府开始对资本账户开放加以管制。

2）巴林资本账户双向开放情况

（1）资本账户流入开放。1999 年巴林便放松了资本流入，但此后未有进一步的政策措施对资本流入进行放松或管制，从而导致资本流入开放当年变化（资本流入）在 1999 年后一直维持在零水平而不发生任何波动。巴林自 1999 年对资本账户进行开放以来，一直保持着一定程度的开放，其资本账户开放的基本思想一直保持不变。

（2）资本账户流出开放。巴林政府在 2002 年对资本账户进行了严格管制，使得资本流出开放指数上升到大约 0.09。此后年间，巴林的资本流出开放度一直维持在零水平。巴林资本流出开放程度长期表现为正向水平，表明巴林政府对资本流出开放一直持有严格管制态度。

2. 塞浦路斯

近几年来塞浦路斯对经济政策、经济结构进行调整，以保持经济稳定和持续发展。受金融危机影响，塞浦路斯经济也出现一定程度的萎缩，2013 年，塞浦路斯银行业遭受严重危机，成为首个采取冻结银行存款、实施严格资本管制的欧元区国家。

1）塞浦路斯资本账户开放程度变化

自 1998 年至 2004 年塞浦路斯争取加入欧盟期间，其资本账户总体开放程度不断增大，这主要体现在进一步放松资本管制，放松股权市场、债券市场，提高非居民对在塞浦路斯证券交易所上市的各家国内银行股本的总出资限制；

放松个人资本流转限制等。其中也伴随反向加紧的政策，如对上市公司施加海外投资的上限，但只有寥寥几条。图4.1显示，2005年以后，其总体开放程度维持在较高水平，尤其是在2012~2019年，其开放水平进一步提高，资本管制也进一步放松。整体来看，塞浦路斯资本账户开放呈现上升的趋势。

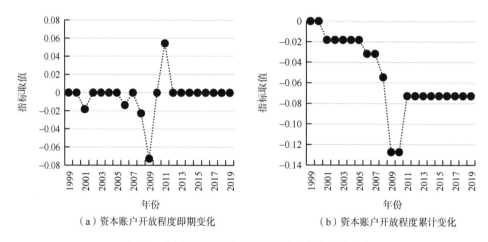

（a）资本账户开放程度即期变化　　　　　（b）资本账户开放程度累计变化

图4.1　塞浦路斯资本账户开放程度即期与累计变化

2）塞浦路斯资本账户双向开放情况

（1）资本账户流入开放。如图4.2所示，2007年至2010年，流入开放程度维持在较高水平。2012年至2019年则未发生明显变动。塞浦路斯鼓励资本流入，如在2000年为争取早日加入欧盟，塞浦路斯出台政策，放开欧盟国家公民的直接投资等。塞浦路斯的资本流入开放呈现加强的趋势，这说明塞浦路斯继续保持加大资本账户开放的指导思想是不变的。

（2）资本账户流出开放。在之前确定了塞浦路斯政府鼓励外来资本流入的前提下，目前塞浦路斯同样允许本国资本进入国外市场进行运作。例如，自2000年1月起，塞浦路斯直接放开了欧盟国家对本国除教育等部分领域之外的直接投资，同时放开了本国的对外直接投资等。

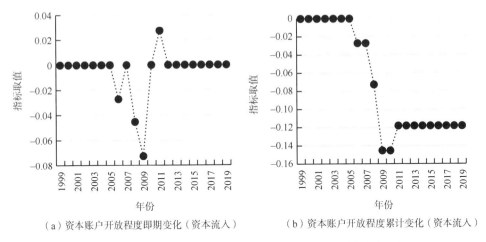

（a）资本账户开放程度即期变化（资本流入）　　　（b）资本账户开放程度累计变化（资本流入）

图 4.2　塞浦路斯资本账户开放程度即期与累计变化（资本流入）

3. 以色列

以色列资本账户整体开放状况以积极开放为主，较好地反映了以色列金融自由化进程的整体趋势。

1）以色列资本账户开放程度变化

GKAOPEN 数据库体现了以色列资本账户开放程度的每年度变化的平稳趋势：图 4.3 显示，1999～2000 年以色列资本账户开放程度加深，2001～2010年，以色列资本账户开放程度未发生明显变化；为缓解 2010 年欧洲主权债务危机引发的全球性主权债务危机和银行破产风险，以色列做出了相应的收紧管制的决策，之后随着国际经济环境的日渐动荡、国际金融风险传染的愈发频繁，以色列资本账户管制力度呈现明显的阶梯形上涨趋势，近十年开放力度上有所收敛；而在 2017 年后，以色列经济增长出现连续下行，以色列政府再次尝试放宽资本账户开放以带动经济回温。

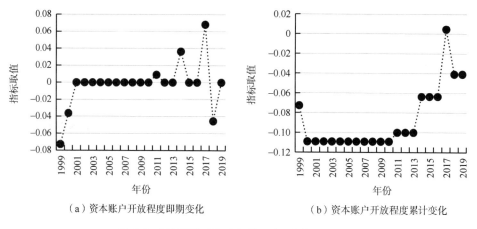

（a）资本账户开放程度即期变化　　　　　　（b）资本账户开放程度累计变化

图 4.3　以色列资本账户开放程度即期与累计变化

GKAOPEN 数据库反映了以色列自 1999～2010 年以来,资本账户开放程度整体变化不大,处于开放状态,在 2011～2017 年,资本管制逐渐加强。

2）以色列资本账户双向开放情况

（1）资本账户流入开放。2010 年前以色列跨境资本流入并未受到太多限制,处于较为积极的开放状态。图 4.4 显示,2011～2013 年受主权债务危机的影响出现较大幅度的向上波动,跨境资本流入开放力度收紧;2017

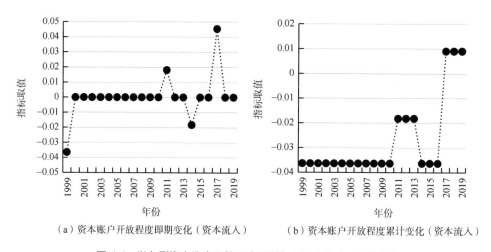

（a）资本账户开放程度即期变化（资本流入）　　　（b）资本账户开放程度累计变化（资本流入）

图 4.4　以色列资本账户开放程度即期与累计变化（资本流入）

年以后，该国针对跨境资本流入的管制收紧。以色列的资本账户开放趋势出现累计速度放缓甚至掉头上扬的趋势，跨境资本流入开放逐步收紧的整体趋势加剧。

（2）资本账户流出开放。在 2013 年之前，以色列的跨境资本流出管制整体较为宽松，2014～2017 年，以色列国内的资本流动性面临较大的压力，日渐采取更为收紧的跨境资本流出管制政策。图 4.5 显示，以色列资本对外流动限制的总体趋势是减弱的，且近年来管制的程度有所降低。

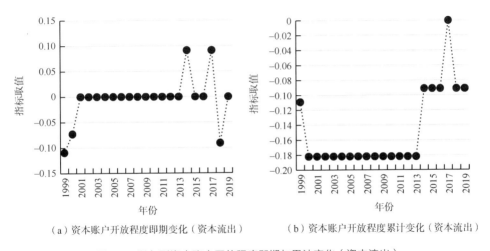

（a）资本账户开放程度即期变化（资本流出）　　　（b）资本账户开放程度累计变化（资本流出）

图 4.5　以色列资本账户开放程度即期与累计变化（资本流出）

4. 日本

日本资本账户整体开放状况呈现先平稳后逐渐放松的趋势，这也意味着日本的资本账户的整体开放程度是日益提升的。

1）日本资本账户开放程度变化

1999～2019 年日本资本账户开放程度的每年度变化呈现平稳趋势。2000 年、2011 年、2013 年和 2014 年，日本资本账户开放程度加强，呈现逐年波动放松的趋势。

2）日本资本账户双向开放情况

（1）资本账户流入开放。以 2011 年为分界点，日本资本账户流入呈现跳跃性放松的趋势，而该趋势在 2011 年后继续保持。日本的资本账户开放趋势在 2011 年后依旧呈现逐年上升，这说明 2011 年后日本针对当年的经济金融环境需要，一直保持政策放松。这种倾向在子项的分析中得到了印证与体现。

（2）资本账户流出开放。日本资本账户流出政策是整体上扩大对外开放的，GKAOPEN 数据库指标显示逐年开放的趋势。

5. 韩国

韩国的资本账户整体开放状况呈现波动上升的趋势，整体开放程度日益增大。但在某些特定的年份与时间点亦存在与资本账户总体开放程度上升趋势相悖的波动。

1）韩国资本账户开放程度变化

1999～2019 年，GKAOPEN 数据库体现了韩国资本账户开放状况的每年度的总体变化。2001 年前韩国的资本账户开放呈现紧缩的趋势，这主要是与 2001 年以前，韩国资本账户受到世界政治环境以及自身经济实力、调控应对能力有限所导致的政策性暂时封闭有关。图 4.6 显示，1999～2006 年，

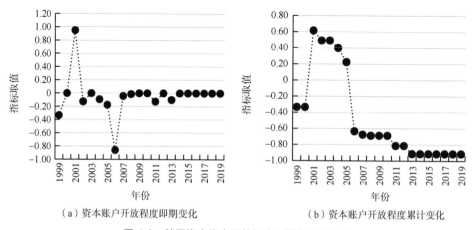

（a）资本账户开放程度即期变化　　　　（b）资本账户开放程度累计变化

图 4.6　韩国资本账户开放程度即期与累计变化

韩国资本账户开放水平波动幅度较大，开放与收紧政策交替实施。2007 年后，则呈现相对平稳趋势。整体来看，韩国资本账户开放呈现先紧缩后放松的趋势。

2）韩国资本账户双向开放情况

（1）资本账户流入开放。以 2001 年为分界点，其后的韩国资本账户流入呈现了逐年放松的趋势，该趋势呈现先快速开放到逐渐平缓趋于稳定的形式。图 4.7 显示，其流入开放趋势表现整体上先收紧后宽松。

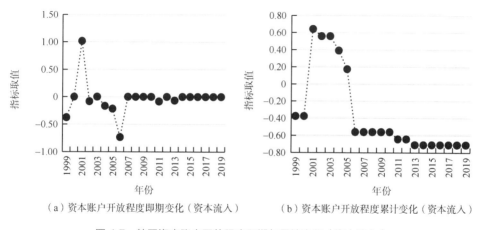

（a）资本账户开放程度即期变化（资本流入）　　（b）资本账户开放程度累计变化（资本流入）

图 4.7　韩国资本账户开放程度即期与累计变化（资本流入）

（2）资本账户流出开放。韩国资本账户是内外双向同时开放的。如 2005 年，放宽了对离岸贷款用途和期限的限制。但整体来看，韩国资本账户呈现开放程度加深趋势（图 4.8）。

6. 科威特

科威特的资本账户整体开放状况在 1999～2019 年变动较少，仅在 2000 年受到开放政策的影响，科威特的资本账户指数数值有显著的下降，且为流入、流出同向变动，扩大开放。

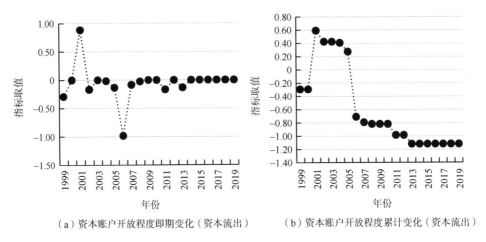

（a）资本账户开放程度即期变化（资本流出）　　（b）资本账户开放程度累计变化（资本流出）

图 4.8　韩国资本账户开放程度即期与累计变化（资本流出）

7. 阿曼

1）阿曼资本账户开放程度变化

如图 4.9 所示，阿曼资本账户开放水平呈现反复波动的特点，政策变动基本上是对称的，整体上并未呈现很大变化，如资本管制在 2003 年有所放松，但在 2004 年又加大了管制力度，反映出阿曼当局谨慎放开资本账户的指导思

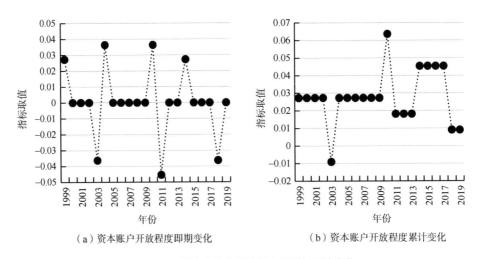

（a）资本账户开放程度即期变化　　　　（b）资本账户开放程度累计变化

图 4.9　阿曼资本账户开放程度即期与累计变化

想。如 2004 年 1 月，阿曼货币当局要求银行本币和外币的累计缺口不能超过前五个时间段内每个累计负债（流出）的 15%；2014 年 3 月，阿曼央行限制了外汇风险和非居民的风险。同时为了吸引外资，鼓励私人投资带动国家经济发展，阿曼也出台了一些鼓励本国资本账户开放的政策。

2）阿曼资本账户双向开放情况

（1）资本账户流入开放。阿曼资本账户资本流入的开放力度只在 1999 出现一次变动，这可能是因为阿曼央行于 1999 年 1 月限制了个别商业银行的总体国外借款。阿曼资本账户资本流入开放力度在 1999~2019 年不变，呈现为一条水平线。

（2）资本账户流出开放。图 4.10 显示，阿曼政府在 1999~2019 年对跨境资本流出的管制较为频繁，整体来看阿曼资本管制的力度增强。阿曼政府对流入和流出均进行了限制。

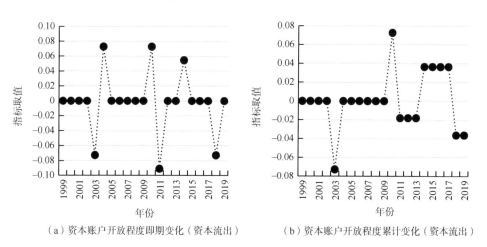

（a）资本账户开放程度即期变化（资本流出）　　（b）资本账户开放程度累计变化（资本流出）

图 4.10　阿曼资本账户开放程度即期与累计变化（资本流出）

8. 卡塔尔

1）卡塔尔资本账户开放程度变化

卡塔尔资本账户开放水平在较多年份呈现上升的态势，但也伴随着少数加强资本管制的情况。图 4.11 显示，尤其是在 2000 年、2006 年以及 2014 年等年份，资本账户开放程度明显增大，对应于当年出台的一系列放松资本管制的政策。仅在 2002 年突然加强资本管制，这可能是因为 2002 年 3 月，卡塔尔根据联合国安全理事会有关决议，冻结了与恐怖主义有关的个人、团体和组织的账户与资产。整体来看，卡塔尔资本账户开放程度有加深的趋势。

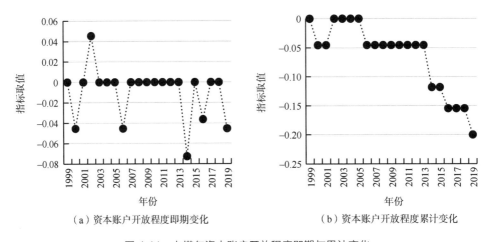

（a）资本账户开放程度即期变化　　　　（b）资本账户开放程度累计变化

图 4.11　卡塔尔资本账户开放程度即期与累计变化

2）卡塔尔资本账户双向开放情况

（1）资本账户流入开放。卡塔尔资本账户资本流入开放力度在 2000 年、2006 年、2014 年以及 2019 年呈现负向变动，开放力度大幅提高。对应于时点变动，卡塔尔跨境资本流入开放力度在 1999~2019 年呈现逐年阶梯式提高。

（2）资本账户流出开放。卡塔尔资本账户跨境资本流出开放力度主要在 2002 年、2014 年以及 2016 年等少数几个年份出现波动。在 2002 年呈现正向收紧变动，在 2014 年和 2016 年呈现负向放松变动。卡塔尔政府在鼓励外来资本流入的前提下，限制本国资本进入国外市场进行运作，这反映了卡塔尔资本账户开放程度增强主要体现于对跨境资本流入的开放之中。

9. 沙特阿拉伯

沙特阿拉伯资本账户整体开放状况呈现管控力度增强的情况，这在沙特阿拉伯资本账户开放的流入与流出两方向都有体现。

1）沙特阿拉伯资本账户开放程度变化

1999～2013 年，资本账户基本保持开放程度先轻微增加后不变的状态。图 4.12 显示，2012 年后，沙特阿拉伯资本账户突然急速管制，特别体现在 2013 年、2014 年和 2017 年，其管制程度呈现断崖式上升，这主要和沙特阿拉伯面临的国际政治经济形势和本国的政治经济需求有关。

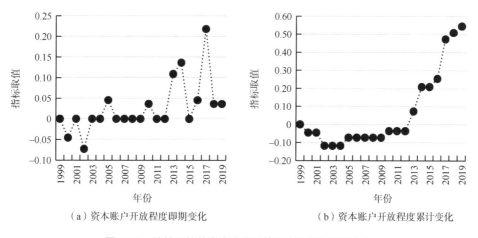

（a）资本账户开放程度即期变化　　　　（b）资本账户开放程度累计变化

图 4.12　沙特阿拉伯资本账户开放程度即期与累计变化

沙特阿拉伯自 1999 年以来至今，资本账户总体管制程度呈现上升的趋势。值得关注的是在 2013 年后，沙特阿拉伯对于股票、证券、集体投资、衍生品乃至房地产市场的管制程度加深，使得沙特阿拉伯在此之后的资本账户管制程度和管制速度有着大幅的增加。该时期，在国际油价下降、沙特阿拉伯外汇储备的紧张以及中东局势的不稳定影响下，沙特阿拉伯加强了其对资本账户的管制。

2）沙特阿拉伯资本账户双向开放情况

沙特阿拉伯资本账户的开放是双向的但非同步的。2013 年前，跨境资本账户流入程度的变动贡献了整个资本账户程度与趋势的变动；2013 年后，流入流出双向作用于资本账户开放程度与趋势的变动，而这很好地代表了沙特阿拉伯政治主导经济发展到经济细化深入发展的思想的转变过程。

（1）资本账户流入开放。从资本流入的强度和趋势两方面，根据已有的数据来判断，其管制方向总体体现为力度先减小，后保持多年不变，2013 年后跨境资本流入管制呈现跳跃式增加，跨境资本流入程度累计升高。以 2006 年、2013 年分别为分界时间点：在 2006 年前，沙特阿拉伯的资本流入管制力度相对较强，对于境外资本流入的管制审核比较严格，外国投资在沙特阿拉伯被允许参与经营与运作的行业相对较少，额度也受到一定的限制；2006 年至 2013 年，沙特阿拉伯没有资本账户开放政策的变动；2013 年后，沙特阿拉伯开始频繁变动资本账户，这一时期变动的项目包括股票、集体投资、衍生品、债券市场等多个市场，以及直接投资部门。与 2006 年前内容相对单一，跨境资本流入的单向的开放政策不同，这一时期的开放是双向、同时开放。从趋势分析可知，沙特阿拉伯跨境资本流入管制程度呈上升趋势。

（2）资本账户流出开放。从资本流出的当年变化和强度两方面可知，2013 年前，沙特阿拉伯没有出现有相应记录的跨境资本流出相关政策的变动；2013 年后，管制呈现出持续加强的趋势。图 4.13 显示，2005 年沙特阿拉伯对本国资本流出采取相对严格管制态度，这与沙特阿拉伯政府主导经济的思想以及石油经济的封闭性、保守性有关。2006 年后，沙特阿拉伯资本流出开放程度和开放趋势与流入开放程度和开放趋势的走向基本吻合，证明在这一时期，沙特阿拉伯的资本账户开放流入流出基本是同时、同向的。2013 年后，沙特阿拉伯对资本流出呈现出更严格的管控趋势。

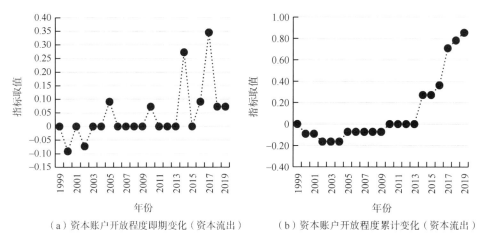

（a）资本账户开放程度即期变化（资本流出）　　（b）资本账户开放程度累计变化（资本流出）

图 4.13　沙特阿拉伯资本账户开放程度即期与累计变化（资本流出）

10．新加坡

新加坡资本账户整体开放状况总体呈现波动上升的趋势，随着时间的推移，新加坡资本账户的整体开放程度在多数时间内处于放松状态。

1）新加坡资本账户开放程度变化

1999～2019 年，GKAOPEN 数据库体现了新加坡资本账户开放状况的每年度变化。图 4.14 显示，新加坡资本账户在 2006 年之前波动较大，且呈现

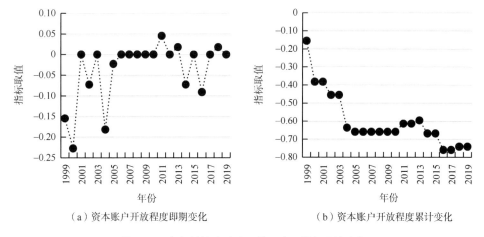

（a）资本账户开放程度即期变化　　　　（b）资本账户开放程度累计变化

图 4.14　新加坡资本账户开放程度即期与累计变化

负向放松变动，尤其是在 2000 年和 2004 年变动幅度较大，这主要与当年出台的放松资本管制的举措有关，此外，近年来开放力度也有所加大，主要体现在 2014 年和 2016 年的政策变动。但也注意到，新加坡在高度开放水平的基础上，也有少数小幅放缓开放步伐的举措，这反映出其审慎放开资本账户的指导思想。

2）新加坡资本账户双向开放情况

（1）资本账户流入开放。以 2004 年为分界点，2004 年前的新加坡资本账户流入呈现逐年放松管制的趋势，其后的流动准入标准在 2005～2010 年保持放松强度不变。图 4.15 显示，2011 年起，放松幅度呈现了先逐年收紧后又逐年放松的趋势。这可能是 1999～2004 年持续不断的资本流入开放政策使得外国资本大量流入所致。自 2011 年起，新加坡政府为适当缓解当地土地资源紧张状况，通过提高征收房地产税等政策极大扩大了新加坡资本账户受外资波动的影响。但即便在 2011 年起资本账户开放力度波动的情况下，新加坡的资本账户开放趋势依旧呈现加强趋势，这说明 2011 年起新加坡可能针对当年的经济金融环境需求做出了适当调整。

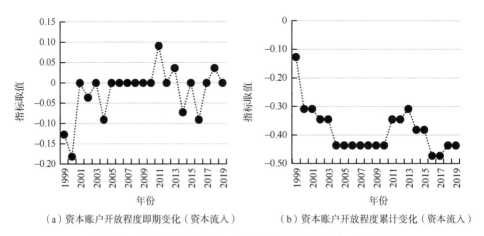

（a）资本账户开放程度即期变化（资本流入）　　　（b）资本账户开放程度累计变化（资本流入）

图 4.15　新加坡资本账户开放程度即期与累计变化（资本流入）

（2）资本账户流出开放。新加坡 1999～2019 年总体来看资本账户流出呈现放松管制趋势。图 4.16 显示，1999～2004 年放松管制趋势明显。

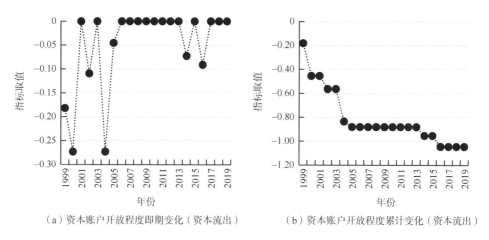

（a）资本账户开放程度即期变化（资本流出）　　（b）资本账户开放程度累计变化（资本流出）

图 4.16　新加坡资本账户开放程度即期与累计变化（资本流出）

11. 阿联酋

阿联酋针对资本账户开放力度的政策调整较少，在开放和管控均有尝试的背景下整体表现出稳定态势。

1）阿联酋资本账户开放程度变化

阿联酋 1999～2001 年的资本账户未呈现出明显的开放趋势。该时期属于阿联酋资本账户开放的早期，阿联酋的资本账户开放处于摸索状态，行为相对谨慎。自从 2003 年开始，阿联酋资本账户开放程度不断加深，这可能是与阿联酋中央宣布取消在安哥拉对安盟（争取安哥拉彻底独立全国联盟）实施的财政制裁，并解除对利比亚实施的金融制裁有关。此后，阿联酋资本账户开放力度保持稳定状态。

总体而言，在 2003 年后，阿联酋规定取消在安哥拉对安盟实施的财政制裁，并解除对利比亚实施的金融制裁，有助于进一步改善贸易环境。因此，资本账户开放的政策性导向呈现总体的开放趋势。

2）阿联酋资本账户双向开放情况

（1）资本账户流入开放。2002 年阿联酋资本账户流入方向出现开放尝试。从 2003 年至今，阿联酋跨境资本流入开放力度维持在稳定水平。阿联酋的资本账户流入是开放的、管控是稳定的。

（2）资本账户流出开放。相较于流入方向，阿联酋在流出方向进行了管制尝试，即 2002 年阿联酋政府宣布禁止与津巴布韦进行某些金融交易。

4.1.3　资本账户子项双向开放指标测度及特征分析

1. 巴林

从 1999 年 3 月开始，巴林开始了直接投资项目开放进程。此后至今，巴林关于直接投资的资本账户开放未发生变化。说明巴林一直以来都积极引进外商投资，开放直接投资资本账户。1999 年直接投资项目的资本流入出现一次阶梯式下降，此后一直维持在稳定的开放水平。

2. 塞浦路斯

1）股权市场项目开放度分析

股权市场项目开放度的变动主要集中在 1999～2004 年，塞浦路斯争取加入 WTO 期间。整体来看，塞浦路斯对于股权市场流出方向的管制力度要严格于流入方向，但整体来看，其股权市场开放程度呈现上升的特点。

2）债券市场项目开放度分析

塞浦路斯债券项目的流入开放度和总体开放度在 1999～2019 年基本保持稳定。塞浦路斯债券项目开放度的波动主要体现在 2000 年至 2002 年的流出开放指数上。总体来看，流出开放度的变化幅度和频率高于流入开放度，相比于流出方向，塞浦路斯对外国流入本国债券市场的资金进行更为严格的控制。

3）货币市场项目开放度分析

货币市场项目开放度的变动主要集中在 1999～2004 年，主要涉及货币市场流出开放的变动，这与该期间内塞浦路斯政府出台的较多放松货币市场资本管制的政策相关。

塞浦路斯货币市场开放项目的累计变化趋势在 2004 年之后基本保持平稳，变动主要发生在 1999～2004 年。综合来看，塞浦路斯货币市场项目总体开放度上升。这体现出，虽然有少数加强管制的政策，但塞浦路斯货币市场项目整体上呈现开放度加大的趋势且对于流出方向的放松力度更大。

4）集体投资项目开放度分析

集体投资项目开放度的变动主要集中在 1999～2004 年，即塞浦路斯争取加入 WTO 期间，且主要是流出方向的放松变动。综合来看，塞浦路斯集体投资项目总体开放度呈现加深趋势，这体现出，虽然有少数加强管制的政策，但集体投资项目整体上呈现开放度加深的趋势。

5）衍生工具项目开放度分析

该项目的政策调整主要涉及流出方向的放松政策，流出开放度加深，流入开放度无明显变化，总体开放度是加深的，体现了塞浦路斯加大衍生工具项目开放程度的指导思想，且对于流出方向的放松力度更大。

6）商业信贷项目开放度分析

塞浦路斯商业信贷项目的流入开放度、流出开放度与总体开放度在 1999～2019 年除少数年份出现波动外，总体上呈现较为平稳的趋势。总体来看，流出开放度的变化与流入开放度的变化一致，这说明塞浦路斯商业信贷项目开放度不断扩大，且对于流入和流出两个方向保持相同的放松态度。

7）金融信贷项目开放度分析

塞浦路斯金融信贷流出开放指数的波动主要出现在 2002 年至 2005 年，

流入开放指数的变动主要出现在 2018 年和 2019 年，相应地，塞浦路斯金融信贷总体开放度也在这些年份出现波动。累计来看，总体开放度是加深的，该项目所有指标数值在所有子项中处于最高水平，这反映出塞浦路斯对于加大商业信贷项目开放的大力支持态度。

8）直接投资项目开放度分析

塞浦路斯直接投资项目开放度的变化主要集中在 1999～2004 年。可能是该段时间出现直接投资项目的政策调整所致。具体而言，自 2000 年 1 月起，对欧盟国家公民的直接投资被大幅放开；2002 年 9 月，塞浦路斯政府简化了对外直接投资的行政程序；2003 年 8 月，进一步简化了对外直接投资的行政程序，这都体现了塞浦路斯放开对外直接投资的决心，就变动频率来看，直接投资流入方向的变动要相对滞后于流出方向。累计来看，总体开放度是加深的。

9）不动产市场项目开放度分析

塞浦路斯的不动产市场项目开放度仅在少数年份出现波动，不动产市场流出开放度数值经过三次阶梯式变化，开放度是加深的，流入开放度数值经过一次阶梯式变化，管制程度是加深的，总体开放度则累计无变化。整体来看，塞浦路斯不动产市场开放水平处于比较稳定的水平。

3. 以色列

1）股权市场项目开放度分析

以色列政府股权市场表现出极强的稳定性，股权市场开放指数仅在 1999 年出现一次负向波动。具体来说，1999 年 4 月，公司对外直接投资和有价证券投资以及以色列公司在国外的发行直接向外汇管理局局长报告的门槛提高到 500 万美元，股权市场流出开放程度加深。整体来看，股权市场流入和流出开放指数出现一次同步同幅下降后，最终该项目的开放程度不断加深，表明以色列股权市场的开放是双向放宽管制的结果。

2）债券市场项目开放度分析

以色列债券市场的流入开放指数、流出开放指数和总体开放指数仅在2017 年出现一次波动。具体来看，2017 年 1 月起，对非居民票据和短期政府债券交易的报告要求被取消，这使债券市场流入开放程度加深。总体来说，以色列债券市场的调整带动了流入开放指数的变动，体现了对流入管制的放松。

3）衍生工具项目开放度分析

以色列衍生工具的流入开放指数、流出开放指数与总体开放指数在1999～2009 年保持稳定，但在 2010 年后出现较多波动。具体而言，自 2011年 11 月起，以色列央行对非居民的新谢克尔外汇掉期交易和外汇远期交易进行限制；而在 2014 年 10 月，该前述政策被取消；2017 年 1 月，以色列央行对即期衍生品交易提出了报告要求。整体来说，以色列衍生工具流出开放指数相较于流入开放指数的变动频率更为频繁。累计来说，呈现管制加强趋势。

4）金融信贷项目开放度分析

以色列金融信贷的流入开放指数、流出开放指数与总体开放指数在1999～2013 年呈现较为平稳的趋势；在 2014 年之后出现两次波动，均为在流出方向的管制。具体来看，2014 年 12 月，以色列银行宣布，2015 年将在外汇市场购买 31 亿美元，以抵消天然气生产对汇率的影响；2018 年 12 月，以色列宣布取消了前述的外汇购买计划。可以看到，以色列金融信贷流入开放指数的步伐相对滞后于流出开放指数。累计来看，未呈现明显变动趋势。

5）直接投资项目开放度分析

以色列直接投资相关指标仅在 1999～2000 年出现两次负向波动。从 1999年 4 月开始，公司对外直接投资和有价证券投资以及以色列公司在国外的发行直接向外汇管理局局长报告的门槛提高到 500 万美元；2000 年 2 月起，个人和非营利组织直接报告海外投资的门槛从 50 万美元提高到 500 万美元。直接投资流入开放指数始终稳定，流出开放指数数值带动总开放指数数值发生两次阶梯形下降，开放程度加深。以上分析表明以色列整体实现了直接投资的扩大开放。

4. 日本

1）债券市场项目开放度分析

日本债券项目的流入开放度、流出开放度与总体开放度指数除 2014 年出现较大幅度的波动情况外，总体上呈现较为平稳的趋势。2014 年，债券项目流入开放度加深。日本债券市场项目流入开放度、流出开放度与总体开放度始终稳定。而在 2014 年，债券市场项目累计开放度呈现加深趋势。

2）货币市场项目开放度分析

日本货币市场项目的开放度指数在 1999～2019 年除 2011 年、2013 年出现较大幅度的波动情况外，总体上呈现较为平稳的趋势。2011 年，货币市场项目流入开放程度加深，货币市场流出开放程度加深。日本货币市场项目开放度在 1999～2007 年始终稳定不变，而在 2011 年和 2013，货币市场项目开放程度呈现上升趋势。

5. 韩国

1）股权市场项目开放度分析

韩国的股权市场开放度在 1999～2019 年整体呈现为平稳的水平分布，在一定的时点也存在波动。整体来看，无论是股权市场的总体开放度还是流入流出开放度都是在朝着逐步扩大开放的方向去发展。尤其是 2006 年至今，韩国开放的脚步不断加快，股权项目开放对资本账户的贡献度也不断加强。此外，股权项目开放指数与股权项目流入开放指数总体上的波动幅度是一致的。

2）债券市场项目开放度分析

韩国的 2001 年债券市场流出管制加深，这是由于境外购买短期韩元计价证券的审批权限从财政部转移到了韩国央行；2006 年个人投资限额由 300 万美元提高到了 1000 万美元；2006 年设定了对金融机构的安全持有外汇资产与总外汇资产的 2%的最低限制。韩国债券市场项目流出开放度与债券市场项目总体开放指数同趋势变动。

3）货币市场项目开放度分析

韩国的货币市场 1999～2019 年的开放度变化在不同的时间点有所波动。具体来看，相关政策有 2005 年保险公司以外币计价的资产总额不得超过总资产的 30%，以前为 21%；2001 年外汇银行的外汇资产负债率从 3 个月以下的短期负债的 80%提高到 85%，到期的长期贷款的 52%提高到至少 80%等。

4）集体投资项目开放度分析

韩国集体投资项目的流出和流入开放度在 1999～2019 年出现了小幅度的变化。1999 年，韩国规定金融结构健全的公司可以向国外借款，期限为一年或一年以下，并允许财务结构健全的企业在海外进行期限为一年以下的贷款；2001 年韩国出台规定，长期资产的期限由三年以上减为一年以上，而外汇银行必须维持其长期负债的 51%以上；2006 年，设定免除非居民贷款到期日三年内还款的门槛从 10 万美元提高到了 50 万美元。韩国集体投资项目流入开放度、流出开放度与总体开放度在 1999～2019 年的变动趋势相同。

5）衍生工具项目开放度分析

韩国衍生工具市场开放度在 1999～2019 年波动较为频繁。1999 年，韩国将强加在金融衍生品的实际需求原则废除；2001 年韩国允许证券公司与非居民法人自由开展远期、外汇掉期、外汇掉期期权、利率掉期期权等衍生品交易，管制放松；2002 年韩国银行对某些衍生品交易的批准要求改为通知韩国银行的要求使得衍生工具流入和流出指数开放程度加深；2010 年，衍生品的最高限额从 126%下降到 100%等。

6）商业信贷项目开放度分析

韩国整体上商业信贷市场流出开放程度和流入开放程度在 1999～2019

年的大多数时间表现为一条水平线，但其间也经历了一些波动，如在 2001
年时，居民投资者的本币商业或金融信贷额度提高，同年规定超过外币商业
信用所要求的金额韩国中央银行批准额度从 30 万美元增加到 1000 万美元；
2004 年规定商业银行超出外币商业信用所要求的金额从 30 万美元增加到
1000 万美元；2006 年出台了多项政策，放宽了信贷管制等。商业信贷市场流
出指数、流入指数与总体开放指数在 1999～2019 年波动趋势一致，都经历着
波动上升后又呈阶梯状下降的趋势。

7）金融信贷项目开放度分析

韩国金融信贷市场开放流入指数在 1999～2019 年经历过多次波动，如
1999 年 4 月出台政策：金融结构健全的公司可以向国外借款，期限为一年或
一年以下，这使得管制放松。金融信贷项目流出开放指数在 1999～2019 年经
历过多次波动，如 2001 年，经财政部批准的机构投资者本币商业或金融信贷
额度提高至 10 亿韩元；2004 年韩国出台新政即外汇银行必须维持的外币资
产负债率从 3 个月以内的短期负债的 80%提高到 85%等。

8）直接投资项目开放度分析

直接投资市场的政策调整出台主要集中在 2008 年以前，且以管制为主，
在 2008 年以后，由于国际金融环境的恶化，韩国政府更是保持了直接投资项
目开放上的谨慎态度，不再进行政策调整，保持原有管制程度。

9）不动产市场项目开放度分析

不动产市场的流出开放指数与流入开放指数整体上呈现较为稳定的情
况，可是在某些时间点也存在一定的波动。如 2001 年，除从非居民处获得的
不动产外，购买不动产及其关联权利需要向韩国银行发出通知；2005 年拟在
境外居住两年以上的个人购买境外不动产的限额从 30 万美元提高到 50 万美
元；2006 年未经韩国银行批准的个人在境外购买不动产的限额从 50 万美元
提高到 100 万美元等。不动产市场项目开放指数整体上呈现阶梯状不断开放

的趋势，并且不动产市场流出开放指数与其波动指数呈同向波动。

6. 科威特

1）股权市场项目开放度分析

科威特股权市场的开放指数在 1999～2019 年仅发生过一次变化,是由于 2000 年 4 月科威特颁布规定,允许外国人在科威特境内设立公司并持有 100% 的股份，条件由部长会议决定。

2）直接投资项目开放度分析

科威特的直接投资的开放指数在 1999～2019 年共经历过一次波动，是由于 2000 年 4 月科威特颁布规定，允许外国人在科威特境内设立公司并持有 100%的股份，条件由部长会议决定。

7. 阿曼

1）金融信贷项目开放度分析

阿曼金融信贷项目的流入开放度、流出开放度与总体开放度在 1999～2019 年频繁发生波动，这可能是因为阿曼政府在 1999 年 1 月限制了个别商业银行的总体国外借款；在 2003 年 4 月，提高了非银行金融机构的外币借款限额；在 2004 年 1 月，阿曼货币当局要求银行本币和外币的累计缺口不能超过前五个时间段内每个累计负债（流出）的 15%；2014 年 3 月，阿曼央行限制了外汇风险和非居民的风险；2018 年 4 月，阿曼货币当局再次提高了本地银行与外国银行之间的外汇总余额限制。

2）直接投资项目开放度分析

阿曼直接投资市场的流入开放度、流出开放度与总体开放度除 2011 年出现波动外，总体上呈现较为平稳的趋势。这可能是因为在 2011 年 2 月阿曼货币当局允许持有投资银行牌照的持牌银行可以在不事先获得阿曼中央银行批准的情况下销售外国投资产品。

8. 卡塔尔

1）股权市场项目开放度分析

卡塔尔股权项目的流出开放度在 1999～2019 年始终保持不变,流入开放度与总体开放度除了在 2014 年出现波动外,总体上呈现较为平稳的趋势。因为在 2014 年 7 月 26 日卡塔尔货币当局增加了允许外国(非海湾合作委员会)国民持有卡塔尔上市公司的股权上限。可以看到,这项放松措施主要是针对资本流入的。

2）金融信贷项目开放度分析

卡塔尔金融信贷市场的流入开放度、流出开放度与总体开放度除 2016 年出现波动外,总体上呈现较为平稳的趋势。这可能是因为在 2016 年 5 月卡塔尔货币当局提高了银行净持仓外汇头寸。

3）直接投资项目开放度分析

卡塔尔直接投资市场流入开放度、流出开放度与总体开放度除 2000 年、2019 年出现波动外,总体上呈现较为平稳的趋势。这可能是因为 2000 年 10 月,卡塔尔对外国直接投资法案进行了修订,允许外资在农业、工业、卫生、教育和旅游部门拥有所有权。2019 年 7 月卡塔尔再次对外国直接投资法案进行了修订,允许外资在除银行和金融以外的几乎所有部门拥有高达 100%的所有权。

4）不动产市场项目开放度分析

卡塔尔不动产市场的流入开放度、流出开放度与总体开放度除 2006 年出现波动外,总体上呈现较为平稳的趋势。这可能是因为卡塔尔政府赋予其他国家(包括海湾合作委员会)国民房屋永久产权。

9. 沙特阿拉伯

1）股权市场项目开放度分析

沙特阿拉伯股权市场项目的流入开放度、流出开放度与总体开放度波动集中在 2014 年后。具体政策如下。2014 年，沙特阿拉伯允许资本市场管理局认定的、合格的外国金融机构根据其发布的条例在沙特阿拉伯交易上市股票；2018 年，双向开放的股票市场和本国对外股权投资额度汇报与审批规则放松。股权市场项目流入开放度、流出开放度一直呈现阶梯形加大的趋势。

2）债券市场项目开放度分析

1999～2019 年，沙特阿拉伯的债券市场项目变动较少，仅发生了三次变动。其中，2006 年，沙特阿拉伯针对外国保险公司在沙特阿拉伯分支机构的新规要求，从事保险和人寿保险的公司和分支机构，沙特阿拉伯本国必须持有一定限额的债券资产。2018 年，非居民合格外国投资者可以直接在沙特阿拉伯交易伊斯兰债券。对于其他的相关金融资产，也有了呈现双向放松趋势的交易政策变动，沙特阿拉伯的债券市场项目由此得到开放。

3）集体投资项目开放度分析

沙特阿拉伯的集体投资市场变动项目相对较少，仅有两条变动，且其变动与股权市场、债券市场、衍生品市场的变动呈现联动关系。沙特阿拉伯的集体投资市场变动仅发生在 2016 年，其内容是对房地产投资基金等的内容进行改动，增强集体投资市场项目的开放程度。

4）衍生品工具项目开放度分析

沙特阿拉伯衍生品工具项目流入与流出开放度分别经历了不同程度的变化，但均在 2015 年后才有所变动，多围绕互换掉期产品进行，总体均表现出开放趋势。例如，2015 年，沙特阿拉伯允许非居民与居民在本国市场进行互换交易，并紧接着放松了原设定的互换交易限额额度；2016 年，与股权市场联动，非居民可以更深入地参与沙特阿拉伯衍生品交易；2017 年与 2018 年，降低了硬性规定的本国交易者在交易中必须占有的额度，并允许外国交易者在沙特阿拉伯进行互换交易。

5）商业信贷项目开放度分析

有记录的沙特阿拉伯的商业信贷项目变化仅有一条，其发生在 2019 年 6 月，该条目表明沙特阿拉伯金融管理局的新规定赋予了在沙特阿拉伯境内经营的所有银行发展集体投资的权利。总的来看，这对于沙特阿拉伯的商业信贷项目的跨境流入、流出开放程度与趋势起到了使其负向增加的影响。

6）直接投资项目开放度分析

沙特阿拉伯关于直接投资项目的政策变动十分丰富，也是造成沙特阿拉伯资本账户开放程度变动的主要原因。但对于沙特阿拉伯资本的跨境流出，其政府与央行是保持极度谨慎、保守的态度的，以至于并没有政策证明沙特阿拉伯允许本国的资本在国外参与直接投资。沙特阿拉伯在吸引外资方面，保持着相对积极的态度：在 2000 年，沙特阿拉伯新的《外国投资法》生效有效提升了开放力度；2004 年，在保险公司、银行、金融机构等不同金融相关部门的直接投资上，沙特阿拉伯也明确放松了投资管制限额，放松并明确了投资资格与投资规模。总体来看，沙特阿拉伯的直接投资项目开放程度逐年增大，以促进外资流入为主。

7）不动产市场项目开放度分析

沙特阿拉伯关于不动产市场的变动相对较少，仅有三条，且均为同向：2004 年外国法人被允许在沙特阿拉伯持有包括员工住房在内的不动产；同年允许非居民拥有不动产。2018 年，房地产经纪代理等业务也正式向非本国居民开放。沙特阿拉伯对于不动产市场资本账户项目的调控相对较少，但是每一次调控的开放力度都足够大，因此不动产市场项目累计开放程度呈现阶梯式增大趋势。

10. 新加坡

1）股权市场项目开放度分析

新加坡股权项目的流入开放度除在 1999 年与 2000 年出现负向变动外，

其余时段未出现波动。流出开放度在 1999 年、2002 年以及 2004 年出现负向变动。具体来看,1999 年 5 月,规定外资在当地银行持股 40% 的限制被取消;同年 11 月,规定金融机构可在不咨询金融管理局的情况下为外国人安排股票上市;2000 年 12 月,规定银行可向外国人发放以新加坡元计价的证券,前提是贷款必须完全以新加坡元现金或其他新加坡元资产作为抵押等。证券项目的流入与流出开放度均在 1999~2019 年内得到一定程度上的放松管制,流入开放度的放松监管程度相对要低于流出开放度。

2)债券市场项目开放度分析

新加坡债券项目的总体开放度、流入开放度与流出开放度除 1999 年、2000 年以及 2004 年出现变动外,总体呈现平稳分布趋势。债券项目的总体开放度、流入开放度与流出开放度累计变化大致呈现"同向不同步"的阶梯状负向变动趋势。

3)货币市场项目开放度分析

新加坡货币市场项目的流入与流出开放度在 1999~2019 年除 2014 年出现管制放松的变动外,总体上看呈现较为平稳的趋势。具体来看,2014 年 9 月,申报实物货币和无记名票据跨境流动的门槛由原先的 3 万新加坡元调整为 2 万新加坡元。可以看出,货币市场项目的流出开放度在 1999~2019 年呈现负向变动,说明货币市场项目的流入与流出开放度在一定程度上呈现放松管制的状态。

4)集体投资项目开放度分析

在 2000 年 12 月,规定以新加坡元现金或其他新加坡元资产作为抵押的新加坡银行被允许向非居民个人发放以新加坡元计价的证券;2004 年 5 月,规定发行新加坡元债券或股票的非居民个人,在汇款到海外供非居民金融机构使用之前,不再被要求将其新加坡元收入兑换成外币。以上说明集体投资项目开放度得到一定程度的放松。

5）衍生工具项目开放度分析

新加坡衍生工具项目的流入开放度、流出开放度和总体开放度在1999～2019年经历了小幅负向变动到稳定的变动过程。具体来看，1999年11月，新加坡政府取消了对新加坡元场外利率衍生品的管制；2000年12月，新加坡银行获准与非居民进行新加坡元股票衍生品的交易；2002年3月，规定新加坡元的非国际化政策不再适用于个人和非融资实体，放宽限制，允许居民金融实体自由交易外汇期权、跨货币互换和回购以及资产互换。整体来看，总体开放度呈现不断加深的趋势。

6）金融信贷项目开放度分析

新加坡金融信贷项目的流入开放度在1999～2019年未出现波动，流出开放度与总体开放度在2000年、2002年出现波动，总体上看呈现较为平稳的趋势。具体来看，2000年12月，新加坡银行获准以金融投资为目的向非新加坡居民发放新加坡元贷款，但必须遵守各项保障措施。总体开放度呈现不断加深的趋势。

7）直接投资项目开放度分析

1999～2019年，新加坡直接投资项目流入与流出开放度仅在2004年出现负向变动，总体上看呈现较为平稳的趋势。2004年8月，新加坡政府取消了规定投资限额的旧保险条例。这说明新加坡政府对于证券项目存在一定的放松管制。

8）不动产市场项目开放度分析

新加坡不动产市场项目的流入开放度仅在2011年、2013年以及2018年出现小幅正向波动；流出开放度仅在2005年出现负向变动，总体上看均呈现较为平稳的趋势。具体来看，有2011年12月，新加坡政府规定外国人和非个人（公司实体）购买住宅物业必须支付10%的印花税；2013年1月，将10%的印花税调高至15%；2018年7月，规定对某些特定类别的住宅物业购买征收额外买家印花税。总体来看，不动产市场项目的流出开放度在一定程度上进行了放松，流入开放度进行收紧，同时流入开放度收紧的力度高于流出开放度放松的力度。

11. 阿联酋

阿联酋不动产市场项目的流入开放度和总体开放度在 1999~2019 年基本保持稳定。仅在 2002 年，不动产市场流出开放度出现一次负向变化，这对应于阿联酋政府规定非居民可以在迪拜的一些房地产开发项目中拥有房产。不动产市场流出开放度从 1999 年以来未发生任何变动。这表明阿联酋政府对本国不动产市场资本流出持有严格谨慎的态度。

4.2 欧洲高收入国家指标测度及特征分析

4.2.1 资本账户开放背景

1. 奥地利

2019 年奥地利（Austria）GDP 为 3985 亿欧元，人均 GDP 高达 44 900 欧元，GDP 增长率为 3.3%，被世界银行划分为高收入国家。奥地利资本账户整体开放状况总体呈现逐渐收紧的趋势，随着时间的推移，奥地利的资本账户的整体开放程度在日益减小。

2. 比利时

比利时（Belgium）2020 年 GDP 总量 5153.3 亿美元，人均 GDP 为 44 594 美元。作为出口依赖型国家，比利时积极鼓励对外贸易，也逐步开启并持续推进资本账户开放。同时，比利时的资本账户开放程度与其所实行的金融改革政策相吻合，较好地反映了该国金融业的开放历程。总体而言，1999 年后比利时对于资本账户持开放态度，但会对个别子项的资本流动进行一定程度管制。比如，在 1999~2019 年，比利时对于杂项资本的流动大多进行了限制。

3. 克罗地亚

克罗地亚（Croatia）2019 年调整后国民收入净额为 507.97 亿美元，GDP 为 607.53 亿美元；从收入来看，2019 年人均 GDP 为 14 944.36 美元，根据世界银行的分类标准，克罗地亚属于高收入国家。

4. 捷克

根据世界银行分类标准，捷克（Czech Republic）属于高收入国家，在东部欧洲国家中捷克拥有高水平的人类发展指数。2009 年受金融危机的影响，经济发展速度下降，2010 年和 2011 年经济恢复性增长，2012 年和 2013 年经济发展速度再次下滑。2014 年以来经济实现缓慢复苏。1999~2019 年，捷克对资本账户开放的态度是：由积极支持资本账户开放进程到逐渐收紧再到缓慢放松。可见，捷克在资本账户开放的道路上不断摸索、不断尝试，根据不同的国内外环境适时调整本国政策，而不是一成不变的。

5. 丹麦

丹麦（Denmark），位于欧洲北部。2019 年调整后国民收入净额为 3012.26 亿美元，人均国民收入净额为 51 806.74 美元，GDP 为 3501.04 亿美元；从收入来看，丹麦 2019 年人均 GDP 为 60 213.09 美元，根据世界银行的分类标准，丹麦属于高收入国家。

6. 爱沙尼亚

2003~2007 年，爱沙尼亚（Estonia）经济保持快速增长，是欧盟经济增长率最高的国家之一。爱沙尼亚在 2009 年是全球 10 个受经济危机冲击严重的经济体之一。2010 年，随着世界经济的复苏和国外需求的增长，爱沙尼亚经济止跌回升，全年 GDP 增长 3.1%。2011 年更出现恢复性增长，成为欧盟当年 GDP 增速最快的国家之一，但在欧洲主权债务危机影响下 2012～2016 年经济增速放缓。2019 年，爱沙尼亚净国民收入为 258.03 亿美元，人均国民净收入为 1.95 万美元。2020 年，爱沙尼亚 GDP 为 310.30 亿美元（按现价计算），GDP 同比下降 2.93%，人均 GDP 为 23 312.28 美元，同比下降 3.23%。根据世界银行分类标准，爱沙尼亚属于高收入国家。

7. 芬兰

芬兰（Finland）位于欧洲北部，属于发达资本主义国家。1999 年加入欧元区，2002 年正式流通欧元，2010 年来，受全球经济形势和欧洲主权债务危机影响，经济增长乏力，甚至曾连续 4 年负增长。目前已走出经济衰退，重返增长轨道，主要宏观经济指标转好。

8. 法国

法国（France）位于欧洲西部。从经济发展程度来看，法国 2019 年调整后国民收入净额为 22 678.96 亿美元，GDP 为 27 155.18 亿美元；从收入来看，法国 2019 年人均 GDP 为 40 496.36 美元，根据世界银行的分类标准，法国属于高收入国家。

9. 德国

德国（Germany）是世界第四大经济体，也是欧洲头号经济大国。据世界银行统计数据，2019 年，德国净民收入为 32 483.70 亿美元，人均净国民收入为 40 230.73 美元。2020 年，德国 GDP 总值为 38 060.60 亿美元。根据世界银行分类标准，德国属于高收入国家。

德国是最早进行资本账户开放的国家，采取渐进式的开放模式，在资本账户开放过程中也存在反复的情况，最终在 1984 年放开了资本账户，实施效果比较好。

10. 希腊

希腊（Greece）是巴尔干半岛的门户。希腊经济受金融危机引起的主权债务危机影响严重。2018 年 8 月，希腊结束了持续 8 年的救助计划，步入了一个新的经济增长时代。根据世界银行分类标准，希腊属于高收入国家。以往希腊外汇管理政策比较宽松，外资企业可以在当地开立外汇账户，可自由汇进汇出资金。自 2015 年 6 月底起，因存款大幅流出、流动性出现严重短缺，希腊开始采取取现上限、限制资金汇出等管制措施，对进出口企业和普通居民造成较大影响。随着希腊 2018 年 8 月成功退出第三轮救助计划，重返国际债券市场，私营企业的存款逐渐恢复注入本国银行体系中，资本管制得以逐渐放松。

11. 匈牙利

从经济发展程度来看，匈牙利（Hungary）2019 年调整后国民收入净额为 1327.09 亿美元，GDP 为 1635.04 亿美元。从收入来看，匈牙利 2019 年人均 GDP 为 16 729.78 美元。根据世界银行的分类标准，匈牙利属于高收入国家。

12. 冰岛

自 1944 年经公民投票，冰岛（Iceland）正式成为一个独立国家起，其依靠扼守要冲的地缘优势和丰富的渔业资源迅速发展，作为冰岛曾经的支柱产业的渔业为摆脱过度捕捞的困境，逐步转为私人化的可转让配额制；随后渔业配额被抵押给银行并作为金融产品进行交易，加之金融管制的不断放松，冰岛三大银行在进入国际市场的短短几年间资产迅速膨胀，冰岛居民的国外资产随之扩张，国内资产由宽松的购房政策驱动，金融业和房地产行业迅速挤占传统优势产业渔业。在经历前期的繁荣后，冰岛三大银行的整体负债水平膨胀至 GDP 的近十倍，在美国次贷危机的冲击下，股市、房市下跌，国民平均负债率飙升。自此，为稳定、回暖经济，冰岛开始实行资本管制，限制资金的流入和流出。而随着近年来冰岛旅游业的强力发展，冰岛经济稍有复苏，于 2017 年解除了自次贷危机开始的经济管制。

13. 意大利

意大利（Italy）位于欧洲南部地中海北岸，是欧洲第四大经济体、世界第八大经济体。具体来看，意大利的资本账户开放历史可以分为以下几个阶段。

1）1950～1963 年

在该时期,意大利经济增长以三倍于第二次世界大战前的速度飞速发展。此外,作为在 1957 年成立的欧洲经济共同体的六个创始国之一,意大利有着繁荣的国际贸易和较高的开放程度。

2）1964 年至 20 世纪 70 年代

1964 年开始，意大利经济增长明显放缓。1973 年第一次石油危机爆发，使 75% 的能源供给和主要工业原料依赖国外进口的意大利深受打击，其经济出现严重下滑，之后高通胀率的时代紧随而至。

3）20 世纪 80 年代和 90 年代

意大利在 20 世纪 80 年代开始进行产业重组，企图挽回经济颓势，以适应新的国际环境变化。20 世纪 90 年代推出的经济政策以稳定和巩固财政和货币体系为政府首要任务，以解决政府财政收支失衡问题为主要目的，出台了包括大规模的国有企业和银行私有化政策。该时期的政策取得了较为明显的成效。而同时也应注意到，该时期的宏观经济调整政策导致意大利生产领域短期活力下降，在经济全球化的背景下受到亚洲金融危机的冲击。

4）2000～2010 年

在 21 世纪初，意大利经济重新步入快速发展之路。然而，2008 年席卷全球的金融危机使本身开放度较高的意大利经济深受重创，为之后即将爆发的欧洲主权债务危机埋下了隐患。该阶段的意大利为应对危机进行了收紧资本账户开放程度的尝试。

5）欧洲主权债务危机爆发以来至今

意大利公共债务十分庞大，加之其本身的产业经济结构单一，以旅游业为支柱的经济结构极易遭受国际资金流动收紧的冲击，2013 年意大利的经济发展前景不断恶化，成为受欧洲主权债务危机影响较大的几个国家之一。2018 年新一轮的经济动荡和组阁危机再次引起担忧，在自身缺陷明显，以美元缩表、加息为代表的外部环境日益恶化的背景下，意大利经济流动性进一步收紧，经济总量至今仍未回到金融危机之前的水平，所受负面冲击在本质上并未化解。

14. 拉脱维亚

拉脱维亚（Latvia）的经济在第二次世界大战期间受到了巨大的影响，但并没有因此而沉沦下去，这主要得益于它自身坚实的经济基础。具体来说，1980 年工业产值比 40 年前增长了 44 倍，实现高速增长，在农业和工业方面均实现了突破式发展，在国民收入方面，1989 年人均国民收入比上年增长了4.1%，国家的经济实力不断增强，直到 1990 年拉脱维亚的 GDP 占苏联的1.2%。1995 年新政府组成后，拉脱维亚主张积极发展经济贸易，不断促进其资本账户的开放。

15. 立陶宛

立陶宛（Lithuania）于 20 世纪末便率先开放资本账户，立陶宛是中东欧地区最早也是最快开放资本账户的国家。然而 2000～2004 年，立陶宛对资本账户进行分项目有张有弛的针对性开放，在此基础上本国经济得以迅猛发展，对资本账户开放度的调控成为本国经济腾飞的重要路径。其中资本市场与房地产市场的管制放松成为立陶宛资本账户开放度提升的关键。而 2005 年之后，立陶宛与别国政治经济摩擦成为本国资本账户相关政策的主要内容，也是本国经济持续稳定发展的阻碍，资本账户开放度整体处于收紧态势，而经济增速亦同步放缓。

16. 马耳他

马耳他（Malta）于 21 世纪初期加快经济改革，以更优惠的政策鼓励与促进投资，稳步推进经常账户与资本账户开放，经济增速逐步加快。然而随着 2011 年本国与其他国家经济制裁频发、政治摩擦加剧，本国针对性收紧资本账户，故资本账户开放度有所下降，但整体仍保持净开放状态。

17. 荷兰

基于世界政治环境与荷兰（Netherlands）综合政治经济实力的限制，荷兰的资本账户基本处于管制与开放交替变化中。在 1999~2019 年，资本账户开放趋势逐年加大。总体而言，1999~2019 年，荷兰始终坚持资本账户开放政策，较少管制资本账户。

18. 挪威

挪威（Norway）是一个位于斯堪的纳维亚半岛西部的发达资本主义国家，使用货币为挪威克朗。挪威是拥有现代化工业的发达国家，并且油气产量也较为丰富。2019 年挪威 GDP 约为 4055 亿美元，GDP 增长率约为 1%，人均国民总收入约为 81 620 美元，属于高收入国家。

19. 波兰

波兰（Poland）是位于欧洲中部的民主共和制国家，使用的货币为兹罗提。2019 年波兰 GDP 约为 5959 亿美元，GDP 增长率约为 5%，人均国民总收入约为 15 350 美元，属于高收入国家。

20. 葡萄牙

葡萄牙（Portugal）是一个位于欧洲西南部的共和制国家，使用货币为欧元。葡萄牙工业基础薄弱，国民经济以旅游业和酿酒业为主。2019 年葡萄牙 GDP 约为 2395 亿美元，GDP 增长率约为 2%，人均国民总收入约为 23 150 美元，属于高收入国家。

21. 罗马尼亚

罗马尼亚（Romania）是位于东南欧巴尔干半岛东北部的发达资本主义国家，使用的货币为罗马尼亚列伊。2019 年罗马尼亚 GDP 约为 2497 亿美元，GDP 增长率约为 4%，人均国民总收入约为 12 610 美元，属于高收入国家。

22. 圣马力诺

圣马力诺（San Marino）属于世界银行所认定的高速发展的资本主义国家，其人均 GDP 常年高于同为发达国家的邻国意大利 20%左右。2018 年，圣马力诺的人均 GDP 为 48 995.14 美元，相比意大利 34 615.76 美元有着较高的优势。高速发展的银行业使得圣马力诺国家金融市场异常发达，其资本账户开放程度的变动对类似的发达国家有很大的参考意义。

23. 斯洛伐克

斯洛伐克（Slovakia）是一个中欧内陆的发达资本主义国家。据世界银行数据库统计，2019 年斯洛伐克 GDP 为 1051 亿美元，人均 GDP 高达 1.9 万美元，GDP 增长率为 2.18%，被世界银行划分为高收入国家。

1991 年苏联解体，斯洛伐克的社会经济制度受到巨大的冲击。1993 年 1 月斯洛伐克独立后，大力推行市场经济，不断调整产业结构，开始逐步针对资本账户实行开放的政策。进入 21 世纪以来，斯洛伐克政府有序平稳推进资本账户开放进程，改善企业营商环境，逐渐形成出口导向型的外向型市场经济形势。2008 年的全球经济危机，给斯洛伐克的金融经济发展带来严重的不利影响。为加快经济恢复，斯洛伐克政府针对资本账户实施了进一步的开放，颁布了一系列促进证券市场开放的经济政策。2014 年以来，斯洛伐克政府进一步推行资本账户的全面开放，经济总体呈现平稳发展态势，吸收了大量 FDI 以促进经济健康发展。

24. 斯洛文尼亚

斯洛文尼亚（Slovenia）2019 年 GDP 为 541.74 亿美元，人均 GDP 高达 2.59 万美元，GDP 增长率为 2.47%，被世界银行划分为高收入国家。

25. 西班牙

西班牙（Spain）位于欧洲西南部的伊比利亚半岛，属于欧洲发达资本主义国家，欧盟与北大西洋公约组织成员国以及亚洲基础设施投资银行创始成员。2019 年西班牙 GDP 为 13 934.9 亿美元，人均 GDP 高达 2.96 万美元，GDP 增长率为 1.22%，被世界银行列为高收入国家行列。20 世纪 80 年代初，西班牙开始实行紧缩、调整、改革政策，采取了经济自由化措施。20 世纪 90 年代中期以来，在西班牙政府采取的宏观调控政策的作用下，资本账户进一步开放，经济开始回升并持续稳步增长。2012 年和 2013 年，西班牙受欧洲主权债务危机影响，资本账户出现一定时期的停滞发展。2014 年起，西班牙经济实现恢复性增长，从危机走向复苏。资本账户开放出现恢复性增长的原因在于西班牙政府在危机后采取了一系列深层次的改革措施，对银行业进行了大规模的救济与重组。

26. 瑞典

瑞典（Sweden）是高度发达的资本主义国家，欧盟成员国，属于高收入国家；跟挪威、丹麦、芬兰和冰岛均属于北欧，统称为北欧五国。根据瑞典各时期的资本账户开放工作重心的不同，将其分为如下两个阶段：初创阶段

（2000～2015 年）：2000 年瑞典开始进行资本账户开放，但主要集中于对资本流动进行开放，通过解除封锁塞尔维亚和黑山的非居民账户来开放资本账户。稳定发展阶段（2016 年至今）：2016 年至今瑞典资本账户开放仍维持之前状态，总体而言，资本账户开放变动不大。

27. 瑞士

瑞士（Switzerland）是世界上最为富裕的国家之一，为欧洲自由贸易联盟成员国之一，属于高收入国家，同时有着很低的失业率和财政赤字。对外主张自由贸易，反对贸易保护主义。2020 年 GDP 高达 7500 亿美元，位于世界第二十位，人均 GDP 为 8.685 万美元，排名世界第二。根据瑞士各时期资本账户开放工作重心的不同，将其分为如下两个阶段：初创阶段（2000～2015 年）；2000 年瑞士开始进行资本账户开放，但主要集中于对资本流动进行开放，该时期瑞士呈现了资本账户开放程度即期变化收紧与放松同时进行的特点。资本管控阶段（2016 年至今）：2016 年至今瑞士开始实行资本账户管制，呈现出较前期资本账户有所收紧的趋势。

28. 英国

英国（The United Kingdom）位于欧洲西部，是一个高度发达的资本主义国家，是世界第五大经济体，欧洲第二大经济体，属于高收入国家。2019 年 GDP 有 2.09 万亿英镑，人均 GDP 有 3.27 万英镑。英国一直是国际资本的重要输出大国，这一特点随着英国 1979 年取消外汇管制和北海油田的发现更加突出。20 世纪 80 年代上半期，英国对外投资额可与美国、日本相媲美，但随着 20 世纪 90 年代初期的经济衰退，英国对外投资也随之大幅下降，之后又开始大幅攀升。

根据金融交易顺差规模的增长速度，可以将 2019 年以前的英国国际收支格局变化细分为三个阶段：① 2000 年初至 2005 年第二季度，金融交易账户顺差占比平均值为 2.13%，最高曾到 7.17%，金融交易账户波动明显，国际收支整体平衡。② 2005 年第三季度至 2011 年第二季度，大量资本流入英国购买英国金融资产，印证伦敦国际金融中心的快速发展，金融交易账户顺差 GDP 占比平均值攀升至 3.63%。③ 2011 年第三季度至 2019 年末，金融交易账户顺差 GDP 占比平均值上升为 4.3%，但增幅显著低于经常账户，国际收支基本处于平衡状态。在此期间，英国资本账户开放力度保持在相对稳定的状态。

4.2.2　资本账户双向开放指标测度及特征分析

1. 奥地利

奥地利资本账户整体开放状况总体呈现逐渐收紧的趋势。

1）奥地利资本账户开放程度变化

2003～2018 年，奥地利资本账户开放每年度变化呈现逐步收紧的趋势，而且在 2014 年和 2016 年该国资本账户当年变化出现大幅度正向波动。奥地利自 1999 年以来至今，资本账户开放程度呈现下降趋势。总体而言，图 4.17 显示，在 2002 年后，资本账户开放的政策性导向呈现总体的收紧趋势。2010～2016 年，其资本账户总体开放程度的累计变化速度较快。

2）奥地利资本账户双向开放情况

（1）资本账户流入开放。以 2010 年为分界点，在 2010 年后奥地利资本流入开放变化呈现出逐步收紧的趋势。图 4.18 显示，奥地利的资本账户开放程度在 2010 年后依旧呈现下降趋势，这说明 2010 年后奥地利针对当年的经济金融环境需要，一直保持政策收紧。

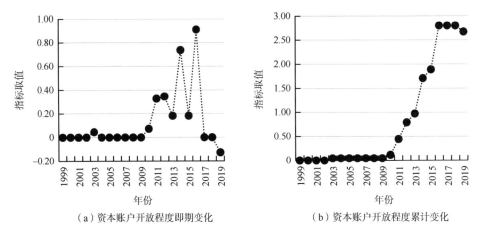

（a）资本账户开放程度即期变化 　　　（b）资本账户开放程度累计变化

图 4.17　奥地利资本账户开放程度即期与累计变化

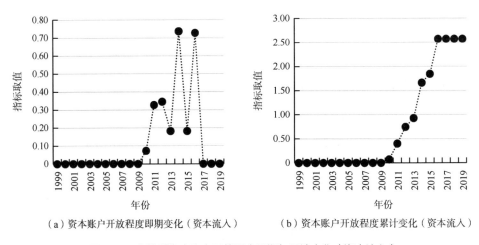

（a）资本账户开放程度即期变化（资本流入） 　　（b）资本账户开放程度累计变化（资本流入）

图 4.18　奥地利资本账户开放程度即期与累计变化（资本流入）

（2）资本账户流出开放。图 4.19 显示，奥地利资本账户流出开放程度是逐渐减小的。

2. 比利时

比利时资本账户整体开放状况呈现波动上升的趋势，表明其资本账户的整体开放程度日益提升。

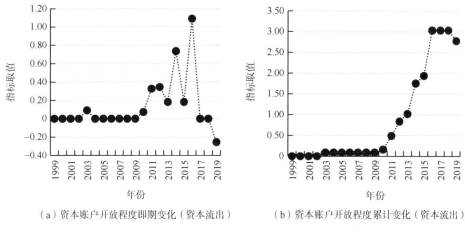

（a）资本账户开放程度即期变化（资本流出）　　（b）资本账户开放程度累计变化（资本流出）

图 4.19　奥地利资本账户开放程度即期与累计变化（资本流出）

1）比利时资本账户开放程度变化

比利时在 1999～2019 年的资本账户开放变化方向存在不确定性，大多年份支持资本账户开放，但受宏观经济与金融环境影响，也会有相关管制措施。尤其在 2010 年欧洲主权债务危机爆发之后，深处危机中心的比利时采取了一系列具有针对性的资本流动管制措施。图 4.20 显示，2010 年之前，比利时资本账户总开放程度在增大，2010 年后开放程度有一定程度下降，并在 2015 年之前保持在稳定的开放水平，但 2016 年开始比利时资本账户开放程度逐步提升。

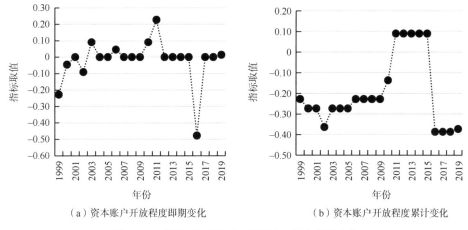

（a）资本账户开放程度即期变化　　　　（b）资本账户开放程度累计变化

图 4.20　比利时资本账户开放程度即期与累计变化

2）比利时资本账户双向开放情况

（1）资本账户流入开放。2019年前比利时资本流入开放程度一直保持稳定,而2019年的资本账户流入波动反映出该国政府对资本流入施加了一定程度管制。

（2）资本账户流出开放。在之前确定了比利时政府鼓励外来资本流入的前提下,目前比利时同样允许本国资本进入国外市场进行运作,但在部分年份,对个别资本项目会进行一定程度管制。但图4.21显示,总体而言,比利时对于资本流出持积极开放态度,尤其是在2016年资本流出开放程度有了较大幅度的提升。

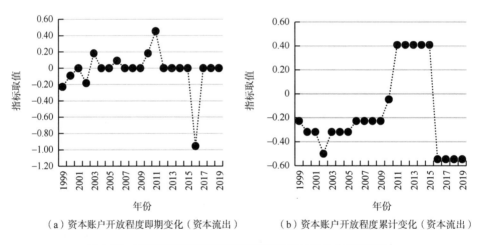

（a）资本账户开放程度即期变化（资本流出）　　（b）资本账户开放程度累计变化（资本流出）

图4.21　比利时资本账户开放程度即期与累计变化（资本流出）

3. 克罗地亚

1）克罗地亚资本账户开放程度变化

1999年,克罗地亚开始放松资本账户管制;1999~2004年克罗地亚资本账户开放程度不断加深,这主要体现在调整存款准备金带来的货币市场项目管制的放松以及允许居民到国外购买房地产带来的不动产市场项目管制的放松等方面。2005年管制有所加深,这体现在对金融信贷项目管制的加深,如银行被要求将从非居民和与银行有特殊关系的法人获得的资金来源净增额的30%（以前为24%）存入克罗地亚国家银行的无酬外汇账户。2006~2011年开放程度不断加深，这主要体现在对证券市场、金融信贷和商业信贷项目管制的放松，如2006年允许居民在国外出售或发行证券，但需要事先通知克罗地亚金融服务监管局，2009年允许居民在国外买卖证券。2012~2018年管制程度加深，这主要体现在对证券市场和金融信贷项目管制的加深，如对非居民发行证券做出了限制。2019年通过放松非居民发行的证券的限制又放松了对资本账户的管制程度。图 4.22 显示，克罗地亚资本账户开放和管制调整并存，尽管近年来存在开放力度回调，但整体呈现出积极的开放趋势。

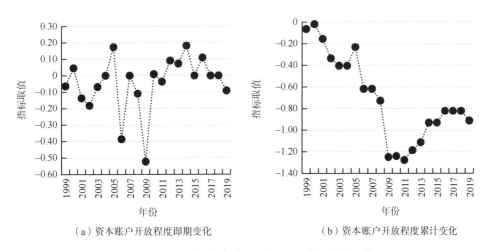

（a）资本账户开放程度即期变化　　　（b）资本账户开放程度累计变化

图 4.22　克罗地亚资本账户开放程度即期与累计变化

2）克罗地亚资本账户双向开放情况

（1）资本账户流入开放。图 4.23 显示，克罗地亚资本账户开放程度累计变化（资本流入）数值呈现出波动下降的趋势。其中，管制政策多涉及货币市场、金融信贷市场和证券市场等子项。

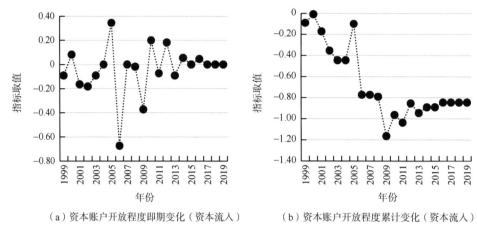

（a）资本账户开放程度即期变化（资本流入）　　　（b）资本账户开放程度累计变化（资本流入）

图 4.23　克罗地亚资本账户开放程度即期与累计变化（资本流入）

（2）资本账户流出开放。图 4.24 显示，1999～2012 年克罗地亚资本账户开放程度累计变化（资本流出）开放程度不断加深，这主要体现在货币市场项目、不动产市场项目以及金融信贷项目的放松等方面。2013～2018 年对资本流出管制程度加深，这主要体现在对证券市场项目管制的加深。2019 年放松了非居民发行的证券的限制，对资本流出的管制程度进一步减弱。

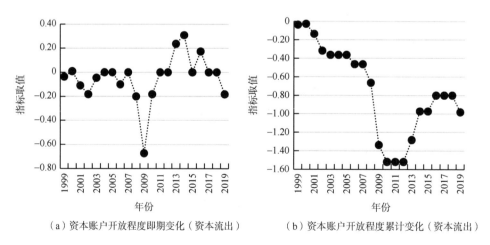

（a）资本账户开放程度即期变化（资本流出）　　　（b）资本账户开放程度累计变化（资本流出）

图 4.24　克罗地亚资本账户开放程度即期与累计变化（资本流出）

4. 捷克

1）捷克资本账户开放程度变化

1999～2002 年，该时期捷克的资本账户总体开放程度较大，尤其是 1999 年采取多项政策放松对资本市场的管制。但是图 4.25 显示，在 2004 年 3 月，捷克加强了资本管制。在 2005～2007 年，捷克资本账户开放程度变化不大。2008 年之后，捷克缓慢放开管制。但应该注意到，在 2013 年，捷克资本账户开放程度收紧。在 2014～2019 年，捷克的资本账户开放程度未发生变化。

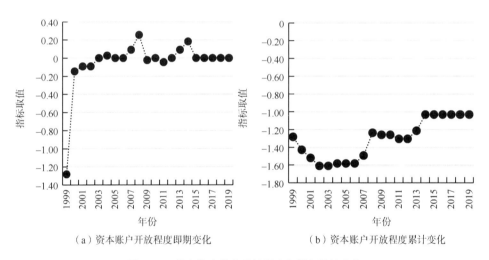

（a）资本账户开放程度即期变化　　　　（b）资本账户开放程度累计变化

图 4.25　捷克资本账户开放程度即期与累计变化

2）捷克资本账户双向开放情况

（1）资本账户流入开放。图 4.26 显示，捷克资本账户开放程度虽有波动，但整体处于积极开放的态势，近年来开放程度有所减小。

（2）资本账户流出开放。1999～2012 年，捷克鼓励资本流出，跨境资本流出开放度的数值发生几次下降变化。图 4.27 显示，在 2013 年 3 月，捷克跨境资本流出程度明显收紧。整体来看，捷克政策变动的调整涉及资本流入和资本流出两个方面，因此资本流入和资本流出开放呈现出了类似的变动。

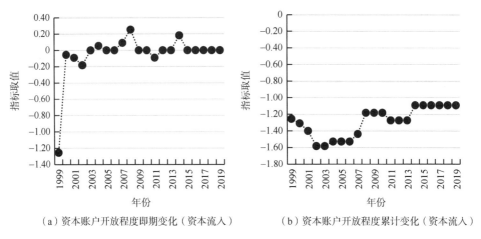

（a）资本账户开放程度即期变化（资本流入）　　　（b）资本账户开放程度累计变化（资本流入）

图 4.26　捷克资本账户开放程度即期与累计变化（资本流入）

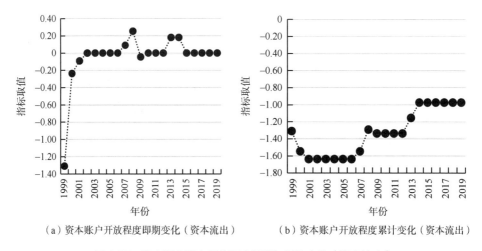

（a）资本账户开放程度即期变化（资本流出）　　　（b）资本账户开放程度累计变化（资本流出）

图 4.27　捷克资本账户开放程度即期与累计变化（资本流出）

5. 丹麦

1）丹麦资本账户开放程度变化

丹麦 2002 年开始加强对资本账户的管制，源自对杂项资本流动限制的管制。随后，除 2014 年加强对金融信贷项目的管制外，其他变动均源自对杂项资本流动限制的放松与管制。图 4.28 显示，丹麦资本账户的总体开放程度数值呈现出先上升后下降的趋势,这也意味着管制呈现先增强,后有所减弱的趋势。

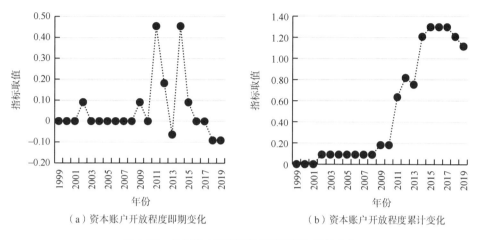

（a）资本账户开放程度即期变化　　　　（b）资本账户开放程度累计变化

图 4.28　丹麦资本账户开放程度即期与累计变化

2）丹麦资本账户双向开放情况

（1）资本账户流入开放。图 4.29 显示,丹麦资本账户开放度(资本流入)数值呈现出先上升后下降的趋势,这也意味着管制先增强,后有所减弱,变动主要源于对杂项资本流动限制的管制以及对金融信贷项目的管制。

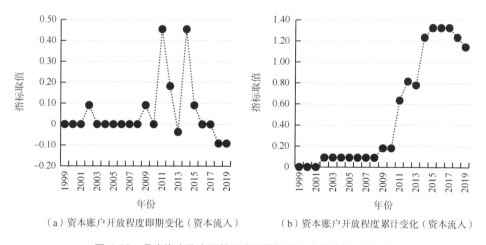

（a）资本账户开放程度即期变化（资本流入）　　（b）资本账户开放程度累计变化（资本流入）

图 4.29　丹麦资本账户开放程度即期与累计变化（资本流入）

（2）资本账户流出开放。图 4.30 显示，丹麦资本账户开放度（资本流出）数值呈现出先上升后下降的趋势，这也意味着管制先增强，后有所减弱，变动主要源于对杂项资本流动限制的管制。

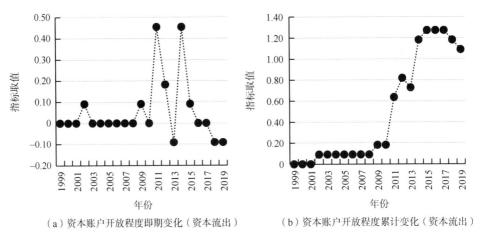

（a）资本账户开放程度即期变化（资本流出）　　（b）资本账户开放程度累计变化（资本流出）

图 4.30　丹麦资本账户开放程度即期与累计变化（资本流出）

6. 爱沙尼亚

爱沙尼亚奉行自由贸易政策，经济自由度很高，基本不存在贸易管制和外汇管制，一般说来，爱沙尼亚在所有的领域都对投资者开放。整体来看，随着时间的推移，其资本账户的整体开放程度有所降低。

1）爱沙尼亚资本账户开放程度变化

爱沙尼亚资本账户开放变化呈现出波动趋势，对资本账户的开放与管制交替出现。但整体而言，由图 4.31 可知，管制力度较开放力度更大。在 2003 年之前，由于取消了对直接投资项目的管制，爱沙尼亚资本账户开放度呈现上升趋势，以 2003 年为拐点，其加强了对某些领域的管制，尤其是限制了和特定国家的资本交易，导致开放程度呈现下降趋势。爱沙尼亚资本账户在 1999～2019 年出现过几次较大的波动，政策方向既有放松也有加紧，一次波动过后会保持一段时期的稳定状态。

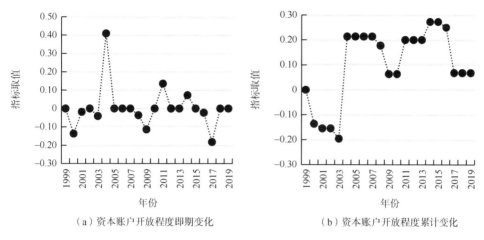

（a）资本账户开放程度即期变化　　　　　　（b）资本账户开放程度累计变化

图 4.31　爱沙尼亚资本账户开放程度即期与累计变化

2）爱沙尼亚资本账户双向开放情况

（1）资本账户流入开放。通过观察可以发现，图 4.32 与图 4.31 显示的趋势一致，原因在于爱沙尼亚在 1999～2019 年推出的有关资本账户开放的政策基本都包含资本流入方向。此外，对杂项资本交易以及个人资本交易的限制也都涉及流入和流出两个方向。

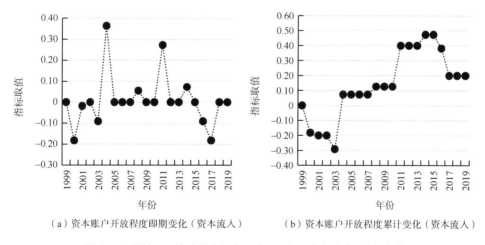

（a）资本账户开放程度即期变化（资本流入）　　　　　　（b）资本账户开放程度累计变化（资本流入）

图 4.32　爱沙尼亚资本账户开放程度即期与累计变化（资本流入）

（2）资本账户流出开放。图 4.33 显示，2004 年由于对杂项资本交易管制的加强，爱沙尼亚流出开放程度下降；2008 年，政府将强制性养老基金投资外币计价证券的总净头寸从基金资产的 30% 增加到 50%，有利于资本流出，后又因为该国所秉持的谨慎开放原则，开放程度有所回落。

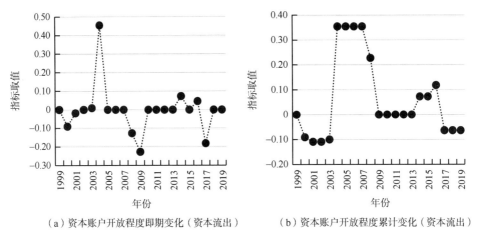

（a）资本账户开放程度即期变化（资本流出）　　（b）资本账户开放程度累计变化（资本流出）

图 4.33　爱沙尼亚资本账户开放程度即期与累计变化（资本流出）

7. 芬兰

1）芬兰资本账户开放程度变化

2000 年，芬兰开始放松资本账户管制，这体现在对不动产市场项目管制的放松。2002 年和 2003 年管制加深，这是由于对恐怖主义的打击以及相关制裁政策的出台。2016 年对资本账户管制开始放松，这主要是由于在股权市场、集体投资、衍生工具、商业信贷和房地产市场项目上放松了对居民购买的限制。

2000 年，芬兰开始放松资本账户管制。2002 年和 2003 年管制加深。2016 年对资本账户管制开始放松，其余时间段内则保持稳定。

2）芬兰资本账户双向开放情况

（1）资本账户流入开放。芬兰 1999 年和 2000 年资本账户开放流入管制呈现出放松趋势，2002 年和 2003 年资本账户开放流入呈现出管制加强趋势，随后则保持稳定。

（2）资本账户流出开放。2003 年，芬兰开始加强资本流出管制，主要是由于对恐怖主义的打击以及相关制裁政策的出台。2016 年对资本账户管制开始放松，这主要是由于在股权市场、集体投资、衍生工具、商业信贷和房地产市场项目上放松了对居民购买的限制。芬兰 2002 年和 2003 年资本账户开放流出呈现出管制加强趋势，2015 年和 2016 年呈现出放松趋势，其他时间段内则保持稳定。

8. 法国

1）法国资本账户开放程度变化

法国自 1999 年开始加强资本账户管制，管制源自对杂项资本流动限制项目管制的加深，2002 年和 2003 年对杂项资本流动限制项目进一步加深，但 2003 年放松了对股权市场、债券市场、货币市场、集体投资、衍生工具和直接投资项目的管制。2005 年再次加强对杂项资本流动限制项目的管制。

法国资本账户的总体开放程度数值呈现出先上升后下降再上升的趋势，变动主要源于对股权市场、债券市场、货币市场、集体投资、衍生工具和直接投资项目管制的放松，以及对杂项资本流动限制项目管制的加深。

2）法国资本账户双向开放情况

（1）资本账户流入开放。法国在 1999 年、2002 年、2003 年和 2005 年均加强了对资本账户流入开放的管制，主要源于对杂项资本流动限制项目管制的加深。整体来看，法国资本流入呈现管制增强趋势。

（2）资本账户流出开放。法国资本流出开放度与开放趋势呈现出先上升后下降再上升的趋势，变动主要源于对股权市场、债券市场、货币市场、集体投资、衍生工具和直接投资项目管制的放松，以及对杂项资本流动限制项目管制的加深。

9. 德国

1）德国资本账户开放程度变化

1999～2019 年，GKAOPEN 数据库体现了德国资本账户开放程度的先下降后上升后又下降的趋势。1999～2011 年，德国资本账户开放程度下降。2012～2013 年，开放程度有所回升；图 4.34 显示，2014 年之后，管制程度又呈现上升趋势，开放水平降低。

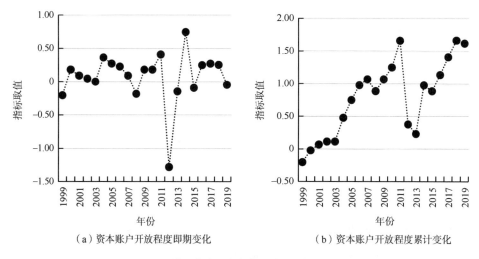

（a）资本账户开放程度即期变化　　　　（b）资本账户开放程度累计变化

图 4.34　德国资本账户开放程度即期与累计变化

2）德国资本账户双向开放情况

（1）资本账户流入开放。由图 4.35 可知，德国流入开放与总体开放的变化情况基本一致，波动剧烈，流入开放度的变动也主要取决于杂项资本交易项目的变化。1999～2011 年流入开放呈现出管制加深的趋势，2012 年和 2013 年管制程度有所放松，但 2013 年之后又呈现出管制加深趋势。

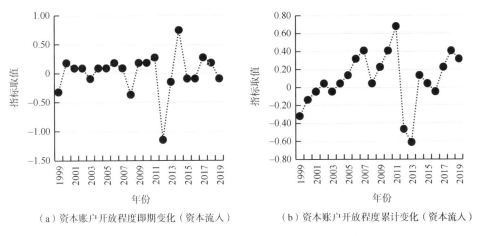

（a）资本账户开放程度即期变化（资本流入）　（b）资本账户开放程度累计变化（资本流入）

图 4.35　德国资本账户开放程度即期与累计变化（资本流入）

（2）资本账户流出开放。德国资本账户开放度的变化主要是取决于流出方向。图 4.36 显示，流出开放度呈现反复波动的特点，但整体呈现下降的趋势。图 4.36 显示了德国资本流出开放程度的变动趋势，与流入开放程度的变动趋势类似。1999～2011 年流出开放呈现出管制加深的趋势，2012 年和 2013年管制程度有所放松，但 2013 年之后又呈现出管制加深趋势。

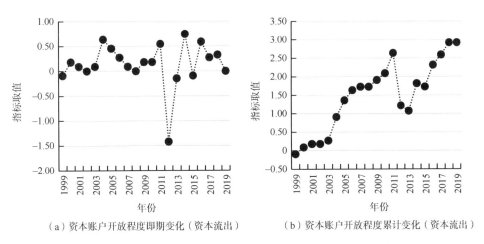

（a）资本账户开放程度即期变化（资本流出）　（b）资本账户开放程度累计变化（资本流出）

图 4.36　德国资本账户开放程度即期与累计变化（资本流出）

10. 希腊

1）希腊资本账户开放程度变化

考虑制裁相关杂项后希腊资本账户开放在1999~2014年呈现平稳趋势。2015年6月底起，因存款大幅流出、流动性出现严重短缺，希腊开始采取资本管制措施，取现上限、资金汇出等管制措施对进出口企业和普通居民造成较大影响。扣除制裁相关杂项后，图4.37显示，2018年以来，管制力度有所下降。2018年至2019年，随着国内经济形势好转，希腊逐渐放松资本管制，2019年则全面取消资本管制，管制程度减弱。图4.37显示，在扣除制裁相关杂项后，整体来看资本账户开放自2015年起呈现出管制先加强，后逐步放松的趋势。图4.38显示，1999~2015年，希腊资本账户管制程度呈现出加深趋势，2016~2019年，管制程度则伴随开放政策的实施有所减弱。

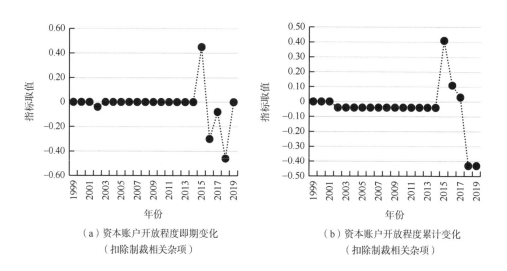

（a）资本账户开放程度即期变化
（扣除制裁相关杂项）

（b）资本账户开放程度累计变化
（扣除制裁相关杂项）

图 4.37 希腊资本账户开放程度即期与累计变化（扣除制裁相关杂项）

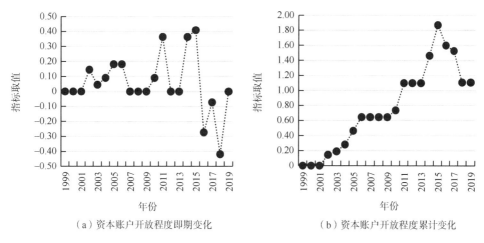

（a）资本账户开放程度即期变化　　　　　　（b）资本账户开放程度累计变化

图 4.38　希腊资本账户开放程度即期与累计变化

2）希腊资本账户双向开放情况

（1）资本账户流入开放。希腊资本流入开放变动呈现出随时间变动管制逐渐加深的趋势。图 4.39 显示，希腊资本流入开放程度呈现下降的趋势，与总体开放程度的变化情况一致，原因在于希腊在 1999~2019 年，出台了较多加强管制的政策，收紧以往高度放松的资本账户，以应对国内不断出现的经济问题。

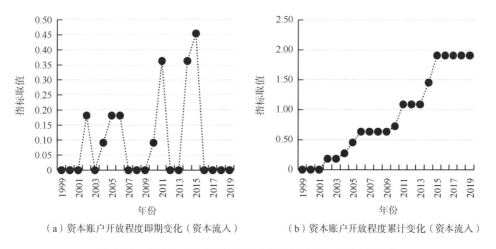

（a）资本账户开放程度即期变化（资本流入）　　　（b）资本账户开放程度累计变化（资本流入）

图 4.39　希腊资本账户开放程度即期与累计变化（资本流入）

（2）资本账户流出开放。希腊资本账户开放是内外双向、同时进行的成果累加。图 4.40 显示，在 2015 年，因存款大幅流出、流动性出现严重短缺，希腊开始采取取现上限、限制资金汇出等管制措施，导致资本流出开放水平大幅下降。但近年来，随着希腊经济环境的改善，资本管制得以逐渐放松，流出开放程度小幅回升。

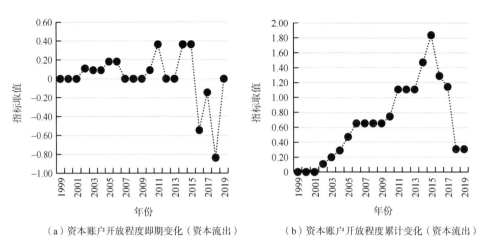

（a）资本账户开放程度即期变化（资本流出）　　　（b）资本账户开放程度累计变化（资本流出）

图 4.40　希腊资本账户开放程度即期与累计变化（资本流出）

11. 匈牙利

1）匈牙利资本账户开放程度变化

匈牙利资本账户开放波动程度较大，管制和放松交替出现。1999～2004 年总体呈现管制放松趋势，这主要体现在对集体投资、金融信贷和货币市场项目的管制放松上。图 4.41 显示，2005 年和 2006 年管制增强，2007 年和 2008 年管制减弱，开放程度加深，这主要体现在对资本市场的管制放松上。2009 年到 2011 年由于对金融信贷项目管制的增强，管制进一步增强。随后由于对杂项资本流动限制的增强以及对金融信贷项目的管制与放松，又出现了 2012 年到 2016 年的波动情况。2016 年伴随对资本市场管制的放松，开放程度增强。而在 2017 年由于增强了对杂项资本流动限制的管制，总体管制力度进一步增强。

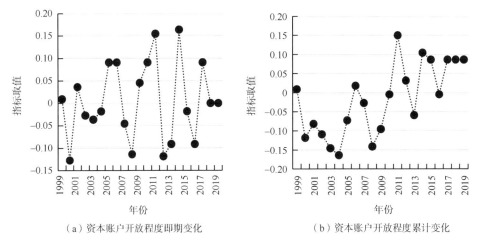

图 4.41　匈牙利资本账户开放程度即期与累计变化

2）匈牙利资本账户双向开放情况

（1）资本账户流入开放。图 4.42 显示，匈牙利资本流入开放变化的波动程度也较大，呈现出波动上升的趋势，这意味着资本流入开放程度逐渐减弱。这些变动主要是来自货币市场、金融信贷和衍生工具项目以及对杂项资本流动限制的管制增强。

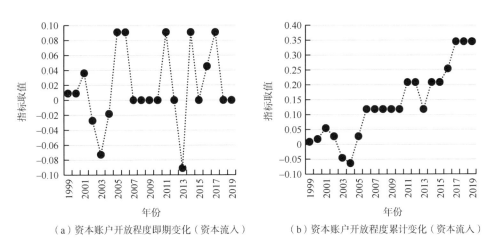

图 4.42　匈牙利资本账户开放程度即期与累计变化（资本流入）

（2）资本账户流出开放。匈牙利资本流出变化数值波动程度较大。流出的波动主要来源于对资本市场相关项目、金融信贷项目以及杂项资本流动项目管制与放松的交替出现。图 4.43 显示，匈牙利资本流出开放数值波动也较大，但整体来看呈现出放松趋势。

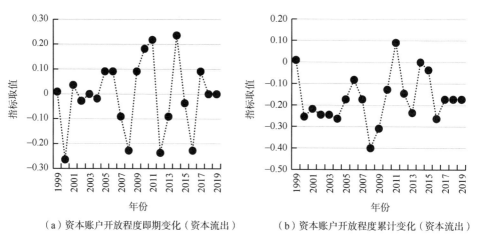

（a）资本账户开放程度即期变化（资本流出）　　（b）资本账户开放程度累计变化（资本流出）

图 4.43　匈牙利资本账户开放程度即期与累计变化（资本流出）

12. 冰岛

冰岛资本账户整体开放具有明显的阶段性特征。自 1944 年冰岛独立至 20 世纪 80 年代末，冰岛的资本账户整体处于较为封闭的状态，资本账户开放记录较少。自 1991 年冰岛金融化正式起步起，冰岛的资本流动限制可分为特征明显的三个阶段：资本管制宽松平稳的 1991～2007 年、管制加紧的 2008～2015 年及逐渐解除资本管制的 2016～2019 年。

1）冰岛资本账户开放程度变化

图 4.44 显示，1999～2007 年冰岛基本不存在管制波动现象，这与该时期冰岛金融自由化稳步发展的经济事实相符；2008 年受到全球金融危机冲击的影响，冰岛为缓解随之引发的主权债务危机和银行破产风险，宣布实施严

格的资本账户管制制度，资本账户管制力度呈现跳跃式增加，即第二阶段的
2008～2015 年冰岛的整体开放力度大幅下降；随着冰岛经济的逐渐复苏，冰
岛于 2017 年宣布解除自 2008 年开始的近 10 年的资本管制，逐步推进冰岛回
归国际市场，即第三阶段 2016～2019 年冰岛的整体开放力度大幅提升。

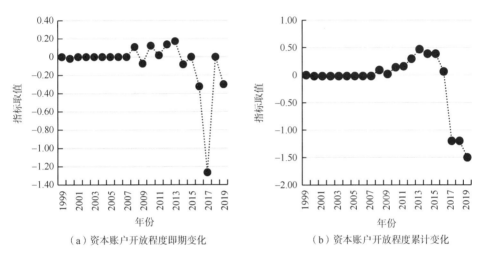

（a）资本账户开放程度即期变化　　　　　（b）资本账户开放程度累计变化

图 4.44　冰岛资本账户开放程度即期与累计变化

2）冰岛资本账户双向开放情况

（1）资本账户流入开放。由图 4.45 可知，以 2008 年和 2017 年为分界点，
整个考察期间被分为三个阶段：第一阶段 2001～2008 年，冰岛资本账户流入
开放呈现平稳态势；第二阶段 2009～2017 年，冰岛资本账户流动准入的标准
出现放松态度，并在 2017 年达到峰值，这可能是由于受到全球性金融危机和
欧洲主权债务危机的影响，冰岛尝试开放限制以吸引国际资本流入来挽回不
断恶化的国内经济；第三阶段 2018 年至今，冰岛资本账户流动准入的标准有
所放松，如 2018 年冰岛正式宣布取消自 2008 年以来的资本管制，并逐步放
宽各类政策以尝试扩大冰岛的资本开放。

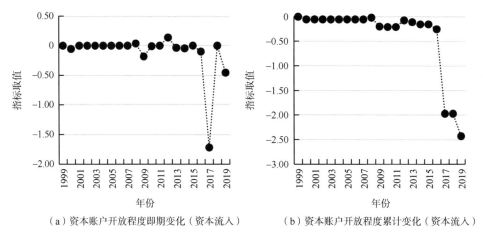

（a）资本账户开放程度即期变化（资本流入）　　（b）资本账户开放程度累计变化（资本流入）

图 4.45　冰岛资本账户开放程度即期与累计变化（资本流入）

（2）资本账户流出开放。2008～2013 年，为应对全球性金融危机等的冲击，冰岛资本账户开放管制程度加深，实行了包括限制国内资本外逃和现有国外资金撤资等政策。同时，资本流动性愈发严峻的国际环境也对冰岛资本账户管制的政策选择施加了较大压力，在图 4.46 中以美国次贷危机和欧洲主权债务危机为代表均出现明显的波峰。在第三阶段随着国内经济的回暖，资本流出开放力度的管制逐步放宽，至 2017 年前后已经形成积极开放的态势。

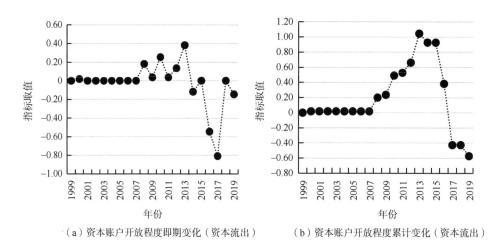

（a）资本账户开放程度即期变化（资本流出）　　（b）资本账户开放程度累计变化（资本流出）

图 4.46　冰岛资本账户开放程度即期与累计变化（资本流出）

整体来看，1999~2007 年，资本账户的开放力度不变，2008~2013 年资本账户开放力度收紧，2014~2019 年，随着国内经济的回暖，资本流出开放力度的管制逐步放宽，至 2017 年前后已形成积极开放的态势。

13. 意大利

意大利资本账户整体开放状况具有明显的阶段性特征。意大利的金融开放历史较早，自第二次世界大战以来其国际贸易、金融市场的发展取得瞩目的成绩，而在二十年后则陷入经济疲软的低潮，中间虽进行了颇有成效的私有化改革等措施，但并未改变进入世界经济更为动荡的 21 世纪后，该国逐渐深陷主权债务危机泥潭的趋势。整体而言，意大利的资本流动限制在样本期间内可分为特征明显的三个阶段：资本管制宽松平稳的 1999~2003 年、小幅管制加紧的 2004~2010 年及大幅收紧资本管制的 2011~2019 年。

1）意大利资本账户开放程度变化

1999~2003 年意大利处于管制较为宽松的状态，正在享受 20 世纪八九十年代开始的私有化改革所带来的成果，经济开放程度较高；2004~2010 年囊括了美国次贷危机引发的全球性金融危机和 2010 年希腊主权债务危机，该时期的全球流动性收紧，世界各国陷入金融恐慌，意大利的增长奇迹不再，产业结构单一的致命缺陷也逐渐暴露，该国开始采取相应的收紧开放的手段企图挽回经济颓势；2010 年以后，欧洲主权债务危机进一步升级为全球性危机，意大利的主权信用评级再受质疑，全球流动性水平变动更为敏感，意大利采取了更为严格的管制态度，第三阶段意大利的整体开放力度大幅下降。图 4.47 显示，意大利自 1999 年以来，资本账户开放程度在每次国际经济环境动荡时期均出现过一定程度的收紧力度加大状态，整体呈现出日渐严格的管制趋势。总体而言，在 2004 年后，受到全球金融危机的严重影响，意大利为应对风险冲击，资本账户开放的政策性导向呈现急剧收缩趋势；2010 年后为应对欧洲主权债务危机,该收缩程度进一步加剧,其资本账户总体开放程度的累计变化加速,这表明意大利在2004年后资本账户的总体开放趋势进一步收紧,资本内外流通程度日益收缩。

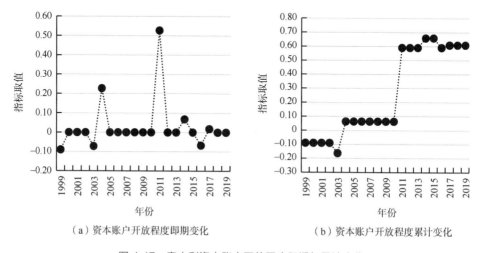

图4.47 意大利资本账户开放程度即期与累计变化

2)意大利资本账户双向开放情况

(1)资本账户流入开放。由图4.48可知,以2010年为分界点,整个考察期间被分为两个阶段:2010年以前意大利跨境资本流入并未受到太多限制,处于较为积极的开放状态;2010年以后,受欧洲主权债务危机的影响,该国针对跨境资本流入的管制大幅收紧。伴随着意大利在2010年以后的资本账户开放力度的收紧,意大利的资本账户开放趋势也呈现削弱趋势。

(2)资本账户流出开放。意大利的跨境资本流出管制可以分为三个阶段,并呈现出逐步上升的阶梯形趋势,表明了在一次次国际金融危机的冲击下,意大利国内的资本流动性面临愈发严重的压力,日渐采取更为严格的跨境资本流出管制。

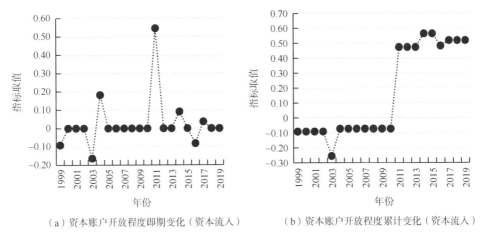

（a）资本账户开放程度即期变化（资本流入）　　　（b）资本账户开放程度累计变化（资本流入）

图 4.48　意大利资本账户开放程度即期与累计变化（资本流入）

14. 拉脱维亚

1991～2008 年，拉脱维亚资本流动受到严格的管制，资本账户开放程度较低，这与当时国内国际政治经济环境有着极大的关系。总体而言，自 2001 年拉脱维亚的资本账户开放有记录以来，受国内外政策的影响，其资本内向外向流通的限制政策力度整体加强。

1）拉脱维亚资本账户开放程度变化

1999～2003 年，拉脱维亚资本账户开放程度不断加深。2009～2011 年，其资本账户管制力度加大，2015 年后受全球资本市场变动和自身国内一系列紧缩性政策的影响，于 2017 年至今，拉脱维亚的资本账户开放力度呈现轻度紧缩的趋势。图 4.49 显示，拉脱维亚自 1999 年至今，资本账户开放呈现先放松后收紧再放松的趋势，这与拉脱维亚所处的经济环境和国际金融环境是匹配的。

2）拉脱维亚资本账户双向开放情况

（1）资本账户流入开放。在 2009 年以前，拉脱维亚资本账户流入呈现先放宽后趋于稳定的趋势。从 2009 年起，持续不断的资本流入开放紧缩政策使

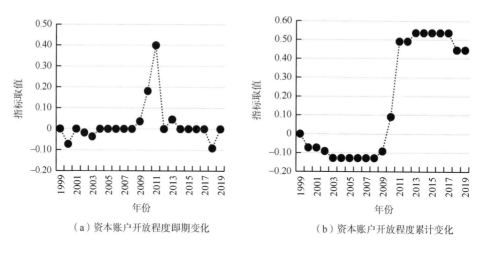

（a）资本账户开放程度即期变化　　　　　（b）资本账户开放程度累计变化

图 4.49　拉脱维亚资本账户开放程度即期与累计变化

得资本账户流动准入标准也呈现了快速收紧的趋势，该趋势在 2011 年停止，并于 2018 年呈现了流入准入放宽的趋势。通过图 4.50 可知，资本账户流入开放趋势呈现先放宽后紧缩的趋势，这说明拉脱维亚虽然在 1999～2019 年对于某些特定时点的经济金融环境需要做出了应时的调整。

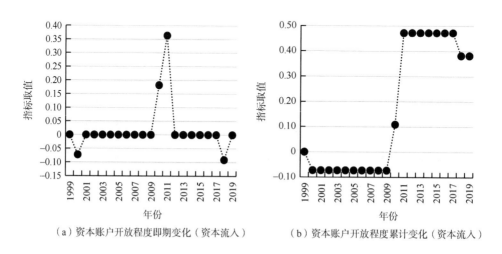

（a）资本账户开放程度即期变化（资本流入）　　　（b）资本账户开放程度累计变化（资本流入）

图 4.50　拉脱维亚资本账户开放程度即期与累计变化（资本流入）

（2）资本账户流出开放。总体上流出方向与流入方向的资本管制相类似。如图 4.51 所示，1999～2019 年，拉脱维亚的资本账户流出开放趋势呈现先缓慢扩张再逐渐紧缩的特征。

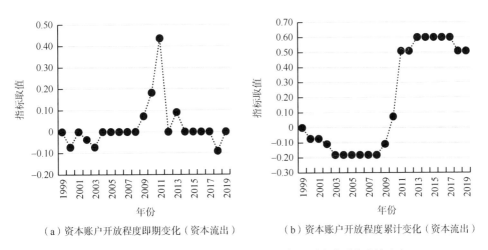

（a）资本账户开放程度即期变化（资本流出）　　　（b）资本账户开放程度累计变化（资本流出）

图 4.51　拉脱维亚资本账户开放程度即期与累计变化（资本流出）

15. 立陶宛

自 2005 年之后，立陶宛与他国经济摩擦加剧，资本账户开放逐步收紧，整体开放度呈不断下降趋势。总体而言，立陶宛资本账户开放度先上升后迅速收紧，而这明确体现在年度政策效应的累加与总体政策趋势中。

1）立陶宛资本账户开放程度变化

21 世纪初期，GKAOPEN 数据库体现了立陶宛资本账户处于开放状态，这与立陶宛逐步放宽证券市场与房地产市场资本流动约束有关。而 2005 年后，由于立陶宛与其他经济体政治经济摩擦加剧，资本账户开放指数不断走高，资本账户管制力度加强。具体来看，立陶宛于 2002 年和 2003 年的资本账户开放度波动上升，然而自 2005 年开始至今，立陶宛频繁与其他经济体，如利比里亚、突尼斯、乌克兰、叙利亚等国，发生经济摩擦，并实施相应政策加以制裁，本国资本账户管制力度不断增强。总体而言，图 4.52 显示，在

2002~2004 年，立陶宛资本账户呈现逐步开放趋势，这与当时立陶宛所处的经济环境与国际金融发展要求相匹配,然而自 2005 年后立陶宛加大资本管制力度，经济增速逐步放缓，上行压力逐年增加。

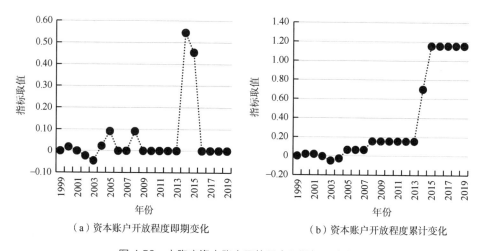

（a）资本账户开放程度即期变化   （b）资本账户开放程度累计变化

图 4.52　立陶宛资本账户开放程度即期与累计变化

2）立陶宛资本账户双向开放情况

（1）资本账户流入开放。立陶宛跨境资本流入开放度自 21 世纪初波动上升后开始呈现下降趋势，图 4.53 显示，尤其于 2008 年之后，立陶宛流入方

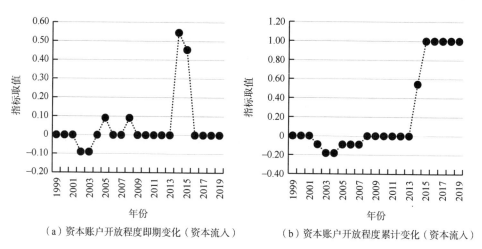

（a）资本账户开放程度即期变化（资本流入）   （b）资本账户开放程度累计变化（资本流入）

图 4.53　立陶宛资本账户开放程度即期与累计变化（资本流入）

向资本账户并未保持持续开放趋势，政府当局外交状况并不乐观，与其他经济体矛盾冲突加剧，资本账户开放指数不断走高，资本管制力度加大。

（2）资本账户流出开放。立陶宛对跨境资本流出开放的管制力度更强。图 4.54 显示其跨境资本流出开放指数自 1999 年开始不断攀升，即国内资本流出受到约束，并且约束程度呈现递增趋势，该趋势或与 2000 年立陶宛银行的总体未平仓限额被降至银行资本的 25% 的政策及经济体间经济摩擦冲击相关。上述表明相比于资本流入，政府当局更加重视对跨境资本流出的管制，避免国内资本因经济、政治等不利因素而大规模外逃，进而造成国内经济体系、金融系统动荡。

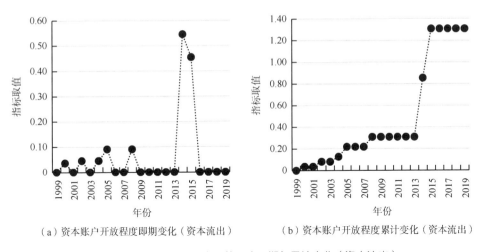

（a）资本账户开放程度即期变化（资本流出）　　　（b）资本账户开放程度累计变化（资本流出）

图 4.54　立陶宛资本账户开放程度即期与累计变化（资本流出）

16. 马耳他

出于推动本国经济加速发展，促进本国经济与世界经济相融合进而吸收全球资本红利的考虑，马耳他于 21 初期加快资本账户开放步伐，然而，随着 2011 年本国与其他国家经济制裁频发、政治摩擦加剧，本国针对性收紧资本账户，故资本账户开放度有所下降，但整体仍保持净开放状态。

1）马耳他资本账户开放程度变化

1999~2003年，马耳他资本账户开放度发生两次负向波动，2004~2010年，马耳他资本账户开放度相对稳定，而2011~2015年，马耳他加强资本账户管制，开放水平逐步下降，随后2016年至2019年马耳他资本账户开放程度保持平稳。图4.55显示，整体来看，马耳他资本账户呈现出开放程度先加深后收紧的趋势。

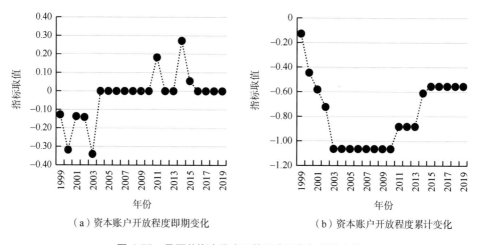

（a）资本账户开放程度即期变化　　　　　　（b）资本账户开放程度累计变化

图4.55　马耳他资本账户开放程度即期与累计变化

2）马耳他资本账户双向开放情况

（1）资本账户流入开放。马耳他跨境资本流入开放度自1999年开始阶段性上升，而后由于马耳他对其他国家实行的经济制裁，本国资本账户开放水平针对性收紧，收紧作用同时体现在流入、流出两个方向，图4.56显示，2011年开始流入方向资本账户管制程度呈现加深趋势。流出方向也同样呈现出类似趋势。

（2）资本账户流出开放。图4.57显示，整体来看，马耳他资本流出呈现先开放后收紧的趋势。

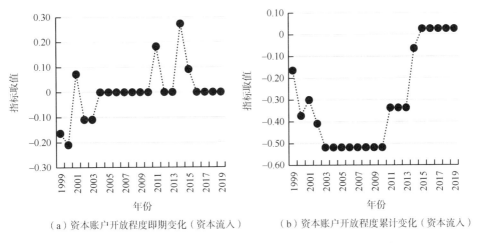

（a）资本账户开放程度即期变化（资本流入）　　（b）资本账户开放程度累计变化（资本流入）

图 4.56　马耳他资本账户开放程度即期与累计变化（资本流入）

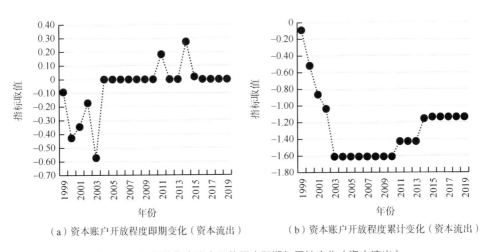

（a）资本账户开放程度即期变化（资本流出）　　（b）资本账户开放程度累计变化（资本流出）

图 4.57　马耳他资本账户开放程度即期与累计变化（资本流出）

17. 荷兰

荷兰资本账户开放总体呈现波动上升的趋势，整体开放程度日益增大。总体而言，自 1999 年荷兰资本账户开放有记录以来，荷兰资本内向、外向流通的限制政策力度整体呈现减弱趋势。

1）荷兰资本账户开放程度变化

1999~2019 年，荷兰资本账户开放水平不断波动。特别是在 2002 年之后，荷兰资本账户开放水平呈现波动开放的特点，然而在 2016 年和 2018 年资本管制力度有所加强。总体而言，图 4.58 显示，在 2001~2004 年，荷兰资本账户呈现严格管制趋势，这与当时荷兰所处的经济环境与国际金融发展要求是匹配的。2005~2009 年，荷兰资本账户总体开放程度加深，2016 年和 2018 年短暂收紧之后，2019 年又有所放松。整体来看，荷兰对资本账户开放的态度以放松管制为主。

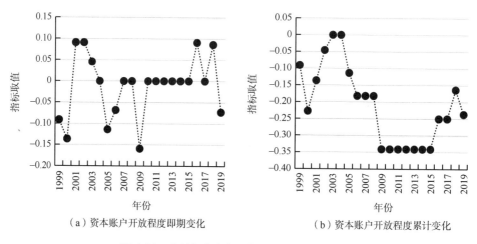

（a）资本账户开放程度即期变化   （b）资本账户开放程度累计变化

图 4.58   荷兰资本账户开放程度即期与累计变化

2）荷兰资本账户双向开放情况

（1）资本账户流入开放。以 2002 年为分界点，其后的荷兰资本账户流入呈现了波动后趋于平稳的趋势。整体来看，荷兰资本流入开放政策与管制政策交替实施。通过图 4.59 可知，荷兰资本账户尝试开放较早，经历了一段时期的收紧政策后，2018 年和 2019 年又继续了对资本流入的放松政策。

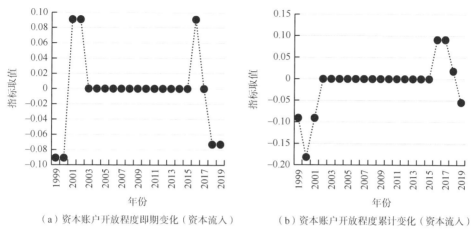

（a）资本账户开放程度即期变化（资本流入）　　　（b）资本账户开放程度累计变化（资本流入）

图 4.59　荷兰资本账户开放程度即期与累计变化（资本流入）

（2）资本账户流出开放。图 4.60 显示，荷兰资本账户流出方向的政策调整更为频繁，但总体趋势是逐渐放松管制的。

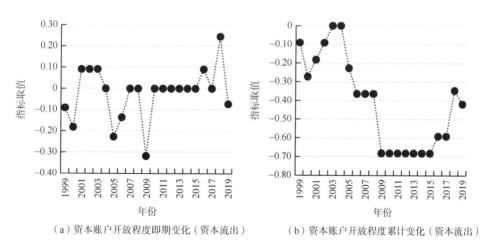

（a）资本账户开放程度即期变化（资本流出）　　　（b）资本账户开放程度累计变化（资本流出）

图 4.60　荷兰资本账户开放程度即期与累计变化（资本流出）

18. 挪威

在宏观经济金融形势以及资本跨境流动的市场情况下，挪威的资本账户开放是应时、应需进行调整的。

1）挪威资本账户开放程度变化

自从 2002 年开始，挪威资本账户管制力度逐渐加大。这可能主要是因为挪威出于政治军事原因，从 2002 年开始出台了一系列的政策来对利比亚、叙利亚、乌克兰等国实施经济限制。由图 4.61 可知，自从 2002 年开始，挪威资本账户管制力度呈上升趋势。

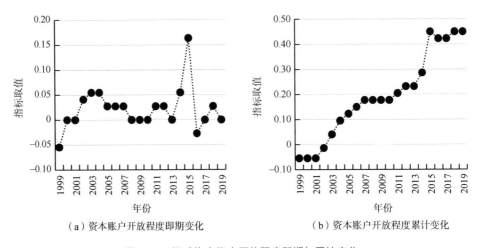

（a）资本账户开放程度即期变化　　　（b）资本账户开放程度累计变化

图 4.61　挪威资本账户开放程度即期与累计变化

2）挪威资本账户双向开放情况

在确定了挪威政府没有干预外来资本流入的前提下，挪威限制本国资本进入国外市场进行运作，图 4.62 反映了挪威资本账户开放程度缩小完全是由于加强了对资本流出的管制。

19. 波兰

1）波兰资本账户开放程度变化

1999～2019 年，波兰资本账户开放水平绝大多数年份处于小幅度波动中，对应于频次较高的小幅放松管制政策，资本账户处于动态稳定中。但在 2011 年，其开放水平急剧下降，这主要与该年出台的多条资本管制措施有关，

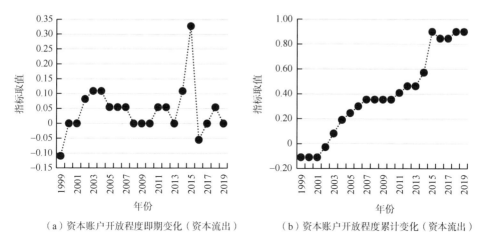

（a）资本账户开放程度即期变化（资本流出）　　（b）资本账户开放程度累计变化（资本流出）

图 4.62　挪威资本账户开放程度即期与累计变化（资本流出）

这导致其资本账户开放水平整体降低特点。如图 4.63 所示，波兰资本账户开放程度在 1999～2019 年呈现总体降低趋势。具体来说，1999～2007 年，波兰货币当局出台了一系列的政策来促进资本账户开放，波兰资本账户开放程度呈现阶梯式加强；2008～2010 年，资本账户开放程度稳定不变；但波兰在 2011 年由于政治军事原因，出台了许多政策来冻结了与某些国家有关的资金，加强了资本管制。

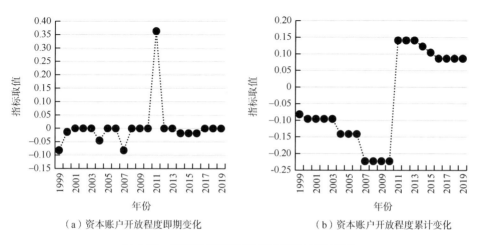

（a）资本账户开放程度即期变化　　　　（b）资本账户开放程度累计变化

图 4.63　波兰资本账户开放程度即期与累计变化

2）波兰资本账户双向开放情况

（1）资本账户流入开放。波兰跨境资本流入开放力度在 1999～2006 年逐渐增强，2007～2019 年波兰跨境资本流入开放力度保持不变。从 1999～2019 年整体来看，跨境资本流入开放力度增强，波兰在 1999～2019 年整体上放松了对于资本流入的管制。

（2）资本账户流出开放。由于波兰在 2011 年出台了许多政策冻结了与某些国家有关的资金，跨境资本流出开放程度大幅削弱。这反映了波兰资本账户开放程度整体减弱主要是对跨境资本流出实施管制造成的。

20. 葡萄牙

1）葡萄牙资本账户开放程度变化

1999～2011 年，葡萄牙资本账户开放水平基本维持在稳定水平，没有明显的时点波动，变动主要出现在 2012～2016 年，主要涉及放松资本管制的政策，反映出葡萄牙近几年谨慎加大开放步伐的指导思想。由图 4.64 可知，1999～2002 年，葡萄牙资本账户开放力度小幅上升，这是因为葡萄牙货币当局从 1999 年开始出台了一系列的政策来放松对资本账户开放的管控，比如放

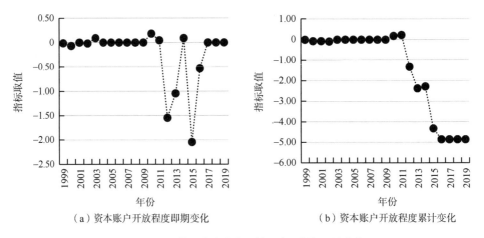

（a）资本账户开放程度即期变化　　（b）资本账户开放程度累计变化

图 4.64　葡萄牙资本账户开放程度即期与累计变化

松了对非居民出售股票的交易管制等。2003～2009 年，葡萄牙未出台政策来调控资本账户开放力度。2010 年和 2011 年，资本账户管制小幅加强，这可能是因为根据联合国安全理事会决议和欧盟规定，葡萄牙政府对伊朗、伊拉克、突尼斯等国家实施了一系列限制措施。但这些措施在之后逐渐修正甚至取消，因此资本账户开放力度在 2011 年后逐渐加强。

2）葡萄牙资本账户双向开放情况

由图 4.65 可知，葡萄牙政府对跨境资本流出持积极态度。

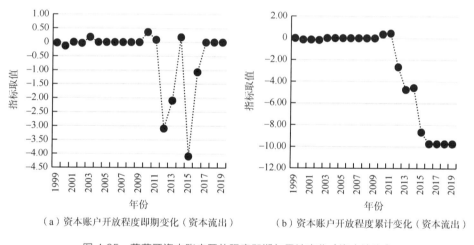

（a）资本账户开放程度即期变化（资本流出）　　（b）资本账户开放程度累计变化（资本流出）

图 4.65　葡萄牙资本账户开放程度即期与累计变化（资本流出）

21. 罗马尼亚

1）罗马尼亚资本账户开放程度变化

罗马尼亚资本账户在较多年份处于波动中，尤其是在 2001 年和 2003 年，其开放水平进一步加大，其余大多数年份处于动态小幅波动中，其中较多变动涉及放松资本管制的政策，但也包含少数放缓开放脚步的举措，整体来看，图 4.66 显示，罗马尼亚资本账户开放力度有所加大。罗马尼亚政府早期积极尝试资本账户开放，尽管受金融危机影响后开放进程明显收敛，但仍维持一定的开放水平。

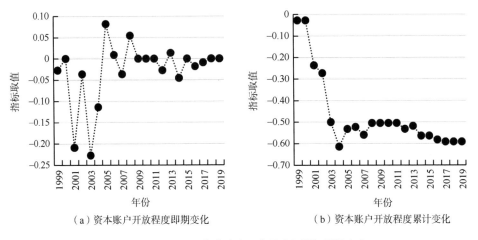

（a）资本账户开放程度即期变化　　　　　（b）资本账户开放程度累计变化

图 4.66　罗马尼亚资本账户开放程度即期与累计变化

2）罗马尼亚资本账户双向开放情况

（1）资本账户流入开放。罗马尼亚尽管在 2005 年加强了对资本流入的管制力度，但在 1999～2019 年整体来看，跨境资本流入开放力度增强，这也对应于图 4.67 所显示的时点变化，资本流入开放力度在 2001 年和 2003 年大幅提高。通过图 4.67 可知，罗马尼亚在 1999～2019 年整体上放松了对于资本流入的管制。

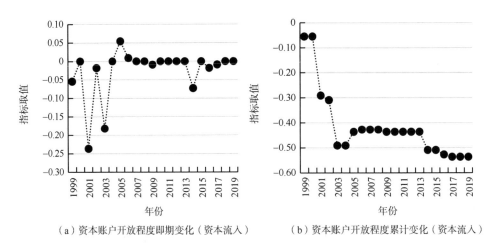

（a）资本账户开放程度即期变化（资本流入）　　　（b）资本账户开放程度累计变化（资本流入）

图 4.67　罗马尼亚资本账户开放程度即期与累计变化（资本流入）

（2）资本账户流出开放。罗马尼亚政府在鼓励外来资本流入的前提下，亦鼓励资本流出，这反映了罗马尼亚资本账户开放程度整体增强是内外双向、同时进行的成果累加。由图 4.68 可知，罗马尼亚资本对外流动限制体现了应时波动的特点，但其总体趋势是逐渐放松管制的。

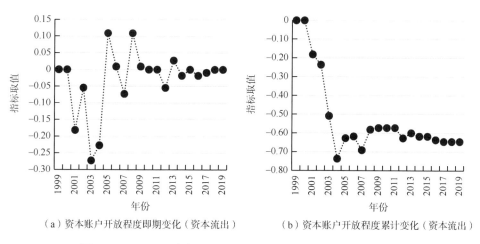

（a）资本账户开放程度即期变化（资本流出）　（b）资本账户开放程度累计变化（资本流出）

图 4.68　罗马尼亚资本账户开放程度即期与累计变化（资本流出）

22. 圣马力诺

圣马力诺资本账户整体呈现收紧—放松—收紧程度加强的不断交替的变动趋势。从总体上看，随时间推移，圣马力诺的资本账户整体开放程度有所收紧，但其开放程度收紧程度并不足够大。

1）圣马力诺资本账户开放程度变化

圣马力诺资本账户开放力度在 2003 年之前未发生明显变动，2003 年之后，资本账户处于动态波动中，在较多年份表现出管制加强的特点，资本账户整体呈现收紧的态势。如图 4.69 所示，1999～2003 年，圣马力诺资本账户开放程度基本不存在任何变动。2004 年资本账户总体管制强度增强，直至2012 年，圣马力诺的资本账户管制的强度保持减弱的状态，而 2013 年后资本账户管制程度又进行收紧，且其收紧趋势和情况持续至今。这种情况与绝大多数发达国家与发展中国家有一定的差异，这可能和圣马力诺面临的政治地理环境和本身的特殊经济发展需求有关（其国家支柱产业的特殊性）。

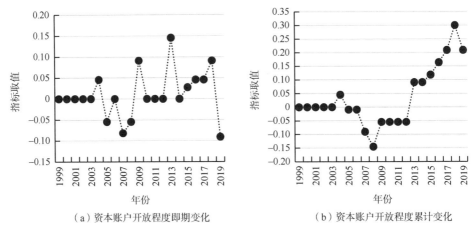

（a）资本账户开放程度即期变化　　　　　　（b）资本账户开放程度累计变化

图 4.69　圣马力诺资本账户开放程度即期与累计变化

2）圣马力诺资本账户双向开放情况

圣马力诺的资本账户开放程度呈现"收紧—放松—收紧—放松"交替进行的趋势，其流入与流出程度两者的变动遵循此规律。

（1）资本账户流入开放。资本流入的管制指数于 0 轴上下交替变动，但每年的波动相对较小。由图 4.70 可知，以 2004 年、2008 年、2012 年为分界时间点：在 2004 年前，暂未发现圣马力诺颁布关于资本账户流入开放的相关政策条例变动。2004~2008 年，圣马力诺资本账户管制持续放松，特别是对境外直接投资给予的放松政策与金融信贷市场的开放流入政策使得资本账户开放度有所增加。而 2008 年后由于集体投资市场的管制政策和针对洗钱和恐怖主义的资本流通管控，资本账户流入受到了更严格的审核和监控。直至 2019 年，以房地产市场为代表的，取消外国居民在境内购买房产限制，圣马力诺资本账户流入开放程度才有所加深。

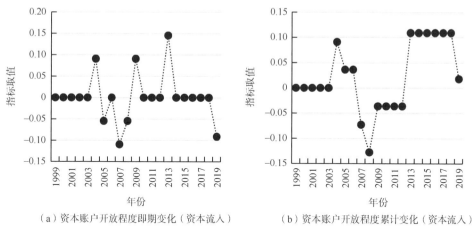

图 4.70　圣马力诺资本账户开放程度即期与累计变化（资本流入）

（2）资本账户流出开放。资本流出的管制方向总体体现为管制力度先弱后强、资本账户流出开放程度先提升再下降的趋势，但总体处于管制的状况。图 4.71 显示，1999～2004 年，资本账户流出开放程度与开放趋势是暂时没有变动的。2005～2008 年，圣马力诺资本账户开放一直呈现开放程度增加、开放趋势增强的状态。其间，圣马力诺增加了可以在海外金融机构开立往来账户进行跨境交易的银行资格，这是使得圣马力诺资本流出程度和开放趋势

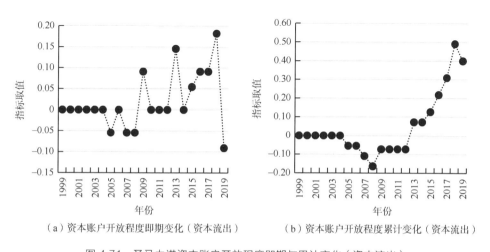

图 4.71　圣马力诺资本账户开放程度即期与累计变化（资本流出）

增大的主要原因。2009 年后,由于建立了欧元与外币以及现金票据的有限额的跨境申报的制度,以及打击恐怖主义与跨境洗钱的要求,圣马力诺对资本账户流出的开放政策有所收紧。

23. 斯洛伐克

斯洛伐克资本账户总体开放状况呈现放松趋势,其整体开放程度日益增大。

1)斯洛伐克资本账户开放程度变化

斯洛伐克资本账户开放阶段性特征明显,早期积极尝试开放,在 2009 年国际金融环境恶化后则转变为保守态度。总体而言,在 1999 年后,针对斯洛伐克中央银行所判定的斯洛伐克资本账户开放时机成熟的情况,资本账户开放的政策性导向呈现总体的积极开放趋势,这与当时斯洛伐克所处的经济环境与国际金融发展要求是匹配的。图 4.72 显示,在 2009 年之后这一加速开放趋势放缓,开放水平有所回缩。

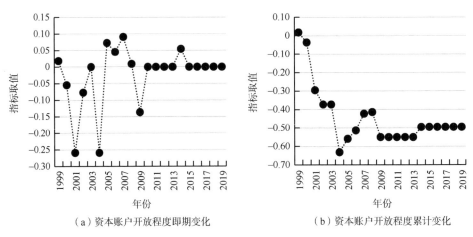

(a)资本账户开放程度即期变化 (b)资本账户开放程度累计变化

图 4.72 斯洛伐克资本账户开放程度即期与累计变化

2)斯洛伐克资本账户双向开放情况

(1)资本账户流入开放。2004 年之前斯洛伐克大幅放宽资本账户的流入限制，2005 年之后针对资本账户的流入开放力度进行了部分回调，管制态度初现。图 4.73 显示，整体来看，斯洛伐克的资本账户在 1999～2019 年保持开放。

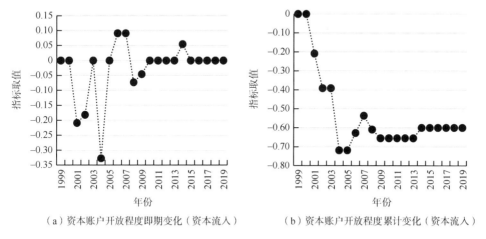

（a）资本账户开放程度即期变化（资本流入）　（b）资本账户开放程度累计变化（资本流入）

图 4.73　斯洛伐克资本账户开放程度即期与累计变化（资本流入）

（2）资本账户流出开放。1999～2019 年资本账户流出指数波动频繁，且以负向波动为主。图 4.74 显示，斯洛伐克资本对外流出开放趋势亦呈现出早期开放加速，2009 年之后趋于平稳开放。

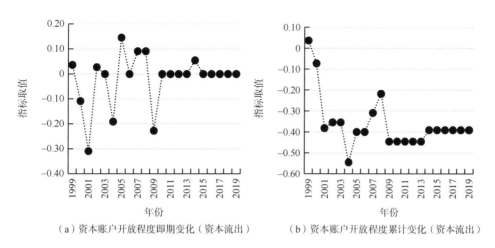

（a）资本账户开放程度即期变化（资本流出）　（b）资本账户开放程度累计变化（资本流出）

图 4.74　斯洛伐克资本账户开放程度即期与累计变化（资本流出）

24. 斯洛文尼亚

斯洛文尼亚资本账户总体开放状况呈现放松趋势，资本账户的整体开放程度日益增大。

1）斯洛文尼亚资本账户开放程度变化

如图 4.75 所示，斯洛文尼亚 1999～2004 年资本账户开放力度大幅提高，2005～2019 年资本账户开放程度仍旧保持但幅度有所降低，开放力度趋于平稳。总体来说，图 4.75 显示，斯洛文尼亚资本账户整体开放程度是加深的。

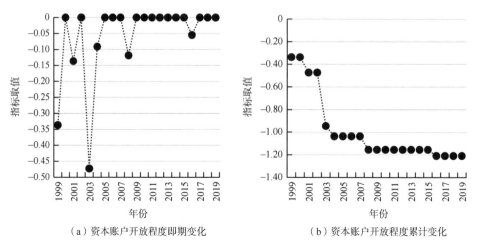

（a）资本账户开放程度即期变化   （b）资本账户开放程度累计变化

图 4.75   斯洛文尼亚资本账户开放程度即期与累计变化

2）斯洛文尼亚资本账户双向开放情况

（1）资本账户流入开放。斯洛文尼亚政府早期出台了较多强有力的政策以吸引外资，图 4.76 显示，2008 年以前资本账户流入开放程度大幅负向波动，但 2008 年以后则趋于保守，出台的调整政策较少。总体而言，呈现出较为积极的开放趋势，且在近年来开放水平保持稳定。

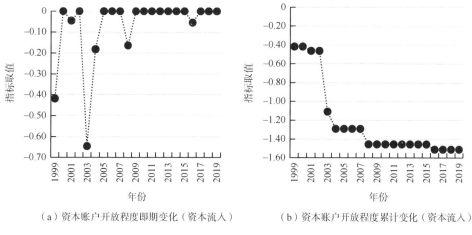

（a）资本账户开放程度即期变化（资本流入）　　（b）资本账户开放程度累计变化（资本流入）

图 4.76　斯洛文尼亚资本账户开放程度即期与累计变化（资本流入）

（2）资本账户流出开放。图 4.77 显示，斯洛文尼亚资本账户流出开放与资本流入开放较为一致，具有同步、同向调整的特点。

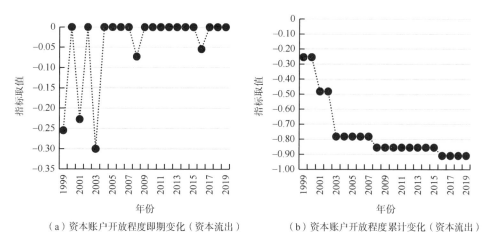

（a）资本账户开放程度即期变化（资本流出）　　（b）资本账户开放程度累计变化（资本流出）

图 4.77　斯洛文尼亚资本账户开放程度即期与累计变化（资本流出）

25. 西班牙

西班牙资本账户整体开放呈现放松趋势，其开放程度呈现负向波动。

1）西班牙资本账户开放程度变化

西班牙 1999～2008 年资本账户开放力度出现了较大幅度的波动，2009～2015 年资本账户开放程度又呈现平稳态势。1999 年后，针对西班牙银行所判定的西班牙资本账户开放时机成熟的情况，资本账户开放的政策性导向呈现总体的积极开放趋势。图 4.78 显示，1999～2019 年其资本账户总体开放趋势的积累变化速度较快，这表明了西班牙在 1999 年后资本账户的总体开放趋势上升，资本内外流通程度加剧的状况。总体而言，西班牙资本账户保持开放的态度。

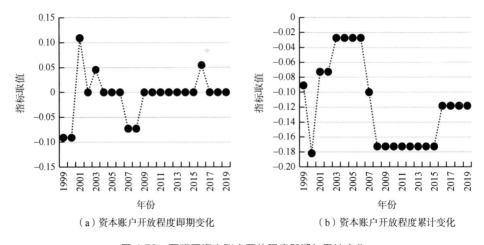

（a）资本账户开放程度即期变化　　　　　　（b）资本账户开放程度累计变化

图 4.78　西班牙资本账户开放程度即期与累计变化

2）西班牙资本账户双向开放情况

（1）资本账户流入开放。图 4.79 显示，西班牙针对资本账户流入秉持积极开放的态度。

（2）资本账户流出开放。图 4.80 显示，西班牙资本账户流出开放的波动趋势虽与流入方向一致，但开放幅度不及流入方向，受到更大程度的管制，整体呈现出相对谨慎的开放状态。

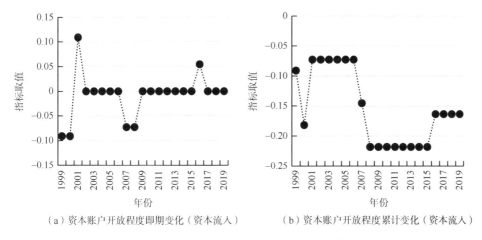

（a）资本账户开放程度即期变化（资本流入）　　（b）资本账户开放程度累计变化（资本流入）

图 4.79　西班牙资本账户开放程度即期与累计变化（资本流入）

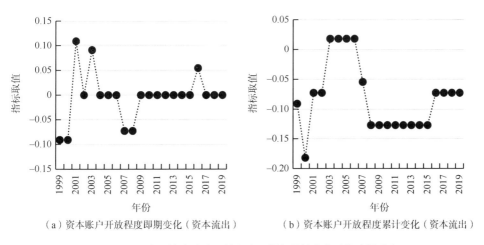

（a）资本账户开放程度即期变化（资本流出）　　（b）资本账户开放程度累计变化（资本流出）

图 4.80　西班牙资本账户开放程度即期与累计变化（资本流出）

26. 瑞典

瑞典资本账户整体管制力度总体呈现逐渐放松的趋势，整体开放程度日益提高。

1）瑞典资本账户开放程度变化

1999 年和 2000 年，瑞典资本账户开放程度的每年度变化较少，仅出现两次扩大开放的调整，保持开放的平稳趋势。整体来看，瑞典自 1999～2019

年，以积极态度保持开放状态。

2）瑞典资本账户双向开放情况

瑞典跨境资本流入和流出开放度的变动趋势同总体开放程度的走势和幅度完全一致，即总体开放程度由流入、流出同向、同步拉动。

27. 瑞士

瑞士资本账户整体开放状况呈现出早期积极通过政策导向扩大开放，近期则出现管制加深的特点，总体仍保持了较高的开放水平。

1）瑞士资本账户开放程度变化

2000 年后，瑞士资本账户开放水平呈现波动开放的趋势，开放力度不断加大，仅在 2016 年出现管制收紧。图 4.81 显示，瑞士自 1999～2008 年，资本账户开放不断加速，自 2008 年以后，出于防范国际金融风险的目的，资本账户开放保持稳定水平，不再进一步扩大，并于 2016 年出现首次管制调整。

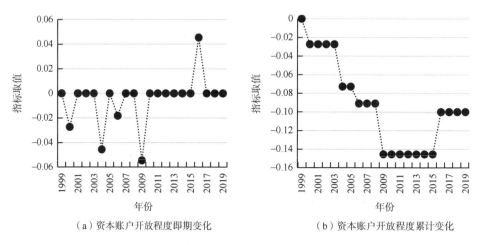

（a）资本账户开放程度即期变化　　　　（b）资本账户开放程度累计变化

图 4.81　瑞士资本账户开放程度即期与累计变化

2）瑞士资本账户双向开放情况

（1）资本账户流入开放。瑞士资本账户流入开放呈现先放松后收紧的趋势，2016 年管制程度最为严格，可能是由于金融市场监督管理局对私人保险公司绑定资产做出了定性和定量限制。图 4.82 显示，2006 年后对资本流入开放的态度趋于收紧。

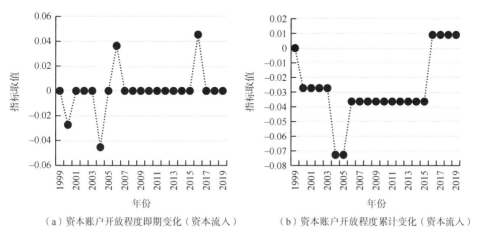

（a）资本账户开放程度即期变化（资本流入）　　（b）资本账户开放程度累计变化（资本流入）

图 4.82　瑞士资本账户开放程度即期与累计变化（资本流入）

（2）资本账户流出开放。图 4.83 显示，相比于流入方向，瑞士资本账户流出方向的开放调整更为宽松，呈现出更为明显的扩大开放趋势。

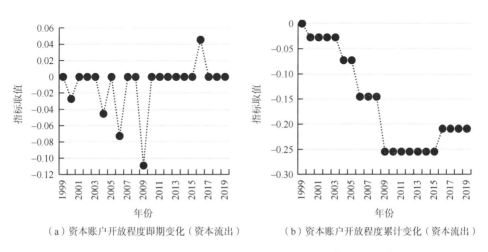

（a）资本账户开放程度即期变化（资本流出）　　（b）资本账户开放程度累计变化（资本流出）

图 4.83　瑞士资本账户开放程度即期与累计变化（资本流出）

28. 英国

1）英国资本账户开放程度变化

英国关于资本账户调整的政策不多，仅在2004年出现管制调整，其余时间均较为平稳，对资本账户开放呈保守态度。英国资本账户开放程度在2004年发生跳跃式收紧，并在此后始终保持该管制状态。

2）英国资本账户双向开放情况

（1）资本账户流入开放。英国资本账户流入开放的变化趋势同总体开放趋势完全一致。

（2）资本账户流出开放。1999～2019年，英国资本账户流出开放当年变化没有变动，政府并未调整关于资本流出项目的政策。英国资本流出开放程度在1999～2019年始终维持在稳定水平。

4.2.3 资本账户子项双向开放指标测度及特征分析

1. 奥地利

1）股权市场项目开放度分析

奥地利股权市场开放度指数仅在2016年和2019年出现了较大幅度波动。具体而言：2016年1月1日，奥地利出台了对小型互助（保险）的投资限制条例；2019年1月1日，奥地利取消了以前对于养老基金的定量投资限制，并引入了内部投资准则的要求。

2）债券市场项目开放度分析

奥地利债券市场开放度指数仅在2014年、2016年和2019年出现较大幅度的波动情况。具体而言：2014年1月1日，奥地利更新对公司贷款、次级债券和另类投资基金的投资框架；2016年1月1日在引入谨慎的个人投资原则后，对相关资产的技术条款和领土限制提出了要求。

3）货币市场项目开放度分析

奥地利货币市场项目总体开放度指数在 1999～2019 年没有变动,奥地利 2016 年对货币市场项目流出管制程度加深后, 又于 2019 年放松管制程度。2016 年 1 月 1 日, 随着偿付能力 II 转变为国家法律, 奥地利已经引入了谨慎的个人投资原则。2019 年 1 月 1 日, 奥地利取消了以前对于养老基金的定量投资限制, 并引入了内部投资准则的要求。

4）集体投资项目开放度分析

奥地利集体投资项目的流入开放度、流出开放度与总体开放度指数在 1999～2019 年除 2014 年、2016 年和 2019 年出现较大幅度的波动情况外, 总体上呈现较为平稳的趋势。具体而言:根据 2014 年 1 月发布的卡皮塔拉根堡修正案, 奥地利的对于公司贷款、次级债券和另类投资基金投资框架的更新生效。2014 年 6 月 30 日, 基金投资框架的更新生效。

5）衍生工具项目开放度分析

奥地利衍生工具的流入开放度、流出开放度与总体开放度指数在 1999～2019 年间除 2012 年和 2016 年出现较大幅度的波动情况外, 总体上呈现较为平稳的趋势。2012 年 7 月 4 日, 奥地利执行了欧洲议会和理事会关于场外衍生品、中央交易对手和交易存储库的第 648/2012 号法规。2016 年 1 月 1 日, 在引入谨慎的个人投资原则后, 对相关资产的技术条款和领土限制提出了要求。衍生工具流出开放度与总体开放度在 2012 年出现阶梯形上升, 衍生工具流出管制程度加深, 衍生工具流入开放指数于 2016 年上升, 使得对衍生工具的管制再次加深。

6）商业信贷项目开放度分析

奥地利商业信贷的流入开放度、流出开放度与总体开放度指数在 1999～2019 年除 2011 年、2012 年和 2016 年出现较大幅度的波动情况外, 总体上呈现较为平稳的趋势。具体而言:2011 年 1 月 1 日, 奥地利根据反洗钱条例,实施了若干扩大透明度的措施，包括增加有关当局的责任和扩大可疑交易报告。2016年1月1日，在引入谨慎的个人投资原则后，对相关资产的技术条款和领土限制提出了要求。

总体来看，奥地利商业信贷流出、总体开放在2011年开始呈现管制加强趋势。

7）金融信贷项目开放度分析

奥地利金融信贷项目的总体开放度指数在1999～2019年未发生变动，金融信贷流出开放指数在2010～2019年波动较大，存在多次变动。原因是对金融机构的约束加深。金融信贷项目流入、流出与总体呈现管制加深趋势。

8）直接投资项目开放度分析

奥地利直接投资项目的流入开放度、流出开放度与总体开放度指数在1999～2019年除2014年、2015年和2016年出现较大幅度的波动情况外，总体上呈现较为平稳的趋势。具体而言，除了前述提及的政策，还有2016年1月1日，在引入谨慎的个人投资原则后，对相关资产的技术条款和领土限制提出的要求。

2. 比利时

1）股权市场项目开放度分析

1999年，比利时股权市场项目的流入开放度、流出开放度与总体开放度加深，之后2000～2015年开放度保持稳定。2016年，流出开放度进一步加深，流入开放度保持不变，带动总体开放度加深，表明比利时政府对股权市场项目持有较为积极的开放态度。这与比利时政府取消了对非欧盟来源证券交易的大部分管制这一事实相对应。2016年，比利时政府进一步取消了对保险公司投资资金的本地化限制，这是比利时政府对股权市场项目开放的又一次尝试。

2）债券市场项目开放度分析

比利时金融业发达，资本市场交易活跃，其债券市场项目开放度与股权市场项目开放度波动完全相同。这与该国采取的放松对资本市场账户开放的相关政策措施是吻合的。

3）货币市场项目开放度分析

自 1999 年开始，无论是货币市场项目的总体开放指数还是流入流出开放指数都在呈阶梯式下降，且幅度较大，表明比利时对货币市场的开放持相对积极的态度。从 1999 年 4 月，比利时开始了货币市场项目开放进程。此后一直截至 2016 年，比利时进一步放松货币市场的资本流动。具体而言，比利时出台相关政策，对受比利时法律管辖的保险或再保险公司的对外投资放松限制。

货币市场项目资本账户的开放情况与集体投资项目、衍生工具项目资本账户开放情况极其类似，表明这些市场具有一定的相通性，且比利时政府对其内外资本流动所施行的政策措施是几乎一致的。

4）金融信贷项目开放度分析

比利时金融业发达，但在 1999～2019 年，比利时只在 2016 年采取相关政策措施，以促进金融信贷项目的资本流动。具体而言，2016 年 3 月，对受比利时法律管辖的保险或再保险公司的对外投资放松限制，保险和再保险公司的资产可以在任何国家本地化，以此来促进资本账户开放。此后再无针对金融信贷开放的举措，表明比利时对于金融信贷开放持一定谨慎态度。

3. 克罗地亚

1）股权市场项目开放度分析

克罗地亚股权市场项目开放度的变化源自股权市场项目流入和流出开放度两个层面的变动。整体来看，对股权市场项目的管制是放松的。2009 年，克罗地亚加大了对股权市场的开放程度，采取了允许居民在国外买卖证券等多项放松管制的政策，从流入和流出两个层面放松了对股权市场的管制。但2013年至2014年，克罗地亚又从流入和流出两个层面上，加强了对股权市场的管制，管制程度加深。随后，2019年克罗地亚放松了对非居民发行证券的限制又放松了对股权市场的管制力度。

2）债券市场项目开放度分析

克罗地亚债券市场项目开放度的变化源自债券市场项目流入和流出开放度两个层面的变动。整体来看，对债券市场项目的管制是放松的。2009年克罗地亚加大了对债券市场的开放程度，采取了允许居民在国外买卖证券等多项放松管制的政策，从流入和流出两个层面放松了对债券市场的管制。但2010年至2016年克罗地亚又从流入和流出两个层面上，加强了对债券市场的管制，管制程度加深。

3）货币市场项目开放度分析

克罗地亚货币市场项目开放度的变化源自货币市场项目流入和流出开放度两个层面的变动。整体来看，对货币市场项目的管制是加深的。2001年至2005年，克罗地亚通过对存款准备金的调整逐渐加大了对货币市场的开放程度；但随后则逐渐加深了对货币市场的管制程度，也主要是来自对存款准备金的调整以及对证券市场管制的加深。

4）集体投资项目开放度分析

克罗地亚集体投资项目开放度的变化源自集体投资项目流入和流出开放度两个层面的变动。整体来看，对集体投资项目的管制是放松的。2006年1月在做出事先通知的前提下克罗地亚允许居民在国外出售或发行证券；2009年克罗地亚加大了对集体投资的开放程度，采取了允许居民在国外买卖证券等多项放松管制的政策；但2013年至2016年克罗地亚又从流入和流出两个层面加强了对集体投资的管制；2019年放松了对非居民发行证券的限制又放松了对集体投资的管制力度。

5）衍生工具项目开放度分析

克罗地亚衍生工具项目开放度的变化源自衍生工具项目流入和流出开放度两个层面的变动。整体来看，对衍生工具项目的管制是放松的。

6）商业信贷项目开放度分析

克罗地亚商业信贷项目开放度的变化源自商业信贷项目流入和流出开放度两个层面的变动，在 2006 年和 2008 年发生变动。整体来看，对商业信贷项目的管制是放松的。

7）金融信贷项目开放度分析

克罗地亚金融信贷项目开放度的变化源自金融信贷项目流入和流出开放度两个层面的变动。整体来看，对金融信贷项目的管制是放松的。1999 年 1 月克罗地亚公布了关于开立非居民外汇和本币账户的文件；1999 年 12 月和 2000 年 12 月，克罗地亚又从流入和流出两个方向上加强了对金融信贷的管制；2005 年 6 月银行被要求将从非居民和与银行有特殊关系的法人获得的资金来源净增额的 30%（以前为 24%）存入银行的无酬外汇账户；2012 年撤销了关于开立和管理非居民银行账户的条件和方式的决定；2014 年和 2016 年克罗地亚则又分别对金融信贷做出了放松和加强管制的决定。

8）担保、保证和备用融资便利项目开放度分析

克罗地亚担保、保证和备用融资便利项目开放度的变化源自流入和流出开放度两个层面的变动。整体来看，对担保、保证和备用融资便利项目的管制是放松的。2009 年取消对担保、保证和备用融资便利的控制，子项开放程度加深。

9）直接投资项目开放度分析

克罗地亚直接投资项目开放度的变化源自直接投资项目流出开放度的变动。直接投资项目流出和整体呈现开放加深趋势。整体来看，对直接投资项目

的管制是放松的。2013 年克罗地亚《保险法》第 296 条生效,该条款规定保险公司可以在欧盟和 OECD 成员国投资涵盖技术条款的资产。

10）不动产市场项目开放度分析

克罗地亚不动产市场项目开放度的变化源自不动产市场项目流入和流出开放度两个层面的变动。整体来看,对不动产市场项目的管制是放松的,如2003 年允许居民自由转移资金到国外购买房地产。

11）个人资本项目开放度分析

整体来看,克罗地亚对个人资本项目的管制是放松的。2003 年,对个人资本项目的管制开始加深,原因是对外汇转移做出了约束。2015 年放松了居民购买基金条件,个人资本管制程度开始放松。

4. 捷克

1）股权市场项目开放度分析

捷克股票项目流入开放度、流出开放度与总体开放度在 1999~2019 年变动较少,流入和流出在 1999 年呈现开放加深趋势。股票项目流入开放度数值始终不变,而总体开放度和流出开放度均在 2013 年发生正向跳跃,体现了捷克对股票项目开放管制较严。1999 年 1 月,捷克取消了对外国证券业务的控制。股票项目流出开放度数值在 2013 年变为正,这是因为在 2013 年 3 月,跨境资本流出程度收紧,政策规定养老金公司在向转型基金（第三支柱）投资资产时购买除在 OECD 成员国受监管市场上交易的股票和证券的最高比例为 5%;在 OECD 成员国受监管的市场上交易的股票或其他证券的最高比例为70%。总体开放度数值个别年份为正,说明捷克对股票项目开放持谨慎态度。

2）债券市场项目开放度分析

捷克债券项目的流入开放度、流出开放度与总体开放度在 1999~2019年变动较少,1999 年 1 月,取消了对外国证券业务的限制。债券项目流入开放度数值在 2001 年发生了变化, 意味着债券项目流入开放度是增加的。债券项目流出开放度数值先降低后升高, 这主要是与 2001 年和 2013 年的政策变化有关。2001 年 1 月, 捷克居民和非居民不再需要事先授权即可在本地或国外发行债务或货币市场证券。2013 年 3 月, 跨境资本流出程度收紧, 政策规定养老金公司在向转型基金 (第三支柱) 投资资产时购买除在 OECD 成员国受监管市场上交易的股票和证券的最高比例为 5%; 在 OECD 成员国受监管的市场上交易的股票或其他证券的最高比例为 70%。流入开放度方面, 整体来看呈现开放趋势, 2001 年 1 月, 居民和非居民在本地或海外发行债券或货币市场证券, 不再需要事先获得批准。

3) 货币市场项目开放度分析

1999～2019 年, 捷克流入开放度数值经历一次跳跃, 而流出开放度数值经历两次跳跃, 先降低再升高。总体开放度数值经历两次跳跃, 先降低再升高, 最终数值稳定在开放数值水平, 说明捷克货币市场总体是开放的。1999 年, 货币市场流出开放程度加强, 如 1999 年 1 月, 取消了对外国证券业务的限制。在 2001 年, 该国同时加大货币市场流入和流出开放, 如居民和非居民在本地或海外发行债券或货币市场证券, 不再需要事先获得批准。2013 年 3 月, 跨境资本流出程度收紧, 政策规定养老金公司在向转型基金 (第三支柱) 投资资产时购买除在 OECD 成员国受监管市场上交易的股票和证券的最高比例为 5%; 在 OECD 成员国受监管的市场上交易的股票或其他证券的最高比例为 70%。

4) 集体投资项目开放度分析

捷克集体投资项目流出开放度数值大部分年份都未变动, 仅在 1999 年为负和 2013 年为正, 这是因为在 1999 年 1 月, 取消了对外国证券的限制。2013 年 3 月, 跨境资本流出程度收紧, 政策规定养老金公司在向转型基金 (第三支柱) 投资资产时购买除在 OECD 成员国受监管市场上交易的股票和证券的最高比例为 5%；在 OECD 成员国受监管的市场上交易的股票或其他证券的最高比例为 70%。说明捷克对集体投资项目流出开放持谨慎态度。基金项目流出开放度数值始终不变。

5）衍生工具项目开放度分析

捷克衍生品项目的流入开放度和总体开放度在 1999～2019 年个别年份出现变动。衍生品流入开放度数值始终稳定，流出开放度和总体开放度数值出现两次跳跃，分别在 2000 年 4 月下降，在 2013 年上升。捷克自 1999 年 1 月 1 日起，取消对衍生品交易的控制。这意味着衍生品项目流入和流出同时放松管制。2013 年 3 月，衍生品项目流出开放度数值增加，政策规定养老金公司在向转型基金（第三支柱）投资资产时购买除在 OECD 成员国受监管市场上交易的股票和证券的最高比例为 5%；在 OECD 成员国受监管的市场上交易的股票或其他证券的最高比例为 70%。上述分析表明，捷克对衍生品项目开放持有严格谨慎的态度。

6）担保、保证和备用融资便利项目开放度分析

1999～2019 年捷克担保、保证和备用融资便利项目的流入开放度和流出开放度仅在 1999 年发生变化，在此期间，自 1999 年 1 月 1 日起，取消了对提供担保、保证和备用融资便利项目的金融信贷和业务的控制。相应地，这一时期抵押担保总体开放度数值为-2.00。

7）不动产市场项目开放度分析

捷克不动产市场项目的流入开放度、流出开放度与总体开放度在 1999～2019 年除 2002 年、2004 年、2009 年和 2011 年出现较大幅度的波动情况外，总体上呈现较为平稳的趋势。房地产流出开放度在 2009 年以前均表现为 0 值处的一条水平线，2009～2019 年房地产流出开放度数值为-0.50，不动产市场项目流入开放度数值累计变化情况为先减小，后增加，再减小，最后稳定在开放水平，总的来看，对不动产市场项目的管制是较松的。

具体来说,房地产流入开放度在 2002 年和 2011 年进行了一次放松管控,如在 2002 年 1 月,允许非居民企业在当地购买房地产,农业和林业部门的房地产除外,在 2011 年 7 月,捷克第 206/2011 号外汇法案修正案,允许外国人购买房地产。房地产流入开放度在 2004 年进行了一次加强管控,具体来说,在 2004 年 5 月,《外汇交易法》对可能在捷克获得农业和林地的非居民类别进行了修订。房地产流出开放度数值在 2009 年变大,说明管制加强。在 2009 年 5 月,对取得不动产(农业用地除外)的限制被废除。

5. 丹麦

丹麦金融信贷项目开放度的变化均源自金融信贷项目流入开放度的变动。2014 年,丹麦金融信贷流入管制加深,原因是《资本要求条例》生效,要求机构净外汇头寸总额超过自有资金总额 2%的,必须按照《资本要求条例》第 351 条、352 条、354 条的规定计算自有资金要求。整体来看,金融信贷呈现管制加深趋势。

6. 爱沙尼亚

1)股权市场项目开放度分析

爱沙尼亚股权市场项目的流入开放度、流出开放度与总体开放度在 1999~2019 年除少数年份出现波动外,总体上呈现较为平稳的趋势。其中,各指标数值主要在 2008 年、2009 年、2011 年、2015 年以及 2016 年出现波动,流入开放度数值在 0.00 至 0.80 之间变动,流出开放度指标在-0.50 至 0.30 之间波动,这可能与爱沙尼亚政府在该年份实施多项针对股权市场开放的政策有关,具体来看,2008 年 11 月,除欧元外,强制性养老基金投资外币计价证券的总净头寸从基金资产的 30%增加到 50%;2009 年 2 月,进一步放松了股权市场,以前对养老基金投资外国证券的限制被取消,养老基金被允许将其所有资产投资于在爱沙尼亚或其他国家受监管的市场上交易的外国证券；2016 年 1 月，根据谨慎开放的指导思想，对外国发行的证券不实行区别对待。流出开放度相较于流入开放度颁布政策较多，对股权市场资本流入的控制要严格于流出方向，股权市场流出开放度加大，但流入开放度和总体开放度下降。

2）债券市场项目开放度分析

债券市场的情况同股权市场的分析相同，债券市场总体开放指数、流入开放指数以及流出开放指数因同一系列的政策产生相同幅度的变化，债券市场流出开放度加大，但流入开放度和总体开放度下降，这体现出爱沙尼亚政府对债券市场资本流入的控制要比流出严格。

3）货币市场项目开放度分析

2001 年 1 月，爱沙尼亚流入和流出开放程度加深，同年 7 月，再次加深，对应的政策变动如下：1 月 1 日，商业银行被允许在 13%的准备金要求中持有 25%的欧元计价的高质量金融工具；7 月 1 日，商业银行被允许持有的高质量欧元计价金融工具的准备金率提高到了 50%，体现出该时期爱沙尼亚政府对货币市场的放松。2003 年 3 月，流出管制加深，体现出该时期爱沙尼亚政府对货币市场资本流出的谨慎开放态度，对应的政策为：3 月 1 日，信贷机构不再被允许从对外国银行的负债中扣除对外国银行的债权，以满足准备金要求。2008 年和 2009 年，则对资本流出大幅松绑，流出开放加深，对应的政策为：除欧元外，强制性养老基金投资外币计价证券的总净头寸从基金资产的 30%增加到 50%，养老基金被允许将其所有资产投资于在爱沙尼亚或其他国家受监管的市场上交易的外国证券；2011 年 8 月，对货币市场资本流入加强管制；2016 年 1 月，则开始加强了对资本流出的管制。可以看出，爱沙尼亚货币市场流出开放度相较于流入开放度变化幅度较大，且政策数量更多，这体现出爱沙尼亚政府对货币市场资本流入的控制要严格于流出方向。

4）集体投资项目开放度分析

集体投资的情况与股权市场的分析相同，集体投资开放总体指数、流入开放指数以及流出开放指数因同一系列的政策产生相同幅度的变化，集体投资流出开放度加大，但流入开放度和总体开放度下降，这体现出爱沙尼亚政府对集体投资项目资本流入的控制要比流出严格。

5）衍生工具项目开放度分析

衍生工具项目的情况同股权市场的分析相同，衍生工具开放指数、流入开放指数以及流出开放指数因同一系列的政策产生相同幅度的变化，衍生工具流出开放度上升，但流入开放度和总体开放度下降，这体现出爱沙尼亚政府对衍生工具资本流入的控制要比流出严格。

6）商业信贷项目开放度分析

爱沙尼亚商业信贷项目的流入开放度、流出开放度和总体开放度在1999～2019 年中表现出极强的稳定性，各指标取值绝大多数时间维持不变，仅在 2006 年 12 月和 2014 年 1 月出现两次波动。2006 年 12 月，商业信贷流入开放和流出开放加深，这对应于爱沙尼亚实施了欧盟关于开放外汇头寸限制的相关立法，放松了对商业信贷市场的管制；2014 年 1 月，商业信贷流入和流出管制加深，这对应于爱沙尼亚政府实施的加强对商业信贷项目的限制政策。这表明了爱沙尼亚政府对商业信贷项目开放所持有的谨慎观察态度。整体来看，爱沙尼亚商业信贷项目整体开放程度有所加大。

7）直接投资项目开放度分析

从 2000 年 1 月开始，爱沙尼亚直接投资开放指数变为负数，意味着爱沙尼亚进一步加大了对直接投资项目的开放程度。直接投资流入开放指数数值在 0～2.00 变动，流出开放指数的数值在 0～1.00 变动，这可能与爱沙尼亚政府在该年份实施多项针对直接投资项目开放的政策有关，相关政策变动集中 2000～2005 年。具体来看，2001 年 1 月，政府允许设立外资企业或允许外国投资者参与；2003 年 1 月，取消了对国内直接投资的管制；但在 2004 年 5 月，出台政策规定航空领域的外资管制与欧盟法规保持一致。

爱沙尼亚的直接投资流入开放指数出现四次阶梯式下降，开放程度逐渐加深。流出开放指数在 2000 年出现一次阶梯式下降，开放程度开始加深，总体开放也呈现加深趋势，整体来看，爱沙尼亚直接投资项目的开放度呈现上升的趋势，且流入方向的开放程度要大于流出方向，反映出爱沙尼亚政府鼓励外资直接流入的指导思想。

8）不动产市场项目开放度分析

爱沙尼亚不动产市场项目的流入开放度和总体开放度在 1999～2019 年基本保持稳定。仅在 2003 年和 2011 年，房地产流入开放度分别出现一次正向变化和负向变化，具体地，2003 年 2 月起，非居民在当地购买土地必须获得土地所在地区地方当局的批准，且考虑到国家安全，不允许外国人购买边境地区的土地和森林。对不动产项目的管制在 2011 年有所松绑，自 2011 年 5 月起，爱沙尼亚放宽了对欧盟国家的限制，对欧盟以外国家的限制保持不变。居住在欧盟以外的外国投资者或公民不得购买爱沙尼亚四个岛屿的房地产，也不得购买超过 10 公顷的森林或农地。房地产流出开放度自 1999 年以来未发生任何变动，这表明爱沙尼亚政府对不动产市场资本流出的严格谨慎态度。

爱沙尼亚房地产流入开放度和总体开放度的累计变化在 2003 年和 2011 年分别呈现出两次阶梯式变化，整体来看，管制和开放相互抵消。

7. 芬兰

1）股权市场项目开放度分析

芬兰股权市场项目开放度的变化源自股权市场项目流出开放度的变动。整体来看，对股权市场项目的管制是放松的。2016 年 1 月，股权市场流出开放程度开始加深，对股权市场项目的管制开始放松，原因是放松了对人寿和非人寿保险公司外国购买的限制。

芬兰股权市场项目整体呈现开放趋势。集体投资、衍生工具和商业信贷项目也由于相同的原因发生了相同的变动。

2）不动产市场项目开放度分析

芬兰不动产市场项目开放度的变化源自不动产市场项目流入和流出开放度两个层面的变动。整体来看，对不动产市场项目的管制是放松的。2000 年，对不动产市场项目的管制开始放松，原因是政策规定，对此前在芬兰居住不超过 5 年的人，可以为娱乐目的或购置第二居所目的而购买房地产。2016 年进一步放松了对居民国外购买的管制。

整体来看，芬兰不动产市场项目流入、流出和总体都呈现出管制放松的趋势。

8. 法国

1）股权市场项目开放度分析

法国股权市场项目开放度的变化均源自股权市场项目流出开放度的变动。2003 年，股权市场开放流出管制加深，原因是对非居民在本地发售或发行管制加深。

法国股权市场项目流出和总体呈现开放加深趋势。债券市场、货币市场、集体投资和衍生工具项目也由于相同的原因产生了同样的变动。

2）直接投资项目开放度分析

法国直接投资项目开放度的变化均源自直接投资项目流出开放度的变动。2003 年，直接投资开放流出和总体管制放松，原因是对外资企业的投资管制的放松。

整体来看，法国直接投资项目流出和整体呈现管制放松趋势。

9. 德国

1) 股权市场项目开放度分析

股权市场流出开放指数在 1999～2019 年出现三次波动,具体地,在 2004 年和 2016 年出现两次正向波动,代表该时期内对股权市场项目实施了资本管制,在 2012 年出现一次负向波动,代表该时期内对股权市场项目实施了相应的放松管制的措施。自 2004 年 10 月 26 日起,对与缅甸某些国有企业有关的资本交易实行管制。2012 年则放松了对股权市场项目的管制,但在 2016 年又加大了管控力度,这反映出德国政府在股权市场项目开放上的反复操作特点。1999 年 1 月流入开放程度加深,整体来说,德国对股权市场流出开放项目的管制频率要大于流入方向。

德国股权市场项目开放度流出开放指数的累计变化在 2004 年和 2016 年出现两次阶梯式上升,而在 2012 年出现一次阶梯式下降,整体呈现管制加深趋势,1999 年,放松对流入的管制。整体来看,德国股权市场项目管制呈现加深趋势。

2) 债券市场项目开放度分析

德国债券项目的流入开放度、流出开放度和总体开放度在 1999～2019 年各指标数值变化均不大。该时间内的相关政策数量也相对较少,波动主要出现在 1999 年、2004 年、2012 年和 2016 年,与上述股权市场的变动情况是一致的。1999 年,债券流入开放程度加深,相应的放松政策变动为 1999 年 1 月取消对非居民实体购买联邦储蓄债券的限制,并废除了禁止出售或发行非居民银行发行的期限少于两年的以德国马克计价的债券市场、货币市场、股权市场和债务工具的规定。2016 年,债券流出管制程度加深,相应的收紧政策变动为 2016 年 1 月出台的一系列加紧资本市场管制的措施。

德国债券项目流入开放度、流出开放度和总体开放度在 1999～2015 年基本呈现一条水平线。在 2004 年、2012 年以及 2016 年，债券项目累计流出开放度数值出现阶梯式变化。从最终结果来看，流出呈现管制加深趋势，流入开放度则无明显变动，而作为两个指标平均值的总体开放度则呈现降低趋势。

3）货币市场项目开放度分析

德国货币市场项目的流入开放度、流出开放度与总体开放度在 1999～2019 年除个别年份出现波动外，总体上呈现平稳态势。其中，流入开放度在 1999 年和 2008 年出现变化，开放程度加深，相应的政策变动为，取消了对非居民实体购买联邦储蓄债券的限制，以及废除了禁止出售或发行非居民银行发行的期限不超过两年的以德国马克计价的债券市场、货币市场、股权市场和债务工具的规定。货币市场流出开放指数分别在 2012 年和 2016 年出现一次负向变动和正向变动，力度相同但方向相反，具体地，2012 年出台了一系列放松货币市场工具的措施，而在 2016 年却又反向加紧了管制。

整体来看，考虑到 1999 年的初始政策，货币市场项目流入开放度提升，流出开放度也提升，但力度要弱于流入开放度，总体开放度也呈现加深趋势。对比流入和流出两个方向的变化可以看出，德国对货币市场资本流出的控制要比流入更严格，货币市场整体开放度上升。

4）集体投资项目开放度分析

德国集体投资项目的流入开放度、流出开放度与总体开放度在 1999～2019 年除少数年份出现波动外，总体上呈现较为平稳的趋势。流入开放度在 1999 年 1 月开始加深，流出开放度在 2016 年 1 月管制程度加深，这可能与德国政府在该年份实施的针对集体投资项目开放的政策有关。具体来看，1999 年 1 月德国取消对非居民实体购买联邦储蓄债券的限制，并废除了禁止出售或发行非居民银行发行的期限少于两年的以德国马克计价的债券市场、货币市场、股权市场和债务工具的规定；2016 年则加强了对集体投资项目的管制，规定投资必须以与养老金或保险合同下的负债相同的货币进行。可以看到，对于集体投资项目，德国相对于资本流出似乎更加鼓励资本流入。

德国集体投资项目流入开放度、流出开放度与总体开放度在 2016 年以前始终稳定在 0 刻度线上，呈现水平分布。而在 2016 年，集体投资项目累计流出开放度数值出现阶梯式上升，管制程度加深，考虑到 1999 年的政策变动，流入保持开放趋势，相应地，德国集体投资项目开放水平呈下降趋势。

5）衍生工具项目开放度分析

衍生工具流入开放指数在 1999 年和 2008 年出现两次负向波动；而流出开放指数在 2016 年出现一次正向变动。相应的政策变动为：自 2008 年 1 月起，保险公司获准在任何 OECD 成员国获得所有投资类别的投资，取消担保资产和其他限制性资产按资产所在地划分的门槛；2016 年 1 月则出台了一系列加强资本管制的政策，其中就包括对衍生工具市场的控制。在衍生工具项目上，德国相对于资本流出更鼓励资本流入。

6）金融信贷项目开放度分析

德国金融信贷市场的波动主要为金融信贷流出开放指数的波动。流出方向的政策要多于流入方向且变动幅度更大。对应的政策变动为：2004 年 10月，加强了对与缅甸某些国有企业有关的资本交易的限制；2008 年 1 月，保险公司获准在任何 OECD 成员国获得所有投资类别的投资，取消担保资产和其他限制性资产按资产所在地划分的门槛；2014 年 1 月，欧盟 No.575/2013关于信贷机构和投资公司审慎要求的法规（资本要求法规）开始生效，加强了对金融信贷资本流出的管制。整体来看，金融信贷流出、流入和总体都呈现管制加深趋势，德国金融信贷项目开放水平下降且相对于资本流入，德国政府对资本流出秉持着更为严格谨慎的态度。

7）直接投资项目开放度分析

德国直接投资项目的流入开放度、流出开放度和总体开放度在 1999～2019 年基本保持稳定。仅在 2018 年，直接投资流入开放指数出现一次大幅度负向变化,主要是与 12 月出台的针对直接投资项目的加大开放程度的措施有关,将某些武器或密码系统制造商等涉及公共秩序与安全领域的外国投资者投票权的门槛从 25%降至 10%。直接投资流出开放指数自 1999 年以来未发生任何变动。这表明德国政府近年来鼓励外国资本通过直接投资项目流入本国的指导思想。

德国直接投资流入开放度和总体开放度在1999～2017年均表现为0值处的一条水平线,而 2018 年以来直接投资项目流入开放度数值经过一次阶梯式下降,德国直接投资项目整体和流出开放水平均有所提高。

8)不动产市场项目开放度分析

德国不动产市场项目的流入开放度、流出开放度和总体开放度在 1999～2019 年基本保持稳定,仅在 2008 年和 2016 年出现波动。不动产市场流入开放度在 2008 年 1 月出现负向变动,主要与 1 月出台的放松政策相关,保险公司获准在任何 OECD 成员国获得所有投资类别的投资,取消担保资产和其他限制性资产按资产所在地划分的门槛。流出开放度在 2016 年出现一次正向变化,主要是与 1 月出台的针对不动产市场项目的管制加紧的措施有关,规定投资必须以与养老金或保险合同下的负债相同的货币进行。对比流入和流出两个方向,可以看出德国对于不动产市场流出的方向实行更为严格的控制,这表明德国政府对本国不动产资本进入外国市场的严格谨慎态度。

10. 希腊

1)股权市场项目开放度分析

希腊股权市场项目开放度的变动主要集中在 2016～2018 年,股权市场流出开放指数多次出现负向变动。具体来看,相关政策主要有,2016 年 1 月,居民国外购买根据第 4364/2016 号法律（取代第 400/1970 号法律）,将资产分为属于技术储备金和不属于技术储备金的部分被废除,对保险企业的资产投资没有限制；2016 年 3 月，存款人可以在无文件证明的情况下向国外转移资产，每月最高限额增加到 1000 欧元；2018 年 3 月，信贷机构对于向国外转移基金的订单的接受和执信份额从每个客户的 1000 欧元提高到 2000 欧元，8 月，又从 2000 欧元进一步提高到 4000 欧元。整体来看，希腊股权市场项目开放度呈现加大的趋势。

2）债券市场项目开放度分析

希腊债券项目的变动情况同上述股权市场开放度的分析一致，2016～2018 年，债券市场流出开放指数出现较为频繁的负向波动，希腊政府放松了对于债券市场的管制力度，反映出希腊债券市场项目开放加深的趋势。

3）货币市场项目开放度分析

希腊货币市场开放度的变动主要集中在 2015～2018 年，且主要涉及流出开放指数的负向变动。相关的政策变动为：2015 年 7 月，希腊政府禁止银行将假期开始后持有并收购的证券转移至境外，禁止在希腊或境外受监管的市场或多边交易平台上交易，并且要求资本转移须经银行交易批准委员会批准，加强了对于货币市场的管制力度；后又实施了一系列的放松资本管制的措施，2015 年 12 月，居民保险公司被允许根据合同规定的义务，向国外转移与单位关联投资相关的定期款项；2016 年 3 月，存款人可以在没有文件的情况下，每月向国外转账的金额增加到 1000 欧元；2018 年 3 月，信贷机构对于向国外转移基金的订单的接受和执信份额从每个客户的 1000 欧元提高到 2000 欧元，8 月，又从 2000 欧元进一步提高到 4000 欧元。整体来看，希腊货币市场项目总体上呈现出开放加深的趋势。

4）集体投资项目开放度分析

希腊集体投资项目的变动情况同上述股权市场开放度的分析一致，2016～2018 年，集体投资项目流出开放指数出现较为频繁的负向波动，希腊政府放松了对集体投资项目的管制力度，反映出希腊集体投资项目开放加深的趋势。

5）衍生工具项目开放度分析

希腊衍生工具项目开放度的变动主要集中在 2015～2018 年。2015 年，流入和流出开放指数出现大幅度正向变动，反映出该年希腊加强了对衍生工具市场的管制。之后则出台了一系列小幅度放松管制的政策，如 2016 年 3 月，居民从国外购买衍生工具和其他工具的限额从 500 欧元提高到 1000 欧元，而无须文件证明；2018 年 3 月，信贷机构对于向国外转移基金的订单的接受和执信份额从每个客户的 1000 欧元提高到 2000 欧元，8 月，又从 2000 欧元进一步提高到 4000 欧元。整体来看，希腊对衍生工具流入方向的控制要严格于流出方向，且希腊衍生工具项目总体上呈现出管制加强、开放度下降的趋势。

6）商业信贷项目开放度分析

希腊商业信贷项目只在 2017 年出现波动，流出开放指数的数值从 0 变动至 -0.80，对应的政策变动为，自 2017 年 11 月起，储户每天因国外业务产生的资金转移超过了 70 万欧元（以前是 35 万欧元）和用于非进口货物的转移必须得到边境贸易咨询委员会的批准，提高了审批的限额，放松了对商业信贷项目的管制。

7）金融信贷项目开放度分析

希腊金融信贷项目开放度的变动主要集中在 2015～2018 年，且主要涉及流出方向的负向变动。流出开放指数的数值在 0 至 -1.60 的区间内变动，而流入开放指数的数值从 0 变动至 1.00，这体现出，希腊对于金融信贷项目流入方向的开放更为严格和谨慎，金融信贷流出开放程度则处于较宽松的水平。对应的政策变动为，2002 年 7 月，国内信贷机构不再被要求报告低于 1.25 万欧元的支付；2015 年 7 月，银行为自身的流动性和风险管理而向国外支付和转账的行为，不受银行交易批准委员会分配给它们的每周总限额的限制，但同时要求，资本转移须经银行交易批准委员会批准；2017 年 11 月，银行系统每周向国外转账的限额增加到 10.55 亿欧元；2018 年 3 月，信贷机构对于向国外转移基金的订单的接受和执信份额从每个客户的 1000 欧元提高到 2000 欧元，8 月，又从 2000 欧元进一步提高到 4000 欧元。整体来看，希腊对衍生工具流入方向的控制要严格于流出方向，且希腊衍生工具项目呈现出开放加深的趋势。

8）直接投资项目开放度分析

2018 年 10 月 1 日，希腊针对直接投资清算项目出台了相关政策，所有存放在希腊的资金，包括投资活动的利润和股息，如果这些资金是在 2018 年 10 月 1 日之后从国外转移的，那么这些资金可以被转移到国外，每年最多可以转移投资资本的 100%。此前，所有此类交易都必须经边境贸易咨询委员会批准。整体来看，希腊放松了对直接投资清算项目的资本管制。

9）不动产市场项目开放度分析

希腊不动产市场项目的流入开放度、流出开放度与总体开放度在 1999～2019 年除 2015 年出现较大幅度的波动情况外，总体上呈现较为平稳的趋势。2015 年 7 月，政府规定不动产市场的资本转移须经银行交易批准委员会批准，反映出希腊不动产市场管制加强，开放度下降的特点。

11. 匈牙利

1）股权市场项目开放度分析

匈牙利股权市场项目开放度的变化源自股权市场项目流出开放度的变动。2008 年，股权市场开放程度开始加深，这是由于匈牙利的一项政策变动，政策规定，对养老基金投资非居民发行证券的限制已被取消，而此前养老基金购买非居民发行的证券的比例不得超过其投资组合的 30%。2016 年匈牙利股权市场项目开放程度进一步加深，除小型保险公司外，对保险公司投资的限制被取消。

匈牙利股权市场项目流出和总体呈现开放加深趋势。债券市场项目也由于相同的政策原因发生了和股权市场项目相同的变动。

2）货币市场项目开放度分析

匈牙利货币市场项目开放度的变化源自货币市场项目流入和流出开放度两个层面的变动上。1999 年，对货币市场管制程度开始加深，这是由于商业银行对一年期以内非居民债务实行存款准备金制度，而目前存款准备金率为零。随后，2000 年和 2001 年又进一步对准备金进行了调整，增强了管制程度。2002 年两年以内的非居民和居民外币和本币债务的存款准备金率从 6%降至 5%，管制程度有所放松。2008 年和 2016 年，和股权市场与债券市场项目的政策变动原因相同，由于对投资限制的取消，对货币市场项目的管制进一步放松。

3）集体投资项目开放度分析

匈牙利集体投资项目开放度的变化源自集体投资项目流入和流出开放度两个层面的变动上。2000 年，对集体投资开放程度开始加深，这是由于多项政策的制定，如一旦满足了几个前提条件，非居民出售或发行或居民购买集体投资证券就会放开。随后，2008 年和 2016 年集体投资项目流出开放度的变动数值和变动原因与股权市场和债券市场项目相同，也发生了相同的变动。整体来看，集体投资开放度呈现加深趋势。

4）衍生工具项目开放度分析

匈牙利衍生工具项目开放度的变化源自衍生工具项目流入与流出开放度两个层面的变动上。其中，衍生工具项目流出开放度的变动数值和变动原因与股权市场和债券市场项目相同。此外，2016 年，由于长期净外汇掉期头寸不被接受为稳定外汇资金，对衍生工具的流入管制加深。整体来看，衍生工具流出开放呈现管制放松趋势，流入项目则呈现管制加深趋势，但总体仍呈现开放加深趋势。

5）金融信贷项目开放度分析

匈牙利金融信贷项目开放度的变化源自金融信贷项目流入和流出开放度两个层面的变动上。2000 年，金融信贷项目流出开放程度加深，这是由于匈牙利对 OECD 成员国的贷款限制的放松。2001～2004 年伴随对存款准备金管制的放松与加强，金融信贷开放指数也出现了相应的下降和上升的变动。随后有关金融信贷项目的政策变动频繁，2009～2010 年制定多项政策对金融信贷项目进行管制，2011～2012 年放松了对金融信贷项目的管制，如 2012 年相同外币的贷款转换不再受贷款价值限制。2014～2015 年又加强了对金融信贷项目的管制，2016 年则小幅放松。整体来看，金融信贷项目开放程度不断加深。

6）担保、保证和备用融资便利项目开放度分析

匈牙利担保、保证和备用融资便利项目开放度的变化源自担保、保证和备用融资便利项目流出开放度的变动。2010 年，匈牙利开始加强对担保、保证和备用融资便利项目的管制，这是由于匈牙利政策的变动，以外币发行的抵押贷款不能作为担保贷款。2010 年匈牙利又对该政策做了细化，进一步加强了对担保、保证和备用融资便利项目的管制。整体来看，担保、保证和备用融资便利项目管制呈现加深趋势。

12. 冰岛

1）股权市场项目开放度分析

冰岛政府对于股权市场的调整相较于其他项目较为频繁,具体来说,2008 年 11 月，由于冰岛政府禁止发行和出售以冰岛克朗结算的外币证券，股权市场流出管制程度加深；2009 年 10 月，冰岛居民和非居民可以用冰岛克朗购买外币兑换的证券和货币市场工具，使股权市场流入和流出开放程度加深；

集中在 2017～2019 年的波动均为负向,这表明冰岛政府对于股权市场的资本管制正逐步放开。

　　整体来看,自 2008 年以后,股权市场流入和流出开放指数呈现反向波动,流入限制放松而流出限制收紧,至 2017 年流出管制才有所放松,流入开放度、流出开放度和总体开放度数值均有所回落,表明股权市场的开放对资本账户开放的贡献度逐步增强,股权市场的开放是双向放宽管制的结果。

　　2)债券市场项目开放度分析

　　冰岛债券市场的流入开放指数、流出开放指数和总体开放指数在 1999～2008 年总体保持稳定,在 2009 年以后出现较多波动,近年来以政策收紧居多。具体来看,2009 年 10 月起,对债券的转换和转让施加限制,债券利息和债券摊销本金的指数部分的转移仍需得到国际货币基金组织的批准,这使债券市场流入和流出管制程度均加深;2012 年 3 月起,冰岛央行禁止购买以外币结算的债券及债权本金指数化,这使债券市场流入和流出管制程度均加深;2017 年 3 月起,跨货币结算买卖或发行证券不再需要将冰岛克朗收益以发行人的名义存入以冰岛克朗计价的国内银行账户,同时,投资于本币债券或票据的存款被纳入储备基础,这使债券市场流入开放程度和流出开放程度加深。总体来说,债券市场流入开放指数波动频率和波动幅度均大于流出开放指数,且近年来以流入方向管制的放松为主。

　　债券市场流入开放指数、流出开放指数和总体开放指数在 1999～2008 年基本呈现一条水平线。而在 2009～2019 年,债券市场累计开放数值出现先上升后下降的频繁波动。从最终结果来看,流入开放程度加深,流出管制程度加深,而总体开放程度则呈现加深趋势。

　　3)货币市场项目开放度分析

　　冰岛货币市场的流入开放指数、流出开放指数与总体开放指数在 1999～2007 年保持稳定。流入开放指数数值在 -3 至 0.4 之间变动、流出开放指数数值在–0.5 至 1.3 之间变动，这可能是冰岛政府在危机爆发时期实施了针对货币市场开放的多项政策所致。具体而言，有自 2008 年 11 月起，冰岛央行禁止以外币投资于货币市场工具，且如果结算使用冰岛克朗，则禁止发行和出售外币证券，这使货币市场的流入和流出管制程度均提升；2017 年 1 月、3月，冰岛央行分别宣布提高国内金融企业购买外币的限额、不再控制冰岛货币市场相关的投资并允许来自国内或国外金融账户的冰岛克朗投资于货币市场等措施；2019 年 3 月，冰岛央行取消了对冰岛克朗跨界流动的限制，其中包括对金融工具进行结算的限制，使货币市场流入开放程度上升。整体来说，冰岛货币市场流出开放指数相较于流入开放指数变化幅度较大，变动频率也更为频繁。

货币项目流入开放指数、流出开放指数与总体开放指数在 1999～2008 年始终稳定，呈现水平分布。而在 2009～2019 年，货币市场累计开放指数数值出现频繁波动，整体呈先上升后下降趋势，总体来说，流入和流出均呈现开放程度加深趋势，其中流入开放水平要高于流出，总体也呈现开放加深趋势。

4）集体投资项目开放度分析

冰岛集体投资的流入开放指数、流出开放指数与总体开放指数在 1999～2015 年除少数年份出现波动外，总体上呈现较为平稳的趋势；在 2015 年之后出现较为频繁的波动，均为在流入和流出方向双向的放松管制。其中，各指标数值主要在 2000 年、2008 年和 2015 年之后出现波动，流入开放指数指标数值在–0.5 至 0.8 之间变动，流出开放指数指标数值在–1 至 0.5 之间波动，这可能与冰岛政府在该年份实施多项针对集体投资开放的政策有关。具体来看，2000 年 5 月，冰岛宣布将养老基金的外汇敞口限制在总资产的 50%；2008年 11 月冰岛央行决定对居民和非居民的某些资本交易行为实行控制；2017年 1 月，对冰岛的共同基金、投资基金单位的外汇跨境流动的限制从 3000万冰岛克朗提升至 1 亿冰岛克朗。整体来看，流出开放指数的变化幅度高于流入开放指数，流出开放指数在放松管制方向相较于流入开放指数颁布政策较少，这说明集体投资开放指数不断扩大，但流出开放指数的步伐仍相对滞后于流入开放指数。

整体来看，集体投资流入开放、流出开放与总体开放管制呈现先加深后逐渐放松的趋势。

5）衍生工具项目开放度分析

冰岛衍生工具的流入开放指数和总体开放指数在 1999～2019 年保持基本稳定，除了在 2008 年、2009 年、2013 年出现小幅波动，并在 2016～2018 年集中波动。其中，2008 年 11 月，冰岛央行规定以冰岛克朗计价的金融工具不得以外币结算，且收益必须存入非居民的冰岛账户，这使衍生工具流出管制程度加深；2009 年 10 月起，商业银行、储蓄银行和其他在金融监督管理局监管下经营的信贷机构，不再受某些交易活动的限制，可以进行外汇即期、远期和掉期交易，同时，与政府签订投资协议的居民企业和工业部批准开采石油的居民企业在购买外汇和衍生品交易方面无法获得外汇规则豁免，在这种既有收紧又有放松的管制情况下，衍生工具流入开放程度加深，衍生工具流出管制程度加深；2016～2018 年的集中波动则对应于冰岛政府宣布放宽对其他可转让金融工具外汇跨境转移的限额。整体而言，冰岛衍生工具的放宽程度大于管制程度，且近年来由尝试收紧转变为逐步放松管制的开放态度。

衍生品流入开放指数、流出开放指数和总体开放指数在 1999～2008 年的表现为一条水平线，之后呈现为明显的两阶段：2009～2017 年整体上升；2018～2019 年整体回落，整体来看，流入、流出和总体均呈现开放加深的趋势。

6）金融信贷项目开放度分析

冰岛金融信贷的流入开放指数、流出开放指数与总体开放指数在 1999～2007 年总体呈现平稳态势。2008 年 10 月起，冰岛央行开始每日向商业银行出售外汇，金融信贷流出开放指数数值由 0 降至-1；2013 年 4 月，根据修订后的《第 87/1992 号外汇法》，冰岛中央银行对每年超过 250 亿冰岛克朗的外汇交易和跨境资本流动授权的豁免，只有在与财政和经济事务部长和负责金融市场事务的部长协商后才会被批准，且向非居民借款需要冰岛央行的许可，这使金融信贷流入管制程度加深。整体而言，金融信贷流出开放程度管制较为严格，以收紧管制为主；而金融信贷流入开放程度以放宽管制为主，冰岛金融信贷的总开放程度主要由流入方向的积极开放态度拉动。

金融信贷流入开放指数、流出开放指数与总体开放指数在 1999～2007 年始终稳定，呈现水平分布；而在 2008～2016 年存在频繁的波动上升情况；2017～2019 年金融信贷累计开放指数数值出现阶梯式下降，出现负向变化波动，管制状况日益放松。整体来看，流出和总体呈现管制加深趋势，流入呈现管制放松趋势。

7）担保、保证和备用融资便利项目开放度分析

冰岛担保、保证和备用融资便利的流入开放指数、流出开放指数和总体开放指数在 1999～2019 年中表现出极强的稳定性，各指标取值绝大多时间维持在 0 值处，仅在 2008 年 11 月，担保抵押项目流出管制加深，这对应于冰岛政府除了限制与货物和服务贸易有关的担保或集团内企业之间的担保外，居民和非居民也不得作为担保人承担国内外付款责任；2009 年 10 月，担保、保证和备用融资便利流入开放管制加深，这对应于决议委员会禁止包括贷款、担保和遣返要求在内的国外投资；2017 年 5 月，担保抵押项目流出和流入开放均加深，这对应于冰岛政府宣布外汇交易和本外币的跨境流动的限制取消，允许跨境发行担保。

冰岛抵押担保流入开放指数、流出开放指数和总体开放指数在 1999～2008 年均呈现为 0 值处的一条水平线，三个指标间相对而言担保、保证和备用融资便利流出开放指数的波动频率和波动幅度均较大，最终担保、保证和

备用融资便利开放指数数值恢复至 0 水平。

8）直接投资项目开放度分析

冰岛直接投资项目相关指标的波动并不频繁，整体具有一定的稳定性。从 2008 年 11 月开始，累计直接投资开放指数数值变为负数，意味着冰岛开始了直接投资项目的开放进程：直接投资流出开放水平加深，这对应着 FDI 不再受在国内账户进行资本交易的限制；而在 2009 年 10 月，对投资增加的指定交易货币等限制使直接投资项目开放指数回升，直到 2016 年以后，流入和流出均在不同程度上放松管制，最终导致累计直接投资开放呈现加深趋势。以上分析表明冰岛自全球性金融危机以来加紧针对直接投资项目的管制，但近年来管制有所放松，整体实现了直接投资的扩大开放。

9）不动产市场项目开放度分析

冰岛不动产市场的流出开放指数和总体开放指数在 1999～2009 年保持稳定，指标取值维持在 0 附近。在 2009 年之后流出政策呈现出先收紧后放松的趋势，而流入政策则呈现出不断放松的趋势。具体来看，2009 年 10 月，冰岛不动产市场流入开放程度加深，流出管制程度加深，分别对应着该时期非居民被允许使用冰岛克朗购买境内房产，而居民在境外购买房产的跨境资本流动则被禁止；至 2017 年 3 月，居民在境外购买房地产的限制被取消，这使流出开放程度进一步加深。整体而言，冰岛不动产市场的管制虽收紧与放松并行，但近年来以放松管制为主。

不动产市场流出开放指数和总体开放指数在 1999～2008 年均表现为 0 值处的一条水平线，而 2009 年以来不动产市场流出开放指数数值经过两段阶梯式变化，先小幅收紧后大幅放宽，整体呈现开放加深趋势；不动产市场流入开放指数数值保持明显的下降趋势，整体呈现开放加深趋势；基于此，总体也整体呈现开放加深趋势。

13. 意大利

1）集体投资项目开放度分析

意大利政府对于集体投资的调整主要集中在 2014～2017 年，具体来说，2014 年 4 月，如果共同基金受到欧盟指令的保护，则必须在发行前通知意大利证券交易委员会，集体投资流出开放程度加深；2016 年 2 月，第 18/2016 号法令扩大了欧盟另类投资基金根据法律规定的条件在意大利提供贷款的可能性，使集体投资流入开放程度加深；2017 年 1 月，欧盟另类投资基金被限制在贷款总额的 10% 以内，使集体投资流入开放指数数值由 0 升至 0.4。其余时间，意大利并未对集体投资项目做出管制。

整体来看，自 2014 年以后，集体投资流入和流出开放指数呈现不同步的一次性反向波动，流入限制收紧而流出限制放松，最终使得集体投资的开放对资本账户开放的贡献度逐步增强，集体投资的开放是双向管制的结果。

2）金融信贷项目开放度分析

意大利金融信贷的流入开放指数、流出开放指数和总体开放指数在1999～2019 年总体稳定维持在 0 水平，仅在 1999 年和 2016 年出现负向波动。具体来看，1999 年 8 月起，意大利银行进行外汇交易不再需要获得授权，这使金融信贷流入和流出开放程度均加深；2016 年 2 月，第 18/2016 号法令修订了意大利金融统一法，明确规定意大利信贷基金自 2015 年以来已被允许发放贷款，但不能向零售消费者放贷，其放贷活动必须遵守透明度规定，使金融信贷流入和流出开放程度均加深。总体来说，金融信贷流入开放指数和流出开放指数同步同幅变动，均以放松管制为主。

意大利金融信贷流入开放指数、流出开放指数和总体开放指数在 1999～2019 年经历两次下降，呈现阶梯形下降趋势。从最终结果来看，流入、流出和总体均呈现开放程度加深趋势。

14. 拉脱维亚

1）集体投资项目开放度分析

拉脱维亚的货币市场的开放指数数值仅在 2002 年出现过一次变化，这是由于 2002 年 10 月拉脱维亚政府取消了私人养老基金海外投资 15%的限制，集体投资市场流出开放程度加深，流入开放指数未发生变化，整体来看，拉脱维亚集体投资项目开放度有所提升。

2）金融信贷项目开放度分析

1999～2019 年，拉脱维亚金融信贷市场的开放指数的数值经历了多次波动。2000 年，对爱沙尼亚、立陶宛的风险敞口从占银行资本的 25%增加到 50%，使得流出和流入开放程度均加深。2003 年 4 月，拉脱维亚取消了对非居民贷款的限制，这使得其流出开放程度加深。2011 年，银行对非居民的贷款总额超过总资产的 5%或非居民存款超过总资产的 20%时，引入第二支柱资本收费，这使得流出管制程度加深。2018 年，拉脱维亚放低了对银行流动性覆盖率的要求，这使得流出和流入开放程度均加深。

拉脱维亚的金融信贷市场开放指数于 2013 年以前呈现阶梯状下降，受到开放政策的影响，在 2008 年以后又由于一系列的紧缩政策其指数数值呈现阶梯状上升的趋势。最终，受到 2018 年的流出和流入准入的放宽政策影响，指数数值再次有所回落。

15. 立陶宛

1）股权市场项目开放度分析

立陶宛的股权市场开放度于 2002 年出现单次上升后趋于平稳状态。这对应于 2002 年 11 月，政府当局允许本地发行的股权以外币计价，表明股权市场开放度持续扩大。相应地，股权市场开放度累计变化指数于 2002 年 11 月出现断崖式下降，整体来看，立陶宛的股权市场开放度有所提升。

2）债券市场项目开放度分析

从 2002 年 11 月开始，债券市场开放指数变为负数，意味着立陶宛开始了债券市场开放进程。具体而言，2002 年 11 月，立陶宛政府允许本地发行的债券以外币计价。

3）货币市场项目开放度分析

2000 年 6 月，货币市场项目开放指数出现单次向上波动，意味着立陶宛加强了对货币市场项目的资本管制，具体政策表现为 2000 年 6 月，立陶宛降低银行总体未平仓限额至银行资本的 25%，货币市场项目开放度有所下降。

4）集体投资项目开放度分析

集体投资项目开放指数分别于 2002 年 6 月与 2004 年 1 月出现两次正向波动，意味着立陶宛逐步加强对集体投资项目的管制，具体政策表现为 2002 年 6 月，立陶宛加强对保险公司技术准备金的投资约束，规定了保险公司技术准备金的投资标的；2004 年 1 月，《保险法》又授权保险支持中心监督立陶宛的保险活动。

5）不动产市场项目开放度分析

立陶宛不动产市场的流入开放度与总开放度在 2003 年出现小幅波动，2003 年 1 月不动产市场开放指数变为负数，表明立陶宛政府正逐步放开不动产市场约束。具体政策对应于 2003 年 1 月，立陶宛允许外国人获取本国农业与非农业用地，表明其不动产市场开放度有所扩大。

16. 马耳他

1）股权市场项目开放度分析

马耳他的股权市场项目资本账户开放度呈现上升趋势，并且股权市场流入开放与流出开放波动并不具备同步性，并且相较于资本账户流入开放，马耳他更注重资本账户流出开放，该国股权市场开放度的变化与其所实施的股权市场开放政策相关，如 2000 年 1 月，马耳他允许本地注册公司在未经批准的情况下在海外认可的证券交易所上市其债权，股权市场流入开放度开始提升；而同年，马耳他允许保险公司投资海外证券，其股权市场资本账户流出开放度亦有所提升；2001 年 1 月，马耳他提升本地成年居民的外国证券投资限额至 5 万马镑，流出开放度再度走高；随后 2003 年 1 月，马耳他又出台相关政策，放宽居民在境外投资证券上限至 10 万马镑，加快资本账户流入、流出开放步伐。

2）债券市场项目开放度分析

债券市场项目与股权市场项目同属于证券项目，故二者开放度指数波动存在一定相似性，其中 2001 年与 2003 年债券市场开放政策与股权市场开放政策相同；而 2000 年开放度指数向下波动仍与相关政策的实施有关，如 2000 年 1 月，马耳他开放保险公司的海外证券投资，故债券市场开放度开始上升。整体而言，马耳他债券市场开放程度呈现加深趋势。

3）货币市场项目开放度分析

货币市场资本账户开放度指数频繁向下波动，整体呈持续开放状态，其中指数数值变动均与资本账户开放政策的实施相关。如 2000 年 1 月，马耳他允许零售部门的居民企业最多持有 2500 马镑的外币定期存款与储蓄存款，货币市场开放度提升；2001 年 1 月，马耳他允许居民个人每年在外币储蓄与定期存款账户中投资 3 万马镑，2003 年 1 月，马耳他放宽居民个人在外币存款账户的存款上限至 10 万马镑，货币市场开放度持续上升。此外，就货币市场而言，马耳他资本账户开放以流出开放为主。货币市场总体开放指数与流出开放指数均在 1999 年 1 月、2000 年 1 月、2003 年 1 月出现大幅下降，货币市场项目开放度大幅提升。

4）集体投资项目开放度分析

马耳他对集体投资项目开放集中体现于流出方向中，而集体投资项目流入方向开放则未发生变化，马耳他的集体投资项目资本账户整体、流出开放度呈现上升趋势，该国集体投资项目开放度的变化与其所实施的集体投资开放政策相关，如 2001 年 1 月，马耳他允许国内基金公司将股东资金投资于外币资产，然而最大投资比例不超过 5%，集体投资项目流出开放度逐步提升；而 2002 年 1 月，马耳他将基金公司的海外外币资产投资限额由股东资金比例限额的 5%提升至 10%，2003 年 1 月该比例再提升，由 10%提升至 15%。集体投资项目流出开放度不断提升，表明马耳他资本账户流出开放步伐加快。

5）衍生工具项目开放度分析

马耳他衍生工具项目开放集中体现在流出方向，而衍生工具项目流入方向开放度则未发生变化，其衍生工具项目总体、流出开放度呈现下降趋势，该国衍生工具项目开放度的变化与其所实施的衍生工具开放政策相关，如 2002 年 1 月，马耳他要求投资者不得投资于期限少于 6 个月的金融资产，因此衍生工具项目资本管制力度有所加强。

6）商业信贷项目开放度分析

马耳他的商业信贷项目资本账户流入、流出开放度均有较强波动，然而流入开放度呈现下降趋势，流出开放度呈现上升趋势，整体而言，马耳他商业信贷项目经常保持开放状态，该国更注重商业信贷项目流出开放。该国商业信贷项目开放度的变化与其所实施的商业信贷开放政策相关，如 2001 年 1 月，马耳他对居民向非居民提供贷款加以条件限制，要求期限必须为 1 年或 1 年以上，商业信贷项目流入方向资本账户由开放转为收紧，而同年马耳他实施取消非居民借款限额等政策，商业信贷项目流出开放度再度攀升，而 2002 年 1 月，马耳他下调从国外贷款的最短期限，由 3 年下调至 6 个月，2003 年 1 月，马耳他下调向非居民提供贷款的最短期限，由 1 年减少至 6 个月，基于此，商业信贷项目流入、流出开放指数双双下调，商业信贷项目整体开放度持续走高。

7）金融信贷项目开放度分析

马耳他的金融信贷项目资本账户开放度呈上升趋势，整体而言，相较于金融信贷项目流入开放，金融信贷项目流出开放程度更深，该国金融信贷项目开放度的变化与其所实施的金融信贷开放政策相关，如 2001 年 12 月，马耳他允许场外资金为境内的任何目的贷款提供便利，其中包括国内资本市场购买证券，马耳他金融信贷项目流入开放度有所提升，2003 年 1 月马耳他允许当地银行机构向在当地开展经济活动的非居民提供本币信贷，并且同年允许金融机构向非居民借款，前提是贷款期限超过 6 个月。在相关政策推动下，马耳他金融信贷项目开放指数出现负向波动，金融信贷项目流入、流出开放度有所提升。

8）担保、保证和备用融资便利项目开放度分析

马耳他对担保、保证和备用融资便利项目开放集中体现在流出方向，而担保、保证和备用融资便利项目流入方向开放度则未发生变化。马耳他担保、保证和备用融资便利项目的开放度指数分别于 2002 年与 2015 出现负向波动，担保、保证和备用融资便利项目流出开放程度加深，表明马耳他政府正逐步放宽担保、保证和备用融资便利项目约束。如 2002 年 1 月，马耳他全面放开居民对非居民的担保，马耳他担保、保证和备用融资便利项目开放度随之提高，2015 年 1 月马耳他取消了对美元、英镑与欧元三种主要货币买卖价差规定的最高保证金要求，担保、保证和备用融资便利项目流出开放度再度提升。

9）直接投资项目开放度分析

马耳他的直接投资项目资本账户开放度指数于 1999 年与 2000 年出现两次负向波动，该变化与其所实施的直接投资开放政策相关，如 1999 年 1 月，马耳他放宽居民个人与法人团体在境外直接投资的免税额至 30 万马镑，直接投资项目流出开放度随之提升。随后 2000 年 1 月，马耳他取消居民个人以直接投资为目的将资本转移到国外的金额限制，并且本国财政部批准非居民对

内直接投资权限，直接投资项目流入、流出开放度均有所增加，整体保持阶段式上升趋势。

10）不动产市场开放度分析

马耳他不动产市场开放度指数分别于 1999 年、2000 年、2001 年与 2002 年出现负向波动，其中相比于不动产市场流入开放，马耳他更加重视不动产市场流出开放，该变化与其所实施的不动产市场开放政策相关，如 1999 年 1 月，马耳他出售给非居民不动产价值的"从价"税从 17%降至 10%，而 2000 年 1 月允许居民每年在国外投资高达 5 万马镑的房地产，故不动产市场流入、流出开放度随之增加；2001 年 1 月，马耳他再度提升居民在国外投资房地产限额至 15 万马镑，2002 年 1 月，马耳他全面放开居民对境外房地产投资的限制，基于此，本国不动产市场项目开放度逐步增加。

17. 荷兰

1）股权市场项目开放度分析

从 2005 年开始，荷兰股权市场开放指数数值变为负数，意味着荷兰开始了股权市场项目开放进程。2006 年和 2009 年荷兰对股权市场项目的开放进一步加强。整体来看，无论是股权市场项目的总体开放度还是流入、流出开放度都在朝着逐步开放的方向发展。尤其是自 2005 年开始，开放脚步不断加快，股权市场项目的开放对资本账户开放的贡献度也在不断增强，这主要是受政策变动的影响。具体地，2005 年荷兰股权市场项目开始扩大开放度，在某些条件下，保险公司和养老基金被允许投资非居民的金额为等于合格当地投资的投资金额。2006 年，允许偏离保险公司和养老基金在当地所持投资组合的最低限额。2009 年，股权市场项目开放进一步取得进展，居民自然人可在未经批准的情况下向外国银行账户转账的最高年度金额从 20 万欧元提高至 25 万欧元。

2）债券市场项目开放度分析

荷兰债券市场项目的流入开放度、流出开放度和总体开放度在 1999～2019 年经历了从相对稳定到逐渐扩大的变化过程。其中，各指标数值在 1999～2019 年波动频繁，这可能与荷兰政府在该阶段实施的促进债券市场项目开放的多项政策相关，而这些政策与导致股权市场项目开放度变动的政策相同，这反映出同一项资本开放或管制政策会同时影响到资本账户的多个子项。整体来看，1999～2019 年，荷兰债券市场项目开放度不断扩大，但流入开放的步伐仍相对滞后于流出开放。

3）货币市场项目开放度分析

荷兰货币市场项目的流入开放度、流出开放度与总体开放度在 1999～2019 年多个年份出现波动。其中，各指标数值在 1999～2004 年未发生变动。在 2005 年以来出现多次波动，这可能是荷兰政府在该阶段实施了针对货币市场项目开放的多项政策所致，具体政策与导致股权和债券市场项目开放度变动的政策相同。整体来看，荷兰货币市场项目开放度有所提升，且流出开放度相较于流入开放度变化幅度更大。

4）集体投资项目开放度分析

荷兰集体投资项目的流入开放度、流出开放度与总体开放度在 1999～2019 年除少数年份出现波动外，总体上呈现较为平稳的趋势。其中，各指标数值主要在 2005 年和 2009 年出现波动，这可能与荷兰政府在该年份实施多项针对集体投资项目开放的政策有关。具体来看，2005 年，在某些条件下，保险公司和养老集体投资被允许向非居民投资的金额等于投资于合格本地投资的金额。2009 年 1 月，荷兰政府赎回荷属安的列斯群岛中央政府和岛屿政府的债务所得资金可全部投资于国外。整体来看，集体投资项目开放度不断扩大。

5）衍生工具项目开放度分析

荷兰衍生工具项目的流入开放度和总体开放度在 1999～2019 年出现了

从基本稳定到小幅扩大的变动过程。其中,1999~2019 年指标数值变化幅度
较小,分别在 2005 年和 2009 年出台了两项政策,2005 年,在某些条件下,
保险公司和养老基金被允许向非居民投资的金额等于投资于合格本地投资的
金额。2009 年 1 月,荷兰政府赎回荷属安的列斯群岛中央政府和岛屿政府的
债务所得资金可全部投资于国外。上述分析表明,荷兰政府对衍生工具项目
开放持有支持态度。

6)直接投资项目开放度分析

从 2018 年 1 月开始,荷兰直接投资开放指数变为负数,意味着荷兰开始
了直接投资项目开放进程。同年 10 月,根据《2018 年海外投资修正法》引
入的修正案,"住宅土地"在该法中属于"敏感土地"类别,因此非本国居民
通常必须征得同意才能获得居住用地,这使得资本账户收紧。2019 年又开启
了开放进程。总的来看,荷兰直接投资项目开放度有所提高。

7)不动产市场项目开放度分析

荷兰不动产市场项目的流出开放度和总体开放度在 1999~2017 年基本
保持稳定。仅在 2018 年,不动产市场流出开放度出现正向变化,这对应于根
据《2018 年海外投资修正法》引入的修正案,"住宅土地"在该法中属于"敏
感土地"类别,因此非本国居民通常必须征得同意才能获得居住用地。2018
年仅有的波动表明了荷兰政府对外国资本进入荷兰不动产市场的严格谨慎
态度。

18. 挪威

挪威集体投资项目的流入开放度在 1999~2019 年始终保持不变,流出开
放度与总体开放度在 1999~2019 年除了在 2002 年出现波动外,总体上呈现
较为平稳的趋势。这可能是因为 2002 年 3 月,挪威货币当局对集体投资计划
实行了与其上市地区有关的投资限制。

19. 波兰

1）债券市场项目开放度分析

波兰债券项目的流入开放度、流出开放度与总体开放度在 1999～2019 年除 2007 年外，总体上呈现较为平稳的趋势。这可能是因为波兰政府在 2007 年 4 月取消了对非居民购买在公开市场上购买债券的交易限制，这项政策主要是针对资本流入的。

2）集体投资项目开放度分析

波兰集体投资市场的流入开放度、流出开放度与总体开放度在 1999～2019 年除 2000 年、2014 年、2015 年、2016 年出现波动外，总体上呈现较为平稳的趋势。这可能是因为在 2000 年 2 月，波兰货币当局首次放宽了开放型养老基金投资境外资产的限制，允许将不超过 5%的资产投资于 OECD 国家或与波兰签署了相互促进和保护投资协定的国家；随后在 2014～2016 年加大了开放型养老基金投资境外资产的限额，这些政策主要是针对资本流出的。

3）衍生工具项目开放度分析

波兰衍生工具的流入开放度、流出开放度与总体开放度在 1999～2019 年除 1999 年、2007 年外，总体上呈现较为平稳的趋势。这可能是因为波兰政府在 1999 年 1 月放松了对非居民买卖金融衍生品的管制，允许在华沙证券交易所上市的金融衍生工具可以自由交易。2007 年 4 月波兰政府取消了对非居民购买未在公开市场上报价的衍生品的交易限制。

4）金融信贷项目开放度分析

波兰金融信贷市场的流入开放度、流出开放度与总体开放度在 1999～2019 年除 1999 年和 2007 年出现波动外，总体上呈现较为平稳的趋势。这可能是因为波兰货币当局在 1999 年 1 月放松了对非居民进行存款交易以及居民进行外币存款交易的管制，在 2007 年 4 月取消了对居民和非居民之间个人贷款的限制。

5）不动产市场项目开放度分析

波兰不动产市场的流入开放度、流出开放度与总体开放度在 1999～2019 年除 2004 年出现波动外，总体上呈现较为平稳的趋势。这可能是因为在 2004 年 1 月，波兰货币当局根据加入欧盟的条款，通过了外国人在波兰购置第二居所以及农业用地和林地保留 5 年和 12 年的某些国内法规。

20. 葡萄牙

1）股权市场项目开放度分析

葡萄牙股权项目的流入开放度在 1999～2019 年始终保持不变，流出开放度与总体开放度在 1999～2019 年除了 1999 年、2003 年出现波动外，总体上呈现较为平稳的趋势。这可能是因为 1999 年 4 月，葡萄牙货币当局放松了对非居民出售股票的交易管制，允许非居民在欧盟成员国股票市场发行股票的最高比例为 10%。2003 年 1 月，葡萄牙货币当局取消了对欧盟成员国居民发行的外国证券的管制，这项放松主要是针对资本流出的。

2）集体投资项目开放度分析

葡萄牙集体投资项目的流入开放度、流出开放度与总体开放度在 1999～2019 年除 2002 年出现波动外，总体上呈现较为平稳的趋势。这可能是因为在 2002 年 11 月，葡萄牙货币当局取消了退休和教育储蓄基金资产对外国证券投资 10%限额的限制。

21. 罗马尼亚

1）股权市场项目开放度分析

罗马尼亚股权项目的流入开放度、流出开放度与总体开放度在 1999～2019 年除 2001 年与 2004 年出现小幅变动外，总体上呈现较为平稳的趋势。这可能是因为在 2001 年 12 月，罗马尼亚政府允许居民在国外销售或发行股权证券不再需要罗马尼亚国家银行的授权；2004 年 1 月罗马尼亚政府允许非居民在当地销售或发行股权证券不再需要 NBR（National Bank of Romania, 罗马尼亚国家银行）的授权。

2）债券市场项目开放度分析

罗马尼亚债券市场的流入开放度、流出开放度与总体开放度在 1999～2019 年除 2003 年和 2004 年出现波动外，总体上呈现较为平稳的趋势。这可能是因为在 2003 年 1 月，罗马尼亚货币当局取消居民在境外购买债券的罗马尼亚国家银行授权要求；2004 年 1 月，罗马尼亚政府允许非居民在当地销售或发行债券不再需要 NBR 的授权，这些放松政策主要是针对资本流出的。

3）货币市场项目开放度分析

罗马尼亚货币的流入开放度、流出开放度与总体开放度在 2002～2006 年、2009～2017 年频繁发生波动，其余年份呈现平稳的趋势。这可能是因为罗马尼亚货币当局在上述年份，出于对国内外经济形势的评估，通过调整外汇存款准备金率，进而调整货币市场开放度，从而达到调控资本账户开放程度的目的。整体来看，罗马尼亚货币市场流入、流出和总体开放度均呈现开放加深的趋势。

4）集体投资项目开放度分析

罗马尼亚集体投资市场的流入开放度、流出开放度与总体开放度在 1999～2019 年除 2001 年、2003 年、2012 年和 2013 年出现波动外，总体上呈现较为平稳的趋势。这可能是因为罗马尼亚货币当局在 2001 年和 2003 年分别取消了居民在境外销售、发行、购买集体投资证券的罗马尼亚国家银行授权要求；2003 年 1 月也取消了非居民在当地销售、发行集体投资证券的罗马尼亚国家银行授权要求；2012 年和 2013 年更改了私募养老基金投资国外证券的交易限制。

整体来看，罗马尼亚货币市场流入、流出和总体开放度均呈现开放加深的趋势。

5）衍生工具项目开放度分析

罗马尼亚衍生工具市场的流入开放度、流出开放度与总体开放度在1999～2019年除2001年和2004年出现波动外,总体上呈现较为平稳的趋势。这可能是因为2001年12月,罗马尼亚货币当局取消居民在境外发行或销售衍生工具的罗马尼亚国家银行授权要求;2004年1月罗马尼亚政府允许非居民在当地发行或销售衍生工具不再需要罗马尼亚国家银行的授权。

6）商业信贷项目开放度分析

罗马尼亚商业信贷市场的流入开放度、流出开放度与总体开放度在1999～2019年除2001年和2003年出现波动外,总体上呈现较为平稳的趋势。这可能是因为2001年12月,罗马尼亚货币当局允许非居民向居民提供与国际商业交易有关的中长期信贷;2003年1月,罗马尼亚政府取消了非居民向居民提供与国际商业交易有关的短期信贷以及金融信贷的 NBR 授权,这些放松政策主要是针对资本流入的。

7）金融信贷项目开放度分析

罗马尼亚金融信贷市场的流入开放度、流出开放度和整体开放度在1999～2009年频繁发生变动,在剩余年份保持不变。这很可能是因为罗马尼亚货币当局出于对不同时期全球经济时局的看法,通过对居民与非居民间贷款交易限制、信用机构对外汇贷款头寸的限额、外币贷款的最高个人信贷限额等进行调整,从而调控金融信贷市场的资本开放力度。

整体来看,罗马尼亚金融信贷市场流入、流出和总体开放度均呈现开放加深的趋势。

8）担保、保证和备用融资便利项目开放度分析

罗马尼亚担保、保证和备用融资便利市场的流入开放度、流出开放度与总体开放度在1999～2019年除2001年出现波动外,总体上呈现较为平稳的

趋势。这可能是因为 2001 年 12 月，罗马尼亚货币当局允许非居民向居民提供担保，这项放松政策主要是针对资本流入的。

9）不动产市场项目开放度分析

罗马尼亚不动产市场的流入开放度、流出开放度与总体开放度在 1999～2019 年除 2001 年出现波动外，总体上呈现较为平稳的趋势。这可能是因为 2011 年 12 月罗马尼亚政府取消了居民在国外购买房地产的 NBR 授权。2014 年 1 月在加入欧盟七年过渡期后，罗马尼亚取消了非居民购买农地和林地的限制。

22. 圣马力诺

1）集体投资项目开放度分析

圣马力诺集体投资项目的流入开放度、流出开放度与总体开放度仅在 2013 年有跳跃，在其余年份并未观测到波动。2013 年 12 月，圣马力诺的集体投资计划开始受到其受圣马力诺中央银行新条例的监管。整体来看，圣马力诺集体投资市场呈现管制加深趋势。

2）金融信贷项目开放度分析

1999～2004 年，圣马力诺的金融信贷项目没有发生有记载的变动。2004 年后，由于圣马力诺分批次、逐一批准银行与海外金融机构开立往来账户进行跨境交易，其金融信贷市场的资本账户呈现流入、流出的双向、同时、开放程度增大的情况。对于银行跨境金融信贷交易资格的逐渐放松使圣马力诺 2008 年前呈现开放程度加大、开放累计趋势阶梯形增强的状况。2009 年后，圣马力诺出于规范市场和交易的目的，逐渐建立并规范了以欧元或外币进行的现金和类似票据的跨境运输申报制度，且限定了交易的一次性额度。因此圣马力诺的金融信贷市场开放程度与累计趋势在 2009 年后呈现紧缩的局面。

3）担保、保证和备用融资便利项目开放度分析

圣马力诺仅有的关于担保、保证和备用融资便利项目的政策变动发生在

2019年，其颁布了信托、担保活动授权和监管机构的条目变更不再会受到相关经济部门，以及其所在的政府议会批准才能进行的条例。这意味着其担保、保证市场可以更加灵活地进行跨境资本流通与交易。其开放程度的增大也促使了圣马力诺资本账户总体开放程度的增大，以及为资本账户开放累计变化方向的改变做出了一定的贡献。

4）不动产市场项目开放度分析

圣马力诺不动产市场项目开放程度与累计趋势变化图的方向均为负向。圣马力诺在2019年颁布了授权法律，规定自当年6月起，其境内公司和外国公民（居民和非居民）在圣马力诺购买房地产不再需要批准。这一行动取消了圣马力诺对于外国房产购买者在圣马力诺进行房产购买资格的限制，大幅度放松了圣马力诺的房地产市场的资本流入限制。

23. 斯洛伐克

1）股权市场项目开放度分析

斯洛伐克股权市场项目的流入开放度、流出开放度与总体开放度在1999～2019年除少数年份出现波动外，总体上呈现较为平稳的趋势。其中，各指标数值主要在1999～2001年、2005年、2006年以及2009年出现波动。具体来看，2000年1月，规定政府参与外汇交易时，当与OECD成员国居民发行的长期证券进行交易时，无须获得外汇许可证。2001年1月，本地居民在国外销售、发行和购买股票和其他债务证券无须外汇许可证，非居民在本地销售及发行债券无须外汇许可证。2009年1月，第449/2008号法案取消了对非居民发行的证券和养老基金持有国外投资组合的限制。整体来看，流出开放度的变化幅度总体高于流入开放度，流出开放度相较于流入开放度颁布政策较多，这说明股权市场项目开放度不断扩大，但流入开放的步伐仍相对滞后于流出开放。

2）债券市场项目开放度分析

斯洛伐克债券项目的流入开放度在 1999～2019 年未发生变动；流出开放度和总体开放度除 2009 年出现负向波动以外，1999～2019 年呈现平稳的特征，这可能与斯洛伐克政府在 2009 年实施的促进债券项目开放的政策有关。2009 年 1 月，第 449/2008 号法案取消了对非居民发行证券的限制和对养老基金在海外持有投资组合的限制。

2009 年之前，斯洛伐克总体、流入与流出开放度之间均未发生变动，而 2009 年之后，流入开放度未发生变动，流出和总体开放度呈现开放加深趋势。

3）货币市场项目开放度分析

斯洛伐克货币市场项目的流入开放度、流出开放度与总体开放度在 1999～2019 年除 2005 年出现正向波动外，总体呈现平稳的特征，始终保持在 0 刻度线上，这可能与斯洛伐克政府在 2005 年实施的促进货币市场项目开放的政策有关。2005 年 1 月，非居民发行的证券或货币市场工具，以及在境外设立的银行或外资银行的存款，其价值不得超过养老资产管理公司养老基金资产价值的 70%。

货币市场项目流入开放度在 1999～2019 年始终稳定在 0 刻度线上，呈现水平分布。2005 年之前，斯洛伐克总体、流入与流出开放度之间均未发生变动，而 2005 年之后，流入开放度未发生变动，流出和总体开放度均呈现出管制加深的趋势。

4）集体投资项目开放度分析

斯洛伐克集体投资项目的流入开放度、流出开放度与总体开放度在 1999～2019 年除 2009 年出现负向波动外，总体呈现平稳的特征，这可能与斯洛伐克政府在 2009 年实施的促进集体投资项目开放的政策有关。2009 年 1 月，第 449/2008 号法案取消了对非居民发行的证券和养老基金在国外持有的投资组合的限制。

集体投资项目总体、流入与流出开放度在 2009 年之前始终呈现水平分布。而 2009 年之后,流入、流出和总体开放度均呈现出开放程度加深的趋势。

5）衍生工具项目开放度分析

斯洛伐克衍生工具项目的流入开放度除 2003 年出现负向波动以外,流出开放度与总体开放度在 1999～2019 年除 2003 年、2006 年和 2009 年出现负向波动外,总体呈现平稳的特征,始终保持在 0 刻度线上,这可能与斯洛伐克政府在该年份实施的促进衍生工具项目开放的政策有关。例如,2003 年 1月,斯洛伐克政府提出放宽本地及海外金融衍生品交易。2006 年 1 月,售卖符合欧盟可转让证券集合投资计划标准的证券产品的非欧洲经济区成员国居民可在通知央行后开展此项活动。2009 年 1 月,第 449/2008 号法案取消了对非居民发行的证券和养老基金在国外持有的投资组合的限制。

总体来看,衍生工具项目总体、流入与流出开放度情况在 1999～2019年呈现阶梯状分布。就流入开放度变动情况而言,在 2003 年之前呈现水平分布,而 2003 年之后开放程度有所提升。流出开放度则分别以 2003 年、2006年与 2009 年作为节点,均有了不同程度的开放趋势。

6）商业信贷项目开放度分析

斯洛伐克商业信贷项目流入开放度在 1999～2019 年除 2001 年、2000 年与 2008 年出现波动以外,总体呈现平稳的特征,这可能与斯洛伐克政府在该年份实施的促进商业信贷项目开放的政策有关。2000 年 1 月,当贷款期限为一年或一年以上时,本国居民向 OECD 国家的居民发放贷款无须外汇许可证。2001 年 1 月,政府取消了营业执照中不含外汇交易业务的银行购买本地发行外汇证券的规定。2008 年 4 月,本国再保险公司和外国再保险公司的国内分支机构必须满足技术准备金的要求,用于匹配以任何特定货币计算的负债资产的比例不低于 70%。

总体来看,商业信贷项目总体、流入与流出开放度情况在 1999～2019

年呈现阶梯状分布。就流入开放度变动情况而言，2001 年开始开放进程。流出开放度则分别以 2000 年与 2008 年作为节点，先开放后加强管制。总体则呈现开放加深的趋势。

7）金融信贷项目开放度分析

斯洛伐克金融信贷项目的流入开放度、流出开放度与总体开放度在 1999～2019 年总体呈现平稳态势，在 2001 年、2003 年以及 2014 年存在波动情况，可能是由于该段时间出现金融信贷项目的政策调整。具体而言，2001 年 1 月，在国外销售、发行和购买股票、参与性质的证券、债券和其他债务证券不再需要外汇许可证。2003 年 1 月，斯洛伐克央行开始执行于 2002 年 12 月 12 日颁布的第 6 号法令，法令规定作为市场风险的一部分，银行自有资金管理条例开始监控外汇头寸。2014 年 1 月，欧洲议会和理事会对外汇头寸进行监管。金融信贷总体、流入与流出管制加深，资本账户开放的政策进一步收紧。

整体来看，斯洛伐克金融信贷项目流入开放度、流出开放度与总体开放度呈现三阶段的阶梯式分布。1999～2019 年，斯洛伐克总体和流出开放度呈现开放加深趋势，而流入开放度则呈现管制加深趋势。

8）担保、保证和备用融资便利项目开放度分析

斯洛伐克担保、保证和备用融资便利项目的流入开放度在 1999～2019 年未发生变动，而流出开放度与总体开放度除在 2001 年出现负向变动以外，其余年份则未变动，这可能与斯洛伐克政府在该年份制定的相关政策有关，如 2001 年 1 月，居民向非居民提供金融信贷，居民接受非居民的金融信贷，居民担保非居民的承诺，不需要外汇许可证。

整体来看，2001 年斯洛伐克担保、保证和备用融资便利项目累计开放度数值出现下降。从最终结果来看，流出和总体开放度均呈现开放加深的趋势。

9）直接投资项目开放度分析

斯洛伐克直接投资项目 1999～2019 年总体呈现负向变动。其中，流入开放度在 2002 年、2004 年、2008 年以及 2019 年出现负向变动，流出开放度在 2004 年出现负向变动。这可能与斯洛伐克政府在该阶段实施的促进直接投资项目开放的多项政策有关，具体来看：2002 年 1 月，斯洛伐克规定欧洲经济区和 OECD 成员国中居民的直接投资自由化。2004 年 1 月，斯洛伐克规定直接投资无须财政部的批准或央行的许可。2008 年 11 月，投资者必须获得国家统计局批准的投资门槛从 5%、10%、20%、33%、50% 和 66% 更改为 20%、30% 和 50%。2019 年 3 月，有关赌博游戏的第 30/2019 号法令生效，创建新的许可证结构，涵盖在线赌博和成立赌博监管机构负责许可、监督、制裁和征费管理，规定许可证可发给注册地在斯洛伐克的公司实体或注册地在其他欧盟成员国的公司实体。上述政策有力促进了斯洛伐克资本账户直接投资项目的开放。

整体来看，从 2002 年开始，斯洛伐克直接投资项目开放度数值出现大幅度阶梯式下降。流入、流出和总体开放度均呈现开放程度加深的趋势。

10）不动产市场项目开放度分析

斯洛伐克不动产市场项目总体、流入与流出开放度在 1999～2019 年经历了较大的变动过程，总体来看，以负向变动为主。从 2000 年起，流入和流出开放水平均呈现波动状态，这可能与斯洛伐克政府在该阶段实施的涉及不动产市场项目的多项政策有关。具体来看，2000 年 1 月，斯洛伐克政府规定外国金融机构的分支机构获准开展房地产经营业务。2002 年 1 月，斯洛伐克居民在国外购买房地产需要有外汇许可证，但在 OECD 或欧洲经济区成员国购买房地产的情况除外。2004 年 1 月，政府取消居民在国外购买土地的限制。2004 年 5 月，政府取消对外国购买国内土地（农业用地除外）的限制。2005 年 1 月，非居民继承取得境内土地所有权的限制被取消。

整体来看，从 2000 年开始，不动产市场项目累计开放度数值出现阶梯式下降。从最终结果来看，流入、流出和总体开放度均呈现开放程度加深趋势。

24. 斯洛文尼亚

1）股权市场项目开放度分析

斯洛文尼亚股权市场项目的流入开放度、流出开放度与总体开放度在 1999～2019 年除少数年份出现波动外，总体上呈现较为平稳的趋势。其中，各指标数值主要在 1999 年、2001 年、2003 年出现波动，这可能与斯洛文尼亚政府在该年份实施多项针对股权市场项目开放的政策有关。具体来看，1999 年 7 月，斯洛文尼亚政府规定居民在海外发行股票，必须事先获得财政部的批准。同年 9 月，除银行、投资基金和保险公司外，居民只能在国外购买在国际证券交易所联合会交易的股票。2001 年 7 月，取消对居民购买海外证券的限制。2003 年 8 月，取消了在境内发行、销售境外证券必须事先获得财政部批准的规定。可以看到，流出开放度的变化幅度总体高于流入开放度，流出开放度相较于流入开放度颁布政策较多，这说明股权市场项目开放度不断扩大，但流入开放的步伐仍相对滞后于流出开放。

整体来看，斯洛文尼亚股权市场项目开放度总体呈现开放的趋势。

2）债券市场项目开放度分析

斯洛文尼亚债券项目的流入开放度除在 2003 年出现负向变动以外，在 1999～2019 年未发生变动；流出开放度和总体开放度除了 1999 年、2001 年以及 2003 年出现正向或负向波动外，在 1999～2019 年呈现平稳的特征，这可能与斯洛文尼亚政府在上述年份实施的债券项目开放的政策有关。1999 年 7 月，斯洛文尼亚政府规定非居民发行债券必须经财政部批准。同年 9 月，银行、投资基金和保险公司被允许自由购买海外证券。其他居民可购买 OECD 成员国发行的证券、国际金融机构发行的证券、最低 AA 评级的证券或在国际证券交易所联合会交易的证券。2001 年 7 月，取消对居民购买海外证券的限制。2003 年 8 月，斯洛文尼亚取消了非居民只能通过授权经销商购买或出售证券的规定。

整体来看，总体、流入与流出开放度之间呈现阶梯式变动趋势，流入、流出和总体开放度呈现管制加深趋势。

3）货币市场项目开放度分析

斯洛文尼亚货币市场项目的流入开放度在 1999～2019 年除 1999 年以及 2003 年出现正向与负向波动外，总体呈现平稳的特征，始终保持在 0 刻度线上；流出开放度与总体开放度除 2003 年出现负向波动以外，总体亦呈现平稳的特征，这可能与斯洛文尼亚政府在上述年份实施的货币市场项目开放的政策有关。1999 年 9 月，非居民购买货币市场产品进行投资的条件由斯洛文尼亚的银行制定。2003 年 8 月，斯洛文尼亚取消了对货币市场工具交易的限制。

货币市场项目流入开放度与总体开放度以 1999 年与 2003 年为分界，1999～2003 年正向变动，其中，流入管制程度加深；2004～2019 年负向变动，流入开放程度加深。货币市场项目流出开放度以 2003 年分界，在 1999～2003 年始终稳定；2004 年之后，流出开放程度加深。

4）集体投资项目开放度分析

1999～2019 年斯洛文尼亚集体投资项目的流入开放度、流出开放度与总体开放度以 2005 年分界，2005 年之前出现负向波动，2005 年之后总体呈现平稳的特征，这可能与斯洛文尼亚政府在上述年份实施的促进集体投资项目开放的政策有关。2003 年 1 月，一方面允许外国管理公司通过其分支机构或经外国管理公司授权管理投资基金的人员在斯洛文尼亚销售投资证券。在这两种情况下，设立国内分支机构都需要获得证券市场管理局的许可。此前，禁止进行跨境销售投资证券。另一方面允许国内管理公司提供境外投资基金管理服务。2003 年 8 月，斯洛文尼亚取消了非居民只能通过授权经销商购买或出售证券的规定。2004 年 5 月，一方面对在斯洛文尼亚出售投资证券的限制被取消，另一方面，取消对斯洛文尼亚居民在欧盟销售投资证券的限制。

整体来看，斯洛文尼亚集体投资项目总体、流入与流出开放度呈阶梯状分布。其中，集体投资项目流入、流出和总体均呈现出开放程度加深的趋势。

5）衍生工具项目开放度分析

1999～2019 年斯洛文尼亚衍生工具项目的流入开放度除 2003 年出现负向波动以外，流出开放度除 1999 年以及 2001 年出现负向波动、总体开放度除 1999 年、2001 年以及 2003 年出现负向波动外，总体呈现平稳的特征，始终保持在 0 刻度线上，这可能与斯洛文尼亚政府在该年份实施的促进衍生工具项目开放的政策有关。例如，2001 年 7 月，斯洛文尼亚取消对居民购买海外证券以及非居民购买斯洛文尼亚证券的限制。2003 年 8 月，斯洛文尼亚取消了非居民只能通过授权经销商购买或出售证券的规定。

总体来看，衍生工具项目总体、流入与流出开放度情况在 1999～2019 年呈阶梯状分布。就流入开放度变动情况而言，在 2003 年之前呈现水平分布，而 2003 年之后开放程度加深。流出开放度则分别以 1999 年、2001 作为节点，不同程度进行负向变动。整体来看，流出和总体开放度也呈现开放程度加深的趋势。

6）商业信贷项目开放度分析

1999～2019 年斯洛文尼亚商业信贷项目流入、流出与总体开放度指数除 1999 年出现波动外，总体呈现平稳的特征，始终保持在 0 刻度线上，这可能与斯洛文尼亚政府在该年份实施的促进商业信贷项目开放的政策有关。1999 年 9 月，商业银行必须对非居民托管账户一年以上的余额缴纳保证金。

总体来看，商业信贷项目总体、流入与流出开放度情况在 1999～2019 年除 1999 年出现不同程度的波动外，整体来看呈现平稳趋势，水平分布。其流出开放度 1999 年后呈现管制加深趋势，流入开放度 1999 年后呈现出开放加深趋势，总体开放度呈现管制加深趋势。

7）金融信贷项目开放度分析

斯洛文尼亚金融信贷项目的流入开放度、流出开放度与总体开放度在 1999～2019 年总体呈现平稳态势，在 1999 年和 2008 年存在波动情况，可能是该段时间出现的金融信贷项目的政策调整所致。具体而言，1999 年 2 月，斯洛文尼亚央行取消了金融贷款的存款要求且居民个人获准与非居民签订贷款合同。同时，取消了对外资银行存款的无息存款要求以及允许银行增加其净外债。同年 9 月，取消了对金融信贷的所有管制，取消对国内外银行账户的限制且通过与国内授权银行签订的外汇贷款合同取得的资金，只能用于进口支付和外债结算。2008 年 3 月，新的外汇法案取消了对居民使用外汇的限制。金融信贷总体、流入与流出的开放度数值当年变化分别呈现下降趋势，资本账户开放的政策进一步放松。

整体来看，斯洛文尼亚金融信贷项目流入开放度、流出开放度与总体开放度情况根据 1999 年和 2008 年分别呈阶梯式分布。1999～2019 年，斯洛文尼亚流入、流出和总体开放度均呈现出开放程度加深的趋势。

8）直接投资项目开放度分析

斯洛文尼亚直接投资项目在 1999～2019 年总体呈现负向变动。其中，流入开放度在 1999 年、2003～2005 年、2008 年以及 2016 年出现变动，变动以负向为主。流出开放度在 1999 年、2003 年以及 2016 年出现负向变动，这可能与斯洛文尼亚政府在该阶段实施直接投资项目开放的多项政策有关。具体来看：1999 年 2 月，外国银行获准在斯洛文尼亚开设分行且居民个人获准与非居民签订贷款合同。同年 4 月，规定在军事装备领域和由预算资助的强制性养恤金和健康保险领域，不允许外来直接投资。同年 7 月，允许对外直接投资，但必须在 30 日内向财政部申报。2003 年 3 月，取消对外直接投资 30

天内向财政部登记的规定。2004 年 5 月,取消对非居民本地投资的限制。2008
年 1 月,对非居民直接投资军事装备生产、经营单位,取消领取政府许可证
的规定。

整体来看,从 1999 年开始,斯洛文尼亚直接投资项目开放度数值出现大
幅度阶梯式下降。其流入、流出和整体开放均呈现出开放程度加深趋势。

9)不动产市场项目开放度分析

斯洛文尼亚不动产市场项目总体、流入开放度在 1999~2019 年除 2003
年出现负向变动外,总体呈现较为平稳的趋势;流出开放度未发生变动。2003
年,流入开放度指数呈现负向变动,这可能与斯洛文尼亚政府在该阶段实施
的涉及不动产市场项目的多项政策有关。具体来看:2003 年 3 月,外国人只
能根据互惠条件下的法律或国际协议条件获得拥有房地产的权利,这一规定
不再对欧盟居民进行限制。同年 8 月,重申上述政策。

整体来看,从 2003 年开始,斯洛文尼亚不动产市场项目累计开放度数值
出现阶梯式下降。从最终结果来看,斯洛文尼亚流入和总体开放度呈现开放
加深趋势,流出开放度则未发生变动。

25. 西班牙

1)金融信贷项目开放度分析

西班牙金融信贷项目的流入开放度、流出开放度与总体开放度在 1999~
2019 年总体呈现平稳态势,除在 2008 年存在向下波动的情况,可能是该时
间出现的金融信贷项目的政策调整所致。具体而言,2008 年 1 月居民和非居
民之间通过信贷机构进行的统计和管理支出、收据和转账的门槛从 1.25 万欧
元提高到 5 万欧元。总体来看,金融信贷项目的资本账户开放政策处于放松
状态。

整体来看,金融信贷项目流入开放度、流出开放度与总体开放度以 2008
年为分界线,呈现阶梯式分布,最终均呈现开放程度加深趋势。

2）直接投资项目开放度分析

西班牙直接投资项目在 1999～2019 年总体呈现正向变动。其中，流入开放度、流出开放度与总体开放度在 1999 年出现负向变动，在 2001 年出现正向变动，这可能与西班牙政府在该阶段实施的直接投资项目政策有关。具体来看：1999 年 4 月，西班牙政府规定直接的对内和对外投资完全自由化。2001年 5 月，政府规定某些投资以及投资的清算需要向财政部的投资登记处申报。

整体来看，从 1999 年开始，西班牙直接投资项目流入、流出与总体开放度均呈现开放程度加深趋势，而自 2001 年开始，流入、流出与总体开放度则呈现管制程度加深趋势。

26. 瑞士

1）债券市场项目开放度分析

瑞士债券市场项目的流入开放度、流出开放度和总体开放度在 1999～2019 年经历了从稳定到波动的变化过程。其中，各指标数值在 1999～2019年出现了两次波动，2006 年以来，流出开放度数值呈现负向波动，这可能与瑞士政府在该阶段实施的促进债券市场项目开放的多项政策有关。具体来看：2006 年 9 月，此前保险公司投资非居民发行的债务证券或集体投资项目证券的 30%上限被取消，这些股票必须在流动性强的市场的证券交易所上市，流出开放度加深，流入开放度不变；2009 年 1 月，对修订的《老年人、遗属和残疾人职业福利计划条例》取消了以下管制：①非居民发行的股票或其他参与性证券的购买，当这些资产占私人养老基金负债代表资产 25%以上时；②购买非居民发行的债务工具，当这些资产占私人养老基金负债代表资产的30%以上时；③购买非居民发行的集合投资证券，当这些资产构成私人养老基金负债代表资产的 30%以上时。流出开放度加深，流入开放度不变。

整体来看，从 2006 年开始，瑞士债券市场项目累计开放度数值出现阶梯式下降。从最终结果来看，流入开放度不变，流出和总体开放度则呈现开放程度加深趋势。

2）货币市场项目开放度分析

瑞士货币市场项目的流出开放度和总体开放度在 1999～2019 年经历了从相对稳定到逐渐减小的变化过程。其中，各指标数值在 1999～2019 年出现了两次波动。具体来看：2006 年 9 月，保险公司股份不得超过技术储备的 30%。只有当货币市场工具投资于证券时，保险公司才接受货币市场工具来弥补技术储备。货币市场项目流入管制程度加深，流出开放度不变。2016 年 1 月，根据金融市场监管局通函《私人保险公司捆绑资产投资指令》，保险公司在捆绑资产内的结构性产品时适用定性和定量限制。货币市场项目流出、流入管制程度均加深。

整体来看，从 2006 年开始，瑞士货币市场项目累计开放度数值出现阶梯式上升。从最终结果来看，流入、流出和总体开放度均呈现管制加深的趋势。

3）集体投资项目开放度分析

瑞士集体投资项目的流入开放度、流出开放度与总体开放度在 1999～2019 年除少数年份出现波动外，总体上呈现较为平稳的趋势。其中，各指标数值主要在 2000 年、2006 年及 2009 年出现波动，这可能与瑞士政府在该年份实施多项针对集体投资项目开放的政策有关。具体来看，2000 年 1 月，针对采取谨慎投资组合管理做法的养老基金的投资组合拨备被取消，流出、流入开放度均有所加深；2006 年 9 月，覆盖保险公司技术储备的集体投资项目证券必须在流动性市场上交易，并受到合格监管制度的监管，流出、流入管制程度加深；2009 年 1 月，联邦私人保险办公室修订了《私人保险公司关联资产投资指令》，对保险公司关联资产内的结构性产品设定了定性和定量限制。整体来看，流出开放度的变化幅度总体高于流入开放度，集体投资项目开放度不断扩大，但流入开放的步伐仍相对滞后于流出开放。

整体来看，从 2000 年开始，瑞士集体投资项目流入、流出和总体开放度数值出现阶梯式大幅度上升，其中，流出和总体开放度均呈现出管制加深的趋势。

4）衍生工具项目开放度分析

瑞士衍生工具项目的流入开放度和总体开放度在 1999～2019 年出现了从基本稳定到小幅扩大的变动过程。其中，1999～2019 年指标数值出现了两次波动。具体来看，2004 年 5 月，修订后的《国家银行法》废除了以下规定：以瑞士法郎计价的国内外债券发行必须向瑞士央行报告，并必须由总部位于瑞士或列支敦士登的银行或证券交易商牵头管理，衍生品流出、流入开放度有所加深。2006 年 9 月，保险公司允许衍生品用于套期保值资产或技术储备，衍生品流出开放度加深。

整体来看，从 2004 年开始，瑞士衍生工具项目累计开放度数值出现阶梯式下降。从最终结果来看，其流入、流出和总体开放度均呈现出开放程度加深趋势。

5）金融信贷项目开放度分析

瑞士金融信贷项目的流入开放度、流出开放度与总体开放度在 1999～2019 年总体呈现平稳态势，在 2006 年和 2009 年存在波动情况，可能是由于该段时间出现金融信贷项目的政策调整。具体而言，2006 年 9 月，保险公司接受通过向非居民发放的信贷和贷款的方式来覆盖技术储备，但前提是这些贷款必须是有价证券。金融信贷项目流出开放度加大。2009 年 1 月，修订的《老年人、遗属和残疾人职业福利计划条例》取消了对发放给非居民的占私人养老基金负债代表资产的 20% 以上的信贷和贷款的控制。金融信贷项目流出开放度加大。整体来看，流出开放度的变化幅度总体高于流入开放度，金融信贷项目开放度不断扩大，但流入开放的步伐仍相对滞后于流出开放。

瑞士金融信贷项目流入开放度、流出开放度与总体开放度在 2005 年之前始终稳定呈现水平分布。在 2006 年之后和 2009 年之后,瑞士金融信贷开放程度均有所提升。其中,主要表现在流出方面。整体来看,瑞士金融信贷项目总体和流出开放度均呈现出开放程度加深的趋势。

6)不动产市场项目开放度分析

瑞士不动产市场项目的流出开放度和总体开放度在 1999～2019 年经历了从稳定到波动的变化过程。其中,各指标数值在 1999～2019 年出现了两次波动。2000 年以来,流入开放度不变,流出则出现管制加深趋势,这可能与瑞士政府在该阶段实施的促进不动产市场项目开放的多项政策有关。具体来看:2006 年 9 月,位于瑞士以外的房地产不被接受为保险公司的技术储备,流出管制程度加深;2009 年 1 月,修订的《老年人、遗属和残疾人职业福利计划条例》,将购买瑞士境外房地产的最高门槛从私人养老基金负债代表资产的 5%提高到 10%。流出管制程度进一步加深。

整体来看,从 2000 年开始,瑞士不动产市场项目累计开放度数值出现阶梯式上升。从最终结果来看,其流出和总体开放度均呈现出管制加深的趋势。

4.3　美洲高收入国家指标测度及特征分析

4.3.1　资本账户开放背景

1. 安提瓜和巴布达

作为英联邦成员国之一,安提瓜和巴布达(Antigua and Barbuda)1999～2019 年制定的与资本账户开放相关的政策并不多。安提瓜和巴布达出台的鼓励本国资本账户开放的政策主要围绕货币市场和金融信贷两个领域。安提瓜和巴布达这些年的资本账户相关政策大都是放松资本市场,加强资本自由流动的,仅有一条加强资本管制的政策。

2. 阿鲁巴

阿鲁巴（Aruba）为避免资本账户开放程度过快、程度过高给本国经济带来较大的负面影响，在集体投资和金融信贷等方面出台了一些政策限制了资本账户开放的力度，总体而言，阿鲁巴的资本账户相关政策大都趋于加强资本管制，对资本流动进行一定程度的限制。阿鲁巴出台的鼓励本国资本账户开放的政策主要涉及个人资本项目和杂项资本项目。

3. 巴哈马

巴哈马（Bahamas）2020 年 GDP 为 115.6 亿美元，人均 GDP 为 30 026 美元。近年来巴哈马积极推进资本账户开放，力图通过对内对外经济开放来促进国内经济的发展。

1999～2006 年，巴哈马的资本账户呈现开放程度加深趋势。这段时期，巴哈马政府主要针对股权市场项目、债券市场项目、货币市场项目、金融信贷项目、直接投资项目等制定刺激性的政策。这些政策措施促使资本账户开放力度进一步增强。

2007～2019 年，巴哈马资本账户总体开放程度趋于平稳。巴哈马政府在 2007 年后针对资本账户开放制定的政策较少，对资本账户开放持有谨慎的态度。

4. 巴巴多斯

巴巴多斯（Barbados）的资本账户开放状况与经济发展状况息息相关。1999～2006 年，巴巴多斯经济在波动中逐步增长，巴巴多斯较为积极地开放资本账户。而 2007 年以后，巴巴多斯经济陷入低谷，2008 年全球经济危机爆发，加剧了巴巴多斯的困境，其经济增长持续低迷，失业率居高不下，财政赤字和政府债务不断增加，信用评级屡遭下调。在此情况下，巴巴多斯政府出台相关政策文件，对资本账户进行一定管制。整体来看，巴巴多斯对开放资本账户持积极态度。

5. 加拿大

加拿大(Canada)2020 年的 GDP 为 16 434.08 亿美元，人均 GDP 为 43 241 美元，其经济发展水平位于世界前列。由于频繁实施经济制裁措施，整体来看，加拿大对资本账户的管制程度呈现加深趋势。

6. 智利

智利（Chile）人均 GDP 在 2003 年超过万元大关后，依然保持着稳健的增长。智利 2020 年的人均 GDP 为 13 231.7 美元，是 1990 年的 2494.53 美元的 5.3 倍。作为较为典型的发展中国家，智利资本账户开放最早，其开放过程也较为反复而漫长。1973 年智利政变后，皮诺切特上台，并且主张实行新自由主义经济改革，但是本次快速激进的资本账户开放使得智利陷入了经济危机，为了扭转经济危机，智利启动了更加谨慎稳健的第二轮资本账户开放。

智利的资本账户开放过程可以分为三个阶段。

（1）1974~1984 年：这一阶段的资本账户开放是不成功的尝试。智利加快了金融自由化和金融开放的步伐，放开对银行国外融资的限制。资本的大量流入使得智利比索大幅度贬值，出口减少，经常账户恶化。

（2）1985~2001 年：开放资本账户的措施与其他各项改革及宏观经济政策紧密配合，取得了较好的效果。至 2001 年，智利全面取消了各项资本账户管制措施，基本实现资本自由流动（张菁菁，2017）。

（3）2002~2019 年：智利的资本账户开放趋于平稳，针对不同资本子项，根据经济发展和全球经济形势随时做出调整，进一步加大资本账户的开放力度。

总的来说，智利采取的谨慎稳健的资本账户开放政策效果显著，为智利经济进一步发展奠定了基础，使得智利成为拉丁美洲最繁荣稳定的国家之一。

7. 特立尼达和多巴哥

拥有较高人均收入和稳定的经济增长率的特立尼达和多巴哥（Trinidad and Tobago）是加勒比地区最富裕的国度之一。近年来，特立尼达和多巴哥金融保险业、旅游业和建筑业等行业发展较快，FDI 活跃，属于高收入国家。特立尼达和多巴哥各时期的资本账户开放历程可分为如下几个阶段。

（1）半封闭阶段（1999～2017 年）：在这一时期，特立尼达和多巴哥主要实行半封闭运行模式进行资本账户管理，没有针对性政策促进资本账户开放。

（2）初创阶段（2018 年至今）：2018 年开始特立尼达和多巴哥开始进行资本账户开放，通过取消 2%的次级准备金来促使资本账户开放。该阶段的主要特征是在原有的开放项目指导下，进行子条目的放松与调整。

8. 美国

美国（America）是一个高度发达的资本主义国家，属于高收入国家。美国资本市场萌芽于 18 世纪末，独立战争结束后，美国联邦政府为弥补战争所欠的政府债务并且改善财政状况，选择以国家信用为担保，统一新国债以偿还旧债，并且允许外国投资者持有美国新国债。在随后的几十年里，由于经济发展与战争的需要，美国的债券与股票市场都得到空前发展。加之美国一直秉承古典主义学派思想，对于资本流动的干预相对较少。总结来看，从美国资本市场建立到第二次世界大战前，美国的资本账户保持着一定的对外开放状态。

第二次世界大战结束后，美国凭借布雷顿森林体系和马歇尔计划，奠定了美元的世界中心货币地位。美国依次实行了本币国际化、放松资本管制、汇率自由化和利率市场化等进程，这些行为都加大了美国的资本账户开放程度。特别是在布雷顿森林体系解体后，美国在 1974 年废除了 20 世纪 60 年代建立起来的一系列资本管制措施（包括：1964 年的"利息平衡税"；1965 年美联储要求国内金融机构自愿限制对国外的贷款投放和对外投资；1968 年限制海外直接投资，对直接投资形式的资本外流设置地区限制，且规定收入的一定比例必须汇回本国），并通过了将纽约打造成国际化金融中心的议案，真正意义上实现了资本账户开放。以美元为中心成立的牙买加体系赋予了美元浮动汇率制度合法地位，国际货币体系正式以美元作为中心货币，美元实现了经常账户与资本账户的完全可兑换性。此后，随着宏观经济的波动，美国的资本账户开放状况虽有波动，但是整体保持双向开放程度波动性紧缩的趋势。本部分根据美国的宏观经济波动与资本账户开放进程进行分类，回顾美国资本账户开放的历史进程。

18 世纪末到 1929 年，该阶段为美国资本市场的诞生与自由发展阶段。自 18 世纪末开始，美国逐渐形成了以债券市场（包括联邦债券市场、州与地方债券市场等）和股票市场开放为主，交易自由、管制疲软、监管规则欠缺、高投机性质的资本市场。在这个阶段，首先，美国央行、政府与交易机构对于外资、内资进出本国资本市场的管制能力相对欠缺，且美国各州很难达成一致的资本账户管理规则。其次，国际战争与摩擦使得欧洲投资者产生寻求相对稳定的交易市场的需求。在这一阶段，美国的资本市场自由发展，资本账户的流通很少受到政策干预管制。但同时，无管制的自由放任体系多次引发金融危机和金融恐慌，也变相促成了美联储的建立和监管规则的出现。

1930～1954 年，金融危机引发的经济大萧条与衰退使得美国考虑政府是否应对资本市场进行合理干预。这段时间，美国秉持通过放弃金本位、发动国际贸易保护战、公开市场操作提供额外资本金等政策，紧缩资本账户对外开放程度，但是效果微乎其微。罗斯福新政赋予政府干预资本市场交易的权力，并建立了更严格的对金融机构资本账户交易与交易内容的管理机制，限制金融机构不得同时从事商业银行和投资银行业务等，对于外资进出美国市场也采取更加审慎的态度。这一阶段美国资本账户与市场管理逐渐规范，资本账户的开放更加审慎。

1955～1999年，该阶段美国资本市场波动频繁，第二次世界大战结束后资本市场交易需求增大，基于股票、债券交易需求的计算机技术提升了美国资本市场的交易效率。资本市场规范条例的不断出台与行业自律规范的完善，使美国的资本账户受到管制，但增加了其规范性，对于资本的流入流出有着更加规范的限制与放松政策出台。

目前，美国持有各类国债总额接近20万亿美元，是其当年GDP的一倍多，股市在美国资本市场上仍旧占有最重要的地位，公司债明显增长。该阶段美国主要针对内资外流设置壁垒，并且频繁采取以经济制裁为主的战略政策，对于外资在国内进行投资的行业也有着一定的限制。由于自由放任缺乏管制的资本市场给美国金融乃至世界经济带来了太大的冲击，美国对于资本账户的管制呈现更加重视的态度。近年来随着次贷危机、金融危机等事件频发，美国的资本账户管制力度逐渐增强。

9. 乌拉圭

乌拉圭（Uruguay）位于南美洲的东南部，是一个中等发达水平的国家，属于高收入国家。对外贸易在乌拉圭国民经济中占有重要地位，外贸总额超过GDP的1/3。乌拉圭历届政府均强调以外贸带动经济发展，采取鼓励出口及市场多元化政策。现政府除加强与南美洲国家经贸关系外，还积极开拓北美和亚太市场。近年来，乌拉圭资本账户开放程度有加深的趋势。

4.3.2　资本账户双向开放指标测度及特征分析

1. 安提瓜和巴布达

1）安提瓜和巴布达资本账户开放程度变化

1999～2001 年安提瓜和巴布达资本账户开放变动为零。2002 年开始加强资本管制力度。2005 年又放松了对资本账户的管制，是因为货币市场和金融信贷两个项目放松了资本管制力度，使得安提瓜和巴布达资本账户整体呈开放局面。

2）安提瓜和巴布达资本账户双向开放情况

安提瓜和巴布达的资本流出的开放情况与总体开放情况相同，资本流入则未发生变动。

2. 阿鲁巴

1）阿鲁巴资本账户开放程度变化

1999～2004 年阿鲁巴的资本账户开放程度呈现加深趋势，且 2002 年当年资本账户开放程度变化大于 2000 年，表明资本账户开放水平有小幅上升。图 4.84 显示，2005～2019 年阿鲁巴的资本账户开放呈现出管制加深趋势。

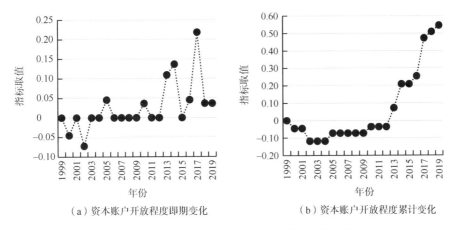

（a）资本账户开放程度即期变化　　（b）资本账户开放程度累计变化

图 4.84　阿鲁巴资本账户开放程度即期与累计变化

其中 2013 年、2014 年和 2017 年阿鲁巴的资本账户管制力度加强，表明这些年份，阿鲁巴大幅限制资本自由流动。1999～2004 年阿鲁巴资本账户开放程度有较小幅度上升，而 2005～2019 年阿鲁巴对资本账户管制程度则呈现出加深趋势。

2）阿鲁巴资本账户双向开放情况

（1）资本账户流入开放。图 4.85 显示，阿鲁巴对资本流入早期进行过开放尝试，近期则以管制为主，整体呈现出管制收紧趋势。

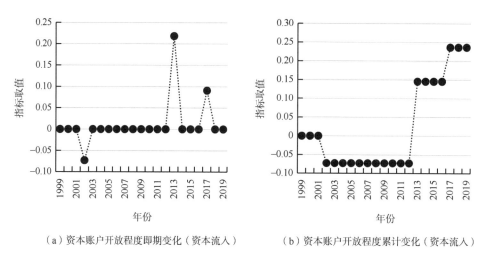

（a）资本账户开放程度即期变化（资本流入）　　（b）资本账户开放程度累计变化（资本流入）

图 4.85　阿鲁巴资本账户开放程度即期与累计变化（资本流入）

（2）资本账户流出开放。图 4.86 显示，1999～2004 年阿鲁巴资本账户流出开放呈现加深趋势，且 2002 年资本账户流出开放程度当年变化较 2000 年有所减小。而 2005～2019 年资本账户流出开放呈现管制加深趋势，且在 2014 年与 2017 年变化幅度明显增大。

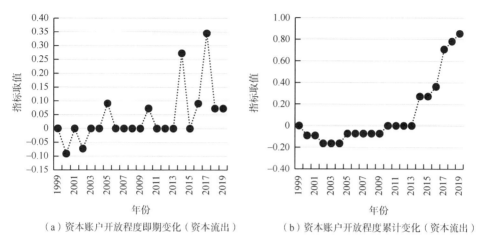

（a）资本账户开放程度即期变化（资本流出）　　（b）资本账户开放程度累计变化（资本流出）

图 4.86　阿鲁巴资本账户开放程度即期与累计变化（资本流出）

3. 巴哈马

巴哈马资本账户整体开放力度呈现增强的趋势,意味着随着时间的推移,巴哈马的资本账户的整体开放程度可能日益增大。

1）巴哈马资本账户开放程度变化

2002 年之前巴哈马资本账户开放程度每年度变化状况较为平稳。2002 年巴哈马资本账户开放力度呈现跳跃式增强, 2006 年, 巴哈马资本账户开放程度进一步增大, 此后资本账户开放程度即期变化保持在稳定水平, 2007～2019 年呈现水平分布。整体来看, 资本账户开放程度呈现加深趋势。1999～2019, 巴哈马针对资本流入和流出在短时间内颁布了许多刺激性、放松性政策等, 导致巴哈马资本账户的政策性导向总体呈现积极开放趋势, 这与当时巴哈马所处的经济环境及国际金融发展要求相匹配。

2）巴哈马资本账户双向开放情况

（1）资本账户流入开放。巴哈马资本账户流入开放程度当年变化在 1999 年与 2002 年分别出现一次正向波动和一次负向波动, 此后一直到 2017 年, 巴哈马资本账户流入开放程度变化维持在零水平。

（2）资本账户流出开放。巴哈马允许本国资本进入国外市场进行运作，这反映了巴哈马资本账户开放是内外双向、同时进行的成果累加，整体来看是逐渐放松管制的。

4. 巴巴多斯

自 1966 年巴巴多斯宣布独立以来，一直积极对外开放，偶有年间应需对资本流动进行管制。下文对巴巴多斯资本账户开放程度变化做出分析。

1）巴巴多斯资本账户开放程度变化

2001～2007 年，巴巴多斯资本账户开放程度即期变化呈现负向波动的基本状况，表明这些年巴巴多斯对资本账户开放持较为积极的态度。2008 年金融危机使巴巴多斯经济遭遇严重挫折，政府未进一步进行资本账户开放。此后一直持续到 2015 年，巴巴多斯资本账户开放程度即期变化始终处于较为平稳的状态，只在 2016 年发生了一定程度的正向波动。巴巴多斯资本账户的政策性导向表现为积极开放，这与巴巴多斯所处的经济环境及国际金融发展要求是匹配的。图 4.87 显示，巴巴多斯资本账户的总体开放程度有较大上升，资本内外流通程度加剧。

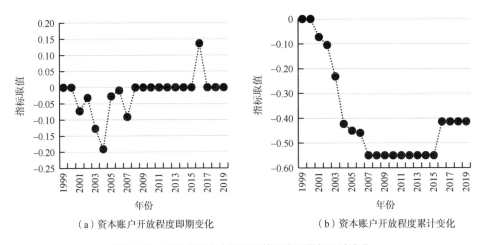

（a）资本账户开放程度即期变化　　　（b）资本账户开放程度累计变化

图 4.87　巴巴多斯资本账户开放程度即期与累计变化

2）巴巴多斯资本账户双向开放情况

（1）资本账户流入开放。巴巴多斯对于资本流入持积极开放的态度。在2001～2006 年，资本账户流入开放程度当年变化一直维持在负值，之后资本账户流入开放程度当年变化则保持在零水平线上。图 4.88 显示，巴巴多斯资本账户流入开放程度一直在上升，表明巴巴多斯持续推进资本账户开放（资本流入）的指导思想是不变的。

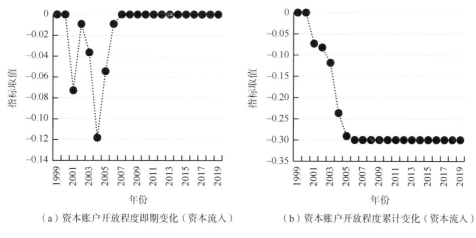

（a）资本账户开放程度即期变化（资本流入）　　　（b）资本账户开放程度累计变化（资本流入）

图 4.88　巴巴多斯资本账户开放程度即期与累计变化（资本流入）

（2）资本账户流出开放。在之前确定了巴巴多斯政府鼓励外来资本流入的前提下，该国同样允许本国资本进入国外市场进行运作，这反映了巴巴多斯资本账户开放是内外双向、同时进行的。图 4.89 显示，巴巴多斯资本账户流出开放程度整体呈现增强趋势。

5. 加拿大

加拿大资本账户整体波动较为频繁，以正向变动为主。这与加拿大实施的资本账户开放政策有关。正向变动主要是由于加拿大对多个国家实行单边经济制裁和资本管制，加深了对资本账户的管制。负向变动主要是加拿大加

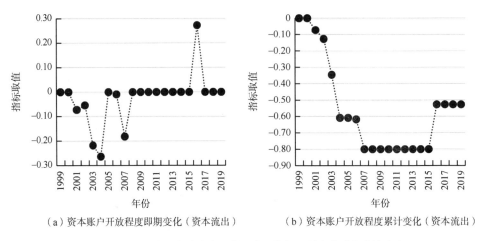

（a）资本账户开放程度即期变化（资本流出）　　　　（b）资本账户开放程度累计变化（资本流出）

图 4.89　巴巴多斯资本账户开放程度即期与累计变化（资本流出）

入了多个国际合作组织，通过签订国际合作协议，逐渐放开了 FDI 流入与流出的限制，由此在一定程度上促进了资本账户的开放。

1）加拿大资本账户开放程度变化

资本账户开放程度下降主要与加拿大对多个国家实行单边经济制裁或资本管制有关，而资本账户开放程度上升与加拿大放松 FDI 流入的限制有关。总体而言，由于加拿大经常性地使用经济制裁和资本管制等政治手段，图 4.90 显

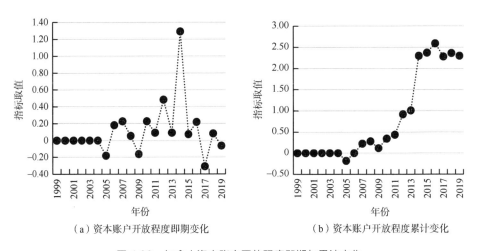

（a）资本账户开放程度即期变化　　　　　　　　（b）资本账户开放程度累计变化

图 4.90　加拿大资本账户开放程度即期与累计变化

示，加拿大的资本账户开放水平呈现下降趋势。但加拿大对外商直接投资持积极态度，通过制定一系列政策进一步放开 FDI 流入限制，充分吸收了经济一体化带来的增长红利。

　　本部分将杂项政策变动的数据剔除后，对加拿大资本账户整体开放情况进行分析。由图 4.91 可知，抛开加拿大单边经济制裁的政策不谈，加拿大资本账户在波动中保持开放。对于加拿大这样的发达国家，其资本账户开放程度理论上应是比较高的。但受经济制裁的影响，加拿大资本账户开放程度呈现收紧的态势。图 4.91 显示，去掉杂项政策变动后，加拿大资本账户呈现出开放程度不断加深的趋势。

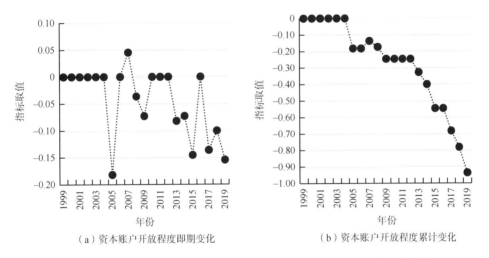

（a）资本账户开放程度即期变化　　　　（b）资本账户开放程度累计变化

图 4.91　不考虑杂项资本流动限制的加拿大资本账户开放程度即期与累计变化

2）加拿大资本账户双向开放情况

（1）资本账户流入开放。加拿大资本账户流入开放力度整体上呈波动收紧的基本状况，2014 年甚至出现大幅度收紧，自 2017 年开始资本账户流入准入的标准有所放松。加拿大资本账户流入开放力度大幅收紧可能与加拿大对多个国家实行单边经济制裁有关，自 2006 年起，加拿大对朝鲜、缅甸等多个国家实行经济制裁或资本管制。虽然加拿大也采取了若干促进 FDI 流入的政策，但由于过多的经济制裁，加拿大资本账户流入开放程度整体上呈现紧缩态势。图4.92显示，加拿大资本账户流入开放程度呈现先收紧后放松的趋势。

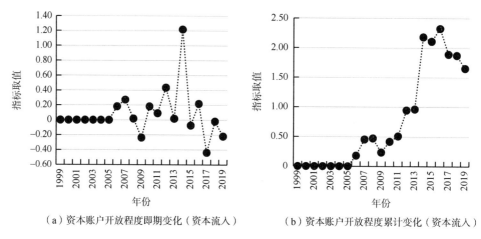

（a）资本账户开放程度即期变化（资本流入）　　　（b）资本账户开放程度累计变化（资本流入）

图4.92　加拿大资本账户开放程度即期与累计变化（资本流入）

（2）资本账户流出开放。图4.93显示，除个别年份出现小幅度向下波动外，加拿大资本账户流出开放指数整体上波动上升，这同样是由加拿大过多的经济制裁行为导致的。由图4.93可知，自2010年开始，加拿大的资本账户流出开放程度在加速收紧。

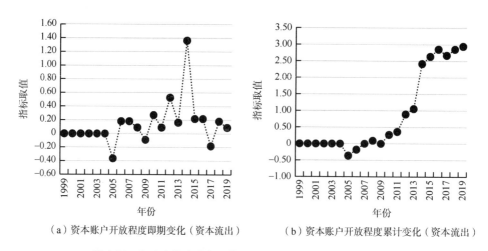

（a）资本账户开放程度即期变化（资本流出）　　　（b）资本账户开放程度累计变化（资本流出）

图4.93　加拿大资本账户开放程度即期与累计变化（资本流出）

6. 智利

智利资本账户整体开放度呈现上升趋势，这与智利实行新自由主义经济改革密切相关。为推进智利经济进一步发展，智利政府推行了一系列促进资本账户开放的举措，资本账户开放程度不断加深。

1）智利资本账户开放程度变化

如图 4.94 所示，智利资本账户开放程度即期变化以负向波动为主，这与智利推动资本账户开放进程，放松 FDI 和金融机构国际证券交易的限制有关。图 4.94 显示，1999～2019 年，智利资本账户开放程度一直保持上升。总体而言，智利资本账户开放政策的成效显著，资本账户呈现逐步开放的基本状况。

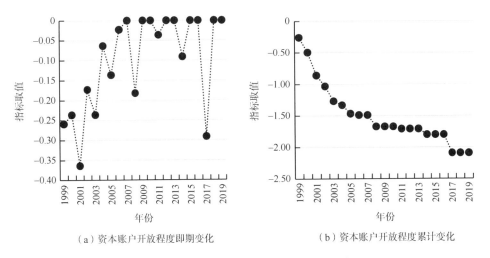

（a）资本账户开放程度即期变化　　　（b）资本账户开放程度累计变化

图 4.94　智利资本账户开放程度即期与累计变化

2）智利资本账户双向开放情况

（1）资本账户流入开放。由图 4.95 可知，智利资本账户流入开放程度变动频繁，且多为负向变动，这表明智利在不断加深其资本账户开放水平。例如，2005 年放松了对股票交易和外商直接投资的管制；2008 年放松机构投资者对外币金融资产的投资限制；2014 年允许在本国市场交易以本币计价的基金和股票。

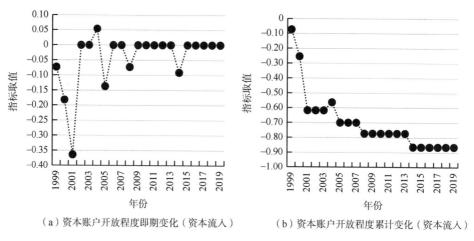

（a）资本账户开放程度即期变化（资本流入）　　（b）资本账户开放程度累计变化（资本流入）

图 4.95　智利资本账户开放程度即期与累计变化（资本流入）

（2）资本账户流出开放。由图 4.96 可知，资本账户开放程度即期变化（资本流出）一直表现为负向波动，表明智利鼓励资本流出开放，且资本流出的开放力度比资本流入开放力度更大。在确定了智利鼓励外来资本流入的前提下，智利同样允许本国资本进入国外市场进行运作，这反映了智利资本账户开放是内外双向、同时进行的成果累加。智利推行资本账户开放不仅允许境外资本流入本国，更允许本国资本以证券投资和外商直接投资的形式投资于境外。

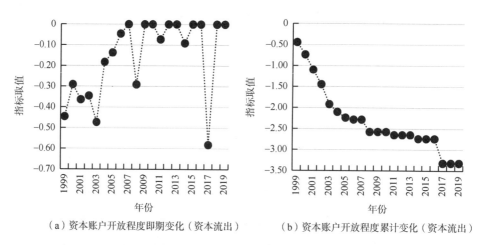

（a）资本账户开放程度即期变化（资本流出）　　（b）资本账户开放程度累计变化（资本流出）

图 4.96　智利资本账户开放程度即期与累计变化（资本流出）

7. 特立尼达和多巴哥

特立尼达和多巴哥资本账户整体开放状况呈现放松的趋势，这也意味着随着时间的推移，特立尼达和多巴哥的资本账户的整体开放程度有所增大。

1）特立尼达和多巴哥资本账户开放程度变化

1999～2017 年，特立尼达和多巴哥资本账户开放程度每年度变化呈现平稳趋势。2018 年，特立尼达和多巴哥资本账户开放水平有所上升。特立尼达和多巴哥自 1999 年以来至今，资本账户早期保守，并未出现政策调整，直至 2018 年出现开放尝试。

2）特立尼达和多巴哥资本账户双向开放情况

（1）资本账户流入开放。特立尼达和多巴哥跨境资本流入开放度在 1999～2019 年未发生变动。

（2）资本账户流出开放。该国资本账户流出开放程度和总体开放程度变动趋势完全一致。

8. 美国

美国资本账户整体开放状况总体呈现波动性收紧的趋势，意味着随着时间的推移，美国的资本账户的开放程度逐渐减弱。此外，美国的经济金融的波动与平稳发展程度对全世界主权国家和地区决定其资本账户开放程度都具有一定的影响，美国的资本账户开放情况除了考虑本身经济体的需要，也需要根据当时国内国际政治经济环境进行调整。自美国资本账户开放有记录以来，美国资本内向外向流通的限制政策力度整体呈现增强趋势。

1）美国资本账户开放程度变化

1950～1999 年，本成果以及其他相关数据库对于美国资本账户开放程度的每年度变化的体现都相对平稳。这主要与美国在这一阶段资本市场交易的逐渐正规化、监管化有关，且由于美国强大的经济政治实力与一直以来对跨国资本流动持自由态度，国际资本流动变化对美国的资本账户的影响相对有限。同时，由于数据库编写规则的不同，虽然本成果能够通过《汇兑安排与汇兑限制年报》的政策变动标准捕捉美国资本账户开放状况的变化，但和其他数据库相比其敏感度依旧不高。图 4.97 显示，1999～2019 年，美国资本账户开放程度整体呈现收紧趋势。

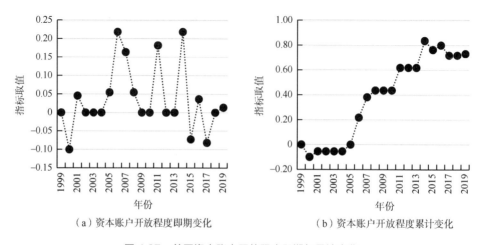

（a）资本账户开放程度即期变化　　　　（b）资本账户开放程度累计变化

图 4.97　美国资本账户开放程度即期与累计变化

　　虽然美国 1999～2004 年资本账户呈现了开放的状态,但在之后马上采取了紧缩措施。这可能与 2001 年所发生的"9·11"事件后一系列恐怖袭击对美国的政治影响有关。在这一时期，美国主要采取经济制裁的模式，阻断美国国内资本流入其经济制裁的国家，也阻断其制裁的国家在美国资本市场进行投资，从而达到政治目的。2006 年显露的次贷危机迫使美国改变国内金融市场的监管规则，在相当长的一段时间内，其工作重点是解决次贷市场杠杆问题并满足其国际政治博弈需要，因此对资本账户的管制主要体现在对特定的经济体采取投资制裁上。目前来看，东欧、西非等区域的冲突导致美国采取经济制裁的手段，是目前美国资本账户开放水平变化的基本原因。

　　基于美国建立了相对成熟的金融资本市场与交易规则，以及美国依旧保持世界经济政治霸主的地位，其资本账户开放程度的变化受到其政治需求的影响更大，而其根据自身金融经济需求对资本账户进行开放程度管理的情况较少，这主要和美国对于资本流动采取的相对自由放任的态度有关。美国的资本账户开放程度呈现紧缩状况主要是由其政治需求导致的，而这样的紧缩对于美国资本市场本身的冲击是基本可以承受的。

　　在 2005 年后，美国针对资本账户开放在短时间内颁布了许多收紧性政策，导致美国资本账户开放的政策性导向呈现总体管制趋势增强的情况。2005年之前，其资本账户总体开放程度没有明显变化；2006～2019 年，总体开放程度逐渐收紧，这表明美国在 2005 年后资本账户的总体开放程度是下降的，资本内外流通程度减弱。

　　总体而言，在 1999 年后，由于美国特殊的国际地位及其政治与战争的需要，美国对部分国家采取的政治制裁，特别是对苏联成员国以及其盟国的政治制裁占据其资本账户政策设置的主要部分，而且其制裁手段与层次随着冲突的增大不断增强。

　　2）美国资本账户双向开放情况

　　本节通过 GKAOPEN 数据库的变动，从资本流入、流出两个方向监测资本账户的开放程度变动。

　　（1）资本账户流入开放。图 4.98 显示，1999～2019 年，美国资本账户的流动准入标准整体呈上升趋势，其管制程度愈发增强。这与美国在 1999年后出于政治目的，连续对苏联成员国及其盟国以及其他国家进行经济制裁有关，这些制裁内容都体现在了对资本账户管制程度的加深方面。这也侧面说明美国对于自身资本账户管制持有自由态度，其对于根据当时的经济金融环境需要做应时调整的需求不高，资本账户开放的指导思想主要是为政治服务。

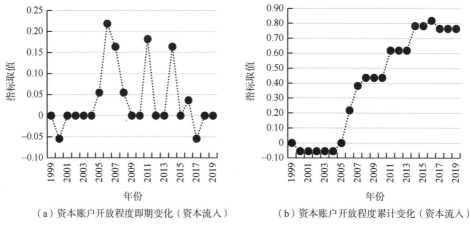

（a）资本账户开放程度即期变化（资本流入）　　　（b）资本账户开放程度累计变化（资本流入）

图 4.98　美国资本账户开放程度即期与累计变化（资本流入）

（2）资本账户流出开放。在之前确定了美国政府限制外来资本流入的前提下，美国同样不允许本国资本进入部分国外市场进行运作，这反映了美国资本账户的封闭是内外双向的成果累加。由图 4.99 可知，其总体趋势是逐渐增强管制的。

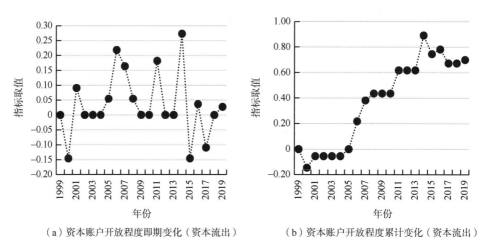

（a）资本账户开放程度即期变化（资本流出）　　　（b）资本账户开放程度累计变化（资本流出）

图 4.99　美国资本账户开放程度即期与累计变化（资本流出）

9. 乌拉圭

乌拉圭资本账户整体开放状况呈现阶段性加强的趋势，意味着随着时间的推移，乌拉圭的资本账户开放程度日益加深。

1）乌拉圭资本账户开放程度变化

1999～2002 年，乌拉圭资本账户开放程度即期变化的程度相对微弱。2002 年后，乌拉圭资本账户向内外流通的限制政策力度才逐渐呈现减弱趋势。图 4.100 显示，乌拉圭自 1999 年以来至今，资本账户开放力度呈现加强的趋势。总体而言，乌拉圭针对资本账户开放在短时间内颁布了许多刺激性、放松性政策等，对资本账户开放呈现积极态度。1999～2002，乌拉圭资本账户总体开放程度呈现平缓趋势，2003～2019 年，其资本账户总体开放程度的累计变化速度较快，这体现了乌拉圭在 2002 年后资本账户的总体开放程度上升，资本内外流通程度加剧的状况。

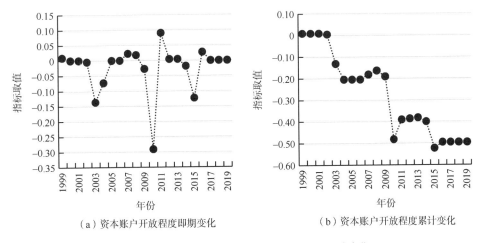

（a）资本账户开放程度即期变化　　　　（b）资本账户开放程度累计变化

图 4.100　乌拉圭资本账户开放程度即期与累计变化

2）乌拉圭资本账户双向开放情况

（1）资本账户流入开放。以 2002 年为分界点，其后乌拉圭资本账户流动准入的标准呈现了缓慢放松的趋势，图 4.101 显示，该趋势在 2007 年、2008 年、2011 年和 2016 年有短暂停止，管制力度加大。这可能是由于在这些年份，乌拉圭资本流入受到了相关政策制约。而在 2016 年后，乌拉圭资本账户开放程度即期变化趋于平稳状态。即便在 2011 年资本账户开放力度收紧的情况下,整体来看,乌拉圭的资本账户开放程度依旧呈现加强趋势,这说明 2011年乌拉圭可能针对当年的经济金融环境需要做了应时调整,但是继续保持资本账户开放的指导思想是不变的。

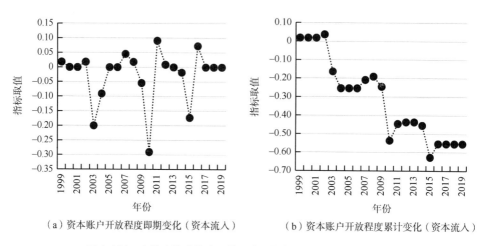

(a) 资本账户开放程度即期变化(资本流入)　(b) 资本账户开放程度累计变化(资本流入)

图 4.101　乌拉圭资本账户开放程度即期与累计变化(资本流入)

(2) 资本账户流出开放。图 4.102 显示,相较于流入方向的开放调整,乌拉圭资本账户流出方向的调整幅度相对较小,除出现大幅波动的 2010 年外,其余时间段比较稳定,呈现出积极开放的趋势。

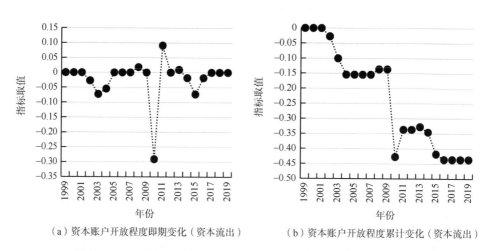

(a) 资本账户开放程度即期变化(资本流出)　(b) 资本账户开放程度累计变化(资本流出)

图 4.102　乌拉圭资本账户开放程度即期与累计变化(资本流出)

4.3.3　资本账户子项双向开放指标测度及特征分析

1. 安提瓜和巴布达

1）货币市场项目开放度分析

2005 年安提瓜和巴布达货币市场项目流出开放指数大幅下降，是因为安提瓜和巴布达取消了购买超过 25 万外币需要财政部批准的规定。由此，放松了对货币市场项目的资本管制力度。除此之外，其他年度货币市场项目开放程度未发生变动。

2）金融信贷项目开放度分析

2005 年安提瓜和巴布达金融信贷项目流出开放指数大幅下降，是因为安提瓜和巴布达取消了适用于非居民贷款的 3%印花税，放松了对金融信贷项目的资本管制力度。除此之外，其他年度货币市场项目开放程度为零。

2. 阿鲁巴

1）集体投资项目开放度分析

1999～2016 年阿鲁巴集体投资项目开放程度累计变化为零。2017 年阿鲁巴集体投资项目开放程度大幅上升，之后到 2019 年开放程度保持不变。阿鲁巴集体投资项目流出开放指数在 2017 年大幅上升，是因为根据《国家证券业务监管条例》，在没有得到许可证的条件下，禁止在阿鲁巴境内或境外从事证券经纪人、资产管理人、投资机构和投资基金或证券交易所经理业务。这项规定大幅加强了阿鲁巴对集体投资项目资本流出的管制力度。除此之外，其他年度阿鲁巴集体投资项目流出开放指数保持为零。

2）金融信贷项目开放度分析

阿鲁巴金融信贷项目开放程度即期变化分别在 2000 年、2005 年、2010 年、2017 年、2018 年和 2019 年发生了变化。例如，2000 年银行开始向非居民发放贷款，放松了资本管制力度；2005 年阿鲁巴规定商业银行每年向非居民发放的贷款超过 10 万阿鲁巴弗罗林，以及向非居民发放的贷款、债券和票据等本地金融工具，都需要外汇许可证；2010 年商业银行提高最低审慎流动性比率，使得流动资产占总净资产的 15%，并且提高最低风险加权偿付能力比率为 14%，降低了金融信贷项目开放程度等。阿鲁巴金融信贷项目流入开放指数一直保持为零。总体金融信贷项目开放指数随着金融信贷项目流出开放指数的变动而变动。2000 年开放程度小幅上升；2005 年资本流出管制程度加深；2010 年金融信贷项目流出开放指数再次上升，开放程度下降，管制力度加强；2017～2019 年金融信贷项目流出开放指数呈阶梯状上升。

3）直接投资项目开放度分析

2013 年阿鲁巴直接投资项目流入开放指数大幅上升，原因是投资已开发商业地产的门槛提升，这加强了资本流入管制力度。除此之外，阿鲁巴直接投资项目开放程度保持不变。1999～2012 年阿鲁巴直接投资项目开放程度累计变化为零。2013 年直接投资项目流入开放指数大幅上升，开放程度大幅下降，加强了资本管制力度。2014～2019 年阿鲁巴直接投资项目开放程度保持不变。

4）不动产市场项目开放度分析

2013 年阿鲁巴不动产市场项目流入开放指数大幅上升，原因是投资已开发商业地产的门槛提升，这加强了资本流入管制力度。除此之外，阿鲁巴不动产市场项目开放程度当年变化为零。1999～2012 年阿鲁巴不动产市场项目开放程度累计变化为零。2013 年不动产市场项目流入开放指数大幅上升，开放程度大幅下降，加强了资本管制力度。2014～2019 年阿鲁巴不动产市场项目开放程度保持不变。

3. 巴哈马

1）股权市场项目开放度分析

巴哈马股权市场项目的流入开放度、流出开放度与总体开放度在 1999～2019 年波动变化。其中，各指标数值主要在 1999 年、2006 年、2018 年出现波动。巴哈马股权市场项目流入开放度、流出开放度与总体开放度在 1999～2019 年呈现阶梯式变动。具体来看：1999 年，巴哈马证券法规定证券委员会监管证券交易所和证券交易所的运作；2006 年，巴哈马当局获准以 12.5%（以前是 25%）的溢价购买证券和外国房地产，扩大了符合投资资格的外国证券的名单，允许巴哈马和外国公司在加勒比共同体交易所交叉上市；2018 年 2 月，巴哈马规定居民通过投资货币市场购买外币证券的溢价由 12.5%降至 5%。

2）债券市场项目开放度分析

巴哈马债券市场项目流出开放度、流入开放度和总体开放度在 1999～2019 年呈现阶梯状分布。从最终结果来看，总体呈现开放程度加深的趋势。具体而言：2006 年，巴哈马当局获准以 12.5%（此前为 25%）的溢价购买证券和外国房地产，扩大了符合投资资格的外国证券的名单，允许巴哈马和外国公司在加勒比共同体交易所交叉上市；2018 年 2 月，巴哈马规定居民通过投资货币市场购买外币证券的溢价由 12.5%降至 5%。

3）货币市场项目开放度分析

1999～2019 年，巴哈马货币市场项目开放程度当年变化除个别年份出现波动外，总体上呈现平稳态势。货币市场项目流入开放度、流出开放度与总体开放度在 1999～2019 年呈现阶梯状分布，总体呈现开放程度加深的趋势。具体来看：2002 年政府规定海外和外国机构工作的居民获准可以通过官方交易所市场投资于员工股票期权或股票购买计划，在非累计基础上每人每年可投资不超过 10 万巴哈马元；2018 年，巴哈马规定居民出售投资性货币的溢价从 10%降至 2.5%，同时居民通过投资货币市场购买外币证券的溢价由 12.5%降至 5%。

4）集体投资项目开放度分析

巴哈马集体投资项目开放度主要在 2006 年、2018 年出现波动。具体来看：2006 年，巴哈马当局获准以 12.5%（以前是 25%）的溢价购买证券和外国房地产，扩大了符合投资资格的外国证券的名单，允许巴哈马和外国公司在加勒比共同体交易所交叉上市；2018 年 2 月，巴哈马规定居民通过投资货币市场购买外币证券的溢价由 12.5%降至 5%。

5）衍生工具项目开放度分析

巴哈马衍生工具项目的流出开放度和总体开放度在 1999～2019 年几乎没有明显的变动，只在 2018 年变动了一次。具体而言：2018 年 2 月，巴哈马规定居民通过投资货币市场购买外币证券的溢价由 12.5%降至 5%。从最终结果来看，流入开放度没有明显变化，流出和总体开放度均呈现管制加深趋势。

6）商业信贷项目开放度分析

巴哈马商业信贷项目的流入开放度、流出开放度与总体开放度变动与衍生工具项目相同，但政策导向不同。具体而言：2018 年 2 月，不需要巴哈马中央银行核准的非石油进口付款额从 50 万巴哈马元增加到 100 万巴哈马元。这说明巴哈马的商业信贷项目流出开放程度得到放松。

7）金融信贷项目开放度分析

1999～2019 年，巴哈马金融信贷项目的流入开放度、流出开放度与总体开放度除个别年份出现波动外，总体上呈现平稳态势。其中，各指标数值主要在 2002 年出现波动，金融信贷项目流入开放度、流出开放度与总体开放度在 1999～2019 年都只变动 1 次。整体来看，金融信贷项目流入、流出和总体开放程度均有所加深。这主要是因为 2002 年授权经销商有权批准对大多数经常付款（包括进口）的外汇分配，最高限额为 50 万巴哈马元（之前为 10 万巴哈马元）。

8）直接投资项目开放度分析

巴哈马直接投资项目开放度主要在 2002 年出现波动。直接投资项目流出开放度与总体开放度在 1999～2019 年都只变动 1 次。直接投资项目流入开放度未发生变动，流出和总体开放度则呈现出加深趋势。这主要因为 2002 年巴哈马对外直接投资的官方汇兑最高限额增至 100 万巴哈马元/人，总限额为 500 万巴哈马元/笔，每 3 年开放一次。在此之前，该限额为 10 万巴哈马元或投资总成本的 30%。

9）不动产市场项目开放度分析

巴哈马不动产市场项目的流出开放度和总体开放度仅在 2006 年、2018 年出现波动。从最终结果来看，流入开放程度未发生变动，流出和总体开放度则呈现加深趋势。这主要是因为：2006 年，巴哈马当局获准以 12.5%（以前是 25%）的溢价购买证券和外国房地产；2018 年，在巴哈马中央银行的批准下，可按官方汇率购买住宅或分时房，最高不超过 50 万美元。1999～2019 年，不动产市场项目流入开放度未发生任何变动，这表明巴哈马政府对外国资本进入巴哈马不动产市场的严格谨慎态度。

4. 巴巴多斯

1）股权市场项目开放度分析

巴巴多斯股权市场项目开放度只在个别年间发生一定程度的负向波动，且主要集中在 2001～2004 年。整体来看，无论是股权市场项目的总体还是流入、流出都在朝着开放的方向发展，这主要是受政策变动的影响。比如，2001 年，在加勒比共同体，除政府证券外任何证券交易所上市的证券的购买和销售都被允许。而 2004 年，政府证券交易也得到了允许。这表明巴巴多斯加快了股权市场项目资本账户开放的进程。巴巴多斯股权市场项目总体呈现开放程度加深趋势,再次印证巴巴多斯对于股权市场项目的资本账户开放持积极态度。

2）债券市场项目开放度分析

1999～2019 年,巴巴多斯债券市场项目的流出开放度和总体开放度只在 2001 年和 2004 年出现过两次波动,总体呈现开放程度加深的趋势,巴巴多斯对于债券市场项目的资本账户开放持积极态度。例如,2001 年 9 月,除政府证券外,在加勒比共同体任何证券交易所交叉上市和交叉交易的公司的证券的购买和销售都被允许;2004 年 6 月,进一步取消了 300 万巴巴多斯元的额度限制,表示该国进一步放松债券市场项目资本流动,以积极推进债券市场项目的资本账户开放。

3）货币市场项目开放度分析

巴巴多斯货币市场项目开放度只在 2002 年、2005 年与 2006 年出现三次波动,其余年间呈现平稳态势。巴巴多斯对于货币市场项目的资本流出持放松态度,而对于资本流入则较为严格。例如,自 2002 年 11 月 1 日起,外汇存款准备金率为 21%,在此之前,巴巴多斯的总准备金率为 24%,现金准备金率为 5%;2006 年 4 月,巴巴多斯根据存于美国存托股份、商业银行、信托和金融公司的外币存款,制定了 6%的外汇准备金要求。

4）衍生工具项目开放度分析

1999～2019 年,巴巴多斯衍生工具项目的流入开放度、流出开放度与总体开放度只在 2004 年出现波动。衍生工具项目流入开放度、流出开放度与总体开放度数值在 2004 年出现上升,最终表现为管制程度加深趋势,表明巴巴多斯对衍生工具项目开放较为严格的态度。

5）商业信贷项目开放度分析

1999～2019 年,巴巴多斯商业信贷项目开放度除 2016 年出现较大幅度的波动情况外,总体上呈现较为平稳的趋势。2016 年,商业信贷项目流出开放度下降。具体而言：2016 年 11 月，规定巴巴多斯居民所有用于海外投资的汇款，包括贷款和信用提升，都必须事先获得巴巴多斯中央银行的批准。这说明该国开始对商业信贷项目资本流出进行管制。

6）直接投资项目开放度分析

1999~2019 年，巴巴多斯关于直接投资项目的政策并不多，只在 2003 年、2004 年、2007 年及 2016 年出现过四次波动。具体而言，在 2003 年，商业银行被授权核准对加勒比共同体国家私人非上市证券的投资，最高可达 25 万美元。随后在 2004 年与 2007 年取消了投资额度限制，以鼓励直接投资项目的资本账户开放。后来该国政府于 2016 年加强对直接投资项目的管制，明确规定巴巴多斯居民所有用于海外投资的汇款，包括贷款和信用提升，都必须事先获得巴巴多斯中央银行的批准。

7）不动产市场项目开放度分析

巴巴多斯不动产市场项目流出开放度仅在 2007 年出现负向变化，这对应于巴巴多斯政府实施的鼓励不动产市场项目资本账户开放的相关政策。而不动产市场项目的流入开放度自 1999 年以来未发生任何变动。具体而言：2007 年 5 月，商业银行可以在未经央行事先批准的情况下，批准与房地产销售收入汇款有关的申请，其金额不超过在央行登记的金额。同年 9 月，美国存托凭证被允许在不事先参考央行的情况下，批准两个或两个以上非居民之间的交易，通过它们的海外账户结算巴巴多斯房地产销售收入的汇款。

5. 加拿大

加拿大对多个国家实行了经济制裁，因此加拿大杂项资本开放政策的波动占整体指标波动的比例较大。直接投资项目的波动程度仅次于杂项资本交易项目。除此之外，仅有一条政策变动影响到了股权市场项目、债券市场项目、货币市场项目、集体投资项目、衍生工具项目、商业信贷项目和金融信贷项目，具体地，2005 年加拿大取消了在境外持有金融资产的上限，从而使得上述资本子项的流出开放程度加深。

1）直接投资项目开放度分析

加拿大直接投资项目的流入开放程度当年变化表现为显著的波动下行，流出开放程度仅在 2012 年出现一次向上的波动。例如，2007 年加拿大要求对国有企业的治理和商业导向进行审查，以确定国有企业的收购是否对加拿大有净收益；2008 年和 2009 年加拿大提高了 WTO 成员方投资者在非敏感行业进行直接收购的最低资产门槛；2013 年加拿大提高了来自 WTO 成员方的投资者直接收购以及私营部门投资者的审查门槛；2018 年加拿大提高了 WTO 成员方的国有企业投资者收购加拿大非文化企业控制权的资产价值审查门槛和外国对加拿大普通航空公司的所有权的限额等。

2）不动产市场项目开放度分析

加拿大不动产市场项目开放度仅在 2005 年、2017 年和 2018 年出现波动。加拿大不动产市场项目流入开放指数在 2017 年 4 月和 2018 年 2 月出现正向波动，并于其余时间保持平稳；流出开放指数仅在 2005 年 2 月出现一次负向波动。累计来看，总体呈现管制加深的趋势。相关政策有：2005 年 2 月加拿大取消了在境外持有金融资产的上限，使得不动产市场项目流出开放程度增大；2017 年 4 月，安大略省对非加拿大公民或永久居民或外国公司和应纳税受托人购买或收购位于大金马蹄地区的住宅物业的权益征收 15% 的非居民投机税；2018 年 2 月加拿大对外国企业购买大温哥华地区的住宅物权征收更高的附加财产税，从而使得不动产市场项目流入开放程度下降等。

6. 智利

1）股权市场项目开放度分析

智利股权市场项目的开放度在样本周期内呈现出较显著的波动趋势。流出开放度的变化幅度总体高于流入开放度，流出开放度相较于流入开放度颁布政策较多，这说明股权市场项目开放度不断扩大，但流入开放的步伐仍相对滞后于流出开放。上述变动可能与智利实施多项针对股权市场项目开放的政策有关，具体而言：2000 年允许智利的公司在没有美国存托凭证交易的外国市场上市；2001 年取消了对通过美国存托凭证出售外国人拥有的股权的限制；2002 年提高了对可变收益证券的投资上限；2017 年智利提高了保险公司购买外国证券金额的上限等。

2）债券市场项目开放度分析

智利债券市场项目的开放度在样本周期内呈现出较显著的波动趋势。具体而言，1999 年智利允许银行和金融机构以外的企业发行期限在 2 年以上 4 年以下，信用评级为 BB 级以上的债券；同年智利提高了银行对外投资限额；2001 年智利规定债券不再需要得到中央银行的授权或在中央银行注册；2006 年，智利允许外国私人发行人在智利发行以比索计价的债券等。整体上债券市场项目流出开放指数和总体开放指数都表现为波动下降，而流入开放指数在 1999 年至 2001 年表现为下降，但于 2001 年以后保持平稳。总体呈现开放程度加深的趋势。

3）货币市场项目开放度分析

智利货币市场项目流入开放度仅在 2000 年出现波动，其余时间保持平稳，而流出开放度在 1999 年、2000 年、2002 年至 2004 年、2008 年、2017 年均出现波动。具体而言，2000 年，智利允许银行在未经央行事先授权的情况下发行加权平均期限少于 2 年的银行存单；2017 年智利保险公司购买外国证券的限制，即技术准备金和风险资本准备金的比例提高。累计来看，总体呈现开放程度加深的趋势。

4）集体投资项目开放度分析

智利集体投资项目流出开放指数波动频繁，而流入开放指数仅在 2014

年产生了波动，并于其余时间段内保持平稳。具体而言，1999 年智利提高了银行和养老基金的对外投资限额，同年智利提高了基金对可变收益工具的投资限额；2003 年和 2004 年，智利多次提高保险公司对外投资的限额；2008 年智利提高了养老基金对外投资的限额等。整体上集体投资项目流出开放指数和总体开放指数都表现出波动下降的趋势，并于 2014 年后保持平稳。

5）衍生工具项目开放度分析

智利衍生工具项目流出开放指数和总体开放指数在 1999 年、2001 年至 2004 年、2017 年发生了波动，而流入开放指数仅在 1999 年和 2001 年产生了波动，并于其余时间段内保持平稳。具体而言，1999 年智利增加了银行和养老基金的对外投资限额，同年，央行授权的金融机构允许在本国金融市场发行外汇利率远期、期货和掉期；2001 年智利大部分对衍生品的投资限制被取消等。

整体上衍生工具项目流出开放指数和总体开放指数都表现出波动下降趋势，流入开放指数仅在 1999 年和 2001 年出现下降，并于其余年份保持平稳。总体呈现开放程度加深的趋势。

6）商业信贷项目开放度分析

智利的商业信贷项目流入开放指数仅于 2004 年出现上升，除此之外保持平稳。这是因为 2004 年开始以智利比索计价和以外币支付的外汇信贷交易受智利央行监管控制。商业信贷项目流出开放指数在样本周期内保持不变。累计来看，流入和总体均呈现管制程度加深的趋势，流出则未变动。

7）金融信贷项目开放度分析

智利的金融信贷项目流出开放指数仅于 2017 年出现下降，除此之外保持平稳，流入开放指数在样本周期内保持不变。累计来看，流出和总体呈现开放程度加深的趋势，流入未变动。

8）担保、保证和备用融资便利项目开放度分析

智利担保、保证和备用融资便利项目流出开放度仅在 2000 年和 2001 年发生显著波动，流入开放度在样本周期内保持不变。具体来看，2000 年，智利允许银行向外国金融机构提供担保或资金，但只限于与第三国国际贸易融资有关的业务；2001 年，智利取消了银行进行抵押担保业务必须经过央行授权的规定。累计来看，流入开放程度不变，流出和总体均呈现开放程度加深趋势。

9）直接投资项目开放度分析

智利直接投资项目流出开放度和总体开放度在 2000 年、2001 年、2003 年、2005 年产生了显著波动，流入开放度仅在 2001 年和 2005 年产生显著波动。具体而言，2001 年智利取消了对直接投资的限制；2005 年允许以股票形式进行对内外投资等。累计来看，流入、流出和总体均呈现开放程度加深趋势。

10）不动产市场项目开放度分析

智利不动产市场项目流入开放度仅在 2001 年产生显著波动,并于其余时间段保持平稳。流出开放度在样本周期内保持不变。具体而言，2001 年智利取消了非居民在当地购买房地产的最低投资要求。累计来看，流入和总体呈现开放程度加深趋势，流出开放程度不变。

7. 特立尼达和多巴哥

1999～2019 年，特立尼达和多巴哥金融信贷项目的流出开放度与总体开放度总体呈现平稳态势，在 2018 年存在波动情况，可能是由于该段时间出现了金融信贷项目的政策调整。具体而言，2018 年 8 月，特立尼达和多巴哥规定 2%的次级（有报酬的）准备金要求被取消，金融信贷项目流出开放程度加深。

8. 美国

1）集体投资项目开放度分析

1999～2019 年，美国集体投资项目除 2019 年出现波动外，总体上呈现平稳态势。这与美国政府实施针对集体投资项目开放的政策有关，具体而言，2019 年美国财政部禁止美国银行参与俄罗斯发行的非卢布计价债券的一级市场，或向俄罗斯提供非卢布计价的集体投资。

集体投资项目流出开放度与总体开放度在 1999～2019 年大多数时间呈现水平分布，只在 2019 年集体投资项目开放度数值出现上升。具体来看，流出和总体呈现管制程度加深趋势。

2）直接投资项目开放度分析

1999～2019 年，美国直接投资项目流出开放指数的变动情况较多，出现上述变动情况可能与美国政府对直接投资开放政策的调整相关。具体而言，2011 年美国对利比亚的对外直接投资实行限制，同时美国对叙利亚境内直接投资和境外直接投资实施了限制；2014 年美国对进出乌克兰克里米亚地区的直接投资实行了限制；2016 年美国结束了对科特迪瓦进行的某些对外直接投资制裁计划，同时结束了对缅甸某些对外直接投资的制裁计划。美国流入开放变动则较少，但也呈现出管制加深的趋势。

整体来看，美国直接投资项目流入开放度、流出开放度与总体开放度在 1999～2019 年呈现阶梯式变动的情形。其中，直接投资项目流入、流出和总体均呈现管制程度加深的趋势。

9. 乌拉圭

1）股权市场项目开放度分析

乌拉圭股权市场项目的流入开放度、流出开放度与总体开放度在 1999～2019 年呈现波动变化趋势。其中，各指标数值主要在 2003 年、2004 年、2014

年出现波动，这可能与乌拉圭政府实施多项针对股权市场项目开放的政策有关。例如，2003 年以外币计价的业务多头或空头头寸的结算上限由账面价值的 20%提高到 150%股本减去行政固定资产。股权市场项目流入开放度、流出开放度与总体开放度数值在 1999~2019 年呈现阶梯式下降。其中，流入、流出和总体均呈现开放程度加深的趋势。股权市场项目开放程度累计变化情况在 2003 年之前较为平稳，2003 年开始出现较大的波动。

2）货币市场项目开放度分析

乌拉圭货币市场项目流入开放度相较于流出开放度变动频率更大。出现以上变动情况可能是乌拉圭政府在该阶段实施了针对货币市场项目开放的多项政策所致。具体而言，2010 年，乌拉圭宣布 30 天内到期的本币债券的准备金要求从 20%降至 12%，对到期时间不超过 180 天的居民外币债务和非居民外币债务的准备金要求从 28%降低至 15%，同样对于到期时间超过 180 天的居民债务，准备金率在每月 1%或 2%的基础上下调至 9%。

整体来看，乌拉圭货币市场项目流入开放度、流出开放度与总体开放度 1999~2019 年呈现阶梯状分布，其中，流入和总体呈现管制程度加深趋势，流出则呈现开放程度加深趋势。

3）集体投资项目开放度分析

乌拉圭集体投资项目的流入开放度、流出开放度与总体开放度 1999~2019 年呈现波动变化趋势。其中，各指标数值主要在 2002 年、2003 年出现波动，这可能与乌拉圭政府在该时间段实施了多项针对集体投资项目开放的政策有关。具体来看：2002 年，乌拉圭要求私人养老基金以政府证券的形式持有 40%（以前是 50%）的隐性法定最低比率。2003 年，新规定允许私营部门比索工具在衡量养老基金是否遵守以比索计价资产 1.5%的日内交易限额时，计为其面值的 1.8 倍；保险公司境外投资组合的最高限额由用于支付技术准备金和资本金的总资产的 25%提高至 30%；养老基金当日外汇交易上限为资产总额的 0.4%，最高限额为 200 万美元。然而，如果某只基金的 0.4%低于 100 万美元，则允许该基金每日交易的绝对金额不超过 100 万美元。

整体来看，乌拉圭集体投资项目流入开放度与总体开放度在 1999～2019 年大多数时间呈现水平分布。自 2002 年开始，集体投资项目累计开放度数值出现阶梯式大幅度下降。其中，流入、流出和总体均呈现开放程度加深的趋势。集体投资项目开放程度累计变化情况在 2002 年之前较为平稳，2002 年开始出现较大的波动。

4）金融信贷项目开放度分析

乌拉圭金融信贷项目流入、流出开放指数的变动情况都比较多，出现上述变动情况可能与乌拉圭政府金融信贷项目开放政策的调整相关。具体而言，2004 年乌拉圭不再要求银行持有由乌拉圭央行发行的以美元计价的存单的外币资产比例必须达到 6%；2008 年乌拉圭央行规定期限在 30 天以内的本币存款的准备金要求从 17%增加到 25%，与此同时，对于到期时间在 180 天以内的居民外币存款，存款准备金率从 25%提高到 35%；2010 年 2 月有限授权金融中介合作社居民 180 天以内外币存款准备金率由 10%下调至 9%，非居民在银行、金融中介合作社、金融公司的外币存款准备金率由 27%降至 25%；2016 年 6 月，乌拉圭央行对于超过 2011 年 4 月余额的居民和非居民的外汇负债，引入了 27%的边际准备金要求。这些措施都对乌拉圭金融信贷项目开放度产生了明显的影响。乌拉圭金融信贷项目流入开放度、流出开放度与总体开放度在 1999～2019 年呈现阶梯式变动的情形。整体来看，流入、流出和总体均呈现开放程度加深的趋势。

5）担保、保证和备用融资便利项目开放度分析

乌拉圭担保、保证和备用融资便利项目的流入开放度、流出开放度和总体开放度在 1999～2019 年保持基本稳定，仅在 2003 年流入开放度和总体开

放度数值交替出现了正负值。这主要是因为 2003 年乌拉圭央行宣布 30 天以下、30 天至 180 天、181 天至 367 天的最低法定存款准备金率分别降至 17.5%、11.5% 和 5%，同时对到期时间小于 180 天的外币计息存款的最低法定准备金要求从 10% 提高到 25%，较长期的从 4% 提高到 19%。这表明了乌拉圭政府对担保、保证和备用融资便利项目开放所持有的谨慎态度。

整体来看，乌拉圭担保、保证和备用融资便利项目流入开放度、流出开放度和总体开放度在 1999~2019 年大多数时间呈现水平分布，最终依旧稳定在 0 刻度线附近。从最终结果来看，乌拉圭担保、保证和备用融资便利项目流入和总体呈现开放程度加深的趋势，流出开放度则保持不变。

4.4　非洲高收入国家指标测度及特征分析

4.4.1　资本账户开放背景

塞舌尔（Seychelles）是位于非洲东部印度洋上的一个群岛国家，1999~2009 年为了吸引外资，鼓励私人投资带动国家经济发展，塞舌尔出台了一些政策鼓励本国资本账户开放，集中于货币市场和金融信贷两个方面。为避免资本账户开放程度过快、程度过高给本国经济带来较大的负面影响，塞舌尔在 2011 年之后制定了一些政策限制资本账户开放的力度。

4.4.2　资本账户双向开放指标测度及特征分析

1）塞舌尔资本账户开放程度变化

2001 年塞舌尔总体开放力度小幅增强，说明塞舌尔放松了对外管制的力度，并到 2005 年保持稳定。图 4.103 显示，2006 年开放力度再次加强。2008 年塞舌尔对外开放力度大幅增加，指数下降。2009 年塞舌尔资本账户开放力度继续大幅上升，放松了资本管制力度。2011 年总体开放力度下降，塞舌尔加强了对外管制力度，但总体仍保持开放局面。2012～2019 年开放力度保持不变。总体而言，塞舌尔总体开放程度呈现出上升的特点。具体地，2001～2010 年开放度呈现阶梯式上升，但 2011 年资本管制加强，开放力度有所下降，2012～2019 年，开放力度保持不变。

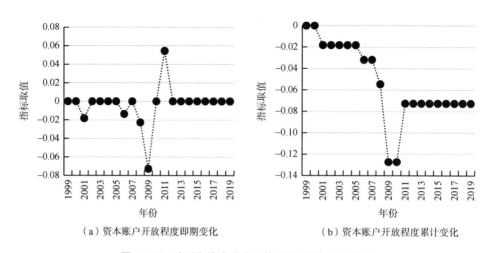

（a）资本账户开放程度即期变化　　　（b）资本账户开放程度累计变化

图 4.103　塞舌尔资本账户开放程度即期与累计变化

2）塞舌尔资本账户双向开放情况

（1）资本账户流入开放。塞舌尔跨境资本流入开放程度整体呈现上升的特点。图 4.104 显示，1999～2005 年塞舌尔资本流入开放力度为零。2006 年流入开放力度小幅增强，是因为塞舌尔规定外汇局可以向游客出售外币。2008 年、2009 年流入开放力度大幅加强，塞舌尔放松资本管制力度。2008 年塞舌尔废除了全部要求非居民用外币支付服务费的法规；2009 年塞舌尔规定商业银行的未平仓外汇头寸在多头和空头头寸限制在 30%，放松了金融信贷的资本流通管制，促进资本自由流出。2011 年塞舌尔资本开放程度小幅下降，是因为本币存款准备金率提高到 13%，外汇存款准备金率逐步从 11%上升到 13%。2011 年后塞舌尔资本账户流入开放程度保持不变。

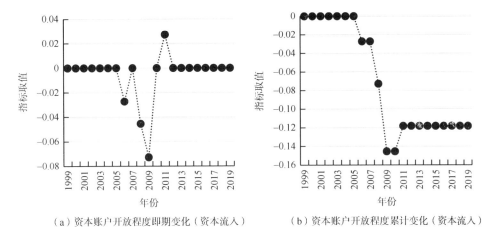

（a）资本账户开放程度即期变化（资本流入）　　　　（b）资本账户开放程度累计变化（资本流入）

图 4.104　塞舌尔资本账户开放程度即期与累计变化（资本流入）

（2）资本账户流出开放。图 4.105 显示，塞舌尔跨境资本流出开放力度在 2001 年跳跃式增大，是因为塞舌尔提升了旅客可携带的本国货币的最高限额，放松了对资本外流的管制力度，并直到 2008 年力度保持不变。2009 年塞舌尔跨境资本管制力度大幅下降，开放力度大幅上升，是因为塞舌尔制定了多条政策放松对个人资本流动的限制。但很快，在 2011 年开放力度又大幅削减，

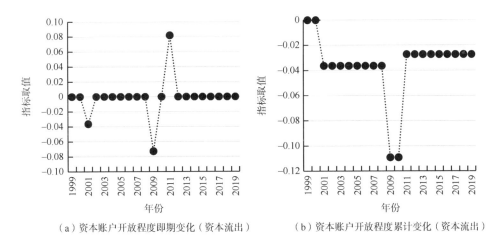

（a）资本账户开放程度即期变化（资本流出）　　　　（b）资本账户开放程度累计变化（资本流出）

图 4.105　塞舌尔资本账户开放程度即期与累计变化（资本流出）

整体开放力度下降，是因为塞舌尔制定了多条政策限制金融信贷资金外流。2011～2019 年的资本账户开放程度比 2001～2008 年的开放力度稍小。

4.4.3　资本账户子项双向开放指标测度及特征分析

1）塞舌尔货币市场项目开放度分析

塞舌尔货币市场流出开放指数累计值在 2001 年阶梯状下降之后，直到 2008 年保持稳定不变，2011 年发生连续上升，货币市场开放程度下降，2012～2019 年稳定在 2011 年的水平上保持不变。流入开放指数从 1999 年到 2005 年保持为零，2006 年大幅下降，平稳一年后，2008 年再次发生大幅下降，2011 年呈阶梯状上升，并到 2019 年都保持不变。总体而言，塞舌尔货币市场开放度呈上升趋势。相关政策有：2001 年，塞舌尔提升了旅客可携带的本国货币的最高限额；2006 年，塞舌尔规定外汇局可以向游客出售外币；2008 年塞舌尔废除了全部要求非居民用外币支付服务费的法规；2011 年 4～6 月塞舌尔本币存款准备金率提高到 13%，外汇存款准备金率逐步从 11%上升到 13%，加强了资本管制力度。

2）塞舌尔金融信贷项目开放度分析

2009 年塞舌尔金融信贷流出开放指数大幅下降，开放力度大幅提高，是因为塞舌尔规定商业银行的未平仓外汇头寸在多头和空头头寸限制在 30%，放松了金融信贷的资本流通管制。2011 年 4～6 月，金融信贷流出开放指数小幅增加，开放力度减弱，是因为塞舌尔制定了多条政策限制金融信贷资金外流：本币存款准备金率上调至 13%，外汇存款准备金率逐步从 11%上升至 13%。

1999～2008 年塞舌尔金融信贷开放度一直为零。2009 年塞舌尔金融信贷流入、流出和整体开放指数同步大幅下降，累计开放度大幅提高。2011 年金融信贷流出开放指数累计值上升，说明塞舌尔加强了金融信贷方面的管制力度。

4.5　大洋洲高收入国家指标测度及特征分析

4.5.1　资本账户开放背景

1. 澳大利亚

21 世纪初期，澳大利亚（Australia）资本账户开放为经济发展带来增长红利。随着澳大利亚资本账户开放度不断提升，其经济增速也明显加快。但在 1999～2019 年，澳大利亚资本账户开放政策以管制为主。1999～2019 年，澳大利亚几乎每年都会颁布有关杂项资本账户交易的政策，具体政策实施过程如下：1999 年，加强直接投资项目的管制，开放房地产市场项目；2001 年，政策主要集中于杂项资本账户交易限制；2003 年，颁布关于限制杂项资本账户交易限制的新政策；2010 年，加强直接投资项目和杂项资本账户交易限制；2011 年，加强直接投资项目限制；2013 年，加强杂项资本账户交易限制；2015 年，加强直接投资项目管制；2018 年，加强杂项资本账户交易限制；2019 年，加强房地产市场项目限制。

2. 新西兰

新西兰（New Zealand）出台了诸多资本账户管制政策，以避免资本账户开放程度过快、程度过高给本国经济带来较大的负面影响，这些政策主要集中于直接投资方面。同时为了吸引外资，鼓励私人投资带动国家经济发展，新西兰出台了一些放松资本管制的政策，但是总体而言，有关资本账户的较多政策还是围绕加紧资本管制力度。

3. 帕劳

帕劳（Palau），是太平洋上的岛国，帕劳国民经济支柱产业为旅游业和渔业。2019 年帕劳 GDP 约为 2.68 亿美元，经济出现小额负增长，GDP 增长率约为–4%，人均国民总收入约为 16 500 美元，属于高收入国家。

4.5.2 资本账户双向开放指标测度及特征分析

1. 澳大利亚

1）澳大利亚资本账户开放程度变化

澳大利亚资本账户即期变化出现较多管制调整引起的波动，仅在 2009 年以前尝试过开放政策，图 4.106 显示，整体呈现出资本账户管制为主的趋势。具体来看，虽然在 2003～2009 年澳大利亚资本账户开放程度曾有一定上升，但其开放程度十分微小。而 2010～2019 年，其资本账户总体管制程度的累计变化一直维持在正向水平，这体现了澳大利亚在 2009 年后资本账户的总体开放程度和资本内外流通程度减弱的状况。

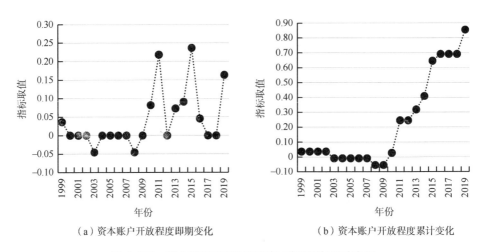

（a）资本账户开放程度即期变化　　　　　　（b）资本账户开放程度累计变化

图 4.106　澳大利亚资本账户开放程度即期与累计变化

2）澳大利亚资本账户双向开放情况

（1）资本账户流入开放。由图 4.107 可知，澳大利亚资本账户流入在 1999 年、2003 年与 2008 年出现三次负向波动，表明这些年份该国对于资本流入持开放态度。此后一直到 2019 年，资本账户流入开放程度主要为正向波动，且在 2011 年、2015 年与 2019 年波动幅度较大，这可能是这些年间，持续不断的资本流入管制政策使得外国资本流入受限。通过图 4.107 可知，2011 年之前，澳大利亚的资本账户流入有一定程度开放，但 2011 年后开放程度出现大幅度下降，这说明此阶段澳大利亚针对当时的经济金融环境需要做了调整，以抑制资本流入带来的宏观经济波动。

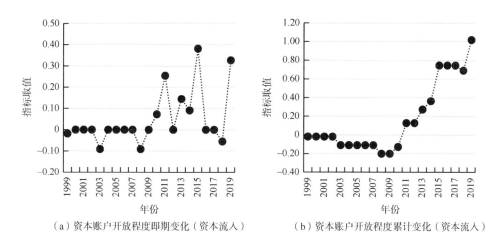

（a）资本账户开放程度即期变化（资本流入）　　（b）资本账户开放程度累计变化（资本流入）

图 4.107　澳大利亚资本账户开放程度即期与累计变化（资本流入）

（2）资本账户流出开放。由图 4.108 可知，在之前确定了澳大利亚政府限制外来资本流入的前提下，澳大利亚同样限制本国资本进入国外市场进行运作，这反映了澳大利亚资本账户管制是内外双向、同时进行的。

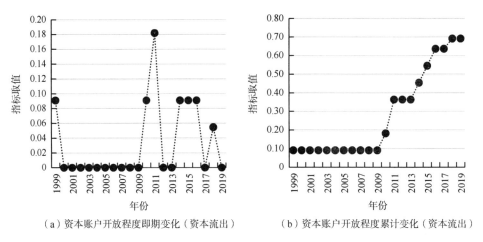

（a）资本账户开放程度即期变化（资本流出）　　（b）资本账户开放程度累计变化（资本流出）

图 4.108　澳大利亚资本账户开放程度即期与累计变化（资本流出）

2. 新西兰

1）新西兰资本账户开放程度变化

本节对每年度新西兰资本账户开放政策变化的情况进行量化和分析，重点观察 1999 年起，新西兰资本账户开放力度的当年变化情况，正向为收紧，负向为放松。图 4.109 显示，2010 年前总体呈开放局面。但是从 2011 年到

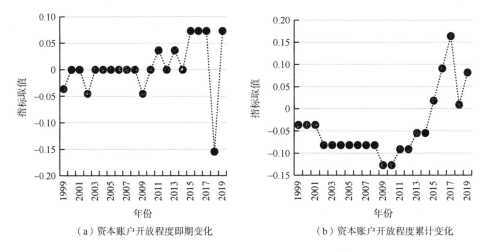

（a）资本账户开放程度即期变化　　　　　（b）资本账户开放程度累计变化

图 4.109　新西兰资本账户开放程度即期与累计变化

2014 年，新西兰资本账户在收紧和放松中反复波动，2018 年资本管制程度减弱，出现较大程度的负向波动。

新西兰资本账户 1999～2001 年开放程度保持不变，总体呈开放局面。2002 年开放程度加大，并保持稳定。直到 2009 年新西兰进一步加大了开放力度。但是 2011～2014 年，新西兰逐步加大资本账户管制，2011 年以及 2013 年新西兰资本账户开放力度都有小幅跳跃式的下降，但是总体仍保持对外开放的情况。2015～2017 年起新西兰逐步大幅加深管制程度，呈现对外封闭局面。2018 年封闭程度有大幅减弱，但 2019 年管制力度又有所加大。

2）新西兰资本账户双向开放情况

（1）资本账户流入开放。图 4.110 显示，1999～2001 年资本账户流入开放没有明显变动。2002 年开放力度加大，2003 年资本管制力度加大。2004～2010 年资本流入开放度保持平稳。2011～2019 年，新西兰资本账户流入开放度在加大和降低中反复波动，整体呈现管制力度加大的特征。1999～2001 年新西兰没有制定有关资本流入的政策。总体来看，2002～2010 年新西兰累计加大了其资本账户流入开放力度，但从 2011 年起资本账户流动准入的管制力度增强，2011 年以及 2013 年资本账户管制力度呈阶梯式上升，说明对外开放程度逐步减小，封闭程度逐步加强。2014～2017 年跨境资本流入开放力度大幅下降，而该趋势在 2017 年停止，2018 年管制力度减弱，开放程度有所上升。但总体仍是对外封闭的局面，而 2019 年开始，又重新加强管制。

（2）资本账户流出开放。新西兰资本账户流出开放在 1999 年管制力度有所加大后，至 2008 年一直保持稳定。2008～2010 年以及 2017～2019 年新西兰资本账户流出都呈现出管制力度先放松后收紧的特征。

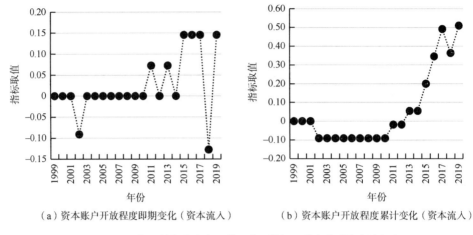

（a）资本账户开放程度即期变化（资本流入）　　（b）资本账户开放程度累计变化（资本流入）

图4.110　新西兰资本账户开放程度即期与累计变化（资本流入）

3. 帕劳

1）帕劳资本账户开放程度变化

帕劳资本账户开放度在少数几个年份出现波动情况，其中既有反向放松管制的政策，也有正向收紧管制的政策，整体上呈现收紧变化。

如图4.111所示，1999～2001年，帕劳资本账户开放力度整体呈现加强趋势。帕劳货币当局从1999年开始出台了一系列的政策来放松对资本账户开放的管控。但资本账户开放速度过快和程度过深会带来国际收支失衡、系统性金融风险、金融系统脆弱性加强等一系列不良影响，因此帕劳货币当局从2002年开始出台了一系列的政策来加强对资本账户的管制。总体而言，在2002年后，帕劳货币当局为防控金融风险，资本管制力度进一步加强。

2）帕劳资本账户双向开放情况

（1）资本账户流入开放。帕劳跨境资本流入开放力度在2003年、2011年、2013年发生突变，这可能是因为帕劳货币当局在2003年11月要求金融实体必须报告所有可疑交易；2011年4月，银行监管机构不得将其股份出售或转让给在税率很低或是完全免征税款的地区注册的个人或法人实体；2013

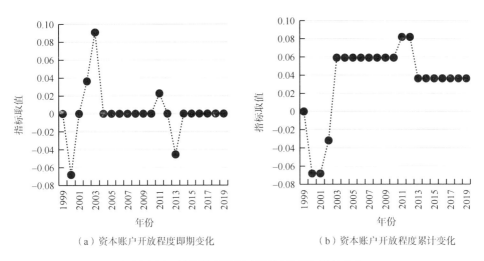

（a）资本账户开放程度即期变化　　　　（b）资本账户开放程度累计变化

图 4.111　帕劳资本账户开放程度即期与累计变化

年 2 月允许非居民代理人可以买卖外汇远期合约。帕劳资本账户流入开放度在 1999～2002 年保持不变，2002 年后开始呈现逐年下降的趋势。

（2）资本账户流出开放。相较于流入方向，帕劳资本账户流出方向的管制相对宽松，管制力度较小，且早期存在开放尝试，如图 4.112 所示。

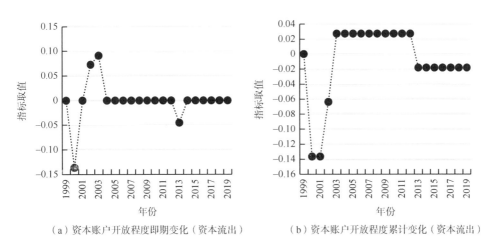

（a）资本账户开放程度即期变化（资本流出）　（b）资本账户开放程度累计变化（资本流出）

图 4.112　帕劳资本账户开放程度即期与累计变化（资本流出）

4.5.3　资本账户子项双向开放指标测度及特征分析

1. 澳大利亚

1）集体投资项目开放度分析

澳大利亚集体投资项目开放度在 1999～2019 年除 2018 年出现波动外，总体上呈现较为平稳的趋势。流入开放度指标在–1 至 0 之间波动，这可能与澳大利亚政府在该年份实施多项针对集体投资项目开放的政策有关。具体来看，2018 年 10 月，澳大利亚证券和投资委员会延长了没有持有澳大利亚金融服务许可证的企业在澳大利亚提供金融服务的豁免期限。可以看到，集体投资项目开放度不断扩大，且流入开放的步伐与流出开放的步伐基本一致。

2）直接投资项目开放度分析

1999 年开始，澳大利亚直接投资开放指数变为正数，意味着澳大利亚开始了对直接投资项目的管制进程。1999 年 9 月，外国投资现有企业的申报门槛提高到 5000 万澳元；2011 年 1 月，美国投资者在澳美协定下投资非敏感行业的门槛从 10.04 亿澳元上调至 10.05 亿澳元；2015 年 12 月，中国投资者投资非敏感业务的门槛提高至 10.94 亿澳元（之前为 2.52 亿澳元），投资敏感业务的门槛提高至 2.52 亿澳元；2019 年 1 月，在外商投资审查制度方面，根据《跨太平洋伙伴关系全面进步协定》，加拿大和墨西哥被列入对敏感和非敏感企业的权益收购门槛较高的国家名单。

整体来看，澳大利亚直接投资项目流入开放度、流出开放度与总体开放度在 1999～2009 年始终稳定呈现水平分布。而在 2010 年，直接投资项目累计开放度数值出现阶梯式大幅度上升，其中，流入和总体开放度均呈现管制加深的趋势。

3）不动产市场项目开放度分析

澳大利亚不动产市场项目的流出开放度和总体开放度在 1999～2018 年

基本保持稳定，但在 1999 年和 2008 年出现负向波动。这期间的具体政策有：1999 年 9 月，澳大利亚公民及其外国配偶作为共同租户购买住宅物业不再需要寻求批准；2008 年 12 月，临时居民不再需要直接或通过澳大利亚公司或信托公司提交拟议收购房地产的通知。2013 年、2018 年和 2019 年出现正向波动，具体政策为：2013 年 1 月，已开发商业地产的投资门槛从 5300 万澳元提高到 5400 万澳元；2019 年 1 月，在西澳大利亚州，对外国买家征收的附加税（印花税）从 4% 增加到 7%。

2. 新西兰

1）直接投资项目开放度分析

1999 年新西兰直接投资流出开放程度上升，可能是由于新西兰对外投资所需授权的限额提高到 5000 万新西兰元。2002 年新西兰直接投资流入开放指数进一步下降，说明对外开放程度提高，可能是因为新西兰关于农田投资的单独授权程序开始生效，以及新西兰航空公司的外国所有权限制被取消。2009 年，新西兰直接投资流出开放指数下降，开放程度提高，是由于《2009 年海外投资条例》规定某些证券化和承销安排可以不受某些投资规则的限制。2011 年、2013 年和 2015～2019 年新西兰直接投资流入开放指数上升，是因为澳大利亚政府和澳大利亚非政府对新西兰重大商业的投资门槛不断提高。

新西兰直接投资流出开放指数 2000～2008 年保持不变，维持较低的开放水平。2009 年小幅跳跃下降，直到 2017 年指数都保持稳定。2018 年阶梯状下降，开放程度进一步加强。总体而言，新西兰直接投资流出开放程度呈现加强趋势。流入开放指数从 2001 开始逐步呈阶梯状上升，直接投资流入管制力度逐步加强，呈封闭状态。新西兰直接投资总指数受流入指数和流出指数的共同影响：2000～2010 年指数大都保持为负数，保持对外开放。2011 年开始呈阶梯状上升，上升幅度受流出指数的影响远小于流入指数。

2）不动产市场项目开放度分析

2002 年新西兰不动产市场流入开放指数数值上升，对外管制力度加强，可能是因为新西兰规定，收购超过 0.4 公顷的土地需要获得授权。2018 年由于新西兰放松了对获得住宅土地权益的规定，由此不动产流出开放指数数值下降，管制放松。除此之外，新西兰不动产市场项目的流出开放度和总体开放度 2003～2017 年基本保持稳定。

3. 帕劳

1）股权市场项目开放度分析

帕劳股权市场项目的流入开放度在 1999～2019 年始终保持不变，流出开放度与总体开放度在 1999～2019 年除了在 2011 年出现波动外，总体上呈现较为平稳的趋势。是因为在 2011 年 4 月，银行监管机构不得将其股份出售或转让给在税率很低或是完全免征税款的地区注册的个人或法人实体。

2）货币市场项目开放度分析

帕劳货币市场的流入开放度、流出开放度与总体开放度在 1999～2019 年除 2002 年出现波动外，总体上呈现较为平稳的趋势。这可能是因为在 2002 年 7 月，帕劳货币当局提高了期限最长为 360 天的外汇存款准备金率。同年 11 月，帕劳货币当局又降低了期限最长为 360 天的外汇存款准备金率。

3）衍生工具项目开放度分析

帕劳衍生工具市场流入开放度、流出开放度与总体开放度在 1999～2019 年除 2000 年、2013 年出现波动外，总体上呈现较为平稳的趋势。这可能是因为 2000 年 11 月，帕劳货币当局允许金融机构每日维持不超过风险加权资产总额 12%和 8%的外汇多头和空头头寸，其中长期和短期的远期头寸不得超过每个金融实体加权资产和或有债权的 0.5%；2013 年 2 月，帕劳货币当局允许非居民代理人可以买卖外汇远期合约，并且不对其他衍生工具做特殊的规定。

4）金融信贷项目开放度分析

帕劳金融信贷市场的流入开放度、流出开放度与总体开放度在 1999～2019 年除 2000 年和 2002 年出现波动外，总体上呈现较为平稳的趋势。这可能是因为 2000 年 11 月帕劳货币当局允许金融机构每日维持不超过风险加权资产总额 12%和 8%的外汇多头和空头头寸；2002 年 8 月又降低了每日最大多头和空头外汇头寸。

4.6　本 章 小 结

根据世界银行对各个国家的划分，GKAOPEN 数据库中共有 52 个高收入国家。本章分别简短介绍了每个国家自 1999 年以来资本账户开放的变动情况。

根据各个国家的资本账户政策的变动情况，这 52 个国家可以划分为资本账户更加开放、更加管制、先放松后收紧、先收紧后放松、波动变化和极少变动的类型。

1999 年以来资本账户总体更加开放的国家共 19 个，分别为巴哈马、巴巴多斯、智利、克罗地亚、塞浦路斯、以色列、日本、荷兰、葡萄牙、卡塔尔、罗马尼亚、塞舌尔、新加坡、斯洛伐克、斯洛文尼亚、西班牙、瑞典、瑞士和乌拉圭。

资本账户更加管制的国家共 9 个，分别为奥地利、阿曼、加拿大、法国、德国、希腊、立陶宛、挪威和沙特阿拉伯。

资本账户管制中先放松后收紧的国家共 11 个，分别为阿鲁巴、澳大利亚、巴林、爱沙尼亚、马耳他、意大利、拉脱维亚、新西兰、帕劳、波兰和美国。

资本账户管制中先收紧后放松的国家共 5 个，分别为安提瓜和巴布达、丹麦、冰岛、韩国和阿联酋。

资本账户开放情况有波动变化的共 5 个国家, 分别为比利时、芬兰、捷克、圣马力诺和匈牙利。

资本账户开放极少变动的共 3 个国家, 都仅有 1 次变动, 分别为科威特、特立尼达和多巴哥以及英国。

总体来讲, 在高收入国家中, 采取更加开放的资本账户政策的国家多于采取更加保守政策的国家。有接近三分之一的国家采取变化的政策以适应不同时期经济环境的变化。

第5章
中高收入国家资本账户双向开放测度及特征分析

本章对GKAOPEN数据库内中高收入国家的资本开放内容进行了展示和整理,筛选出的中高收入国家包括:亚美尼亚(Armenia)、格鲁吉亚(Georgia)、印度尼西亚(Indonesia)、伊拉克(Iraq)、约旦(Jordan)、哈萨克斯坦(Kazakhstan)、黎巴嫩(Lebanon)、马来西亚(Malaysia)、马尔代夫(Maldives)、泰国(Thailand)、土耳其(Turkey)、土库曼斯坦(Turkmenistan)、阿尔巴尼亚(Albania)、白俄罗斯(Belarus)、保加利亚(Bulgaria)、科索沃(Kosovo)、黑山(Montenegro)、北马其顿(North Macedonia)、俄罗斯(Russia)、塞尔维亚(Serbia)、阿根廷(Argentina)、伯利兹(Belize)、巴西(Brazil)、哥斯达黎加(Costa Rica)、多米尼克(Dominica)、多米尼加(Dominican)、厄瓜多尔(Ecuador)、格林纳达(Grenada)、危地马拉(Guatemala)、圭亚那(Guyana)、牙买加(Jamaica)、墨西哥(Mexico)、巴拉圭(Paraguay)、秘鲁(Peru)、苏里南(Surinam)、委内瑞拉(Venezuela)、博茨瓦纳(Botswana)、赤道几内亚(Equatorial Guinea)、加蓬(Gabon)、利比亚(Libya)、纳米比亚(Namibia)、南非(South Africa)、斐济(Fiji)、萨摩亚(Samoa)、汤加(Tonga)。上述中高收入国家主要位于中东、西亚、拉丁美洲和非洲,既有矿产资源丰富的内陆国,也有自然环境优越的岛国,部分国家在社会背景和经济发展策略上存在一定的相似性,这也为各国资本账户开放历史和情况的聚类分析提供了条件。

　　首先，从经济结构上来看，中高收入国家大多工业基础薄弱，存在经济发展不平衡且产业结构单一的问题，多数国家将旅游业作为经济发展的重要支柱，如厄瓜多尔、格林纳达、马尔代夫、约旦等国。同时，矿产资源丰富的国家受国际油价波动影响较大，如赤道几内亚、加蓬、圭亚那、伊拉克等国，且部分国家面临着地缘政治斗争、地区间物理摩擦与国际政治经济局势的多重压力，如科索沃、黑山、北马其顿、伊拉克等国。在此背景下，中高收入国家的基础设施和市场发展并不成熟，虽然经济出现跨越式发展但多数国家可持续发展潜力尚不充足。

　　其次，从经济发展历程上来看，为解决上述存在的问题，多数中高收入国家均进行了积极的市场化改革，发展外向型经济，创造国内良好的投资环境以吸引外资，已加入或尝试加入更多的区域经济一体化组织或贸易协定，如欧盟、加勒比共同体、金砖五国、拉丁美洲经济体系和亚洲太平洋经济合作组织等。同时，为充分吸收全球经济一体化带来的增长红利，顺应全球经济发展的必然趋势，中高收入国家大多积极开放资本账户，制定了渐进式的、以改善情况为指导思想的资本账户开放规划，并应时应需进行调整，取得了较好的开放成果和经济效益，如巴西、保加利亚、斐济、利比亚、马来西亚、南非等国，这与当下各国所处的经济环境与国际金融发展要求相匹配。

　　再次，虽然当前进行资本账户开放已成为中高收入国家推动经济增长的重要手段，但由于某些国家自身尚不完善的改革方式以及政治层面的经济制裁等因素，其当前的资本账户开放也面临着来自多方的压力，部分国家存在过度依赖外资、债务负担严重的现象，如厄瓜多尔、牙买加、哈萨克斯坦、黎巴嫩等国。此外，一些国家的资本账户开放过早、开放进程过快，这使其暴露在国际金融风险中，在过度依赖外资和外援的背景下该国极易受到国际金融危机的冲击，这是中高收入国家在日后的资本账户开放中应重点关注并解决的问题。

最后，具体到中高收入国家资本账户开放的内容来看，具有一定基础的国家在股权市场、债券市场、货币市场、集体投资项目上表现相对成熟，引导性政策较多；而经济基础较为薄弱的国家则受限于其不成熟的金融体系更加侧重金融信贷和直接投资项目，少有涉及衍生品市场。中高收入国家间自身条件基础和面临外部环境的异质性使其资本账户开放范围呈现出经济基础越好的经济体开放的资本账户子项范围越广泛的特点。

整体而言，中高收入国家的资本账户开放基于各国的经济内、外部环境，大部分呈现出顺势改革、积极开放的态势，少部分出于国际金融危机冲击、政局动荡、国际制裁或战争等外部因素的影响，其资本账户开放依旧保持十分谨慎的态度，但绝大部分中高收入国家都进行了资本账户扩大开放的尝试。通过进行对外贸易活动，积极促进对外经济的友好往来，中高收入国家的资本账户开放力度和趋势呈现出既服务于国内经济发展需求，也兼顾其政治外部环境需要的特点，该特点与其国际地缘政治、宏观金融市场的波动具有较强的相关性。

5.1　亚洲中高收入国家指标测度及特征分析

5.1.1　资本账户开放背景

1. 亚美尼亚

亚美尼亚在 1991 年独立后，由于自身经济基础薄弱再加上受到战争破坏和经济封锁的影响，经济发展较为落后。但亚美尼亚政府通过调整产业结构等措施来拉动经济增长，使得经济逐渐好转。2019 年亚美尼亚 GDP 约为 137 亿美元，GDP 增长率约为 8%，人均国民总收入约为 4680 美元。因此亚美尼亚属于中高收入国家。

2. 格鲁吉亚

自 1991 年独立以来，格鲁吉亚动荡冲突不断并逐步波及经济层面，直至 2003 年政局才趋于稳定，经济取得一定发展。然而，2008 年俄格战争的爆发重创该国经济。2019 年，格鲁吉亚国民净收入为 147.97 亿美元，人均国民净收入为 3977.49 美元。格鲁吉亚资本账户开放始于 1991 年，其资本账户开放历程大致可分为三个阶段。第一阶段：1991~2007 年。格鲁吉亚大力建设国内经济，加大对外开放的步伐，资本账户处于稳定的开放水平。第二阶段：2008~2016 年。格鲁吉亚以稳慎开放的思想指导收紧对外开放力度，有目的地实施资本管制举措。第三阶段：2017 年至今。格鲁吉亚致力于建立自由市场经济，稳慎放松资本账户，加大吸收外资的力度。

3. 印度尼西亚

作为东南亚地区最大的经济体，印度尼西亚 GDP 居东盟之首，但与东盟其他国家和新兴市场相比，其资本市场规模较小，市场效率较低，同时非银行金融机构的中介作用尚不成熟、市场机制不够完善，从而导致资金流动性较低。

整体而言，亚洲金融危机后，印度尼西亚政府吸取其早期过度开放短期资本市场、盲目实行资本项目自由化措施的教训，积极改革国内经济并重点整治银行业，逐步加强金融业及资本流动监管。虽在 2014 年由于限制外资的法案未能最终实施致使管制程度出现一定幅度的回落，但近年来伴随着美联储加息、全球利率上行、原油价格上涨等外生动荡因素的不断涌现，印度尼西亚政府实施了积极的管制措施以稳定短期资本市场，即资本账户开放程度呈日渐收紧状态。

4. 伊拉克

伊拉克以石油工业为支柱产业，于 1973 年实现石油工业国有化。多年的战乱给伊拉克的经济带来了严重的后果，国家经济依靠石油出口产业在动荡中艰难前行。自 2003 年萨达姆统治结束之后，伊拉克所面临的国际环境相对改善；2003 年，伴随着战后首届正式政府组阁上台以及伊拉克贸易银行作为独立的政府机构成立，伊拉克开始逐步实施经济体制改革和金融自由化以促进社会经济发展；2014 年伊拉克和黎凡特伊斯兰国战争爆发，部分国土和油田沦陷，再次对伊拉克的社会经济发展造成巨大冲击。在上述发展背景下，伊拉克的资本账户开放整体状况在战后呈现出逐步开放的趋势，并具有时点波动性特征，这与其国内政治局面、受到国际干扰等因素密切相关。

5. 约旦

约旦是经济基础薄弱的发展中国家，资源较为贫乏，严重依赖进口。该国国民经济依赖侨汇、旅游和外援。2019 年约旦 GDP 为 438 亿美元，人均 GDP 约 4350 美元，GDP 增长率为 2%，故约旦步入中高收入国家。约旦资本账户整体开放状况呈现先收紧后逐渐放松的趋势。

6. 哈萨克斯坦

1991 年 12 月宣布独立前的哈萨克斯坦，作为苏联的加盟共和国，其经济增长曾一度出现停滞，深陷经济危机。直至苏联解体，哈萨克斯坦于 1993 年 11 月推出本国货币坚戈，开始了以市场经济为导向的金融经济体系改革，包括改革经济体制等措施，不断扩大金融对外开放程度。在 2008 年全球金融危机爆发之前，哈萨克斯坦俨然成长为中亚地区经济最为发达的国家。然而，金融领域一揽子改革政策在有效推动危机爆发前哈萨克斯坦经济持续快速发展的同时，也造成了该国外资依存度过高的问题，为其日后易受外部经济环境的影响埋下伏笔。

回顾哈萨克斯坦的资本账户开放历史，1999～2019 年整体表现为扩大趋势，并较易受外部经济环境的影响，呈现出贴合自身国情情况的波动特点。

7. 黎巴嫩

黎巴嫩以私营经济为主，拥有自由开放的市场经济。但多年内战导致 20

世纪 90 年代后期黎巴嫩经济开始进入衰退阶段，债务不断上升，财政长期处于赤字的状态。该国主要经济来源为银行业和旅游业，二者占据黎巴嫩 GDP 的 65%。由于政局变动等外部因素的影响，该国对资本账户始终保持谨慎的管制态度，直至近年来为刺激经济发展才做出了适当开放的尝试。

8. 马来西亚

马来西亚属于开放型市场经济，经济对外依赖程度较高，本国重点扶植第三产业——服务业，这也是该国经济的支柱产业，其产值占 GDP 的 60% 以上，跨国贸易推进国家经济稳步增长。马来西亚根据自身经济发展状况，格外重视本国经济与世界经济的融合度，政府每五年出台经济发展计划，即"五年计划"，又称为"马来西亚计划"，旨在通过提高生产力、推进经常账户与资本账户开放等策略增加国民收入，保证经济增长活力。

总体而言，马来西亚资本账户开放程度于 20 世纪末 21 世纪初快速提升，马来西亚出于推动本国经济加速发展，促进本国经济与世界经济相融合的目的吸收全球资本红利，并加快资本账户开放步伐，其开放政策均在各个资本账户开放子项中有所体现，其资本账户开放水平呈阶梯式上升的同时经济增速较快提高，同时其资本账户总体上保持持续开放趋势。

9. 马尔代夫

马尔代夫作为岛国，资源贫乏，经济结构单一，很大程度上依赖进口，经济基础较差。国家大力发展旅游业、船运业与渔业，从而使经济形势逐步回升，2009 年马尔代夫 GDP 增速高达 32.4%，特别是 2014 年之后，本国加快资本账户开放步伐，尤其是针对货币市场开放政策，频繁下调外币存款准备金率，国内经济发展水平稳步提升。

总体而言，自 2014 年起，马尔代夫开始逐步开放资本账户，为经济发展带来增长红利。伴随着本国资本账户开放度的不断提升，其经济增速亦明显加快，表明马尔代夫对资本账户的开放日益重视，这也成为马尔代夫进一步开放国内市场从而加速融入全球经济的重要一环。

10. 泰国

泰国属外向型经济，较依赖美国、日本、欧洲等外部市场。泰国于 1961 年起开始实行开放的市场经济政策，采取一系列优惠政策鼓励外商赴泰投资；1987～1990 年为外国对泰投资高峰期；1997 年受亚洲金融危机冲击，外国对泰投资大幅下降；1999 年经济开始复苏。2020 年，泰国 GDP 为 5092 亿美元；GDP 增长率−6.10%；通货膨胀率−0.85%。根据泰国各时期的资本账户开放工作重心的不同，可将其分为如下几个阶段：初创阶段（1999 年以前），受亚洲金融危机的影响，资本账户仅开放了部分项目；高速开放阶段（1999～2012 年），泰国加快资本账户开放步伐，尝试以对外开放提振经济；波动开放阶段（2013 年至今），泰国资本账户开放程度变动的高峰时期，该时期泰国呈现了资本账户开放程度收紧与放松同时进行的特点。总体而言，自 1999 年至今的泰国资本账户开放程度呈现波动上升的特点。

11. 土耳其

自 20 世纪 80 年代实行对外开放政策以来，土耳其经济实现跨越式发展，由经济基础较为落后的传统农业国向现代化的工业国快速转变。自 2002 年正发党上台以来，该国不断改善投资环境以吸引外资。2020 年土耳其 GDP 为 7171 亿美元，人均 GDP 达到 8599 美元，GDP 增长率为 1.8%，故土耳其被世界银行划分为中高收入国家。土耳其资本账户整体开放状况以 2017 年为分界点，呈现先放松后逐渐收紧的趋势。

12. 土库曼斯坦

土库曼斯坦属于中高收入国家。2001～2006 年，土库曼斯坦的资本账户开放处于摸索状态，相对谨慎，总体维持在稳定的水平；2008 年后土库曼斯坦政府加大了引资力度，尝试扩大资本账户开放水平。2009～2014 年，土库曼斯坦经济保持快速增长。自 2015 年以来，在国际油价持续下跌和低位徘徊背景之下，土库曼斯坦宏观经济增速放缓，GDP 增速稳定在 6%～7%。虽然土库曼斯坦对外经济活动和吸引外资的法律框架基本具备，但开放步伐仍较为审慎，资本账户的管制力度较强。

5.1.2　资本账户双向开放指标测度及特征分析

1. 亚美尼亚

1）亚美尼亚资本账户开放程度变化

图 5.1 显示，1999～2015 年亚美尼亚资本账户开放力度波动频繁，而在 2016～2019 年保持平稳。亚美尼亚资本账户呈现早期开放放松、后期管制加强的发展特点。即期变化指标正负大致呈现对半出现的情况，但是累计变化指标呈现先下降后持续上升的情况，仍体现出了资本账户管制逐步加强的变化趋势。

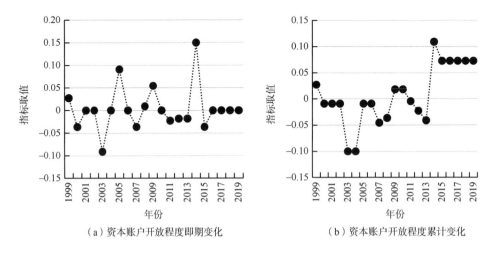

（a）资本账户开放程度即期变化　　　（b）资本账户开放程度累计变化

图 5.1　亚美尼亚资本账户开放程度即期与累计变化

2）亚美尼亚资本账户双向开放情况

（1）资本账户流入开放。图 5.2 显示，该国资本流入的开放与管制指数同向变动，累计变化指数波动下降，整体而言体现出资本账户开放力度加强的趋势。

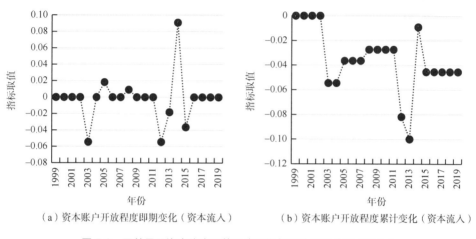

（a）资本账户开放程度即期变化（资本流入）　　（b）资本账户开放程度累计变化（资本流入）

图 5.2　亚美尼亚资本账户开放程度即期与累计变化（资本流入）

（2）资本账户流出开放。图 5.3 显示，该国资本流出的调整更为频繁，从即期变化指标来看正负相抵，开放与管制同步交错，累计变化指标整体先呈现下降趋势，后呈现上升趋势，说明资本账户呈现早期开放扩张、后期管制收紧的态势。

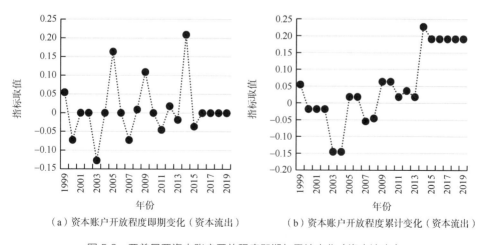

（a）资本账户开放程度即期变化（资本流出）　　（b）资本账户开放程度累计变化（资本流出）

图 5.3　亚美尼亚资本账户开放程度即期与累计变化（资本流出）

2. 格鲁吉亚

1）格鲁吉亚资本账户开放程度变化

1999～2007 年，格鲁吉亚资本账户开放每年度变化相对稳定；2007 年以后，格鲁吉亚资本账户开放水平波动较多，主要与该时期针对养老基金和保险公司的资本管制政策有关；以 2017 年为拐点，格鲁吉亚资本账户开放出现放松尝试，体现在货币市场、商业信贷市场以及不动产市场等。格鲁吉亚自 1999 年以来资本账户开放程度呈现整体下降的趋势。如图 5.4 显示，1999～2007 年，格鲁吉亚资本账户整体开放度基本平稳；2007 年之后，整体开放度呈下降趋势，整体开放力度降低。总体来看，格鲁吉亚资本账户开放即期变化指标大部分为正，偶尔为负，资本账户开放累计变化指标数值在 2007 年以后呈持续上升态势，仍然体现出资本账户管制加强的变化趋势。

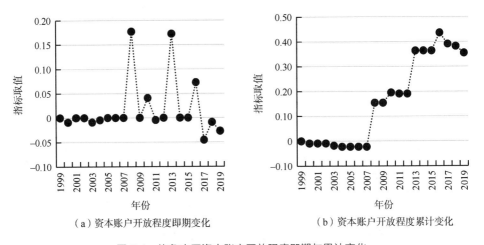

(a) 资本账户开放程度即期变化　　(b) 资本账户开放程度累计变化

图 5.4　格鲁吉亚资本账户开放程度即期与累计变化

2）格鲁吉亚资本账户双向开放情况

（1）资本账户流入开放。图 5.5 显示，格鲁吉亚资本账户流入开放即期变化指标在 2012 年以前波幅较小，2012 年以后出现较大幅度波动，有正有负，但负向变动程度相对更高，且近年来波动频率攀升，尤其在 2016 年之后急剧波动，累计变化指标整体持续下降，体现出资本账户流入开放程度加强的变化趋势。

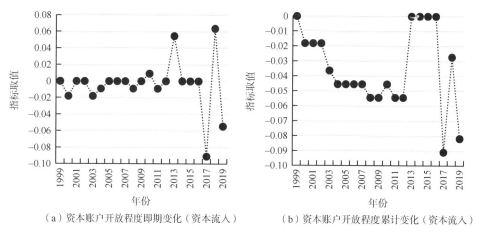

（a）资本账户开放程度即期变化（资本流入）　　　（b）资本账户开放程度累计变化（资本流入）

图 5.5　格鲁吉亚资本账户开放程度即期与累计变化（资本流入）

（2）资本账户流出开放。图 5.6 显示，格鲁吉亚资本账户流出开放即期变化指标以 2008 年为一个分界点，2008 年前保持极为稳定的水平，而该趋势在 2008 年发生变化，管制力度加大，体现在图中为资本流入开放即期变化指数的突然攀升，随后基本保持了不同力度的隔年收紧的态势，这一趋势在 2018 年发生变化，2018 年资本管制力度有所下降。格鲁吉亚资本账户流出累计变化指标呈现持续上升态势，体现出资本账户管制总体的态度是谨慎加紧的。

3. 印度尼西亚

印度尼西亚资本账户整体开放状况呈现波动上升的态势，仅在 2007 年和 2014 年出现下降波动，随后恢复上升趋势，管制力度不断提升。同时，印度尼西亚资本账户整体开放趋势中较为明显的波动幅度贴合全球性金融危机、贸易摩擦加剧等重要外生事件发生的时点。

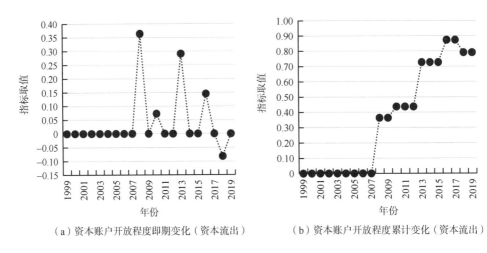

（a）资本账户开放程度即期变化（资本流出）　　　　（b）资本账户开放程度累计变化（资本流出）

图 5.6　格鲁吉亚资本账户开放程度即期与累计变化（资本流出）

1）印度尼西亚资本账户开放程度变化

图 5.7 显示了印度尼西亚资本账户在 1999~2019 年总体开放程度每年的波动幅度，绝大部分时间印度尼西亚政府处于资本账户的收紧管制状态，资本账户即期变化指数仅在 1999 年、2007 年、2014 年和 2018 年明显走低。印度尼西亚资本账户开放程度的波动时点较好地贴合了印度尼西亚政府的政策推出和政治、经济背景。总体而言，1999 年之后，在东亚各国逐渐走出亚洲金融危机阴影的背景下，印度尼西亚的资本账户开放的政策性导向呈现逐渐收紧的态势；在亚洲金融危机十周年时出现小幅的管制放松；而在随后的 2008 年全球性金融危机中印度尼西亚的资本账户开放程度的管制出现明显攀升，并保持上涨趋势；此后除了在 2014 年由于政策变动存在管制放松以外，面对日趋严峻的国际贸易环境和风险传染机制，印度尼西亚的资本账户累计变化指标偶有负数，多数为正，说明其管制力度不断加大，总体开放趋势加速收缩。

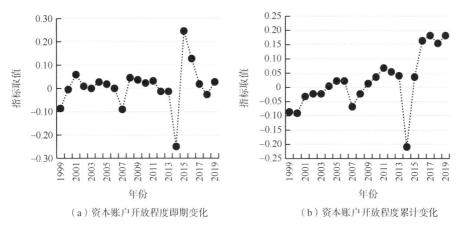

图 5.7　印度尼西亚资本账户开放程度即期与累计变化

（a）资本账户开放程度即期变化　　　（b）资本账户开放程度累计变化

2）印度尼西亚资本账户双向开放情况

（1）资本账户流入开放。印度尼西亚跨境资本流入即期开放变化指标少数为负，多数为正，整体呈现出由宽松走向较为严格的管制状态，且近年来对于跨境资本流入的管制尤为突出。如图 5.8 所示，1999~2010 年和 2012~2014 年，累计变化指标出现负值，这是由印度尼西亚政府为从全球性金融危机和主权债务危机中恢复经济稳定局面而采取的放松资本流入管制、吸引外资政策所致，此举并未影响资本账户流入开放的整体走势，总体来看，仍体现出管制加强的变化趋势。

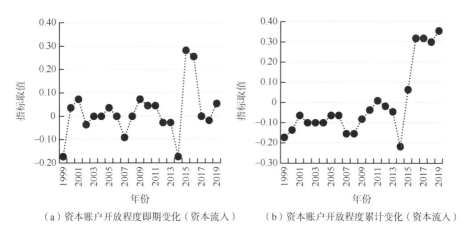

（a）资本账户开放程度即期变化（资本流入）　　（b）资本账户开放程度累计变化（资本流入）

图 5.8　印度尼西亚资本账户开放程度即期与累计变化（资本流入）

（2）资本账户流出开放。从印度尼西亚跨境资本流出即期开放指标变化来看，相较于跨境资本流入的限制，流出管制相对较弱，如图 5.9 所示，这说明印度尼西亚对于本国资本进入国外市场进行运作的管制更为宽松，且具有应时波动的特点。印度尼西亚资本对外流动限制的累计变化指标呈管制态度，但近年来管制力度有所下降。

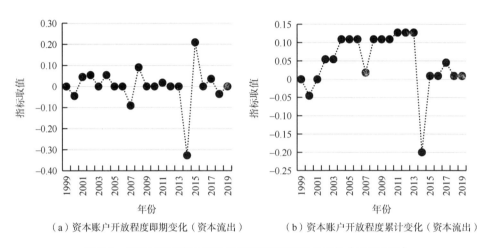

（a）资本账户开放程度即期变化（资本流出）　（b）资本账户开放程度累计变化（资本流出）

图 5.9　印度尼西亚资本账户开放程度即期与累计变化（资本流出）

4. 伊拉克

伊拉克资本账户整体开放程度呈现频繁波动的现象，整体来讲近年来监管力度有所加强，整体开放程度有所下降。

1）伊拉克资本账户开放程度变化

1999～2003 年，伊拉克资本账户即期变化指标开放程度处于较为平稳的态势。这主要是因为 2003 年以前，伊拉克资本账户由于国内政局尚不稳定等因素无暇顾及经济和金融方面。在 2006 年之后，伊拉克宣布独立，伊拉克战后经济恢复提上日程，即期变化指标在此后出现多轮正、负向波动预示着伊拉克开启其资本账户开放进程。这种开放进程持续到 2014 年，国际贸易摩擦逐步加剧，伊拉克政府颁布了一系列法令来限制资本流动，资本账户开放程度相对缩小。

图 5.10 显示，伊拉克自 2003 年以来，资本账户开放的累计变化指标总体呈现资本管制收紧的变化趋势。

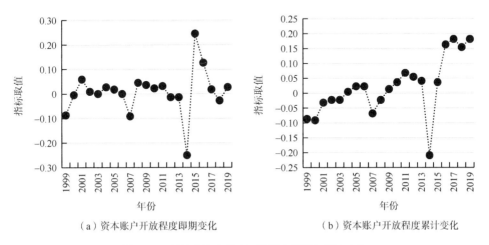

（a）资本账户开放程度即期变化　　　　（b）资本账户开放程度累计变化

图 5.10　伊拉克资本账户开放程度即期与累计变化

2）伊拉克资本账户双向开放情况

（1）资本账户流入开放。图 5.11 显示，伊拉克资本账户即期流入变化指标大部分为正，偶尔为负，且资本管制的放松在频率和力度均相对较强。累计流入变化指标呈上升趋势，在 2007 年、2014 年以及 2018 年均有回落，但总体 2014 年前累计为资本管制放松，但在 2014 年后资本管制加强。

（2）资本账户流出开放。整体而言，伊拉克对允许本国资本进入国外市场进行运作的态度并不乐观，这反映了伊拉克资本账户开放是内外双向联动的。图 5.12 显示，伊拉克资本账户即期对外流动指标大多为正，少数为负，体现了应时波动的特点，其累计变化指标呈上升态势，体现出了资本账户总体管制程度逐渐收紧的趋势。

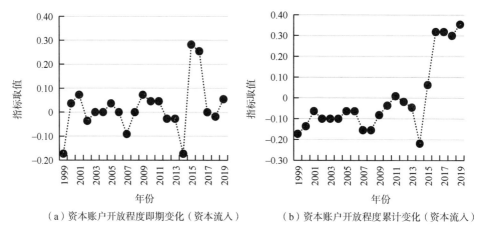

（a）资本账户开放程度即期变化（资本流入）　　（b）资本账户开放程度累计变化（资本流入）

图 5.11　伊拉克资本账户开放程度即期与累计变化（资本流入）

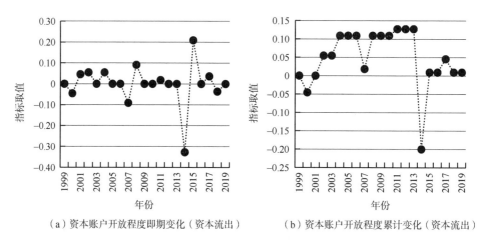

（a）资本账户开放程度即期变化（资本流出）　　（b）资本账户开放程度累计变化（资本流出）

图 5.12　伊拉克资本账户开放程度即期与累计变化（资本流出）

5. 约旦

约旦资本账户整体开放状况总体呈现先收紧后逐渐放松的趋势，这也意味着随着时间的推移，约旦的资本账户的整体开放程度日益增大。

1）约旦资本账户开放程度变化

约旦资本账户即期开放变化指标仅在 2000 年、2016 年和 2019 年出现波动，其余时间均稳定在初始线，尽管收紧尝试的频率大于放松尝试，但开放程度调整的放宽力度更大。

2000～2015 年，约旦资本账户开放的即期变化指标呈现平稳趋势，这主要与 2016 年以前约旦由世界政治环境以及自身经济实力、调控应对能力有限所导致的暂时政策性封闭资本账户有关；2016 年及以后，约旦中央银行判定约旦资本账户开放时机成熟，在 2016～2018 年，约旦资本账户开放水平大幅提升，资本账户开放的政策性导向呈现总体的积极开放趋势，然而于 2019 年又迅速收紧。

2）约旦资本账户双向开放情况

（1）资本账户流入开放。以 2016 年为分界点，其后的约旦资本账户流动准入标准呈现逐年放松的趋势；2019 年跨境资本流入开放力度又收紧。即便在 2019 年资本账户开放力度收紧的情况下，约旦的资本账户即期流入开放变化指标始终为负，这说明 2019 年约旦可能针对当年的经济金融环境需要做了应时调整，但仍持续保持资本账户开放的指导思想。

（2）资本账户流出开放。约旦资本账户流出即期变化指标在 1999～2019 年并未发生波动，始终稳定在 0 刻度线上。这也说明了约旦资本账户总体开放程度完全由流入方向资本账户开放程度决定。

6. 哈萨克斯坦

哈萨克斯坦资本账户累计变化指标在 1999～2019 年大部分为负，偶尔为正，累计变化指标呈下降趋势，体现出了资本账户开放程度不断加强的变化趋势，其中波动时点基本与国内相关政策颁布和外部经济环境变化相关。

1）哈萨克斯坦资本账户开放程度变化

图 5.13 为自 1999 年起哈萨克斯坦资本账户开放即期变化指标与累计变化指标的波动情况。具体来看，2001 年哈萨克斯坦储蓄银行的出售标志着该国国有商业银行的私有化正式完成，哈萨克斯坦在此之后的资本账户开放程

度持续放松，经济逐步复苏；2002～2006 年，依赖于良好的外部经济环境，哈萨克斯坦保持着较为宽松的资本账户管制程度，资本市场流动性保持良好势头；2007 年美国次贷危机风险初步显露，使得哈萨克斯坦采取了收紧措施来尽力缩小外部风险冲击对本国经济带来的影响，但由于其对外资的过分依赖，其金融业仍在 2008 年遭受重创，该国资本账户开放程度在 2007～2016 年保持着较之前时期较为谨慎的开放程度；2017 年至今，哈萨克斯坦采取了一系列措施，包括废除先前存在的限制措施以提高效率、推进金融稳定，使得该国资本账户开放限制出现放宽波动。

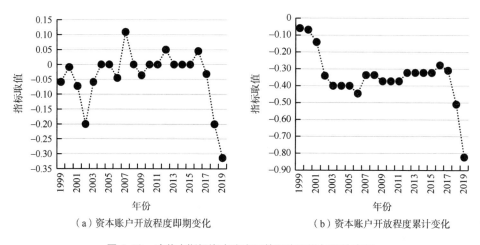

（a）资本账户开放程度即期变化　　　　　（b）资本账户开放程度累计变化

图 5.13　哈萨克斯坦资本账户开放程度即期与累计变化

　　该国根据经济金融环境需要对资本账户开放程度做了应时调整，但是继续保持资本账户开放的指导思想不变。哈萨克斯坦自 1999 年以来至今，资本账户开放力度呈现扩大的趋势。其中，2007～2016 年受制于国内金融业潜在的风险敞口和不稳定的国际环境，哈萨克斯坦的资本账户总体开放程度相对放缓，但仍保持着开放趋势。但在 2017 年之后，随着一系列政策的推出，哈萨克斯坦资本账户总体开放趋势加速。

2）哈萨克斯坦资本账户双向开放情况

（1）资本账户流入开放。自 1999 年起，尽管在大多数年份并未出现资本账户跨境流入标准的变动，但多数变动年份均倾向于放松资本准入条件。如图 5.14 所示，该国的资本账户开放趋势稳步加强，这说明在该时期哈萨克斯坦可能针对当时的经济情况进行了调整。

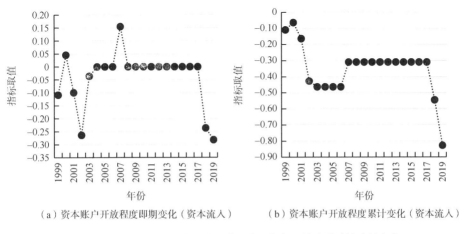

（a）资本账户开放程度即期变化（资本流入）   （b）资本账户开放程度累计变化（资本流入）

图 5.14   哈萨克斯坦资本账户开放程度即期与累计变化（资本流入）

（2）资本账户流出开放。相对于资本账户流入开放即期变化，哈萨克斯坦的资本账户流出开放即期变化则呈现出较为频繁的波动，具体如图 5.15 所示，在全球性金融危机爆发的 2007～2008 年、欧洲债务危机波及世界经济的 2012～2015 年内资本流出管制力度均有所回温，这反映了哈萨克斯坦资本账户流出开放的管制相较流入开放更为敏感，但其总体态度是逐渐放松管制的。

7. 黎巴嫩

黎巴嫩资本账户整体开放状况呈现波动下降的趋势，这也意味着随着时间的推移，黎巴嫩的资本账户的整体开放程度日益降低。但在某些特定的年份与时间点，黎巴嫩的资本账户开放是应时应需进行调整的。

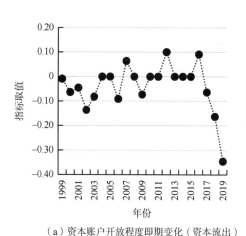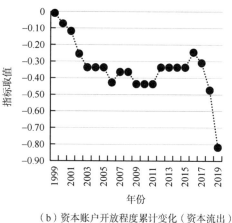

（a）资本账户开放程度即期变化（资本流出）　　（b）资本账户开放程度累计变化（资本流出）

图 5.15　哈萨克斯坦资本账户开放程度即期与累计变化（资本流出）

1）黎巴嫩资本账户开放程度变化

本节对黎巴嫩资本账户开放程度的即期与累计变化情况进行分析。图 5.16 显示，1999～2019 年，黎巴嫩的资本账户开放程度即期变化不断上下波动。1999～2017 年，黎巴嫩资本账户开放即期变化指标为正，并在 2012 年到达最高点。2018 年，资本账户开放即期变化指标变为负，在 2019 年回升为正数。1999～2019 年，黎巴嫩资本账户管制持续加剧，2018 年后出现开放尝试。

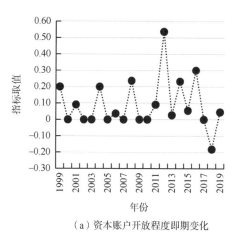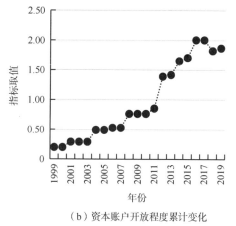

（a）资本账户开放程度即期变化　　　　　　（b）资本账户开放程度累计变化

图 5.16　黎巴嫩资本账户开放程度即期与累计变化

2）黎巴嫩资本账户双向开放情况

（1）资本账户流入开放。图 5.17 显示，1999～2019 年，黎巴嫩的资本账户开放流入程度即期变化指标上下波动。1999～2019 年，黎巴嫩跨境资本流入管制程度加剧。其中，1999～2007 年，黎巴嫩跨境资本流入管制程度相对平稳，有小幅上升。2008 年流入管制大幅加剧，并保持上升趋势直至 2017 年。2018 年流入开放程度有所上升，随后保持不变。

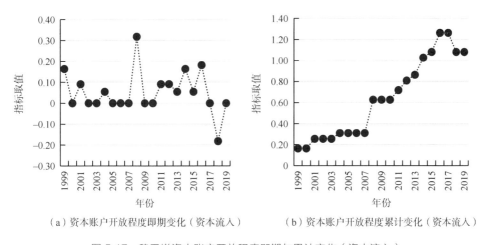

（a）资本账户开放程度即期变化（资本流入）　　　（b）资本账户开放程度累计变化（资本流入）

图 5.17　黎巴嫩资本账户开放程度即期与累计变化（资本流入）

（2）资本账户流出开放。图 5.18 显示，黎巴嫩跨境资本流出开放即期变化指标与累计变化指标变动情况基本一致。黎巴嫩跨境资本流出开放程度与流入开放程度的变动趋势基本相同，与流入管制程度不同的是流出管制程度在 2012 年大幅收紧。

8. 马来西亚

马来西亚资本账户整体开放状况自 21 世纪初便呈现出逐步上升的趋势。马来西亚对于资本开放的态度体现于各个市场之中，包括股权市场、债券市场、货币市场、集体投资市场、衍生工具市场以及不动产市场等，资本账户整体保持持续开放趋势。总体而言，马来西亚将资本账户开放视作本国经济与世界经济相融合的渠道,而这明确反映在即期变化指标与累计变化指标中。

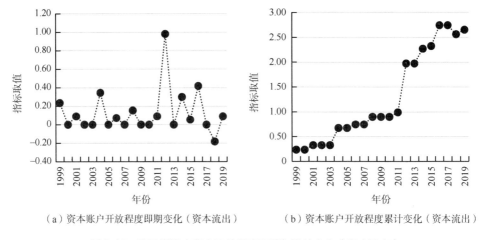

(a)资本账户开放程度即期变化(资本流出)   (b)资本账户开放程度累计变化(资本流出)

图 5.18   黎巴嫩资本账户开放程度即期与累计变化(资本流出)

1)马来西亚资本账户开放程度变化

GKAOPEN 数据库反映了 1999~2019 年马来西亚资本账户开放程度变化上下波动,但整体而言开放尝试较多,具体如图 5.19 所示。这说明马来西亚政府对资本账户开放十分积极。马来西亚 1999 年的资本账户开放度加速上升,这可能与 1999 年马来西亚放宽衍生工具项目与证券市场项目资本限制等政策有关,马来西亚资本账户整体开放指数开始下降。随后历年马来西亚不断实施政策放松本国资本限制,加速资本账户开放,如 2000 年马来西亚放松证券市场及金融信贷项目资本限制,2001~2008 年,马来西亚允许本国居民购买外国证券、基金,本国股权市场、债券市场、不动产市场、商业信贷以及集体投资项目开放换挡提速等,资本账户总体开放步伐加快。2009~2010 年马来西亚与其他经济体的政治摩擦冲击,本国暂缓资本账户开放进程,故资本账户开放度有所下降。而 2011~2019 年,马来西亚仍不断放开本国经济,不断与世界经济相融合,资本账户开放指数持续走低后趋于平稳。

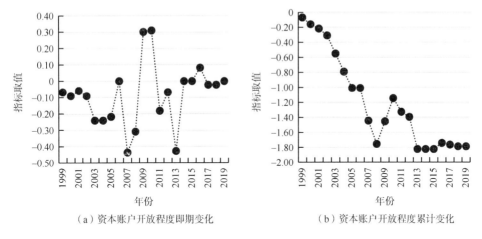

（a）资本账户开放程度即期变化　　　　　　（b）资本账户开放程度累计变化

图 5.19　马来西亚资本账户开放程度即期与累计变化

　　总体而言，马来西亚多次实施与资本账户开放相关政策，逐步放宽股权市场、债券市场、货币市场、商业信贷、不动产市场、集体投资与直接投资项目资本限制，本国资本账户开放度加速上升。这与当时马来西亚所处的经济环境与国际金融发展要求相匹配，表明马来西亚对开放资本账户持积极态度，在充分吸收全球经济一体化带来的增长红利的同时，加速本国经济与世界经济相融合。

　　2）马来西亚资本账户双向开放情况

　　（1）资本账户流入开放。图 5.20 显示，马来西亚跨境资本流入开放程度自 1999 年开始阶段性上升，整体而言，马来西亚资本账户流入保持持续开放，仅在 2009 年与 2010 年有所下降，表明政府高度重视跨境资本流入开放对国内经济的正向影响，积极引入外资，赋能国内经济，放宽本地居民对外借款与非居民购买本地不动产限制，马来西亚资本账户流入方向持续开放，然而 2009 年与 2010 年马来西亚与其他经济体间存在政治摩擦，如刚果、朝鲜、苏丹等国，致使本国资本账户开放度针对性下降，进而马来西亚总体资本账户开放指数亦有所放缓，此外，政治摩擦下资本账户的收紧同时也体现于流入方向与流出方向。总而言之，马来西亚正加速推进资本账户开放，积极引入国际资本，为国内经济发展注入新活力。

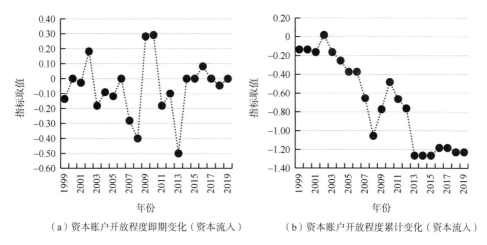

（a）资本账户开放程度即期变化（资本流入）　　　（b）资本账户开放程度累计变化（资本流入）

图 5.20　马来西亚资本账户开放程度即期与累计变化（资本流入）

（2）资本账户流出开放。由于各市场中对资本管制放松的政策多存在双向性，跨境资本流出开放与流入开放程度走势较为趋同。然而相比于流入方向，流出方向的资本账户开放速度更快，程度更深，如图 5.21 所示。这表明马来西亚对跨境资本流出开放较为重视。

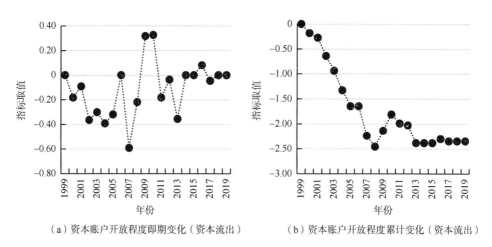

（a）资本账户开放程度即期变化（资本流出）　　　（b）资本账户开放程度累计变化（资本流出）

图 5.21　马来西亚资本账户开放程度即期与累计变化（资本流出）

9. 马尔代夫

2000 年前后，马尔代夫因国内资源匮乏，经济具有强外部依赖性，国内经济发展缓慢，随后本国逐步加强对外贸易联系，重视经常账户开放，经济增速有所提升。自 2014 年开始，马尔代夫加速本国经济与世界经济融合，不断提升资本账户开放度，尤其是货币市场，随后本国经济得以快速发展。总体而言，马尔代夫资本账户开放度不断提升。

1）马尔代夫资本账户开放程度变化

本节对马尔代夫资本账户开放的当年变化进行分析。结果显示马尔代夫自 1999 年以来至今，资本账户开放程度变化在 2014 年有所上升。1999～2013 年，马尔代夫资本账户开放度并未发生明显变化，而自 2014 年开始，马尔代夫资本账户开放度阶段性上升。这主要与马尔代夫相关政策实施有关，如调整货币市场存款准备金率等，因而马尔代夫的资本账户开放度不断提升，进一步表明资本账户开放是全球各国经济发展的必然趋势。

2）马尔代夫资本账户双向开放情况

（1）资本账户流入开放。马尔代夫跨境资本流入开放程度自 2014 年后上升，这主要与资本流入开放政策的实施相关，包括货币市场的资本管制放松等。

（2）资本账户流出开放。由于政策对资本的开放程度存在双向性，跨境资本流出开放与流入开放情况完全对称。马尔代夫对跨境资本流出开放与流入开放同样重视，从即期变化指标到累计变化指标，马尔代夫资本对外流动开放程度逐年增加，其总体趋势是逐渐放松管制的，资本账户整体开放度是资本账户流入开放度与流出开放度共同累加的成果。

10. 泰国

泰国资本账户整体开放状况总体呈现逐渐放松的趋势，即泰国的资本账户的整体开放程度日益增大。

1）泰国资本账户开放程度变化

图 5.22 显示，1999~2019 年，泰国的资本账户开放程度变化波动频繁，呈现出早期相对保守，后期开放扩大的特点。2000 年后，泰国资本账户开放水平呈现逐年波动开放的趋势，尽管在 2006 年与 2008 年出现了紧缩，但整体扩大开放的趋势始终保持。

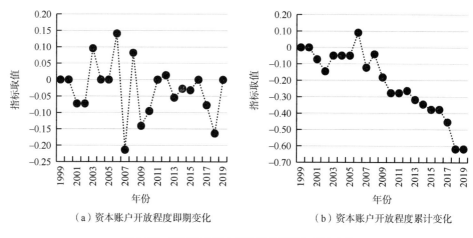

（a）资本账户开放程度即期变化　　　　（b）资本账户开放程度累计变化

图 5.22　泰国资本账户开放程度即期与累计变化

2）泰国资本账户双向开放情况

（1）资本账户流入开放。图 5.23 显示，泰国资本账户流入即期变化指标与累计变化指标早期呈现为跳跃性收紧趋势，虽在期间出现过开放尝试，但迫于后期国际经济形势的恶化，最终回归对资本流入的管制。

（2）资本账户流出开放。图 5.24 显示，泰国针对资本流出的管理则与流入相反，在样本期间积极扩大开放。

11. 土耳其

土耳其资本账户整体开放状况总体呈现先放松后逐渐收紧的趋势。

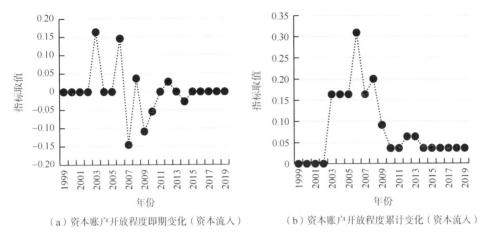

（a）资本账户开放程度即期变化（资本流入）　（b）资本账户开放程度累计变化（资本流入）

图 5.23　泰国资本账户开放程度即期与累计变化（资本流入）

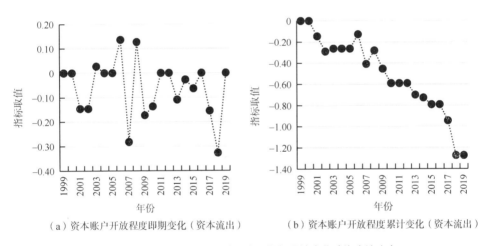

（a）资本账户开放程度即期变化（资本流出）　（b）资本账户开放程度累计变化（资本流出）

图 5.24　泰国资本账户开放程度即期与累计变化（资本流出）

1）土耳其资本账户开放程度变化

图 5.25 显示 1999～2019 年，土耳其资本账户即期变化指标大部分为负，偶尔为正，整体呈现频繁的波动趋势，2018 年出现剧烈的紧缩波动。从累计变化指标来看，2017 年及之前，土耳其资本账户开放相对积极；2017 年后，资本账户开放突然收紧，总体来看，土耳其资本账户仍存在小幅度的开放变化。

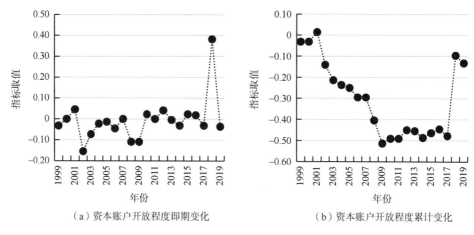

（a）资本账户开放程度即期变化　　　　　　（b）资本账户开放程度累计变化

图 5.25　土耳其资本账户开放程度即期与累计变化

2）土耳其资本账户双向开放情况

（1）资本账户流入开放。与总体开放走势较为相近，土耳其资本账户的资本流入开放即期变化指标亦以 2017 年为分界点，2017 年及之前波动扩大开放，后期急速收紧，具体如图 5.26 所示。

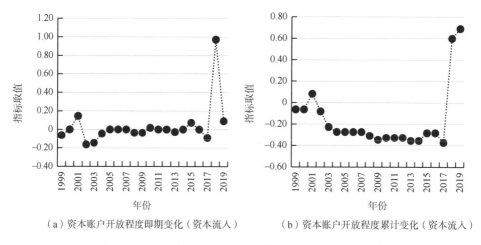

（a）资本账户开放程度即期变化（资本流入）　　（b）资本账户开放程度累计变化（资本流入）

图 5.26　土耳其资本账户开放程度即期与累计变化（资本流入）

（2）资本账户流出开放。图 5.27 显示，土耳其资本账户流出即期变化指标在 1999～2019 年大部分为负，偶尔为正，但是累计变化指标数值呈下降态势，体现出了资本账户开放程度增强的变化趋势。

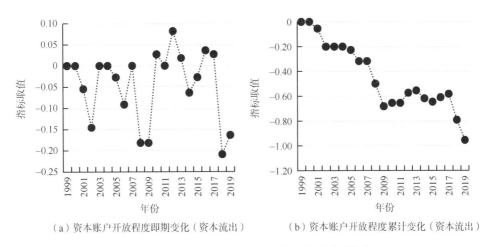

（a）资本账户开放程度即期变化（资本流出）　　（b）资本账户开放程度累计变化（资本流出）

图 5.27　土耳其资本账户开放程度即期与累计变化（资本流出）

12. 土库曼斯坦

土库曼斯坦资本账户开放状况在 2008 年有一次明显放松，整体开放程度日益增大。

1）土库曼斯坦资本账户开放程度变化

土库曼斯坦 2001～2006 年的资本账户开放趋势不明显，对资本账户开放处于探索状态，开放行为相对谨慎；在 2008 年出现开放程度的跳跃式增长。此后，土库曼斯坦资本账户开放力度保持稳定状态。

2）土库曼斯坦资本账户双向开放情况

（1）资本账户流入开放。土库曼斯坦 2008 年尝试放开资本流入，并在此后持续保持该开放水平。

（2）资本账户流出开放。土库曼斯坦分别于 2000 年与 2008 年出现两次对资本流出的开放调整，相较于流入方向的调整幅度更大更早。

5.1.3 资本账户子项双向开放指标测度及特征分析

1. 亚美尼亚

1）货币市场项目开放度分析

亚美尼亚货币市场项目的流入开放度、流出开放度与总体开放度1999~
2019年出现4次波动，对应外汇存款准备金率的调整。累计来看，管制和开
放效用相抵。

2）集体投资项目开放度分析

亚美尼亚集体投资项目的流入开放度、流出开放度与总体开放度1999~
2019年除了在2011年和2014年出现波动外，总体上呈现较为平稳的趋势。
这可能是因为2011年1月亚马尼亚货币当局允许居民可以在国外投资符合一
定条件的证券养老基金；2014年7月亚美尼亚货币当局进一步在强制性或自
愿性养老基金资产投资境外资产的类型与限额上做了调整。亚美尼亚累计变
化指标总体开放度向下变动，呈小幅开放态势。

3）衍生工具项目开放度分析

亚美尼亚衍生工具开放度仅在2003年、2009年和2012年出现波动。这
可能是因为2003年10月亚美尼亚中央银行开始开展短期外汇掉期业务；2009
年10月与2012年7月亚美尼亚调整了包含不同衍生品在内的外汇头寸限额。
亚美尼亚累计变化指标总体开放度向下变动，呈小幅开放态势。

4）金融信贷项目开放度分析

亚美尼亚金融信贷市场开放度在1999~2015年频繁发生变动，对应于亚
美尼亚货币当局频繁调整金融机构每日持有外汇多头和空头头寸的限额。亚
美尼亚累计变化指标总体开放度向上变动，表现为管制态度。

2. 格鲁吉亚

1）股权市场、债券市场项目开放度分析

格鲁吉亚上述市场流出开放即期变化指标在 2008 年和 2013 年出现两次正向变化，对应的政策变动为：2008 年 9 月，保险公司对非居民或海外发行的证券的投资额不得超过 20%；2013 年 12 月，保险技术准备金和养老金负债中最多 20%的资产部分可以放置于国外。股权市场流入开放即期变化指标则无明显变动。上述市场开放度累计变化指标持续上升，反映出格鲁吉亚对两市场的管制态度在逐步增强。

2）货币市场项目开放度分析

2009～2019 年，相比其他子项，格鲁吉亚政府出台的关于货币市场资本管制的政策较多，其中，流入方向的放松举措较多，而流出方向的管制措施较多，流出开放数值的上升幅度大于流入开放数值的下降幅度，导致货币市场总体开放幅度下降。对应的政策变动为：2003 年 1 月，外汇和本币存款准备金率分别从统一的 14%调整为 13%和 9%，而在 2011 年 2 月，外币存款准备金率又从 10%提高到 15%；2008 年 9 月，保险公司对非居民或境外发行的证券的投资不得超过 20%。以上政策都体现出格鲁吉亚对货币市场资本流出的严格管控态度，相比之下，其更加鼓励资本流入。

3）集体投资、衍生工具项目开放度分析

格鲁吉亚上述项目的即期开放指标在 2008 年、2009 年以及 2013 年出现波动。流出开放指标的累计变化在 2008 年、2009 年以及 2013 年皆呈现阶梯式变动，累计上升变动；流入开放指标累计无明显变动；总体开放指标累计相应上升，反映出格鲁吉亚对于两市场资本流出的严格管控态度。

4）金融信贷项目开放度分析

格鲁吉亚金融信贷项目开放度在 2011～2019 年存在波动情况。具体而言,如自 2017 年 1 月起,小额国内贷款只能以本币发行;2019 年 1 月起,银行可向居民发放的外币贷款额度由原来的 10 万拉里增加到 20 万拉里。对流出方向的管制力度要大于流入方向,总体开放指标累计上升变动,体现出金融信贷子项管制程度加强的变化趋势。

5)不动产市场项目开放度分析

格鲁吉亚不动产市场项目即期开放指标与即期流入指标主要在 2019 年出现负向变化,对应自 2019 年 7 月起,非居民可以根据政府批准的投资计划购买农业用地;2019 年 9 月,修改了禁止向外国人出售农业土地的条例。不动产即期流出开放指标在 1999~2019 年无明显变化。总体开放变化指数累计下降,该资本账户子项的管制逐步放松。

3. 印度尼西亚

1)股权市场项目开放度分析

印度尼西亚股权市场总体开放指数、流入开放指数和流出开放指数均具有较好的稳定性,仅在 1999 年、2000 年、2001 年、2014 年和 2017 年存在小幅波动。具体来看,1999 年 1 月,印度尼西亚政府发布了总统令,给予 22 个工业部门新成立的公司最多八年的所得税减免,并提高了非居民可购买非战略公司股票的上限;然而在 2001 年 1 月,非居民被禁止以印度尼西亚卢比购买印度尼西亚银行股权;2014 年 11 月,印度尼西亚衍生品交易的范围扩大,包括以证券形式进行的投资。整体来说,股权市场流入开放指数波动频率和流出开放指数相当,且波动幅度较大,但近年来印度尼西亚对流出开放政策以管制调整为主。印度尼西亚股权市场开放程度在经历小幅波动后趋于谨慎收紧趋势。

2)债券市场项目开放度分析

除 2012 年和 2017 年外,印度尼西亚债券市场的流入开放指数、流出开放指数和总体开放指数在 1999～2019 年呈现极强的稳定性,保持在 0 刻度线上。该时间内的相关政策数量也较少,具体来看有:2012 年 1 月,印度尼西亚央行放宽了流入限制,宣布在国外发行债券的外汇收入可通过国内外汇银行获得;2017 年 7 月,保险和再保险公司投资单一发行人债券的上限从 15% 提高到 20%。整体而言,印度尼西亚债券市场开放程度的变动较为谨慎。

3)货币市场项目开放度分析

印度尼西亚货币市场开放指数在 1999～2019 年的波动较为频繁,主要集中在 2009 年之后。具体而言,自 2009 年 10 月起,经过一年的过渡期,2.5% 的二级准备金率开始运行,总准备金率从 5% 提高到 7.5%;自 2015 年 1 月起,拥有外币外债的非银行公司要向印度尼西亚央行提供完整、准确和及时的报告,同时还要执行审慎原则。整体而言,印度尼西亚货币市场的开放管制是从流入、流出双向进行的,但对于流入的管制调整不管是在发生频次还是在调整幅度上均大于流出管制。累计来看,近年来印度尼西亚货币市场的监管程度日益提高,在流入、流出双向进行了不同程度的收紧。

4)集体投资项目开放度分析

印度尼西亚集体投资开放指数 1999～2019 年除在 2015 和 2017 年出现波动外,总体上呈现极为平稳的趋势。2015 年 4 月起,印度尼西亚的养老基金被允许在海外进行私募投资;2017 年 7 月,保险和再保险公司对单个共同基金的投资不得超过总投资的 10%(以前为 15%)。印度尼西亚对于集体投资的管制仅发生在流出方面。累计来看,集体投资流出开放指数在整体为负数的情况下先下降后上升,但是累计变化指标呈现负向波动。

5)衍生工具项目开放度分析

印度尼西亚衍生工具的流入开放指数和总体开放指数在 1999～2019 年波动不多且较为分散。其中,2001 年 1 月起,国内银行向非居民提供外汇远期合约的限额从每家银行的每位客户的 500 万美元降低到 300 万美元,同时对在岸银行和居民之间的印度尼西亚卢比交易进行全面限制；2014年11月，衍生品交易被允许通过净额进行结算，且其基础交易可接触的范围扩大。印度尼西亚衍生工具早期主要针对流入方向进行管制，近年来则双管齐下，且管制放松幅度大于收紧幅度。从累计变化指标来看，印度尼西亚衍生工具总体开放指标在二者的双向拉动下出现了大幅波动。

6）商业信贷项目开放度分析

印度尼西亚商业信贷开放指数1999～2019年除在2004年、2014年和2016年出现较大幅度的波动情况外，总体上呈现较为平稳的趋势。具体而言，2004年12月起，银行和非银行金融机构被要求报告所有离岸商业借款，而个人则被要求报告相当于20万美元或更高的离岸商业借款；2016年1月，根据印度尼西亚银行《第16/21/PBI/2014号》法规，在国外借款的非银行公司必须通过国内银行对冲25%（以前是20%）的净离岸负债。整体而言，印度尼西亚政府对于商业信贷开放指数的波动均为正向，说明其对于该项目的开放持有非常保守的态度，并尝试加强管制。商业信贷流入开放指数、流出开放指数与总体开放指数在1999～2019年呈现出明显的阶梯形累计上升趋势，流入、流出双向拉动总体开放程度收紧。

7）金融信贷项目开放度分析

印度尼西亚金融信贷开放指数在2008年、2014～2016年和2018年存在大幅度的波动情况。具体而言，如自2008年12月起，通过银行以印度尼西亚卢比购买每月超过10万美元的外币，必须核实基础交易的证明文件；2016年1月起，根据印度尼西亚银行《第16/21/PBI/2014号》法规，在国外借款的非银行公司必须通过国内银行对冲25%（以前是20%）的净离岸负债。整体而言，印度尼西亚金融信贷开放程度的调整进行过加大开放尝试，但仍以收紧管制为主，且对流入和流出方向均进行了政策调整，印度尼西亚金融信贷处于日益收紧管制的趋势。

8）担保、保证和备用融资便利项目开放度分析

担保、保证和备用融资便利的流入开放指数、流出开放指数和总体开放指数在 1999～2019 年表现出极强的稳定性，仅在 2014 年 11 月，担保、保证和备用融资便利项目流出即期开放变化指标取值为负，这对应于自该时期起，印度尼西亚央行允许银行以非现金信贷或担保的形式向外方提供与在印度尼西亚的投资活动相关的贷款。

9）直接投资项目开放度分析

印度尼西亚的直接投资项目开放指数在绝大部分时间保持稳定，除 1999 年均保持在 0 刻度线上。1999 年 3 月，外国投资者接管非战略性业务可不经政府批准，这使得直接投资流入开放即期变化指标数值下降为负。整体而言，直接投资仅在流入方向进行了放宽，流出指数始终保持在 0 刻度线上，且近年来针对该项目不再进行任何调整。

4. 伊拉克

1）股权市场项目开放度分析

伊拉克股权市场即期开放变化指标基本保持稳定，仅在 2014 年出现波动。自 2014 年 2 月起，与居住在国外的伊拉克人或外国卖方所拥有的股份相对应的资金的转移所需要的审查变得更为严格，这使股权市场流出开放指数数值攀升。整体来看，股权市场即期流入开放指标数值累计下降，股权市场即期流出开放指标数值保持不变，故而作为二者平均值的即期总体开放指标数值累计下降，管制程度有所降低。

2）货币市场项目开放度分析

伊拉克货币市场的流入开放指数、流出开放指数与总体开放指数在 1999～2019 年波动较为频繁。具体来看，2012 年 4 月起，获得外汇许可的转账公司和外汇管理局可购买的外汇金额从每周 25 万美元减少到 7.5 万美元；

2012 年 10 月，针对银行施加的通过拍卖转移购买外汇的限制被取消。可见伊拉克货币市场开放程度的调整主要集中在对流出方向的政策方面，且大多以放宽管制为主，但近年来伊拉克政府出现了加紧管制的尝试。

3）衍生工具项目开放度分析

伊拉克衍生工具的流入开放指数和总体开放指数 1999～2019 年稳定维持在 0 刻度线上，仅在 2019 年出现波动。具体来说，2019 年 10 月起，伊拉克政府允许商业银行将在伊拉克中央银行货币销售窗口衍生的外币出售给近六个月内至少拥有一个外汇账户的机构与个人。伊拉克政府对衍生工具开放持有较为严格谨慎的态度。

4）金融信贷项目开放度分析

伊拉克金融信贷开放指数在 1999～2019 年表现出极强的稳定性，仅在 2008 年出现较大幅度波动。具体来看，自 2008 年 12 月起，每月通过银行以第纳尔购买超过 10 万美元外币，必须核实基础交易的证明文件。整体而言，伊拉克政府对于金融信贷项目的开放持较为谨慎的态度。

5）担保、保证和备用融资便利项目开放度分析

伊拉克担保、保证和备用融资便利项目的开放指数在 1999～2019 年表现出极强的稳定性，各指标取值绝大多时间维持在 0 刻度线水平，仅在 2004 年 11 月流入和流出开放指数数值取值为负，这可能与外汇买卖单证的比例调整政策有关。

6）直接投资项目开放度分析

伊拉克直接投资项目流出开放指数在 1999～2019 年保持稳定，大部分年份维持在 0 刻度线水平；流入开放指数仅在 2006 年因新投资法案的实施而向下波动至负数，其余时间也均稳定在 0 刻度线水平；作为二者平均值的整体开放指数指标累计下降，伊拉克直接投资呈现扩大开放的态势。

7）不动产市场项目开放度分析

伊拉克不动产市场项目的流出、流入开放指数和总体开放指数在 1999～2019 年表现出极强的稳定性，指标取值维持在 0 刻度线水平。仅在 2014 年房地产即期流出开放指数出现正向变化、房地产即期流入开放指数出现负向变化。具体来说，2014 年 2 月，从在伊拉克登记，并由永久居住在国外的伊拉克人拥有的财产中转移资金，其价值由不动产登记部核证，需要官方证实，这使得伊拉克即期流出开放指数呈现正值。整体来看，伊拉克不动产市场即期开放程度的调整仅限于对流出方向施加限制。

5. 约旦

1）股权市场项目开放度分析

约旦股权市场项目的即期流入开放度、流出开放度与总体开放度指数在 1999～2019 年除 2016 年出现较大幅度的波动情况外，总体上呈现较为平稳的趋势。具体而言，2016 年 6 月约旦取消了对非约旦投资者的最低出资要求 5 万约旦第纳尔。根据新条例，非约旦投资者的投资参与限制从 50%降至 49%。这说明了约旦政府近年来对股权市场开放呈现谨慎的积极态度。

2）金融信贷项目开放度分析

约旦金融信贷项目开放度在 1999～2019 年除 2000 年出现较大幅度的波动情况，总体上呈现较为平稳的趋势。具体而言，2000 年 7 月许可证银行允许出口业务的外汇资源贷款额从 50%降至 30%，并取消了约旦中央银行对外汇交易收取的 0.1%佣金。2008 年，约旦金融信贷流入开放度指标从 0 变动为正向。

3）直接投资项目开放度分析

约旦直接投资项目开放度指数在 1999～2019 年除 2016 年和 2019 年出现较大幅度的波动情况外，总体上呈现较为平稳的趋势。具体而言，2016 年 6

月约旦取消了对非约旦投资者的最低出资要求5万约旦第纳尔。关于非约旦投资的第77号条例生效,取代了2000年第47号条例;2019年5月起,约旦非居民投资对商业和保险经纪等投资活动的所有权限制改为50%,其他经济活动对非约旦人开放的所有权比例没有限制。

6. 哈萨克斯坦

1)股权市场项目开放度分析

1999~2019年,哈萨克斯坦的股权市场相较于其他项目出现较多波动,且分布均匀。具体来看,从1999年7月起,哈萨克斯坦政府规定在主要评级机构中获得最低评级的非居民银行可以持有银行5%或更多的股票,这使股权市场开放程度提升。2003年8月,当国内所有者持有外国实体50%或以上的有表决权股份时,需要在哈萨克斯坦中央银行进行注册,这使股权市场开放程度收紧。累计来看,哈萨克斯坦股权市场开放呈现负向波动。

2)债券市场项目开放度分析

哈萨克斯坦债券市场开放指数仅在2001年、2002年、2012年、2017年和2019年出现波动。具体来看,2001年2月,哈萨克斯坦国际金融机构发行的债券不再受非居民在当地出售债券的规定约束,这些债券在哈萨克斯坦的交易不需要清关;2002年8月,允许养老资产管理公司将养老资产投资于发行人最低评级为A级的债务证券;2019年7月起,居民涉及向非居民出售居民发行的超过50万美元的债务证券的合同需要向哈萨克斯坦中央银行申请登记。整体而言,哈萨克斯坦在债券市场针对流出的管制不管是在调整幅度还是在频次上都大于流入管制。

债券市场流入开放指数、流出开放指数和总体开放指数在1999~2019年既有正向波动也有负向波动。从最终结果来看,累计流入、流出和总体开放指数呈现正向变动。

3）货币市场项目开放度分析

哈萨克斯坦货币市场即期开放指数在 1999~2019 年表现出较为频繁的波动。具体而言，2001 年 1 月，居民法人可以在国内外汇市场交易外汇的名单有所扩大，非居民法人也不再局限于在哈萨克斯坦国内外汇市场上取得外汇；2019 年 7 月起，出于统计目的，居民涉及向非居民出售居民发行的超过50 万美元的债务证券的合同需要向哈萨克斯坦中央银行申请登记；同时，出于税收目的而由外国组织的分支机构组成的常设机构被归类为居民，并且不再可以与其他居民进行外币交易。货币市场流入开放指数、流出开放指数与总体开放指数在 1999~2019 年呈现先下降后上升的趋势，近年来管制力度激增。累计来看，总体开放指数数值呈正向上升趋势。

4）集体投资项目开放度分析

哈萨克斯坦集体投资的即期流入开放指数、流出开放指数与总体开放指数在 1999~2019 年除少数年份出现波动外，总体上呈现较为平稳的趋势。其中，各指标数值主要在 1999~2002 年、2006 年以及 2017~2019 年出现波动。具体来看，1999 年 4 月，哈萨克斯坦养老基金有计划将坚戈计价证券兑换成外汇计价证券，并在 2000 年 7 月该国养老资产管理公司获准申请从事资本账户交易的许可证，在 2002 年 8 月国家养恤金基金投资国际金融机构证券的最高限额从 10%增至 20%；2018 年 7 月，哈萨克斯坦提高了由单个实体或其分支机构投资基金资产的投资总额限额。可以看到，即期流出开放指数的变化幅度与流入开放指数的变化幅度相当，但流出开放相较于流入开放颁布政策较多。累计来看，总体开放指数数值累计下降。

5）衍生工具项目开放度分析

哈萨克斯坦衍生工具的流入开放指数和总体开放指数仅在 2007 年、2018年和 2019 年出现波动。具体来看，2007 年 1 月起，居民必须将超过 50 000美元的与衍生金融工具相关外汇交易通知哈萨克斯坦中央银行。可见哈萨克斯坦政府对衍生品工具项目的开放相较其他子项更为谨慎。

6）商业信贷项目开放度分析

哈萨克斯坦商业信贷项目开放指数除在 2007 年和 2019 年出现较大幅度的波动情况，总体上呈现较为平稳的趋势。具体而言，2007 年 1 月起，对非居民提供的服务的延期付款或预付款被划入商业信贷范围；2019 年 7 月，涉及资本流动的合同的信息注册要求不再涉及商业信贷，进出口付款的延期付款和预付款也从商业信贷的范围中剔除，放宽了商业信贷流通限制。总体来看，流入开放指数、流出开放指数与总体开放指数数值分别累计下降，可见哈萨克斯坦的商业信贷项目开放较为积极。

7）金融信贷项目开放度分析

哈萨克斯坦金融信贷开放指数在 1999～2019 年的波动主要集中在早期的 2000～2003 年和近期的 2016～2019 年，其余时间呈现平稳态势。具体而言，2000 年 10 月起，哈萨克斯坦央行规定非居民向居民发放的信贷需要持有央行许可证才能贷给第三方；2002 年 3 月起，哈萨克斯坦央行宣布根据合同规定的信用证结算形式，在信用证有效的整个期间内，外汇收购被允许与非居民进行结算；2019 年 7 月，出于统计目的，居民向非居民或非居民向居民提供的金额超过 50 万美元的金融贷款需在哈萨克斯坦央行进行信息登记，对居民法人实体在外国银行开设账户的要求条件相对放宽。整体来看，哈萨克斯坦对流入方向的管制以收紧为主且尝试较少，而对流出方向管制以放松为主且幅度较大，因此该项目的开放程度主要由流出方向的放松贡献。

金融信贷总体开放指数的走势情况是双向管制下的结果，呈现早期小幅上升后回落、中期保持正向收紧的稳定状态、后期大幅放松的走势。

8）担保、保证和备用融资便利项目开放度分析

哈萨克斯坦担保、保证和备用融资便利的流入开放指数、流出开放指数和总体开放指数在1999～2019 年表现出极强的稳定性，各指标取值绝大多时间维持在

0 刻度线处，仅在 2002 年 3 月流入开放指数数值取值为负值，这对应于哈萨克斯坦政府宣布由外国政府出口信贷机构（根据已建立的清单）承保的、由政府担保的、为进出口交易融资的信贷相关的交易免去拥有哈萨克斯坦央行许可证要求。

9）直接投资项目开放度分析

哈萨克斯坦直接投资于 1999～2019 年基本保持稳定，维持在 0 刻度线水平，仅在 2003 年、2007 年和 2019 年分别出现负向波动。具体来看，2003 年 5 月起，哈萨克斯坦政府规定 OECD 成员国或已签署相互投资条约的国家的直接投资不再需要在哈萨克斯央行登记；在 2007 年 1 月，需要在哈萨克斯坦央行注册的直接投资限额提高至 5 万美元，该政策使直接投资即期流入、流出开放指数均下降；2019 年 7 月，银行在进行超过 5 万美元的直接投资项目时仅需在事后将此类交易通知哈萨克斯坦央行。哈萨克斯坦直接投资无论是整体还是流入和流出，一直呈现逐步扩大开放态势。

10）不动产市场项目开放度分析

哈萨克斯坦不动产市场的即期流入开放指数和总体开放指数仅在 2007 年和 2019 年出现波动变化。具体来看，2007 年 1 月起，如果支付给哈萨克斯坦居民的金额超过 30 万美元，以及向非居民转移的资源金额超过 5 万美元时，居民必须在与获得房地产所有权相关的外汇交易发生后通知哈萨克斯坦中央银行，这使不动产市场流入和流出开放指数均上升；2019 年 7 月起，与非居民交易金额超过 50 万美元的交易，常驻法人实体需向哈萨克斯坦中央银行申请并进行信息登记，其中涉及非居民在哈萨克斯坦出售不动产所有权，该限额曾为 10 万美元，这使不动产市场流出开放指数下降。

7. 黎巴嫩

1）股权市场项目开放度分析

黎巴嫩股权市场管制程度基本呈收紧趋势，仅在 2004 年 1 月，外国持有非银行金融机构股份的上限被取消，促进了股权市场的流入开放，股权市场流入开放指数下降为负。2016 年 2 月，政府宣布银行、非银行金融机构、外汇管理局、租赁公司不得直接或间接与无记名股份公司进行交易，亦不可直接或间接地购买其他公司所有的共同基金以及无记名股份共同基金，股权市场流出开放指数出现最大波动峰值。1999～2019 年，黎巴嫩股权市场管制程度整体加强。

2）债券市场项目开放度分析

黎巴嫩债券市场开放度整体随时间变化波动频繁。如 2008 年 6 月，评级为 BBB 的银行和金融机构购买的结构性金融产品被纳入外国债券投资 50% 的资本限额，债券市场流出开放指数下降；2014 年 11 月，黎巴嫩银行和非银行金融机构获准将黎巴嫩外币主权债券作为抵押品，债券市场流入开放指数的变化为负向。从累计变动趋势来看，债券市场开放程度先扩大后收紧，中间有所波动。

3）货币市场项目开放度分析

黎巴嫩货币市场开放度变化较少，主要表现为对流出项目的收紧，对流入项目的放宽，如 2014 年 11 月，黎巴嫩银行和非银行金融机构获准将黎巴嫩外币主权债券作为抵押品，使货币市场流入开放指数下降。整体而言，黎巴嫩货币市场项目累计呈现出由流入方向的开放拉动的整体开放。

4）集体投资项目开放度分析

黎巴嫩集体投资市场相关波动较为频繁，但整体呈现出阶梯式收紧管制的趋势。例如，2008 年 6 月，政府规定银行和金融机构对黎巴嫩境内的共同基金进行投资需要事先获得黎巴嫩联邦银行的批准，集体投资市场即期流入开放指数上升；2019 年 1 月，有关投资公司和集体投资基金在国外进行证券投资的规定中增加了新规定，同时集体投资基金的管理人不得收购其他集体投资基金的单位，集体投资市场流出开放指数上升。

5）衍生工具开放度分析

黎巴嫩衍生工具市场管制程度呈阶梯式收紧趋势。1999 年 12 月，政府宣布衍生品的发行和交易需要事先获得黎巴嫩央行的批准，使衍生工具市场流出开放指数上升；2004 年 3 月，政府规定银行的衍生品交易，无论是在国内还是国外，都仅限于对冲目的，使衍生工具市场流出开放指数上升；2012 年 4 月，政府规定金融中介机构（即银行等金融机构和金融中介公司）不得代表自己或代表客户与非居民进行金融衍生品交易或场外零售外汇交易，使衍生工具市场流出开放指数上升。

6）商业信贷项目开放度分析

黎巴嫩商业信贷市场的管制亦逐年加强，仅在 2018 年有所回落。例如，2004 年 2 月，银行和金融机构被禁止向非居民贷款，但购买某一等级或来自某些国家的债券除外，商业信贷市场流出开放指数上升；2012 年 12 月，对于在黎巴嫩和国外使用的信贷，黎巴嫩银行及其国外分行向在国外的单一借款人提供的信贷不得超过一级资本的 20%，这使商业信贷项目即期流出开放指数出现上升；2018 年 6 月，黎巴嫩取消了禁止商业银行和金融机构为其客户进行金融工具交易的规定，这促进了商业信贷市场中金融工具的流通，这一开放尝试使得商业信贷市场即期流出开放指数下降。

7）金融信贷项目开放度分析

黎巴嫩金融信贷市场管制逐年加剧。具体来看，1999 年 10 月，政府规定截至上一财政年度末，商业银行外币债务工具的数量不得超过外币存款总额的 4%；投资银行外币债务工具的数量与外币存款总额的比例上限是 6%。同时金融信贷市场即期流出开放指数上升；2014 年 11 月，黎巴嫩对向居民和非居民提供的汽车或住房贷款做出了限制，并规定所有贷款的月供总额不得超过家庭收入的 35%，同时政府对黎巴嫩银行和非银行金融机构的借款中各项资金来源的比例进行了限制，使金融信贷市场流出开放指数数值累计上升；2018 年 6 月，金融信贷项目政策变化与商业信贷市场相同。最终政策效果累计使黎巴嫩金融信贷市场流出开放指数为正向，体现了较为严格的资本管制。

8）担保、保证和备用融资便利项目开放度分析

1999 年 12 月，黎巴嫩担保、保证和备用融资便利流出开放指数上升，担保、保证和备用融资便利开放度下降，随后一直保持不变。这可能由该时期黎巴嫩政府要求对衍生产品交易的担保不应超过银行股本的 7%所致。整体而言，黎巴嫩政府对该子项的开放十分谨慎，始终保持管制措施。

9）直接投资项目开放度分析

黎巴嫩直接投资项目变动亦较少，仅在 2008 年 7 月，直接投资市场即期开放指数下降至负数。这可能源于政府规定黎巴嫩银行在国外投资无须事先获得相关部门的批准。可见，相较于其他子项，黎巴嫩政府对直接投资项目秉持相对积极的开放尝试。

8. 马来西亚

1）股权市场项目开放度分析

马来西亚的股权市场项目资本账户开放度呈上升趋势，并且股权市场流入开放与流出开放波动并不具备同步性，并且相较于资本账户流入开放，马来西亚更注重资本账户流出开放，该国股权市场开放度的变化与其所实施的股权市场开放政策相关，如 2002 年 12 月，居民从非居民处购买的股权资产允许以外币计价，即期流出开放度政策再度走高；然而，马来西亚股权市场项目开放度的把控亦具有针对性，如 2003 年 3 月，其对股权流出开放实施收紧政策，要求本地居民对外国证券的投资必须获取证监会与其他有关当局的批准，股权市场项目流出开放度有所下降。这也是缓冲跨境资本高频流动对本国经济冲击的重要手段。股权市场开放度累计变化指数呈现阶梯式下降走势，说明马来西亚股权市场子项呈开放趋势。

2）债券市场项目开放度分析

债券市场项目与股权市场项目同属于证券项目，故二者开放度指数波动存在一定相似性，如 1999 年 2 月、2000 年 1 月所出台的政策与股权市场项目相同，债券市场项目流入与流出开放度逐步提升；而 2002～2004 年，债券市场项目开放指数波动加剧，马来西亚频出政策以对冲资本账户开放的负面影响，使债券市场项目开放更具针对性，如 2002 年 12 月，马来西亚允许居民从非居民处购买以外币结算的马来西亚资产，马来西亚资本账户开放度不断走高；而 2003 年 3 月，马来西亚要求本地居民对外国证券的投资必须获取证监会与其他有关当局的批准，2004 年 4 月，外国跨国公司在马来西亚发行债券需要获得批准，故债券市场项目开放度又有所下降，但整体仍保持开放状态，2002～2004 年，马来西亚资本账户债券市场项目开放度波动程度加深，整体呈开放趋势。随后 2007 年、2013 年，马来西亚债券市场流入、流出开放指数频繁向下波动，马来西亚债券市场项目开放度再次上升，这主要与本地居民购买国外的债券的额度限制下降相关。债券市场流入开放度累计变化指数于 2007 年 4 月向下波动，而 2013 年，债券市场流入、流出开放度累计变化指数数值再次断崖式下降。此外，债券市场开放存在非对称特征，马来西亚对于债券市场资本流出开放更加重视。

3）货币市场项目开放度分析

马来西亚货币市场资本账户开放度指数分别于 2002 年 12 月、2004 年 4 月、2005 年 4 月以及 2016 年 2 月出现负向波动，其中指数数值变动均与货币市场项目开放政策的实施相关。例如，2004 年 4 月与 2005 年 4 月，马来西亚放松了居民投资外币产品的限制，货币市场开放度大幅提升。此外，就货币市场而言，马来西亚资本账户开放具有针对性，主要以流出开放为主。累计来看，货币市场总体与流出开放指数均在 2002 年 12 月、2004 年 4 月、2005 年 4 月以及 2016 年 2 月出现断崖式下降，而货币市场流入开放指数仅在 2016 年 2 月出现下降，随后保持平稳趋势。

4）集体投资项目开放度分析

马来西亚的集体投资项目资本账户开放度呈上升趋势，并且相较于集体投资项目流入开放，马来西亚更注重流出开放。具体来看，2004 年 4 月与 2005 年 4 月，马来西亚不断放松保险公司海外投资限制，集体投资项目流出开放度逐步提升；而 2009 年 1 月，马来西亚再度取消保险公司境外投资限额，并且对于基金的投资，保险公司投资限额放宽至基金总资产净值的 50%，故集体投资项目流入、流出开放度均有所提升；然而，2009 年 2 月马来西亚对集体投资项目实施收紧政策，对外国集体投资向马来西亚投资者的销售行为施加限制，资本账户流入开放度有所下降，随后 2017 年 5 月，该国再度放宽外国基金在国内发行的限制，加快资本账户流入开放步伐。马来西亚集体投资累计总体开放程度不断扩大，且主要由流出方向拉动。

5）衍生工具项目开放度分析

马来西亚的衍生工具项目资本账户开放度呈阶段式上升，衍生工具流入开放与流出开放波动具有一定同步性。例如，2001 年 6 月，非居民对马来西亚衍生品交易所期货与期权交易的所有控制都被取消，衍生工具项目开放度逐步上升；2008 年 1 月，马来西亚居民在大马交易所投资以美元计价的毛棕榈油期货合约不受外币资产投资规则约束，2012 年 1 月，非银行非居民可以与有执照的国内银行签订利率衍生品，马来西亚衍生工具项目开放度不断走高。马来西亚衍生工具总体开放度的提升由流入、流出双向拉动。

6）商业信贷项目开放度分析

马来西亚的商业信贷项目资本账户开放度呈阶段式上升，整体而言，相较于商业信贷项目流出开放，马来西亚更注重商业信贷项目流入开放。2001 年 6 月，居民非银行获准向非居民提供信贷便利，2004 年 4 月允许居民非银行机构发放令吉贷款，为其购买不动产提供再融资，故马来西亚商业信贷项目流出开放度不断提升；2007 年 4 月，马来西亚提升银行以外的金融机构向国外借款的限额至 1 亿令吉，商业信贷项目流入开放度开始增加。马来西亚商业信贷项目开放指数于 2008 年 5 月、2010 年 8 月、2011 年 6 月以及 2011 年 7 月均出现负向波动，开放度持续走高。马来西亚商业信贷开放度累计变化指数数值近年来稳定在负值，表明了马来西亚商业信贷项目开放的积极态度。

7）金融信贷项目开放度分析

马来西亚的金融信贷项目资本账户开放度呈上升趋势，整体而言，相较于金融信贷项目流入开放，马来西亚更注重金融信贷项目流出开放，该国金融信贷项目开放度的变化与其所实施的金融信贷开放政策有关。例如，2001 年 6 月，居民非银行获准向非居民提供信贷便利，2002 年 11 月马来西亚允许银行机构向任何非居民个人提供令吉信贷，2007 年马来西亚继而允许居民获得无限量房地产贷款，基于此，金融信贷项目开放指数于 2000 年 12 月、2001 年 6 月、2002 年 11 月、2004 年 4 月、2005 年 4 月以及 2007 年 4 月均出现负向波动，金融信贷项目开放度持续增加。马来西亚金融信贷总体开放度主要由流出方向拉动，最终累计变化指数为负，该项目的总体开放程度十分可观。

8）担保、保证和备用融资便利项目开放度分析

马来西亚担保、保证和备用融资便利项目的开放度指数在 2007 年出现正向波动，担保、保证和备用融资便利项目即期总体、流入与流出开放指数均正向波动，表明马来西亚政府正逐步收紧担保、保证和备用融资便利项目约束。具体政策对应于 2007 年 4 月，马来西亚要求居民向非居民或代表非居民提供财务担保必须获得许可，马来西亚担保、保证和备用融资便利项目开放度开始下降；而 2013 年 6 月马来西亚放松居民从非居民处获取财务担保限制，担保、保证和备用融资便利项目流入开放度随之提升。整体而言，担保、保

证和备用融资便利项目即期开放度保持收紧趋势。

9）直接投资项目开放度分析

马来西亚的直接投资项目资本账户开放度呈上升趋势，整体而言，相较于直接投资项目流出开放，马来西亚更注重直接投资项目流入开放，该国直接投资项目开放度的变化与其所实施的直接投资开放政策相关，如 2003 年 6 月，马来西亚放宽外国在制造业项目中的持股比例，最高可达 100%，直接投资项目流入开放度有所提升；2007 年 4 月，马来西亚允许居民在大马交易所首次公开发行股票所获取的收益用于离岸投资，直接投资项目即期流出开放度亦随之提升。马来西亚直接投资开放度的累计变化由流入和流出方面双向拉动，整体呈现积极开放态势。

10）不动产市场项目开放度分析

马来西亚只针对不动产市场项目即期流入方向进行开放，即期开放度指数分别于 2001 年、2004 年、2007 年出现负向波动，而 2012 年不动产市场项目略有收紧，开放度有所下降，表明马来西亚政府对不动产市场管制具有较强的针对性。具体政策如下，2001 年 4 月，马来西亚放宽外国人购买住宅、商店和办公空间的限制和条件，本国不动产市场项目流入开放度逐步增加；而 2012 年 1 月，外国人购买住宅的最低价值从 25 万令吉提升至 50 万令吉，该国对不动产市场的资本约束有所加强，市场开放度开始下降。马来西亚不动产市场项目开放度随时间变化的累计趋势显示总体开放程度仅由流入方面拉动，马来西亚政府对不动产市场项目的流出开放保持十分保守的态度。

9. 马尔代夫

马尔代夫货币市场的即期总体、流出与流入开放度在 1999～2019 年，于 2014 年 2 月、2015 年 2 月与 2015 年 8 月出现三次负向波动，其余时间资本账户开放指数均处于 0 刻度线之上，呈现较为平稳的趋势。

10. 泰国

1）股权市场项目开放度分析

泰国股权市场的资本账户流入和流出开放程度反向变动，样本期间累计开放度呈下降趋势。相关政策有：2006 年 12 月规定金融机构不得通过任何期限的售后回购交易向非居民出售或购买任何类型的债务证券；2009 年 9 月，修正《海外投资条例》使某些证券化和承销安排豁免于某些投资规则等。

2）债券市场项目开放度分析

泰国债券市场项目在样本期间波动较为复杂，即期流入、流出的开放和管制政策均有涉及，体现了较强的时变特征。相关政策有：2006 年 5 月，财政部允许外国公司在国内发行以泰铢计价的债券，同年 11 月，泰国政府禁止其境内金融机构向非居民发行或出售泰铢汇票；2018 年 1 月，规定金融资产在 5 亿至 1 亿泰铢之间的合格投资者可以在国外开立外汇账户投资证券等。累计来看，债券市场即期总体开放度出现下降，近期处于开放态势。

3）货币市场项目开放度分析

泰国货币市场项目开放度波动相对较少。具体来看，2006 年 12 月规定金融机构不得向非居民出售和购买外币，也不得将投资于政府或泰国银行债务证券所产生的泰铢账户贷记或借记，如果这些投资的期限小于或等于 3 个月；2008 年 3 月，规定与泰国金融机构出售或交换的外币不再需要 30%的准备金要求等。累计来看，该子项早期管制，近期积极进行开放尝试，即期总体开放指标维持在负值。

4）集体投资项目开放度分析

泰国集体投资项目的即期流入开放度、流出开放度与总体开放度在 1999～2019 年出现了多次波动，总体呈现开放的趋势。具体来看，2014 年 8 月，泰国政府规定东盟集体投资项目证券可提供给零售投资者；2017 年 2 月，泰国银行、商业银行和私人基金被列入可在国外自由投资外国证券的机构投资者名单等。累计来看，总体管制指数下降，开放态度较为积极。

5）衍生工具项目开放度分析

泰国衍生工具项目的开放度在 1999～2019 年出现了从基本稳定到小幅扩大的变动过程。具体来看，2009 年 8 月，泰国的出口商和进口商可以进行远期交易以对冲外汇敞口；2010 年 1 月进一步放松该项交易限制；2015 年 8 月，作为机构投资者，衍生品经营者可以在国外自由投资证券，但其额度不超过每个机构投资者的监管机构、董事或管理层设定的限制。累计来看，泰国衍生工具项目总体开放指标数值出现下降。

6）商业信贷项目开放度分析

泰国商业信贷项目的开放度样本期间出现多次波动，管制与开放交替。具体来看，2001 年 12 月，泰国允许在特定条件下和事先获得 BOT 批准的情况下，向邻国（即柬埔寨、中国、老挝、缅甸和越南）实体提供泰铢直接贷款；2003 年 12 月，终止自动批准商业银行持有作为其债务人的有限公司的普通股或优先股的行为等。累计来看，泰国商业信贷项目总体开放度数值出现下降，该子项呈现开放趋势。

7）金融信贷项目开放度分析

泰国金融信贷项目的开放度波动频繁，开放尝试较多。具体而言有 2001年 9 月泰国政府允许金融机构以泰铢为抵押向在泰国工作不少于一年的非居民自然人发放直接贷款，进一步地，当国外有金融机构的备用信用证时，允许金融机构向非居民出具保函；2008 年 3 月，国内金融机构向非居民借款或进行类似于借款的交易的限额被降至 1000 万泰铢。累计来看，泰国金融信贷项目开放程度呈扩大趋势。

8）直接投资项目开放度分析

1999～2019 年，泰国直接投资项目出现了 5 次波动，如 2008 年 2 月，对海外直接投资项目的限制范围扩大；2013 年 6 月，对国外的直接投资项目的限制放宽等。累计来看，泰国直接投资项目总体开放指标最终维持在正值，说明期间虽有开放尝试但该国对直接投资的开放仍相对保守。

9）不动产市场项目开放度分析

泰国不动产市场项目的开放度在 1999～2019 年呈现为阶梯式扩大开放的特点。具体政策有 2008 年 2 月，汇款到国外购买房地产的限额从每年 5 万美元增加至 100 万美元；2015 年 8 月，居民可购买每年 5000 万美元的不动产等。累计来看，泰国不动产市场项目总体开放指标数值出现下降，开放态度较为积极。

11. 土耳其

1）股权市场项目开放度分析

土耳其股权市场的开放指数在 1999～2019 年仅在 1999 年出现波动。1999 年 6 月 23 日，土耳其政府公布每位自然人允许的股份收购份额从 5%增加到 10%，从而使总体开放指标数值下降，此后始终保持。

2）债券市场项目开放度分析

土耳其债券市场的开放度指数在 2010 年和 2012 年出现较大幅度的波动。2010 年 4 月，外币负债准备金率从 9%提高到 9.5%，后续上调至 10%；2012 年 12 月 30 日要求非居民和居民发行的证券在公开发行前向资本市场委员会申请批准招股说明书。流入和流出方向的双向收紧使总体开放指标数值出现上升，处于持续的管制状态。

3）货币市场项目开放度分析

土耳其货币市场项目开放度指数波动较为频繁。相关政策较多，主要包括 1999 年 1 月 1 日规定对于外汇存款和其他国外负债,最多考虑银行现金账户的 1%；2008 年 12 月 15 日，外币负债准备金率从 11%降至 9%等。整体来看，流入开放指数早期稳定，近期收紧加剧，并抵消了长期尝试开放的流出方面效果，使总体开放指数累计上升并呈现管制态势。

4）集体投资项目开放度分析

土耳其集体投资项目的开放度指数波动较为频繁。具体政策有 1999 年 12 月 4 日，居民从国外获得的预先融资信贷的期限从一年延长至 18 个月；2008 年 1 月 12 日，养老基金的资产投资政府债务工具的最低要求被取消，养老基金投资外国证券的限制被取消等。累计来看，集体投资项目流入与流出开放指数呈现相反变动、效用相抵，资本外流被抑制，资本流入被鼓励以拉动集体投资项目整体开放。

5）衍生工具项目开放度分析

土耳其衍生工具的开放度指数波动较为频繁。具体政策有 2004 年 12 月 31 日，贵金属经纪机构从事某些远期交易的授权要求被取消；2017 年资本市场委员会指定的外汇、贵金属和其他资产的杠杆交易只能由居民通过授权的主管机构进行等。累计来看，衍生工具项目的总体开放近期呈现小幅收紧趋势。

6）商业信贷项目开放度分析

土耳其商业信贷的开放度指数波动较为频繁。具体政策有 2008 年 12 月 7 日，取消了限制商品信贷期限的限制，其他商品信贷期限最长为五年；2009 年 6 月 16 日，居民银行被授权向土耳其居民提供平均期限超过一年且金额不低于 500 万美元的外汇信贷，用于商业和专业用途。累计来看，土耳其商业信贷流入方向管制收紧，流出方向开放放宽，使总体开放程度累计小幅放松。

7）金融信贷项目开放度分析

土耳其金融信贷项目的开放度指数波动较为频繁。具体政策有 1999 年 1 月 1 日，银行从国外获得的信贷税率从 4%降至 0；2008 年 2 月 28 日，土耳其政府允许本国公民为其母公司、集团公司和海外子公司提供外汇和以里拉进行信贷交易的金融活动。累计来看，土耳其金融信贷项目总体开放度数值在 1999～2015 年呈现阶梯形下降，2018 年后由流入方向的管制导向拉动，呈现小幅收紧态势。

8）担保、保证和备用融资便利项目开放度分析

土耳其担保、保证和备用融资便利项目的即期开放指数仅在 2018 年发生变动。2018 年 8 月 13 日土耳其银行里拉交易的抵押品外汇存款限额从 72 亿欧元提高到 200 亿欧元；同年 9 月 27 日，1 周、2 周和 1 个月到期的美元外汇抵押存款买入利率从 1.50% 提高到 2%。流入方向的资本管制加剧拉动总体管制程度上升。

9）直接投资项目开放度分析

土耳其直接投资项目开放度指数在 1999～2019 年出现四次波动。例如，2003 年 6 月 5 日，《外国直接投资法》生效，非居民直接投资的待遇与居民投资的待遇相同；2014 年 7 月 1 日，根据《关于投资服务、投资活动和辅助服务原则的公报 III-37.1》，居民主动从外国金融机构获得所有类型的投资服务均不受公报规定的约束等。累计来看，总体开放指数由流入、流出同向拉动下降，开放趋势明显且持续。

10）不动产市场项目开放度分析

土耳其不动产市场项目的开放度指数在 1999～2019 年发生三次波动。具体而言，有 2003 年 6 月 5 日，政府允许外国公司通过外国投资者在土耳其设立或参与的法人实体获得不动产或有限的财产权；2008 年 7 月 15 日，允许在土耳其设立的外资公司收购房地产，开展业务和经济活动等。累计来看，总体开放指数完全由即期流入开放指标拉动，指标数值出现下降，开放程度扩大。

12. 土库曼斯坦

土库曼斯坦货币市场项目开放度在 1999~2019 年波动较少,总体上呈现平稳态势。具体而言,1999 年 10 月出台政策对企业和个人购汇征收 20% 的税,而到 2000 年 1 月,土库曼斯坦政府取消 20% 的购汇税;2008 年 1 月,根据交易类型,银行间货币兑换处可按官方汇率或商业汇率申请外汇,个人买卖外币现钞不受限制,促使货币市场流出开放加强。

5.2　欧洲中高收入国家指标测度及特征分析

5.2.1　资本账户开放背景

1. 阿尔巴尼亚

近年来,为促进经济发展,阿尔巴尼亚将旅游业作为优先发展的产业。从经济发展程度来看,阿尔巴尼亚 2019 年 GDP 高达 158 亿美元,人均 GDP 达 5448 美元,GDP 增长率为 2.9%。可以看出,近年来,阿尔巴尼亚经济保持稳定增长态势。

2. 白俄罗斯

2002 年以来,为吸引外资,白俄罗斯出台了许多优惠政策并取得了较为显著的成效;2008 年国际金融危机爆发后,白俄罗斯经济遭到冲击,为摆脱经济危机对社会经济发展带来的负面影响,白俄罗斯更加积极地推进私有化进程并加大吸引外资的力度,希望借此稳定国内经济发展形势。

整体来看,白俄罗斯对外资入境的态度比较积极,投资环境相对宽松,在积极推动经济发展的同时,也逐步推进资本账户的开放,以期进一步带动经济增长。

3. 保加利亚

保加利亚作为新兴经济体,苏联解体后,其开始向市场经济过渡。保加利亚在经济转型初期开始推行经常账户开放,资本账户管制政策的放松则紧随其后。在资本账户自由化的改革中保加利亚始终持谨慎态度,并采用了渐进的资本账户开放模式。2020年保加利亚GDP达到691亿美元,人均GDP也达到了9976美元。

4. 科索沃

科索沃位于素有"欧洲火药桶"之称的巴尔干半岛,是国际政治和军事纷争之地。1999年3月科索沃战争爆发,科索沃国内纷争不断,2008年独立后更是成为"欧洲黑洞",屡次将多方势力拉至战争边缘。由于政局和社会动荡、国际地位尴尬等原因,科索沃于2018年更是再次陷入紧张局势。科索沃的资本账户开放并没有太多历史可追溯,虽有尝试,但整体而言处于无暇顾及资本账户开放的阶段。

5. 黑山

黑山的经济基础较差,缺乏基础设施,资源匮乏,加之黑山饱受战乱、国际制裁之苦,经济下跌趋势明显。近年来,黑山为推进各项经济改革积极改善外部环境,经济逐渐复苏,总体呈增长趋势。但是由于世界政治环境与黑山综合政治经济实力的限制,黑山的资本账户基本处于严格的政府政策管制之下,仅在2018年9月短暂开放资本账户。

总体而言,黑山是典型的发展中国家,面临波动不定的国际政治经济环境,黑山近年来开始关注资本账户并坚持资本账户管制政策,较少年份基于形势开放资本账户。

6. 北马其顿

自 1989 年南斯拉夫社会主义联邦共和国解体后,基于复杂特殊的政治背景和国际形势,北马其顿的经济发展情况较为动荡,相应的资本账户开放历程可以分为如下三个阶段。

第一阶段:1991~2000 年。1991 年 11 月 20 日,北马其顿独立成为主权国家,国内百废待兴,经济环境相对较差,GDP 逐年下降,后又受到战乱影响,经济发展近乎停滞。

第二阶段:2001~2017 年。2001 年 3 月,由于联合国安理会介入以调停战乱,北马其顿的国家安全得以保障,之后 GDP 直至 2008 年一直呈现波动上升的发展趋势,资本账户亦出现较多开放尝试。

第三阶段:2018 年至今。2018 年 1 月 21 日,北马其顿再次陷入领土争端,经济发展相对停滞,资本账户相对前期虽有开放尝试,但调整幅度弱化。

7. 俄罗斯

俄罗斯的资本账户开放政策除了为国内经济形势服务外,更大程度上与国际地缘政治、宏观金融市场的波动呈强相关性,资本账户开放政策变动是俄罗斯抵御国际市场风险,促进对外经济交流的有效工具之一。整体来看,俄罗斯对开放资本账户秉持积极态度。

8. 塞尔维亚

塞尔维亚在苏联时期经济发达,经济基础相对较好。但苏联解体后,受到国际政治经济制裁以及科索沃战争的影响,经济、政治稳定性受到了严重的负面影响。2000 年时,其人均 GDP 仅为 914.79 美元,相较 1997 年的 3308 美元,人均 GDP 有着断崖式的滑坡。但在 2000 年后,其国家经济得到了一定的恢复。2005 年,塞尔维亚的人均 GDP 恢复至科索沃战争之前的水平。2019 年,塞尔维亚人均 GDP 为 7411.56 美元,其经济得到了相当的恢复与发展。

根据中国—中东欧研究院塞尔维亚国际政治经济研究所的报告，塞尔维亚的外国直接投资占总投资的 1/3，因此塞尔维亚的经济发展从侧面来讲依靠国内外资本流动的程度是相对较大的。同时，塞尔维亚政府对于引入外国资产持有十分开放的态度。总体来看，塞尔维亚资本账户具有政策变动多、变化频繁、涉及领域众多的特点。

5.2.2　资本账户双向开放指标测度及特征分析

1. 阿尔巴尼亚

本部分将从资本账户即期开放指标与资本账户累计开放指标两方面入手，分析阿尔巴尼亚资本账户开放程度变化。

1）阿尔巴尼亚资本账户开放程度变化

图 5.28 显示，1999~2019 年，阿尔巴尼亚资本账户开放程度即期变化指标多负向波动，这表明该国资本账户管制逐步放松；而从资本账户开放程度累计变化来看，其变化趋势亦印证了这一结论。

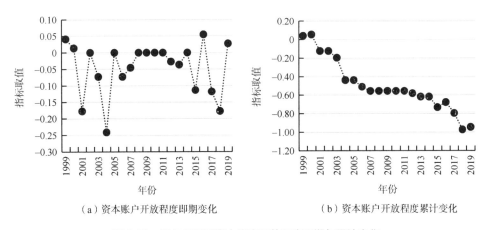

（a）资本账户开放程度即期变化　　　　（b）资本账户开放程度累计变化

图 5.28　阿尔巴尼亚资本账户开放程度即期与累计变化

2）阿尔巴尼亚资本账户双向开放情况

（1）资本账户流入开放。以 2013 年为分界点，在此之前的阿尔巴尼亚资本账户流入开放程度几乎不变，2014 年阿尔巴尼亚资本账户流入开放程度扩大后，保持开放水平。

（2）资本账户流出开放。跨境资本流出开放指标与资本流入开放指标的变化基本一致，具有较强的稳定性，此处不再赘述。

2. 白俄罗斯

1）白俄罗斯资本账户开放程度变化

图 5.29 显示，2001～2007 年白俄罗斯的资本账户开放程度逐渐加大；2008～2012 年则出现开放收紧，管制加强，这可能是由于 2008 年国际金融危机的影响；2019 年，白俄罗斯为刺激经济，资本账户开放力度迅速扩大。累计来看，白俄罗斯资本账户虽有开放程度收紧的尝试，但整体呈现出较为积极的开放状态。

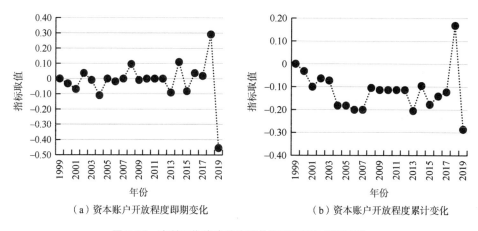

（a）资本账户开放程度即期变化　　　　（b）资本账户开放程度累计变化

图 5.29　白俄罗斯资本账户开放程度即期与累计变化

2）白俄罗斯资本账户双向开放情况

（1）资本账户流入开放。图 5.30 显示，1999～2019 年，白俄罗斯资本账户流入开放程度累计变化呈现出显著波动。早期开放力度加速扩大，但后期随着国际金融环境的恶化，相应管制政策推出，资本流入开放水平有所回落。

（2）资本账户流出开放。图 5.31 显示，白俄罗斯资本账户流出调整相对保守，波动幅度相对较小，以小幅开放为主，仅在近期出现过大幅度管制调整。

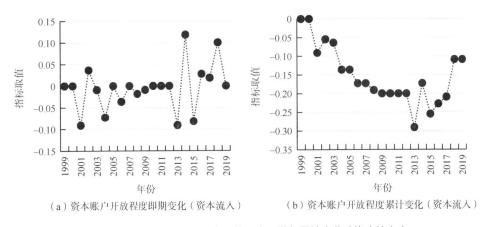

（a）资本账户开放程度即期变化（资本流入）　　（b）资本账户开放程度累计变化（资本流入）

图 5.30　白俄罗斯资本账户开放程度即期与累计变化（资本流入）

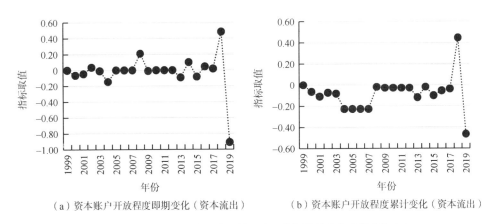

（a）资本账户开放程度即期变化（资本流出）　　（b）资本账户开放程度累计变化（资本流出）

图 5.31　白俄罗斯资本账户开放程度即期与累计变化（资本流出）

3. 保加利亚

保加利亚资本账户开放整体呈先放松后收紧的趋势，资本账户放松与保加利亚实施经济转型并加入欧盟有关，资本账户收紧是由保加利亚对多个国家实行资本管制导致的。

1）保加利亚资本账户开放程度变化

保加利亚资本账户开放程度即期变化指数具有较强波动性。总体来看，保加利亚资本账户开放程度具有显著波动趋势，到 2008 年国际金融危机爆发前资本账户的自由程度都已经达到较高水平。而自 2012 年开始，保加利亚对多个国家实行了资本管制和经济制裁，使得资本账户管制程度呈现逐年收紧的趋势，具体如图 5.32 所示。

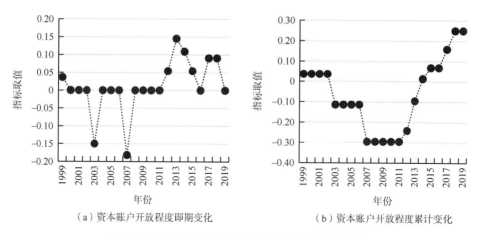

（a）资本账户开放程度即期变化　　　　（b）资本账户开放程度累计变化

图 5.32　保加利亚资本账户开放程度即期与累计变化

2）保加利亚资本账户双向开放情况

（1）资本账户流入开放。图 5.33 显示，保加利亚资本账户流入开放指数以正向波动为主，资本账户开放程度整体呈收紧趋势。

（2）资本账户流出开放。相较于流入方向资本账户，保加利亚早期更加注重流出方向资本账户开放，而自 2012 年开始同流入方向资本账户一致，亦不断收紧流出方向资本账户。

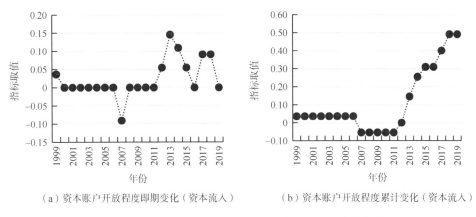

（a）资本账户开放程度即期变化（资本流入）　　　　（b）资本账户开放程度累计变化（资本流入）

图 5.33　保加利亚资本账户开放程度即期与累计变化（资本流入）

4. 科索沃

科索沃资本账户整体较为封闭，该国鲜少针对性地进行资本账户开放政策性调整。

1）科索沃资本账户开放程度变化

本部分以每年度科索沃资本账户开放政策变化的情况进行量化和分析，重点观察自 1999 年起，科索沃资本账户开放力度每年度的总体变动，体现了科索沃资本账户开放程度的每年度变化的态度：1999～2019 年仅出现过一次正向的资本账户开放调整，其余时间均稳定在 0 刻度线，说明科索沃资本账户开放的调整并不敏感，始终保持谨慎态度。

2）科索沃资本账户双向开放情况

本部分从跨境资本流入、流出两个角度分析科索沃资本账户开放的情况。

（1）资本账户流入开放。对跨境资本流入开放指数与开放趋势的观测显示，在 1999～2019 年，科索沃针对跨境资本流入方向并未进行过调整，处于保守的封闭状态。

（2）资本账户流出开放。科索沃针对跨境资本流出的限制调整全面体现了其总体开放程度，即该地区的资本开放政策完全是由针对流出方向的限制体现的。

5. 黑山

黑山资本账户整体开放状况总体呈现短暂开放的趋势，开放态度十分谨慎。

1）黑山资本账户开放程度变化

GKAOPEN 数据库显示，自 1999 年以来，黑山资本账户开放在 2018 年有所放宽。在 1999～2017 年，黑山资本账户开放水平趋近于零，这可能是由于世界政治环境以及自身经济实力、调控应对能力有限所导致的政策性暂时封闭；2018 年以后，黑山开放资本账户，这段时间针对资本账户开放的政策主要涉及债券市场项目、集体投资项目和直接投资项目，总体开放趋势上升，与外界的资本账户交流近年来增加。

2）黑山资本账户双向开放情况

（1）资本账户流入开放。黑山每年的资本账户流入开放情况早期基本处于平稳状态，直至 2018 年相关政策推出，如对由保险合同担保的给付利益的特殊准备金的存放和投资的范围进行规定等，使黑山资本账户的流入管制出现收紧趋势。

（2）资本账户流出开放。该国早期亦限制本国资本进入国外市场进行运作，但在 2018 年出台政策允许黑山保险公司投资欧盟成员国或 OECD 成员国的市政府发行或担保的债券和其他债务证券，使得该国资本账户流出开放程度扩大。

6. 北马其顿

北马其顿资本账户整体开放状况总体呈现较为频繁的波动状态，根据国家相关政策及经济环境不断发生变化。

1）北马其顿资本账户开放程度变化

本部分对北马其顿资本账户即期开放与累计开放变化指标进行分析。如图 5.34 所示，1999～2019 年，北马其顿的资本账户开放程度变化随时间波动频繁，但以推出资本账户的开放措施为主，仅在少数年份尝试收紧管制。如图 5.34 所示，1999～2019 年，北马其顿资本账户开放程度不断波动并最终趋于平稳。其中，在 1999～2001 年，北马其顿的总体管制力度有所提升；2001 年之后，资本账户累计开放指数显著为负。尽管存在小幅收紧管制，但整体而言北马其顿的资本账户开放程度显著扩大。

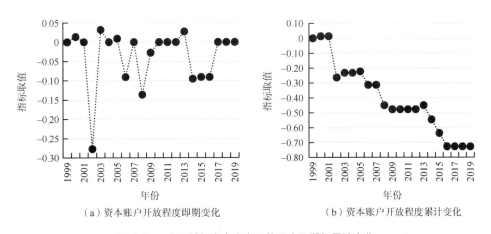

（a）资本账户开放程度即期变化　　　　（b）资本账户开放程度累计变化

图 5.34　北马其顿资本账户开放程度即期与累计变化

2）北马其顿资本账户双向开放情况

（1）资本账户流入开放。图 5.35 显示，1999～2019 年，北马其顿资本账户的流入开放和前述总体开放程度的形势在波动时点上基本一致，呈现出积极尝试开放的特征。

（2）资本账户流出开放。由图 5.36 可知，北马其顿资本账户的流出开放与前述总体开放程度的波动情况基本一致。

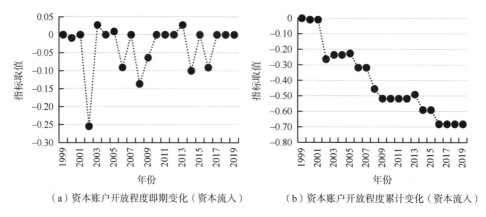

（a）资本账户开放程度即期变化（资本流入）　　　　（b）资本账户开放程度累计变化（资本流入）

图 5.35　北马其顿资本账户开放程度即期与累计变化（资本流入）

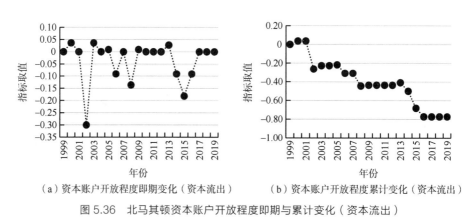

（a）资本账户开放程度即期变化（资本流出）　　　　（b）资本账户开放程度累计变化（资本流出）

图 5.36　北马其顿资本账户开放程度即期与累计变化（资本流出）

7. 俄罗斯

从总体上看，随着时间推移，俄罗斯的资本账户整体开放程度日益增大，但在某些特定的年份与时间点，与资本账户总体开放程度上升趋势相悖的波动也表现出其资本账户开放是根据国际宏观政治经济局势，以及俄罗斯政治和本国经济需要进行调整的。

1）俄罗斯资本账户开放程度变化

图 5.37 显示，1999～2019 年，俄罗斯资本账户开放程度即期变化指数波动频繁：在 2004 年以前，俄罗斯的资本账户开放程度较小，这与苏联解体

后俄罗斯经历经济体制转型、国际地缘政治冲突等多重外部因素冲击，从而形成以谨慎为导向的经济思路有关；自 2004 年开始，俄罗斯资本账户开放力度呈现跳跃式增大,这可能与 2004 年俄罗斯逐步允许本国居民在海外进行股票、债券、基金等交易，同时允许海外居民在俄罗斯进行金融类投资等开放性政策的实施有关。1999～2019 年，俄罗斯资本账户总体呈现开放趋势。

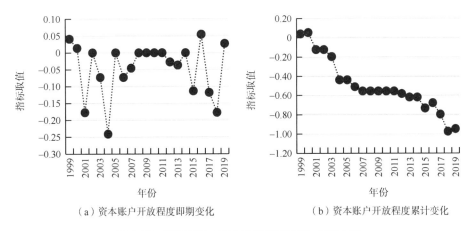

（a）资本账户开放程度即期变化　　　　　（b）资本账户开放程度累计变化

图 5.37　俄罗斯资本账户开放程度即期与累计变化

2）俄罗斯资本账户双向开放情况

（1）资本账户流入开放。图 5.38 显示，俄罗斯资本账户流入开放程度即

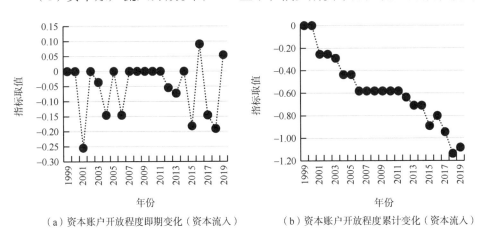

（a）资本账户开放程度即期变化（资本流入）　　　　（b）资本账户开放程度累计变化（资本流入）

图 5.38　俄罗斯资本账户开放程度即期与累计变化（资本流入）

期变化指数大部分为负值，偶尔为正值，累计变化指数呈下降趋势，体现出资本账户开放程度加大的趋势。

（2）资本账户流出开放。图5.39显示，俄罗斯资本账户流出开放程度即期变化指数大部分为负值，偶尔为正值，累计变化指数呈下降趋势，体现出资本账户开放程度加大的趋势。

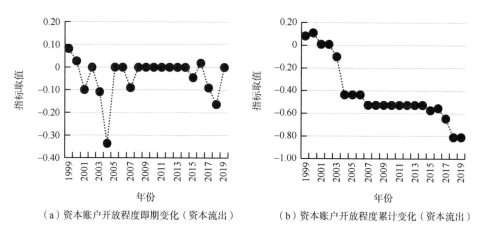

（a）资本账户开放程度即期变化（资本流出）　　　　（b）资本账户开放程度累计变化（资本流出）

图5.39　俄罗斯资本账户开放程度即期与累计变化（资本流出）

8. 塞尔维亚

塞尔维亚资本账户整体开放状况呈现出波动变化的情况，由于在2003年和2015年出现较大幅度收紧，资本账户整体呈现收紧状态。

1）塞尔维亚资本账户开放程度变化

塞尔维亚的资本账户开放程度即期变化指数不断上下波动。于2003年与2015年，该国资本账户开放程度即期变化指数出现两次大幅正向波动，这主要与塞尔维亚面对的国际政治经济形势和本国的政治经济需求有关，如图5.40所示。整体而言，塞尔维亚资本账户开放程度呈收紧状态。

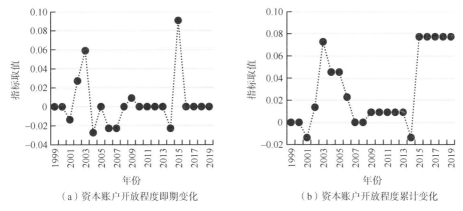

（a）资本账户开放程度即期变化　　　　　（b）资本账户开放程度累计变化

图 5.40　塞尔维亚资本账户开放程度即期与累计变化

2）塞尔维亚资本账户双向开放情况

（1）资本账户流入开放。图 5.41 显示，塞尔维亚跨境资本流入的开放程度总体体现为逐步收紧，在 2003 年、2009 年和 2015 年，资本流入开放程度即期变化指数呈现跳跃式波动，资本账户管制程度阶段性升高。

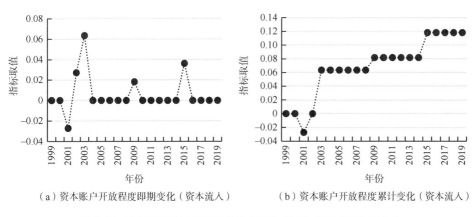

（a）资本账户开放程度即期变化（资本流入）　　　　（b）资本账户开放程度累计变化（资本流入）

图 5.41　塞尔维亚资本账户开放程度即期与累计变化（资本流入）

（2）资本账户流出开放。图 5.42 显示，2008 年前，塞尔维亚的跨境资本流出开放政策与收紧政策频繁出台。

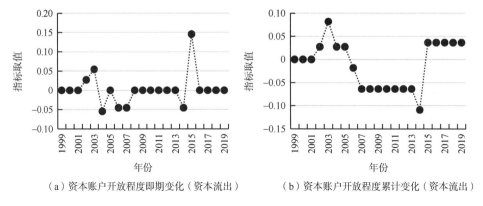

（a）资本账户开放程度即期变化（资本流出）　　　（b）资本账户开放程度累计变化（资本流出）

图 5.42　塞尔维亚资本账户开放程度即期与累计变化（资本流出）

5.2.3　资本账户子项目双向开放指标测度及特征分析

1. 阿尔巴尼亚

1）股权市场项目、债券市场项目和直接投资项目开放度分析

阿尔巴尼亚股权市场项目开放度在 1999～2019 年变动较少，仅在 2014 年出现波动。这对应于 2014 年金融监管局（Financial Service Authority, FSA）对涉及技术或数学条款的资产可投资范围扩大，涉及股权市场项目和债券市场项目开放程度的提升。二者的总体开放度数值均变为负值。

2）货币市场项目开放度分析

流出开放度数值经历两次跳跃，分别在 1999 年和 2014 年，如 1999 年 1 月，银行对单一货币的开放外汇头寸限制从 10%提高到 20%，对所有货币的开放外汇头寸限制从 20%提高到 30%。总体开放指标数值最终稳定在负值，说明阿尔巴尼亚货币市场是开放的。

3）金融信贷项目开放度分析

阿尔巴尼亚金融信贷项目开放度在 2018 年发生一次变化。2018 年，外币储备的报酬需按照回购利率计酬。总体开放指标由流出管制的收紧拉动，整体保持管制状态。

2. 白俄罗斯

1）股权市场项目开放度分析

1999~2019 年该国股权市场项目开放度波动较为频繁，相应政策导向包括：2008 年 7 月，政策规定除某些例外情况外，只能通过白俄罗斯外汇证券交易所的交易系统，以开放式股份公司的股份进行买卖交易等。累计来看，流入和流出双向的管制加强拉动总体开放指数上升，管制程度在不断加强。

2）债券市场项目开放度分析

白俄罗斯的债券市场项目开放度只在个别年份出现波动，其余年间都较为平稳。具体而言，2016 年 1 月，该国关于债券市场的相关程序已到位，加强了对债券市场的资本管制；2018 年 7 月，白俄罗斯进一步限制对非本国居民发放的债券的购买资金占用投资基金的比率等。总体来看，白俄罗斯债券市场项目资本流出开放指数上升，整体呈现管制态势。

3）货币市场项目开放度分析

白俄罗斯货币市场项目开放度在 1999~2019 年频繁波动。总体来看，该国对于货币市场项目资本流动持开放态度，只有个别年份进行一定程度管制，包括 2002 年 6 月对公开外汇头寸限额，2014 年 12 月临时禁止在场外交易市场买卖外汇等。累计来看，总体开放指数完全由流入开放的扩大拉动，呈现出逐年阶梯式下降走势，开放态度较为积极。

4）集体投资项目开放度分析

白俄罗斯集体投资项目开放指数除在 2016 年、2018 年及 2019 年出现一定程度波动外，总体上呈现较为平稳的趋势。具体来看，相关政策有：2016 年 1 月宣告《证券和股票交易所法》失效；2018 年 7 月 23 日，政府规定用于购买白俄罗斯共和国非居民发行的金融工具的资金不得超过用于投资的联合股票投资基金资产价值或共同基金资产价值的 30%等。累计来看，总体开放指数下降，呈现小幅开放态势。

5）衍生工具项目开放度分析

1999~2017 年，白俄罗斯对于衍生工具项目的资本流动并未采取任何措施，只在 2018 年和 2019 年对衍生工具项目资本流动进行探索。比如，2018年 7 月，政策规定用于购买白俄罗斯共和国非居民发行的金融工具的资金数额不得超过用于投资的联合股票投资基金或共同基金资产价值的 30%。累计来看，经历两次方向相反的波动后，总体开放指数下降，最终呈现小幅度开放。

6）金融信贷项目开放度分析

白俄罗斯金融信贷项目的开放度在 1999~2019 年波动较为频繁。具体有2006 年 8 月政策规定居民收到非居民信贷超过 180 天的最高利率提高到11%；2008 年 2 月 26 日出台政策，规定向非居民提供 180 天以上贷款的利率上限需经央行批准等。总体看来，白俄罗斯的金融信贷项目资本流入和流出调整相反，总体开放指数最终由流出管制拉动上升，开放程度收紧。

7）担保、保证和备用融资便利项目开放度分析

白俄罗斯担保、保证和备用融资便利项目（简称抵押担保项目）的流出开放度在 1999~2019 年表现较为稳定，仅在 2004 年、2019 年出现一定程度波动，对应 2004 年要求外国银行担保预付款的限额从 10 万美元增加到 50万美元，2019 年政策规定居民法人和个人向非居民提供担保和担保类交易只需要登记。抵押担保项目流入开放度 1999~2019 年未发生任何变动。

8）直接投资项目开放度分析

白俄罗斯直接投资项目的流出开放度仅在 2014 年与 2019 年出现两次变化，如 2014 年 1 月，相关政策出台表明政府对外币贷款提出更高要求，对向企业发放投资贷款形成限制等。直接投资项目的资本流入未曾有任何波动。以上事实表明，白俄罗斯对直接投资项目的资本开放持谨慎态度，仍然处于

尝试开放阶段。

9）不动产市场项目开放度分析

白俄罗斯不动产市场项目的流出开放度仅在 2008 年和 2019 年出现变化，累计下降；流入开放度则无调整。这表明白俄罗斯政府对外国资本进入本国房地产市场的严格谨慎态度。

3. 保加利亚

1）股权市场项目开放度分析

保加利亚股权市场项目的资本流入开放指数在样本周期内保持不变；资本流出开放指数于 2003 年和 2007 年出现向下波动，这是因为保加利亚 2003 年取消了资本交易的注册要求，2007 年取消了补充养老基金投资于外国证券的限制。

2）债券市场项目开放度分析

保加利亚债券市场项目的资本流入开放指数在样本周期内保持不变；资本流出开放指数于 2003 年和 2007 年出现向下波动，这是因为保加利亚 2003 年取消了资本交易的注册要求，2007 年取消了补充养老基金投资于外国证券的限制。

3）货币市场项目开放度分析

保加利亚货币市场项目的资本流入开放指数在样本周期内保持不变；资本流出开放指数仅于 2003 年出现向下波动，这是因为 2003 年保加利亚取消了资本交易的注册要求。

4）集体投资项目开放度分析

保加利亚集体投资项目的资本流入开放指数在样本周期内保持不变；资本流出开放指数于 2003 年和 2007 年出现向下波动，这是因为保加利亚 2003 年取消了资本交易的注册要求，2007 年取消了补充养老基金投资于外国证券的限制。

5）衍生工具项目开放度分析

保加利亚衍生工具项目的资本流入开放指数在样本周期内保持不变；资本流出开放指数于 2003 年和 2007 年出现向下波动，这是因为保加利亚 2003 年取消了资本交易的注册要求，2007 年取消了补充养老基金投资于外国证券的限制。

6）直接投资项目开放度分析

保加利亚直接投资项目的资本流入开放指数在样本周期内保持不变；资本流出开放指数于 1999 年向上波动，这是因为 1999 年《外国投资法》取消了对外商投资的税收减免和激励措施，并于 2003 年和 2007 年出现向下波动，这是由于保加利亚 2003 年提高了境外直接投资受注册要求限制的限额，2007 年规定在欧盟内投资无须向央行申报。

7）不动产市场项目开放度分析

保加利亚不动产市场项目的资本流出开放指数在样本周期内保持不变；资本流入开放指数于 2007 年出现向下波动，这是因为 2007 年允许来自欧盟成员国的非居民在保加利亚购买或拥有土地。

4. 科索沃

科索沃政府仅对金融信贷项目的开放程度进行过调整，对其他子项目并未进行过开放尝试，态度十分保守。对于金融信贷的调整体现在 2012 年 12 月起，科索沃银行不得有任何一种外币的净未平仓头寸超过其一级资本的 15%（以前为 20%），或协议的净外币头寸超过其一级资本的 30%（以前为 40%），这使金融信贷项目流出开放指数数值由 0 升至 0.8。整体来看，自 2012 年以后，金融信贷项目流出开放指数呈现正向波动，流入开放指数数值始终保持不变，最终该项目的开放指数数值累计变动为 0.8，表明金融信贷项目的开放程度始终保持收紧状态。

5. 黑山

1）债券市场项目和直接投资项目开放度分析

1999~2019 年，黑山债券市场项目的流入开放度、流出开放度与总体开放度除在 2018 年出现较大幅度的波动情况外，总体上呈现较为平稳的趋势。2018 年，债券市场项目流出开放指数从 0 变动至负值。具体而言，从 2018 年 9 月开始，黑山政府规定黑山保险公司可以投资欧盟成员国或 OECD 成员国的市政府发行或担保的债券和其他债务证券，说明黑山的债券市场项目流出开放程度增强。该国的直接投资项目基于相同的政策，出现同样的变动。

2）集体投资项目开放度分析

1999~2019 年，黑山集体投资项目的流入开放度、流出开放度与总体开放度除在 2018 年出现波动外，总体上呈现较为平稳的趋势，三者的变化幅度亦较为一致，集体投资项目资本账户管制扩大。

6. 北马其顿

1）股权市场项目开放度分析

北马其顿股权市场项目开放度呈现早期管制、后期开放的特点。2000 年 1 月，政府规定居民在国外购买股票或非居民购买国内公司的股票的批准权转移，股权市场项目的管制程度有所收紧；2015 年 6 月，政府规定满足相应条件的境内银行可自由进行对外国证券的投资，股权市场项目流出开放指数下降为负值。累计来看，北马其顿股权市场项目开放程度由流入和流出双向拉动，整体上处于开放状态。

2）债券市场项目开放度分析

北马其顿债券市场项目早期出现管制尝试，但随着经济发展，逐步倾向于扩大开放。相应政策如，2008 年 1 月，政府规定从北马其顿中央银行购买外汇以汇回非居民的证券投资时，需要支付溢价的规定被取消，这使债券市场项目流入开放指数下降为负值。累计来看，北马其顿债券市场项目开放程度先降后升，最终开放指数达到负值。

3）货币市场项目开放度分析

北马其顿货币市场项目开放度波动频繁，开放与管制并行。相应政策如，2002 年 10 月，广泛放宽对马其顿境内非居民和经授权的国外银行进行资本和货币市场工具交易的管制、取消对非居民外币存款的流动资产要求，使货币市场项目即期开放指数下降；2013 年 8 月，国家银行将外币负债的准备金率从 13%提高到 15%，使货币市场项目即期开放指数上升。总的来看，尽管北马其顿对货币市场项目多进行管制与开放并行的双向尝试，但整体而言货币市场项目开放程度不断扩大，且对资本流入的管制更为宽松。

4）集体投资项目开放度分析

集体投资项目较为稳定，仅在 2008 年 1 月出现一次开放尝试，并在此后始终保持该开放水平。对应政策为，2008 年 1 月，该国政府拓宽了自愿养老基金的规定投资范围，使集体投资项目流出开放指数下降至负值。

5）商业信贷项目开放度分析

商业信贷项目开放程度的即期变化不多，仅在 2002 年、2003 年和 2006 年出现过政策调整。具体来看，2002 年 10 月，政府取消了对信贷业务的所有控制，但需要事先在全国信贷管理机构登记，使商业信贷项目流出开放指数下降至负值；2003 年 8 月，北马其顿政府规定超过一年（以前为 180 天）的商业信贷必须在全国银行信贷管理局登记，使商业信贷项目流出开放指数上升为正值；2006 年 1 月，北马其顿政府取消个人超过一年的商业信用记录。从开放度的累计变化来看，商业信贷项目开放度最终由流入、流出双向拉动保持开放水平。

6）金融信贷项目开放度分析

金融信贷项目开放程度波动较为频繁，以扩大开放为主。具体来看有，2000 年 10 月，政府取消对金融信贷业务的控制，使金融信贷项目开放指数下降至负值；2009 年 1 月，对外汇持仓总量的限制降至银行自有资金的 30%，使该国金融信贷项目开放指数下降为负值。总的来看，该国金融信贷项目开放程度较高。

7）直接投资项目开放度分析

累计来看，北马其顿直接投资项目仅在 2003 年出现过一次收紧管制，此后始终保持该收紧状态。2003 年 8 月，政府放宽了居民进行海外投资的登记日期限制，但收紧了银行进行海外投资的登记日期限制，累计使直接投资项目开放指数上升，该子项目的资本账户开放相对保守。

8）不动产市场项目开放度分析

不动产市场项目的开放程度亦相对稳定，开放尝试最早发生在 2003 年，并在此后始终保持该开放水平。2003 年 8 月，居民在国外购买房地产和非居民在当地购买房地产的登记日期限制被放宽，使不动产市场项目开放指数下降，不动产市场项目开放程度上升。

7. 俄罗斯

1）股权市场项目开放度分析

俄罗斯股权市场项目的流入开放度、流出开放度与总体开放度在 1999～2019 年除少数年份出现波动外，总体上呈现较为平稳的趋势。具体来看，2004 年 6 月，俄罗斯境内与买卖外国证券有关的外汇交易的限额从 75 000 美元增加到 150 000 美元；2018 年俄罗斯实施金融风险管控，提高了股权市场交易的准备金要求，属于管制性收紧。累计来看，俄罗斯股权市场项目流入、流出开放度的变化幅度总体相似，方向基本相同，股权市场项目开放度不断扩大，俄罗斯总体保持了股权市场项目持续开放的思路。

2）债券市场项目开放度分析

1999～2019年，俄罗斯的债券市场项目开放度变动较少，仅发生了两次变动。其中，2001年授权居民自然人通过授权银行账户向国外转账以购买以外汇计价的证券（额度不超过75 000美元）；2004年，俄罗斯同步了居民股权市场项目和债券市场项目的交易限制，进一步开放了俄罗斯的债券市场项目。这样的双向开放趋势拉动俄罗斯债券市场项目总体开放程度累计上升。

3）货币市场项目开放度分析

从流入角度来看，货币市场项目流入开放度在2001年、2004年、2018年均有所变化。2001年与2004年，俄罗斯出台货币市场政策以放松管制、扩大外国资本在俄罗斯经营范围、放松俄罗斯货币市场交易限额作为主要手段；2005年至2017年相对平稳；2018年，俄罗斯颁布了较多鼓励政策，整体而言有着较为积极的吸引外资的态度。从流出角度来看，俄罗斯央行对于流出政策调整更加频繁：2005年前，俄罗斯对于货币市场项目主要采取收紧管制政策，如禁止俄罗斯交易者使用外国账户余额购买外汇等；2005年及之后，管制逐渐放松，资本流出开放力度逐年增加。累计来看，俄罗斯货币市场项目早期管制、近期积极尝试开放。

4）商业信贷项目开放度分析

俄罗斯商业信贷项目的流入开放度、流出开放度与总体开放度仅在2001年与2017年有所变化，其余年度趋势平缓。其中，2001年该国政府为居民自然人建立了关于获得和偿还非居民延期超过180天的外汇信贷和贷款的通知程序，并扩大了未经俄罗斯央行授权即可进行的交易清单；2017年仅有流出开放程度的变动，即定义了可以进行商业信贷交易的银行范畴。累计来看，该国商业信贷项目开放程度扩大。

5）金融信贷项目开放度分析

俄罗斯金融信贷项目开放度在1999~2004年和2013~2019年频繁变动。具体而言，从流入角度来看，加强管制与放松管制是交替进行的，如1999~2004年针对个人金融信贷还款期限和额度进行适当调控的政策出台；2013~2019年，俄罗斯对银行进行金融信贷交易执照和范围进行修改。从流出角度来看，其波动时间段与流入开放变动时间基本吻合，如1999~2004年要求严格管控超过1万美元的外汇出口；2004年，对居民发行外汇金融信贷的资格进行松绑；2016~2018年，为保证俄罗斯金融市场稳定性、安全性调整了存款准备金率。累计来看，俄罗斯的金融信贷项目开放趋势加强。

6）直接投资项目开放度分析

俄罗斯主要放宽了关于FDI流入境内的限制，而对于流出政策调控相对较少，如2001年相对谨慎地允许了独联体国家常驻俄罗斯的法人进行最高额度100万美元的直接投资；2006年，允许非俄罗斯居民个人在经过俄罗斯央行的授权后，对经营性信贷机构的授权资本进行直接投资。相比之下，俄罗斯直接投资项目流出开放度仅在2003年和2017年发生变动。累计来看，俄罗斯针对该项目的思路一直以促进外资流入为主，对于本国资产向外流动投资保持着相对谨慎、观望的态度。

7）不动产市场项目开放度分析

俄罗斯关于不动产市场项目的政策变动相对较少，仅有两条，且互为反向：2004年俄罗斯居民被允许在国外自由购买不动产（之前受到管制）；2018年，俄罗斯向参与跨国交易的银行提出了更高的信贷和债务证券投资充足率要求，其用于购买不动产的信贷额度被提升至150%。总体来看，俄罗斯对于有关不动产市场项目的资本账户开放态度是相对谨慎的。

8. 塞尔维亚

1) 股权市场项目开放度分析

塞尔维亚股权市场项目的流入开放度、流出开放度与总体开放度在1999~2019 年出现分散性波动,相关政策有,2006 年允许非居民交易塞尔维亚的长期股票证券;2018 年允许欧盟成员国居民在塞尔维亚买卖短期证券等。流入、流出开放度的变化虽然时间不同,但总体相似,这说明双向累加效用下股权市场项目开放度不断扩大。

2) 债券市场项目开放度分析

塞尔维亚被归类于债券市场项目变动的资本账户政策变动仅有一条被捕捉到,即在塞尔维亚和黑山国家联盟期间,2002 年公布的《南斯拉夫联盟共和国公民外币储蓄公共债务结算法》规定所有外币储蓄存款必须转换为塞尔维亚和黑山发行的债券,这是一种资本账户的紧缩行为,使得外汇与外币存款管制更为严格。

3) 货币市场项目开放度分析

塞尔维亚货币市场项目流入开放程度的频繁变动主要发生在 2015 年后,出台如非居民被允许在塞尔维亚境内持有经常账户和存款账户、下调了外币存款准备金率、增加了外汇储备货币清单的币种内容等政策,扩大货币市场项目开放程度。货币市场项目的流出开放程度调整则更加频繁,且波幅更大。总的来看,塞尔维亚货币市场项目开放指数主要受到当期流出开放方向政策的影响,开放程度不断扩大。

4) 集体投资项目开放度分析

塞尔维亚集体投资项目的开放程度变更政策相对较少,且其即期变化指数的变动方向相反,力度相同,在资本账户开放总程度与趋势的计算中,效果相抵。相关政策有,2006 年规定了养老基金投资于非居民发行的证券的最高限额与额度；同年 12 月允许国内投资基金将其 30%的资产投资于海外。紧缩与开放交替的集体投资项目的政策波动对塞尔维亚整体的资本账户开放变动贡献相比其他项目的政策变动较小，在此不绘图赘述。

5）衍生工具项目开放度分析

塞尔维亚衍生工具项目流入与流出开放度分别经历了不同程度的变化，方向为负，意味着二者均使得塞尔维亚衍生工具项目开放程度增大。相关政策有，2006 年允许非居民在塞尔维亚市场进行衍生品工具的购买交易；2011年引入一项关于金融交易、净额结算的要求，同时进一步扩大了衍生品工具交易目的范围。塞尔维亚的衍生工具项目开放基本上是双向进行且同时的，开放程度日益加大。

6）商业信贷项目开放度分析

塞尔维亚的商业信贷项目政策变动相对较多，且变动时间相对均匀，变动基本保持双向同时、开放程度增大的特点。从流入方向来看，塞尔维亚自 2006 年起，通过削减商业信贷额度限制，鼓励商业信贷流入塞尔维亚；从流出角度看，政府对于本国居民参加世界商业信贷交易也持相对鼓励的态度。

7）金融信贷项目开放度分析

塞尔维亚金融信贷项目的流入开放度、流出开放度与总体开放度在1999～2019 年变动频繁。从流入开放角度来看，2008～2014 年，塞尔维亚的金融信贷借入额度松绑，其允许借贷以进行生产、投资的范围也被放松。由于流入、流出政策变动的联动性，塞尔维亚关于个人借贷、银行借贷、金融机构借贷的流出角度放松政策基本与流入角度的政策变动相似,且同时发展。高度发达、频繁变动的金融信贷项目政策为塞尔维亚吸引投资、进行金融活动、促进本国生产提供了政策支持。总体来看，塞尔维亚的金融信贷项目开放程度波动与塞尔维亚资本市场环境相适应。

8）担保、保证和备用融资便利项目开放度分析

塞尔维亚担保、保证和备用融资便利项目的政策变动聚集在 2018 年 4月，涉及流入、流出开放两个层面。2018 年 4 月，塞尔维亚移民法允许了除银行外的法人实体发布担保，并向非居民提供银行间信贷业务项外的其他担保方式。这使得塞尔维亚的担保、保证和备用融资便利项目的资本账户开放程度增大。

9）直接投资项目开放度分析

塞尔维亚主要调整了关于本国投资流出的内容，而对于外国投资的流出政策调控相对较少。1999～2019 年，塞尔维亚对于本国资本的流出基本保持着鼓励、宽松管制的状态，主要内容为银行、金融机构特别是保险公司进行对外投资的准备金额度和资产限制额度被放松，允许投资的范围扩大。

10）不动产市场项目开放度分析

塞尔维亚关于不动产市场项目的政策变动相对较少，且均为开放导向：2002 年，要求在国外居住一年以上的塞尔维亚和黑山公民通过在授权银行开立的非居民外汇账户购买房地产；2005 年，该要求被取消。塞尔维亚与不动产市场项目相关的资本账户政策变动较少，总体来看其变动有着一定的时期性的政治经济特征。

5.3 美洲中高收入国家指标测度及特征分析

5.3.1 资本账户开放背景

1. 阿根廷

1976 年后阿根廷国内局势逐渐趋于稳定，国内经济体制改革提上议程，

资本账户开放开始推进。阿根廷在资本账户开放过程中先采用了激进的方式，在国内经济不断受挫后转而实施更为谨慎的资本账户开放政策。

第一阶段：1975～1988 年。阿根廷从固定汇率制转为盯住汇率制，并放松了对利率方面以及资本账户的相关管制。阿根廷央行依靠发行债券进行融资，债务危机严重，从而被迫中断了资本账户的开放。

第二阶段：1989～2001 年。1989 年，阿根廷取消了外资引入的限制，国内经济得到快速发展。然而，过于激进的资本账户开放进程也带来了部分负面影响，为防止资本外逃，政府宣布加强资本以及外汇的管制。

第三阶段：2002 年至今。2001 年后，为减少债务危机对国内经济的负面影响，阿根廷政府临时加强了对资本流出的管制。2004 年，在经济状况有所改善之后，政府又取消了大部分管制。此阶段阿根廷政府开始更为谨慎地推进资本账户开放进程。

2. 伯利兹

伯利兹以农业为主，整体发展相对迟缓，2019 年人均 GDP 仅为 4815.16 美元。在资本账户开放方面，虽然伯利兹已经开启了资本账户开放进程，但并未持续推进。总体而言，其资本账户的开放仍然处于初始阶段，且大多数资本流动相关的政策举措是对个人资本账户进行放松和管制。

3. 巴西

巴西经济实力居拉美首位，且其金融业较发达，资本市场较为成熟。受 1997 年亚洲金融危机的冲击，经济增长陷入低迷。巴西资本账户开放最早可追溯到 20 世纪 60 年代。50 多年渐进审慎的资本账户开放，使巴西的金融市场深度和广度增加，并迅速融入国际化和全球化。联系巴西的资本账户开放实践可知，其资本账户开放主要经历了以下三个发展阶段。

第一阶段：1960～1989 年，建立资本账户基本法律框架，形成以外债为主导的资本账户开放模式，创造了增长"奇迹"，但越来越沉重的债务负担弊端逐渐暴露。

第二阶段：1990～2004 年，全面推动资本账户开放，积极采取措施应对资本账户开放中的风险，包括外资渠道的多元化，以及对外国直接投资、证券投资及外债方面进行改革。

第三阶段：2005 年至今，为资本账户自由开放阶段，采取多种措施管理异常资本流动。

4. 哥斯达黎加

哥斯达黎加的经济发展水平在中美洲名列前茅。政府积极实行财税改革，对外开放电信、保险等部门，吸引外国直接投资。2019 年哥斯达黎加经济增长 2.1%。从经济发展程度来看，哥斯达黎加 2019 年 GDP 为 639.51 亿美元，增速为 348.63%。

5. 多米尼克

多米尼克是农业国，2002 年出现严重的财政危机，不得不向 IMF 和加勒比共同体求援，并实施经济稳定和调整计划。2003 年底，受 IMF 援助经济开始好转。在经济恢复的同时，多米尼克逐渐走上资本账户开放的道路，尤其是 2005 年，多米尼克大力推进资本在国际流动，减少资本流动的限制，这些开放政策也进一步促进了经济繁荣。直到 2015 年，该国对资本账户开放的管制趋严，但是总体上依然处于开放状态。

6. 多米尼加

多米尼加的经济主要依靠农业和矿业。2019 年，多米尼加国民净收入为 795.33 亿美元，人均国民净收入为 0.74 万美元。多米尼加政府承认外国投资有利于经济增长和社会进步，但资本账户开放并不成熟。

7. 厄瓜多尔

厄瓜多尔自然资源丰富，经济规模较小，综合经济实力较弱。随着 1996 年 1 月 21 日厄瓜多尔加入 WTO，外国资本在其经济发展中的作用愈发重要，这也成为厄瓜多尔解决政府财政预算赤字与公共债务攀升问题的重要手段，故该国对资本账户开放始终持积极态度。

8. 格林纳达

格林纳达投资政策优惠，对外来投资具有一定的吸引力。但受国际和地区形势影响，该国宏观经济对地区和国际金融市场的波动较为敏感。2020 年，格林纳达 GDP 为 10.89 亿美元（按现价计算）。2020 年，格林纳达人类发展指数为 0.779，该数值属于高人类发展指数水平。根据世界银行分类标准，格林纳达属于中高收入国家。

9. 危地马拉

危地马拉工业基础薄弱。1996 年《最终和平协议》生效后，经济增长停滞，尤其 2009 年受国际金融危机影响，经济财政状况恶化。2019 年危地马拉 GDP 为 767.1 亿美元，同比增长 3.4%，人均 GDP 为 4620 美元。

二十多年来，危地马拉对资本账户开放的态度是：尽管在个别年份存在管制强度增加的情况，但总体上表现为积极支持资本账户开放。

10. 圭亚那

根据世界银行划分标准，圭亚那属于中高收入国家，其经济体量较小。1999 年 5 月，IMF 和世界银行正式予以圭亚那"重债穷国"免债待遇，表明圭亚那债务负担沉重。

石油产业是圭亚那的经济支柱。IMF 数据显示，2019 年该国经济增长为 4.4%，同时鉴于该国石油行业的迅速发展，预期未来圭亚那经济增幅向好。

2020 年，圭亚那 GDP 增长率为 26.2%。

11. 牙买加

作为加勒比地区航运和贸易中心，牙买加地理位置优越但殖民背景复杂，其经济发展之路既有比较优势，又存在根深蒂固的缺陷。牙买加虽然已身为一个有着较高贸易开放度的岛国，且独立后政治经济社会长期稳定，但这并没有有效转化为该国的经济增长。由于历史上长期遭受殖民统治，其严重依赖种植园经济，产业结构相对单一，牙买加政府外债占 GDP 的 130% 以上。为解决以上难题，牙买加政府选择向外国或国际组织寻求援助，如 IMF 以中期贷款项目支持牙买加进行了包括以降低债务水平和维护金融稳定为主的债务改革等，使牙买加在近年的发展有所改善。整体来看，牙买加为促进经济发展，采取了积极的对外开放政策。

12. 墨西哥

自 1928 年到 20 世纪末，墨西哥开始推行市场经济和自由贸易，但限于世界政治环境与墨西哥综合政治经济实力，该时期墨西哥的资本账户在很大程度上受到政府的严格控制，其货币比索长期被高估，经济过于依赖外国投资，并于 1994 年因社会动荡而引发了金融危机。此后，墨西哥开始了较为彻底的改革，包括取消固定汇率制、增强货币政策的有效性、抑制短期资本的流动等，很快有效控制住了通胀水平，其资本账户开放也全面起步。

13. 巴拉圭

巴拉圭的工业基础薄弱，国民经济以轻工业和农牧产品加工业为主。2019 年巴拉圭 GDP 约为 379 亿美元，人均国民总收入约为 5510 美元，经济出现小幅负增长，GDP 增长率约为 -0.4%。巴拉圭属于中高收入国家。在此背景下，该国资本账户波动较为频繁，管制和开放尝试并行以探索合适的资本账户开放程度。

14. 秘鲁

秘鲁是位于南美洲西部的发展中国家，使用的货币为新索尔。农业和采矿业是秘鲁国民经济的主要支柱。2019 年秘鲁 GDP 约为 2284 亿美元，GDP 增长率约为 2%，人均国民总收入约为 6790 美元，秘鲁属于中高收入国家。该国资本账户开放历程呈现出明显的分段特征，以 2008 年金融危机的爆发为分界点，前期相对稳定，后期则为应对外部风险溢出，迎合世界经济一体化趋势，表现出频繁的资本账户开放程度调整。

15. 苏里南

苏里南经济基础相对薄弱，经济发展不平衡，经济对外贸依赖度较高。2020 年苏里南 GDP 为 25.4 亿美元；人均 GDP 为 4200 美元；GDP 增长率为 −13.1%；通货膨胀率为 49.8%。苏里南属于中高收入国家。由于苏里南各时期的资本账户开放工作重心不同，其资本账户开放过程可分为如下几个阶段。

半封闭阶段（1999～2002 年）：在这一时期，苏里南主要实行半封闭运行模式进行资本账户管理，资本账户引起的资本流动较少，没有针对性政策引起资本账户开放。

初创阶段（2003～2008 年）：2003 年苏里南开始加大资本账户开放力度，促进资本跨境流动。

资本管控阶段（2009 年至今）：2009 年至今苏里南为了维持汇率稳定出台了相应的资本账户紧缩政策，逐步收紧资本账户。

16. 委内瑞拉

委内瑞拉玻利瓦尔共和国，简称委内瑞拉。2014～2020 年，委内瑞拉 GDP 整体呈现下降趋势，并且降幅存在递增的趋势。2000～2015 年，委内瑞拉资本账户开放力度整体呈现出波动性收紧的趋势；2016～2019 年，委内瑞拉政府针对资本账户开放制定的政策较少,对资本账户开放保持谨慎的态度,管制程度相对收紧。

5.3.2　资本账户双向开放指标测度及特征分析

1. 阿根廷

阿根廷资本账户整体开放状况总体呈现波动上升的趋势。

1)阿根廷资本账户开放程度变化

阿根廷在国际金融环境恶化的 2005～2013 年表现出资本账户管制,其余时间则多进行开放尝试, 政策调整较为频繁。图 5.43 显示, 1999～2019 年,阿根廷的资本账户开放程度呈现波动上升的趋势,其中 2005～2013 年资本账户管制程度稍有回升, 2014 年起开放加速。

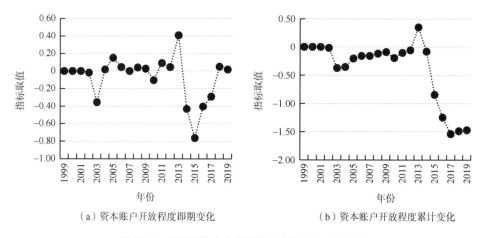

（a）资本账户开放程度即期变化　　　　（b）资本账户开放程度累计变化

图 5.43　阿根廷资本账户开放程度即期与累计变化

2)阿根廷资本账户双向开放情况

(1)资本账户流入开放。图 5.44 显示,1999～2013 年,阿根廷跨境资本流入开放程度即期变化指数处于不断波动的状态,其中 2013 年、2014 年以及 2015 年波幅较大,并拉动阿根廷跨境资本流入开放总体上呈放松趋势。

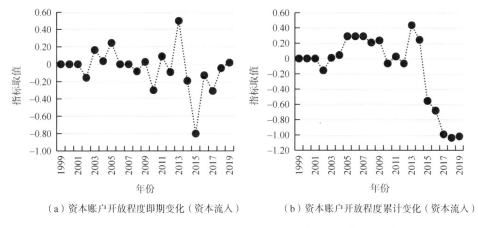

（a）资本账户开放程度即期变化（资本流入）　　　（b）资本账户开放程度累计变化（资本流入）

图 5.44　阿根廷资本账户开放程度即期与累计变化（资本流入）

（2）资本账户流出开放。阿根廷跨境资本流出开放的阶段特征更为明显，即期变化显示早期和近期都以扩大开放为主，中途虽有相当程度的开放收紧，但整体呈现出较为积极的开放趋势，具体如图 5.45 所示。

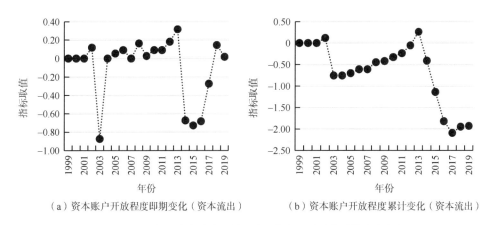

（a）资本账户开放程度即期变化（资本流出）　　　（b）资本账户开放程度累计变化（资本流出）

图 5.45　阿根廷资本账户开放程度即期与累计变化（资本流出）

2. 伯利兹

伯利兹开启了资本账户开放的进程，但并未持续推进。

1）伯利兹资本账户开放程度变化

伯利兹资本账户开放的当年变动并不大，仅在 2001 年和 2017 年出现向上波动，2002年和2016年出现向下波动。总体而言，伯利兹资本账户开放程度逐渐上升。

2）伯利兹资本账户双向开放情况

（1）资本账户流入开放。2001年伯利兹对资本账户流入进行一定程度管制，而随后2002年又放开管制，开启了资本账户流入的进程。此后年间伯利兹资本账户一直维持在稳定的开放水平，未发生波动。

（2）资本账户流出开放。伯利兹资本账户流出开放程度在2016年大幅上升后，在2017年出现小幅度下降，并于其余年份保持不变，整体上呈现出资本账户流出开放程度的上升趋势。

3. 巴西

巴西资本账户整体开放状况总体呈现波动上升的趋势，表明巴西资本账户的整体开放程度日益增大。

1）巴西资本账户开放程度变化

巴西资本账户开放程度即期变化较为频繁，但以开放调整为主，仅有少数年份涉及资本管制。图5.46显示，在1999～2019年整个时间区间内，巴西

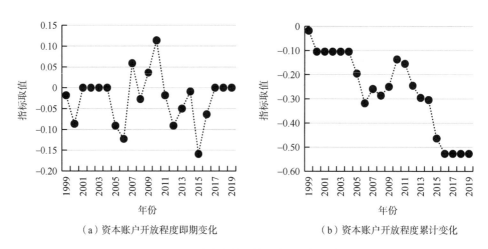

（a）资本账户开放程度即期变化　　　　（b）资本账户开放程度累计变化

图5.46　巴西资本账户开放程度即期与累计变化

总体开放力度呈增大趋势，但期间出现经常性反向波动，即在有些年份出现资本流动收紧。这可能是受美国次贷危机、欧债危机等多次国际金融危机的影响，巴西政府经常实施资本流动的临时性管制以应对不利冲击。

2）巴西资本账户双向开放情况

（1）资本账户流入开放。图 5.47 显示，自 1999 年起，巴西偶有年份会放慢资本流入的速度，资本账户开放度出现正向波动，但总体来说巴西资本账户开放政策仍以放松资本管制为主。

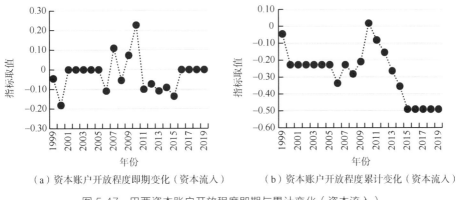

（a）资本账户开放程度即期变化（资本流入）　　（b）资本账户开放程度累计变化（资本流入）

图 5.47　巴西资本账户开放程度即期与累计变化（资本流入）

（2）资本账户流出开放。巴西资本对外流动显示巴西历年政策多偏向放松资本流出管制，降低资本跨境流动门槛，如图 5.48 所示。

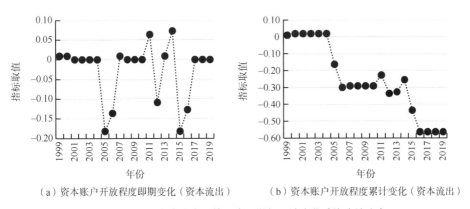

（a）资本账户开放程度即期变化（资本流出）　　（b）资本账户开放程度累计变化（资本流出）

图 5.48　巴西资本账户开放程度即期与累计变化（资本流出）

4. 哥斯达黎加

1）哥斯达黎加资本账户开放程度变化

图 5.49 显示，哥斯达黎加资本账户开放程度即期变化指数除 1999 年出现单次负向波动外，至 2011 年之前均位于 0 刻度线之上。而 2011～2019 年哥斯达黎加对资本账户的管制则不断加强，资本账户开放程度即期变化指数频繁正向波动。具体有，1999 年哥斯达黎加开始放松资本账户管制，这体现在对债券市场管制的放松；2000～2010 年哥斯达黎加资本账户开放情况未发生明显变化；而 2010 年之后资本账户管制程度则持续收紧。

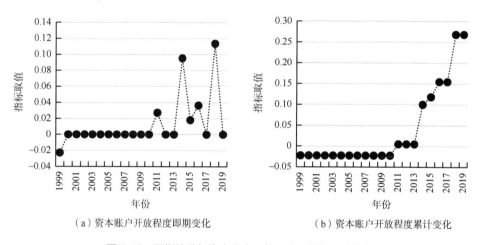

（a）资本账户开放程度即期变化　　　　（b）资本账户开放程度累计变化

图 5.49　哥斯达黎加资本账户开放程度即期与累计变化

2）哥斯达黎加资本账户双向开放情况

（1）资本账户流入开放。图 5.50 显示，哥斯达黎加资本账户流入开放程度即期变化指数除 1999 年出现负向波动外，至 2011 年之前均位于 0 刻度线之上，之后出现多次正向波动，2018 年和 2019 年流入开放力度呈现增强趋势。

（2）资本账户流出开放。相较于流入方向资本账户，哥斯达黎加对流出方向资本账户开放更为谨慎，如资本账户开放程度即期变化指数于 2011 年、2014 年与 2018 年三次正向波动，表明哥斯达黎加不断收紧流出方向资本账户。

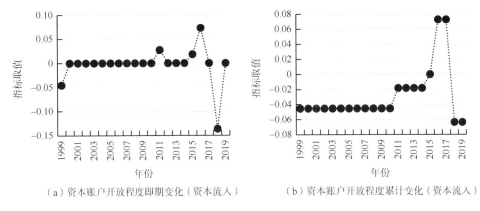

（a）资本账户开放程度即期变化（资本流入）　　（b）资本账户开放程度累计变化（资本流入）

图 5.50　哥斯达黎加资本账户开放程度即期与累计变化（资本流入）

5. 多米尼克

1）多米尼克资本账户开放程度变化

多米尼克对资本账户的开放与收紧具有一定灵活性与针对性，如 2005 年多米尼克放开资本账户，资本账户开放程度即期变化指数出现负向波动；而 2015 年该国根据当时的经济环境做了相应的调整，指数则正向波动至正值。然而整体而言，多米尼克资本账户仍处于相对开放状态。总体来看，多米尼克资本账户呈现出先加速开放，之后维持一段时间的相对稳定缓慢开放，再收紧开放的特征。

2）多米尼克资本账户双向开放情况

（1）资本账户流入开放。资本账户流入开放即期变化指数仅于 2005 年出现负向波动，此后保持该水平，表明多米尼克流入方向资本账户处于相对开放状态。

（2）资本账户流出开放。多米尼克对流出方向资本账户于 2015 年收紧，表明相较于流入方向资本账户，多米尼克对流出方向资本账户开放更加谨慎。

6. 多米尼加

1）多米尼加资本账户开放程度变化

多米尼加资本账户除 1999 年放开管制外，随后该国资本账户管制程度呈不断收紧趋势。图 5.51 显示，1999~2002 年，多米尼加资本账户曾尝试开放，但 2002 年后资本账户管制力度进一步加大，之后保持该趋势。

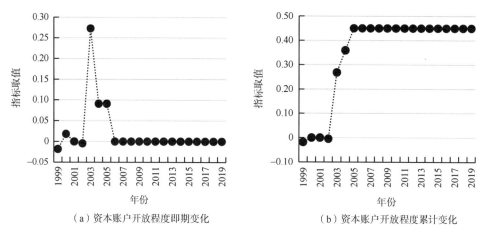

（a）资本账户开放程度即期变化　　　　（b）资本账户开放程度累计变化

图 5.51　多米尼加资本账户开放程度即期与累计变化

2）多米尼加资本账户双向开放情况

（1）资本账户流入开放。图 5.52 显示，多米尼加资本账户流入开放即期变化指数于 1999 年负向波动，随后于 2002 年、2003 年、2004 年与 2005 年出现正向波动，表明多米尼加逐步收紧本国流入方向资本账户。

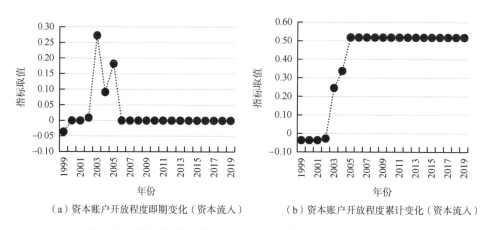

（a）资本账户开放程度即期变化（资本流入）　　（b）资本账户开放程度累计变化（资本流入）

图 5.52　多米尼加资本账户开放程度即期与累计变化（资本流入）

（2）资本账户流出开放。相较而言，多米尼加对资本账户流出方向的管制更为严格，开放十分谨慎，如图 5.53 所示。

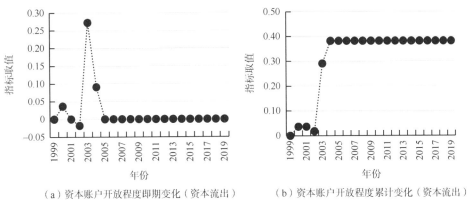

(a) 资本账户开放程度即期变化（资本流出）　　　　(b) 资本账户开放程度累计变化（资本流出）

图 5.53　多米尼加资本账户开放程度即期与累计变化（资本流出）

7. 厄瓜多尔

1）厄瓜多尔资本账户开放程度变化

如图 5.54 所示，厄瓜多尔资本账户开放程度即期变化指数呈阶梯状下行走势，尤其是 2018 年，其直线下降，这可能是由于厄瓜多尔政府在 2018 年出台了一系列的资本放松措施，表明该国对资本账户开放尤为重视。整体而言，厄瓜多尔资本账户开放程度呈现上升趋势，这与其所处的经济环境及国际金融发展要求是匹配的。

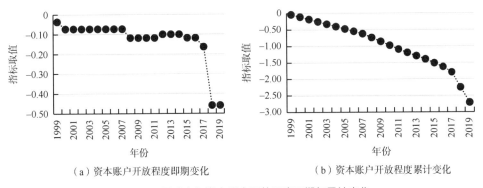

（a）资本账户开放程度即期变化　　　　　（b）资本账户开放程度累计变化

图 5.54　厄瓜多尔资本账户开放程度即期与累计变化

2）厄瓜多尔资本账户双向开放情况

（1）资本账户流入开放。图 5.55 显示，资本账户流入开放程度即期变化指数走势与总体开放程度即期变化指数走势极为相似，流入开放程度呈稳步增大趋势。

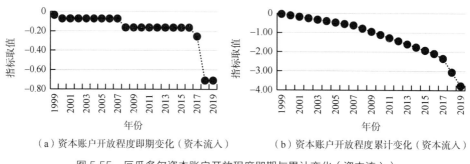

（a）资本账户开放程度即期变化（资本流入）　　　（b）资本账户开放程度累计变化（资本流入）

图 5.55　厄瓜多尔资本账户开放程度即期与累计变化（资本流入）

（2）资本账户流出开放。图 5.56 显示，资本账户流出开放程度变化的波动与流入开放程度、总体开放程度变化基本一致，此处不再赘述。

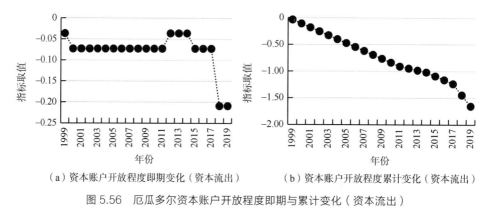

（a）资本账户开放程度即期变化（资本流出）　　　（b）资本账户开放程度累计变化（资本流出）

图 5.56　厄瓜多尔资本账户开放程度即期与累计变化（资本流出）

8. 格林纳达

格林纳达本国无证券市场。按照东加勒比中央银行自由化规定，格林纳达对外币及证券没有限制，对外资企业在格林纳达融资借款没有明确限制，政策较灵活，具体取决于各商业银行融资条款和贷款利率。

1）格林纳达资本账户开放程度变化

格林纳达资本账户总体开放力度仅在 2004 年和 2015 年出现变化，且一正一负，放松程度大于收紧程度。格林纳达资本账户总体开放力度在 2004 年和 2015 年呈现阶梯式波动。2004 年，总体开放水平提高；2015 年管制力度有所加强；2015 年之后，开放力度保持平稳趋势。格林纳达总体开放力度呈现上升趋势。

2）格林纳达资本账户双向开放情况

1999～2019 年格林纳达资本流入方向开放度无变动，所有波动仅出现在流出方向，格林纳达跨境资本流出开放度的当年变化和开放程度的走势同总体变动情况一致。

9. 危地马拉

1）危地马拉资本账户开放程度变化

1999～2019 年，危地马拉资本账户开放程度变化较为频繁，在绝大多数年份均出现放宽开放的波动。相关政策的调整主要涉及货币市场项目和金融信贷项目。GKAOPEN 数据库反映出危地马拉自 1999 年以来资本账户开放程度呈现逐年增大的趋势，具体如图 5.57 所示。

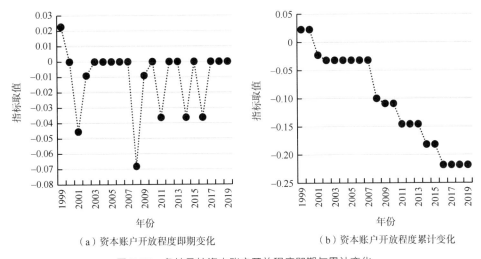

（a）资本账户开放程度即期变化　　（b）资本账户开放程度累计变化

图 5.57　危地马拉资本账户开放程度即期与累计变化

2）危地马拉资本账户双向开放情况

（1）资本账户流入开放。图 5.58 显示，危地马拉资本账户跨境流入开放程度出现了较为频繁的波动，后期开放力度不及前期，但仍保持积极态势。

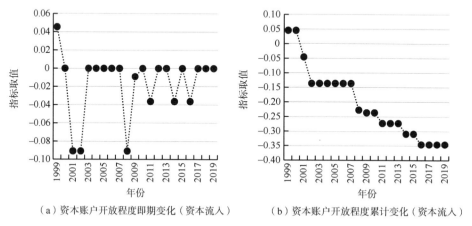

（a）资本账户开放程度即期变化（资本流入）　　（b）资本账户开放程度累计变化（资本流入）

图 5.58　危地马拉资本账户开放程度即期与累计变化（资本流入）

（2）资本账户流出开放。图 5.59 显示，2002 年，危地马拉抑制资本流出，跨境资本流出开放度的数值发生一次上升变化；2008～2016 年，危地马拉对资本流出保持鼓励态度，使得跨境资本流出开放度的数值多次发生下降变化。危地马拉资本对外流动限制的总体态度是先管制加强，后逐渐放松管制。

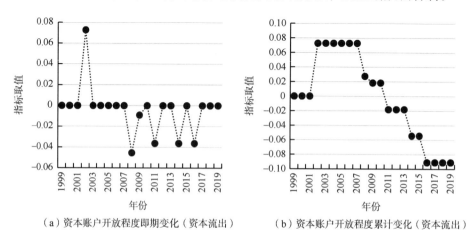

（a）资本账户开放程度即期变化（资本流出）　　（b）资本账户开放程度累计变化（资本流出）

图 5.59　危地马拉资本账户开放程度即期与累计变化（资本流出）

10. 圭亚那

1）圭亚那资本账户开放程度变化

GKAOPEN 数据库反映出 1999～2019 年圭亚那资本账户开放在绝大多数年份基本保持平稳。总体来看，圭亚那资本账户开放的力度不大，总体开放指数仅在 1999 年和 2018 年出现下降。1999～2019 年，GKAOPEN 数据库表明圭亚那资本账户开放程度整体平稳，保持积极的开放趋势。

2）圭亚那资本账户双向开放情况

（1）资本账户流入开放。2000～2017 年，圭亚那资本账户流入开放当年数值大小不变，始终位于 0 刻度线。1999 年，跨境资本流入管制减弱；2018 年以后，跨境资本流入管制进一步减弱。圭亚那的跨境资本流入开放趋势加强。

（2）资本账户流出开放。资本账户流出开放度未发生变化，不存在趋势的变动。

11. 牙买加

牙买加资本账户开放程度整体呈现出放松趋势，尽管在主权债务危机影响范围不断扩大的期间曾出现小幅收紧的政策，但整体来说牙买加资本账户总体开放指数数值始终位于 0 刻度线以下，近年来虽然开放力度有所放缓，但整体开放程度日益增大。

1）牙买加资本账户开放程度变化

图 5.60 显示，1999～2019 年牙买加资本账户开放程度呈增大趋势。

2）牙买加资本账户双向开放情况

（1）资本账户流入开放。牙买加资本账户流入开放程度呈现先放松后收紧再放松的趋势。图 5.61 显示，以 2008 年为分界点，2008 年之后，牙买加资本账户流动准入的标准陡然提高，流入管制加剧，而在此之前保持较为积极的开放状态；以 2016 年为分界点，其后牙买加资本账户流入的管制力度大幅下降。

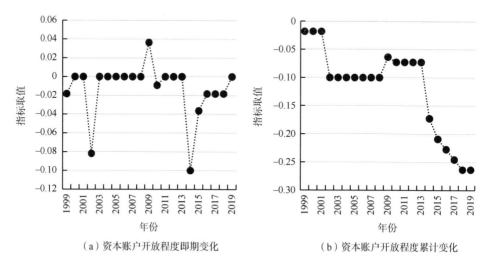

（a）资本账户开放程度即期变化　　　　（b）资本账户开放程度累计变化

图 5.60　牙买加资本账户开放程度即期与累计变化

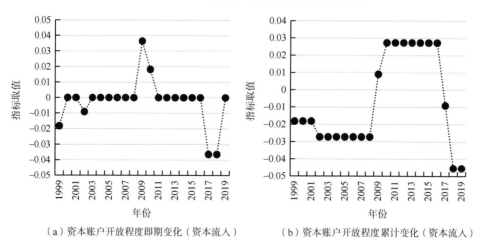

（a）资本账户开放程度即期变化（资本流入）　　（b）资本账户开放程度累计变化（资本流入）

图 5.61　牙买加资本账户开放程度即期与累计变化（资本流入）

（2）资本账户流出开放。图 5.62 显示，牙买加除了在 2009 年为应对全球性金融危机加大了资本账户流出管制外，整体而言保持着较为积极的跨境资本流出态度，这反映了牙买加资本账户开放是内外双向、同向进行的成果。

牙买加资本对外流动的总体开放程度逐步提升。

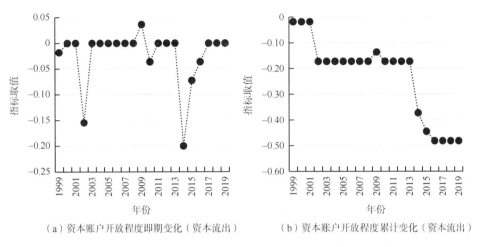

（a）资本账户开放程度即期变化（资本流出）　　　（b）资本账户开放程度累计变化（资本流出）

图 5.62　牙买加资本账户开放程度即期与累计变化（资本流出）

12. 墨西哥

墨西哥资本账户整体开放状况总体呈现上升的趋势，在某些特定的年份和时间点也会出现波动。

1）墨西哥资本账户开放程度变化

图 5.63 显示，1999～2019 年，墨西哥资本账户开放程度即期变化指数处于不断波动的过程中。其中，2004 年、2008 年和 2018 年资本账户开放程度即期变化指数大幅上升，说明在这三个时间段墨西哥资本账户开放程度大幅下降。总体来看，大部分年份墨西哥资本账户开放程度即期变化指数为负数，说明墨西哥资本账户处于不断开放的过程中。1999～2019 年，墨西哥资本账户呈现波动增大的开放趋势。总体而言，在 1999 年以后墨西哥资本账户开放的政策性导向呈现总体的积极开放趋势；随着经济复苏，2006～2007 年资本账户的开放趋势又逐步提升；2008 年全球金融危机后至 2010 年，墨西哥资本账户开放程度有所收紧，随后的一段时间内资本账户开放力度随着国

际金融形势的缓解也相对放宽。

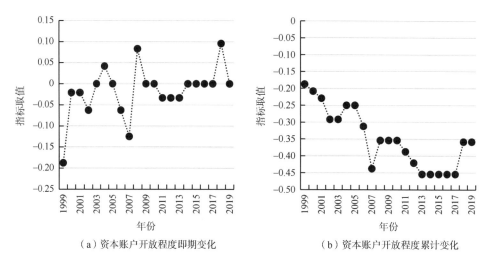

（a）资本账户开放程度即期变化　　　　　（b）资本账户开放程度累计变化

图 5.63　墨西哥资本账户开放程度即期与累计变化

2）墨西哥资本账户双向开放情况

（1）资本账户流入开放。图 5.64 显示，资本账户流入开放程度当年变化与资本账户开放程度变化的年度变动情况大致相同。以 2003 年为分界点，2003 年以前的墨西哥资本账户流动准入的标准是逐年波动放宽的，其后则出现较多收紧回升。这可能是由于 2004～2010 年较多的限制资本流入政策频繁实施，这使得外国资本流入受到阻碍。该趋势到 2010 年截止，之后墨西哥资本账户管制力度开始减弱，这是由于墨西哥政府实行投资限额放松、营业收入减税等一系列放松性政策。在 2013 年以后，墨西哥资本账户开放控制力度基本不变，体现了较前期更为谨慎的开放态度。

（2）资本账户流出开放。墨西哥的资本流出管制力度在 2005～2007 年试探性降低，直至 2018 年又有所增强。但总体而言，墨西哥资本流出项目亦是开放的。

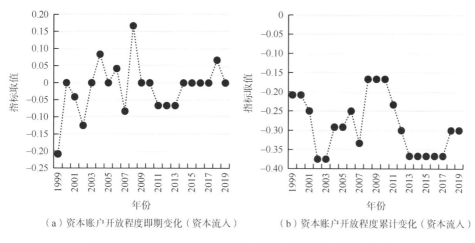

（a）资本账户开放程度即期变化（资本流入）　　（b）资本账户开放程度累计变化（资本流入）

图 5.64 墨西哥资本账户开放程度即期与累计变化（资本流入）

13. 巴拉圭

1）巴拉圭资本账户开放程度变化

图 5.65 显示，1999～2019 年巴拉圭资本账户开放程度变化具有较强的时变性，且双向均有涉及，对资本账户开放呈现积极的尝试态度，资本账户

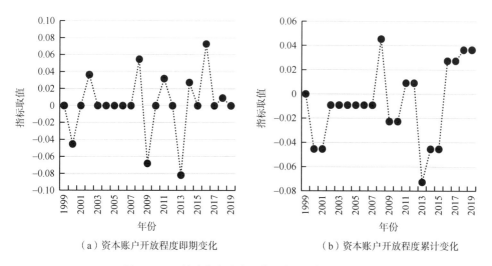

（a）资本账户开放程度即期变化　　　　　（b）资本账户开放程度累计变化

图 5.65 巴拉圭资本账户开放程度即期与累计变化

开放力度波动较大，呈现出"放松—管制—放松"的循环模式。特别是自 2008 年开始，受全球金融危机影响，再加上巴拉圭自身经济基础较差，资本账户开放程度变化更加频繁，时变特征更加突出。

2）巴拉圭资本账户双向开放情况

（1）资本账户流入开放。巴拉圭资本账户流入开放程度变化在 1999～2007 年持续为零，自 2008 年开始出现波动，资本账户流入开放程度调整进程开启，如图 5.66 所示。这可能是受 2008 年全球金融危机的影响，巴拉圭为避免资本账户开放带来的负面影响，主要通过调整外汇存款准备金率来调整跨境资本流入开放力度。整体而言，跨境资本流入管制力度逐渐加强。

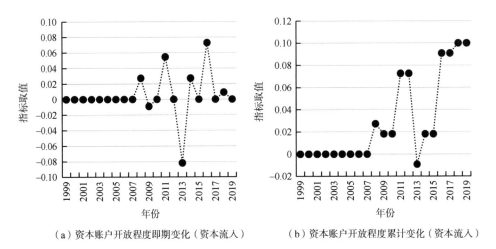

（a）资本账户开放程度即期变化（资本流入）　　　（b）资本账户开放程度累计变化（资本流入）

图 5.66　巴拉圭资本账户开放程度即期与累计变化（资本流入）

（2）资本账户流出开放。图 5.67 显示，巴拉圭政府在限制外来资本流入的背景下，允许本国资本进入国外市场进行运作，这表明相比资本账户流出管制，巴拉圭对跨境资本流入管制更加重视。

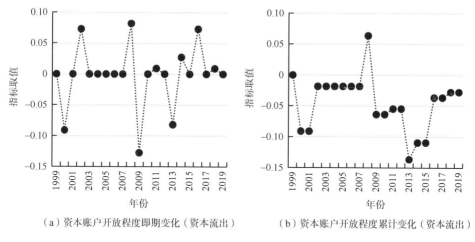

（a）资本账户开放程度即期变化（资本流出）　　　（b）资本账户开放程度累计变化（资本流出）

图 5.67　巴拉圭资本账户开放程度即期与累计变化（资本流出）

14. 秘鲁

秘鲁的资本账户开放与其宏观经济金融形势及跨境资本流动状况相匹配。

1）秘鲁资本账户开放程度变化

图 5.68 显示，1999～2007 年资本账户开放程度变化波动较为平稳，小幅扩大开放；而 2007 年后波动幅度较大，管制与开放政策叠加。这是因为秘鲁货币当局从 1999 年开始出台了一系列促进资本账户开放的政策来刺激经济发展；2007 年后，为了防止资本账户开放程度过大、速度过快给本国经济带来负面影响，秘鲁对于资本账户开放保持着较为谨慎的态度，相应加强了对资本账户流动的管制；但随着经济全球化不断发展，为了迎合经济全球化，秘鲁再次出台了一些政策促进资本账户的开放。整体而言，1999～2007 年，GKAOPEN 数据库体现了秘鲁资本账户开放程度的每年度变化的平稳增强趋势；2008 年至 2012 年，秘鲁资本账户管制水平呈现波动上升的趋势，资本管制加强；2012 年后资本账户开放程度整体扩大。

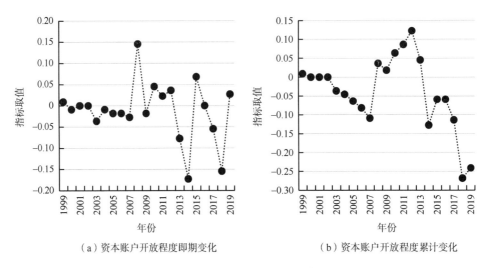

（a）资本账户开放程度即期变化　　　　　　　（b）资本账户开放程度累计变化

图 5.68　秘鲁资本账户开放程度即期与累计变化

2）秘鲁资本账户双向开放情况

（1）资本账户流入开放。秘鲁资本账户流入开放程度即期变化与累计变化如图 5.69 所示。

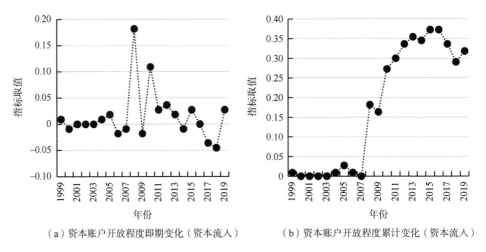

（a）资本账户开放程度即期变化（资本流入）　　（b）资本账户开放程度累计变化（资本流入）

图 5.69　秘鲁资本账户开放程度即期与累计变化（资本流入）

（2）资本账户流出开放。秘鲁资本账户流出开放程度即期变化与累计变化如图 5.70 所示。1999~2019 年，秘鲁资本账户流出方向存在管制调整，但整体而言呈现出积极的扩大开放走势，鼓励本国资本流出至国外市场进行运作。

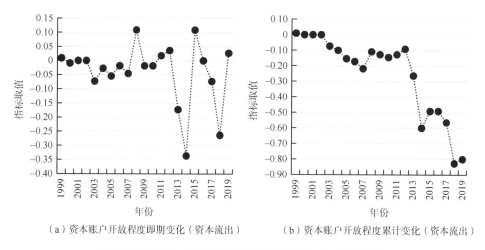

（a）资本账户开放程度即期变化（资本流出）　　　　（b）资本账户开放程度累计变化（资本流出）

图 5.70　秘鲁资本账户开放程度即期与累计变化（资本流出）

15. 苏里南

苏里南资本账户整体开放状况总体呈现先放松后收紧的趋势。

1）苏里南资本账户开放程度变化

1999～2019 年，苏里南的资本账户开放指数数值一共经历了 3 次波动，分别是 2003 年资本账户开放指数数值下降，2011 年资本账户开放指数数值上升，2013 年资本账户开放指数数值上升。

2002 年前，受世界政治局势影响，苏里南的资本账户暂时封闭；2002 年后，苏里南资本账户呈现尝试开放的趋势。

2）苏里南资本账户双向开放情况

（1）资本账户流入开放。以 2010 年为分界点，苏里南资本账户流动准入的标准呈现了跳跃性收紧的趋势，而该趋势在 2013 年后保持持平。

（2）资本账户流出开放。以 2011 年为分界点，2011 年之前资本账户流出开放力度是尝试放松的，但随后资本账户流出开放力度收紧。

16. 委内瑞拉

委内瑞拉资本账户整体开放状况总体呈现波动性收紧的趋势，整体开放程度日益减小。

1）委内瑞拉资本账户开放程度变化

图 5.71 显示，委内瑞拉资本账户开放程度即期变化指数于 1999～2019 年波动较为频繁，表明委内瑞拉管制和开放并行，近年来其资本账户呈现管制加强趋势，即该国资本账户开放程度虽存在开放尝试，但整体以管制为主，且近年来管制加剧。

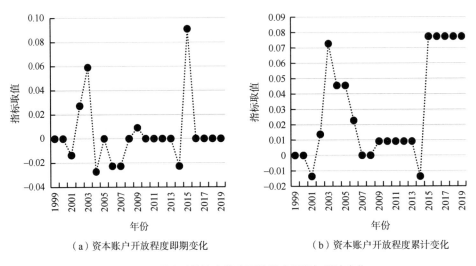

（a）资本账户开放程度即期变化　　　（b）资本账户开放程度累计变化

图 5.71　委内瑞拉资本账户开放程度即期与累计变化

2）委内瑞拉资本账户双向开放情况

（1）资本账户流入开放。图 5.72 显示，委内瑞拉资本账户流入以管制为主。委内瑞拉早期有开放尝试，但随着国内外经济环境变化，该国不断增强资本账户流入管制力度。

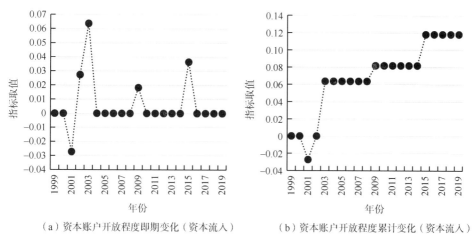

（a）资本账户开放程度即期变化（资本流入）　　（b）资本账户开放程度累计变化（资本流入）

图 5.72　委内瑞拉资本账户开放程度即期与累计变化（资本流入）

（2）资本账户流出开放。图 5.73 显示，相对资本账户流入管制，资本账户流出的开放尝试更为频繁，整体管制力度也相对较小。

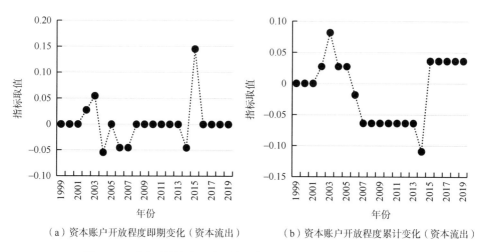

（a）资本账户开放程度即期变化（资本流出）　　（b）资本账户开放程度累计变化（资本流出）

图 5.73　委内瑞拉资本账户开放程度即期与累计变化（资本流出）

5.3.3 资本账户子项目双向开放指标测度及特征分析

1. 阿根廷

1）股权市场项目开放度分析

股权市场项目波动较多，开放和管制尝试并存，具体有，2002 年 3 月，政府提高国际股权交易的购汇限额；2005 年，政府对回购交易、信托交易以及外汇相关交易做出限制，导致市场流动性下降，总体上股权市场项目开放程度下降；2014 年 9 月，政府规定居民在境外购买股份必须涉及 10%以上有表决权的股份等。累计来看，总体开放指数呈现下降趋势，近期呈现开放态势。

2）债券市场项目开放度分析

1999~2019 年阿根廷债券市场项目呈先管制后开放的趋势。对应政策如，2002 年 6 月，政府宣布向境外发行金融债券和发放贷款不得超过规定的额度；2013 年 10 月，政府宣布以外币认购政府发行的公开证券被暂停，并对以外币计价和认购的债券交易进行了规范等。整体来看，样本期间总体开放指数最高值为正值，近期的开放尝试则使该指数数值下降为负值。

3）货币市场项目开放度分析

1999~2019 年阿根廷货币市场项目开放程度波动极为频繁，呈现稳定—管制—开放的趋势。这对应于，2002~2004 年，政府规定非居民每月购买外汇的限额不断提升；2010 年 9 月，政府宣布了进入当地外汇市场的条款和条件；2012 年起，阿根廷政府不断完善涉及外汇交易与兑换的相关政策，法律的健全也促进了开放程度的上升；2015 年底至 2017 年期间，政府对于外汇交易以及外币投资的管制有所放松，取消了一些限制。总体开放指数下降幅度较大，货币市场项目开放程度上升。

4）集体投资项目开放度分析

集体投资项目开放程度从 2013 年开始先下降后上升。集体投资项目流出

开放指数在 2013 年上升为正值，在 2016 年下降为负值。这对应于，2013 年
1 月，政府规定向国外转移的资金必须提供有关支付人和接收人身份识别的
完整信息；2016 年 2 月，政府宣布允许地方金融机构进入自由统一的外汇市
场，外汇市场进入标准降低，总体开放程度呈现上升趋势。

5）衍生工具项目开放度分析

阿根廷衍生工具项目开放程度呈现上升趋势。相应波动对应有，2013～
2014 年，阿根廷政府对于美国存托股票的交易管制不断放松；2015 年 12 月，
政府针对外汇套利和外汇掉期业务发布并不断完善相关规定，提升了外汇套
利以及外汇掉期交易的规范性等。

6）商业信贷项目开放度分析

阿根廷商业信贷项目开放程度呈现上升趋势。商业信贷项目流出开放指
数在 2003 年下降，并且在 2016 年先下降后上升。这对应于，2003 年 5 月，
政府取消对外部拖欠付款最高不超过 500 万美元的限制；2016 年 1 月，政府
将进口货物融资的商业债务的交易期限延长；同年 2 月，政府增加了对国外
商业债务的偿还限制。总体来看，商业信贷总体开放完全由流出拉动，累计
指标出现下降趋势，开放较为积极。

7）金融信贷项目开放度分析

1999～2019 年金融信贷项目开放程度整体呈现上升趋势，其间波动频
繁。相应政策有，2002 年 6 月，政府规定向境外发行金融债券和发放贷款不
得超过规定的额度；同年 9 月，政府宣布可对部分金融信贷进行期限延长，
每月额度上限为 10 万美元；2012 年 1 月，政府主要围绕外汇结算的金融债
务相关交易记入账户方面发布了相关政策，保证每一笔债务有据可依；2016
年 1 月，政府放宽了国内金融部门和非金融私营部门在自由统一外汇市场中
的交易条件等。累计来看，金融信贷项目总体开放指数出现下降趋势，开放
较为积极。

8）担保、保证和备用融资便利项目开放度分析

2013 年阿根廷担保、保证和备用融资便利项目流出开放指数下降为负值。对应于该年政府规定如果出口收入用于支付非居民的保险费、担保或融资利率套期保值合同的结算，只要相关交易按照适用规定进入外汇市场，则可免除部分费用，使得该子项目开放程度扩大。

9）直接投资项目开放度分析

阿根廷直接投资项目呈现先大幅管制后逐步放开的趋势。对应政策有，2003 年 12 月，政府规定非居民汇回国内直接投资的限额为每月 5000 美元；2010 年 10 月，政府对于当地保险公司在海外的金融活动进行限制，如禁止持有海外投资等，并对大客户提出额外要求；2015 年 12 月，政府对对外直接投资的程序进行简化，并允许非居民收回投资等。其间总体开放指数最高达正值，最终亦为正值，管制力度下降但未实现整体开放。

10）不动产市场项目开放度分析

阿根廷不动产市场项目开放度出现两次波动，2008 年加强对不动产市场项目的管制，2014 年则放松了对不动产市场项目的管制。这对应于，2008 年 11 月，政府规定居民每月购买境外房地产外汇的个人和法人限额统一为 200 万美元；2014 年 1 月，政府暂停居民在未经阿根廷中央银行事先批准、无具体后续申请的情况下进入当地外汇市场购买外国资产的规定。累计来看，不动产市场项目总体开放指数为正值。

2. 伯利兹

1）金融信贷项目开放度分析

伯利兹金融信贷项目资本流动开放程度即期变化指数只在个别年份出现波动，其余年份都较为平稳。主要原因为该国资本账户开放政策仅于部分时点出现变动，如 2016 年 5 月，放松对非居民向获准投资的保险公司发行金融

资产的相关要求等。从最终结果来看，伯利兹金融信贷项目总体开放指数为负值。可见，总体而言伯利兹对于金融信贷项目资本流动持放松态度。

2）不动产市场项目开放度分析

1999～2019 年，伯利兹只在 2001 年对不动产市场项目的资本流动进行了管制，其他年份未有任何政策措施，表明该国可能还不具备开放不动产市场的条件。

3. 巴西

1）股权市场项目开放度分析

巴西股权市场项目的流入开放度在 1999～2019 年波动较为频繁。具体来看，比如：2000 年 3 月，非居民被允许购买在巴西股票市场上市的股票和其他证券；2006 年 9 月，取消了对居民在境外销售或发行证券的管制等。偶有年份巴西政府也会进行反向操作以实现资本流动管制。比如，2011 年 1 月，规定资本流入的金融交易税率从零提高到 2%。累计来看，总体开放指数下降为负值，表明巴西对于股权市场项目的资本开放持积极态度。

2）债券市场项目开放度分析

巴西债券市场项目资本流动情况与股权市场项目类似，但相较股权市场项目而言，债券市场项目资本流动波动次数较少。累计来看，债券市场项目资本流出总体开放指数数值下降，表明巴西对于债券市场项目的资本开放持积极态度。

3）货币市场项目开放度分析

2009 年起，巴西加快了货币市场项目开放的进程。比如，2009 年 10 月，对固定收益流入征收 2%的税；同年 11 月，巴西对涉及巴西公司发行的美国存托凭证的某些交易征收 1.5%的税；2013 年 7 月，外汇空头的存款准备金率被设定为零。整体而言，其间巴西的货币市场项目虽为保护国内经济出现管制，但基本保持开放。

4）集体投资项目开放度分析

自 1999 年 7 月巴西对来自固定收益基金的外国投资利润征收 15%的税来限制集体投资项目的资本流动后，巴西一直对集体投资项目的开放持积极态度。比如，2006 年 9 月，取消了对居民在境外销售或发行证券的管制等。自 2006 年起，不论是集体投资项目的资本流入还是资本流出都呈阶梯式下降，表明巴西政府积极加快集体投资项目的资本账户开放进程。

5）衍生工具项目开放度分析

巴西的衍生工具项目流出开放度和流入开放度仅在 1999 年、2000 年等出现一定程度波动。相应政策有，2010 年 10 月对外国投资者的保证金存款征收的税率从 2%提高到 6%，其中包括外汇业务以及股票、期货和衍生品交易所需的保证金；等等。总体而言，1999~2019 年，巴西对于衍生工具项目的开放仍然处于尝试阶段，但大体持较为积极的态度。

6）金融信贷项目开放度分析

巴西金融信贷项目的流入开放度、流出开放度与总体开放度在 1999~2019 年波动非常频繁。相应政策有，1999 年 1 月，将外部贷款的最低平均期限减少到 90 天；2012 年 3 月，利率为 6%的对外贷款期限从 1080 天增加到 1800 天；2008 年 8 月，取消了金融贷款提前还款必须告知巴西商业银行的要求等。从总体看来，2006~2015 年巴西的金融信贷项目即期开放指数最高为负值，此后出现管制收紧态势，总体开放指数累计变化为正值。

7）担保、保证和备用融资便利项目开放度分析

巴西的担保、保证和备用融资便利项目（简称抵押担保项目）的开放度仅在 2005 年、2010 年及 2016 年出现一定程度波动，相对应政策有，2005 年取消了非金融法人为其外国子公司提供信贷业务担保的央行授权要求等。抵押担保项目资本流入开放指数仅在 2010 年出现一次上升，反映出巴西对于

该项目资本流入的谨慎态度。资本流出开放指数波动幅度大于资本流入，二者调整方向相反，最终带动了总体开放指数的下降。整体而言，巴西政府对抵押担保项目持开放态度，虽然目前还处于初始阶段。

8）直接投资项目开放度分析

巴西直接投资项目的流出开放度在 1999～2019 年波动较为频繁。相关政策包括，2005 年 3 月，取消非金融民营企业对外直接投资 500 万美元汇款限额；2012 年 11 月，巴西允许受监管实体将资源投资于国外保险公司；2012年 12 月 1 日，对与外国直接投资有关的资本流入实施零金融交易税率等。整体来看，直接投资项目资本流入管制程度在 1999～2019 年阶梯式上升；资本流出开放度出现多次阶梯式扩大，最终使总体开放指数在 2019 年为负值。从结果来看，总体而言巴西对于直接投资项目资本账户是趋于放松的。

4. 哥斯达黎加

1）股权市场项目开放度分析

哥斯达黎加股权市场项目开放度的变化都源自股权市场项目流出开放度的变动。整体来看，对股权市场项目的管制在不断加深，例如 2018 年 10 月《资产管理条例》第十七条对金融工具的种类进行了分级定义，管制收紧。股权市场项目总体开放指数累计上升。

2）债券市场项目开放度分析

哥斯达黎加对债券市场项目的管制与放松并存，如 1999 年财政部被授权发行外币计价的政府债券；2018 年通过财政改革废除了《阻止外国资本流入法》。累计来看，债券市场项目总体开放指数在流入开放和流出管制的双向拉动下累计上升。

3）货币市场项目开放度分析

哥斯达黎加货币市场项目早期流入和流出变动同步，后期流出管制、流入开放，对应政策如 2011 年调整了对准备金的要求等。累计来看，货币市场项目总体开放指数累计上升，且近期呈现管制状态。

4）集体投资项目开放度分析

哥斯达黎加集体投资项目管制与放松并存，早期管制，后期放松，流入、流出调整方向相反。累计来看，集体投资项目总体开放指数累计上升。

5）衍生工具项目开放度分析

哥斯达黎加衍生工具项目开放度的变化源自衍生工具项目流出开放度的变动，总体开放指数累计上升，呈现管制状态。

6）金融信贷项目开放度分析

哥斯达黎加金融信贷项目流入和流出开放度的变化较为一致，均呈现管制趋势，对应政策如，2015 年哥斯达黎加中央银行董事会增加了准备金要求；2017 年对外汇头寸做出限制。累计来看，金融信贷项目总体开放指数累计上升，保持管制状态。

5. 多米尼克

1）股权市场项目开放度分析

多米尼克股权市场项目流入开放度、流出开放度与总体开放度在 1999～2019 年变动较少，流入、流出开放指数在 2005 年为负，代表管制放松，即 2005 年 1 月 1 日起，允许非东加勒比国家组织（Organization of Eastern Caribbean States，OECS）成员国在 OECS 交易所进行交易。股市开放相对积极。

2）债券市场项目开放度分析

多米尼克债券市场项目的流入开放度、流出开放度与总体开放度在 1999～2019 年变动较少，流出、流入开放指数仅在 2005 年发生变化。累计来看，总体开放指数为负值。

6. 多米尼加

1）股权市场项目、债券市场项目、集体投资项目、衍生工具项目开放度分析

1999～2019年，多米尼加股权市场项目、债券市场项目、集体投资项目和衍生工具项目开放度只在2003年出现一次正向波动，各指标累计上升，对应的政策变动为2006年1月1日证券监督机构开始运作，多米尼加加强了对上述子项目的管制。

2）货币市场项目开放度分析

多米尼加货币市场项目开放度的波动主要出现在1999年和2003年，且对于货币市场项目流出方向的控制要严格于流入方向，整体呈现开放度下降，管制加强的特征。对应政策包括1999年10月商业银行和全面业务银行的外币存款准备金率从零提高到10%，相当于银行资本和准备金率的3倍。累计来看，总体开放指数上升，呈现管制状态。

3）金融信贷项目开放度分析

多米尼加金融信贷项目的开放度仅在1999年与2005年出现正向变动。例如，2005年3月29日，净开仓外汇头寸受到外汇风险规定的约束。流入和流出方向的政策均收紧，由此可以看出多米尼加政府对金融信贷项目的严格谨慎开放态度。

4）担保、保证和备用融资便利项目开放度分析

多米尼加的该项目开放度只在2000年出现一次正向波动，流出开放指数的数值从0变动至正值，流入开放指数无变动，对应的政策为，2000年3月9日，被授权提供全面服务的银行除提供贸易业务担保外，还可以提供外汇担保。总体来看，该项目开放度下降，多米尼加加强了对该项目的管制。

5）直接投资项目开放度分析

直接投资项目开放度的变化主要集中在 2002 年和 2003 年，且流出方向的政策变动要多于流入方向。具体而言，自 2002 年 11 月起，全方位服务的银行和其他信贷机构最多可将其实收资本的 20% 投资于国外的分支机构等。整体来看，多米尼加对流出方向的调控区间要大于流入方向，流出和流入两个方向的政策收紧导致总体开放指数稳定在正值水平。

7. 厄瓜多尔

1）股权市场项目开放度分析

1999～2019 年，股权市场项目开放度仅于 2018 年出现一次负向变动，这源于 2018 年 12 月政府取消了对用于海外支付的财务回报、资本收益和海外投资的资本的限制，这一系列放松资本管制的措施也进一步提高了股权市场项目的开放度。

2）债券市场项目开放度分析

1999～2019 年，厄瓜多尔债券市场项目的流入开放度、流出开放度与总体开放度除 2018 年出现较大幅度的波动情况外，总体上呈现较为平稳的趋势。具体而言，2018 年，债券市场项目流出、流入开放度指标的数值从 0 变动至–0.50，这可能是由于厄瓜多尔政府取消了对用于海外支付的财务回报、资本收益和海外投资的资本的限制。

3）货币市场项目开放度分析

厄瓜多尔货币市场项目的流入开放度、流出开放度与总体开放度在1999～2019 年除个别年份出现波动外，总体上呈现平稳态势。出现上述变动情形可能是由于，自 2018 年 12 月起，政府取消了对用于海外支付的财务回报、资本收益和海外投资的资本的限制，这一系列放松资本管制的措施进一步提高了货币市场项目的开放度。

4）集体投资项目开放度分析

厄瓜多尔的集体投资项目开放程度变化与债券市场项目一致，这体现出厄瓜多尔对集体投资项目开放持支持态度。

5）衍生工具项目开放度分析

厄瓜多尔的衍生工具项目开放程度变化与债券市场项目一致，此处不再赘述。

6）商业信贷项目开放度分析

厄瓜多尔商业信贷项目的流入开放度与总体开放度仅在 2008 年出现一次负向变动，这源于 2008 年 4 月政府取消了公共债务运营的商业交易所（Commercial Business Exchange，CBE）批准要求。而流出开放度在1999～2019 年无变化，这体现出厄瓜多尔对资本流出保持更为谨慎的态度。

7）金融信贷项目开放度分析

1999～2019 年，厄瓜多尔金融信贷项目的流入开放度、流出开放度与总体开放度除在极少数年份出现较大幅度的波动情况外，总体上呈现较为平稳的趋势。具体而言，金融信贷项目流出开放指数首先在 2012 年出现正向小幅度变动，随后于 2015 年负向变动，原因在于，2012 年 1 月向境外转移支付的税收从 2%提高到 5%，而在 2015 年 7 月政府放松了资本管制，对某些特定部门（例如住房和小额信贷）一年以上的银行贷款流出免除了其海外转移税。

8. 格林纳达

1999～2019 年，格林纳达针对资本账户开放的政策变动只有两条，且都表现为流出开放指数的波动。具体地，自 2004 年 9 月 1 日起，超过 25 万东加元的任何单个对外资本交易不再需要获得财政部的批准，该政策涉及的子项目包含股权市场项目、债券市场项目、货币市场项目、集体投资项目、商业信贷项目、金融信贷项目以及个人资本项目，体现为资本流出指数的负向波动，数值从 0 变动至负值，各子项目开放水平有所提高。自 2015 年 11 月 10 日起，根据新银行法第 10 条，金融机构不能再购买或持有非金融公司的股份或所有权权益。此政策涉及的子项目为直接投资项目、股权市场项目和货币市场项目，表现为流出开放指数的正向收紧变动，数值从 0 变动至正值，开放程度下降。整体来看，除货币市场项目和直接投资项目开放程度有所下降外，其他子项目均呈现出开放程度加大的趋势，与总开放程度的趋势保持一致。

9. 危地马拉

1）股权市场项目开放度分析

危地马拉股权市场项目开放度在 1999～2019 年变动较少，流入开放度数值在 1999 年为正，代表管制增强。自 1999 年 1 月起，非居民不得购买 B 股。总体开放指数为正值，说明危地马拉对股权市场项目管制趋严。

2）货币市场项目开放度分析

危地马拉货币市场项目流出开放度在 2008～2016 年变动较多。2009 年 9 月，根据货币委员会的决议，用于确定外汇储备委员会是否可能干预外汇市场的波动幅度标准从 0.75%降至 0.5%，波动为正向；在其他年份，货币市场项目流出开放度数值的变化均是负向的。危地马拉货币市场项目总体是开放的。

3）金融信贷项目开放度分析

危地马拉金融信贷项目的流入开放度、流出开放度与总体开放度在 2001 年和 2002 年出现波动。2001 年，取消了对当地外汇贷款的管制；2002 年，允许银行和信贷机构自由向国外借款，流入开放程度加大。危地马拉无论是金融信贷项目总体开放度还是流入开放度数值基本都在 0 刻度线以下波动，流出开放度数值为正，说明金融信贷项目总体为开放趋势。

10. 圭亚那

1）货币市场项目开放度分析

1999～2019 年，圭亚那货币市场项目的流入开放度、流出开放度与总体开放度除 1999 年外始终保持不变。1999 年 1 月，取消了每周国库券拍卖的投标价格限制，放松了对货币市场项目的管制。所以，这一时期圭亚那对货币市场项目的开放持积极态度。货币市场项目总体开放度、流入开放度与流出开放度在 1999～2019 年极为稳定。

2）集体投资项目和衍生工具项目开放度分析

1999～2019 年，圭亚那集体投资项目的流入开放度、流出开放度与总体开放度除 2018 年外始终保持不变。2018 年 4 月，规定包含在国外的法定资金的投资不得超过法定资金总额的 35%（以前为 25%），流入开放度数值减小，放松了对集体投资项目资本流入的管制。流出开放度数值始终不变。总体开放程度即期指标数值为负值，所以，这一时期圭亚那对集体投资项目的开放持积极态度。衍生工具项目出现相同变动。

11. 牙买加

1）股权市场项目开放度分析

股权市场项目开放度基本保持稳定，仅在 2014 年出现波动现象。具体来说，自 2014 年 9 月起，牙买加央行允许收购外国资产的范围扩大到包括投资级主权债务。整体来看，股权市场项目累计流出开放指数数值呈现下降趋势，股权市场项目流入开放指数数值保持不变，作为二者平均值的总体开放指数数值累计下降。

2）债券市场项目开放度分析

牙买加债券市场项目开放指数在 1999～2019 年经历了从相对稳定到逐渐收紧的变化过程，三类指标数值分别在 2010 年和 2014 年出现两次和一次波动。2010 年 9 月到 12 月，牙买加政府发行的外币债券的风险权重从 15.5% 提高到 25% 再到 37.5%；2014 年 9 月起，在牙买加境外注册的实体的投资级公司债务被纳入牙买加央行允许收购外国资产的范围。总体来看，牙买加债券市场项目流入开放指数的变化幅度与流出开放指数的变动幅度相当但尝试较多，近年来却保持稳定。

3）货币市场项目开放度分析

牙买加货币市场项目的流入开放指数、流出开放指数与总体开放指数在 1999～2019 年表现出较为频繁的波动。具体而言，1999 年 2 月和 5 月，外币存款准备金率先后两次下调，从 20% 下调至 19% 再至 17%；2014 年 9 月，允许收购外国资产的范围扩大到包括投资级主权债务。1999～2019 年，牙买加货币市场项目开放指数除了在 2009 年出现上升波动外，其余时间均呈现较为明显的阶梯式下降趋势。累计来看，货币市场项目总体开放指数数值呈现下降趋势。

4）集体投资项目开放度分析

牙买加集体投资项目开放指数在 1999～2019 年基本保持稳定，仅在 2014～2016 年出现四次负向波动，其余年份均维持在 0 刻度线水平。具体来看，2014 年 9 月起，集体投资计划中外国资产的投资上限从 5% 提高到 7%，允许收购集体投资计划外国资产的范围也进一步扩大；2015 年 1 月和 7 月，牙买加集体投资计划中外国资产的投资上限先后从 7% 提高到 10%，从 10% 提高到 15%；2016 年 1 月，该比例进一步提升至 25%。可以看到，牙买加对集体投资项目开放程度的调整仅涉及流出方面。

5）金融信贷项目开放度分析

牙买加金融信贷项目的流入开放指数和总体开放指数在 1999～2019 年保持极强的稳定性，仅在 2002 年出现波动，其余年份维持在 0 刻度线水平。具体来看，2002 年 1 月，商业银行和国际汽联机构的流动资产与本币和外币负债的比率从 28% 降至 27% 再降至 23%，这使金融信贷项目流出开放指数数值呈现下降趋势。

6）直接投资项目开放度分析

1999～2019 年，牙买加直接投资项目开放指数除 2014 年出现较大幅度的波动情况外，总体上呈现平稳的趋势。2014 年 9 月起，集体投资计划中外国资产的投资上限从 5%提高到 7%。

12. 墨西哥

1）债券市场项目开放度分析

墨西哥债券市场项目的流入开放度、流出开放度和总体开放度在 1999～2019 年的变化均不大，基本保持在 0 刻度线附近，仅出现两次波动，该时间内的相关政策数量也相对较少，具体来看有，1999 年 3 月，墨西哥商业银行为了满足流动性资产的要求而投资的金融工具的数量增加了，包括墨西哥政府在国外发行的证券，使得债券市场项目流入开放指数数值下降。2000 年 1 月，允许商业银行与墨西哥联合国债进行证券贷款交易，使得墨西哥债券市场项目流出开放指数数值下降。从最终结果来看，流出开放指数数值累计下降，总体开放指数数值对应下降。这说明墨西哥债券市场项目开放较早且长期保持开放。

2）衍生工具项目开放度分析

墨西哥衍生工具项目的流出开放度在 1999～2019 年变化幅度较小,取值大多稳定在 0 刻度线附近，仅在 1999 年、2006 年和 2007 年出现变化：1999 年商品交易所被划定为商业银行可以进行期货或期权交易的公认市场，使衍生工具项目开放度数值下降；2006 年墨西哥允许开发银行进行借贷和衍生品业务，使得项目开放度数值下降；2007 年对衍生品交易的规定进行了修改，简化了物料清单授权程序，使开放度数值下降。从累计趋势来看，衍生工具项目流入开放度、流出开放度和总体开放度数值在前述三年均呈现了阶梯式下降，累计来看开放度数值下降。这说明墨西哥衍生工具项目的总体开放由流入和流出双向拉动，且开放态度积极。

3）金融信贷项目开放度分析

金融信贷项目总体开放指数、流入开放指数及流出开放指数仅在 2006 年出现负向波动，主要原因在于当年墨西哥政府允许开发银行开展借贷和衍生品业务。以上说明墨西哥政府在金融信贷项目开放上亦有尝试，并始终保持开放水准。

4）直接投资项目开放度分析

墨西哥直接投资项目流出开放指数在 1999～2019 年的大多数时间表现为一条水平线，开放相对保守。直接投资项目流入开放指数在这期间的波动相对更多，如 2002 年墨西哥出台规定，无论国籍如何，股东都可以获得代表信用信息公司股本的资产，使得流入开放指数数值下降；2004 年墨西哥规定禁止向信用信息公司提供信息的金融和商业实体获得此类公司 18% 以上的所有权权益或直接间接控制这些公司，使流入开放指数数值上升。整体而言，墨西哥政府针对直接投资项目在开放和管制上均有较多尝试，波动较为频繁。直接投资项目开放度随着时间变化的累计趋势显示出该资本账户子项目调整波动的复杂性，整体呈现先放松后紧缩的管制趋势。

13. 巴拉圭

1）股权市场项目开放度分析

巴拉圭股权市场项目开放度仅在 2011 年出现流出开放度波动，总体上呈现较为平稳的趋势。这对应于 2011 年 4 月巴拉圭政府要求受银行监管机构监管的实体不得将其股份出售、转让给居住在税率很低或完全免征税款的国家/地区的个人或法人实体，使股权市场项目的资本流出管制收紧，开放度数值累计上升。

2）货币市场项目开放度分析

巴拉圭货币市场项目的流入开放度、流出开放度与总体开放度在 2002～

2016 年波动较为频繁。这对应于上述年份巴拉圭货币当局多次调整外汇存款准备金率,以改变货币市场项目这一子项目的资本账户开放度。从累计趋势来看,巴拉圭货币市场项目流入开放度数值与流出开放度数值变动完全同步,在 1999~2019 年累计增加,这说明巴拉圭虽有开放尝试,但整体对货币市场项目持管制态度。

3)衍生工具项目开放度分析

巴拉圭衍生工具项目流入开放度、流出开放度与总体开放度在 2009~2018 年频繁发生变动。这可能是因为在上述年份巴拉圭货币当局多次通过调整非居民买卖外汇衍生品的交易限制,从而改变衍生工具项目这一子项目的资本账户开放度。巴拉圭衍生工具项目开放度数值在 1999~2019 年累计上升,整体呈现出管制加强趋势。

4)金融信贷项目开放度分析

巴拉圭金融信贷项目的流入开放度、流出开放度与总体开放度在 2000~2009 年频繁发生变动,此后始终保持该开放水平。这对应于在上述年份巴拉圭货币当局多次调整金融机构每日持有外汇多头和空头头寸的限额。巴拉圭金融信贷项目流入开放度数值在 1999~2019 年始终为 0,流出开放度数值累计下降,总体开放度数值则相应地累计下降,金融信贷项目是该国唯一的开放程度扩大的资本账户子项目。

14. 秘鲁

1)股权市场项目开放度分析

1999~2019 年,秘鲁股权市场项目开放度除在 2013 年出现波动外,总体上呈现平稳的趋势。这是因为 2013 年 2 月 14 日秘鲁中央储备银行对政府和国外金融及非金融机构发行的外国证券投资的运营限额从其投资组合的 32%增至 34%,使秘鲁股权市场项目流出开放度数值下降。累计来看,秘鲁股权市场项目总体开放程度由流出开放拉动,流入方向则较为保守。

2）债券市场项目开放度分析

秘鲁债券市场项目的流入开放度在 1999～2019 年保持不变,流出开放度和总体开放度在 2011 年、2013 年、2014 年发生变化。这可能是因为在上述年份秘鲁货币当局对免除准备金要求的外债和债券的限额做了些调整,使秘鲁债券市场项目开放程度相应扩大,单向拉动该子项目整体开放。

3）货币市场项目开放度分析

秘鲁货币市场项目开放程度波动极为频繁。秘鲁货币市场项目开放度在 2008 年之前变动较少,而自 2008 年开始频繁变动。这对应于秘鲁作为发展中国家,经常使用外汇存款准备金率来调节资本账户的开放,尤其是在国际金融环境迅速恶化的 2008 年至 2009 年,为防止资本账户过度开放给秘鲁国内经济带来不利影响,秘鲁货币当局在此期间对外汇存款准备金率频繁进行调整,货币市场项目流出开放度频繁波动。

1999 年至 2007 年,秘鲁货币市场项目开放度基本稳定;2008 年至 2019 年,货币市场项目开放度呈现波动式下降趋势,货币市场项目总体开放度数值在该时期累计上升,呈现出流入、流出同步双向拉动的管制加强趋势。

4）集体投资项目开放度分析

秘鲁集体投资项目的流入开放度始终保持不变,而流出开放度与总体开放度数值在 2004 年、2007 年、2008 年、2011 年、2013 年、2017 年、2018 年发生不同程度的下降,这可能是因为秘鲁货币当局在上述年份分别放宽了私募养老基金对配置境外证券的限制。从累计趋势来看,集体投资项目总体开放度数值呈现阶梯式下降走势。这说明该国集体投资项目开放较为积极,主要由对外集体投资拉动。

5）衍生工具项目开放度分析

秘鲁衍生工具项目的流入开放度在 2019 年发生变化,流出开放度在 2011 年、2015 年、2019 年发生变化,在剩余年份保持不变。这对应于秘鲁货币当局在 2011 年 10 月和 2019 年 9 月对外汇衍生品多头和空头头寸做了些许限制，在 2015 年 5 月降低了外汇衍生品日常业务的限额，同年多次提高与外汇衍生品相关的准备金要求。累计来看，衍生工具项目流出开放度和总体开放度数值整体呈现阶梯式上升趋势，管制加强。

6）商业信贷项目开放度分析

秘鲁商业信贷项目开放度在 2013～2014 年出现较大幅度的波动情况。这可能是由于该年份秘鲁政府对资助对外贸易业务的外国贷款准备金率做了调整。累计来看，秘鲁的商业信贷项目流出开放程度得到放松。

7）金融信贷项目开放度分析

秘鲁金融信贷项目的流入开放度稳定不变，而流出开放度波动频繁。这对应于该国常对银行持有的外汇多头和空头限额及长期外汇存款准备金率进行调整。累计来看，该国金融信贷项目开放程度在波动中逐渐扩大。

15. 苏里南

1）商业信贷项目开放度分析

1999～2019 年，苏里南商业信贷项目的流入开放度、流出开放度与总体开放度除 2003 年和 2011 年出现较大幅度的波动情况外，总体上呈现较为平稳的趋势。具体而言，2003 年 1 月，允许外汇银行向居民发放外汇贷款；2011 年 11 月，颁布《银行监管法》旨在规范苏里南中央银行的监管制度和加强监管权力。累计来看，该国商业信贷项目虽有流出的开放尝试，但总体管制收紧。

2）金融信贷项目开放度分析

苏里南金融信贷项目的流入开放度、流出开放度与总体开放度在 1999～2019 年总体呈现先开放后紧缩的状态。具体而言，2003 年 1 月，外汇银行被允许向居民提供外汇贷款；2011 年 1 月，外汇存款准备金率从 33%提高到 40%；2013 年 1 月，外汇存款准备金率从 40%提高到 45%等。多轮政策效用叠加，使该子项目总体开放指数累计正向变动。

16. 委内瑞拉

1）股权市场项目开放度分析

股权市场项目开放度仅在 2015 年、2016 年出现波动，且均为对股权市场项目的管制加强，流入、流出同向变动，使总体开放指数累计上升，管制程度加强。

2）债券市场项目开放度分析

债券市场项目开放度呈现为早期收紧，后期开放的趋势。相关政策变动包括：2003 年委内瑞拉暂停国内二级市场外汇政府债券的交易；2015 年，经国家证券监督管理办公室批准，私人债务证券或债券可向境外发行或销售等。累计来看，总体呈现小幅开放状态。

3）货币市场项目开放度分析

1999～2019 年，委内瑞拉货币市场项目波动相对频繁。具体来看有，2002 年，委内瑞拉允许银行向非居民公司出售外汇，但仅限于用于直接投资、公共债务工具投资、股息汇回以及支付进口和服务；2005 年，一项禁止非法外汇交易的法律生效，要求超过 1 万美元的进出口外汇必须申报等。累计来看，总体开放度上升，后期呈现管制加强趋势。

4）衍生工具项目开放度分析

委内瑞拉衍生工具项目开放度在 1999～2019 年仅有一次变动。2002 年，规定委内瑞拉经批准的金融机构的外汇持仓上限为其资本账户资金的 12.5%。总体开放指数上升，并始终保持该管制水平。

5）商业信贷项目开放度分析

委内瑞拉商业信贷项目开放度在 1999～2019 年发生两次波动。累计来看，流入和流出同向拉动总体开放度数值下降，开放较为积极。

6）金融信贷项目开放度分析

委内瑞拉金融信贷项目的开放度在 2005 年和 2009 年出现波动。具体来看，2005 年 12 月，根据第 10 号交易协议，银行监管局和其他金融机构授权的金融机构可以一次性直接从委内瑞拉中央银行获得货币；2009 年委内瑞拉央行规定外汇存款的最低准备金率为 17%。累计来看，总体开放指数呈现下降趋势，开放程度上升。

7）担保、保证和备用融资便利项目开放度分析

委内瑞拉担保、保证和备用融资便利项目仅在 2015 年流入开放度数值出现了变化，对应于 2015 年委内瑞拉宣布只有符合资格的机构投资者才可以通过公开发行的方式购买中小企业发行的证券，除非提供担保或个人担保。

5.4　非洲中高收入国家指标测度及特征分析

5.4.1　资本账户开放背景

1. 博茨瓦纳

博茨瓦纳独立以来历届政权过渡比较平稳，是非洲经济发展较快，经济状况较好的国家之一。据统计，博茨瓦纳 2020 年人均 GDP 为 6710.99 美元。由于博茨瓦纳政局长期稳定，社会治安水平高，经济稳定发展，且外汇自由、税赋较低，因此博茨瓦纳具备一定投资吸引力。博茨瓦纳在积极吸引外资的同时，也开启了资本账户的开放进程，但并未持续推进，而是在个别年份采取必要的政策措施对资本内外流动加以调节。总体而言，其资本账户的开放仍然处于初始阶段，并未进行全面开放，且根据自身发展条件对资本账户进行放松和管制。

2. 赤道几内亚

赤道几内亚原为农业国，在 20 世纪 90 年代因油气产业的迅速发展经济走向繁荣。该国易受国际油价波动的影响，导致经济不稳定。为此，赤道几

内亚大力推行经济多元化和工业化，减少对油气产业的依赖。

3. 加蓬

加蓬位于非洲中部，盛产石油，20 世纪 80 年代后期因油价疲软经济陷入困境，被迫同 IMF 签署协议，实施结构调整计划。1995 年后经济缓慢复苏，但 90 年代末受亚洲金融危机和国际油价下跌的打击，经济再度恶化，1998至 2001 年出现负增长。近年来，加蓬政府积极实施经济多元化战略，收到一定成效。从经济发展程度来看，2019 年加蓬 GDP 为 168.74 亿美元。从收入来看，加蓬 2019 年人均 GDP 为 7767.01 美元，根据世界银行的分类标准，加蓬属于中高收入国家。

4. 利比亚

21 世纪前利比亚由于世界政治环境、国家综合实力水平与本国经济增长方式的限制，将资本账户置于政府的严格管制之下。21 世纪初，联合国制裁暂停，全球石油需求放大，为利比亚石油部门对外开放提供良好国际环境，基于此利比亚开启石油部门改革，加强本部门对外开放，引进外资加强本国油气资源开发。此外，利比亚部分减弱外汇交易、对外信贷限制，缓和与其他经济体的经济政治摩擦，本国资本账户开放程度有所提升，经济也迎来迅猛发展，2002~2008 年该国 GDP 由 204.8 亿美元上涨至 871.4 亿美元。

总体而言，利比亚资本账户开放度转折点初现于 21 世纪初期，即本国经济改革后期，不论是外国直接投资开放、外汇管制放松还是政治经济摩擦的缓和，都是利比亚进一步开放国内市场，加速融入全球经济的重要一步。

5. 纳米比亚

纳米比亚位于非洲西南部，于 1990 年实现独立。纳米比亚是一个开放的经济体，2010 年至 2018 年期间，纳米比亚积极推进资本账户开放，但为避免资本账户开放进程过快会导致本国经济受到较大的负面影响，纳米比亚在货币市场和集体投资方面出台了些许政策限制了资本账户开放的力度。同时为了吸引外资，鼓励私人投资带动国家经济发展，纳米比亚出台了许多政策鼓励本国资本账户开放，这些政策涉及领域广泛，除个人资本项目外，主要放松了直接投资方面的资本管制力度。

6. 南非

据世界银行数据库统计，2019 年南非 GDP 为 3514.31 亿美元，人均 GDP 为 6001 美元，GDP 增长率为−1.16%，南非被世界银行划分为中高收入国家。南非资本账户开放时间较早，发展历程较为丰富，是"渐进式"进行资本账户开放的国家。南非的资本账户开放历程大致可划分为以下两个阶段。

初级阶段（1983～1993 年）：自 1983 年开始，南非政府启动资本项目自由化改革，取消了对非居民的外汇管制；1985 年，因境外非居民债权人拒绝为南非境内的借款人短期信贷提供便利，大量资本外流，南非针对非居民重新实施外汇管制政策。

进一步发展阶段（1994 年至今）：自 1994 年开始，资本外逃的情况出现减缓，1995 年起南非政府重新规定解除了对南非外国居民外汇买卖的管制，允许外国居民在南非自由进行投资与撤资、证券投资以及外国直接投资，自此，南非资本账户出现进一步发展的态势。

5.4.2　资本账户双向开放指标测度及特征分析

1. 博茨瓦纳

博茨瓦纳自独立至目前，虽然开启了资本账户开放的进程，但并未持续推进。

1）博茨瓦纳资本账户开放程度变化

博茨瓦纳资本账户开放度数值于 2003 年出现单次下降，这与政府开始发行期限为 2 年、5 年和 12 年的债券,并允许非居民购买的政策相关。

2003 年 1 月,博茨瓦纳开始了资本账户的开放进程,但此后 2004~2019 年博茨瓦纳的总体开放力度维持在稳定水平未发生任何波动。总体而言,在 1999~2019 年,博茨瓦纳政府虽然开启了资本账户的开放进程,但仍然持较为严谨的态度。

2)博茨瓦纳资本账户双向开放情况

(1)资本账户流入开放。博茨瓦纳资本账户流入开放指数仅于 2003 年出现单次负向波动,为促使博茨瓦纳资本账户开放度变化的主要原因。

(2)资本账户流出开放。虽然博茨瓦纳政府鼓励外来资本流入,但该国对于跨境资本流动开放(资本流出)持谨慎观望态度,无调整变化。资本账户流入开放与流出开放存在非对称性。

2. 赤道几内亚

1)赤道几内亚资本账户开放程度变化

赤道几内亚仅于 2009 年收紧资本账户,其他年份资本账户开放程度即期变化指数均在 0 刻度线上保持平稳状态,故整体而言,赤道几内亚资本账户处于相对收紧状态。赤道几内亚资本账户管制程度在 2009 年出现上升。

2)赤道几内亚资本账户双向开放情况

(1)资本账户流入开放。GKAOPEN 数据库对跨境资本流入开放情况的评估显示,赤道几内亚资本账户流入开放程度即期变化指数未有波动。

(2)资本账户流出开放。该国跨境资本流出管制程度与总体变动完全一致,不再赘述。

3. 加蓬

1)加蓬资本账户开放程度变化

加蓬于 2003 年、2004 年与 2009 年收紧本国资本账户,资本账户开放程度即期变化指数出现不同幅度的正向波动,表明本国愈发重视资本账户管制问题。整体而言,加蓬资本账户管制加强,开放度不断下降。2003 年,加蓬开始加强资本账户管制,2004 年和 2009 年管制程度进一步加深,这些变动分别体现在金融信贷、杂项资本流动限制、股权市场、债券市场、集体投资和衍生工具等的管制程度变动上。

2)加蓬资本账户双向开放情况

(1)资本账户流入开放。加蓬资本账户流入开放程度即期变化指数于 2003 年与 2004 年出现正向波动,表明加蓬根据本国国情与国际环境针对性收紧流入方向资本账户。

(2)资本账户流出开放。除 2003 年与 2004 年之外,资本账户流出开放程度即期变化指数还于 2009 年出现正向波动,表明相较于流入方向,加蓬对流出方向资本账户开放更为谨慎,故加蓬以更大的力度不断收紧资本账户。

4. 利比亚

利比亚资本账户整体开放度自 2000 年后波动上升。

1)利比亚资本账户开放程度变化

1999~2019 年,利比亚资本账户开放程度分别在 2000 年与 2006 年有所上升。在 2000 年后,利比亚经济改革初见成效,资本账户呈现开放趋势,这与当时利比亚所处的经济环境及国际金融发展要求相匹配,同时也进一步表明资本账户开放是全球各国经济发展的必然趋势,利比亚在以油气资源贸易为经济增长动力点的同时,对全球经济一体化的增长红利仍需充分吸收。

利比亚于 2000 年资本账户开放度提升,这可能由于该年利比亚放松外汇管制,允许部分国有企业出售以特别汇率所赚取的外汇以于银行系统内开立或清算信贷,并且同年利比亚与南斯拉夫的支付转账限制部分放松,推进利比亚资本账户整体开放程度初步提升,而 2006 年利比亚降低对非石油部门的外国直接投资门槛限制,资本账户开放度再度攀升。可见 1999~2019 年利比亚资本账户开放较为积极。

2）利比亚资本账户双向开放情况

（1）资本账户流入开放。利比亚跨境资本流入开放程度自 1999 年后出现两次阶段式上升，这主要与资本流入开放政策的实施相关，如 2000 年利比亚对南斯拉夫的支付与转账限制放松；2006 年利比亚降低对非石油部门的外国直接投资限额。流入开放程度整体呈现增大的趋势。

（2）资本账户流出开放。跨境资本流出开放与流入开放情况大致相似，即自 2000 年起，放宽国有企业利用所赚取外汇开立或清算信贷的权限，加速资本账户流出开放。从年度政策到政策结果累计，可以看出利比亚资本账户流出开放程度逐年增大。

5. 纳米比亚

1）纳米比亚资本账户开放程度变化

图 5.74 显示，1999～2019 年，资本账户开放程度即期变化指数不断上下波动。总体来看，资本账户开放程度即期变化指数大部分年份中为负数，因此纳米比亚资本账户开放程度在不断扩大，仅在 2002 年与 2004 年略有收紧。整体而言，

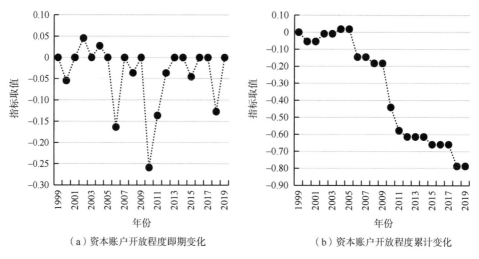

（a）资本账户开放程度即期变化　　　　（b）资本账户开放程度累计变化

图 5.74　纳米比亚资本账户开放程度即期与累计变化

2000～2001 年，纳米比亚总体开放程度较小，且稳定程度较高；2002 年到 2005 年，开放程度稍有下降，管制收紧；2006～2010 年纳米比亚资本账户开放加速；2011 年后持续开放，但开放程度相对谨慎。这与该国政府推出的资本账户开放政策密切相关。

　　2）纳米比亚资本账户双向开放情况

　　（1）资本账户流入开放。纳米比亚资本账户流入开放程度即期变化指数分别在 2002 年与 2004 年有所收紧，资本流入管制力度加强。这可能是因为纳米比亚政府为了保障国民经济安全，对与他国进行金融交易施加限制。

　　（2）资本账户流出开放。图 5.75 显示，1999～2019 年，资本账户流出开放程度即期变化指数波动频繁。总体来看，资本账户流出开放程度即期变化指数于大部分年份中为负数，因此纳米比亚资本账户开放程度在不断加大，仅在 2004 年小幅正向波动。相关政策如 2006 年纳米比亚政府采取多重措施放松了对居民海外投资的限制和对直接投资的限制；2011 年取消了非居民所有的公司本地借款和向非居民提供的贷款额的限制等，体现了纳米比亚针对资本账户开放较强的时点波动特征。

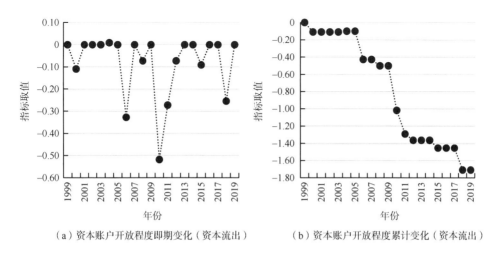

（a）资本账户开放程度即期变化（资本流出）　　（b）资本账户开放程度累计变化（资本流出）

图 5.75　纳米比亚资本账户开放程度即期与累计变化（资本流出）

6. 南非

南非资本账户的调整政策较多，整体呈现放松趋势，并且资本账户开放程度日益增大。

1）南非资本账户开放程度变化

图 5.76 显示，1999～2019 年，南非的资本账户开放程度即期变化指数不断上下波动，2008 年至 2009 年资本账户开放程度即期变化指数呈现大幅度下降，这体现了这段时期资本账户开放程度大幅上升的情况。南非于 1999～2007 年资本账户开放程度小幅度增加，2008～2019 年开放程度则呈现大幅度增加，这可能是由于自 2008 年开始为提振经济，南非政府在直接投资、股权市场、债券市场等方面加大开放力度，致使自 2008 年开始资本账户开放程度大幅攀升。

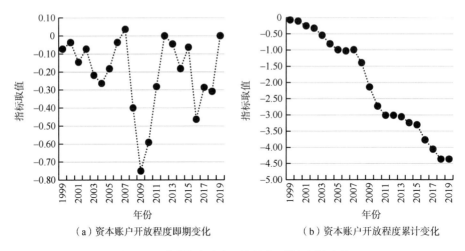

（a）资本账户开放程度即期变化　　　（b）资本账户开放程度累计变化

图 5.76　南非资本账户开放程度即期与累计变化

2）南非资本账户双向开放情况

（1）资本账户流入开放。图 5.77 显示，南非资本账户流入开放指数从 1999～2001 年的 0 变动至 2018～2019 年的负值，南非资本账户流入开放程度呈现逐年上升趋势，这说明自 1999 年起南非针对经济金融发展需要，实行"渐进式"对外开放，保持政策放松。

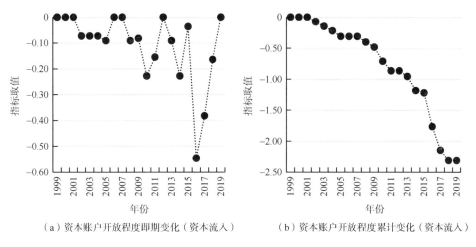

（a）资本账户开放程度即期变化（资本流入）　　（b）资本账户开放程度累计变化（资本流入）

图 5.77　南非资本账户开放程度即期与累计变化（资本流入）

（2）资本账户流出开放。图 5.78 显示，1999～2019 年资本账户流出开放指数均为负值，且开放尝试幅度较大。其中，1999～2006 年资本账户流出开放指数呈现小范围下降波动，实行较为温和的开放战略；2008～2011 年资本账户流出开放指数出现大幅度负向变动，这与应对 2008 年金融危机，提振经济，进一步扩大对外开放相关的国家发展规划相匹配。2012～2019 年资本账户流出开放指数又呈现较平稳的特征，说明南非的经济形势近年来趋于稳定发展状态。

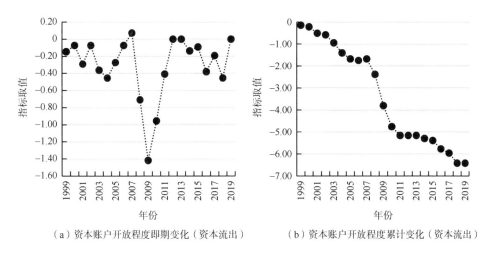

（a）资本账户开放程度即期变化（资本流出）　　（b）资本账户开放程度累计变化（资本流出）

图 5.78　南非资本账户开放程度即期与累计变化（资本流出）

5.4.3 资本账户子项目双向开放指标测度及特征分析

1. 博茨瓦纳

1）股权市场项目开放度分析

博茨瓦纳只在 2019 年对股权市场项目的资本流动采取了管制措施。2019 年 5 月，政策规定对外国证券的总投资限额为 20%，但对单个机构的投资限额为 5%。从最终结果来看，博茨瓦纳股权市场项目总体开放指数上升。可见，博茨瓦纳对于股权市场项目的资本流动进行一定程度的管制。

2）债券市场项目开放度分析

博茨瓦纳的债券市场项目开放度只在 2003 年出现波动。2003 年 1 月，政策规定政府开始发行期限为 2 年、5 年和 12 年的债券且非居民被允许购买这些债券总价值的 20%，使资本流入开放指数数值下降为负值。可见，博茨瓦纳对于债券市场项目的资本流动持放松态度。

3）集体投资项目开放度分析

1999～2019 年，博茨瓦纳只在 2019 年对集体投资项目的资本流动进行了放松，其他年份未有任何政策措施，表明博茨瓦纳在 2019 年开始鼓励集体投资的双向流动，以此带动本国经济增长。

2. 赤道几内亚

股权市场项目开放度分析：赤道几内亚股权市场项目仅有流出开放度数值在 2009 年为正，对应于 2009 年《COSUMAF①总则》第 61 条生效。总体来看，赤道几内亚对股权市场项目保持管制。

3. 加蓬

1）股权市场项目开放度分析

加蓬股权市场项目开放度的变化均源自股权市场项目流入开放度的变

---

① 中部非洲金融市场监管委员会（Commission de Surveillance du Marché Financier de l'Afrique Centrale，COSUMAF）。

动，仅在 2009 年发生变化，股权市场项目开放度数值由 0 变为 0.3，这源于加蓬出台政策规定非居民法人实体计划在中非金融市场公开发行股票时，必须编制披露文件，并在发布之前提交 COSUMAF 批准且事先获得有关外汇管理局的批准。

此外，加蓬资本账户的债券市场项目、货币市场项目、集体投资项目和衍生工具项目也由于相同的政策原因发生了同样的变动。

2）金融信贷项目开放度分析

加蓬金融信贷项目开放度的变化均源自金融信贷项目流入和流出开放度两个层面的变动。2004 年，金融信贷项目流入开放度和流出开放度数值由 0 变为正值，源于加蓬对外币做出了限制，每一种外币的做多或做空的加权平均与净资产之间的比例限制为 15%，所有外币的最大比例限制为 45%。

4. 利比亚

1）商业信贷项目开放度分析

1999～2019 年, 利比亚商业信贷项目的流出开放度与总体开放度除 2000 年出现较大幅度的波动情况外，总体上呈现较为平稳的趋势。2000 年利比亚商业信贷项目流出开放指数从 0 变动至负值, 总体开放指数从 0 变动至负值。这源于 2000 年 10 月 1 日利比亚政府允许未计入外汇预算的国有企业出售其利用特别汇率所赚取的任何数量的外汇以在银行系统内开立或清算信贷，这说明利比亚的商业信贷项目流出管制有所放松。

2）直接投资项目开放度分析

利比亚直接投资项目开放度变动较少，但利比亚对直接投资项目保持积极的开放态度。2006 年 1 月，利比亚政府将对国内非石油部门的外国直接投资最低限额降至 150 万美元，标志着利比亚直接投资项目流入开放度逐步扩大。

5. 纳米比亚

1）股权市场项目开放度分析

2006 年居民在国外购买股票和其他证券的投资限额的提高使得股权市场项目流出开放指数下降,这意味着股权市场项目流出开放程度的提升;2010年 11 月,由于纳米比亚规定个人在国外购买证券的限额提升,股权市场项目流出开放程度提高;其他年份股权市场项目开放指数则保持稳定,未出现波动。累计来看,纳米比亚股权市场项目仅对流出方向实施开放,对资本流入则始终保持谨慎态度。

2）货币市场项目开放度分析

2004 年纳米比亚规定出口商保留出口收入的期限减少到 90 天,使得货币市场项目流入和流出开放程度同步收紧;2010 年纳米比亚允许个人国内外汇账户最多可以持有 400 万纳米比亚元,货币市场项目流出开放指数下降,开放程度增加;其他年份,货币市场项目开放指数稳定无波动。根据纳米比亚货币市场项目开放度随时间变化的累计趋势,1999~2019 年纳米比亚货币市场项目开放指数上升,说明管制程度整体加强。

3）集体投资项目开放度分析

纳米比亚对集体投资项目的开放主要体现在流出方向。具体来看,2000年纳米比亚放松对机构投资者对外投资的限制,使得集体投资项目流出开放指数下降,开放程度增加;2004 年纳米比亚为了减少资金外流,规定基金经理和单位信托管理公司可以投资的资产比例下降到 15%,使得集体投资项目流出开放指数上升,流出开放程度下降。其他时点,流入开放度、流出开放度与总体开放度均保持稳定。累计来看,1999~2019 年,纳米比亚集体投资项目出现流出方向的开放尝试,但最终对此保持谨慎的封闭态度。

4）商业信贷项目开放度分析

纳米比亚商业信贷项目的开放亦由流出方面的放宽拉动。2010 年由于美国的短期跨国股票存款凭证每年可转让的海外贷款提高到 100 万纳米比亚元，商业信贷项目流出开放指数下降，流出开放程度提高；2011 年纳米比亚取消了向非居民提供的贷款额的限制，由此流出开放指数下降，流出开放程度提升。累计来看，纳米比亚商业信贷项目的流出开放指数与总体开放指数于 2010 年和 2011 年接连下降，随后保持该开放水平不变。

5）金融信贷项目开放度分析

纳米比亚金融信贷项目变化相对较多，如 2004 年纳米比亚允许一家完全由非居民控股的公司可以在当地借款的金额从股东权益的 100%提高到 200%，放松了对金融信贷项目的管制，使得流出开放指数下降，开放程度提高；2011 年，纳米比亚取消了非居民所有的公司本地借款的限制，使得流出开放指数以更大幅度下降，开放程度大幅提高。

整体来看，该国金融信贷项目开放指数的累计变化呈阶梯式下降走势，流出开放指数在 2004 年、2008 年、2010 年和 2011 年均出现下降波动；流入开放指数则保持不变。这说明该国政府重视对资本流入方向的管制，仅对流出方向进行开放尝试。

6）直接投资项目开放度分析

2012 年政府规定经纳米比亚银行批准，符合条件的机构可出国投资总资产的 35%，使得流出开放程度小幅上升；2018 年纳米比亚规定每年 600 万纳米比亚元的海外投资和外国银行账户存款都无须获得批准，这放松了对直接投资项目的管制，导致流出开放指数大幅下降。整体而言，纳米比亚政府对直接投资项目的开放尝试较多，但亦集中在资本流出方向，直接投资项目呈现较为积极的开放趋势。

7）不动产市场项目开放度分析

2006 年，由于居民可以在国外购买房地产的投资限额提高为 200 万纳米比亚元，纳米比亚不动产市场项目流出开放指数大幅下降，开放程度大幅提高；

2010 年，纳米比亚个人投资国外房地产的额度上升到 400 万纳米比亚元，导致流出开放指数再度下降，不动产市场项目进一步开放。其他时点，流入开放度、流出开放度与总体开放度无变动。从累计趋势来看，纳米比亚不动产市场项目开放指数累计呈现下降趋势。

6. 南非

1）股权市场项目开放度分析

南非股权市场项目的流入开放指数除 2016～2018 年呈现负数以外，其余年份均未发生变动；流出开放指数与总体开放指数则在 1999～2019 年呈现阶梯状密集波动式变化特征。累计来看，该子项目开放指数出现阶梯式大幅度下降，开放程度扩大。

2）债券市场项目开放度分析

南非债券市场项目的流入开放指数除 2016～2018 年呈现负数以外，其余年份均未出现变动；流出开放指数与总体开放指数则在 1999～2019 年呈现阶梯状密集波动式变化特征。具体来看，流入开放指数方面，2016～2018 年政策的变动情况与股权市场项目政策一致。而流出开放指数方面，1999～2019 年各时间段均有所变动且与股权市场项目政策基本一致。上述与债券市场项目流入与流出开放指数相关的政策促进了南非资本账户在 1999～2019 年的开放发展，开放程度不断扩大。

3）货币市场项目开放度分析

南非货币市场项目的流入开放指数、流出开放指数与总体开放指数在 1999～2008 年始终保持在 0 刻度线上，在 2009～2019 年出现波动。具体而言，流入开放度方面，如 2009 年 10 月南非政府规定经营客户外币账户（client foreign currency account，CFC）的出口商被允许在此类账户中保留遣返资金，无须将此类资金转换为兰特。在流出开放度方面有：2009 年 10 月，南非公司在未经南非储备银行事先批准的情况下可在外国银行开户；2016 年 2 月，因兰特贬值而超过审慎限制的机构在 12 个月内无须重新平衡它们的投资组合等。从累计趋势来看，2009 年之前，总体、流入与流出开放指数均未发生变动，而自 2009 年起，总体开放指数变动为负值，流入、流出双向拉动货币市场项目开放。

4）集体投资项目开放度分析

南非集体投资项目的流入开放指数自 2016 年起出现变动，1999～2015 年始终位于 0 刻度线上，总体呈现平稳态势；而流出开放指数与总体开放指数在 1999～2019 年除少数年份未出现波动外，总体呈现为阶梯状密集波动。具体而言，流入开放度方面与股权市场项目、债券市场项目情况一致。流出开放度方面，2014 年 2 月，创立了不受宏观审慎海外投资限额限制的外国成员基金；2018 年 2 月，集体投资计划管理公司对零售资产总额的可转让额度提升。这促进了南非资本账户在 1999～2019 年的开放发展，累计总体开放指数变动为负值。

5）衍生工具项目开放度分析

南非衍生工具项目总体开放程度不断扩大。流入开放指数除在 2008 年及 2016 年出现断崖式波动外，其余年份较为平稳；流出开放指数与总体开放指数除在 2008 年、2011 年及 2016 年出现大幅波动外，其他年份也存在小幅度波动。除与前述股权市场项目、债券市场项目及集体投资项目相关的政策一致外，还存在如下相关政策：2017 年 1 月，允许约翰内斯堡证券交易所（Johannesburg Stock Exchange，JSE）延长非居民以美元列出赞比亚参考谷物衍生品合约的豁免期限。上述与衍生工具项目流入及流出开放度相关的政策促进了南非资本账户在 1999～2019 年的开放发展，累计总体开放指数变动为负值。

6）商业信贷项目开放度分析

南非商业信贷项目开放指数相对波动较少。相关政策具体来看有，2011

年 1 月符合条件的跨国公司总部可以在未经外汇管制批准的情况下在海外筹集资金；同年 10 月，南非公司可在外国目标实体中获得 10%至 20%的股权和/或投票权等。这促进了南非资本账户在 1999～2019 年的开放发展，累计总体开放指数负向变动。

7）金融信贷项目开放度分析

南非金融信贷项目的流入开放指数、流出开放指数与总体开放指数在 1999～2019 年出现较大的波动。具体而言，2003 年 2 月，居民可以通过授权经销商向非居民贷款，最高可达每年 3 万兰特（以前为 2.5 万兰特）；2004 年 10 月，企业可以利用南非的资产负债表作为抵押，向国外借款，为获准的海外投资进行融资；2010 年 11 月，居民未经批准向非居民发放金融信贷的可自由支配限额由每人 75 万兰特提高到每人 100 万兰特等。上述与金融信贷项目流入及流出开放指数相关的政策促进了南非资本账户在 1999～2019 年的开放发展，累计总体开放指数从 0 变动为负值，开放程度扩大。

8）直接投资项目开放度分析

南非直接投资项目开放指数在 1999～2019 年总体呈现负向变动。其中，流入开放指数变动较为平稳，流出开放指数的负向变动较多。相关政策有：2001 年 2 月允许长期保险公司、养老基金和单位信托将 2000 年资金净流入的 10%的外汇用于境外收购外国证券投资；2002 年 10 月，允许国内公司转移高达 20 亿兰特（以前为 7.5 亿兰特），以资助在非洲的新投资；2010 年 11 月，获得南非税务署开具清税证明的 18 岁以上个人被允许每年在海外投资 400 万兰特（以前是 400 万兰特的终身限额）或在南非外汇账户中进行投资。上述与直接投资项目流入及流出开放指数相关的政策促进了南非资本账户在 1999～2019 年的开放发展，累计总体开放指数从 0 变动为负值。

9）不动产市场项目开放度分析

南非不动产市场项目流入开放指数在 1999～2019 年未出现变动，始终位于 0 刻度线上，流出开放指数在 2010～2011 年出现负向变动。相关政策有：2010 年 11 月，居民个人可在每年 400 万兰特的允许范围内使用境外资产的收益购买房地产；2011 年 12 月，将自然人每年在境外投资房地产上限提高至 500 万兰特。上述与不动产市场项目流入及流出开放指数相关的政策促进了南非资本账户在 1999～2019 年的开放发展，累计总体开放指数从 0 变动为负值。相较于其他子项目，开放程度较为保守。

5.5　大洋洲中高收入国家指标测度及特征分析

5.5.1　资本账户开放背景

1. 斐济

斐济是太平洋岛国中经济实力较强、经济发展较好的国家，2020 年人均 GDP 达到 4370 美元。斐济资本账户开放的进程经历了三个阶段：1999～2005 年，该时期斐济的资本账户基本处于宽松状态；2006～2009 年，该国政府加强了对资本账户开放的管制，呈收紧趋势；2010～2019 年，斐济陆续进行资本账户开放，鼓励资本在国际流动。

2. 萨摩亚

萨摩亚位于太平洋南部。总体而言，1999～2019 年萨摩亚制定的关于资本账户的政策较少，且均为对资本账户对外开放力度的扩大。相关政策主要集中于商业信贷项目，并且政策目的为放松资本管制。

3. 汤加

汤加经济处于比较平稳的状态，属于中高收入国家。经济发展的主要问题在于政府宏观管理的软弱和宏观调控能力严重不足。2020 年汤加 GDP 约 5 亿美元，人均 GDP 约 5020 美元，GDP 增长率为-2.5%，长期以来外贸差异巨大。

汤加的资本账户开放可分为如下两个阶段。①半封闭阶段（1999~2016
年）：在这一时期，汤加主要实行半封闭运行模式进行资本账户管理，没有针
对性政策引起资本账户开放。②开放阶段（2017年至今）：自2017年汤加开
始进行资本账户开放，但主要集中于对资本流动进行开放，该时期汤加呈现
了资本账户开放程度收紧与放松同时进行的特点。总体而言，汤加资本账户
开放程度波动较少，整体处于尝试开放的阶段。

5.5.2　资本账户双向开放指标测度及特征分析

1. 斐济

1）斐济资本账户开放程度变化

图5.79显示，斐济于1999~2019年频繁出台相关政策以调控资本账户。
整体而言，斐济资本账户在中间时段开放程度虽有缩小，但仍处于相对开放
状态，之后其对境内外股票、债券和货币市场交易的放松促使资本账户开放
程度不断加深。

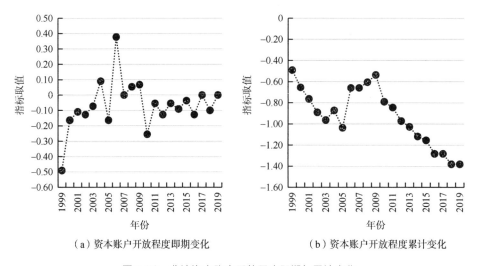

（a）资本账户开放程度即期变化　　　（b）资本账户开放程度累计变化

图 5.79　斐济资本账户开放程度即期与累计变化

2）斐济资本账户双向开放情况

（1）资本账户流入开放。图 5.80 显示，斐济资本账户流入开放程度即期变化指数波动较为频繁，整体处于积极的扩大开放状态。

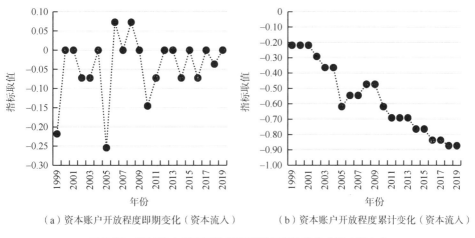

（a）资本账户开放程度即期变化（资本流入）　　（b）资本账户开放程度累计变化（资本流入）

图 5.80　斐济资本账户开放程度即期与累计变化（资本流入）

（2）资本账户流出开放。图 5.81 显示，斐济资本账户流出开放程度即期变化指数亦存在较强波动性，并且相较于资本账户流入开放，资本账户流出开放的波幅更大。整体而言，斐济流出方向资本账户仍处于相对开放趋势。

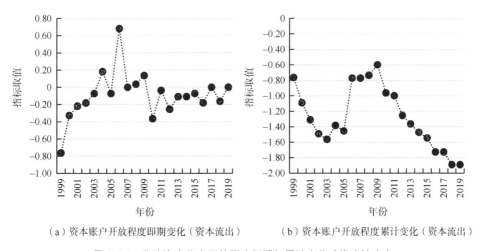

（a）资本账户开放程度即期变化（资本流出）　　（b）资本账户开放程度累计变化（资本流出）

图 5.81　斐济资本账户开放程度即期与累计变化（资本流出）

2. 萨摩亚

1）萨摩亚资本账户开放程度变化

1999～2019 年，萨摩亚的资本账户开放程度即期变化指数仅发生了两次波动，分别是 2007 年和 2012 年，数值下降，其他时间段内，资本账户开放程度即期变化指数数值都位于 0 刻度线上。萨摩亚对外开放程度逐渐加强。

2）萨摩亚资本账户双向开放情况

由于萨摩亚没有制定相关政策影响跨境资本流入，所以跨境资本流入状态没有变化。萨摩亚的跨境资本流出开放程度变化与总体开放程度变化保持一致，因此此处不做赘述。

3. 汤加

汤加资本账户整体开放状况总体呈现逐渐放松的趋势，整体开放程度在日益增大。

1）汤加资本账户开放程度变化

汤加的资本账户开放程度即期变化指数主要在 2017 年和 2018 年产生了两次波动，且调节方向相反。1999～2016 年，汤加资本账户开放程度即期变化指数的平稳走势与暂时封闭政策有关；2017 年后，汤加资本账户开始尝试开放。

2）汤加资本账户双向开放情况

（1）资本账户流入开放。汤加的资本账户流入开放早期保持稳定，2017年跃升式收紧，流入方向的资本账户管制加剧。

（2）资本账户流出开放。与流入方向的近年来加强管制相反的是，汤加对资本流出进行了开放尝试。

5.5.3　资本账户子项目双向开放指标测度及特征分析

1. 斐济

1）股权市场项目开放度分析

斐济股权市场项目流出开放度与总体开放度在 1999～2019 年变动较为频繁，即期流出开放指数数值在正负之间波动。具体来看如，自 2014 年 1 月 1 日起，非居民从出售股票和资产中撤回投资的行为被委托给客户无需斐济中央银行的批准；2006 年非银行金融机构、公司和个人的境外投资被暂停，撤回投资需要得到斐济中央银行的批准等。流出开放度相较于流入开放度颁布政策较多，这说明股权市场项目开放度不断扩大，流出开放的步伐相对领先于流入开放。

2）债券市场项目开放度分析

斐济债券市场项目的流入开放度、流出开放度与总体开放度在 1999～2019 年变动较为频繁，即期流出开放指数数值在正负之间变动。流出开放度和总体开放度均呈现先下降后上升再下降的趋势，波动较为剧烈，而且流出开放度的波动幅度明显大于总体开放度的波动幅度。

3）货币市场项目开放度分析

斐济货币市场项目流出开放度在 1999～2019 年变动较为频繁，如 2000 年 9 月，斐济全国公积金的海外投资限制降低；2005 年 1 月规定非居民需要南太平洋证券交易所批准的最大投资金额从 200 万斐济元增加到相当于 500 万斐济元；2012 年 1 月，此前被叫停的个人的境外投资恢复等。货币市场项目即期总体开放指数数值基本稳定在 0 刻度线以下波动，累计变动为负值，开放较为积极。

4）集体投资项目开放度分析

斐济集体投资项目开放度仅在 2001 年和 2002 年出现波动，总体上呈现较为平稳的趋势，对应于 2001 年 1 月和 2002 年 1 月，斐济全国公积金的海外投资上限提高为 1000 万斐济元。这说明斐济的集体投资项目开放程度得到扩大。

5）商业信贷项目开放度分析

斐济商业信贷项目仅有流入开放度在 1999 年发生变化，即该国向建立在斐济境内但由境外人控制的公司提供贷款的限额提高到 100 万斐济元，放松了对商业信贷项目的管制。

6）金融信贷项目开放度分析

斐济金融信贷项目开放度在 1999～2019 年波动频繁。流出开放度波动次数大于流入开放度，且流出开放度波动幅度更大。两个方向的开放拉动使总体开放指数下降至负值，该子项目开放十分积极。

7）担保、保证和备用融资便利项目开放度分析

斐济该项目的流入开放度仅发生一次变化，即 2002 年 1 月，斐济上调了非居民控制的企业实体发行担保信贷的额度；流出开放度在 2006 年下降，对应于 2006 年政府将非居民控制的商业实体的地方担保限额限制在 100 万斐济元。在其余年份，开放度未发生变化。

8）直接投资项目开放度分析

2003 年以前，斐济直接投资项目即期流出开放指数数值在 0 刻度线以下波动，意味着斐济开始了直接投资项目开放进程；2003～2008 年，直接投资项目流出开放受到限制，如 2004 年 1 月，斐济非银行金融机构境外投资暂停；自 2011 年起，斐济开始陆续进行直接投资项目流出、流入双向开放。累计来看，总体开放指数数值最终为负，直接投资项目保持开放状态。

9）不动产市场项目开放度分析

斐济不动产市场项目流入开放度在 2008 年和 2010 年出现较大幅度的波动，主要原因在于斐济政府对外国资本进入斐济房地产市场持有谨慎的态度。

如 2008 年 4 月, 非居民个人购买房产的资金必须完全来自国外; 2010 年 5 月, 所有非居民个人被允许在当地贷款用于购买住房。总体开放指数累计下降。

2. 萨摩亚

商业信贷项目开放度分析: 萨摩亚商业信贷项目开放度仅在 2012 年出现波动, 是因为萨摩亚规定国家税务总局的资金转移额度限制被取消, 企业可以进行经常性的资金转移支付, 放松了对商业信贷项目的管制。此后年度保持该开放水准。

3. 汤加

1）股权市场项目、债券市场项目、集体投资项目、衍生工具项目开放度分析

汤加上述四个子项目在 1999~2019 年总体开放指数数值出现了一次波动。具体来看, 2017 年 2 月, 银行及获授权的外汇交易商可根据外汇管制文件的要求进行资产组合投资的汇兑, 使流出开放指数从 0 变为负值, 流入开放度未有变动。累计来看, 总体开放指数下降。

2）货币市场项目开放度分析

汤加货币市场项目各指标数值在 1999~2019 年出现了两次波动。具体来看, 除前述 2017 年的政策变动外, 2018 年 11 月, 外汇储备水平下降到临界水平的当地公司采取一切合理的措施来实现其海外投资, 否则其应计投资额必须遣返回汤加, 使流入和流出开放指数均出现上升波动。累计来看, 总体开放指数上升, 货币市场项目处于管制状态。

3）商业信贷项目开放度分析

汤加商业信贷项目的流入开放度、流出开放度与总体开放度除在 2017 年出现波动情况外, 其余时间保持平稳。具体来看, 2017 年 2 月, 银行可授权转账金额最高达 10 万潘加, 但超过 10 万潘加须经汤加中央银行批准。累

计来看，总体开放指数上升。

4）金融信贷项目开放度分析

汤加金融信贷项目开放度在 1999～2019 年总体呈现平稳态势，仅在 2018 年存在波动情况。具体而言，2018 年 11 月，汤加的贷款机构无须事先得到储备银行的批准即可向非居民个人和企业放贷，使金融信贷项目流出开放指数从 0 变为负值。

5）不动产市场项目开放度分析

汤加不动产市场项目的开放度在 1999～2019 年出现了一次波动。具体来看，2018 年 11 月，凡在海外支付 10 万潘加以上的房地产均需获得汤加国家储备银行的批准，不动产市场项目流出开放指数从 0 变为正值，流入开放指数保持 0 不变。累计来看，总体开放指数上升，开放程度收紧。

5.6　本 章 小 结

根据世界银行对各个国家的划分，GKAOPEN 数据库中共有 45 个国家为中高收入国家。第 5 章按照国家名称英文字母排序的方式，分别简短介绍了每个国家 1999～2019 年资本账户开放的变动情况。

根据各个国家的资本账户政策的变动情况，这 45 个国家同样可划分为资本账户更加开放、更加管制、先放松管制后收紧、先收紧管制后放松、波动变化和极少变动等类型。

1999～2019 年资本账户总体更加开放的国家共 26 个，分别为阿尔巴尼亚、阿根廷、白俄罗斯、伯利兹、巴西、多米尼克、厄瓜多尔、斐济、格林纳达、危地马拉、圭亚那、牙买加、哈萨克斯坦、利比亚、马来西亚、马尔代夫、墨西哥、纳米比亚、北马其顿、俄罗斯、萨摩亚、南非、泰国、汤加、土耳其、土库曼斯坦。

资本账户管制更加严格的国家共 5 个，分别为多米尼加、加蓬、格鲁吉亚、伊拉克和黎巴嫩。

资本账户先放松管制后收紧的国家共 3 个，分别为保加利亚、哥斯达黎加和苏里南。

资本账户先收紧管制后放松的国家只有 1 个，为约旦。

资本账户开放程度波动变化的国家共 6 个，分别为亚美尼亚、印度尼西亚、巴拉圭、秘鲁、塞尔维亚和委内瑞拉。

资本账户开放程度仅有 1 次变动的国家共 4 个，分别为博茨瓦纳、赤道几内亚、科索沃和黑山。

在中高收入国家中，超过一半的国家采取了更加开放的资本账户政策，这远超其他采取更加保守政策的国家或采取波动变化策略的国家。

第 6 章
中低收入国家资本账户双向开放测度及特征分析

截至 2019 年,世界银行将人均国民总收入超过 1026 美元,但不超过 3995 美元的国家划分为中低收入国家。其中, 有 42 个国家被认为处于国民中低收入行列, 其主要分布在非洲、亚洲、东欧、拉丁美洲和加勒比海地区、大洋洲和太平洋区等地区。

研究中低收入国家资本账户开放程度具有重要意义:一般而言,一国资本账户开放程度增强可以从以下五个角度拉动经济增长:①允许各国资本进行全球寻租, 提高资源配置效率;②资产多样化可以降低风险;③促进国内金融发展,消除金融抑制;④倒逼一国内其他制度改革;⑤促进世界范围各国资本的积累,提高全要素生产率。然而, 相对于高收入国家,中低收入国家现代化发展速度参差不齐,经济结构存在明显差异,人口增长速度快使得单位有效劳动资本增长较慢,社会治理体系不够完善(周文,2020),因此其抵御外来经济冲击能力较弱。那么资本账户开放程度又将在何种程度上影响中低收入国家的经济发展水平? 不少学者纷纷就此提出自己的见解。

Brotman 等(2003)将样本国家按照人均收入水平进行分组,结果表明中等收入国家资本账户开放程度增加有助于本国经济增长,但是对于高收入和低收入国家而言,经济增速与资本账户开放程度的正相关关系没有得到体现。胡亚楠(2020)基于 70 个国家面板数据,采用系统动态面板数据模型

（GMM①与门槛模型结合），发现了资本账户开放存在国别效应——资本账户开放对中低收入国家有显著的负向影响，但对高收入国家却恰恰相反，即对于中低收入国家而言，盲目大胆的资本账户开放对其经济的增长相对不利。智琨和傅虹桥（2017）研究了资本账户开放对中低收入国家的影响，发现如果将资本账户作为一个整体进行回归时，资本账户开放程度的系数无论在经济意义上还是统计学特性上均不显著，进一步对资本账户子项目进行分类，结果显示直接投资项目的开放可以显著拉动经济增长，但对于中低收入国家来说，证券市场和金融信贷市场的开放可能对经济增长产生显著的负向影响。

　　由上述分析可知，学术界关于中低收入国家资本账户开放程度与经济发展水平两者之间的关系还未达成共识，那么中低收入国家政府近年来又对资本账户的开放程度做了哪些相应的调控？本书基于 GKAOPEN 数据库对资本账户开放的条目进行分类分子项目统计，并根据相关政策的力度和影响程度对其进行分梯度、分档次赋值加权，通过政策的年度变化与累加趋势变化体现资本账户的开放程度，较好地回答了上述问题。

6.1　亚洲中低收入国家指标测度及特征分析

6.1.1　资本账户开放背景

1. 孟加拉国

　　孟加拉国（Bangladesh）经济基础较为薄弱，国民经济支柱产业为农业，是最不发达国家之一。但近十年来，孟加拉国经济持续稳定增长，人均 GDP 增长率由 2010 年的 4.390%逐步增长至 2019 年的 7.045%，孟加拉国被认为是最具经济发展活力的国家之一，吸引了众多外国投资。联合国贸易和发展

---

① 即 generalized method of moments（广义矩估计）。

会议发布的《2020 年世界投资报告》显示：截至 2019 年底，孟加拉国吸引
外资流量 15.97 亿美元，吸收外资存量为 163.85 亿美元。其经常账户也经历
了由严格管制到逐步开放的历程。然而，在孟加拉国逐步放开对经常账户的
管制的同时，该国仍然对资本项目（如跨境投资等）实行较为严格的管制。
虽然孟加拉国资本账户的开放进程相对较晚，但目前为止取得了较为显著的
成效，研究其内外资本流动对于以后继续推进资本账户开放具有重要意义。

2. 不丹

不丹（Bhutan）经济非常落后，2019 年人均 GDP 仅有 3316.18 美元。自
1961 年起，不丹制定了经济发展"五年计划"，并积极向联合国开发计划署
等国际组织寻求经济发展援助。不丹王国以保持 7%～9% 的年经济增长率，
实现经济与环境、社会、文化共同均衡发展为目的。最近 10 年，不丹的经济
水平已经有了天翻地覆的提高，且该国已跻身中等发展中国家行列。农业是
不丹的支柱产业，为不丹经济发展做出了重要贡献。2015 年，农业和林业劳
动人口占不丹总就业人口的 58% 左右。2017 年，农业产值约占不丹 GDP 的
17.37%。同时，不丹的水电资源相对丰富，通过大量出口，水力发电等已成
为不丹经济增长的重要推动因素。近年来，不丹第二、第三产业占比快速上
升，为不丹创造了大量收入。2002 年 12 月，不丹政府宣布对外开放制造业
和服务业，标志着不丹正式对外国开放直接投资项目。研究不丹的资本账户
开放对于继续推进不丹资本账户开放，促进经济发展具有重要的参考价值。

3. 柬埔寨

柬埔寨（Cambodia）是东南亚地区经济开放度最高的国家之一，其外向
型经济的快速发展得益于优越的地理位置（田原等，2017）。同时，虽然柬埔
寨实行开放的自由市场经济政策，但受制于本国较低的经济、制度发展水平
与管理能力，该国经济、资本账户自由度水平并不高。通过发展自由市场经

济,柬埔寨已经于 2016 年正式脱离最不发达国家的行列,但柬埔寨经济实际上仍然比较落后,2020 年柬埔寨的人均 GDP 仅为 1512 美元。

4. 印度

印度(India)是目前全球成长最快的新兴经济体之一,是金砖五国之一,也是二十国集团(G20)成员国之一。在印度经济腾飞起步的初期,其资本账户处于半管制的封闭状态,对于资本跨境流入流出的控制十分严格。根据 IMF 的要求,印度制定了一系列经济自由化的改革方案,曹勇(2005)指出这使得印度自 1947 年独立后奉行的受管制的经济体制终结,印度资本账户走向了逐渐对外开放的道路。

印度的资本账户开放遵循渐进有序的规律,同时推进速度可观。印度在 1992 年后,在 6 年内实现了经常账户可兑换、外资转变、债务融资放松转变、吸引私人部门长期资本等资本账户开放进程。虽然在以资本账户危机为特征的亚洲金融危机爆发后,印度放缓了资本账户开放的速度,更加强调渐进且谨慎的开放模式,但总体而言,自 1999 年后,印度的资本账户开放程度呈现整体大规模增强的趋势,在满足抵御资本账户开放风险的前提下,进行适时适度的资本账户开放政策与步骤的调整。根据印度各时期的资本账户开放工作重心的不同,将其分为如下几个阶段。

1947~1991 年:印度主要实行半封闭式的资本账户管理。在独立战争后,印度实行以计划经济为主的混合经济模式。在政府的过度干预下,市场手段完全失灵。印度在独立后的三十年内经济增长低迷,该时期对外资本交流极少,该时期年 GDP 增长率仅保持在 3.5% 左右。在这一阶段,印度的经济基本上处于封闭运行的状态,卢布在经常账户与资本账户下不可兑换,资本账户基本处于完全封闭状态。

1992~2005 年:1992 年,印度国际收支高级委员会提出了尽快实现经常账户兑换的要求，并提出了印度应转变利用外资的渠道和形式，如将常见的债务融资方法转为非债务融资方法、减少对政府和国际援助的依赖、大胆吸引来自私人部门的对印度的投资等。1995 年 8 月，印度实现了经常项目的可兑换，随后印度储备银行（Reserve Bank of India，RBI）成立了资本账户可兑换委员会，专门从事资本账户开放的准备工作。但是，亚洲金融危机的爆发对印度资本账户开放产生了极大的阻碍。这十四年来，印度对资本账户开放需要的条件进行审慎估计后，为中央政府财政、不良资产比例、外债、存款储蓄等推进资本账户开放的先决条件设立了未来所需达成的目标。在推进相关目标完善的进程中，印度将工作进展情况与未来预期水平不断进行比对，适时调整资本账户开放的政策与方向。

在这一时期，几乎印度所有产业与部门中关于外国直接投资的限制条款都被去除，同时简化了申请开办合资企业、与现存合资企业进行科技合作和转让印度公司参股份额的批准程序等（黄继炜，2009a）。同时，该期间内印度放松了本国居民进行外国证券投资、在外国市场买卖股票的交易行为；同时允许了印度公司对于海外上市公司的投资行为，并允许了在印度境内的海外公司与个体进行证券交易的行为等。

但是，印度该时期对于金融业资本的跨境流入、流出依旧存在一定程度的限制，对跨境金融机构及个人被允许进行的股票、债券、与机构股份交易的投资额度与比例规定也较为谨慎。该时期是印度资本账户对外开放的试水时期。

2006～2009 年：2006 年，印度储备银行组建了"放宽资本账户可兑换委员会"以实现资本账户可兑换的进一步自由化。"放宽资本账户可兑换委员会"可以针对放宽资本账户可兑换问题进行分析、提供相关建议，但是其没有干涉资本账户开放政策变更执行的权力。黄继炜（2009b）提出在该时期内，委员会向印度储备银行提出了资本账户开放应该三阶段、共五年的想法。该时期的主要特征是在原有的开放项目指导下，进行子条目的放松与调整，如不断允许印度公司债券被外国投资者持有的额度的增大，允许外国的银行债券进入印度交易市场，并且不断提升其准许的交易额度。同时，对金融行业部门的资本账户的大力开放也始于该阶段。

2010 年至今：印度资本账户开放程度在该时期呈现了收紧与放松同时进行、快速变动的特点，该阶段印度的资本账户开放程度呈现显著波动上升的状态。其中，外国直接投资、FII（foreign institutional investor，境外机构投资者）等投资项目受管制的领域与额度被不断放松，在印度工作的自然人被允许购买本地的房产，并从事房地产相关的投资业务。外国金融、商业银行在印度投资的允许范围与额度有所扩大。总体而言，印度在 2010 年后更加坚定不移地开放自身的资本账户，但其主要关注的方面依旧在吸引外国直接投资与 FII 上，印度关于本国资本流出的管制相对其允许的外国资本涉及经营的范畴更加严格。

5. 吉尔吉斯斯坦

吉尔吉斯斯坦（Kyrgyz Republic）位于中亚内陆，于 1991 年 8 月 31 日通过国家独立宣言宣布独立，并于同年 12 月 21 日加入独联体。在以上经济发展的背景下，吉尔吉斯斯坦与其他中亚国家相比具有较高的经济开放程度，主要体现在进出口贸易业务的自由化，其资本账户开放程度较为稳定。然而，孙力和吴宏伟在《中亚国家发展报告（2016）》中指出，在俄罗斯经济低迷的 2015 年，吉尔吉斯斯坦的侨汇收入和出口业务均受到较大影响，其货币索姆汇率屡创新高且波动激烈。此后，为应对内忧外困的局面，吉尔吉斯斯坦采取了较为严格的资本账户管制措施，加大了外汇资金流动控制程度。近年来为挽回经济下行态势，又适当放松了资本账户开放程度。

6. 老挝

老挝（Laos）位于中南半岛北部，是于 1975 年废除君主制成立共和国的社会主义国家。2013 年以后，老挝得益于正确的政府决策和良好稳定的经济基本面，经济增长率也保持在较高水平，通胀率较低，失业率也逐年下降，近年来其 GDP 增速虽出现下降趋势但仍保持着 6% 以上的水平。

在以上经济背景下考察老挝的资本账户开放历史，可以发现老挝主要通过宏观经济调控和完善金融监管来实现经济维稳。对于老挝而言，该国经济的重要转折点出现在 20 世纪 80 年代中期。随后，老挝进行了经济革新开放，经历了亚洲金融危机，并最终加入了东盟。近年来，该国为应对日益复杂的国际环境和复杂的国内经济形势，采取了相应的收紧政策。

7. 蒙古国

蒙古国（Mongolia）是以采矿业、纺织业、畜牧业为主的典型发展中国家，面临波动不定的国际政治经济环境，除个别年份基于国际形势不得不开放资本账户外，蒙古国始终坚持着严格的资本账户管制政策。

8. 缅甸

缅甸（Myanmar）位于亚洲南部，位置条件优越，自然资源丰富。2020年，缅甸 GDP 高达 798.52 亿美元，GDP 增长率为 3.174%。出于对世界政治环境及缅甸综合政治经济实力的考虑，缅甸政府将其资本账户置于严格的管制政策之下。虽然在 2000～2019 年缅甸颁发了一系列刺激性与紧缩性政策，但总体而言，作为典型的发展中国家，缅甸始终坚持资本账户管制政策，较少年份迫于国际形势开放了资本账户。

9. 尼泊尔

尼泊尔（Nepal）是传统农业国，2019 年尼泊尔 GDP 高达 341.86 亿美元，

GDP 增长率为 6.657%。基于世界政治环境及尼泊尔综合政治经济实力，尼泊尔的资本账户正在逐步开放。1999～2019 年，尼泊尔始终坚持扩大资本账户开放条目范围、提高资本账户开放力度，仅在极个别年度基于国际政治经济形势对资本账户进行了紧缩调整。总体而言，尼泊尔资本账户开放程度日益加大。

10. 巴基斯坦

巴基斯坦伊斯兰共和国简称为巴基斯坦（Pakistan），是位于南亚次大陆西北部的发展中国家。2019 年，巴基斯坦 GDP 约为 2782 亿美元，GDP 增长率约为 1%，人均国民总收入约为 1410 美元，巴基斯坦属于中低收入国家。巴基斯坦根据国内、国际经济形势，对资本账户的管制程度进行适时调整。总体来看，巴基斯坦对于进一步开放资本账户持积极态度。

11. 菲律宾

菲律宾（Philippines）位于西太平洋，是东南亚一个多民族群岛国家。2019 年，菲律宾 GDP 约为 3768 亿美元，GDP 增长率约为 6%，人均国民总收入约为 3850 美元，菲律宾属于中低收入国家。1999～2019 年，菲律宾政府根据国内、国际经济形势，频繁地对资本账户开放政策进行适时、应需变革。整体来看，菲律宾资本账户开放的力度较大、态度相对积极。

12. 斯里兰卡

斯里兰卡（Sri Lanka）属于中低收入国家，但近年来斯里兰卡经济一直保持中速增长。另外，该国国内军事冲突也给其经济带来了严重的负面冲击，斯里兰卡政府在内战结束后采取了一系列积极应对措施。在斯里兰卡政府的积极努力下，当前斯里兰卡的宏观经济正在逐步回暖复苏，但仍面临外债负担压力大、出口开放程度放缓等困难。世界银行数据库显示，2019 年斯里兰卡的 GDP 为 840 亿美元，人均 GDP 为 3852 美元，GDP 增长率为 2.3%。

13. 乌兹别克斯坦

世界银行数据库统计显示，2019 年乌兹别克斯坦（Uzbekistan）GDP 为 577.27 亿美元，人均 GDP 为 1724.86 美元，GDP 增长率为 3.6%，乌兹别克斯坦为中低收入国家。2008 年到 2010 年是乌兹别克斯坦外国直接投资的快速增长阶段。2008 年，乌兹别克斯坦吸引外资 16.6 亿美元，同比增长了 46%，占当年 GDP 的 4.3%。2009 年上半年，乌兹别克斯坦吸引外资和贷款 12.9 亿美元，其中外资在全国投资总额中占比为 25.4%，大幅超过 2008 年同期的 14%。近年来，乌兹别克斯坦政府实施新的经济发展模式，制定 2017～2021 年的发展计划，全面推进并深化改革。乌兹别克斯坦资本账户开发大致可以分为以下两个阶段。

初步阶段（1999～2004 年）：该时期属于乌兹别克斯坦资本账户开放的早期，乌兹别克斯坦资本账户开放尚处于摸索状态，其相关资本账户开放行为相对比较谨慎，资本账户开放程度扩大的趋势并不明显。

收紧阶段（2005 年至今）：乌兹别克斯坦政府针对资本账户开放实施了多项管制措施，其资本账户开放程度整体呈现出逐渐收紧的趋势。

14. 越南

越南（Vietnam）是东南亚国家联盟成员之一，同时也是中低收入国家。世界银行数据库显示，越南 2019 年 GDP 为 2620 亿美元，人均 GDP 为 2800 美元，GDP 增长率为 7.02%。

1999～2001 年，越南资本账户开放水平没有明显的变化。2001 年前，受动荡的世界政治环境与有限的经济实力、管理能力所限，越南资本账户暂时呈现政策性封闭的状态。

2002～2016 年，越南资本账户开放程度整体呈现出不断收缩的态势，越南政府在该阶段实施了针对资本账户开放的多项紧缩政策。具体而言，2002 年，越南央行将短期外汇存款准备金率由 8%降至 5%，该举措使越南实现了短期外汇存款准备金率与长期外汇存款准备金率的统一；2005 年越南国有企业可以在没有事先批准的情况下从国外借款，政府指派财政部为信贷机构的外国借款提供政府担保；2009 年越南居民银行可以向居民提供外汇贷款，用于实施涉及制造业和贸易的投资项目和出口项目；2014 年，越南宣布与境内流入证券投资相关的交易必须通过越南合法持牌银行的账户以越南盾执行；同年，居民个人按自借原则向境外借款偿还，并按国家规定承担自借责任。

2017～2019 年，越南资本账户总体开放趋于平稳。越南政府在 2017 年后针对资本账户开放制定的政策较少，反映出越南近些年来对资本账户开放持谨慎的态度。

6.1.2　资本账户双向开放指标测度及特征分析

1. 孟加拉国

随着时间的推移，孟加拉国资本账户整体开放水平不断提升、开放程度日益增大。但在特殊的年份，孟加拉国对资本账户实行了相对严格的管制政策。

1）孟加拉国资本账户开放程度变化

如图 6.1 所示，1999～2019 年，GKAOPEN 数据库体现了孟加拉国资本账户的年度变化呈现以开放方向变化为主的增强趋势。具体而言，2000 年孟加拉国开始放松对资本账户的管制，此后孟加拉国的资本账户总体开放程度的年度变化呈现收紧—放松的交替变化状态，但总体以开放方向变动为主。这从侧面说明孟加拉国对于资本账户开放持积极态度，但也会综合考量国际市场环境、本国宏观经济状况等因素，适时地做出相关政策调整，进行资本账户开放或者管制。

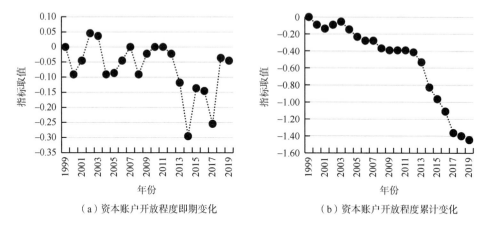

（a）资本账户开放程度即期变化　　（b）资本账户开放程度累计变化

图 6.1　孟加拉国资本账户开放程度即期与累计变化

总体而言，自从孟加拉国于 2000 年停止对本国资本账户进行封闭管制后，其资本账户开放程度变化速度呈加快趋势。孟加拉国在 2000 年后资本账户的总体开放水平呈现急剧上升趋势，资本内外流通速度日益加快。该现象与孟加拉国积极寻求对外投资、开展对外贸易以促进本国经济增长的举措相吻合。

2）孟加拉国资本账户双向开放情况

（1）资本账户流入开放。由图 6.2 可知，自 1999 年一直到 2019 年，孟加拉国逐渐加大资本账户流入开放力度，这与孟加拉国对外国资本的依存度较高，希望通过加大资本账户开放以带动国内经济增长的宏观经济事实相一致。

2011 年及之前，孟加拉国资本账户流入开放程度保持相对的平稳状态；2011 年后，该国资本账户流入开放程度呈现逐年加强趋势。2008 年全球金融危机后，孟加拉国三年内没有出台任何有关资本账户开放或管制的政策，这说明 2008 年全球金融危机对孟加拉国的经济造成较大冲击，使得该国政府对于资本账户开放这一行为开始保持相对审慎。2011 年后，孟加拉国资本账户

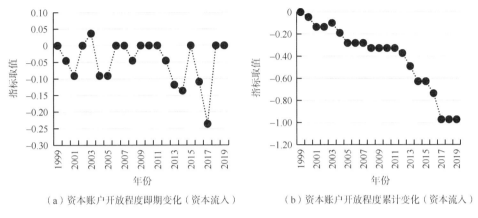

（a）资本账户开放程度即期变化（资本流入）　　（b）资本账户开放程度累计变化（资本流入）

图 6.2　孟加拉国资本账户开放程度即期与累计变化（资本流入）

流入开放程度逐年增大，侧面证明受到全球金融危机的影响，其政府逐步放开资本账户流入方向的管制政策，加强资本的对外开放，促进经济发展。

（2）资本账户流出开放。由图 6.3 可知，孟加拉国对资本账户流出保持着相对开放的态度。自 2004 年开始，孟加拉国资本账户流出开放力度日益加强，自 2013 年一直到 2019 年，孟加拉国逐渐加大资本账户流出开放力度，这表明了孟加拉国政府鼓励外来资本流入的前提下，同样允许本国资本进入国外市场进行运作。

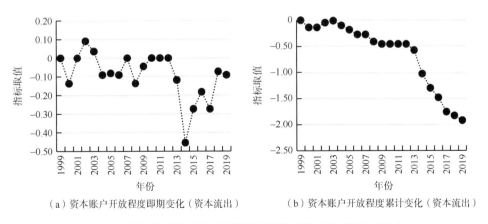

（a）资本账户开放程度即期变化（资本流出）　　（b）资本账户开放程度累计变化（资本流出）

图 6.3　孟加拉国资本账户开放程度即期与累计变化（资本流出）

孟加拉国资本账户开放是内外双向、同时进行的成果累加的。2012 年 2 月，孟加拉国相关政策出台：进口商可通过美国存托凭证从国外获得进口货款买方信贷，期限不超过一年，总利息费用每年不得超过 6%。2018 年 2 月，为方便出口贸易，以应付紧急需要，孟加拉国出口署可以向出口商提供汇款服务，向受益人在海外的银行账户支付不超过 5000 美元或等值的款项。以上项目表明孟加拉国支持资本账户双向开放，以促进资本积累，带动经济增长。孟加拉国资本账户总体开放程度增大带来资本的内外双向流通。

2. 不丹

不丹自开启资本账户开放的进程之后，一直采取相关政策措施对资本流动加以放松或管制。本部分将从点开放程度与趋势开放程度两方面入手，分析不丹资本账户开放程度变化。

1）不丹资本账户开放程度变化

2002 年 4 月，不丹对资本流动施加了管制，导致资本账户开放程度即期变化指数有一定程度的上升。2003～2009 年未有资本账户开放的任何政策措施，资本账户开放程度即期变化指数维持在零值水平保持不变。一直到 2010 年，不丹放松了对外国直接投资的要求，表明不丹对资本账户开放持较为积极的态度。总体而言，在 1999～2019 年，不丹政府对于资本账户开放持较为严谨的态度。

2）不丹资本账户双向开放情况

（1）资本账户流入开放。1999～2009 年不丹资本账户开放程度累计变化（资本流入）一直维持在稳定的开放水平，未发生波动，2010 年才开启了资本流入的开放进程。在保持 6 年的资本账户开放后，不丹又对资本账户进行了较大程度的管制，使跨境资本账户开放管制力度（资本流入）加大。2018 年 7 月，不丹政府重新放开对资本账户的管制，鼓励外国资本的流入。不丹资本账户（资本流入）呈现明显的开放趋势。但目前不丹政府并没有持续推进资本账户的开放，这可能是因为该国开放资本账户的条件尚不成熟。

（2）资本账户流出开放。在之前确定不丹政府限制外来资本流入的前提下，该国同样对从本国流出到外国的资本进行管制，反映了不丹的资本流入和流出具有一定的同步性，这可能和不丹自身的经济条件有关。不丹资本对外流动体现了应时波动的特点，且不丹政府对资本流动的双向限制导致资本账户总体开放程度的降低。

3. 柬埔寨

柬埔寨资本账户整体开放程度不高，且有收紧的趋势。

1）柬埔寨资本账户开放程度变化

本节重点观察自 1999 年起柬埔寨资本账户开放政策变化的情况。研究发现，柬埔寨资本账户开放程度即期变化指数的波动幅度并不大，仅在 2002 年、2018 年出现正向波动，在 2012 年和 2013 年均出现负向波动，在其他时间段内基本保持平稳。这与以上年份中柬埔寨实施资本账户开放的政策有关。具体而言，2002 年 2 月柬埔寨冻结了恐怖分子和恐怖组织的资金及其他金融资产，2018 年规定不再对外币存款额外 4.5%的准备金付息，以上政策使得柬埔寨资本账户开放程度整体收紧。2012 年 4 月柬埔寨开放了证券二级市场的交易，2013 年 9 月柬埔寨央行开始发行可转让存单，这两条政策促使柬埔寨资本账户开放程度当年波动加大。

2）柬埔寨资本账户双向开放情况

（1）资本账户流入开放。柬埔寨资本账户开放度（资本流入）在 2002 年、2012 年、2013 年、2018 年经历了较大波动，其中 2002 年和 2018 年发生了收紧波动，2012 年和 2013 年发生了放松方向波动。柬埔寨关于资本流入方向的开放政策调整呈现先收紧后放松的变动趋势。

（2）资本账户流出开放。柬埔寨资本账户开放度（资本流出）分别于 2002 年和 2018 年出现收紧波动。柬埔寨关于资本流出方向的相关开放政策调整呈现出逐年收紧的变化趋势。

4. 印度

自有相关政策记录以来，印度对国内资本外向流通的限制力度整体减弱，印度资本账户整体开放状况呈现波动上升的趋势。

1）印度资本账户开放程度变化

由图 6.4 可知，1999～2001 年，印度的资本账户开放程度变化并不明显，金融业资本的跨境流入、流出受到较为严格的限制；自 2002 年开始资本账户开放程度即期变化指数出现下降，这可能是印度在资本账户对外开放的试水期内逐步放宽限制所致；在 2006 年及之后由于"放宽资本账户可兑换委员会"的成立、多项投资项目受管制的领域与额度不断放松等政策的推出，印度资本账户开放程度变化明显加快，整体呈现积极开放的趋势。

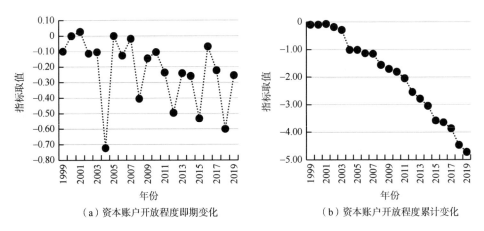

（a）资本账户开放程度即期变化　　（b）资本账户开放程度累计变化

图 6.4　印度资本账户开放程度即期与累计变化

总体而言，在 2002 年以后，根据印度央行与财政部之前的设想，以及印度资本账户开放的大胆尝试，虽然在 1997 年亚洲金融危机爆发后印度进行了资本账户开放的风险考量，但是印度资本账户开放的政策性导向呈现总体的积极开放态度，印度央行与财政部门也一直起到了积极的引导作用，这与当时印度所处的经济环境及国际金融发展要求是匹配的。自 2011 年到 2019 年，印度资本账户总体开放程度的变化进一步加快，资本账户的总体开放程度加大，资本内外流通更加频繁。

2）印度资本账户双向开放情况

（1）资本账户流入开放。由图 6.5 可知，以 2003 年为分界点，其后的印度跨境资本流入开放程度即期变化呈逐年放松的趋势，其间虽存在短暂的开放停滞和流入开放程度即期变化放缓，但整体的积极开放趋势明显。

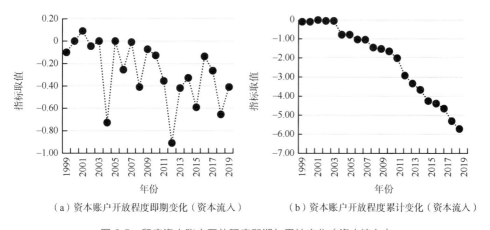

（a）资本账户开放程度即期变化（资本流入）　　　（b）资本账户开放程度累计变化（资本流入）

图 6.5　印度资本账户开放程度即期与累计变化（资本流入）

2003 年之后，印度在外来直接投资、金融衍生品交易和外汇买卖等方面逐步开放，并放宽外汇市场和货币市场准入限制，这使跨境资本流入开放程度即期变化明显加大；而在 2007 年前后出现的短暂停滞可能是该时期在全球性金融危机的背景下，国际游资纷纷从新兴市场国家撤离，同时为抵御国际金融风险的传染和冲击，印度也加强了相应的资本管制，在此之后的流入开放程度即期变化有所放缓，直至从危机中逐渐恢复的 2011 年以后，随着外汇交易限额的逐步放宽与取消、外国直接投资允许的范围的扩大，印度的跨境资本流入开放程度逐年加强，这说明印度秉持着进一步开放资本账户的稳定指导思想。

（2）资本账户流出开放。在印度政府采取了鼓励外来资本流入的政策前提下，由图 6.6 可知，印度同样允许本国资本进入国外市场进行运作，这反映了印度资本账户开放是内外双向、同时进行的成果累加。

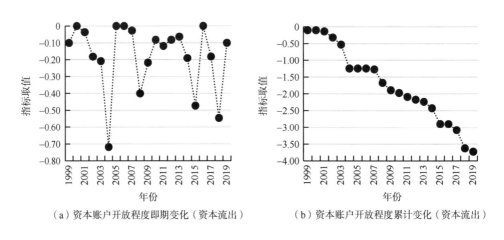

（a）资本账户开放程度即期变化（资本流出）　（b）资本账户开放程度累计变化（资本流出）

图 6.6　印度资本账户开放程度即期与累计变化（资本流出）

在 2003～2008 年，印度陆续开放了本国资本进入离岸证券、股票、衍生品交易市场，并允许有政府许可的机构进行海外投资，同时简化机构对外投资复杂申报审批的程序；2009 年起，印度取消了批准途径下的外部商业信贷（external commercial borrowing，ECB）成本上限，后续又逐步放宽了非银行金融机构进行外部商业信贷的额度限制等，使得印度跨境资本流出开放程度加大。印度跨境资本流出总体是逐渐放松的，内向、外向双流通带来印度资本账户总体开放程度的增强。

5. 吉尔吉斯斯坦

自 1999 年起，吉尔吉斯斯坦的资本账户开放程度总体发展较为平稳，在

2013～2014 年呈现更为积极的开放趋势，自 2015 年开始开放程度收紧，近年来为刺激经济发展，其管制力度有所放松。

1）吉尔吉斯斯坦资本账户开放程度变化

如图 6.7 所示，1999～2012 年，吉尔吉斯斯坦没有对资本账户进行收紧或放松管制，这与该时期的吉尔吉斯斯坦金融自由化稳步发展的经济事实相符；2013 年开始的主权债务危机对中亚国家的影响并不直接，吉尔吉斯斯坦进一步扩大了资本账户开放的力度；而在 2015 年，能源和大宗商品价格大幅下跌，对吉尔吉斯斯坦的国内经济和金融造成了较大冲击，加之该时期的俄罗斯危机的传染影响，吉尔吉斯斯坦采取了较为严格的管制措施，并一直保持该趋势直至 2018 年才有所回落。

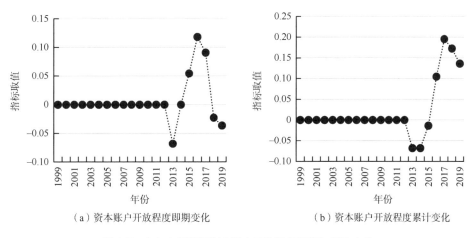

（a）资本账户开放程度即期变化　　（b）资本账户开放程度累计变化

图 6.7　吉尔吉斯斯坦资本账户开放程度即期与累计变化

自 1999 年至今，吉尔吉斯斯坦资本账户开放程度出现过一定程度的收紧，且整体开放程度逐渐减小。

2）吉尔吉斯斯坦资本账户双向开放情况

（1）资本账户流入开放。由图 6.8 可知，自吉尔吉斯斯坦在 2013 年放宽管制后，吉尔吉斯斯坦的跨境资本流入受到一定程度的管制，从整体来看，其资本账户开放程度不论从即期变化还是累计变化来看, 均经历了放松-收紧的过程, 于 2019 年末呈现总体受管制状态。

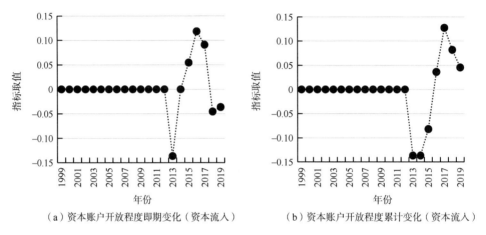

（a）资本账户开放程度即期变化（资本流入）　　（b）资本账户开放程度累计变化（资本流入）

图 6.8　吉尔吉斯斯坦资本账户开放程度即期与累计变化（资本流入）

　　以 2012 年和 2014 年为分界点, 2012 年及以前, 吉尔吉斯斯坦跨境资本流入开放始终保持稳定, 未出现政策导向型调整; 2013～2014 年, 吉尔吉斯斯坦尝试放开限制以吸引国际资本流入来挽回出现疲态的国内经济; 2014 年以后, 跨境资本流入管制收紧, 这可能是吉尔吉斯斯坦依赖较大的俄罗斯爆发经济危机所带来的影响。整体而言, 吉尔吉斯斯坦跨境资本流入开放程度的波动变化与总体开放程度的变化基本一致。

　　（2）资本账户流出开放。由图 6.9 可知, 吉尔吉斯斯坦资本对外流动限制体现了明显的阶段性特点。该国资本账户流出开放特点通过放宽流入准则、收紧流出限制等手段进行了实现。

　　吉尔吉斯斯坦政府在 2013～2014 年为应对全球性债务危机等的冲击并改善经济预势, 在资本流入方面放宽了限制以吸引外资, 同时, 针对资本流出的管制并未放宽, 以防止资本外逃。至 2015 年对跨境资本流出进一步做出了收紧调整, 以应对愈发严峻的国际环境。累计来看, 吉尔吉斯斯坦对于资本流出的管制态度愈发严格。

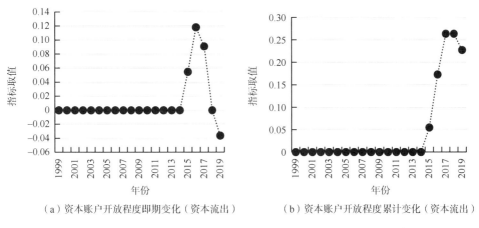

（a）资本账户开放程度即期变化（资本流出）　　（b）资本账户开放程度累计变化（资本流出）

图 6.9　吉尔吉斯斯坦资本账户开放程度即期与累计变化（资本流出）

6. 老挝

自 1997 年亚洲金融危机后，老挝的资本账户开放状态较为稳定，不存在管制波动现象，表明该国向商品经济转型的进程稳步发展；在 2016 年及以后，全球经济发展颓势明显，在国际矿产品原材料价格大幅下降、国内连续遭遇水灾和登革热疫情的背景下，老挝为稳定国内经济进行了积极的宏观政策调整和目标规划，相应收紧了资本管制程度以应对愈发不稳定的国际金融风险传染。

1）老挝资本账户开放程度变化

1999～2015 年老挝未对资本账户开放水平进行政策干预，这与该时期的老挝对外开放稳步发展的经济事实相符；为应对内外交困的经济环境，老挝政府自 2016 年 12 月 12 日起，加强商业银行和外汇管理局向个人和单位出售外币的管制，加强了对资本账户的管控。但老挝政府在 2018 年 5 月又放松了商业银行以外汇形式向借款人放贷的管制，放松了对资本账户的管制。总体而言，老挝资本账户开放程度在 1999～2015 年保持稳定，自 2016 年开始出现管制增强的趋势。

2）老挝资本账户双向开放情况

（1）资本账户流入开放。老挝针对资本账户的调整并不涉及跨境资本流入方面，其开放度在1999~2019年未出现变动。

（2）资本账户流出开放。老挝的资本账户总体开放程度即期的变化完全由跨境资本流出方向政策调整所贡献，二者呈现出完全一致的开放程度。老挝资本对外流动限制体现了明显的偏重性，其总体开放程度变动只通过收紧流出限制来实现，且近年来流出管制的收紧幅度稍有缓和。

7. 蒙古国

随着时间的推移，蒙古国资本账户管制力度整体加强，蒙古国的资本账户的整体开放程度日益降低。

1）蒙古国资本账户开放程度变化

在1999~2019年，蒙古国资本账户仅在2007年、2010年、2018年三年发生开放程度变化。这可能是因为蒙古国货币当局在2007年11月调整了单一货币净头寸以及所有货币净头寸的限额；2010年12月授予了商业银行补充外汇结算许可证以从事远期外汇交易；2018年1月宣布的《银行法》修正案规定，银行不得设立子公司，或在任何公司中持有超过20%的少数股权。

GKAOPEN数据库体现了蒙古国资本账户开放程度1999~2003年每年度变化的平稳趋势，这主要由于世界政治环境以及自身经济实力、调控应对能力有限所导致的政策性暂时封闭；2004~2006年，蒙古国资本账户开放水平趋近于零，这段时间没有针对资本账户管制的政策；2007~2009年，资本账户进一步收紧，如取消新外国投资者的免税期的政策；2010~2017年，资本账户开放程度的每年度变化大体呈现平稳趋势；2018年以来，资本账户进一步收紧，每年度变化趋势平稳。2018年以来的一系列限制性政策，使蒙古国资本账户在此期间波动收紧。总体而言，自 2007 年以来，蒙古国采取了一些限制资本账户开放和资本外流的政策导致蒙古国资本账户逐年收紧，总体开放程度下降，与外界的资本账户交流逐年减少。

2）蒙古国资本账户双向开放情况

（1）资本账户流入开放。在 1999～2019 年，蒙古国资本账户流入开放程度仅在 2007 年、2010 年、2018 年三年发生明显变化，并且资本管制力度较大。以 2007 年为分界点，其后的蒙古国资本账户流动准入的标准上呈现了逐年收紧的趋势，而该趋势持续到今天，管制程度逐年加大。

（2）资本账户流出开放。蒙古国资本账户管制是内外同时、同向进行的。总体而言，蒙古国采取了十分严格的资本账户流出相关的管理政策。如 2018 年 1 月，蒙古国宣布的《银行法》修正案规定，银行不得设立子公司，或在任何公司中持有超过 20%的少数股权。而自 2007 年以来，蒙古国采取了减少境内保险、证券等公司对外投资等一系列收紧措施，使得当年资本流出管制程度上升。蒙古国资本对外流动限制体现了应时、应需改变的特点，但其总体受管制的趋势日益增强。

8. 缅甸

缅甸资本账户开放状况呈现波动收紧的趋势，但在某些特定的年份与时间点，缅甸仍然进行了一些与总体收紧趋势相悖的政策调整，这说明缅甸的资本账户开放政策变动是应时、应需的。

1）缅甸资本账户开放程度变化

缅甸仅在 2000 年、2002 年、2008 年、2013 年出台了调控资本账户开放力度政策。详细说来，缅甸政府于 2000 年降低了外汇汇出的最高款额；2002 年出于政治军事原因冻结了恐怖主义有关的个人和组织的资金及其他金融资产；2008 年，规定赚取外汇的缅甸国民可以以新加坡元开立外币账户；2013 年放宽了外汇汇款的管制并允许经授权的私人银行参与银行间外汇市场的交易。

缅甸在 1999～2019 年资本账户开放程度逐渐缩小，趋势明显。自 2000 年开始，缅甸资本账户管制程度呈现跳跃式增加，这可能是政策收紧导致。例如，2000 年缅甸降低了可以汇出的最高金额。2000～2019 年缅甸在短时间内针对资本账户流入、流出方向同时交替颁布了刺激性与紧缩性政策，结果为缅甸资本账户整体开放程度降低。总体而言，在 1999 年后，缅甸资本账户开放的政策逐步收紧，这与当时缅甸所处的经济环境及国际金融发展要求是匹配的。

2）缅甸资本账户双向开放情况

（1）资本账户流入开放。缅甸资本账户仅在 2002 年加紧了关于跨境资本流入的管制，2002 年 3 月，缅甸当局已向 IMF 通报了根据联合国安理会相关决议为冻结与恐怖主义有关的个人和组织的资金及其他金融资产而采取的某些措施。2013 年放松了关于跨境资本流入的管制，其余年份并未干预跨境资本的流入。2000 年以后，缅甸资本账户流动准入的标准上呈现了阶梯状收紧的趋势，管制程度先大幅提高后小幅下降，但总体开放度数值为正。

（2）资本账户流出开放。在缅甸政府限制外来资本流入的前提下，缅甸同样限制本国资本进入国外市场进行运作，这反映了缅甸资本账户管制是内外双向、同时进行的成果累加。例如，2000 年，缅甸降低每月可以汇出的最高金额；2008 年，规定赚取外汇的缅甸国民可以以新加坡元开立外币账户。缅甸资本对外流动限制体现了应时波动的特点，但其总体趋势是逐渐加强管制的，向外向内双向流通限制带来缅甸资本账户总体管制程度的增强。

9. 尼泊尔

总体而言，自 1999 年尼泊尔资本账户开放有记录以来，尼泊尔资本账户开放程度整体呈现加强趋势。

1）尼泊尔资本账户开放程度变化

如图 6.10 所示，尼泊尔政府在 1999～2019 年频繁加大资本账户开放力度，其中以 2004 年的政策力度最大。这可能是因为 2004 年 7 月尼泊尔政府提高了不需要许可的支付和转账限额，并且外汇账户持有人可以在没有许可的情况下向政府支付外币，也批准商业银行以印度货币进行银行间拆借，进一步取消了对商业银行投资期限在一年或一年以下的外币的限制，也允许商业银行在境外非银行金融机构开立外汇账户。同年 8 月，尼泊尔货币当局允许获得许可的汇款机构可以开设外汇账户。在其余年份，虽然尼泊尔货币当局也出台了许多政策促进资本账户的开放，但政策力度均不及 2004 年。

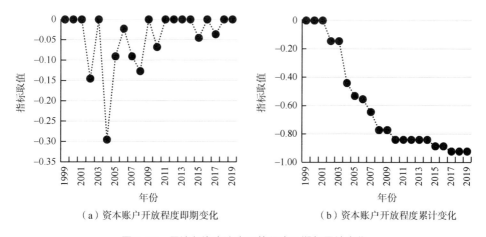

（a）资本账户开放程度即期变化　　　　（b）资本账户开放程度累计变化

图 6.10　尼泊尔资本账户开放程度即期与累计变化

尼泊尔资本账户开放程度在 2002～2019 年逐渐加大，且上升趋势明显。自 1999 年开始，尼泊尔资本账户开放程度每年呈现跳跃式增加，这可能是由于 1999 年后尼泊尔采取资本账户开放政策。比如，2002 年 2 月，允许商业银行与外国银行和其他金融实体达成利率互换安排不再需要批准；同年 7 月，在尼泊尔经营的外国投资者将其投资所得利润汇回国内不再需要批准；商业银行被允许用人民币与中国游客进行交易；2004 年 7 月，不需要许可的支付和转账限额从 500 美元提高到 1000 美元等。2002～2019 年尼泊尔针对资本出入开放在短时间内颁布了许多刺激性、放松性政策，导致了尼泊尔资本账户整体开放程度的增加。

总体而言，在 1999 年后，尼泊尔资本账户总体呈现积极的开放趋势，这与当时尼泊尔所处的经济环境及金融发展要求是匹配的。2002～2019 年，尼泊尔资本账户总体开放程度累计变化速度较快，这表明了尼泊尔在 2002 年后资本账户总体开放程度逐步上升，资本内外流通速度加快的状况。

2）尼泊尔资本账户双向开放情况

（1）资本账户流入开放。由图 6.11 可知，尼泊尔政府在 1999～2019 年出台了许多政策来促进跨境资本的流入，政策出台频繁并且政策力度大，资本账户流入呈现波动放松的趋势。

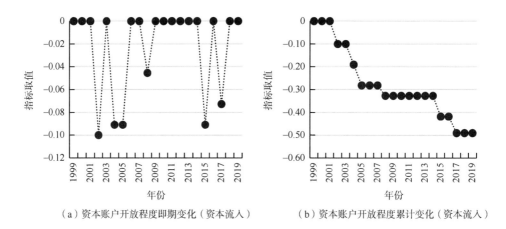

（a）资本账户开放程度即期变化（资本流入）　（b）资本账户开放程度累计变化（资本流入）

图 6.11　尼泊尔资本账户开放程度即期与累计变化（资本流入）

2002 年 7 月，商业银行被允许用人民币与中国游客进行交易。2004 年 7 月，商业银行获准以印度货币进行银行间拆借。2005 年 7 月，商业银行被允许进行利率互换业务。2008 年 9 月，开始以美元以外的外币出售现金。

（2）资本账户流出开放。由图 6.12 可知，在确定了尼泊尔政府鼓励外来资本流入的前提下，尼泊尔同样允许本国资本进入国外市场进行运作。这反映了尼泊尔资本账户的开放是内外双向、同时进行的成果的累加。

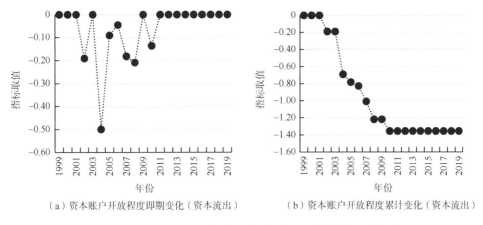

（a）资本账户开放程度即期变化（资本流出）　　（b）资本账户开放程度累计变化（资本流出）

图 6.12　尼泊尔资本账户开放程度即期与累计变化（资本流出）

10. 巴基斯坦

1）巴基斯坦资本账户开放程度变化

如图 6.13 所示，1999～2019 年，巴基斯坦政府多次颁布政策，调控了巴基斯坦的资本账户开放力度。巴基斯坦根据当时的国内、国际经济形势，

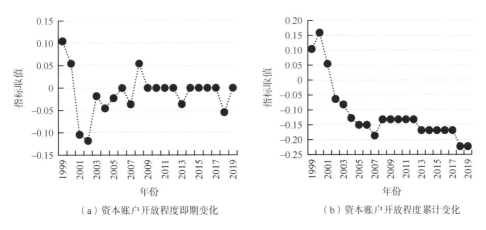

（a）资本账户开放程度即期变化　　　　　（b）资本账户开放程度累计变化

图 6.13　巴基斯坦资本账户开放程度即期与累计变化

对资本管制、开放相关政策进行适时、交替调整。整体来看，巴基斯坦的一系列政策最终加大了资本账户开放的力度。

1999 年到 2000 年，巴基斯坦资本管制小幅加强。2001 年至 2007 年，巴基斯坦资本账户开放水平提高。资本账户的开放促进了资本流动，增加资本积累，提高资金使用效率，进而带动巴基斯坦的经济增长。因此，巴基斯坦货币当局从 2001 年开始，出台了一系列的政策以促进资本账户开放。为了防止资本账户开放程度过大、开放速度过快给本国经济带来负面影响，巴基斯坦对于资本账户开放保持着审慎的态度。由此，巴基斯坦 2008～2019 年资本账户的整体开放水平呈现相对平稳的趋势，总体开放程度有所增大。

2）巴基斯坦资本账户双向开放情况

（1）资本账户流入开放。巴基斯坦对于资本账户流入方向的政策调控较为谨慎，资本账户流入开放度只在 1999 年、2000 年、2004 年发生变动，其余年份保持不变。巴基斯坦在 1999～2019 年整体上加强了对资本流入的管制，但整体政策力度不大。

（2）资本账户流出开放。如图 6.14 所示，巴基斯坦资本账户对外流动政策的变化体现了应时波动的特点，且总体管制程度呈放松趋势。

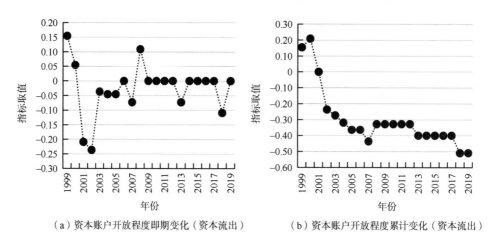

（a）资本账户开放程度即期变化（资本流出）　　（b）资本账户开放程度累计变化（资本流出）

图 6.14　巴基斯坦资本账户开放程度即期与累计变化（资本流出）

巴基斯坦对资本流入方向的开放始终秉持谨慎态度，但该国允许本国资本进入国外市场进行运作，这反映了巴基斯坦资本账户开放程度整体增强主要是由于巴基斯坦货币当局放松了资本流出的管制。巴基斯坦资本账户开放程度呈现总体增强的趋势。

11. 菲律宾

1）菲律宾资本账户开放程度变化

如图 6.15 所示，1999～2019 年，菲律宾政府多次颁布政策调控资本账户开放力度。整体来看，菲律宾政府的相关政策最终加大了资本账户开放的力度。

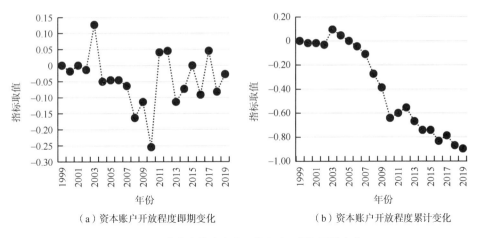

（a）资本账户开放程度即期变化　　　　（b）资本账户开放程度累计变化

图 6.15　菲律宾资本账户开放程度即期与累计变化

菲律宾资本账户开放程度在 1999～2019 年呈现总体加强的趋势。详细来看：1999～2002 年，资本账户开放程度小幅度加强；2003 年由于国内、国际经济形势，菲律宾政府暂时加强了对资本的管制；2004～2019 年，由于资本账户开放可以促进资本流动，增加资本积累，提高资金使用效率，进而带动经济增长，因此菲律宾货币当局出台了一系列的政策来促进资本账户开放，菲律宾资本账户开放程度大幅加强。

2）菲律宾资本账户双向开放情况

（1）资本账户流入开放。如图 6.16 所示，菲律宾尽管在某些时点加强了对资本流入的管制程度，但从 1999～2019 年整体来看，跨境资本流入开放程度增强。

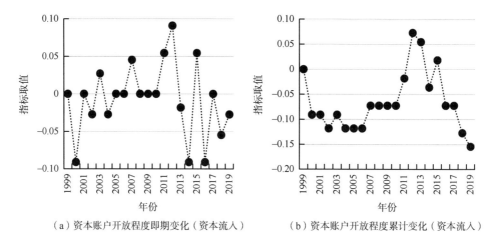

（a）资本账户开放程度即期变化（资本流入）　　（b）资本账户开放程度累计变化（资本流入）

图 6.16　菲律宾资本账户开放程度即期与累计变化（资本流入）

（2）资本账户流出开放。由图 6.17 可知，菲律宾政府在鼓励外来资本流入的前提下，也允许本国资本进入国外市场进行运作，这反映了菲律宾资本账户开放程度整体增强是内外双向、同时进行的成果。

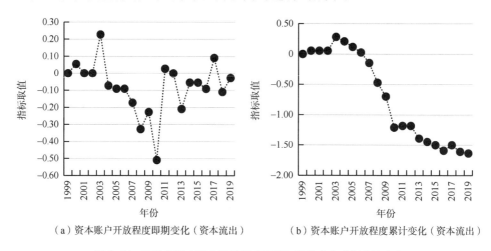

（a）资本账户开放程度即期变化（资本流出）　　（b）资本账户开放程度累计变化（资本流出）

图 6.17　菲律宾资本账户开放程度即期与累计变化（资本流出）

12. 斯里兰卡

总体来看，斯里兰卡资本账户整体开放状况呈现波动放松的趋势，资本账户的整体开放程度日益加大。

1）斯里兰卡资本账户开放程度变化

如图 6.18 所示，斯里兰卡的资本账户开放程度即期变化指数的波动较大，2001 年出现了跳跃式放松，之后在中立—管制—放松状态之间交替波动。

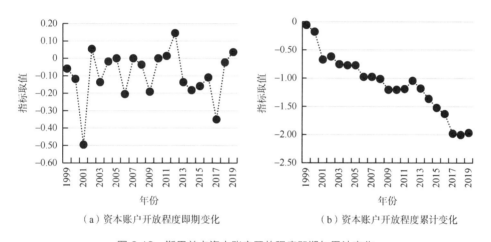

（a）资本账户开放程度即期变化　　　　（b）资本账户开放程度累计变化

图 6.18　斯里兰卡资本账户开放程度即期与累计变化

在 1999 年后，针对斯里兰卡中央银行所判定的斯里兰卡资本账户开放时机成熟的情况，资本账户开放的政策性导向呈现放松状态。

2）斯里兰卡资本账户双向开放情况

（1）资本账户流入开放。由图 6.19 可知，自 1999 年以来，斯里兰卡资本账户（资本流入）开放程度即期变化指数波动频繁，这表现出斯里兰卡对于资本账户流入方向政策的调整相当灵活。斯里兰卡的资本账户开放程度在 1999 年后呈现上升趋势，这说明斯里兰卡针对经济金融建设的现实需要，一直保持着资本账户管制放松的政策制定方向。

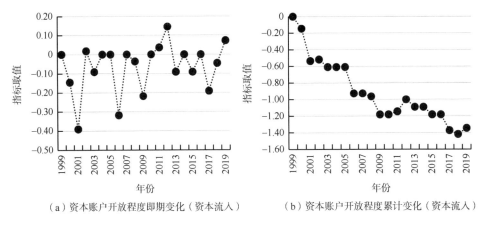

（a）资本账户开放程度即期变化（资本流入）　　（b）资本账户开放程度累计变化（资本流入）

图 6.19　斯里兰卡资本账户开放程度即期与累计变化（资本流入）

（2）资本账户流出开放。如图 6.20 所示，斯里兰卡资本账户流出开放程度呈增大趋势，这与该国在 1999~2019 年对于股票、债券、衍生品等金融市场施加开放政策有极大关联。

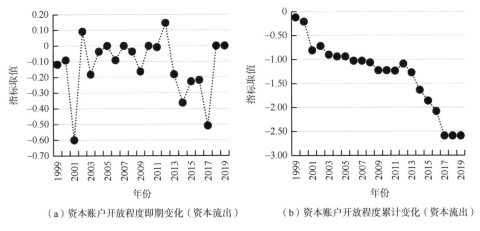

（a）资本账户开放程度即期变化（资本流出）　　（b）资本账户开放程度累计变化（资本流出）

图 6.20　斯里兰卡资本账户开放程度即期与累计变化（资本流出）

13. 乌兹别克斯坦

乌兹别克斯坦资本账户整体开放状况呈现波动性下降的趋势。自乌兹别克斯坦资本账户开放有记录以来，乌兹别克斯坦资本双向流通受政策限制的力度呈现整体化增强。

1）乌兹别克斯坦资本账户开放程度变化

如图 6.21 所示，乌兹别克斯坦资本账户开放程度以 2004 年作为分界点，分为两个阶段。1999～2004 年，其资本账户总体开放程度没有明显变化；2005～2019 年，总体开放程度收紧，这表明了乌兹别克斯坦在 2004 年后资本账户的总体开放程度是下降的。

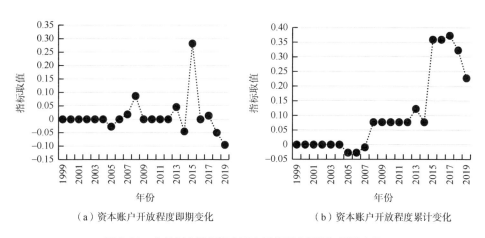

（a）资本账户开放程度即期变化　　　　　（b）资本账户开放程度累计变化

图 6.21　乌兹别克斯坦资本账户开放程度即期与累计变化

乌兹别克斯坦于第一阶段 1999～2004 年的资本账户开放程度变化不明显。该时期属于乌兹别克斯坦资本账户开放早期，乌兹别克斯坦对资本账户开放处于摸索状态，行为相对谨慎。

第二阶段发生在 2005～2017 年，乌兹别克斯坦在该期间颁布了众多管制方向政策；2018～2019 年，管制逐渐放松，但乌兹别克斯坦的资本账户总体呈现受管制态势。

2）乌兹别克斯坦资本账户双向开放情况

（1）资本账户流入开放。在 1999～2014 年，乌兹别克斯坦只在 2007 年和 2008 年对资本账户流入开放的即期政策进行了小幅调整，其调整方向分别为放松与紧缩。2015 年，乌兹别克斯坦的资本账户流入开放程度受到较大的管制，这可能是该年份乌兹别克斯坦资本流入受到了相关政策制约导致的。2018 年和 2019 年，该国资本账户流入开放水平开始得到放松。

即便在 2018～2019 年资本账户管制程度放松的情况下，乌兹别克斯坦的资本账户依旧处于收紧状态，这说明 2018～2019 年乌兹别克斯坦可能针对当年的经济金融环境需要做了应时调整，但是该国继续保持资本账户管制的指导思想依旧不变。

（2）资本账户流出开放。如图 6.22 所示，在乌兹别克斯坦政府对外来资本流入的管制力度显著增强的前提下，乌兹别克斯坦同样控制了本国资本流入国外市场的行为，这反映了乌兹别克斯坦资本账户开放是内外双向、同时进行的。

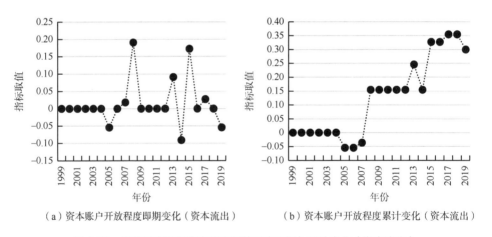

（a）资本账户开放程度即期变化（资本流出）　　（b）资本账户开放程度累计变化（资本流出）

图 6.22　乌兹别克斯坦资本账户开放程度即期与累计变化（资本流出）

2008 年，乌兹别克斯坦中央银行将法人单位本外币存款准备金率从 13%提高到 15%；2015 年，规定共同基金的货币资产不得投资于单个发行人的证券或者投资于有限责任公司的股份，投资金额不得超过基金投资资产的 10%；投资于商业公司的证券和股份，其组织法律形式使其合伙人承担额外责任。

14. 越南

越南资本账户整体开放状况呈现先放松管制后收紧的趋势,资本账户的整体开放程度日益减小。总体而言,越南对资本账户开放持审慎态度。

1)越南资本账户开放程度变化

由图 6.23 可知,越南于 1999~2001 年的资本账户开放程度变化不明显;而在 2002~2019 年,越南资本账户开放程度逐渐收紧。

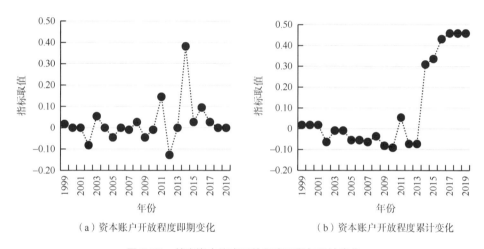

（a）资本账户开放程度即期变化　　　　（b）资本账户开放程度累计变化

图 6.23　越南资本账户开放程度即期与累计变化

造成越南资本账户受到日益严格管制的原因可能是:2011 年,越南规定以价值 5000 美元为限（以前为 7000 美元）或同等外币进口、出口的货物,必须向海关申报;2014 年,越南宣布与境内流入证券投资相关的交易必须通过越南合法持牌银行的账户以越南盾执行;2016 年,越南规范了居民机构开立和使用境外外币证券发行账户的程序;2017 年,越南规定国有特许资本超过 50%的商业银行被要求与其他类型的企业一样遵循既定的离岸贷款和离岸贷款调整登记的流程及程序,但根据 2014 年《企业法》的规定,拥有超过 50%国有特许资本的商业银行获得高价值离岸贷款,则必须获得国家所有权代表（越南国家银行）的批准。

总体而言，自2002年以来，越南针对资本出入开放在短时间内颁布了许多管制性政策等，导致越南资本账户开放的政策性导向呈现总体管制趋势增强的情况，其政策的"放管服"也相对比较活跃。自1999年到2001年，其资本账户总体开放程度变化较小；2002年到2013年，总体开放程度波动幅度较小；越南资本账户开放程度自2014年出现大幅收缩后，至今一直保持收缩趋势，这表明了越南资本账户的总体开放程度下降，资本双向流通程度减弱的状况。

2）越南资本账户双向开放情况

（1）资本账户流入开放。如图6.24所示，以2001年为分界点，其后的越南资本账户流入开放程度即期变化指数呈现上下波动的趋势。

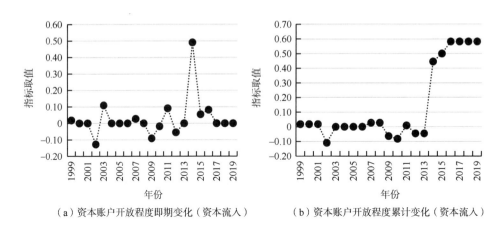

（a）资本账户开放程度即期变化（资本流入）　　　（b）资本账户开放程度累计变化（资本流入）

图6.24　越南资本账户开放程度即期与累计变化（资本流入）

在1999～2019年，仅有2002年、2009年、2012年资本账户流入开放程度即期变化指数向下波动。2003年、2011年、2014年和2016年，越南资本账户流入开放程度即期变化指数向上波动明显，这可能是在这些年份越南资本流入受到了相关政策制约导致的。比如，2014年越南宣布与境内流入证券投资相关的交易必须通过越南合法持牌银行的账户以越南盾执行。

（2）资本账户流出开放。由图 6.25 可知，在越南政府对外来资本流入的管制显著增强的前提下，越南同样对本国资本流入国外市场的行为进行控制，这反映了越南资本账户开放程度的变动是双向、同时的紧缩政策所致。

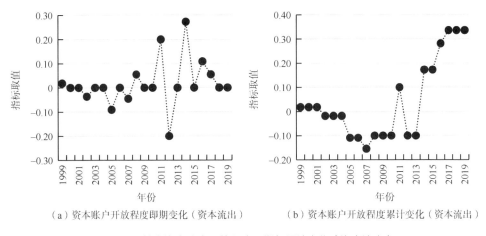

（a）资本账户开放程度即期变化（资本流出）　　　（b）资本账户开放程度累计变化（资本流出）

图 6.25　越南资本账户开放程度即期与累计变化（资本流出）

越南当局颁布的相关政策如下：2011 年，公司和国有商业银行在发行不受政府担保的国际债券时，必须遵循越南国家银行 2011 年发布的新指导方针；2014 年，越南规定与境内流入证券投资相关的交易必须通过越南合法持牌银行的账户以越南盾执行；同年，信贷机构可进行境外间接投资，受投资法律规定和越南国家银行法律的约束。

6.1.3　资本账户子项目双向开放指标测度及特征分析

1. 孟加拉国

1）股权市场项目开放度分析

孟加拉国股权市场项目的流入开放度在 1999～2019 年只出现过四次波动，且股权市场项目流入开放度与流出开放度的波动均在开放方向进行调整。具体来看，比如：2005 年 11 月，政策规定非居民投资者本币账户的余额可以自由地用于购买孟加拉国股票和其他证券。2017 年 4 月，孟加拉国新政策表示：居住在孟加拉国的个人和机构可以购买经孟加拉国证券交易委员会批准、由在孟加拉国的外国所有/控制公司发行的塔卡债券。这些政策措施都是对股权市场项目资本流动的放松，表明孟加拉国政府积极推进股权市场项目的资本账户开放。

2）债券市场项目开放度分析

1999～2019 年，孟加拉国债券市场项目的流入开放度和总体开放度只在 2005 年、2012 年、2014 年、2017 年出现过四次波动，在其余年份基本保持稳定，且导致债券市场项目流出、流入开放度变动的具体政策与股权市场项目相同。这表示该国对债券市场项目资本流动进行放松，以积极推进债券市场项目的资本账户开放。

3）货币市场项目开放度分析

从 2000 年 3 月开始，孟加拉国开启了货币市场项目开放进程。此后一直到 2012 年，孟加拉国对于货币市场项目并没有实施频繁的政策操作。而从 2013 年开始，孟加拉国较为密集地出台了货币市场项目开放政策。比如，2005 年 9 月，孟加拉国规定，从外国大使馆、国际组织或其雇用的外国人处购买支票的预付款不需要事先获得央行批准；截至 2013 年底，所有银行的外汇净未平仓头寸上限被调整到 11.5 亿美元。以上政策措施都是对货币市场项目资本账户的开放。而 2003 年 6 月，未经申报的外汇进出口限额由 5000 美元减至 3000 美元，则是对货币市场项目的资本流动进行限制。

自 2000 年开始，无论是货币市场项目的总体开放度还是流入、流出开放度都在呈大幅度上升趋势，表明孟加拉国的货币市场项目的开放在持续有效推进。

4）衍生工具项目开放度分析

孟加拉国的衍生工具项目流出开放度和流入开放度在 1999～2019 年表现出较为稳定的趋势，仅在 2004 年、2005 年、2008 年与 2009 年出现一定程度的开放方向波动。相关政策调整有：2004 年 2 月，孟加拉国央行只允许其批准的境外存托、信贷公司进行货币掉期和远期外汇交易。2005 年 1 月，美国存托信贷公司被要求对至少覆盖其远期销售的 50%（以前是 100%）进行购买。同年，孟加拉国央行禁止了利用商品衍生工具进行投机交易的行为，加强了对衍生品市场交易的管制。2009 年 10 月，孟加拉国撤销了"对至少覆盖其远期销售的 50%（以前是 100%）进行购买"的规定，同时银行从此可以通过多种支付手段进行远期外汇交易。总体来讲，孟加拉国对于衍生工具项目资本账户开放持较为积极的态度。

5）金融信贷项目开放度分析

孟加拉国在 2000 年就开启了金融信贷项目的资本开放进程，2014～2019 年密集的负向政策变动表明孟加拉国对金融信贷项目的资本账户开放较为积极。比如，2014 年 3 月，对在孟加拉国的外资控股公司从当地市场获得定期贷款的限制取消。2015 年 10 月，根据与国际开发组织关于实施金融部门支助项目的融资协议，孟加拉国银行向符合条件的银行提供长期外币融资（长期融资基金），以向该国的中小企业提供转贷/再融资。

以上政策措施都是对金融信贷项目资本流动的放松，与孟加拉国的国情相吻合。当然，特别年份，面对宏观经济形势的某些变化，孟加拉国会对金融信贷项目进行一定管制。比如，2017 年 7 月规定，向非居民提供的住房融资额度不得超过 75：25（此前为 50：50）的债务权益比，以此来对住房融资形成限制，达到抑制资本流动的目的。总体看来，1999～2019 年孟加拉国的金融信贷项目总体开放度、流出开放度、流入开放度均表示在该时间阶段孟加拉国政府对于金融信贷项目持较为积极的开放态度。

6）担保、保证和备用融资便利项目开放度分析

孟加拉国的担保、保证和备用融资便利项目（简称抵押担保项目）的资本流动开放度在 1999～2013 年表现出较为稳定的趋势。自 2014 年开始出现

较为频繁的政策变动，且大多数时候采取放松政策，以促进抵押担保项目的资本流动。比如，2014 年 4 月，允许代表居民对政府资助的货物/服务采购招标发行有利于当地项目主管部门的外币投标债券/履约债券/担保；2015 年 8 月，政策规定在未经孟加拉国央行事先批准的情况下，被授权的交易商银行可以代表外国贷款人持有经投资委员会批准的工业企业对外借款的抵押品。此后年间多次利用此类政策措施来加快抵押担保项目资本账户的开放进程。

抵押担保项目流入开放度和流出开放度均在 2014 年出现了大幅度放松，表明孟加拉国政府对于抵押担保项目的资本账户持积极开放态度。

7）直接投资项目开放度分析

孟加拉国直接投资项目的流出开放度在 1999～2019 年仅出现两次波动，每次都是负向波动，且波动幅度都较大，表明孟加拉国较为重视直接投资项目的开放，从而多年未对直接投资项目的资本流动进行限制。就其累计变化而言，开放指数分别在 2001 年与 2017 年各出现一次大幅度下降，最终效应是直接投资项目的流入开放度、流出开放度与总体开放度数值在 2019 年均达到−1.00。总体而言，孟加拉国直接投资项目资本账户是趋于放松的。

2. 不丹

1）货币市场项目开放度分析

不丹在 2018 年才开始对货币市场项目的资本流动进行调节。具体而言，政策规定：不丹皇家金融管理局（Royal Monetary Authority，RMA）允许商业银行持有最高限额为 1500 万美元（以前为 1000 万美元）的可兑换货币，超过这个限额的商业银行必须将其出售给皇家金融管理局。这表明不丹政府对于货币市场项目的资本账户的额度限制有一定程度的放松，传达出不丹政府对于货币市场项目资本账户较为积极的开放态度。

就不丹货币市场项目开放度随时间变化的累计趋势而言，在 1999～2019

年，货币市场项目的流入和流出开放度均只在 2018 年出现一次大幅度放松。最终结果显示，不丹货币市场项目的流入开放度、流出开放度和总体开放度均显示出一定程度的放松，目前不丹对于货币市场项目的资本流动持放松态度。

2）金融信贷项目开放度分析

不丹金融信贷项目开放度只在 2016 年出现波动，其余年间都呈平稳状态。具体而言，2016 年 11 月，政策规定：500 和 1000 面额的印度卢比不再允许在不丹使用，只有 100 及以下面额的印度卢比才能在不丹使用。此外，不丹皇家金融管理局曾有计划在 2017 年底前在机场和边境城镇开设兑换柜台，以促进印度卢比和不丹努扎姆的兑换。以此实现对金融信贷项目资本流动的限制，表明不丹政府对于金融信贷项目的资本流动是较为谨慎的。

就其金融信贷项目开放度随时间变化的累计趋势而言，在 1999～2019 年，金融信贷项目流入和流出开放度均只在 2016 年出现一次大幅度变动，结果表明不丹对于金融信贷项目资本流动持严格管制态度。

3）直接投资项目开放度分析

1999～2019 年，不丹只在 2010 年对直接投资项目的资本流入进行了放松，其他年份未有任何政策措施，表明不丹从 2010 年开始鼓励外商在本国直接投资，以此带动本国经济增长。

3. 柬埔寨

柬埔寨关于资本账户开放的政策并不多，涉及的资本账户子项目仅有股权市场项目、债券市场项目和货币市场项目。例如，2012 年柬埔寨证券交易市场正式开始交易，从而使得股权市场项目和债券市场项目流入开放度上升；2013 年柬埔寨央行开始发行可转让存单，使得货币市场项目流入开放度和流出开放度上升；2018 年柬埔寨不再对外币存款额外 4.5%的准备金付息，从而使得货币市场项目流入开放度和流出开放度有所收紧。

4. 印度

1）股权市场项目开放度分析

从 2001 年 2 月开始，股权市场项目开放度开始变化，2001 年 2 月对股权市场项目的管制加强，取消了外国投资者收购从事印刷媒体行业的印度公司的股份和可转换债券的便利；2001 年 3 月开始放松对股权市场项目的管制，外资企业的印度雇员被允许在员工持股计划中每年投资的限额提高；随后双向的开放与管制一直交替出现。整体来看，对股权市场项目的放松程度要大于管制程度，对流出开放的放宽程度要大于对流入开放的放宽程度。整体而言，印度股权市场项目的开放度在不断扩大。

自 2001 年以来，无论是股权市场项目总体还是流入、流出都在朝着逐步开放的方向发展，且开放脚步不断加快，股权市场项目的开放对资本账户开放的贡献度也在不断提高。

2）债券市场项目开放度分析

1999～2007 年，债券市场项目流入开放度和流出开放度的变化频率均相对较低，二者绝大多数时间维持稳定，仅在 2002 年出现一次开放波动；在 2008～2019 年，债券市场项目流入开放度波动较为频繁，涉及多个投资主体和多种债券类型，而流出开放度在该时期保持稳定。具体来看，如 2002 年 12 月，印度银行被允许在海外投资货币市场工具和债务工具，这使得印度债券市场项目流出开放度略有增大；2018 年 3 月起，原外国证券投资人对政府证券（government securities，G-Secs）的投资规定的总限额（截至 2019 年约 3 万亿卢比）在 G-Secs 和利率期货工具之间是可替代的，而现在将专门用于 G-Secs 的投资；2019 年 4 月起，允许外国证券投资商（foreign portfolio investors，FPI）在为 FPI 投资国家发展贷款设定的限额内投资市政债券。上述分析说明，早期印度债券市场开放项目的尝试较少，在 2008 年以后债券市场项目流入开放度和总体开放度则逐渐扩大，但流出开放的步伐相对滞后于流入开放，甚至开放水平有所下降。

债券市场项目流出开放度只出现一次波动，在 2003 年后呈现水平状态；而在 2008 年后出现负向的阶梯式开放趋势。从最终结果来看，流入开放度大幅上升，流出开放度相比轻微增大，而作为两个指标平均的总体开放度也呈现了大幅增大的现象。

3）货币市场项目开放度分析

印度货币市场项目的流入开放度、流出开放度与总体开放度在 1999～2019 年波动极其频繁，且分布较为均匀，以放松、收紧管制交互出现为主。具体来看，2007 年 3 月起，印度外币存款的准备金率从 5%提高到 6%；2008 年 6 月，外国投资者投资印度政府债券的限额从 32 亿美元提高到 50 亿美元；2015 年 10 月起，外国机构投资者、合格外国投资者和在印度证券交易委员会注册的长期投资者可以投资不超过 1.7 万亿卢比的政府证券和不超过 2.4 万亿卢比的公司债务工具。

在 1999～2019 年，印度的货币市场项目流入开放度、流出开放度与总体开放度呈现了交替性的"大幅放松—小幅收紧"周期性趋势。累计来看，流入开放度、流出开放度与总体开放度在此期间虽有小幅收紧调整，但整体呈现积极的开放趋势。

4）集体投资项目开放度分析

在 1999～2019 年，印度集体投资项目的流入开放度、流出开放度与总体开放度除在少数年份出现波动外，总体趋势较为平稳。其中，各指标数值主要在 2003 年和 2012 年出现波动，这可能与印度政府在该年份实施针对集体投资项目开放的政策有关。具体来看，2003 年 1 月，印度共同基金投资海外上市公司的限额从 5 亿美元提高到 10 亿美元；2012 年 6 月，印度央行宣布根据当时的 30 亿美元基础设施共同基金投资上限,合格外国投资者被允许投资于基础设施部门至少持有 25%资产(债务或股权或两者兼有)的共同基金,这使得印度集体投资项目流入开放度得到增大。可以得出,印度集体投资项目流入和流出方向的开放度波动虽然不同步,但是放松幅度相同。

5)衍生工具项目开放度分析

印度衍生工具项目的流入开放和总体开放度在 1999~2019 年的变化可明显分为三个阶段:1999~2006 年,衍生工具项目流入和流出开放度呈现不同步的小幅负向波动,监管放松;2007~2013 年,衍生工具项目流入和流出开放度基本呈现同步、双向波动,监管强度在收紧和放松两方面均有尝试;2014~2019 年,衍生工具项目流入和流出开放度负向波动更为频繁,印度在该时期针对衍生工具项目展现了更为积极的开放态度。具体而言,2006 年 12 月,印度央行规定进出口商远期合同不得超过限额的 100%,其中 50%(以前为 25%)需交付;2008 年 10 月起,印度央行取消了只有受到监管的实体才能发行或续期离岸衍生工具或包含基础衍生品的参与性票据的限制,孟买证券交易所也开始了外汇期货的交易。上述分析说明,印度衍生工具项目的总体开放度在 1999~2019 年逐渐扩大,但在该过程中也曾出现过相对停滞时期和政策收紧阶段。

在 1999~2002 年,衍生工具项目累计开放度基本呈现水平;在 2003~2008 年,衍生工具项目累计开放度出现由小幅度增大到相对稳定再到基本受到管制的往复过程;2009 年以来,各开放度出现密集的阶梯式放松趋势。从最终结果来看,流入、流出与总体开放度得到了极大程度上的鼓励与放松。

6)商业信贷项目开放度分析

印度商业信贷项目的流入开放度、流出开放度与总体开放度除在 2003 年和 2009 年出现开放方向波动情况外,总体趋势较为平稳;而在 2011 年以后,印度商业信贷项目流入和流出开放度波动较为频繁,既出现了政策收紧,也出现了政策放松。出现上述变动情形可能是印度政府制定较多的相关商业信贷政策所致，具体而言，如 2004 年 4 月，印度政府宣布资本货物最多可获得三年的贸易信贷，金额最高可达 2000 万美元，且美国跨国股票存款凭证被允许担保这种贸易信贷；2009 年 1 月，印度央行取消了批准途径下外部商业信贷的全部成本上限；2012 年 9 月，印度中小企业开发银行获得外部商业信贷的资格，以便继续贷款给微型、中小企业部门；2018 年 4 月，印度央行宣布扩大符合条件的借款人范围，提高外部商业信贷的总成本上限，对外商业贷款政策进一步合理化和自由化，这使得印度商业信贷项目流出开放度大幅上升；而在 2019 年 1 月，印度央行修订了外部商业信贷框架，印度银行及其在印度以外的分支机构、子公司的借贷将受到印度储备银行发布的审慎准则的约束。

商业信贷项目流入开放度、流出开放度与总体开放度在 2010 年之前的变化相对稳定，开放方向累计变动幅度较小，在 2011 年之后呈现较为密集的阶梯式开放度加大趋势，印度商业信贷项目流出开放度突增到极大开放的水平，而流入方向的开放度变动也类似，作为二者平均值的商业信贷项目总体开放度得到了极大的放松。

7）金融信贷项目开放度分析

印度金融信贷项目的流入开放度、流出开放度与总体开放度在 1999～2019 年的波动较为频繁，正、负双向均出现波动，这可能是该段时间出现金融信贷项目的政策方向交替调整所致。整体而言，印度金融信贷项目的放松调整多于管制调整，以金融信贷项目流出指标变动为主，流入指标变动为辅，较为频繁的开放政策的颁布提高了金融信贷项目的流入、流出、总体开放度。

8）担保、保证和备用融资便利项目开放度分析

在 1999～2019 年，印度担保、抵押和备用融资便利项目的流入开放度、流出开放度和总体开放度表现出较强的稳定性，仅在 1999 年、2004 年和 2012

年出现流入、流出和总体开放度的波动。具体来看，1999 年 6 月起，允许美国存托凭证根据其商业价值，以账户中的余额为担保，授予其信贷便利，这使得担保、保证和备用融资便利项目流入和流出开放度均得到提升；2004 年 4 月，美国跨国股票存款凭证被允许担保资本货物的贸易信贷；2012 年 3 月，由印度本土银行代表印度方的海外合资企业出具的银行保函，受到印度方的反担保/抵押品支持，在计算印度方的财务份额时予以考虑，由印度方的间接发起人代表合资公司开具的个人担保，与由直接发起人开具的个人担保一样，受相同规定的约束。以上分析表明了印度政府对该项目开放所持有的谨慎观察态度。

9）直接投资项目开放度分析

从 2003 年 9 月开始，印度开始了直接投资项目开放进程，直接投资项目开放度出现频繁的双向波动。其后，印度直接投资项目开放度的波动主要集中在 2003～2007 年和 2011～2017 年，其余时间均保持稳定，这可能由在相应时期印度政府出台了较多针对性的政策所致。具体来看有：2003 年 8 月，根据外国直接投资计划，非公司实体的海外公司不得进行包括通过自动途径在内的新投资，这使得直接投资流入受到管制；同年 12 月，在海外进行直接投资的本地公司被允许通过从银行购买远期或期权合约来对冲本地市场的汇率风险，使直接投资流出得到了放松；2004 年 1 月，印度公司收购外国公司或直接投资合资企业或全资子公司，可以通过自动途径在一个财政年度内投资其净资产的 100%、总限额不超过 1 亿美元或等值的资金，这使得直接投资项目流出开放度增大；2012 年 9 月起，印度各方被允许在巴基斯坦进行海外直接投资，使直接投资项目流出开放度增加；等等。整体来看，印度政府对于直接投资项目开放的管理具有时期性和集中性，从流入和流出进行双向管理，以放松管制为主，适时进行政策紧缩。

印度直接投资项目流入开放度、流出开放度、总体开放度大幅度提高。

自 2003 年以来，无论是直接投资项目的总体还是流入、流出都在朝着逐步开放的方向发展，直接投资项目的开放对资本账户开放的贡献度相较其他项目也愈发突出。

10）不动产市场项目开放度分析

印度不动产市场项目的流出开放度和总体开放度在 1999～2019 年的变化相较其他项目较为稳定，仅在 2004 年、2006 年、2013 年、2014 年、2015 年和 2018 年出现波动。具体来看，2004 年 2 月起，居民可以用相当于 25 000 美元的个人汇款在国外购置房产，同年 5 月起印度的房地产开发公司和住房金融公司获准向非注册机构和个人投资者组织提供贷款，可用于在印度购置住宅；2014 年 7 月，居民个人可根据更宽松的汇款计划汇款，以购买海外物业；2015 年 2 月，未经印度储备银行批准，中国香港特别行政区和澳门特别行政区公民不得在印度购置或转让不动产，除非租赁期不超过五年，这使得印度不动产市场项目流入开放度首次受到紧缩影响；等等。整体而言，印度不动产市场的限制并不频繁，这表明印度政府对外国资本进入、流出印度房地产市场持较为严格谨慎的态度。

不动产市场项目的流出开放度和总体开放度在 1999～2003 年均表现为水平；在 2004～2013 年，不动产市场项目累计开放度出现阶梯式增加趋势；在 2013 年之后，不动产市场项目累计开放度数值出现由小幅度上升到逐步下降再到基本回升的往复过程。从最终结果来看，流入、流出与总体开放度均体现了轻微的上升趋势。

5. 吉尔吉斯斯坦

1）货币市场项目开放度分析

吉尔吉斯斯坦政府对于货币市场的调整在 2012 年以后较为频繁，其余时间保持稳定为 0 水平。具体来说，2013 年 6 月起，非居民可以购买政府短期国库券，这使得货币市场项目流入开放度增大；2015 年 5 月起，为了最大限度地降低外币贷款中的间接外汇风险，根据 2015 年 4 月 15 日吉尔吉斯共和国国家银行（National Bank of the Kyrgyz Republic，NBKR）执行董事会第 22/6 号和第 22/7 号决议，对该国国家银行的某些监管法律法案进行了修订和补充，将以本国货币计算的贷款准备金率要求降低到 0%，并将以外币计算的贷款准备金率要求提高到 2.5%、5%或 7.5%，使货币市场项目流入和流出开放度有所紧缩；2018 年 2 月起，2012 年 9 月 20 日签署的《吉尔吉斯共和国政府与俄罗斯政府关于解决吉尔吉斯共和国对俄罗斯先前已授予的贷款债务的协定》将开始生效，它规定一次性注销债务总额（2.4 亿美元）的 100%，使流入开放度有所放松。整体来看，针对流入的管制均为放松波动，针对流出的管制均为紧缩波动，且流入开放度波幅大于流出开放度波幅。

整体来看，自 2012 年以后，货币市场项目流入和流出开放度呈现反向波动，流入限制放松而流出限制收紧，表明货币市场项目的开放对资本账户开放的贡献度逐步增强，货币市场项目的开放是双向管制相抵的结果。

2）集体投资项目开放度分析

吉尔吉斯斯坦集体投资项目的流入、流出开放度和总体开放度在 1999～2019 年基本稳定不变，仅在 2019 年进行了一次开放政策的调整。具体来看，2019 年 4 月起，对于投资基金，对单一发行人或有限责任公司股份的投资限额（对合格投资者的投资基金以及对政府证券和吉尔吉斯共和国政府担保的证券的投资除外）从 15%提高到 20%，这使得集体投资项目流入和流出开放度均经历了同等程度的放松。总体来说，吉尔吉斯斯坦集体投资项目仅进行过一次双向的开放尝试。

3）担保、保证和备用融资便利项目开放度分析

吉尔吉斯斯坦担保、保证和备用融资便利项目的流入、流出与总体开放度在 1999～2019 年基本保持稳定，仅在 2016 年和 2017 年出现两次收紧。具

体而言，2016 年 5 月起，根据《预算法典》第 63 条，根据吉尔吉斯共和国 2016 年 5 月 16 日第 60 号法律，政府担保应根据一项合同提供，根据该合同，政府向债权人承诺支付未在国际协议规定的既定期限内支付的债务，并承担国际和州际组织成员资格范围内的义务；除本条规定的情况外，吉尔吉斯共和国不应提供政府担保，这使得担保、保证和备用融资便利项目的流入和流出开放度均受到法律的进一步约束；2017 年 1 月起，根据 2016 年 10 月 6 日吉尔吉斯共和国政府第 532 号决议批准的《2016～2018 年吉尔吉斯共和国政府债务管理战略》，吉尔吉斯共和国政府将不提供政府担保，这同样使担保、保证和备用融资便利项目流入、流出开放度减小。整体来说，吉尔吉斯斯坦担保、保证和备用融资便利项目流出开放度和流入开放度变化同幅同频。

6. 老挝

金融信贷项目开放度分析：1999～2019 年，老挝政府仅对金融信贷项目进行过两次反向调整，具体来说，自 2016 年 12 月 12 日起，商业银行和外汇管理局向个人和单位出售外币进行国际交易时，资金必须存入客户在商业银行的账户。该款项不得提取现金或转入其他个人或单位的国内账户使用，且只能用于境外结算用途，只能在机场和边境口岸等边境检查站出售外币现钞，而且只能在国外支付和使用，这使得金融信贷项目流出开放度有所紧缩。2018 年 5 月起，商业银行可以在当地以外汇形式向任何借款人放贷，这使得金融信贷项目流出开放度最终呈现放松状态。

7. 蒙古国

1）股权市场项目开放度分析

蒙古国股权市场项目流入开放度、流出开放度和总体开放度在 1999～2006 年基本保持水平。而在 2007 年，股权市场项目累计开放度出现大幅度紧缩。

2）债券市场项目开放度分析

在 1999～2019 年，蒙古国债券市场项目的流入、流出与总体开放度除 2007 年出现较大幅度的波动外，总体呈现较为平稳的趋势。2007 年，蒙古国债券市场项目流出开放度有所收紧。出现上述变动可能是由蒙古国政府制定相关债券市场项目政策所致，具体而言，2007 年 11 月，蒙古国开始将单一货币净头寸的限额调整为资本的 15%，以及所有货币净头寸调整为资本的 40%。这说明 2007 年蒙古国的债券市场项目流出开放程度管制增强。

3）货币市场项目开放度分析

蒙古国货币市场项目的流入、流出及总体开放度波动与债券市场项目开放度波动状况一致、成因一致，在此不做赘述。

4）集体投资项目开放度分析

蒙古国集体投资项目的流入、流出及总体开放度波动与债券市场项目开放度波动状况一致、成因一致，在此不做赘述。

5）衍生工具项目开放度分析

蒙古国衍生工具项目的流入开放度和总体开放度在 1999～2019 年出现了小幅波动，仅在 2007 年和 2010 年开放度指标出现两次变化，这对应于蒙古国政府实施的衍生工具项目政策：2007 年 11 月，蒙古国开始将单一货币净头寸的限额调整为资本的 15%，以及所有货币净头寸调整为资本的 40%。这说明蒙古国的衍生工具项目流出开放程度管制增强；2010 年 12 月，蒙古国的六家商业银行签订了协议，并被政府和央行授予了外汇结算许可证，使之可以从事远期外汇交易。上述分析表明，蒙古国政府对衍生工具项目开放持谨慎态度。

6）金融信贷项目开放度分析

蒙古国金融信贷项目的流入、流出与总体开放度在 1999～2019 年呈现平稳态势，仅在 1999 年、2018 年出现小幅度的波动。该段时间，蒙古国对金融信贷项目的政策进行了调整。具体而言，自 1999 年起，蒙古国多次对国内和国外存款准备金率进行管理，并最终引入了 50%的准备金率上限。这使得蒙古国金融信贷项目开放度相应地出现波动，其金融信贷项目开放度有所紧缩。

7）直接投资项目开放度分析

蒙古国直接投资项目的流入、流出与总体开放度在 1999~2019 年呈现平稳态势，仅在 2004 年、2018 年存在小幅度的波动。2004 年 1 月开始，蒙古国直接投资项目流入开放度变为负数，意味着蒙古国直接投资项目的管制程度有所放松。2004 年 1 月，蒙古国将利得税的最高税率从 40%降低到 30%，并将外国投资者免税的期限从 3 年提高到 10 年。在 2018 年，蒙古国又对直接投资项目增加了管制。根据 2018 年 1 月宣布的《银行法》修正案，蒙古国规定银行不得设立子公司，或在任何公司中持有超过 20%的少数股权，所有银行必须在 2019 年 1 月 1 日之前遵守此要求。

8. 缅甸

1）股权市场项目开放度分析

在 1999~2019 年，缅甸股权市场项目的流入、流出与总体开放度除在 2000 年出现较大幅度的管制收紧外，总体上呈现较为平稳的状态。这可能是因为 2000 年缅甸对股权市场项目加大了管制的力度，降低了个人可以汇出的最高金额。

2）货币市场项目开放度分析

缅甸货币市场项目的流入、流出、总体开放度除在 2008 年、2013 年出现较大幅度的管制放松波动外，总体趋势平稳。这可能是缅甸政府在该阶段实施了针对货币市场项目开放的多项政策所致。具体而言，2008 年，规定赚取外汇的缅甸国民可以以新加坡元开立外币账户。2013 年 3 月，缅甸政府允许将发生事故（如空难）时向外国人支付的赔偿金和养老金自由转移到国外；同年 8 月，允许经授权的私人银行参与银行间外汇市场的交易。

9. 尼泊尔

1）股权市场项目开放度分析

从 2004 年开始，尼泊尔开始了股权市场项目开放进程。自 2004 年开始，尼泊尔开放脚步不断加快，股权市场项目开放对资本账户开放的贡献度也在不断增强。整体而言，尼泊尔股权市场项目处于加速开放进程中。

2）债券市场项目开放度分析

在 1999～2019 年，尼泊尔债券市场项目的流入、流出和总体开放度经历了从相对稳定到逐渐扩大的变化过程。具体来看有：2004 年 7 月，允许商业银行在境外非银行金融机构开立外汇账户，为电子商务支付提供便利。前期尼泊尔债券市场项目开放度不断波动，1999～2019 年债券市场项目开放度不断扩大，流入开放的步伐基本同步于流出开放。

3）货币市场项目开放度分析

尼泊尔货币市场项目各指标在 1999～2001 年保持稳定，自 2002 年以来出现多次波动。其中，尼泊尔货币市场项目的流出开放度即期变化指数在"开放—中立"之间变动、流入开放度即期变化指数在"中立—开放"之间变动，这可能是尼泊尔政府在该阶段实施了针对货币市场项目开放的多项政策所致。具体而言，自 2002 年 7 月起，尼泊尔商业银行被允许用人民币与中国游客进行交易。2004 年，居民个人可以购买印度卢比，居民外汇账户持有人可以在没有许可的情况下向政府支付外币。2006 年 8 月，尼泊尔货币兑换商获准开立外汇账户。2008 年，尼泊尔开始以美元以外的外币出售现金。可以看到,尼泊尔货币市场项目流出开放度相较于流入开放度的政策变革幅度较大，二者综合使得该项目开放的程度增大。

4）集体投资项目开放度分析

1999～2019 年，尼泊尔集体投资项目的流入、流出与总体开放度除在少数年份出现波动外，总体上呈现平稳趋势。其中，各指标主要在 2004 年出现波动，这可能与尼泊尔政府在该年份实施多项针对集体投资项目开放的政策有关。具体来看，2004 年 7 月，尼泊尔允许商业银行在境外非银行金融机构开立外汇账户，为电子商务支付提供便利。尼泊尔的集体投资项目流出开放度的变化幅度总体高于流入开放度，这说明该国集体投资项目开放度不断扩大，但流入方向开放的步伐仍相对滞后于流出方向的开放。

5）衍生工具项目开放度分析

尼泊尔在 1999～2019 年出台了多项政策促进衍生工具项目开放。2002 年，尼泊尔允许商业银行与外国银行和其他金融实体达成利率互换安排，且不再需要批准；2004 年，尼泊尔允许商业银行在境外非银行金融机构开立外汇账户，为电子商务支付提供便利；2005 年，商业银行被允许进行利率互换业务；同年，尼泊尔允许出口商和旅游部门从其外币账户直接向外方支付展位预订费、注册费、服务费等促销活动费用；2007 年，商业银行被允许向参与外汇交易的机构提供远期合同；2010 年，尼泊尔颁布了一项允许出口商在国外投资的新规定。上述分析表明，尼泊尔政府对衍生工具项目开放持支持态度。

6）商业信贷项目开放度分析

尼泊尔商业信贷项目的开放度除在 2015 年、2017 年出现较大幅度的波动外，总体上较为平稳。2015 年和 2017 年，尼泊尔商业信贷项目流出开放度有所放松，出现上述变动情形可能是尼泊尔政府制定了相关商业信贷政策所致。具体而言，2015 年，尼泊尔允许个人按零利率借款 20 万美元，期限最高 5 年，公司机构可根据其监管机构的建议借款；2017 年 10 月，个人可以在 5 年内以零利率借入 50 万美元（此前为 20 万美元）。这说明尼泊尔的商业信贷项目流出开放程度得到放松。

7）金融信贷项目开放度分析

尼泊尔金融信贷项目的流入、流出与总体开放度在2004～2008年出现了大幅度波动，该段时间尼泊尔对金融信贷项目进行了开放方向的政策调整。具体而言，自2004年7月起，尼泊尔商业银行获准以印度货币进行银行间拆借；2008年，允许商业银行与尼泊尔来华游客和尼泊尔留学生开展人民币交易业务。以上几条政策有利于促进尼泊尔金融信贷项目的开放程度加大。

8）直接投资项目开放度分析

从2004年开始，尼泊尔开始了直接投资项目开放进程。2004年，尼泊尔取消了对商业银行投资期限在一年或一年以下的外币的限制；2007年，允许银行和其他金融机构进行衍生工具和其他工具的交易，并将其可兑换外汇投资于各种金融工具，前提是这些交易得到相关银行和金融机构董事会的批准；2010年，尼泊尔颁布了一项允许本国出口商在国外投资的新规定。

10. 巴基斯坦

1）股权市场项目开放度分析

除2001年外，巴基斯坦股权市场项目的流入、流出与总体开放度在1999～2019年呈现较为平稳的趋势。这可能是因为自2001年9月1日起巴基斯坦货币当局允许巴基斯坦居民（包括企业）在事先获得央行许可的情况下，对国外公司（合资企业）进行股权投资。

2）债券市场项目开放度分析

除2018年外，巴基斯坦债券市场项目的流入、流出与总体开放度在1999～2019年呈现较为平稳的趋势。这可能是因为在2018年4月和7月巴基斯坦货币当局允许居民购买符合一定的条件的国外债券。

3）集体投资项目开放度分析

除 2005 年外，巴基斯坦集体投资项目的流入、流出与总体开放度在 1999～2019 年总体呈现较为平稳的趋势。巴基斯坦政府于 2005 年开始允许本地设立的共同基金在获得事先批准的情况下，在允许的类别中将其总资金（包括外币资金）的最多 30% 投资于海外，上限为 1500 万美元或等值的其他货币。

4）衍生工具项目开放度分析

除 1999 年和 2004 年外，巴基斯坦衍生工具项目的流入、流出与总体开放度在 1999～2019 年呈现出较为平稳的趋势。1999 年 3 月和 8 月，巴基斯坦货币当局调整了远期外汇承保费用；2004 年 11 月，巴基斯坦货币当局允许被授权进行衍生工具交易的银行从事包括外汇期权在内的金融衍生工具交易。

5）金融信贷项目开放度分析

巴基斯坦金融信贷项目的流入开放度在 1999～2019 年未发生改变，而金融信贷项目的流出开放度和总体开放度在 1999 年至 2013 年频繁发生变动，在其余年份保持不变。巴基斯坦货币当局出于对全局经济状况的判断，通过对海外账户维持、银行所持外汇头寸等进行调整，从而调控金融信贷项目的资本开放程度。

巴基斯坦金融信贷项目流入开放度在 1999～2019 年稳定不变；而流出开放度、总体开放度出现了变动。

6）担保、保证和备用融资便利项目开放度分析

除 2002 年出现了一次波动外，巴基斯坦担保、保证和备用融资便利项目的流入、流出与总体开放度在 1999～2019 年总体上呈现较为平稳的趋势。

11. 菲律宾

1）股权市场项目开放度分析

菲律宾股权市场项目的流入开放度、流出开放度与总体开放度在 2001

年、2004 年、2007 年、2013 年、2014 年出现小幅变动。在 2001 年、2007 年、2014 年，菲律宾货币当局调整了国外银行持有国内银行的股份比例限额；2004 年、2013 年，菲律宾政府更改了对非居民进行股权投资的交易限制。菲律宾股权市场项目流入、流出与总体开放度在 1999~2019 年均表现为开放水平加大的趋势。

2）债券市场项目开放度分析

菲律宾债券市场项目的流入、流出与总体开放度除在 2002 年、2007 年、2011 年、2019 年出现波动外，总体上呈现较平稳的趋势。这可能是因为在 2002 年和 2019 年菲律宾货币当局出台了关于非居民买卖本币债券的一系列政策。2007 年与 2011 年，菲律宾政府更改本国居民对国外债券进行投资的交易限制。菲律宾债券市场项目流入、流出与总体开放度在 1999~2019 年均有所提升。

3）货币市场项目开放度分析

除了 2003 年出现波动外，菲律宾货币市场项目的流入、流出与总体开放度在 1999~2008 年总体上呈现较为平稳的趋势。其中，菲律宾政府仅在 2003 年加强了银行账户的贷款要求。

2009~2019 年，菲律宾货币市场项目的流入、流出与总体开放度频繁发生波动，这可能是因为菲律宾货币当局在 2009 年、2010 年和 2013 年分别调整了对居民购买外汇的交易要求。2014 年，菲律宾允许储蓄银行、乡村银行和合作银行在遵守外汇规则和规定的前提下买卖外汇。2019 年，要求在菲律宾国内货币市场发行票据/债券或类似工具的非居民主体必须获得菲律宾中央银行的许可。

4）衍生工具项目开放度分析

除了 2003 年、2013 年、2014 年和 2019 年菲律宾衍生工具项目的流入、流出与总体开放度出现波动外，衍生工具项目开放度呈现较为平稳的趋势。

其中,菲律宾货币当局在 2003 年 3 月和 9 月分别调整了远期外汇合约的期限;2013 年 3 月取消外汇交易商出售给非居民(包括离岸银行业务单位)的外汇远期合约的交易限制;2014 年 12 月允许符合条件的储蓄银行作为外汇远期交易的交易商;2019 年 3 月允许客户在一定条件下可以通过外汇远期和外汇掉期对冲其外汇业务产生的项目风险。

菲律宾衍生工具项目流入开放度有所放松,流出开放度数值累计不变,总体开放度则相应地呈现放松态势。

5)金融信贷项目开放度分析

菲律宾金融信贷项目的流入、流出和总体开放度在 2003 年至 2019 年频繁发生变动,在其余年份保持不变。这可能是因为菲律宾货币当局出于对不同时期经济时局的判断,通过对外汇借贷款的限额、银行所持外汇头寸以及非贸易往来账户交易的外汇(不包括与外国贷款和投资有关的付款)的限额等进行调整,从而调控金融信贷项目的资本开放程度。

6)直接投资项目开放度分析

菲律宾直接投资项目的流入开放度、流出开放度与总体开放度在 1999～2019 年频繁发生变动。这可能是因为菲律宾货币当局出于对不同时期经济时局的判断,主要从外商投资的限制、国内居民对国外投资的限额两方面出台政策,进而调控直接投资项目的资本开放程度。菲律宾直接投资项目流入、流出与总体开放度在 1999～2019 年均累计有所上升。

7)不动产市场项目开放度分析

除在 2013 年出现波动外,菲律宾不动产市场项目的流入开放度、流出开放度与总体开放度总体上呈现较为平稳的趋势。这可能是因为在 2013 年 5 月菲律宾政府允许居民可以在未获得菲律宾中央银行批准投资的情况下,从外汇公司购买不超过 6000 万美元的外汇,投资国外不动产。

菲律宾不动产市场项目流入开放度在 1999～2019 年未发生变化,而菲律宾不动产市场项目流出开放度、总体开放度出现了一定的放松波动。

12. 斯里兰卡

1）股权市场项目开放度分析

1999～2019 年，斯里兰卡股权市场项目的流入、流出与总体开放度除了在 2009 年、2016 年和 2017 年出现较大幅度波动外，总体上呈现较为平稳的趋势。具体而言，2009 年，斯里兰卡的逆回购交易的罚款利率下调至 14.75%，共计下降了 175 个基点。2016 年，斯里兰卡外币账户内的资金、居民外币、非居民外币也可用于投资在斯里兰卡境外发行的任何证券。2017 年，斯里兰卡出台了新的《外汇法》，外汇账户的类型根据维护此类账户的目的进行了合并和分类，无论有资格开设此类外汇账户的人的居民身份如何，都进行了简化。

斯里兰卡股权市场项目流入、流出与总体开放度在 1999～2008 年呈现稳定状态。自 2009 年开始，斯里兰卡股权市场项目流入、流出与总体开放度出现大幅度放松。

2）债券市场项目开放度分析

斯里兰卡债券市场项目的流入开放度、流出开放度与总体开放度在 1999～2019 年波动较多。具体而言，在 2009 年与 2016 年，促使斯里兰卡股权市场项目开放程度上升的政策同样、同向促进了该国债券市场项目开放程度的增大。

3）货币市场项目开放度分析

1999～2019 年，斯里兰卡货币市场项目总体开放度、流入开放度和流出开放度除了在 1999 年、2014 年、2015 年和 2016 年出现较大波动外，总体上呈现较为平稳的趋势。这是由于斯里兰卡 1999 年放宽了在余额低于 500 美元时关闭居民外币账户的要求。2014 年，斯里兰卡取消了在特殊外国投资存款账户中保持最低余额的要求。2015 年，斯里兰卡允许居民外币、非居民外币和外汇账户的持有人根据财政部长的许可，从其余额以及任何其他资本性质或用于经常账户交易的资产中向斯里兰卡境外居民支付款项以购买证券。2016 年，斯里兰卡规定外汇账户、居民外币、非居民外币持有者可将账户内资金投资于在斯里兰卡境外发行的单位信托。在此之前，此类交易是不允许的。

整体来看，从 1999 年开始，斯里兰卡货币市场项目流出开放度呈现阶梯式增强变动。

4）衍生工具项目开放度分析

斯里兰卡衍生工具项目的流入、流出与总体开放度除在 2001 年、2002 年、2006 年、2011 年和 2013 年出现较大波动外，总体上呈现较为平稳的趋势。衍生工具项目流出开放度于 2001 年波动较大，这可能是斯里兰卡当年引入了远期交易金额 50%的卢比存款要求所致。2002 年，斯里兰卡取消了适用于新的外国合同的存款要求，远期交易所需的卢比存款从远期交易价值的50%降至 25%。2011 年出台的远期外汇合约 90 天交易期限限制于 2013 年被取消。衍生工具项目流出开放度、流入开放度与总体开放度于 2001 年开始呈现大幅度增大，随后出现几次波动，并于 2013 年之后保持平稳水平。

5）商业信贷项目开放度分析

斯里兰卡商业信贷项目的流出开放度、总体开放度从 2001 年开始呈现大幅度加大；流入开放度于 2007 年开始呈现大幅度上升。2012 年开始，斯里兰卡的商业信贷项目流出开放度、流入开放度和总体开放度变小后再呈现大幅度上升。

6）金融信贷项目开放度分析

斯里兰卡的金融信贷项目流入开放度和总体开放度均在 1999～2019 年波动较大，但最终金融信贷项目的总体开放度未发生变动。具体而言，1999年，斯里兰卡银行被普遍允许向在当地注册的非居民控制的公司提供卢比信贷，但法案批准的公司除外。2000 年，斯里兰卡开发银行获准按其外国信贷额度向出口商提供外汇贷款。2001 年斯里兰卡规定，根据一家商业银行的进出口贸易情况，每日最大净开放外汇头寸为其自有资本和储备的 10%；同年，斯里兰卡对商业银行每日外汇净开仓的限额作了审慎限制。2003 年，斯里兰卡对外国控制的公司的卢比贷款实行了审慎的限制移除。2009 年，逆回购交易的罚款利率被下调至 14.75%。2013 年，商业银行每日外汇余额的净未平仓额限制增加到 1.2 亿美元。2013 年斯里兰卡出台了一项规定：在 2013～2015 年，各商业银行的外国借款不超过 5000 万美元，不受监管限制。

7）直接投资项目开放度分析

斯里兰卡直接投资项目的流入、流出与总体开放度除在 2000～2002 年、2014～2016 年出现较大波动外，总体趋势较为平稳。具体而言，2000 年斯里兰卡外资参股银行和保险业务的上限分别从 49% 提高到 60% 和 90%；允许外国投资单位信托，但信托契约将对政府证券的投资限制在 20% 以内。2001 年，斯里兰卡规定非居民可以投资斯里兰卡发展债券，并可通过"特别账户"（非居民斯里兰卡投资卢比账户）投资任何不动产或金融资产。2002 年，除出口和旅游行业外，提供专业服务的境外企业不再被列入非斯里兰卡居民投资内资企业股份的禁止范围。2014 年，取消了在特殊外国投资存款账户中保持最低余额的要求。2015 年，政府授权：居民外币、非居民外币和外汇账户的持有人可以其余额用于任何具有资本性质的资产的交易。2016 年，规定外币账户内的资金、居民外币、非居民外币也可用于投资于在斯里兰卡境外发行的证券。直接投资项目流入、流出和总体开放度于 2000 年出现大幅度增大，并最终在 2016 年之后达到平稳状态。

8）不动产市场项目开放度分析

1999～2019 年，斯里兰卡不动产市场项目的流入开放度、流出开放度与总体开放度除在 2003 年、2004 年和 2016 年出现较大幅度的波动情况外，总体较为平稳。出现上述变动情形可能是斯里兰卡政府制定相关不动产市场项目政策所致。具体而言,2003 年,商业银行被授权将向非居民出售住宅财产,只要这些财产是用带入该国的外币购买和(或)开发的。2004 年,斯里兰卡继续放宽了非本国居民购买当地不动产的限制。2016 年,居民外汇、非居民外汇持有人可将其账户内的资金投资境外房地产。

不动产市场项目流入开放度和总体开放度于 2003 年开始出现大幅度正向变动;流出开放度达到某一开放水平后保持不变,总体上保持一定的开放水平。

13. 乌兹别克斯坦

1)股权市场项目开放度分析

从 2015 年开始,乌兹别克斯坦股权市场项目开放度开始发生变化。2015 年,该国央行对股权市场项目的管制加强,而 2019 年放松了股权市场项目的管制。整体来看,对股权市场项目流出方向的管制水平要高于对流入方向的管制水平。可以看出,乌兹别克斯坦政府对股权市场项目开放持审慎态度。

2)债券市场项目开放度分析

乌兹别克斯坦债券市场项目的流入、流出和总体开放度即期变化指数在"放松—紧缩"之间不停变动。其中,债券市场项目流入开放度的变动幅度较大,既有放松,也受管制。具体而言,2019 年,乌兹别克斯坦商业银行外汇账户管理办法(1998 年 9 月 5 日第 511 号)修订,规定设立代表处的非居民法人实体在乌兹别克斯坦的投资活动的股息和其他收入可以记入该法人实体的账户。债券市场项目流出开放度和总体开放度在 1999~2015 年波动比较小,2015 年后,流入开放度出现大幅度紧缩,而流出开放度基本不变,最终结果显示该国债券市场项目受到一定的管制。

3)货币市场项目开放度分析

乌兹别克斯坦货币市场项目的流入、流出与总体开放度即期变化指数呈现"放松—紧缩"交替变动。其中，流入开放度即期变化指数在"放松—中立"之间变动，流出开放度即期变化指数在"放松—紧缩"之间变动。乌兹别克斯坦货币市场项目变动的频率并不高，具体而言，2008 年乌兹别克斯坦允许本国商业银行和其他法人持有存单，同时央行将法人单位本外币存款准备金率从 13%提高到 15%；2018 年规定个人出口金额在 5000 美元以内的现汇，可以不经允许出口；另外，个人（居民或非居民）在进口情况下，不需要完成相当于 2000 美元的现金外汇申报（以前个人输入乌兹别克斯坦的现金外汇总额需要申报）。

乌兹别克斯坦的货币市场项目流入、流出与总体开放度在 1999～2019 年呈现阶梯变动。其中，流入开放度呈现开放状态，而流出开放度则呈现受管制状态。总体而言，该项目的综合开放水平是逐渐上升的。

4）集体投资项目开放度分析

乌兹别克斯坦集体投资项目的流入开放度、流出开放度与总体开放度除在个别年份出现波动外，总体上呈现平稳态势。其中，各指标主要在 2015 年和 2018 年出现波动，流入、流出开放度即期变化指数均在"中立—紧缩"之间产生不同力度的波动，这可能与乌兹别克斯坦政府实施多项针对集体投资项目开放的政策有关，具体来看：2015 年，规定共同基金的货币资产不得投资于单个发行人的证券或者投资于有限责任公司的股份，投资金额不得超过基金投资资产的 10%；投资于商业公司的证券和股份，其合伙人承担额外责任。

集体投资项目流入开放度、流出开放度与总体开放度在 1999～2014 年大多数时间始终稳定。在 2014 年以后，集体投资项目开放度出现大幅度紧缩。集体投资项目开放程度累计变化情况为在 2014 年之前较为平稳，2014 年后出现较大的波动。

5）衍生工具项目开放度分析

乌兹别克斯坦衍生工具项目的流出开放度和总体开放度在 1999～2019

年几乎没有出现明显的变动，只在 2015 年变动了一次。具体而言：2015 年，乌兹别克斯坦规定了股票期权的下列发行条件：股票期权的发行条件可以限制其流通；股份公司公告的股份数额低于通过股票期权可以获得的股份数额的，无权授予股票期权；以股票期权方式取得的某一种类股份的总量，不得超过该股票期权发行申请国家登记之日已发行该种类股份的 5%；股份公司在其成立时法定资本已缴足后，可以配售股票期权。此外，衍生工具项目流入开放度从 1999 年以来从中立转变为紧缩。上述分析表明，乌兹别克斯坦政府对衍生工具项目开放持严格谨慎态度。

衍生工具项目总体开放度在 1999～2014 年基本不变。2015 年，衍生工具项目开放度出现下降。从最终结果来看，乌兹别克斯坦的衍生工具项目流入开放度和流出开放度的紧缩幅度相同。

6）金融信贷项目开放度分析

1999～2019 年，乌兹别克斯坦金融信贷项目的流入、流出与总体开放度即期变化指数在"放松—紧缩"之间变动。具体而言，如 2013 年，授权银行的对外借款须由乌兹别克斯坦中央银行根据 2013 年 12 月 17 日第 2536 号《与资本流动有关的某些外汇交易执行程序条例》注册；2014 年 3 月，未经乌兹别克斯坦中央银行许可，授权银行可在外国银行开立往来账户和其他银行账户，用于国际汇款和划拨存款；2017 年 9 月，乌兹别克斯坦中央银行将法人单位的本外币存款准备金率统一为 13%。

金融信贷项目流入开放度、流出开放度与总体开放度在 1999～2019 年呈现大幅度变动。金融信贷项目流入开放度减小，流出开放度受到管制，整体呈现保守谨慎的趋势。

7）直接投资项目开放度分析

1999～2019 年，乌兹别克斯坦直接投资项目开放度几乎没有明显的变动，只在 2018 年出现了一次变动，主要原因为该年乌兹别克斯坦颁布了加强管制的政策。新规规定，外资占直接投资项目注册的法定资本的比例不得低于 15%（以前为 30%）。乌兹别克斯坦政府对直接投资项目开放持谨慎态度。

14. 越南

1）股权市场项目开放度分析

1999～2019 年，越南股权市场项目开放度除在个别年份出现波动外，总体呈现平稳态势，而出现上述变动情况可能与越南政府对股权市场项目开放政策的调整相关。具体而言：2007 年，越南居民个人和企业投资境外股票和其他证券，应符合国家机关规定的投资条件；2016 年越南规范了本国股票交易机构开立和使用境外外币证券发行账户的章程。股权市场项目流入开放度、流出开放度与总体开放度在 1999～2019 年呈现大幅度向开放方向发展的趋势。

2）债券市场项目开放度分析

1999～2019 年，越南债券市场项目的流入开放度、流出开放度和总体开放度即期变化指数在"中立—收紧"之间变动。其中，债券市场项目流入开放度从水平变动为受管制状态，债券市场项目流出开放度没有发生明显的变动，出现上述变动情况可能与越南政府对债券市场项目开放政策的调整相关。具体而言：2011 年，越南公司和国有商业银行在发行不受政府担保的国际债券时，必须遵循越南国家银行 2011 年发布的第 19 号通知的新指导方针；同时，公司国际债券发行必须遵守 2011 年颁布的政府法令中关于发行公司债券的规定。

债券市场项目流入开放度和总体开放度在 1999～2019 年各出现一次波动。从最终结果来看，流入开放度受到管制，流出开放度最终不受影响，而总体开放度则最终显示其受到一定管制。

3）货币市场项目开放度分析

在 1999～2019 年，越南货币市场项目的流入开放度、流出开放度与总体开放度除在个别年份出现波动外，总体呈现平稳态势。具体而言，2011 年越南规定以价值 5000 美元为限（以前为 7000 美元）或同等外币进口、出口的货物，必须向海关申报；2012 年，越南政府规定开放外汇头寸限额从 30% 降至 20%。

货币市场项目流入开放度、流出开放度与总体开放度在 1999～2019 年呈现阶梯变动，最终流入开放度受到管制，而流出开放度得到放松，二者的开放方向相反，力度相同。

4）商业信贷项目开放度分析

越南商业信贷项目的流入开放度、流出开放度与总体开放度在 1999～2019 年呈现交替波动。具体而言：2002 年，越南取消个别货币的交易限额（以前每一种货币的最高限额为 15%）；2009 年，越南本国银行可以向居民提供外汇贷款，用于实施涉及制造业和贸易的投资项目及出口项目；2011 年，经济集团和越南国企对外贷款合同须经有关部委和财政部审核批准；2012 年，开放外汇头寸限额从 30% 降至 20%，但越南国家银行可在特殊情况下豁免银行头寸；2016 年，无政府担保的中长期境外借款（进口货物延期付款除外）必须在越南国家银行注册。商业信贷项目流入开放度、流出开放度与总体开放度在 1999～2019 年呈现阶梯状上升趋势。其中，流入开放度最终受到管制，流出开放度被放松，而总体开放程度最终显示该项目受到强力管制。

5）金融信贷项目开放度分析

越南金融信贷项目的流入开放度、流出开放度与总体开放度即期变化指数呈现"放松—收紧"交替变动。金融信贷项目流入、流出开放度的变动都比较多，出现上述变动情况可能与越南政府对金融信贷项目开放政策的调整相关。具体而言：1999 年，越南将存款准备金率范围扩大到所有存款机构，统一为 7%；2002 年，短期外汇存款准备金率从 12% 降至 8%；同年，央行将短期外汇存款准备金率由 8% 降至 5%，与长期外汇存款准备金率统一；2010 年，对大多数银行来说，12 个月以下外币存款准备金率从 8% 下调至 4%，本币存款准备金率从 5% 下调至 3%，12 至 24 个月的国内货币存款准备金率从 2% 降至 1%；2012 年，越南将农业、出口、中小企业和配套产业等四个重点领域的越南盾短期贷款利率上限下调至 12%，上限扩大到高科技企业。总体而言，越南金融信贷项目流入方向受管制程度大于流出方向，总体受到较强的管制约束。

6）担保、保证和备用融资便利项目开放度分析

越南担保、保证和备用融资便利项目的流入开放度、流出开放度和总体开放度在 1999～2019 年保持基本稳定，各指标绝大多数时间维持平稳，仅在 2005 年、2012 年和 2014 年出现了变动。这主要是因为 2005 年越南的国有企业被允许可以在没有事先批准的情况下从国外借款，财政部被指派为信贷机构的外国借款提供政府担保；2012 年，根据规定越南本国商业银行可向非居民提供担保。这表明了越南政府对担保、保证和备用融资便利项目开放所持有的谨慎观察态度。

担保、保证和备用融资便利项目流入开放度、流出开放度及总体开放度在 1999～2019 年经历了多次上下波动。从最终结果来看，担保、保证和备用融资便利项目流入开放度维持原水平，但流出开放度大幅度提升，并带动了总体开放度的加大。

7）直接投资项目开放度分析

从 1999 年到 2019 年，越南直接投资项目开放度除在个别年份出现波动外，总体呈现平稳态势。出现上述变动情况可能与越南政府对直接投资项目开放政策的调整相关。具体而言：2014 年，越南境内流入证券投资相关的交

易必须通过越南合法持牌银行的账户以越南盾执行；同年，越南要求从事天然气和石油领域对外投资的公司在授权银行开立账户，并在越南国家银行分行登记此类账户和对外投资流动；2016 年，越南第 135/2015/ND-CP 号法令第 1 条详细规定了越南金融机构等进行境外投资买卖证券、其他有价证券或者通过境外证券投资基金或其他中介金融机构进行投资的形式。

直接投资项目流入开放度、流出开放度与总体开放度在 1999～2019 年呈现大幅度变动。从最终结果来看，直接投资项目流入、流出开放度均受到严格管制，总体开放度大幅度紧缩。

6.2　欧洲中低收入国家指标测度及特征分析

6.2.1　资本账户开放背景

1. 摩尔多瓦

摩尔多瓦（Moldova）是位于东南欧的内陆国家。摩尔多瓦工业基础薄弱，农业是其支柱产业。2019 年摩尔多瓦 GDP 约为 120 亿美元，GDP 增长率约为 4%，人均国民总收入约为 4589 美元，摩尔多瓦属于中高收入国家。回顾摩尔多瓦资本账户开放的背景，总结经验与教训，可以为各国继续推进资本账户开放、制定具体可行策略提供参考。

2. 乌克兰

乌克兰（Ukraine）属于中低收入国家。2014 年以来，乌克兰政治、经济和社会严重动荡。资料显示，乌克兰 2015 年实际 GDP 下降了 9.9%，工业产值下降 13.4%，对外贸易下降 30.2%，通货膨胀率达 43.3%，乌克兰货币格里夫纳对美元汇率贬值达 68%。外国投资资本从 2012 年的 80 亿美元降至 2015

年的 29.61 亿美元。2015 年，乌克兰新政权已承诺深入改革与 IMF 达成中期贷款计划。在国际帮助之下，乌克兰开始进行全面的政治、经济以及社会体系的改革，但因阻碍和限制因素较多，改革的推动速度较慢。

6.2.2　资本账户双向开放指标测度及特征分析

1. 摩尔多瓦

随着时间的推移，摩尔多瓦的资本账户的整体开放程度日益增大，受管制的力度日益减小。

1）摩尔多瓦资本账户开放程度变化

如图 6.26 所示，1999～2019 年，摩尔多瓦资本账户开放程度逐年上升。在 1999～2009 年，摩尔多瓦资本账户开放程度快速增大；2010～2019 年资本账户开放程度整体未发生太大变化。

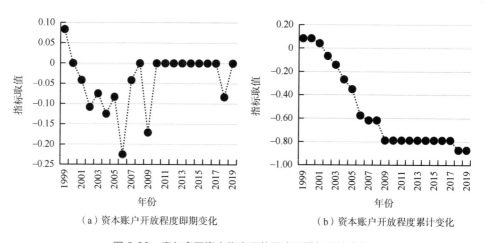

（a）资本账户开放程度即期变化　　　（b）资本账户开放程度累计变化

图 6.26　摩尔多瓦资本账户开放程度即期与累计变化

在 1999～2007 年，摩尔多瓦每年资本账户开放力度均发生了变动，并且资本账户开放力度每年都得到不同程度的加强，该现象在 2006 年前后最为明显。这可能是由于在上述年份前后摩尔多瓦允许本国居民在海外进行股票、证券、基金等交易，同时允许海外个人参与摩尔多瓦房地产交易，此后的一段时间内，摩尔多瓦资本账户开放力度基本不变，但在某些时间也会产生波动。

2）摩尔多瓦资本账户双向开放情况

（1）资本账户流入开放。由图 6.27 可知，资本账户流入开放程度即期变化指数在 2009 年前波动较明显，其间加紧资本管制的年份占多数，自 2010 年至 2017 年开放度保持不变。

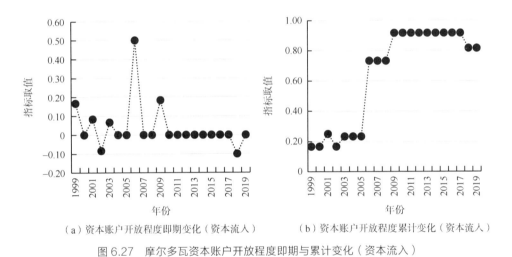

（a）资本账户开放程度即期变化（资本流入）　（b）资本账户开放程度累计变化（资本流入）

图 6.27　摩尔多瓦资本账户开放程度即期与累计变化（资本流入）

1999～2019 年，摩尔多瓦资本账户流入开放程度整体收紧。详细来看，1999～2005 年，摩尔多瓦的资本账户流入开放程度变化不大，在 2005 年之后摩尔多瓦资本账户流动准入的管制逐渐加强，而该现象在 2009 年截止，之后资本账户流入开放程度基本保持稳定。

（2）资本账户流出开放。由图 6.28 可知，摩尔多瓦资本账户流出开放程度 1999～2009 年急剧增大，而在 2009 年后变动较少。总的来说，摩尔多瓦资本账户流出开放程度有所增大。

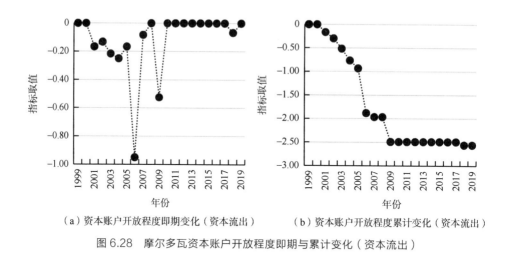

（a）资本账户开放程度即期变化（资本流出）　　　（b）资本账户开放程度累计变化（资本流出）

图 6.28　摩尔多瓦资本账户开放程度即期与累计变化（资本流出）

摩尔多瓦政府在限制外来资本流入的前提下，允许本国资本进入国外市场进行运作，这反映了摩尔多瓦资本账户开放程度的扩大完全是由于资本账户流出开放程度加强形成的。摩尔多瓦资本账户总体开放程度逐渐增强。

2. 乌克兰

1999 年之前，乌克兰刚宣布独立不久，由于世界政治环境影响，以及自身经济实力、调控应对能力有限，乌克兰对资本账户进行了暂时性的政策封闭。1999 年后，乌克兰资本账户向内外流通的限制政策程度才逐渐呈现减弱趋势。总的来看，乌克兰资本账户整体开放程度呈现两级波动状态，波动幅度较大，紧缩—开放状态交替出现。

1）乌克兰资本账户开放程度变化

如图 6.29 所示，乌克兰于 1999～2008 年的资本账户开放程度变化相对较小，该时期属于乌克兰资本账户开放的早期，乌克兰的资本账户开放处于摸索状态，行为相对谨慎。2010 年乌克兰的资本账户开放程度显著增大，2014年显著紧缩，2017 年的开放程度达到近些年的峰值，但在 2018 年和 2019 年开放程度又开始缩小。

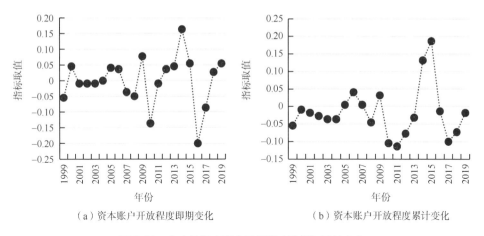

（a）资本账户开放程度即期变化　　　　　　（b）资本账户开放程度累计变化

图 6.29　乌克兰资本账户开放程度即期与累计变化

乌克兰 1999~2019 年的资本账户开放程度显著波动，但整体上，资本账户的放松和紧缩方向变动相互抵消，使得乌克兰的资本账户开放程度在经历了显著波动以后，于 2019 年保持在无波动水平附近。

2）乌克兰资本账户双向开放情况

（1）资本账户流入开放。由图 6.30 可知，乌克兰资本账户流入开放程度即期变化指数在 1999~2008 年相对较小，资本账户流入开放程度在 2010 年短暂得到放松后，后续受到了管制加强的影响。

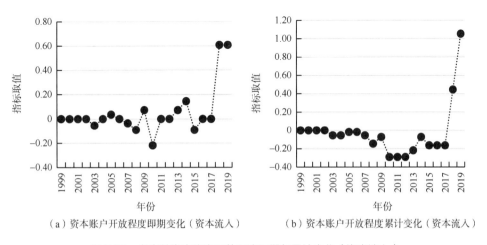

（a）资本账户开放程度即期变化（资本流入）　（b）资本账户开放程度累计变化（资本流入）

图 6.30　乌克兰资本账户开放程度即期与累计变化（资本流入）

2018 年乌克兰资本账户流入开放程度即期变化指数大幅向上波动，可能与乌克兰在 2017 年后资本账户控制程度加强有关。通过图 6.30 可知，乌克兰在 1999~2010 年资本账户流入开放程度缓慢增加，在 2011 年和 2012 年保持 2 年的稳定之后，在 2013 年开始出现收紧趋势；2018 年资本账户开放程度显著降低，该趋势于 2019 年仍然存在。

（2）资本账户流出开放。由图 6.31 可知，乌克兰资本账户开放程度流出开放程度即期变化指数在 1999~2019 年呈现出显著的双向波动。

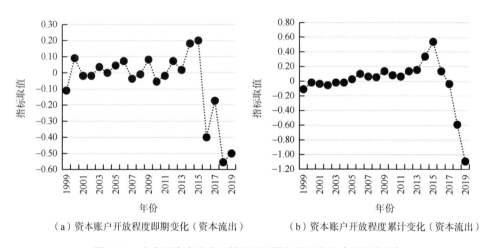

（a）资本账户开放程度即期变化（资本流出）　　　（b）资本账户开放程度累计变化（资本流出）

图 6.31　乌克兰资本账户开放程度即期与累计变化（资本流出）

2016 年，乌克兰宣告每日从乌克兰国内外汇账户提取外汇现金的限额由 10 万格里夫纳提高到 25 万格里夫纳，同时居民可向非居民提供商业信贷，贷款期限最长为 120 天（以前为 90 天）；2018 年银行获准与从事国外经济活动的居民客户和/或其他授权银行进行远期交易，使得当年资本流出管制程度下降，这在图 6.31 中也有所体现。

1999~2013 年，乌克兰资本账户开放程度累计变化（资本流出）在 0 值附近小幅度波动，2014~2015 年出现显著的收紧趋势，2016~2019 年呈现出大幅度放松的趋势。但总的来说，乌克兰资本账户流出开放程度是逐渐加大的。

6.2.3　资本账户子项目双向开放指标测度及特征分析

1. 摩尔多瓦

1）股权市场项目开放度分析

摩尔多瓦的股权市场项目流入开放度在 1999～2019 年共经历了 2 次波动，在 2009 年时，摩尔多瓦规定投资公司必须披露交易的数量、价格和时间等信息，并对于已获准的、允许在该国股权市场或多边交易市场在摩尔多瓦当局监管下进行交易的金融工具的交易汇报做出了不迟于一个工作日进行汇报的时间要求；在 2018 年时，摩尔多瓦宣布，外国投资者可以根据政府证券的购买限额购买单一国际证券识别号的政府证券。

摩尔多瓦的股权市场项目流出开放度共经历了 4 次波动，分别发生在 2001 年、2004 年、2006 年、2009 年。商业银行、公司、个人被允许购买外国债券的限制被进一步放开。而在 2009 年时，摩尔多瓦规定本国投资公司在使用受摩尔多瓦当局监管的金融工具进行交易时，需要披露交易的数量、价格和时间信息。

总体而言，摩尔多瓦股权市场项目开放度是上升的。股权市场项目流出开放度在 1999～2019 年呈现放松的趋势；而流入开放度则相反。

2）债券市场项目开放度分析

摩尔多瓦债券市场项目流出开放度在 1999～2019 年一共经历了 4 次波动，2001 年时，商业银行被允许在没有央行批准的情况下购买由七国集团政府发行的证券；2004 年时，商业银行获准在没有国家银行批准的情况下购买由七国集团担保的证券；2009 年，持牌银行、保险公司、养老基金、投资基金被允许在没有批准的情况下，购买由 OECD 成员国政府发行或担保的政府证券、衍生品、金融工具等；同年，摩尔多瓦规定存托凭证只能依赖于外国发行人的股票和债券发行。债券市场项目流入开放度仅在特别时点上有所波动，比如在 2018 年，摩尔多瓦提出外国投资者可以根据政府证券的购买限额购买单一国际证券识别号的政府证券。除此之外，在 1999～2019 年，摩尔多瓦的债券市场项目流入开放度始终保持在受管制的水平上。

摩尔多瓦债券市场项目流出开放度在 2001～2008 年呈现阶梯开放趋势，于 2009 年后开始有所紧缩；而债券市场项目流入开放度也是在 2001～2008 年呈现阶梯状放松的趋势，并在 2009 年呈现收紧趋势，2010 年至 2018 年一直保持水平，于 2019 年有所放缓。

3）货币市场项目开放度分析

1999～2019 年货币市场项目的开放度整体呈现稳定的趋势，但是在某些特定的时点也存在一定的波动。货币市场项目流出开放度在 2003 年、2004 年和 2006 年有所波动，货币市场项目流入开放度在 2009 年有所波动，如 2004 年时摩尔多瓦加强了对商业银行外汇持仓的管制；2006 年，摩尔多瓦规定允许持有执照的银行、保险公司、养老基金和投资基金等无须批准即可进行外汇交易，放松了对货币市场项目的管制。

4）集体投资项目开放度分析

摩尔多瓦集体投资项目流出开放度在 1999～2019 年共经历 2 次波动：2006 年，摩尔多瓦所有居民均可以在未经央行批准的情况下在国外直接投资；2009 年，摩尔多瓦规定投资公司必须披露其在受到市场监管下被允许进行的金融工具交易的数量、价格和时间等信息。因此该国集体投资项目开放度较低。

5）衍生工具项目开放度分析

摩尔多瓦衍生工具项目流出开放度在 1999～2019 年波动不明显，仅在 2009 年摩尔多瓦对投资公司要求的披露内容管制加强，使得衍生工具项目开放度当年紧缩。

6）商业信贷项目开放度分析

摩尔多瓦的商业信贷项目流出开放度整体上共经历过 6 次波动，基本方向为放松商业信贷项目管制。摩尔多瓦的商业信贷项目的流出开放程度在1999~2019 年呈现放松状态;而商业信贷项目的流入开放政策除去 2007 年与 2009 年有所调整之外,整体变化不大。

7)金融信贷项目开放度分析

摩尔多瓦的金融信贷项目的流出开放度在 1999~2019 年不断增大;而流入开放度在 2006 年受到了三次管制紧缩后,在 2006 年、2009 年均受到了宽松政策影响,使得金融信贷项目流入开放度有所上升。最终该项目总体开放度呈现阶梯状上升。

8)担保、保证和备用融资便利项目开放度分析

摩尔多瓦的担保、保证和备用融资便利项目的流入和流出开放度整体较为平稳,变动较小,影响也较小。

9)直接投资项目开放度分析

摩尔多瓦的直接投资项目开放度在特定的时点会有所变动,直接投资项目流出开放度在 1999~2017 年始终保持大幅度上升的状态,但在 2018 年以后,直接投资项目流出开放度开始下降。

10)不动产市场项目开放度分析

摩尔多瓦不动产市场项目流出开放度在1999~2019 年仅仅经历过 1 次波动:2006 年,摩尔多瓦居民被允许进行海外房地产投资,并且规定居民可以在未经外汇管理局许可的情况下在境外开立外汇账户用于房地产投资,这一政策使得该国不动产市场项目受管制程度降低。

2. 乌克兰

1)股权市场项目开放度分析

从 2014 年开始,乌克兰股权市场项目开放度开始发生变化。自 2014 年开始,乌克兰对股权市场项目的管制加强,至 2017 年才开始放松股权市场项

目的管制。随后该国股权市场项目放松—收紧状态一直交替出现。整体来看，乌克兰对股权市场项目流入开放的管制水平要高于对流出开放的管制水平。

2）债券市场项目开放度分析

乌克兰债券市场项目的流入开放度、流出开放度和总体开放度在1999～2019年变化较为频繁，出现了相对稳定或急速调整的多个时期。其中，各指标在1999～2018年的变化均不大，该时间内的相关政策具体来看有：1999年，取消非居民持有国债收益转移的限制；2005年，禁止非居民购买期限少于12个月的政府债券；2013年《乌克兰证券和股票市场法》修正案为国际金融机构在乌克兰境内发行格里夫尼亚债券提供了可能；2018年3月，乌克兰允许购买和转让外汇以将股息汇回国外给外国投资者。

2019年，乌克兰债券市场项目流入开放度出现阶梯性上升。从最终结果来看，流入开放度保持在较高的水平。综合来看，该项目的总体开放度得到了提升。

3）货币市场项目开放度分析

乌克兰货币市场项目流出开放度相较于流入开放度变动频率更大。具体而言，2018年，乌克兰取消了银行每天在银行间和零售市场上买入外汇的限额，这一限额适用于银行对外汇和银行金属买卖的"现货"交易；2019年乌克兰允许境外投资者在乌克兰境内买卖证券、获得权益与法定资本，以及境外投资者退出时等交易所得的资金汇回境外。

4）集体投资项目开放度分析

乌克兰集体投资项目的流出开放度与总体开放度在1999～2019年小幅波动。各指标主要在2010年、2011年和2017年出现波动，并体现为放松—收紧的交替变动情况，这可能与乌克兰政府实施多项针对集体投资项目开放的政策有关。具体来看，主要的政策有：2010年，外国在乌克兰投资的格里夫纳资金必须存入一家授权银行的分析账户5天，然后才能兑换成外币并转移到国外。这项规定不影响外国投资者从涉及乌克兰证券交易所第一级上市证券的交易中购买外汇，但在证券交易所以外进行的涉及购买和出售这些证券的交易除外。2011 年，以上限制被彻底取消。2017 年，允许居民或实体法人在个人许可证的基础上每年在国外购买和转移高达 200 万美元或等值的外汇用于投资。以前，这一数额限制在每月 5 万美元。

整体而言，1999～2019 年，乌克兰集体投资项目流出开放度与总体开放度小幅波动。其中值得注意的是，在 2017 年以后，集体投资项目累计开放度增加，账户呈现开放趋势。

5）衍生工具项目开放度分析

乌克兰衍生工具项目的流出、总体开放度在 1999～2019 年出现了从基本稳定到开放度小幅增大的过程。其中，1999～2016 年指标变化幅度较小。2017 年以来，衍生工具项目流出开放政策不断调整，总体开放水平变动频繁。具体而言：2017 年，乌克兰允许银行进行涉及衍生品的股票市场交易；2018 年规定银行可以与外国经济主体客户或其他授权银行进行远期交易；2019 年，乌克兰允许居民在规定的金额限额内，将外币转移到自己在国外开设的账户上，且不再需要国家银行的许可。衍生工具项目流入开放度在 1999～2019 年未发生任何波动。上述分析表明，乌克兰政府对衍生工具项目开放持谨慎态度。

衍生工具项目开放程度在 1999～2016 年基本不变。在 2016 年以后，衍生工具项目累计开放度出现小幅度上升。从最终结果来看，衍生工具项目的开放程度得到了加强。

6）商业信贷项目开放度分析

1999～2019 年，乌克兰商业信贷项目的相关政策变动较为频繁。其中，变动以商业信贷项目流出政策为主，流入政策为辅。具体而言：1999 年，乌克兰消除在当地发放外汇信贷的限制；2003 年，自然人在乌克兰中央银行登记后，可以从非居民那里获得信贷，一年或一年以下的银行信贷不再需要登记；2006 年 3 月，乌克兰要求银行在中央银行中持有非居民外汇信贷的 20%，到期时间不超过 180 天，可取消作为无报酬准备金的要求；2019 年 2 月，货物和服务交付时间超过 365 天（以前为 180 天）的，经执行经济发展政策的中央行政机关批准，可以延长一段时间。这说明乌克兰的商业信贷项目流出开放程度得到放松。

商业信贷项目流入开放度、流出开放度与总体开放度数值在 1999~2006 年始终保持在初始水平，未有变动。而自 2007 年起，商业信贷项目开放度出现大幅度变动。其中，总体开放度最终维持在较高的开放水平，双方向的开放水平也是较高的。

7）金融信贷项目开放度分析

乌克兰金融信贷项目的流入开放度、流出开放度与总体开放度在 1999~2019 年出现大幅度变化，且处在放松—紧缩—放松—紧缩的反复交替中。其中，金融信贷项目流入开放度的政策变动较多。具体而言，2009 年 2 月，乌克兰银行将非居民银行和金融机构存款准备金率上调至 2%；同年 11 月，禁止居民借款人同意提前赎回非居民的外币信贷和贷款；2010 年，乌克兰央行授权银行恢复 20%的准备金要求，用于向非居民提供短期（至多 6 个月）外汇存款或贷款；2011 年，规定金融机构不得将资金直接拨给非居民服务机构，向不从事经营活动的个人发放外币贷款，但支付非居民医疗或指导服务费用除外；2014 年，乌克兰国家银行对非居民外汇短期（最多 6 个月）存款或贷款的准备金要求从 20%下调至零。

金融信贷项目流入开放度、流出开放度与总体开放度在 1999~2019 年出现大幅度变动。金融信贷项目流入开放度、流出开放度最终都显示为受到极大强度的管控，总体开放度最终显示为被严格收紧。

8）担保、保证和备用融资便利项目开放度分析

乌克兰担保、保证和备用融资便利项目的流入开放度、流出开放度和总体开放度在 1999~2019 年保持基本稳定，仅在 2000 年、2016 年和 2018 年

出台了相关政策。最终政策叠加效果显示，乌克兰政府对担保、保证和备用融资便利项目开放持谨慎态度，该资本账户项目受到一定程度的双向管制。

9）直接投资项目开放度分析

乌克兰从 2010 年开始放松对直接投资项目的管制，随后在 2014 年又出台两项政策，加强了对直接投资项目的管制。此后，除 2019 年出台一项政策放松管制之外，其他时间内均采取了多项举措加强直接投资项目的管制。整体而言，直接投资项目的开放范围是在缩减的，说明乌克兰政府对直接投资项目开放持谨慎态度。

10）不动产市场项目开放度分析

乌克兰不动产市场项目的流出开放度和总体开放度在 1999～2019 年基本保持稳定，仅在 2019 年乌克兰不动产市场项目流出开放度出现一次放松。乌克兰不动产市场项目流入开放度在 1999～2019 年未发生任何变动，这表明乌克兰政府对外国资本进入乌克兰不动产市场的严格谨慎态度。

6.3　美洲中低收入国家指标测度及特征分析

6.3.1　资本账户开放背景

1. 玻利维亚

玻利维亚（Bolivia）位于南美洲，矿物质资源丰富，但在 2005 年之前政局动荡，经济发展迟缓，是南美洲最贫穷的国家之一。近年来，玻利维亚政局总体较为稳定，经济社会发展，国家财政状况良好。2005 年末起，玻利维亚摒弃了新自由主义经济政策，通过加强国家对经济的干预实现了国家经济增长，有关的经济改革举措取得了积极成效，财税收入稳步增长，宏观经济运行平稳,经济总量逐渐攀升。据统计,玻利维亚 GDP 总量从 2006 年的 114.5

亿美元上升至 2019 年的 409.0 亿美元，人均收入增长率也较为稳定。

玻利维亚金融业不发达，证券市场规模相对较小，政府在国内经济逐步发展的同时，也在尝试开放资本账户，积极改善投资环境，借此提高综合经济水平。因此结合玻利维亚的历史及经济发展历程，把握其相应的资本账户开放对于研究该国经济发展具有重要的现实意义。

2. 萨尔瓦多

萨尔瓦多（El Salvador）国内经济以农业为主，工业基础薄弱。2008 年左右，萨尔瓦多受国际经济和金融危机的负面影响，经济增长速度相对缓慢。2020 年，萨尔瓦多 GDP 为 246.39 亿美元，人均 GDP 为 3798.63 美元。2020 年，萨尔瓦多人类发展指数为 0.673，该数值属于中等水平，根据世界银行分类标准，萨尔瓦多属于中低收入国家。

3. 洪都拉斯

根据世界银行划分标准，洪都拉斯（Honduras）属于中低收入国家。2020 年，洪都拉斯 GDP 增长率约为 2.7%，通货膨胀率为 3.63%。从 1999 年至 2019 年，洪都拉斯对资本账户的开放态度较为积极。总体上，洪都拉斯资本账户呈现逐渐开放的状态。但在个别时期，该国资本账户开放也存在加强管制的情况，可以理解为洪都拉斯根据国内外环境做了适时的调整，但该调整不影响总体扩大开放的程度。

4. 尼加拉瓜

尼加拉瓜（Nicaragua）的主要产业是农牧业，主要生产棉花、咖啡、甘蔗、香蕉等农作物和肉类，其他资源严重依赖外援。尼加拉瓜十分重视经营贸易等经常账户，却忽略了资本账户开放的脚步。

尼加拉瓜的资本账户基本处于严格的政府政策管制之下。在 1999~2019 年，尼加拉瓜始终坚持资本账户管制政策，仅在较少年份基于形势开放资本账户。

6.3.2　资本账户双向开放指标测度及特征分析

1. 玻利维亚

近些年，玻利维亚政局稳定，经济发展速度较快。伴随其经济快速增长，玻利维亚政府正在尝试着对资本账户进行开放。但总体而言，玻利维亚的资本账户并未全面开放，政府对各项目的资本流动开放持严格管制态度。

1）玻利维亚资本账户开放程度变化

如图 6.32 所示，1999～2002 年，玻利维亚资本账户的开放程度相关政策变化相对较少，这主要与 2002 年前由于世界政治环境以及自身经济实力、调控应对能力有限，玻利维亚资本账户政策性暂时封闭有关。2002 年后，玻利维亚资本账户开放力度呈收紧趋势。这与玻利维亚政府在该时间段所实施的相关政策密切相关。具体而言，2003 年玻利维亚央行开始对保险公司的海外投资及外汇头寸的额度进行限制，并于 2004 年与 2005 年进一步减小相应额度，这主要受当时玻利维亚的国内政治局势影响。在 2005 年 12 月莫拉莱斯当选总统后，玻利维亚政局开始趋于稳定，而政府也在此时逐步放开对资本账户的管制。例如，2006 年玻利维亚下调对外币贷款征税的额度，2007 年

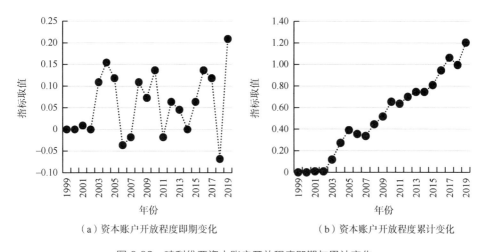

（a）资本账户开放程度即期变化　　　　（b）资本账户开放程度累计变化

图 6.32　玻利维亚资本账户开放程度即期与累计变化

先后进行两次外币存款准备金率的下调。以上举措表明玻利维亚对于资本账户的开放是应时应需进行调整的。

总体而言，在 2002 年后玻利维亚资本账户开放程度有收紧的趋势，这可能与玻利维亚的政治经济环境有关。2003～2019 年，其资本账户流动收紧趋势的累计变化速度较快,这表明玻利维亚自 2003 年以来资本账户的总体开放程度急剧下降，资本内外流通受到很大抑制。

2）玻利维亚资本账户双向开放情况

（1）资本账户流入开放。如图 6.33 所示，在 1999～2015 年，玻利维亚资本账户流入开放程度呈现收紧趋势,而该趋势在 2016 年及之后有一定程度缓和，管制力度有所减小。

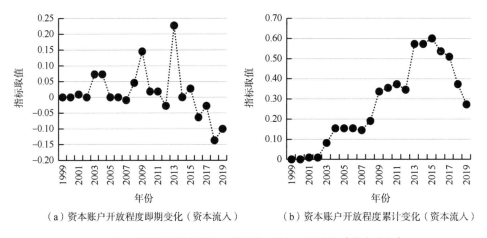

（a）资本账户开放程度即期变化（资本流入）　　（b）资本账户开放程度累计变化（资本流入）

图 6.33　玻利维亚资本账户开放程度即期与累计变化（资本流入）

1999～2015 年，玻利维亚金融市场欠发达，玻利维亚政府对资本流入进行严格管制。而自 2016 年起，玻利维亚经济状况、国家财政状况向好，政府开始逐步放松对资本流入的管制。例如，2016 年政府放松对外汇买卖的管制，2017 年放松对外币债券投资的监管。由图 6.33 可知，即便在 2016 年资本流入开放力度相比之前较为放松的情况下，玻利维亚的资本账户流入开放程度依旧呈现管制状态,这说明 2016 年玻利维亚可能针对当年的经济金融环境需要做了应时调整,但是对于跨境资本账户流入开放仍然持有非常严谨的态度。

（2）资本账户流出开放。由图 6.34 可知，在玻利维亚政府限制外来资本流入的前提下，玻利维亚同样限制本国资本进入国外市场进行运作，这反映了玻利维亚资本账户开放是内外双向、同时进行的成果累加。

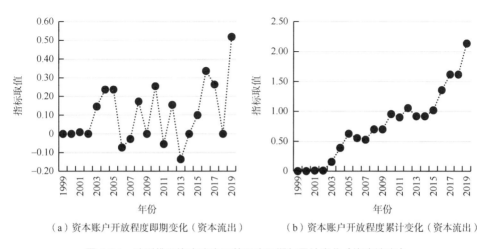

（a）资本账户开放程度即期变化（资本流出）　　（b）资本账户开放程度累计变化（资本流出）

图 6.34　玻利维亚资本账户开放程度即期与累计变化（资本流出）

1999～2019 年，玻利维亚政府经常采取提高境内保险、证券等公司对外投资限额等一系列收紧措施，对资本流出加以管制。虽然会在经济形势利好的情况下放松资本管制，比如放松对金融机构外汇头寸的卖空限制，但总体而言，玻利维亚对资本流出管制较为严格。这在图 6.34 内也有所体现。

2. 萨尔瓦多

萨尔瓦多资本账户整体开放状况总体呈现放松的趋势，整体开放程度先紧缩后放松。

1）萨尔瓦多资本账户开放程度变化

如图 6.35 所示，萨尔瓦多在 1999～2019 年资本账户开放力度发生了不同程度的变动,早期以资本管制为主,近期开始进行积极的开放尝试。自 1999

年至 2019 年，萨尔瓦多资本账户呈现先管制后开放的状态，尤其是 2017～2019 年，开放程度大幅增强。

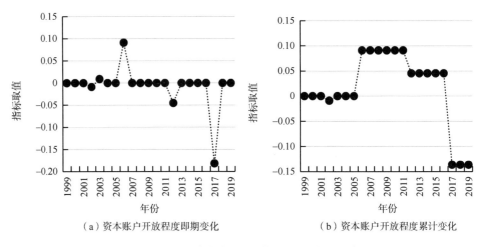

（a）资本账户开放程度即期变化　　　　　（b）资本账户开放程度累计变化

图 6.35　萨尔瓦多资本账户开放程度即期与累计变化

2）萨尔瓦多资本账户双向开放情况

（1）资本账户流入开放。由图 6.36 可知，萨尔瓦多跨境资本流入开放早期较为谨慎，维持在一定管制水平，但 2017～2019 年呈现出积极的开放趋势，开放程度大幅度扩大。

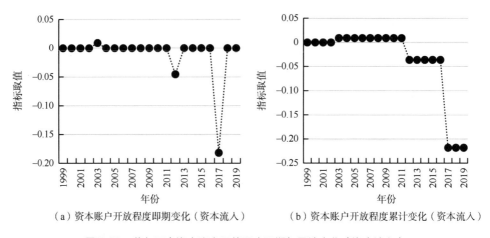

（a）资本账户开放程度即期变化（资本流入）　　（b）资本账户开放程度累计变化（资本流入）

图 6.36　萨尔瓦多资本账户开放程度即期与累计变化（资本流入）

（2）资本账户流出开放。如图 6.37 所示，萨尔瓦多的资本账户流出开放趋势同总体开放趋势更为一致，亦表现出早期加紧管制，近期大幅开放尝试的政策导向。

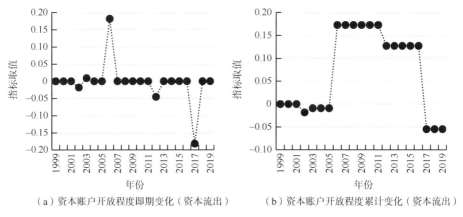

（a）资本账户开放程度即期变化（资本流出）　　（b）资本账户开放程度累计变化（资本流出）

图 6.37　萨尔瓦多资本账户开放程度即期与累计变化（资本流出）

3. 洪都拉斯

1）洪都拉斯资本账户开放程度变化

如图 6.38 所示，洪都拉斯 1999～2019 年的资本账户开放程度变化波动较大，这主要是由洪都拉斯放宽金融信贷项目开放的限制所致。

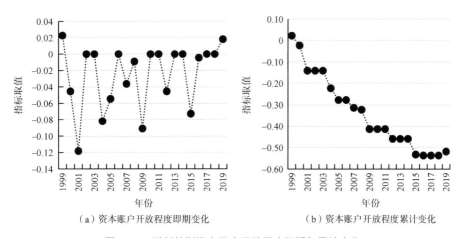

（a）资本账户开放程度即期变化　　（b）资本账户开放程度累计变化

图 6.38　洪都拉斯资本账户开放程度即期与累计变化

2001 年和 2009 年，洪都拉斯资本账户开放程度即期变化明显加强。具体说来，洪都拉斯在 2001 年 5 月和 9 月进一步降低了存款利率，2009 年 3 月降低了存款准备金率，8 月放宽对本币强制投资的要求。

1999～2019 年，洪都拉斯尽管在部分年份相对上一年实施了资本管制，但资本账户开放程度呈现上升趋势，主要表现在商业银行对存款准备金率进行下调，金融机构被授权以贷款、背书和议付信用证的形式对外借款，无须事先得到中央进出口银行的批准，促使资本账户开放逐渐深入，由此反映了资本账户的总体开放程度急剧上升，资本内外自由流通加强的状况。

2）洪都拉斯资本账户双向开放情况

（1）资本账户流入开放。如图 6.39 所示，洪都拉斯 2009 年资本流入方向的放松程度最为明显，主要原因可能是，2009 年 3 月降低了存款准备金率的相关要求，同年 8 月放宽了对本币强制投资政府债的资金要求。1999～2003 年洪都拉斯资本账户对外呈略微封闭状态，2004 年至 2018 年，开放状态呈阶梯状逐年上升。

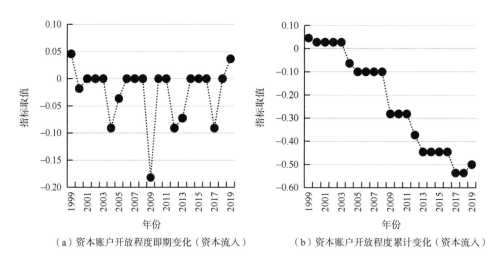

（a）资本账户开放程度即期变化（资本流入）　　（b）资本账户开放程度累计变化（资本流入）

图 6.39　洪都拉斯资本账户开放程度即期与累计变化（资本流入）

（2）资本账户流出开放。如图 6.40 所示，洪都拉斯资本流出既有放松的相关政策，又有加强管制的政策。总体来看，洪都拉斯以放松资本流出管制为主，仅在 2013 年和 2017 年加强了资本流出的管制力度。这可能是因为 2013 年 2 月该国永久性投资设施适用的利率增加，2017 年 4 月加强了对外币现金交易的管制措施。由图 6.40 可知，1999～2012 年，洪都拉斯鼓励资本流出。除了在 2013 年与 2017 年跨境资本流出管制小幅增强外，洪都拉斯资本流出开放程度整体增大。

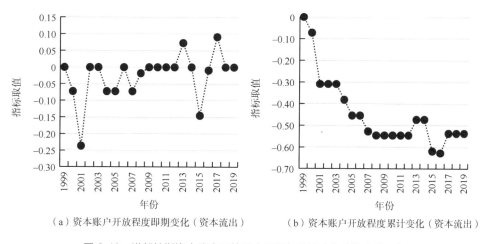

（a）资本账户开放程度即期变化（资本流出）　　　（b）资本账户开放程度累计变化（资本流出）

图 6.40　洪都拉斯资本账户开放程度即期与累计变化（资本流出）

4. 尼加拉瓜

总体而言，自 1999 年尼加拉瓜资本账户开放有政策记录以来，尼加拉瓜资本内向、外向流通的管制政策程度整体呈现增强趋势，而这明确反映在年度政策效应的累加与总体政策趋势效应变化中。

1）尼加拉瓜资本账户开放程度变化

1999～2019 年，尼加拉瓜政府仅在 2000 年、2001 年、2005 年、2011 年及 2017 年颁布政策，调控了资本账户开放力度，其余年份资本账户开放力度则保持不变。详细来说，尼加拉瓜在 2000 年授权发行 2000 万美元的外币债券，通过商业银行进行分配和再分配；2001 年提高了最低存款准备金率，最低存款准备金率从 16.25%暂时提高到 19.25%；2005 年，尼加拉瓜将适用准备金要求的存款基数扩大到外币存款范围。之后，尼加拉瓜基于资本账户开放条件还未成熟的状况进行判断，在 2011 年与 2017 年对资本账户的开放程度进行了微调，最后导致尼加拉瓜资本账户整体开放程度减小。

总体而言，在 1999 年后，尼加拉瓜资本账户开放的政策性导向呈现先开放后管制的趋势，这与当时尼加拉瓜国际环境及经济金融发展要求是匹配的。

2）尼加拉瓜资本账户双向开放情况

（1）资本账户流入开放。尼加拉瓜资本账户流入开放水平呈现平稳趋势，在 1999～2019 年几乎没有变动。

（2）资本账户流出开放。2019 年，尼加拉瓜允许本国资本进入国外市场进行运作，尼加拉瓜资本对外流动限制体现了应时波动的特点，但其总体管制趋势是逐渐加强的。资本流出受到管制带来尼加拉瓜资本账户总体开放程度的减弱。

6.3.3　资本账户子项目双向开放指标测度及特征分析

1. 玻利维亚

1）股权市场项目开放度分析

玻利维亚股权市场项目的流出开放度在 1999～2015 年总体呈现平稳趋势，只在 2016 年、2019 年出现波动，这可能与玻利维亚政府在这些年份实施的针对股权市场项目资本流动的政策有关。具体来看，例如，2016 年限制多边融资组织的股份投资不得超过银行监管资本的 40%，而辅助性金融服务公司股份、证券、保险、养老企业和开发银行的投资，不得超过其法定资本等。同时，金融中介机构在境外投资定期存款和证券的限额不得超过其监管资本的 25%，而此前，该比例为 50% 以内。2019 年，玻利维亚保险公司的外资投资上限从 10% 降至 7%。在 1999～2019 年，未有针对股权市场项目资本流入的相关政策及规定。这表明玻利维亚政府在对股权市场项目资本流入持严谨态度的同时，对资本流出加以严格管制。

累计来看，玻利维亚股权市场项目流出开放度在 1999～2015 年基本未受到任何政策改变的影响，而在 2016～2019 年出现大幅度变动；流入开放度在数据库样本年份中一直维持在未受管制，亦未放松的状态。总体结果为，股权市场项目总体开放度受到管制。

2）债券市场项目开放度分析

玻利维亚债券市场项目资本流动受管制情况与股权市场项目类似，即在 1999～2015 年债券市场项目的资本流出开放度一直保持平稳态势，只在 2016 年、2019 年出现波动。具体而言，2016 年规定，玻利维亚金融中介机构对境外债务工具的投资限制为监管资本的 25%；此前，金融中介机构的海外投资不得超过每个实体净资产的 50%。2019 年，玻利维亚保险公司的外资投资上限从 10% 降至 7%。这些政策均表明玻利维亚政府对于债券市场项目资本流出方向采取较为严格的管制政策。但同时，政府会随经济形势变动对相应资本流动进行适当放松。累计来看，债券市场项目流出开放度在 1999～2015 年始终保持水平，在 2016 年受到境外债务工具投资限制的前提下，于 2019 年体现为受管制程度收紧。而流入开放度在 1999～2019 年一直未发生任何波动。

3）货币市场项目开放度分析

玻利维亚的货币市场项目流入开放度、流出开放度在 1999～2019 年波动较为频繁，这可能是玻利维亚对货币市场项目进行频繁的政策调整所致。主要包括对外汇存款准备金率的短期调整、在外汇市场买卖外汇及货币市场工具的境外投资几种情形。具体而言，针对外汇存款准备金，比如 2001 年 11 月，相关政策规定对期限不超过 360 天的外币定期存款，规定 2%的存款准备金率。2007 年 1 月将外币和本币附加准备金的计算基准率由 80%降至 70%，同年 7 月进一步将该额度降低为 60%。这表明玻利维亚政府对外币存款准备金率的调整极为重视，会应需进行调整，而产生相应的资本流动。整体来看，货币市场项目开放度在 1999～2019 年呈现大幅度收紧，种种政策表明玻利维亚政府对于货币市场项目资本流动持较为严格的管制态度。

4）集体投资项目开放度分析

在 1999～2019 年，玻利维亚的集体投资项目的开放度波动集中发生在 2011～2019 年，但基本由资本流出相关政策变动引起，而资本流入方面未发生任何波动。该情形由该国针对集体投资项目实施的相关政策引起。具体来看，比如，2006 年，玻利维亚新法规定对所有外币存款（包括本金和利息）以及投资基金股份征税，包括赎回股票和收益。2010 年规定，外国投资不得超过所管理基金的 50%。2011 年规定，保险公司海外投资的上限由其投资资源的 10%提高至 12%，此后又做出了不同方向的调整。以上政策调整表明玻利维亚对于集体投资项目是进行应时应需调整的。

集体投资项目流出开放度在 1999～2005 年始终保持稳定，在 2006～2010 年出现下降后，2011 年又出现了上升，随后又经历了长时间、广范围的管制，其他管制政策参见 GKAOPEN 数据库。最终，集体投资项目流出开放度与总体开放度均受到紧缩管制，而流入方向的开放度保持不变。

5）衍生工具项目开放度分析

1999～2019 年，玻利维亚衍生工具项目的流出开放度只在个别年份出现波动，其中 1999～2009 年一直维持在水平状态。在 2010 年、2012 年、2017 年，玻利维亚政府对衍生工具项目的资本流动是收紧管制的。比如，2012 年玻利维亚中央银行董事会决议将保险公司的最大海外投资从其总投资的 12%

减少到 10%。这表明玻利维亚的对外投资受到了限制。2011 年与 2013 年衍生工具项目流出开放度出现负向波动，均是针对海外投资限制的一系列反向操作（即放松衍生工具项目资本流动的政策措施）。比如，2013 年玻利维亚中央银行根据理事会第 30/2013 号决议，将保险公司海外投资的上限从其投资资源的 10%调整为 30%。衍生工具项目流入开放度一直未发生变化。上述分析表明，玻利维亚政府对衍生工具项目资本流出开放是结合政治经济形势进行灵活调整的，对衍生工具项目资本流入一直持谨慎态度，未曾有相关政策尝试。

6）商业信贷项目开放度分析

玻利维亚对于商业信贷项目的资本流动持较为谨慎的态度，在 1999～2019 年只有过一条政策规定对商业信贷项目的资本流动进行限制，即根据 2013 年 12 月 27 日第 466 号法律，公共企业的外债必须由公共企业高级战略委员会批准，以此对商业信贷、金融信贷等进行了较为严格的限制。

7）金融信贷项目开放度分析

玻利维亚金融信贷项目的流入开放度、流出开放度与总体开放度在 1999～2019 年波动较为频繁，这可能是玻利维亚对金融信贷项目进行频繁的政策调整所致。玻利维亚政府对于金融信贷项目资本流动大多数时候是趋于管制的，只在个别年份进行了一定程度的放松。具体而言，玻利维亚对金融信贷项目的资本流动的管制主要通过外汇头寸的额度限制、长期外币存款准备金率等途径。比如，2003 年央行对外汇空头头寸的限制为资本和储备价值的 20%，以及与之挂钩的外币和本币组合的损失准备金余额的 100%；2005 年该数值进一步降为 25%。此举表明玻利维亚政府对金融信贷项目的资本流动管制逐步趋于严格。此外，玻利维亚还通过调整长期外币存款准备金率来调控本国的金融信贷项目的资本流动。比如，2010 年政府出台相关协议，表示将提升外汇存款准备金率 15 个百分点，而外币存款的额外流动资产要求从

30%提高到 45%。

总体看来，玻利维亚的金融信贷项目总体开放度、流出开放度、流入开放度数值均呈大幅度上升，且累计为正，表明玻利维亚政府对于金融信贷项目的开放持有较为谨慎的态度。虽然会应需对该项目资本账户进行开放，但大多数时候都是趋于管制的。

8）直接投资项目开放度分析

玻利维亚直接投资项目的流出开放度在 1999～2019 年波动较为频繁，从 2003 年开始，玻利维亚政府开始对直接投资项目采取管制措施。此后年间，一直有相关的政策措施来对直接投资项目的资本流出进行管制。例如，2003 年、2004 年开始设置保险公司海外投资限额。2008 年，玻利维亚央行规定保险公司海外投资的最高额度为 12%。与此类似，此后年间玻利维亚央行对保险公司海外投资上限的最高额度又进行了多次调整，表明玻利维亚政府对于直接投资项目资本流出较为重视，会根据整体经济状况进行应时调整。而针对直接投资项目的资本流入，在 1999～2019 年未曾观测到任何政策波动，说明在这段时间玻利维亚政府未进行过直接投资项目资本流入的相关政策尝试。

整体来看，直接投资项目流出开放度在 1999～2019 年呈现大幅度下降，而流入开放度一直呈水平状态，表明玻利维亚政府对于直接投资项目资本流动持有较为严格的管制态度。

2. 萨尔瓦多

1）股权市场项目开放度分析

萨尔瓦多股权市场项目的流入开放度、流出开放度和总体开放度在 1999～2019 年表现出极强的稳定性，仅在 2006 年和 2017 年出现波动。2006 年，萨尔瓦多股权市场项目流出开放度经历了小幅度的收紧，对应的政策变动为：养老基金被允许在萨尔瓦多证券交易所上市的公开发行的工具上投资最多 20%，加强了对股权市场项目资本流出的管制。2017 年 10 月，萨尔瓦多政府实施的将养老基金投资于外国证券和外国投资基金参与凭证的投资比例从 10%放松至 30%，流入开放度和流出开放度均有所增大，而总体开放程度也相应地增大。

2）债券市场项目开放度分析

萨尔瓦多债券市场项目开放度的变化情况与上述股权市场项目开放度的分析一致，债券市场项目流入和流出开放度在 2006 年和 2017 年因为相同的政策出现相同方向和相同幅度的变动。

3）货币市场项目开放度分析

萨尔瓦多货币市场项目的流入、流出和总体开放度在 1999～2019 年表现出极强的稳定性，仅在两个年份出现波动。其中，流出开放度在 2003 年和 2017 年出现两次管制方向波动，对应的政策变动为，2003 年 7 月 1 日，金融机构对外借贷的准备金要求从 5%开始逐渐提高，到 2003 年 12 月 30 日达到 8%。2017 年，流入和流出开放度均呈现负向波动，数值从 0 变动至–0.40，这主要和当年出台的政策有关，如该国养老基金可以投资于外国证券和外国投资基金参与凭证，投资比例从 10%放松至 30%，该举措进一步加大了萨尔瓦多货币市场项目的开放力度。

对应于上述时点变化，累计来看，萨尔瓦多的货币市场项目流入开放度提升，流出开放度下降，总体开放度最终呈现为增大。

4）集体投资项目开放度分析

萨尔瓦多集体投资项目的流入开放度、流出开放度与总体开放度在 1999～2019 年除少数年份出现波动外，总体上表现较平稳。其中，各指标主要在 2006 年和 2017 年出现波动，且流入开放度、流出开放度的政策变动方向不一。这可能与萨尔瓦多政府在该年份实施多项针对集体投资项目开放的政策有关，具体来看，2006 年，根据萨尔瓦多风险委员会的授权，该国养老基金被允许通过证券交易所上市的公开发行的金融工具进行投资，最多占总投资额的 20%；2017 年，萨尔瓦多养老基金可以被投资于外国证券和外国投资基金，投资比例从养老基金总量的 10% 放松至 30%。

5）衍生工具项目开放度分析

萨尔瓦多衍生工具项目流出开放度在 2006 年受到紧缩政策的管控，而在 2012 年、2017 年政策有所放松；流入开放度在 2012 年和 2017 年同样呈现放松。2012 年，萨尔瓦多中央储备银行董事会批准了涉及货币远期业务的最低指导方针，使系统内的银行能够从事此类业务。2017 年，萨尔瓦多衍生工具项目流入开放度的放松来源与集体投资项目一致，在此不做赘述。分析可知，萨尔瓦多衍生工具项目流出开放度即期变化幅度高于流入开放度即期变化幅度，流出开放度相较于流入开放度颁布政策较多，这说明衍生工具项目开放度不断扩大，但流入开放的步伐仍相对滞后于流出开放。

3. 洪都拉斯

1）股权市场项目开放度分析

洪都拉斯股权市场项目的流入开放度、流出开放度与总体开放度除在 1999 年、2016 年和 2017 年出现较大幅度的波动外，总体上较为平稳。1999 年股权市场项目的流入开放度为 0.50。该年洪都拉斯发布政策规定：非本国居民不得在洪都拉斯 B 股市场上进行交易，说明洪都拉斯的股权市场项目流入开放受到管制。2016 年股权市场项目的流出开放度为 -0.10，因为自该年 10 月起，洪都拉斯的一级境外金融机构流动投资准备金率被降至零；同样，作为其股东的国内存款机构可以在那里保持高达其外汇投资总额的 5% 的投资。2017 年 8 月起，机构在洪都拉斯进行外国企业、机构和政府发行的证券投资最多可占其获得资金资源的 10%，若经国家银行保险委员会事先批准，可再增加 10%。

2）债券市场项目开放度分析

洪都拉斯债券市场项目流入开放度、流出开放度与总体开放度在 1999～2019 年变动较少,流入开放度在 2009 年和 2017 年有所增大。2009 年洪都拉斯国内债券市场强制性投资要求修订如下：①2009 年 6 月 30 日前,洪都拉斯政府发行的债券投资比例最高可达 5%；②自 2009 年 8 月 15 日起,之后发行、期限少于 3 年的政府债券的投资比例不得超过 3%（以前,要求 2008 年和 2009 年发行的政府债券的强制投资比例不得超过 8%）；③2017 年 8 月,对非居民发行证券的限制减弱,流入开放度即期变化加大。

3）货币市场项目开放度分析

洪都拉斯货币市场项目流入开放度在 1999～2019 年未发生变化。货币市场项目流出开放度在 1999～2019 年变动较少,在政策上表现为减少对非居民发行证券的限制。仅在 2017 年出现一次负向跳动,在 2019 年出现一次正向跳动,幅度均为 0.40。

4）商业信贷项目开放度分析

洪都拉斯商业信贷项目的流入开放度、流出开放度与总体开放度除了在 2004 年和 2009 年发生变化外,其余时间始终保持不变。其中,流入开放度在 2004 年发生一次变化,放松了对商业信贷项目的管制。自 2004 年 6 月 10 日起,洪都拉斯金融机构被授权以贷款、背书和议付信用证的形式对外借款,无须事先得到中央进出口银行的批准,但这些贷款的限额为该机构资本和储备的三倍。2009 年,商业银行的存款准备金率被规定为 29%,美元存款准备金率为 34%；住房和一般储蓄的存款准备金率为 17.5%,美元存款准备金率为 22.5%；此前,这些比例分别为 30%、31%、18%和 19.5%。所以,这一时期洪都拉斯对商业信贷项目的开放持积极态度。

5）金融信贷项目开放度分析

洪都拉斯金融信贷项目的流入、流出与总体开放度在 1999～2019 年呈现加大的态势。无论是金融信贷项目的流入开放度还是流出开放度，变化均较为频繁，并且流出开放程度以增强为主。例如 2000 年，商业银行法定有价证券存款要求从 13%降至 11%，之后又降至 10%。在流入开放方面共发生四次变化，只有 2004 年 9 月是加强管制。2004 年 9 月，银行、非银行金融机构、储蓄与贷款协会对所有本外币存款的无报酬准备金率要求为 12%。自 2004 年 11 月 13 日起的两周,金融机构被临时要求维持相当于其本外币负债的 2% 的强制性投资，而这些负债须符合准备金要求。流入开放受到的管制加强。总体来看，洪都拉斯对金融信贷项目的开放秉持着较积极的态度。

4. 尼加拉瓜

1）债券市场项目开放度分析

尼加拉瓜债券市场项目的流入开放度、流出开放度和总体开放度变化相对稳定。但在 2000 年，债券市场项目开放度上升，呈现开放趋势增大。具体来看有：2000 年 3 月，尼加拉瓜央行被授权发行 2000 万美元的外币债券，且通过商业银行进行分配和再分配。上述分析说明，尼加拉瓜债券市场项目开放度有所扩大，但流入开放的步伐仍相对滞后。

2）货币市场项目开放度分析

1999～2019 年，尼加拉瓜货币市场项目的流入开放度、流出开放度与总体开放度只在个别年份出现波动。其中，各指标在 1999～2004 年十分稳定，但自 2005 年开始出现波动,且尼加拉瓜政府在该阶段实施了针对货币市场项目开放的政策。具体而言，2005 年，尼加拉瓜将适用准备金要求的存款基数扩大到外币存款范围。可以看到，尼加拉瓜货币市场项目流出开放度相较于流入开放度变化幅度较大。

3）金融信贷项目开放度分析

尼加拉瓜金融信贷项目的流入开放度、流出开放度与总体开放度在 1999～2019 年整体呈现平稳趋势，仅在 2001 年出现大幅度的波动。可能是该段时间出现金融信贷项目的政策调整所致，具体而言，2001 年 8 月，最低存款准备金率从 16.25% 暂时提高到 19.25%，该政策减弱了尼加拉瓜金融信贷项目的开放程度。

6.4　非洲中低收入国家指标测度及特征分析

6.4.1　资本账户开放背景

1. 阿尔及利亚

阿尔及利亚（Algeria）属于非洲经济状况较为良好的国家之一，石油与天然气产业是阿尔及利亚国民经济的支柱。2009～2014 年，国际油价的飙升使得阿尔及利亚的经济发展增速始终保持在相对高位，同时阿尔及利亚政府在该时期鼓励外来资本参与本国经济建设。2014 年下半年后，油价下跌对阿尔及利亚经济影响较大，政府由于预算紧张逐渐减少公共领域投资。据世界银行数据库统计，2019 年阿尔及利亚人均国民净收入为 3114.08 美元。就其资本账户开放状况而言，阿尔及利亚实行外汇管制，仅实现经常项目下部分可兑换，中央银行掌控所有外汇资源。然而，自 20 世纪 90 年代阿尔及利亚政府废除外贸垄断体制后，该国外汇管制已大幅放宽，资金跨境流动相较从前更加自由。

2. 安哥拉

自 1975 年安哥拉（Angola）正式独立后，国内陷入了长达 27 年的内战状态，国民经济因此受到了极大的打击。2002 年安哥拉内战结束，该国政府将工作重点转向恢复本国经济与社会发展，安哥拉进入了战后经济恢复与重建时期。石油产业被认为是安哥拉的支柱产业，其创收占年度 GDP 的 50% 以上，故该国经济受到国际原油价格波动的影响极大。安哥拉政府针对经济过于依赖国际原油市场的状况,采取了积极的措施,使其经济增长稳定恢复。其资本账户开放也保持着积极态度,政策导向性特点明显,如 2015 年颁布的简化私人投资审批程序、吸引外国在安投资的《私人投资法》等措施,安哥拉目前已经成为非洲最受外国资本关注的国家之一。

3. 贝宁

贝宁(Benin)位于西非中南部,该国工业基础较差,生产力较低,因而经济发展水平相对落后。20 世纪 80 年代,该国年度 GDP 一直在 300 亿美元左右波动。针对以上情况,贝宁政府从 1990 年开始对经济实施改革,通过建立自由化经济促进经济发展,并把进出口贸易作为本国经济的支柱产业,通过自由贸易政策带动经济发展,实现了贸易收入占国家预算收入的 60%~80%。就金融环境而言,贝宁对外汇的管制逐渐放宽,为外国投资者营造了较好的环境,但金融业务种类仍较为单一。总的来说,贝宁政府注重维持政治稳定,以求为经济持续增长和扩大消费需求提供适宜的政治环境。同时,政府将农业、招商引资和基础设施建设作为发展经济的重点,积极发展转口贸易,鼓励外国企业在贝宁投资。在此过程中,贝宁逐步加快了资本账户开放进程,并应国家需要,进行合理化管制。

4. 喀麦隆

喀麦隆(Cameroon)是中部非洲经济与货币共同体成员国之一,其经济在共同体经济总量中占有很大比例,因此喀麦隆在非洲政治经济领域,特别是撒哈拉以南的非洲地区扮演着重要的角色。2020 年喀麦隆的人均 GDP 为1499.37 美元,在撒哈拉以南的非洲国家中位于相对前列的位置。

5. 刚果(布)

刚果共和国(Republic of the Congo),简称刚果(布),该国经济发展水平和规模本身相对落后。在 20 世纪 80 年代初期,由于石油的大规模开发和经济的迅速发展，刚果（布）迅速跨入了非洲中等收入国家行列。但在 1985 年后，受到国际石油市场石油价格波动、国内政治波动等因素的影响，该国经济受到重创，几乎瘫痪。

自 1999 年下半年起，得益于国际石油市场石油价格的回升，该国石油出口改善了本国的经济局势。刚果（布）政府趁机进行了经济秩序的整顿，扩大对外开放程度，改善国内投资环境，打击腐败现象，使得该国财政收入明显改善，经济持续恢复性增长。近年来，该国积极推动经济多元化，外资投入在刚果（布）主要的经济部门生产发展中起到强力推动的作用。刚果（布）的外国资金主要来自法国、意大利、美国和中国。其中，石油领域投资主要来自法国、意大利、美国。

从经济发展程度来看，刚果（布）1999 年调整后国民收入净额为 5.3985 亿美元，人均国民收入净额为 177.68 美元，GDP 为 23.539 亿美元。2019 年调整后国民收入净额为 35.4058 亿美元，与 1999 年相比，增速为 555.85%；人均国民收入净额为 658.04 美元，增速为 270.35%；GDP 为 126.9356 亿美元，增速达到 439.26%。从收入来看，刚果（布）1999 年人均 GDP 为 774.71 美元，2019 年为 2279.97 美元，增速为 194.3%，根据世界银行的分类标准，刚果（布）属于中低收入国家。

6. 科特迪瓦

科特迪瓦（Côte d'Ivoire）位于非洲西部。该国自建国后，其经济发展一直秉承自由资本主义思路，实行相对自由的经济体制政策。科特迪瓦在 20 世纪 60 年代和 70 年代时，处于经济发展的快速阶段；但进入 80 年代后，受到西欧经济危机的影响，经济状况严重恶化。90 年代中期科特迪瓦经济曾一度复苏，但经历长达 20 年的内战后，军事政变导致科特迪瓦经济急剧恶化。2007 年，内战结束后，科特迪瓦经济缓慢复苏。2011 年 4 月后，科特迪瓦大选危机结束后，新政府积极开展经济工作，着力于恢复国家经济，以海运进出口、石油进出口、可可咖啡豆种植等为主的行业成为其工作的重心。科特迪瓦混乱的金融市场也得到了整顿，并取得了一定成效。从经济发展程度来看，科特迪瓦 1999 年调整后国民收入净额为 11 148.91 亿美元，人均国民收入净额为 695.39 美元，GDP 为 12 376.64 亿美元。2019 年调整后国民收入净额为 54 400 亿美元，与 1999 年相比，增速为 387.94%；人均国民收入净额为 2115.37 美元，增速为 204.2%；GDP 为 58 539.42 亿美元，增速为 372.98%。从收入来看，科特迪瓦 1999 年人均 GDP 为 771.97 美元，2019 年为 2276.33美元，增速高达 194.87%，根据世界银行的分类标准，科特迪瓦属于中低收入国家。

7. 埃及

埃及（Egypt）是非洲大陆的第三大经济体，秉承着开放型市场经济的经济导向，工业和服务业等第二、第三产业层面的发展相对完善。其中，埃及的第三产业生产总值一直约占 GDP 的 50%；第二产业以纺织、食品加工等轻工业为主；第一产业产值约占 GDP 的 14%。随着埃及经济的繁荣，资本账户开放政策也在随之调整。

8. 加纳

加纳（Ghana）是非洲大陆经济发展较为出色的国家之一，其经济政策的调整和改革具有一定的借鉴意义，被世界银行誉为"非洲经济复兴的中心"。2014 年以来，加纳经济发展面临重重困难，GDP 增速显著放缓。尽管如此，加纳仍然是近年非洲经济增长最快的国家之一。世界银行数据显示，2019 年，加纳净国民收入为 557.4 亿元，人均净国民收入为 1832.49 美元。2020 年加纳 GDP 为 723.54 亿美元，同比增长 0.41%；人均 GDP 为 2328.53 美元，同比下降 1.7%。据联合国开发计划署数据，2020 年加纳人类发展指数为 0.611，属于中等发展水平。根据世界银行分类标准，加纳属于中低收入国家。整体来看，该国政局稳定、治安良好，资本市场开放程度较高。

9. 肯尼亚

肯尼亚（Kenya）位于非洲东部，自 1964 年成立以来发展至今，已成为非洲第四大经济体。该国自 2013 年起，GDP 基本保持着 6% 左右的平均增速，已逐步成长为东非地区工业最发达的国家。在以上经济发展背景下，肯尼亚的资本账户开放具有相同的稳步前进的特点。但同时应注意到，该国的消费信贷正处于野蛮生长期，但金融服务的发展相对滞后，缺乏足够的金融机构来满足巨大的市场需求，信用体系的完善程度较低，信贷违约率较高。因此，肯尼亚对于资本账户的调控主要围绕信贷体系展开。

10. 莱索托

莱索托（Lesotho）位于南非共和国内部，是南非的"国中之国"，地域狭小，资源匮乏，交通不便，但得益于莱索托在 20 世纪 80 年代左右吸收外资、促使投资建厂，以拉动经济增长的政策，该国经济增速加快。该国制定了一系列的优惠政策，同时良好地利用了国际组织所出台的促非洲发展机遇的法案，以促进本国的经济发展。

11. 毛里塔尼亚

21 世纪前，毛里塔尼亚（Mauritania）经济长期保持低速增长，国内经济结构单一且基础薄弱。自 1992 年开始，毛里塔尼亚开始执行经济结构调整计划，主动推进自由化进程、推进资本账户开放，同时采取国家调控、监督市场与稳定物价等措施，加速市场经济体制改革，加大对农业与基础设施的投入，自 21 世纪初期，本国经济回暖，增速明显提升。

资本账户开放为毛里塔尼亚经济发展带来增长红利，随着该国资本账户开放度提升，尤其是货币市场开放度的增加，经济增速持续增加。然而当前毛里塔尼亚资本账户开放水平仍相对较低，伴随全球能源、粮食危机的发生，毛里塔尼亚经济上行压力仍存，故毛里塔尼亚仍需持续开放资本账户，加速资本跨境流动，为国内经济发展注入新的活力。

12. 摩洛哥

21 世纪初期，摩洛哥（Morocco）资本账户开放度不断提升，经济增速明显加快。不管是开放旅游业的直接投资项目还是其他子项目的阶段性开放，都是摩洛哥进一步开放国内市场，加速融入全球经济的重要里程碑。总体而言，摩洛哥是典型的发展中国家，在 1999～2019 年，摩洛哥始终坚持资本账户开放政策，较少年份基于实际需求对资本账户进行管制。

13. 尼日利亚

尼日利亚（Nigeria）位于非洲，国家内部石油资源极其丰富，石油生产量位居世界第六位。2020 年尼日利亚营商便利度在全球 190 个国家和地区中排名第 145 位，较上年提升 24 位。在国内经济逐渐好转的形势下，尼日利亚一直在尝试开放资本账户。在 1999～2019 年，尼日利亚资本账户开放呈加大趋势。尼日利亚始终顺应形势坚持资本账户开放政策，仅在较少年份基于经济形势对资本账户进行一定的管制。

14. 圣多美和普林西比

圣多美和普林西比（Sao Tome and Principe）位于非洲中西侧几内亚湾东南部，主要由十几个岛屿组成。由于资本账户开放程度过快、程度过高会给本国经济带来较大的负面影响，圣多美和普林西比出台了三条政策限制了资本账户开放的程度；同时为了吸引外资，鼓励私人投资带动国家经济发展，圣多美和普林西比也出台了鼓励本国资本账户开放的相关政策。无论是加强还是放松资本账户管制程度，圣多美和普林西比全是围绕货币市场进行的，并未涉及其他市场。

15. 塞内加尔

塞内加尔（Senegal）是位于非洲西部的发展中国家，也是联合国公布的最不发达国家之一。塞内加尔的第一、第二、第三产业的发展相对来看是均衡的，其年 GDP 增长率逐年攀升。工业的发展与国际援助，使得塞内加尔的经济近年内得到了一定的发展。塞内加尔的经济起步相对较晚，因此对于其资本账户开放的记录相对较少。随着其对外贸易经济的发展与工业化的进步，塞内加尔的资本账户得到了一定程度的关注与变更。

16. 坦桑尼亚

坦桑尼亚（Tanzania）全称为坦桑尼亚联合共和国，是联合国公布的最不发达国家之一，属于中低收入国家。根据坦桑尼亚各时期的资本账户开放工作重心的不同，其开放进程可分为如下两个阶段。

半封闭阶段（1999～2002 年）：在这一时期，坦桑尼亚的经济、资本账户主要为半封闭状态，资本账户开放水平变化引起的资本流动较少，且国家没有出台相关针对性政策来促进资本账户开放。

初创阶段（2003 年至今）：坦桑尼亚自 2003 年开始进行资本账户开放，但主要集中于对资本流动进行开放，这个阶段也存在着资本账户收紧和放松共同作用的现象。并且该阶段主要是在原有的开放项目指导下，进行相关子项目的调整。

17. 突尼斯

突尼斯（Tunisia）的工、农、旅游业三业并重，根据世界银行的数据，2020 年突尼斯 GDP 为 416.6 亿美元，人均 GDP 为 3530 美元，GDP 增长率为-8.9%，突尼斯被世界银行划为中低收入国家。

18. 赞比亚

赞比亚（Zambia）是位于非洲中南部的内陆国家。2019 年，赞比亚 GDP 为 212 亿美元，人均 GDP 为 1152 美元，GDP 增长率为-2.3%，赞比亚被世界银行划分为中低收入国家。赞比亚于 2017 年 6 月制定的第七个国家发展规划以推进经济多元化、创造就业、削减贫困、提高政府效能为重点，以在 2030 年将赞比亚建设成为繁荣的中等收入国家为目标。基于此发展目标，赞比亚政府也采取了相关政策加大资本账户的开放程度，力图通过资本账户开放的举措实现发展本国经济的目的。

19. 津巴布韦

津巴布韦（Zimbabwe）位于非洲东南部内陆，于 1980 年 4 月 18 日独立。2019 年津巴布韦 GDP 为 204 亿美元，人均 GDP 为 1369 美元，GDP 增长率为 -10.2%，津巴布韦被世界银行划分为中低收入国家。

6.4.2 资本账户双向开放指标测度及特征分析

1. 阿尔及利亚

1）阿尔及利亚资本账户开放程度变化

阿尔及利亚资本账户在 1999～2019 年波动较少，仅在 2000 年、2014 年和 2017 年出现较大幅度的变动。2000 年，一项涉及较多子项目的放松政策使得资本账户整体开放水平上升：2000 年 4 月 2 日，阿尔及利亚政府允许相关机构通过授权的中介机构将股息和利息转移到国外。2014 年 9 月，阿尔及利亚政府在国际油价下降导致本国经济环境恶化的背景下，出台了暂不允许居民使用货币市场工具进行海外投资的政策。2017 年，阿尔及利亚放宽资本管制，当年资本账户开放水平相对提高。

总体来看，虽然 2014 年的管制政策使得开放程度有所下降，但其资本账户整体呈现开放程度加大、开放力度增强的趋势。

2）阿尔及利亚资本账户双向开放情况

（1）资本账户流入开放。在 2001～2016 年，涉及流入方向的资本账户政策变动极少；在 2000 年和 2017 年，共出现两次涉及放松资本账户管制方向的政策变动。由于 2000 年与 2017 年的管制放松政策，阿尔及利亚的资本账户流入开放程度加大。

（2）资本账户流出开放。2014 年，阿尔及利亚加大了对货币市场等子项目的管制力度，禁止本国居民对外投资，当年流出开放政策呈现管制方向变动。但在 2017 年时，管制力度下降，资本流出更为自由。最终，其资本账户跨境流出方向呈现开放程度总体增大。

2. 安哥拉

安哥拉资本账户整体开放状况具有明显的阶段性特征，自 2002 年安哥拉内战结束，社会经济建设被提上日程，安哥拉的资本账户开放进程可被分为特征明显的三个阶段：资本管制逐步放宽的 2003~2008 年、受金融危机影响加强管制的 2009~2013 年及为吸引外资逐渐解除资本管制的 2014~2019 年。

1）安哥拉资本账户开放程度变化

安哥拉 1999~2019 年的资本账户开放程度即期变化与累计变化如图 6.41 所示。

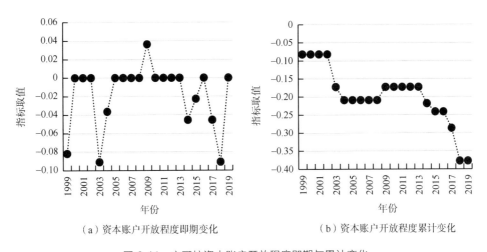

（a）资本账户开放程度即期变化　　　（b）资本账户开放程度累计变化

图 6.41　安哥拉资本账户开放程度即期与累计变化

　　安哥拉的资本账户开放年度变动相对频繁,且变动多倾向放松管制。2002年前,由于长期内战,安哥拉出台的资本账户开放政策变动相对较少。内战结束后,政府致力于经济发展,积极扩大对外开放;2009年受到全球金融危机的影响,安哥拉为减小经济冲击,宣布实施较为严格的资本账户管制制度,资本账户管制力度小幅攀升;随着安哥拉经济的逐渐复苏,安哥拉于2014~2019年为刺激经济,吸引外资,资本账户整体开放力度大幅提升。

　　总体而言,在2008年后,受到全球金融危机的严重影响,安哥拉的资本账户开放的政策性导向出现收紧倾向,直到2013年以后该收缩程度有所缓解。2003~2004年和2013~2019年,安哥拉资本账户总体开放程度的累计变化加速,这表明安哥拉近年来采取积极政策,资本账户的总体开放程度进一步加大,资本在境内外间的流通程度得到改善。

　　2）安哥拉资本账户双向开放情况

　　(1)资本账户流入开放。由图6.42可知,安哥拉跨境资本流入开放程度的即期变化和累计变化均与资本账户的总体开放程度的即期变化和累计变化较为一致,均以2003年、2009年和2014年为分界点,整个考察期间被分为

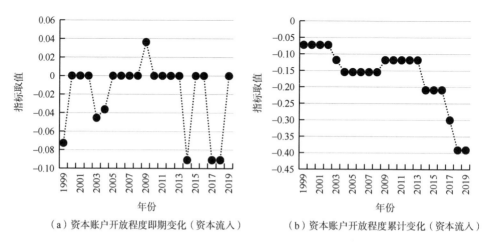

(a)资本账户开放程度即期变化(资本流入)　　(b)资本账户开放程度累计变化(资本流入)

图6.42　安哥拉资本账户开放程度即期与累计变化(资本流入)

四个阶段,第二阶段 2003~2008 年保持较为宽松稳定的跨境资本流入开放程度;第三阶段 2009~2013 年为应对国际金融危机做出了相应的收紧调整;第四阶段 2014~2019 年安哥拉资本账户流动准入的标准逐步放松。

从数据可知,伴随着安哥拉在第三阶段的资本账户开放力度的收紧,安哥拉的资本账户开放程度变化逐渐放缓;而在第四阶段大幅回温的安哥拉资本账户开放程度进一步加强了安哥拉资本账户开放逐步放宽的趋势。以上特点均在子项目的分析中得到了印证和体现。

(2)资本账户流出开放。由图 6.43 可知,与前文针对跨境资本流入的调整相比,安哥拉政府针对资本流出方向的管制力度更大。

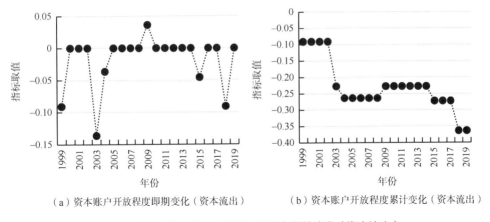

(a)资本账户开放程度即期变化(资本流出)　　(b)资本账户开放程度累计变化(资本流出)

图 6.43　安哥拉资本账户开放程度即期与累计变化(资本流出)

具体来看,在第三阶段即 2009~2014 年,为应对全球性金融危机等的冲击,安哥拉政府将资本账户管制的重点放在资本流出方面,以防止国内资本外逃冲击国内经济。在第四阶段随着国内经济的回温,资本流出方向的管制力度逐步减弱,形成积极开放的态势。

3. 贝宁

贝宁资本账户开放状况呈现波动上升的趋势。

1）贝宁资本账户开放程度变化

如图 6.44 所示，1999～2006 年，贝宁资本账户相关政策变化较少，但自 2017 年开始，贝宁资本账户开放水平呈现波动性增大。这是因为 2007 年之前，只有 1999 年贝宁采取了促进资本流动的多项政策措施，此后截至 2006 年未进一步进行资本账户开放或管制。2007 年，贝宁政府对多个资本账户子项目进行开放，总体开放力度大幅增加。但受 2008 年金融危机影响，贝宁又开始对资本账户开放持谨慎态度，这在图 6.44 中得到很好的验证。

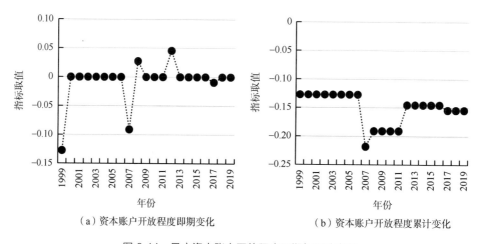

（a）资本账户开放程度即期变化　　　　　（b）资本账户开放程度累计变化

图 6.44　贝宁资本账户开放程度即期与累计变化

总体而言，贝宁在 1999 年就已经开启了资本账户开放进程。此后直到 2019 年，贝宁对资本账户开放持积极态度。

2）贝宁资本账户双向开放情况

（1）资本账户流入开放。贝宁对资本流入持较为严谨的态度。除 1999 年有可记录的变动外，贝宁的资本账户流入开放度一直维持水平，证明贝宁对外资进入本国资本市场持非常保守、审慎的态度。

（2）资本账户流出开放。图 6.45 体现了 1999～2019 年贝宁资本账户开放（资本流出）的情况：在 2007 年之前贝宁对于资本账户流出开放态度较为保守；从 2007 年开始，资本账户流出开放力度急剧增大。此后一直到 2019 年，该国资本账户流出开放力度一直有所波动，但保持资本账户（资本流出）开放的态度是不变的。贝宁资本账户流出开放水平体现了应时波动的特点，但其总体趋势是逐渐放松的。

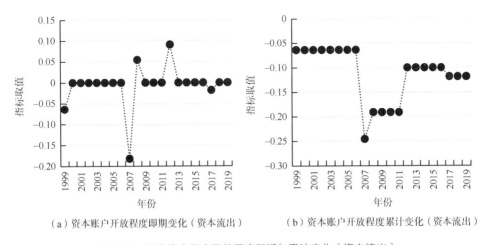

<table>
<tr><td>（a）资本账户开放程度即期变化（资本流出）</td><td>（b）资本账户开放程度累计变化（资本流出）</td></tr>
</table>

图 6.45　贝宁资本账户开放程度即期与累计变化（资本流出）

4. 喀麦隆

喀麦隆资本账户整体开放程度不高，且有收紧的趋势。喀麦隆资本账户开放程度于 2005 年和 2009 年出现收紧，其中，资本账户开放程度（资本流入）在 2005 年出现收紧，资本账户开放程度（资本流出）于 2005 年和 2009 年各出现一次收紧。这与该年份喀麦隆实施的相应政策有关。具体来说，2005 年喀麦隆对恐怖主义有关的个人和组织的金融交易进行了限制和封锁，使得资本账户开放程度（资本流入、资本流出）收紧；2009 年中部非洲经济与货币共同体一般规定开始生效，对非居民法人在中部非洲国家金融市场公开发行证券进行了限制，从而使得资本账户开放程度（资本流出）收紧。

5. 刚果（布）

刚果（布）资本账户的总体开放力度数值仅在 2009 年出现上升，这也意味着管制增强，变动主要源于对股权市场项目、债券市场项目、货币市场项目、集体投资项目和衍生工具项目的管制增强。

6. 科特迪瓦

1）科特迪瓦资本账户开放程度变化

1999 年，科特迪瓦开始加强资本账户管制，这体现在对资本市场的管制加强上。2005 年，科特迪瓦通过对金融信贷项目流出的管制，进一步加强了对资本账户的管制。随后，管制仍然不断增强，其中 2008 年和 2015 年管制的增强是出于对恐怖主义的打击。

2）科特迪瓦资本账户双向开放情况

（1）资本账户流入开放。科特迪瓦对资本账户流入在 1999～2019 年管制力度不断增强，这些主要体现在对资本市场的管制以及对恐怖主义的打击方面。整体来看，科特迪瓦对资本账户流入的管制一直呈现不断增强的状态。

（2）资本账户流出开放。2005 年开始加强对资本账户流出的管制，这主要体现在对资本市场和金融信贷项目的管制以及对恐怖主义的打击方面。整体来看，1999～2019 年，对资本账户流出的管制不断增强。

7. 埃及

1）埃及资本账户开放程度变化

如图 6.46 所示，埃及资本账户开放程度的变化相对平稳。总体来看，1999～2016 年埃及资本账户开放受到略微严格的管制，之后资本账户开放程度变化明显增大，具体如下。

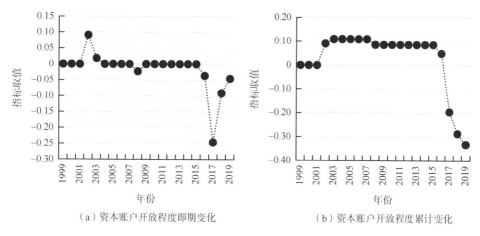

（a）资本账户开放程度即期变化　　　　　（b）资本账户开放程度累计变化

图 6.46　埃及资本账户开放程度即期与累计变化

埃及 1999～2001 年的资本账户开放程度未变，而自 2002 年开始资本账户开放程度减小，2003 年埃及银行第 88 号银行法和货币法于 7 月 16 日生效，要求银行拥有的股票（不包括交易证券）的总面值不得超过银行的资本金。2016～2019 年资本账户开放程度变化增大，该国又陆续推进资本账户开放，尤其是 2017 年，资本账户开放程度变化显著加快。如在 2017 年，埃及央行取消了对进口非必需品的公司每日和每月外汇现钞存取款的限制，而以前的限额是每天 1 万美元，每月存入 5 万美元，每月提现 3 万美元。

2）埃及资本账户双向开放情况

（1）资本账户流入开放。由图 6.47 可知，1999～2019 年，埃及跨境资本流入开放程度由不变，到减小，最后增大。

以 2002 年为分界点，1999～2001 年埃及资本账户流入开放程度即期变化为 0，2003 年埃及资本账户流入开放程度即期变化减小，该国资本账户开放受到管制，之后维持一段时间的稳定，2016 年埃及资本账户流入开放程度即期变化增大，2016 年 1 月，埃及中央银行将每月外币现金存款限额提高到 25 万美元，并取消某些类别进口商的每日限额。根据 2017 年 11 月 28 日的规定，在埃及经营的银行，包括外国银行的分支机构，任何外币的净多头或

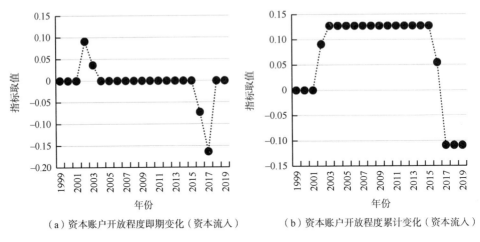

（a）资本账户开放程度即期变化（资本流入）　　　（b）资本账户开放程度累计变化（资本流入）

图 6.47　埃及资本账户开放程度即期与累计变化（资本流入）

空头头寸不得超过其注册资本基础额度的 10%，所有货币的多头或空头头寸不得超过注册资本基础额度的 20%，当地货币的多头或空头头寸（即持相反立场）不得超过其注册资本基础额度的 10%。以前，任何一种外币的多头头寸不得超过注册资本基础额度的 1%，所有外币的多头头寸不得超过 2%，任何一种货币的空头头寸不得超过资本基础的 10%，所有货币（外币和本币）的空头头寸不得超过 20%。

（2）资本账户流出开放。1999~2003 年，埃及资本账户流出开放程度即期变化为 0。2008 年，埃及鼓励资本账户流出方向的开放，如该年 6 月，经批准，埃及央行允许国际机构在本地市场发行债券。2017 年以来，埃及资本账户流出开放程度即期变化跳跃式加大，如 2017 年埃及的表外账户中，本国货币可自由兑换为美元，对从中转移资金没有任何限制。2018 年，埃及取消了以贸易目的进口基本食品的微型、小型和中型企业的现金利润率要求。埃及资本对外流动呈现先加强管制，后放松管制的特点。

8. 加纳

近年来，加纳政府高度重视经济社会发展，其重要手段为广泛吸收外部

投资。由于加纳社会稳定，经济发展快速平稳，加纳政府的经济自由化政策
已初显成效，法制逐步健全、市场相对开放，因此加纳对外资的限制政策也
相对宽松。截至 2019 年，加纳工业发展相对落后，这为外国直接投资的进入
提供了契机。

1）加纳资本账户开放程度变化

图 6.48 展示了加纳 1999～2019 年资本账户开放程度，可以看出其总体
开放程度在 1999～2005 年呈现平稳状态，但该状态在 2006 年停止，之后加
纳资本账户开放程度较高，反映出加纳政府重视资本账本开放的态度。

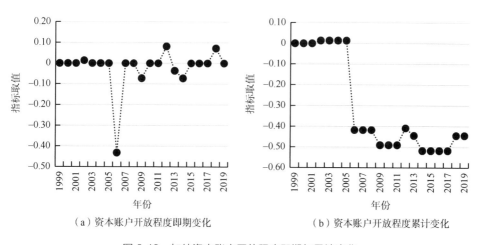

（a）资本账户开放程度即期变化　　　（b）资本账户开放程度累计变化

图 6.48　加纳资本账户开放程度即期与累计变化

1999～2005 年，加纳资本账户开放程度变化基本平稳。这主要与 1999～
2005 年加纳资本账户处于稳定状态，相关政策出台较少有关。2006 年，
加纳资本账户开放水平呈现大幅度上升的特点，这与该年政府出台的一系
列放松资本管制的举措有关。2006 年之后，加纳资本账户呈现波动开放
状态。

2）加纳资本账户双向开放情况

本部分从跨境资本流入和流出两个方向关注加纳资本账户开放情况。

（1）资本账户流入开放。由图 6.49 可知，以 2005 年为分界点，其后的加纳资本账户流动准入的标准上呈现了波动中放松的态势。

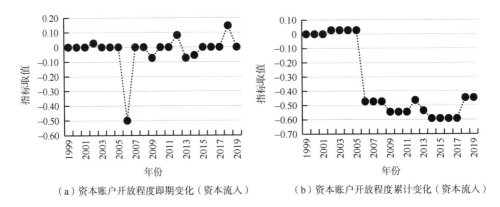

（a）资本账户开放程度即期变化（资本流入）　　　（b）资本账户开放程度累计变化（资本流入）

图 6.49　加纳资本账户开放程度即期与累计变化（资本流入）

2006 年，加纳政府放开了股权市场、债券市场、货币市场，在一定程度上取消了各子项目的交易限制，如从 2006 年 12 月 29 日开始，加纳政府对于在资本市场上进行交易的证券、其他债券业务、集体投资业务、其他货币市场工具及金融信贷工具等，均取消了之前事先批准的要求，对这些交易没有任何限制。这些政策都同时涉及流入和流出两个方向，其程度变化基本是一致的。即便在 2012 年和 2018 年资本账户（流入方向）开放力度收紧的情况下，加纳的资本账户（流入方向）依旧呈开放状态，这说明在 2012 年和 2018 年加纳可能针对当年的经济金融环境需要做了应时调整，但是继续保持资本账户开放的指导思想是不变的。

（2）资本账户流出开放。由图 6.50 可知，加纳政府鼓励外来资本流入的前提下，同样允许本国资本进入国外市场进行运作，这反映了加纳资本账户开放是内外双向、同时进行的成果。

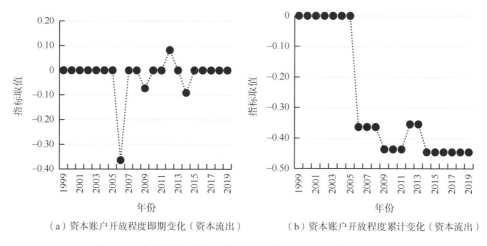

（a）资本账户开放程度即期变化（资本流出）　　　（b）资本账户开放程度累计变化（资本流出）

图 6.50　加纳资本账户开放程度即期与累计变化（资本流出）

9. 肯尼亚

肯尼亚资本账户整体开放状况对于该国政府的政策性导向较为明显。

1）肯尼亚资本账户开放程度变化

1999~2010 年肯尼亚基本不存在管制波动现象，这与该时期的肯尼亚稳步发展的经济事实相符；自 2011 年起，受到主权债务危机的影响，肯尼亚的信贷风险暴增，资本账户开放程度即期变化指数呈现跳跃式增大，并在随后始终保持这种监管程度。总体而言，自 2011 年开始，受到主权债务危机的影响，肯尼亚资本账户管制程度不断加强。

2）肯尼亚资本账户双向开放情况

肯尼亚资本账户流入和流出方向开放度变动幅度及变化时点与总体开放程度变动完全一致，在此不作赘述。

10. 莱索托

1）莱索托资本账户开放程度变化

1999~2019 年，受到开放政策的影响，莱索托资本账户开放程度分别在 2003 年、2010 年以及 2018 年大幅度扩大。

2）莱索托资本账户双向开放情况

（1）资本账户流入开放。莱索托资本账户流入开放程度扩大仅在 2003年与 2010 年发生，这可能是因为 2003 年莱索托货币当局允许非居民可以在投资期限超过 365 天的情况下自由投资莱索托；2010 年莱索托将政府债券引入资本市场。莱索托资本账户流入开放程度整体上呈现不断放松状态。

（2）资本账户流出开放。在之前确定了莱索托政府鼓励外来资本流入的前提下，莱索托同样允许本国资本进入国外市场进行运作，这反映了莱索托资本账户开放是内外双向、同时进行的成果累加。莱索托的资本账户流出开放基本上与流入开放同步，但是在 2018 年莱索托的资本账户流出开放程度由于宽松的政策的影响又有所放宽。

11. 毛里塔尼亚

毛里塔尼亚资本账户整体开放程度于 1992 年开始上升。21 世纪之前，毛里塔尼亚经济长期保持低速增长，随后毛里塔尼亚与 IMF、世界银行达成协议，主动推进经济自由化进程，如资本账户开放。于 1997 年，毛里塔尼亚提升资本账户开放的步伐加快，尤其针对货币市场增大了开放的力度。总体而言，毛里塔尼亚资本账户开放度不断提升。

1）毛里塔尼亚资本账户开放程度

1999 年该国资本账户开放力度再次加强，这主要与毛里塔尼亚相关政策实施有关，如毛里塔尼亚将商业银行净未平仓头寸的限额上调等，而 2000～2019 年，毛里塔尼亚资本账户开放度并未发生明显变化。整体而言，毛里塔尼亚的资本账户开放度呈增大趋势。

2）毛里塔尼亚资本账户双向开放情况

由于该国政策对资本管制的放松均存在双向性，因此跨境资本流出开放与流入开放情况完全对称，同时证明毛里塔尼亚对跨境资本流入开放与流出开放同样重视，从年度政策到政策结果累计，毛里塔尼亚资本对外流动开放度于 1999 年单次增加，整体上资本管制逐步放松。

12. 摩洛哥

摩洛哥资本账户整体开放状况总体呈现波动上升，这也意味着随着时间的推移，摩洛哥的资本账户整体开放程度日益增大。

1）摩洛哥资本账户开放程度变化

如图 6.51 所示，摩洛哥于 1999～2019 年的资本账户开放程度频繁加大。这可能是因为自 1999 年开始，摩洛哥通过提高每种货币的外汇持仓限额，逐渐允许国民进行证券市场、债券市场、货币市场等交易，经授权的中间银行可以与国外同行进行外汇投资等方式，针对资本出入开放在短时间内颁布了许多刺激性、放松性政策等，加大了摩洛哥资本账户开放力度。

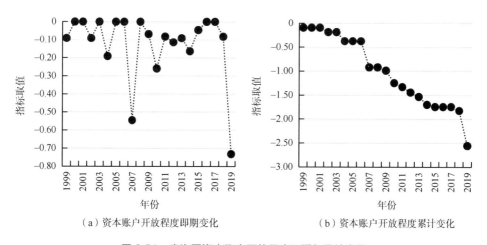

（a）资本账户开放程度即期变化　　　　（b）资本账户开放程度累计变化

图 6.51　摩洛哥资本账户开放程度即期与累计变化

2002～2019 年，摩洛哥的资本账户开放程度逐渐加大，趋势明显。自 1999 年开始，摩洛哥资本账户开放程度呈现跳跃式增加，这可能是由于 1999 年后摩洛哥将每种货币的外汇持仓限额从净资本和储备的 7%提高到 10%，逐渐允许国民进行证券市场、债券市场、货币市场等交易，尝试开放基金市场和衍生品市场等。同时，摩洛哥基于本国资本账户开放条件已经成熟进行判断，于 2002～2019 年针对资本出入开放在短时间内颁布了许多刺激性、放松性政策，促进了摩洛哥资本账户整体开放程度的增加。总体而言，在 1999 年后，摩洛哥资本账户开放的政策性导向呈现总体的积极开放趋势；2002～2019 年，其资本账户开放程度的累计变化速度较快，这表明了摩洛哥在 2002 年后资本账户的总体开放程度逐步上升，资本内外流通程度加大的状况。

2）摩洛哥资本账户双向开放情况

（1）资本账户流入开放。由图 6.52 可知，摩洛哥在 1999～2019 年出台了许多促进资本流入的政策，并且政策频率较高，力度较大。

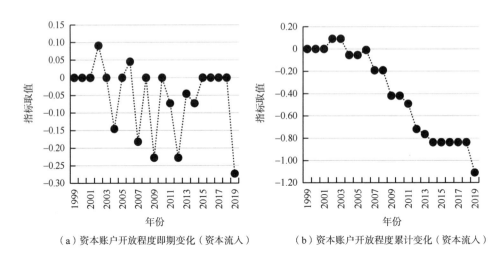

　　（a）资本账户开放程度即期变化（资本流入）　　　　（b）资本账户开放程度累计变化（资本流入）

图 6.52　摩洛哥资本账户开放程度即期与累计变化（资本流入）

由图 6.52 可知，以 2002 年为分界点，自 2002 年开始摩洛哥的资本账户流动准入管制程度呈现了波动放松的趋势。这可能是 2002～2019 年持续不断的资本流入开放政策使得外国资本大量流入所导致。例如，2002 年摩洛哥银行被允许向外国个人提供贷款，用于购买或开发摩洛哥房地产，最高可达房地产价值的 70%；2004 年允许经纪代理人通过授权银行购买对冲工具，以应对已在或可能在二级市场交易的某些商品的价格波动；自 2010 年开始，摩洛哥银行可以代表居民向非居民提供担保，以支持外国银行向居住在国外的摩洛哥人提供中长期贷款，最高可达所购买财产的总价值；等等。这种思想在子项目的分析中得到了印证与体现。

（2）资本账户流出开放。由图 6.53 可知，在摩洛哥政府鼓励外来资本流入的前提下，摩洛哥同样允许本国资本进入国外市场进行运作，这反映了摩洛哥资本账户开放是内外双向、同时进行的成果。

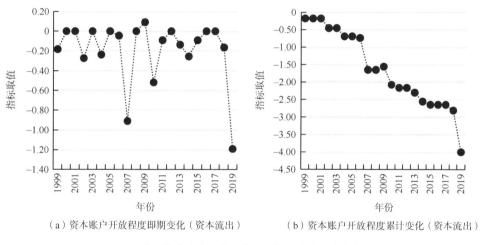

（a）资本账户开放程度即期变化（资本流出）　　　（b）资本账户开放程度累计变化（资本流出）

图 6.53　摩洛哥资本账户开放程度即期与累计变化（资本流出）

由图 6.53 可知，摩洛哥资本对外流动限制体现了应时波动的特点，但其总体趋势是逐渐放松管制的。

13. 尼日利亚

总体而言，自有记录以来，尼日利亚资本流通的受限程度整体呈现减弱趋势，而这明确反映在年度政策效应的累加与总体政策趋势效应中。

1）尼日利亚资本账户开放程度变化

尼日利亚政府仅在 2000 年、2001 年、2017 年颁布政策，明显调控了尼日利亚的资本账户开放力度，其余年份资本账户开放力度则大体保持不变。

总体而言，在 1999 年后，尼日利亚资本账户开放的政策性导向呈现总体的积极开放趋势，这与当时尼日利亚所处的经济环境及金融发展要求是匹配的。

2）尼日利亚资本账户双向开放情况

（1）资本账户流入开放。尼日利亚资本账户流入开放力度仅在 2017 年发生改变，其余年份保持不变。1999～2016 年尼日利亚资本账户开放处于平稳态势，以 2017 年为分界点，2017 年尼日利亚的资本账户开放程度加强，这说明 2017 年尼日利亚可能针对当年的经济金融环境需要做了应时调整。2017 年存款货币银行对外资产和负债的净敞口头寸不得超过股东资金的 10%（原为 20%）等。

（2）资本账户流出开放。在之前确定了尼日利亚政府鼓励外来资本流入的前提下，尼日利亚同样允许本国资本进入国外市场进行运作，这反映了尼日利亚资本账户开放是内外双向、同时进行的成果累加。尼日利亚资本对外流动总体趋势是管制逐渐放松的。

14. 圣多美和普林西比

1）圣多美和普林西比资本账户开放程度变化

圣多美和普林西比的资本账户开放程度仅在 1999 年、2012 年和 2018 年出现了变动，在其他年份保持平稳。2000～2011 年资本账户开放保持不变。2012 年圣多美和普林西比资本账户开放程度有所收紧，2013～2017 年资本账户开放程度保持稳定。圣多美和普林西比资本账户开放程度在 2018 年收缩。该国 1999 年出现一次资本账户开放程度的增加，并于 2012 年和 2018 年分别出现资本账户开放程度的下降。但总的来说，该国资本账户仍然保持对外开放的局面。

2）圣多美和普林西比资本账户双向开放情况

（1）资本账户流入开放。圣多美和普林西比跨境资本流入开放程度即期变化在 2000～2011 年为 0，2012 年改变了对资本流入的管制程度，使流入开放程度有所下降；流入开放程度在 2013～2017 年保持稳定之后，又在 2018 年有所收紧。1999 年圣多美和普林西比的资本账户流入开放程度上升，虽然 2012 年和 2018 年有所下降，使得该国资本账户流入开放程度呈大幅度收紧趋势，但整体来看，仍保持对外开放的局面。

（2）资本账户流出开放。该国资本账户流出开放程度即期变化在 1999 年出现向下波动，并在 2000～2011 年保持平稳之后于 2012 年出现一次资本账户流出开放程度的下降。但总的来说，该国的资本账户仍旧保持对外开放的局面。

15. 塞内加尔

塞内加尔对资本账户整体开放状况的管控程度呈现跳跃性增加，但总体处于开放的情况。整体上看，塞内加尔的资本账户开放程度有缩小的趋势，但是依旧保持对外开放的局面。同时，塞内加尔资本账户开放程度的变动全部由其资本流出政策的变动所贡献。

1）塞内加尔资本账户开放程度变化

就总体而言，塞内加尔的资本账户开放程度一次上升后呈现逐渐紧缩的形势。该国资本账户开放程度在 1999 年出现放松波动，在 2005 年、2009 年、2015 年出现紧缩波动，其余年份保持不变。

2）塞内加尔资本账户双向开放情况

由于塞内加尔没有被记录的关于跨境资本流入政策的变动，故其资本账户开放程度的贡献全部来源于其流出开放程度的改动，而其流出开放程度的改变与总体开放程度及开放趋势的变动是完全一致的。其流出方向变动的内容包括股权市场项目、金融信贷项目、直接投资项目的变动，在此不再作图赘述。

16. 坦桑尼亚

坦桑尼亚资本账户整体开放状况总体呈现逐渐放松的趋势，这也意味着随着时间的推移，坦桑尼亚的资本账户的整体开放程度在日益增大。但在某些特定的年份与时间点，与资本账户总体开放程度上升趋势相悖的波动也表现出，在宏观经济金融形势以及资本跨境流动的市场情况下，坦桑尼亚的资本账户开放是应时、应需进行调整的。

1）坦桑尼亚资本账户开放程度变化

1999～2002 年，坦桑尼亚资本账户开放程度较为平稳，这主要与该时期坦桑尼亚资本账户的政策性暂时封闭有关。2003 年坦桑尼亚资本账户开放水平呈现跳跃式变化，但在 2003 年之后，直至 2013 年资本账户开放程度保持稳定不变。2014 年资本账户开放程度出现跳跃式收缩，在保持 4 年的平稳之后，在 2019 年资本账户开放程度有所增加。

坦桑尼亚自 1999 年以来资本账户开放程度呈现先上升，后收缩，再上升的趋势。总体而言，在 1999 年后，资本账户开放的政策性导向呈现积极趋势，这与当时坦桑尼亚所处的经济环境及金融发展要求是匹配的。自 1999 年到 2019 年，其资本账户总体开放程度变化速度较快，资本内外流通程度加大。

2）坦桑尼亚资本账户双向开放情况

（1）资本账户流入开放。坦桑尼亚资本账户流入开放程度即期变化在 2003 年出现显著变动，这可能是因为该年外国投资者获准收购在该国证券交易所上市的证券。坦桑尼亚的资本账户开放程度在 2003 年和 2019 年增大，2003 年后坦桑尼亚针对当年的经济金融环境需要，一直保持政策放松。

（2）资本账户流出开放。自 2014 年开始，资本账户流出开放程度当年变动的数值出现向上波动，如 2014 年 5 月，非居民从东非共同体（East African Community，EAC）可能持有政府证券，只要获得的数量不超过已发行证券的 40%，单一 EAC 国家的居民获得的数量不得超过已发行金额的 2/3，政府证券收购不可以在一年内转让给居民，居民可未经坦桑尼亚银行批准，在任何 EAC 国家进行直接投资。在此之前，非居民不被允许持有政府证券。坦桑尼亚资本账户流出开放程度在 2014 年出现下降。

17. 突尼斯

突尼斯资本账户整体开放状况总体呈现逐渐放松趋势，开放程度日益增大。突尼斯的资本账户开放政策是应时、应需进行调整的。

1）突尼斯资本账户开放程度变化

如图 6.54 所示，1999～2004 年，突尼斯资本账户由于世界政治环境以及自身经济实力、调控应对能力有限，资本账户开放政策的出台较为谨慎，变化幅度较小。突尼斯资本账户开放程度即期变化在 2005～2008 年出现剧烈的开放方向波动；2008 年后，突尼斯资本账户开放程度继续波动放松。

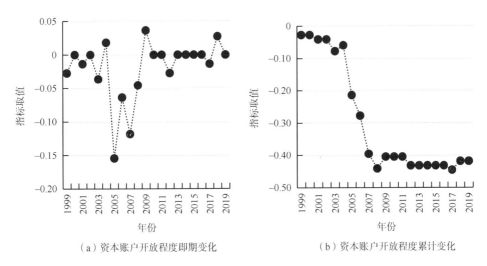

（a）资本账户开放程度即期变化　　　　（b）资本账户开放程度累计变化

图 6.54　突尼斯资本账户开放程度即期与累计变化

2）突尼斯资本账户双向开放情况

（1）资本账户流入开放。由图 6.55 可知，突尼斯资本账户流入开放程度即期变化在 1999～2002 年保持稳定，从 2003 年开始出现开放程度的加大，2005 年向下波动程度更大，并在 2008～2017 年呈现水平状态。

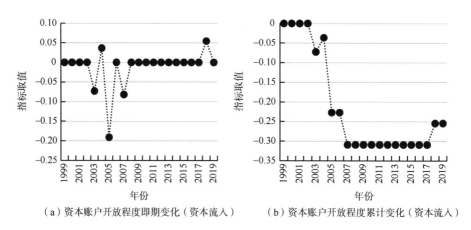

（a）资本账户开放程度即期变化（资本流入）　（b）资本账户开放程度累计变化（资本流入）

图 6.55　突尼斯资本账户开放程度即期与累计变化（资本流入）

通过图 6.55 可知，突尼斯的资本账户开放程度在 2002 年后呈现显著上升趋势，这说明 2002 年后突尼斯针对当年的经济金融环境需要，一直保持政策放松。

（2）资本账户流出开放。如图 6.56 所示，突尼斯资本账户流出开放程度总体上是逐渐放松的，呈上升趋势。

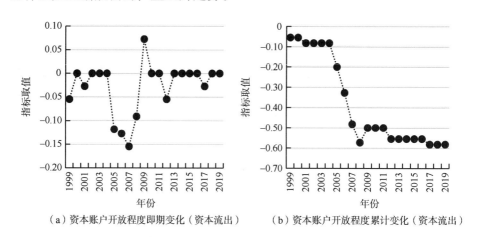

（a）资本账户开放程度即期变化（资本流出）　（b）资本账户开放程度累计变化（资本流出）

图 6.56　突尼斯资本账户开放程度即期与累计变化（资本流出）

18. 赞比亚

赞比亚资本账户整体开放程度日益上升。自有记录以来,赞比亚资本内外流通受到的限制程度整体减弱,这明确反映在年度政策效应的累加与总体政策趋势的效应中。

1) 赞比亚资本账户开放程度变化

赞比亚在 2000 年前的资本账户开放程度变化不明显,2001 年赞比亚资本账户开放程度呈现跳跃式波动,2002～2013 年无变动;直到 2014 年,赞比亚资本账户开放程度再次增大。出现上述变动的原因可能主要是:2001 年,赞比亚取消外币活期存款规定,隔夜整体外汇和单一货币监管资本敞口限制分别从 25%和 20%降至 15%和 10%。当日外汇总额和单一货币风险敞口上限不得超过监管资本的 30%和 20%;2014 年,赞比亚取消向持有外国银行账户或向外国支付外汇红利的人提供纳税证明和缴纳企业所得税证据的规定。2015 年至 2019 年赞比亚资本账户开放程度无变动。

赞比亚自 1999 年以来资本账户开放程度呈现阶梯状放松的趋势。总体而言,赞比亚取消外币活期存款规定,隔夜整体外汇和单一货币监管资本敞口限制分别从 25%和 20%降至 15%和 10%。当日外汇总额和单一货币风险敞口上限不得超过监管资本的 30%和 20%,并且取消向持有外国银行账户或向外国支付外汇红利的人提供纳税证明和缴纳企业所得税证据的规定,有助于进一步改善贸易环境。

2) 赞比亚资本账户双向开放情况

(1) 资本账户流入开放。赞比亚资本账户流入开放程度即期变化在 2001 年和 2014 年出现了两次波动,其他年份的资本账户流入开放程度即期变化为 0。从 2002 年至 2013 年,赞比亚资本账户流入开放程度维持在稳定水平,2014 年赞比亚资本账户流入开放程度进一步放松,2015 年到 2019 年赞比亚资本账户流入开放程度又维持在稳定水平。赞比亚的资本账户流入开放程度呈现阶梯状加强的趋势。

（2）资本账户流出开放。在之前确定了赞比亚政府鼓励外来资本流入的前提下，赞比亚同样允许本国资本进入国外市场进行运作，这反映了赞比亚资本账户开放是内外双向、同时进行的成果累加。比如，2001 年赞比亚取消外币活期存款规定，上述举措使得赞比亚当年资本账户流出开放程度上升。

19. 津巴布韦

津巴布韦资本账户整体开放状况总体呈现先紧缩后逐渐放松的趋势。

1）津巴布韦资本账户开放程度变化

本部分以每年度津巴布韦资本账户开放政策变化的情况进行量化和分析。如图 6.57 所示，1999～2008 年，津巴布韦资本账户开放程度变化相对较小，2009 年津巴布韦资本账户开放程度即期变化向下显著波动，然后经历两年的无波动后，波动性开始增强。

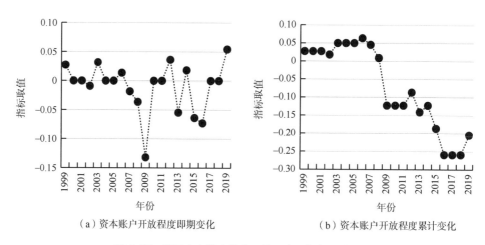

(a) 资本账户开放程度即期变化　　　　(b) 资本账户开放程度累计变化

图 6.57　津巴布韦资本账户开放程度即期与累计变化

1999～2008 年，由于世界政治环境以及自身经济实力、调控应对能力有限，津巴布韦采取了暂时性的资本账户政策性封闭。2009 年，在没有外汇管理局批准的情况下，津巴布韦公司被允许将利润、股息和资本增值汇回国内，向国外借款不超过 500 万美元的无须获得该国储备局批准。

1999～2008 年，津巴布韦资本账户一直保持管制态势，自 2009 年开始，津巴布韦资本账户开放程度呈现出放松并总体上升的趋势。总体而言，自 2009 年开始，针对津巴布韦中央银行所判定的津巴布韦资本账户开放时机成熟的情况，资本账户开放的政策性导向呈现总体开放的趋势。自 2009 年到 2019 年，其资本账户开放程度的累计变化速度较快，这表明津巴布韦自 2009 年开始资本账户的总体开放程度上升，资本内外流通程度增强。

2）津巴布韦资本账户双向开放情况

（1）资本账户流入开放。如图 6.58 所示，1999～2007 年，津巴布韦资本账户流入开放程度即期变化多为正向波动。之后，津巴布韦资本账户流入开放程度即期变化开始向下波动，并在 2019 年出现向上波动。津巴布韦的资本账户流入开放程度自 2008 年开始总体呈现上升趋势，这说明自 2008 年开始津巴布韦针对当年的经济金融环境需要，一直保持政策放松。

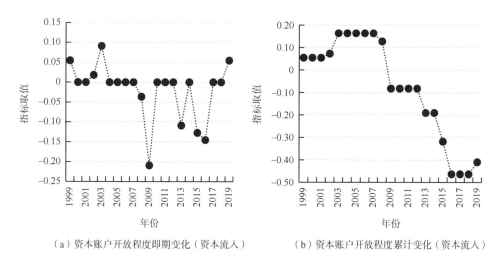

（a）资本账户开放程度即期变化（资本流入）　　（b）资本账户开放程度累计变化（资本流入）

图 6.58　津巴布韦资本账户开放程度即期与累计变化（资本流入）

（2）资本账户流出开放。由图 6.59 可知，津巴布韦资本账户流出开放程度在 1999~2009 年总体上呈现出不断放松的趋势；2010 年、2011 年资本账户流出开放程度保持稳定；2012 年至 2019 年，该国资本账户流出开放程度呈阶梯状收紧趋势。

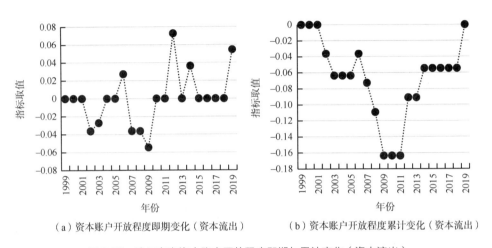

（a）资本账户开放程度即期变化（资本流出）　　　（b）资本账户开放程度累计变化（资本流出）

图 6.59　津巴布韦资本账户开放程度即期与累计变化（资本流出）

6.4.3　资本账户子项目双向开放指标测度及特征分析

1. 阿尔及利亚

1）股权市场项目开放度分析

阿尔及利亚股权市场项目开放度的年度波动仅出现在 2000 年和 2014 年。对应的政策变动有：2000 年，阿尔及利亚政府允许政策范围内的相关机构通过授权的中介机构将股息和利息转移到国外，放松资本流出限制；2014 年，政府出台政策，限制本国居民使用货币市场工具进行国外投资以加强对股权市场项目的管制。阿尔及利亚股权市场项目开放程度累计上升。相比于资本流出，阿尔及利亚对待资本流入的态度更为宽松，政府鼓励外资流入，股权市场项目整体开放度加大。

2）债券市场项目开放度分析

阿尔及利亚债券市场项目的开放度波动出现在 2000 年和 2014 年，且与导致股权市场项目开放波动的政策原因相同。在 2000 年，阿尔及利亚债券市场项目流入开放度上升；但在 2014 年，流出开放度却有一定的收紧。相对于股权市场项目，阿尔及利亚政府对债券市场项目资本流入的放松力度更大，对资本流出的管制力度更小，从而债券市场项目整体开放度更高。

3）货币市场项目开放度分析

阿尔及利亚货币市场项目开放度的变动出现在 2000 年、2014 年和 2017 年。其中，2000 年与 2014 年的开放度波动的政策原因与导致股权市场项目开放度波动的政策原因相同。2017 年，阿尔及利亚又出台了放宽资本管制的政策，货币市场项目的流入和流出开放度都有所提高。累计来看，阿尔及利亚货币市场项目的流入开放度要高于流出开放度，并且总体开放程度上升。

4）集体投资项目开放度分析

集体投资项目开放度的波动出现在 2000 年和 2014 年，对应的政策变动为：2000 年 4 月 2 日，阿尔及利亚政府允许非居民在阿尔及利亚证券交易所购买证券，开放了集体投资项目，鼓励外国资本流入；2014 年，政府出台政策，限制居民使用集体投资工具进行国外投资，管制力度加强。总体来看，由于流入方向的放松幅度与流出方向的收紧幅度相同，阿尔及利亚集体投资项目的总体开放度累计未出现变动，但仍可以看出阿尔及利亚政府对集体投资项目的管制-放松政策是经过考量、结合实际需要进行的。

5）衍生工具项目开放度分析

阿尔及利亚衍生工具项目开放度的变动与其他子项目一样，主要出现在 2000 年、2014 年和 2017 年。衍生工具项目总体开放度相应累计加大。

6）直接投资项目开放度分析

2000 年 4 月 2 日，阿尔及利亚针对直接投资项目出台了相关政策：在一项业务关闭或转移后,撤出投资的收益可通过银行或授权的中介机构转移到国外,但须事先得到批准。阿尔及利亚由此放松了对直接投资项目的资本管制。

2. 安哥拉

1)股权市场项目开放度分析

安哥拉政府对于股权市场项目的调整较少,仅在 2017 年出现一次开放方向政策调整。具体来说,2017 年,非安哥拉居民被允许购买一年或一年以上到期的证券,使股权市场项目流出开放度增大,而流入度始终保持不变。安哥拉的股权市场项目的开放是针对股权市场项目流出方向放宽管制的结果。

2)债券市场项目开放度分析

安哥拉债券市场项目的流入开放度、流出开放度和总体开放度在 1999~2016 年总体保持稳定,在 2017 年以后出现一次开放波动,与股票市场项目的政策性导向调整完全一致,即自 2017 年 3 月起,非安哥拉居民可购买一年或一年以上到期的证券,使债券市场项目流出开放程度加大。

3)货币市场项目开放度分析

安哥拉货币市场项目的流入开放度、流出开放度与总体开放度在 1999~2019 年相较于其他项目有较多的波动,这可能是由于安哥拉政府实施了较多针对货币市场项目开放的政策。比如,自 2003 年 2 月起,获准经营外汇业务的外汇局允许经营纸币和旅行支票业务,可以进行私人性质的无形流通业务,并可以向居民、非居民个人和法人购买外汇,同时还能向居民出售相当于 1 万美元的外汇,但需出示目的地国签证护照和机票,这使货币市场项目的流入和流出开放度分别加大;但之后出于管制目的,安哥拉从 2015 年 1 月起严禁银行在当地提供外汇贷款,无论贷款条款和用途如何,向出口商和安哥拉政府提供贷款除外。整体来说,安哥拉货币市场项目流出开放度在前期和流入开放度变化保持同时同幅变动,在 2015 年出现单向收紧。

总体来说,安哥拉货币市场项目流入开放度、流出开放度与总体开放度在 1999~2019 年波动较为频繁,呈现出开放程度先增加后减小的走势,但其总体始终保持开放态度。

4)金融信贷项目开放度分析

安哥拉金融信贷项目的流入开放度、流出开放度与总体开放度在 1999~2019 年存在较多波动。例如,2003 年 2 月起,银行每日可持有不超过自有资金 20%的外汇头寸,该金额限制高达 15 万美元,这使流入、流出开放度均大幅上升。2018 年 12 月起,安哥拉央行用外汇流动性头寸限制取代了外汇净未平仓头寸限制,且流动头寸的计算只考虑流动的外汇资产和负债,不包括其他与外汇挂钩的政府债券,这使得流入和流出开放度继续加大。可以看到,金融信贷项目的流入和流出开放度虽然存在不同时的单独调整,但二者的最大变化幅度和调整频次基本一致。就整体形势来看,安哥拉金融信贷项目开放度不断扩大,是双向放松的结果。

5)直接投资项目开放度分析

安哥拉直接投资项目的流入开放度和总体开放度除在 1999 年和 2003 年出现小幅波动外,在其余时间保持基本稳定。具体来看,1999 年 5 月起,外国投资的最低数额为 6 万美元,这类投资最高可达 25 万美元,超过该限额的需要安哥拉央行的批准,这使得直接投资项目流入开放度大幅度增加。2003 年 5 月起,因新版《私人投资法》和外汇法律法规的出台,直接投资项目的流入开放度受到管制。整体而言,安哥拉直接投资项目的管制程度大于放宽程度,且只进行了针对流入方向的调整。

3. 贝宁

1）股权市场项目开放度分析

在 1999～2019 年,贝宁股权市场项目的流出开放度除了在 1999 年、2007 年出现两次开放变更外, 总体上呈现较为平稳的趋势。这种变动与当年政府颁布的相关政策有关。具体而言, 在 1999 年 2 月, 贝宁放松了对本国居民及非本国居民进行证券买卖的限制。而在 2007 年 4 月, 西非经济和货币联盟 (West African Economic and Monetary Union, WAEMU) 理事会允许在贝宁的非居民注册公司实体通过西非经济和货币联盟向贝宁公众发行证券所需的授权。以上都是针对贝宁股权市场项目的宽松政策。但未捕捉到 1999～2019 年贝宁股权市场项目资本流入的波动, 说明贝宁政府对于本国股权市场项目开放行为相对严谨。

在此值得一提的是,贝宁政府采取了与股权市场项目相同的政策措施来调整货币市场项目的开放状况。因此股权市场项目与货币市场项目的开放时点变化及累计变化是完全相同的。贝宁的股权市场项目与货币市场项目的开放具有一定的相通性,并且贝宁对资本账户开放持积极态度。

2）债券市场项目开放度分析

1999～2019 年, 贝宁债券市场项目流出开放度只在 1999 年有所提升, 其余年份保持不变;而流入开放度一直未发生变动,最终维持在相对开放的水平; 在资本流入开放度不变的情况下, 总体开放度最终显示为开放状态。这表明贝宁政府对债券市场项目的开放较为鼓励, 但仍然保持谨慎。

值得一提的是, 贝宁政府对债券市场项目进行管理的政策与对集体投资项目进行管理的政策措施是相同的。因此, 债券市场项目和集体投资项目的开放程度即期变化及累计变化是完全相同的。贝宁的债券市场项目与集体投资项目的开放具有一定的相通性,且贝宁对二者的开放持积极态度。

3）衍生工具项目开放度分析

1999～2019 年，贝宁衍生工具项目的流出开放度、流入开放度与总体开放度均只在 1999 年出现放松变动，其余时间呈现稳定状态。具体而言，1999年政策规定允许与期权购买相关的资本转让，表明贝宁政府放开对衍生工具项目的管制。此后未实施过关于衍生工具项目开放或管制的政策，即未对衍生工具项目进一步开放或者加以管制。这表明贝宁政府对该项目开放持观望态度。累计来看，衍生工具项目流出开放度、流入开放度、总体开放度分别在 1999 年出现大幅度增加后，此后年份均保持水平状态。

4）金融信贷项目开放度分析

贝宁金融信贷项目的流入开放度、流出开放度与总体开放度在 1999～2019 年呈现平稳状态，只在 1999 年与 2017 年出现了一定程度波动。其中，1999 年金融信贷项目资本流出与流入方向分别出现了收紧、放松的变动。具体而言，1999 年贝宁政府取消居民对外借款的限制，表明政府支持金融信贷项目的开放。但又有规定表示向非居民发放贷款须经财政部事先授权，并经西非国家中央银行（Central Bank of West African States，BCEAO）批准，这是对金融信贷项目的资本管制。2017 年西非经济和货币联盟银行的存款准备金率为 3%（此前为 5%）。

5）担保、保证和备用融资便利项目开放度分析

贝宁的担保、保证和备用融资便利项目（简称抵押担保项目）的流入开放度、流出开放度和总体开放度在 1999～2019 年表现出极强的稳定性，只在1999 年分别出现一次紧缩，这对应于贝宁政府实施的对非洲保险市场的限制政策，表明贝宁政府对抵押担保项目开放持谨慎态度。

4. 喀麦隆

喀麦隆实施的资本账户开放政策并不多，仅有一条政策涉及股权市场项

目、债券市场项目和集体投资项目。具体地，2009 年，中部非洲经济与货币共同体一般规定开始生效，对非居民法人在中部非洲国家金融市场公开发行证券进行了限制，从而导致喀麦隆的股权市场项目、债券市场项目、集体投资项目等资本流出开放程度收紧。

5. 刚果（布）

刚果（布）股权市场项目开放度的变化仅源自股权市场项目流出开放度的政策变动。2009 年，刚果（布）股权市场项目流出开放度收紧，股权市场项目管制加强，原因是该国政府对非居民法人实体在非金融市场的公开发行做出了披露的限制。债券市场项目、货币市场项目、集体投资项目和衍生工具项目也由于相同的政策原因发生了相同的变动。

6. 科特迪瓦

1）股权市场项目开放度分析

科特迪瓦股权市场项目开放度的变化全部源自股权市场项目流入开放度的政策变动。1999 年，股权市场项目流入开放度的收紧使得股权市场项目开放度收紧。这是由于科特迪瓦的一项政策变动，政策规定外国实体的证券和资本资产的发行与营销，以及对外投资的宣传和广告，都需要获得事先授权。债券市场项目、货币市场项目、集体投资项目和衍生工具项目也发生了和股权市场项目同样的变动。

2）金融信贷项目开放度分析

科特迪瓦金融信贷项目开放度的变化源自金融信贷项目流入和流出开放度的政策变动。1999 年，金融信贷项目流出开放度收紧，这是由于需要获得该国央行事先批准，该国商业银行等机构才能向非居民提供贷款。2005 年，银行向西非经济和货币联盟以外国家转账收取的佣金率从 0.25%提高到 0.3%，对金融信贷项目的管制进一步加深，金融信贷项目开放度继而紧缩。

2009 年，科特迪瓦对外国投资者提供的金融信贷佣金率又从 0.3% 提高到 0.6%，管制程度进一步加深。

3）直接投资项目开放度分析

科特迪瓦直接投资项目开放度的变化源自直接投资项目流入和流出开放度的政策变动。1999 年，开始放松对直接投资项目的管制，这是由于西非经济和货币联盟国家对外商的投资不再限制。2009 年，政府通过了与西非经济和货币联盟固定资本投资公司有关的第 2009-386 号命令，对直接投资项目的管制又开始有所加强。就该国直接投资项目开放度随时间变化的累计程度而言，直接投资项目开放度累计至最后维持原水平不变。

7. 埃及

1）股权市场项目开放度分析

埃及股权市场项目政策变动较少，仅有流入开放度于 2003 年减小。埃及银行第 88 号银行法和货币法于 2003 年 7 月 16 日生效，要求银行拥有的股票（不包括交易证券）的总面值不得超过银行的资本金，流入开放管制增强。埃及对股权市场项目开放持谨慎态度。

2）债券市场项目开放度分析

埃及债券市场项目仅有流入开放度在 2008 年增大，这是因为 2008 年 6 月经批准允许国际机构在本地市场发行债券。

3）商业信贷项目开放度分析

埃及商业信贷项目的流入开放度、流出开放度与总体开放度在 1999～2016 年保持不变，而流出开放度在 2017 年和 2018 年发生了两次变化，埃及因此放松了对商业信贷项目的管制。例如，2017 年 11 月，埃及央行取消了对进口非必需品的公司每日和每月外汇现钞存取款的限制（以前的限额是每天 1 万美元，每月存入 5 万美元，每月提现 3 万美元）。2018 年 5 月，取消了以贸易目的进口基础农产品的微型、小型和中型企业的现金利润率要求。所以，这一时期埃及对商业信贷项目的开放持积极态度。

4）金融信贷项目开放度分析

1999～2015年，埃及金融信贷项目的流入开放度、流出开放度与总体开放度均未发生变化。2016～2019年金融信贷项目无论是流入方面，还是流出方面都逐步放开，这一时期该国实施一系列鼓励金融信贷项目流出开放的政策。例如，2016年1月，埃及中央银行将每月外币现金存款限额提高到25万美元，并取消某些类别进口商的每日限额。2017年6月，埃及的表外账户中，本国货币可自由兑换为美元，对从中转移资金没有任何限制。2018年5月取消了以贸易目的进口基础农产品的微型、小型和中型企业的现金利润率要求。所以，这段时期金融信贷项目呈现开放度加大的态势。

8. 加纳

1）股权市场项目开放度分析

除2006年出现较大幅度的波动情况外，加纳股权市场项目开放度总体上较为平稳。2006年，加纳政府制定相关股权市场的政策，对在资本市场上的证券取消了事先批准的要求。加纳政府由此放开了对股权市场项目的管制。

2）债券市场项目开放度分析

除2006年出现较大幅度的波动情况外，加纳债券市场项目开放度总体上较为平稳。2006年，加纳债券市场项目流出开放度增加。出现上述变动情形可能是加纳政府制定相关债券市场的政策所致，具体而言，自2006年12月29日起，对于债券或其他债务证券，加纳政府取消了事先批准的要求，放开了对债券市场项目的管制。

3）货币市场项目开放度分析

加纳货币市场项目开放度主要涉及正向收紧变动，相关的政策变动为，自2002年9月23日起，外币存款必须达到9%的准备金要求，并且准备金余额必须存放在中央银行中，加大了对货币市场资金流入的控制；自 2006 年 12 月 29 日起，取消了对货币市场工具交易的限制，但银行必须报告交易情况，放开了货币市场项目，这与该年其他子项目的分析保持一致；但在 2014 年 2 月，管制力度有所加强，规定外汇管理局买卖的金额不得超过 1 万美元或等值的金额。整体来看，加纳对货币市场项目的管制要严格于其他子项目，开放态度更为谨慎。

4）集体投资项目开放度分析

加纳集体投资项目的流入开放度、流出开放度和总体开放度在 1999～2019 年表现出极强的稳定性，各指标取值绝大多数时间维持在 0 值处，仅在 2006 年流入开放度、流出开放度和总体开放度有所放松，这对应于加纳政府实施的取消集体投资项目管制的政策，表明加纳政府对集体投资项目开放所持有的谨慎态度。

5）衍生工具项目开放度分析

加纳衍生工具项目的流入开放度、流出开放度和总体开放度在 1999～2019 年表现出极强的稳定性，各指标取值绝大多数时间维持在 0 值处，仅在 2006 年管制出现放松，这对应于加纳政府实施的取消衍生工具项目管制的政策，表明加纳政府对衍生工具项目开放所持有的谨慎态度。

6）商业信贷项目开放度分析

加纳商业信贷项目开放度仅在 2016 年出现一次负向波动，商业信贷项目流入开放度加大，对应于2016 年 12 月加纳政府取消商业信贷项目管制的政策。

7）金融信贷项目开放度分析

加纳金融信贷项目开放度变动较为频繁，政策同时涉及流入和流出两个方向，且既包括正向收紧的政策，也包括负向放松的政策。流入、流出开放度在放松—紧缩的态度区间中变动。与金融信贷项目相关的政策变动主要有，2012 年 5 月，每日单一外汇净持仓量由资本基础的 15% 降至 10%，总净持仓量上限由资本基础的 30%降至 20%；2014 年 7 月，商业银行获准向加纳银行进口外汇，8 月，居民银行在符合加纳银行风险管理指引的前提下，可以按照自己的内部程序和流程向客户发放外币贷款。以上政策都体现出加纳金融信贷项目整体呈现开放程度加大，同时也反映出加纳政府对于金融信贷项目严格谨慎的开放态度。

8）直接投资项目开放度分析

加纳直接投资项目的流入开放和总体开放度在 1999～2019 年基本保持稳定，波动主要出现在 2006 年、2013 年和 2018 年，包括一次正向变动和两次负向变动。具体来看，自 2006 年 12 月 29 日起，取消了由政府批准的对外直接投资的要求；2013 年 8 月，提高了外国对内直接投资的限额；2018 年 12 月，提高了银行投资的最低资本要求。

9）不动产市场项目开放度分析

加纳不动产市场项目开放度的波动仅出现在 2012 年,流入和流出开放度实现了放松，对应的政策变动为：2012 年 12 月，加纳政府取消了对不动产市场交易的限制，进一步放开了不动产市场。

9. 肯尼亚

肯尼亚仅在 2011 年对金融信贷项目做出调整。具体来说，2011 年 10 月起，银行的外汇敞口上限从核心资本的 20%降至 10%，使金融信贷项目流入和流出开放度紧缩。整体来看，自此以后肯尼亚金融信贷项目流入和流出开放度呈现同幅波动，最终该项目的三指标表明金融信贷项目的开放对资本账户开放的贡献度增强,金融信贷项目的开放程度紧缩是双向管制增强的结果。

10. 莱索托

1）股权市场项目开放度分析

2003 年 6 月,莱索托货币当局允许非居民可以在投资期限超过 365 天的情况下自由进行境内投资，并且无论期限如何，购买任何类型的证券都需要通知莱索托政府。这一政策使得当时的股权市场项目流入开放度增大。受到这一开放政策的影响，股权市场项目的开放度同样增加。

2）债券市场项目开放度分析

债券市场项目的流出开放度和流入开放度在 1999～2019 年总共经历过 1 次波动，是由于 2010 年政府债券被引入资本市场，促使流出和流入开放度同等增大。

3）集体投资项目开放度分析

莱索托的集体投资项目在 1999～2019 年除了个别时点的政策波动导致变化外，其余时间始终保持稳定。在 2018 年，莱索托公司在国外持有的投资组合的限额为零售资产总额的 30%，而在以前，限额是零售资产总额的 25%。这一政策使得集体投资项目开放度加大，而集体投资项目的流入开放度在此期间保持不变。

4）直接投资项目开放度分析

2003 年 6 月，居民被允许自由地通过国内银行在海外投资，本土企业法人与本土居民也获准在海外每月投资 3000 万～6000 万本国法币，并用于南部非洲关税同盟（Southern African Customs Union，SACU）国家或其他国家。这一政策使得莱索托直接投资项目开放度大幅增加。

11. 毛里塔尼亚

毛里塔尼亚货币市场项目的总体、流出与流入开放度 1999 年出现单次开放波动，2000～2019 年三类开放度均稳定不变，总体上呈现较为平稳的趋势，出现上述变动情形可能是毛里塔尼亚政府制定相关货币市场政策所致，具体而言，如 1999 年 7 月毛里塔尼亚允许商业银行上调外汇净未平仓头寸限额，这说明毛里塔尼亚的货币市场项目开放程度整体得到放松。

12. 摩洛哥

1）股权市场项目开放度分析

摩洛哥从 1999 年开始了股权市场项目的开放进程。2002 年，摩洛哥股权市场项目开放度加大；2003～2006 年开放度未发生变化；2007 年对股权市场项目的开放进一步加强，股权市场项目流出开放度稳定在较为开放的水平；2019 年开始又开启了进一步开放的变化进程，股权市场项目稳定在相对开放的状态。

整体来看，摩洛哥股权市场项目的总体、流入与流出开放度都在逐步提升。尤其是自 2002 年开始，摩洛哥开放脚步不断加快，股权市场项目的开放对资本账户开放的贡献度也在不断增强。2002 年，摩洛哥股权市场项目开始扩大开放度，经授权的中间银行可以与国外同行进行外汇投资，可以购买国际金融机构发行的主权债券和股权。2007 年后资本账户开放力度不断加强。例如，2012 年，实体金融机构被授权开立外币或可兑换本币账户，以处理其源自国外的外币资产。2019 年，股权市场项目开放进一步取得进展，银行还可代表资本投资组织转移资金，以购买在受管制市场上上市或交易的金融工具。整体而言，股权市场项目处于加速开放进程中。

2）债券市场项目开放度分析

1999～2019 年，摩洛哥债券市场项目的流入、流出和总体开放度经历了从相对稳定到逐渐扩大的变化过程。其中，各指标数值在 1999～2019 年波动频繁，该时间段内的相关政策数量也相对较多，具体来看有：2002 年 5 月，经授权的中间银行可以与国外同行进行外汇投资，可以购买国际金融机构发行的主权债券和股权；2007 年 3 月，允许授权银行为保险和再保险公司开立外币账户，开展与境外存款、投资业务相关的转账业务；2012 年，摩洛哥金融实体被授权开立外币或可兑换本币账户，以处理其源自国外的外币资产；

等等。

债券市场项目流入开放度、流出开放度和总体开放度在 1999～2019 年呈现阶梯式加大。从最终结果来看，摩洛哥债券市场项目流入开放度有所加大，流出开放度急剧增加，总体开放度也随之增大。

3）货币市场项目开放度分析

摩洛哥货币市场项目的流入开放度、流出开放度与总体开放度在 1999～2019 年多个年份出现波动。其中，各指标数值在 1999～2001 年十分稳定，但自 2002 年以来出现多次波动，流出开放度总体较高，这可能是摩洛哥政府在该阶段实施了针对货币市场项目开放的多项政策所致。具体而言，自 2007 年 3 月起，摩洛哥允许授权银行为保险、再保险公司开立外币账户，开展与境外存款、投资业务相关的转账业务。2011 年 3 月，摩洛哥非居民旅客可以输入或输出外币的手段类别扩大到包括"可转让的不记名票据"，即不记名货币工具，如旅行支票；可转让票据（特别是支票、本票和汇票），可向持票人付款，也可由持票人自由背书，或由虚构的受益人背书，或以任何允许通过简单汇款进行转账的形式付款。2013 年 8 月，摩洛哥授权场外中介外汇银行和运营商购买外币的权利，购买数量超过 100 000 迪拉姆的不需要客户提交一份从边境海关进口报关单证明进口外汇现钞。

摩洛哥货币市场项目流入开放度、流出开放度与总体开放度在 1999～2001 年始终稳定；而在 2002～2019 年，货币市场项目累计开放度出现大幅度增加。

4）集体投资项目开放度分析

摩洛哥集体投资项目的流入开放度、流出开放度与总体开放度在 1999～2019 年除少数年份出现波动外，总体上呈现较为平稳的趋势。具体来看有：2007 年 3 月，建立了新的保险和再保险业务监管框架。自 2012 年 10 月起，具有该国授权资格的实体被允许开立外币或可兑换本币账户，以处理其源自国外的外币资产。2019 年 1 月，为了对冲任何资产或债务固有的风险，银行只能在专有基础上代表某些机构实体——信贷机构和类似实体、保险公司进行集体投资；机构投资者也被允许进行资本交易，例如保险公司在国外进行的投资。可以看到，摩洛哥集体投资项目流出开放度的变化幅度总体高于流入开放度，集体投资项目开放度不断扩大，但流入开放的步伐仍相对滞后于流出开放。

摩洛哥集体投资项目流入开放度、流出开放度与总体开放度在 1999～2006 年始终保持平稳；而在 2007～2019 年，集体投资项目累计开放程度出现大幅度上升。

5）衍生工具项目开放度分析

摩洛哥衍生工具项目的流入开放度和总体开放度在 1999～2019 年经历了基本稳定到小幅扩大的变动过程。其中，1999～2012 年开放度变化幅度较小，仅在 2007 年出台了两项政策，允许授权银行为其客户提供外币/外币交易、外币掉期合同和外币/本币掉期合同的远期保险；2012 年以来，境内具有交易资格的金融实体被授权开立外币或可兑换本币账户，以处理其源自国外的外币资产；2014 年，取消了外汇和迪拉姆货币互换合同中 25%的最低额度限制；2019 年，为了对冲法律实体的商品价格波动风险，银行必须开立外币账户，专门用于客户对冲交易的外币账户必须记录所有相关的财务流量。上述分析表明，摩洛哥政府对衍生工具项目开放持支持态度。

6）商业信贷项目开放度分析

除 2002 年、2007 年出现较大幅度的波动外，摩洛哥商业信贷项目的流入开放度、流出开放度与总体开放度在 1999～2019 年总体较为平稳。出现上述变动情形可能是摩洛哥政府制定相关的宽松商业信贷政策所致，具体而言，2002 年，摩洛哥银行被允许向外国个人提供贷款，用于购买或开发摩洛哥房地产，最高可达房地产价值的 70%；2007 年，允许出口商和经授权的中间银行向外国客户提供供应商信贷或买方信贷，最高可达出口货物或工程价值的

85%，并在国外提供服务。这说明摩洛哥的商业信贷项目流出开放程度得到放松。

7）金融信贷项目开放度分析

摩洛哥金融信贷项目的流入、流出与总体开放度在 1999~2019 年呈现波动增加的态势。其中，2004~2012 年三者波动幅度极大，而这可能是该段时间出现金融信贷项目的政策调整所致。具体而言，如自 2004 年 9 月起，摩洛哥允许经授权的中介机构向已取得外部贷款工具的经济经营者提供对冲利率波动风险的工具；2007 年 5 月，作为引入客户外汇掉期远期保障的一部分，商业银行被允许向国外借款，期限等于所提供的对冲操作的期限；2011 年 10 月，摩洛哥允许向外交代表机构或者国际组织的外籍人员发放贷款。以上几条政策有利于加大摩洛哥金融信贷项目的开放程度，累计来看，总体开放度大幅增加。

8）担保、保证和备用融资便利项目开放度分析

摩洛哥担保、保证和备用融资便利项目的流入开放度、流出开放度和总体开放度在 1999~2019 年表现出较强的稳定性，仅在 2006 年、2009 年和 2010 年发生了管制方向的波动。最后结果表明，摩洛哥政府对担保、保证和备用融资便利项目开放持谨慎态度。

9）直接投资项目开放度分析

从 2007 年开始，直接投资项目开放度大幅度上升，意味着摩洛哥开始了直接投资项目开放进程。2007 年 1 月，允许本国公司转让收购国外现有公司的股份，每年最高可达 3000 万迪拉姆；这些投资应与公司的日常活动相关；且允许银行在外国银行进行存款，并利用该存款在外国债务股权市场、OECD 市场、欧盟成员国的受监管市场上进行金融工具交易。将外汇转移到境外进行投资。2010 年又开启了密集的开放进程，直接投资项目开放程度的贡献也在不断增强。例如，在 2010 年 12 月，境外投资的年度最高限额为 3000 万迪拉姆，

在非洲大陆的投资上限为 1 亿迪拉姆，在非洲以外大陆的投资上限为 5000 万迪拉姆。无论是总体还是流入和流出，直接投资项目一直在不断扩大开放。

10）不动产市场项目开放度分析

摩洛哥不动产市场项目的流出开放度和总体开放度在 1999～2018 年基本保持稳定。仅在 2019 年，不动产市场项目流出开放度出现开放方向的变化，这对应于，被授权的银行可以代表境外组织，被允许以不超过其净资产 10%的金额在监管下进行该国房地产市场的交易。2019 年仅有的波动表明摩洛哥政府对外国资本进入摩洛哥不动产市场的审慎态度。

13. 尼日利亚

1）股权市场项目开放度分析

尼日利亚股权市场项目的流入开放度、流出开放度和总体开放度在 1999～2019 年相对稳定，其中 2011 年该国股权市场项目受到了管制，这可能是因为尼日利亚在 2011 年调低了净未平仓头寸限额，开始对股权市场项目进行资本管制。

2）货币市场项目开放度分析

尼日利亚货币市场项目的流入开放度、流出开放度与总体开放度在 1999～2019 年多个年份出现波动。其中，各指标数值在 1999～2001 年保持稳定。在 2005 年后出现多次波动，流出开放度受尼日利亚政府实施的多项政策影响，波动方向具有不一致性。具体而言，自 2005 年开始，尼日利亚适用准备金要求的存款基础已扩大至包括外币存款；2011 年，国民和实体可以在尼日利亚投资货币市场工具，如商业票据、可转让存单、银行承兑汇票和国库券；2017 年，存款货币银行对外资产和负债的净敞口头寸不得超过股东资金的 10%（原为 20%）。可以看到，尼日利亚货币市场项目流出开放度相较于流入开放度变化幅度更大。

3）商业信贷项目开放度分析

尼日利亚商业信贷项目的流出开放度与总体开放度除在 2000 年和 2001 年出现较大幅度的波动情况外，总体上较为平稳。2000 年和 2001 年，商业信贷项目流出开放度增大。出现上述变动情形可能是尼日利亚政府制定相关商业信贷政策所致，尼日利亚的商业信贷项目流出开放程度得到放松。

4）金融信贷项目开放度分析

尼日利亚金融信贷项目的流出开放度与总体开放度除在 2017 年出现较大幅度的波动外，总体上较为平稳。2017 年，商业信贷项目流出开放度与总体开放度都相应加大。出现上述变动情形可能是由于尼日利亚货币当局在 2017 年 2 月降低了对存款货币银行对外资产和负债的净敞口头寸要求以及放宽了银行的外币借款总额限制。

14. 圣多美和普林西比

圣多美和普林西比仅对货币市场项目的开放政策进行了调整。1999 年圣多美和普林西比规定，取消有关账户的所有限制，放松了货币市场项目资本流出的管制程度，使得货币市场项目流出开放度大幅上升。2012 年圣多美和普林西比央行开始收取 1.5% 的销售佣金和 0.5% 的欧元购买佣金，是货币市场项目流出开放度小幅下降的原因，圣多美和普林西比加强了资本管制程度。2018 年圣多美和普林西比规定，旅客有权取出有限额度的多布拉纸币和硬币。该规定使得货币市场项目流入开放度下降，圣多美和普林西比加强了管制程度。

1999 年，该国货币市场项目开放度数值大幅下降，开放程度大幅提高，2000 年至 2011 年都保持不变。2012 年该国的货币市场项目总体开放度、流出开放度和流入开放度都呈现相同幅度的上升，2013 年至 2019 年该国货币市场项目流出开放度一直保持不变。在 2018 年，由于该国货币市场项目资本流入受到一定管制，总体开放度与流入开放度均有所下降。累计来看，该国货币市场项目流出开放度和流入开放度有不同幅度的下降，总体开放度有所下降。

15. 塞内加尔

1）股权市场项目开放度分析

塞内加尔股权市场项目的流入开放度与总体开放度都仅在 1999 年产生波动。1999 年，塞内加尔的 B 股被要求以美元计算面值，不允许本国居民交易，并且其上市后只允许由外国投资者购买。同年 2 月，塞内加尔的居民境外投资不再需要授权，其无须授权的内容也包括居民购买非居民发行或营销的股票证券方面。

2）金融信贷项目开放度分析

塞内加尔金融信贷项目的流入开放度、流出开放度与总体开放度仅在 1999 年与 2005 年出现两次非同向的波动。1999 年，塞内加尔作为西非经济共同体的一员，受到了废止西非经济和货币联盟国家的外国投资或外国借款的管制的统一影响，因此其金融信贷项目开放程度增大。但 2005 年，塞内加尔银行向西非经济和货币联盟以外国家转账收取的佣金率从 0.25%提高到0.3%，这对于其资本账户的金融信贷项目的开放度是一次紧缩。在这样的变动下，塞内加尔的金融信贷项目仍保持着对外开放的累计趋势。

3）直接投资项目开放度分析

塞内加尔关于直接投资项目的政策变动全部集中在 1999 年，且仅在流出方向有变动。1999 年，塞内加尔作为西非经济共同体的一员，受到了废止西非经济和货币联盟国家的外国投资或外国借款的管制的统一影响，其直接投资项目开放程度增大。同年，塞内加尔国民进行境外投资不再需要授权。但是针对非居民发放的贷款和其他援助项目，需要获得双重授权才可以进行。塞内加尔的直接投资项目的总体开放程度是增大的。

16. 坦桑尼亚

1）债券市场项目开放度分析

坦桑尼亚债券市场项目的流入开放度、流出开放度和总体开放度在1999～2019 年经历了从相对稳定到逐渐扩大的变化过程。其中，各指标在1999～2019 年出现了 4 次调整，2000 年以来，流入开放度和流出开放度在放松—紧缩之间频繁变化，具体来看有：2003 年 5 月，外国投资者获准收购在该国证券交易所上市的证券。2014 年 5 月，在 EAC 中发行的股份和债券可由居民自由持有和转让。在此之前，只有完全来自外部资金，才允许购买，债券市场项目流出开放度加大。非居民从 EAC 可能持有政府证券，只要满足：①获得的数量不超过已发行证券的 40%；②单一 EAC 国家的居民获得的数量不超过已发行金额的 2/3；③政府证券收购不在一年内转让给居民。在此之前，非居民不被允许持有政府证券，因此债券市场项目流入开放度增加。2014 年 9 月，外国投资者可以向上市公司或者公开发行的发行人购买证券。此前，外国投资者在该国证券交易所购买的证券，必须达到已发行证券总数的 60%。个人投资者获得发行股份不得超过 1%，机构投资者不得超过 10%。投资必须从当地银行的证券账户中进行，才能转让，三个月的持有期也适用，债券市场项目流入开放度累计上升。

从最终结果来看，坦桑尼亚债券市场项目流入、流出与总体开放水平相对一致。

2）担保、保证和备用融资便利项目开放度分析

坦桑尼亚担保、保证和备用融资便利项目的流入开放度和总体开放度在1999～2019 年经历了从相对稳定到逐渐放松的变化过程。其中，各指标数值在 1999～2019 年出现了 1 次波动。具体来看有：2019 年 7 月，银行为满足法定最低准备金率（statutory minimum reserve ratio，SMRR）而必须保留的

最低日余额从 90% 的最低存款准备金更改为 80%，担保、保证和备用融资便利项目流入开放度增大。

在 2019 年，担保、保证和备用融资便利项目累计开放度出现大幅度上升。从最终结果来看，流出开放度在 1999～2019 年一直保持不变，流入开放度的增加幅度较大。

3）直接投资项目开放度分析

2014 年坦桑尼亚开始了直接投资项目开放度收紧进程，2014 年 5 月，居民可未经坦桑尼亚银行批准，在任何 EAC 国家进行直接投资，在此之前是不被允许的，直接投资项目流出开放度紧缩，流入开放度保持不变，整体而言，直接投资项目处于收紧进程中。最终直接投资项目流入开放度一直维持中立，流出开放度维持在相对封闭的水平。

17. 突尼斯

1）股权市场项目开放度分析

突尼斯股权市场项目的流入开放度、流出开放度与总体开放度除 2005 年和 2007 年出现较大幅度的波动外，总体上呈现平稳的趋势。具体而言，2005 年 2 月，突尼斯允许常驻出口商每年转让的数额从 4 万至 20 万第纳尔增加到 6 万至 30 万第纳尔，以资助外国公司参股。2005 年 8 月，居民、外国国民或在突尼斯设立的外国法人实体（包括外国参股）进行股权收购的审批要求被取消了，根据现行法律，在突尼斯设立的、在开放给外国投资的部门经营的中小型公司拥有自由地进行证券交易的权利。2007 年，居民被允许购买在突尼斯成立的非居民公司的股权。

股权市场项目流入开放度、流出开放度与总体开放度在 1999～2004 年始终保持不变。而在 2005 年，股权市场项目开放度出现断崖式增大，自 2008 年开始股权市场项目流入开放度、流出开放度与总体开放度呈现水平无波动的状态。

2）债券市场项目开放度分析

突尼斯债券市场项目的流入开放度、流出开放度与总体开放度除在2005～2007年出现较大幅度的波动外，总体趋势较为平稳。具体而言，2005年2月，突尼斯允许常驻出口商每年转让的数额从4万至20万第纳尔增加到6万至30万第纳尔，以资助外国公司参股。2005年11月，非突尼斯居民的外国人在本地认购和购买国债的比率从每半年发行估计金额的5%提高到10%。2006年8月，突尼斯允许非居民外籍人士认购或购入在证券交易所上市或获得评级机构评级的居民公司发行的每种债券的20%并从境外转汇。2007年，在证券交易所上市的居民信用机构可以与非居民签订不受限制的信用合同。

突尼斯的债券市场项目流入开放度与总体开放度在2004～2007年出现上升，之后呈现水平状态。债券市场项目流入、流出与总体开放度达到较高开放水平后保持平稳。

3）货币市场项目开放度分析

突尼斯货币市场项目总体开放度即期变化指数在2006年为-0.4，2017年为-0.3。2006年，突尼斯规定，非居民旅客希望重新出口金额等于或超过3000第纳尔（以前为1000第纳尔）的外汇，必须在进入突尼斯时向海关申报其进口的外币。2017年，非突尼斯居民在该国货币市场进行交易时不再需要该国央行的批准。突尼斯货币市场项目总体开放度呈现阶梯式放松。

4）商业信贷项目开放度分析

1999～2019年，突尼斯商业信贷项目的流入开放度、流出开放度与总体开放度除1999年、2001年、2007年和2012年出现较大幅度的波动外，总体上较为平稳。具体而言，1999年，该国居民银行可向离岸公司发放第纳尔贷款，以支付当地（第纳尔计价）的运营费用。这类贷款不能用于购汇，必须开立专门账户。2001 年，突尼斯对外汇存款账户和非居民存款账户实行流动性比率要求。2007 年，允许在突尼斯设立的专门从事出口的非居民服务公司的进出口，以及在突尼斯设立的非居民国际贸易公司的本地产品出口在外币货币市场上融资。2012 年，突尼斯居民银行可在外汇货币市场对从事进出口业务的突尼斯非居民服务公司以及从事本地产品出口的突尼斯非居民国际贸易公司发放经营性贷款。商业信贷项目流出开放度与总体开放度于 1999 年开始呈现大幅度上升。

5）金融信贷项目开放度分析

突尼斯金融信贷项目流入开放度、流出开放度与总体开放度在 2005 年呈现阶梯式下降，于 2007 年回升，于 2018 年呈现阶梯式上升。

6）直接投资项目开放度分析

突尼斯直接投资项目的流入开放度、流出开放度与总体开放度除 2005 年、2008 年和 2009 年出现较大幅度的波动外，总体趋势较为平稳。具体而言，2005 年，居民出口企业每年向金融分支机构、子公司进行参股与投资转让的额度从 4 万至 20 万第纳尔提高到 6 万至 30 万第纳尔。2008 年，允许居民银行在海外投资，其外汇资产不超过客户总资产的 20%。2009 年，非出口公司为其海外代理机构或联络机构向国外转移资金的上限和下限分别从 3 万和 15 万第纳尔提高至 5 万和 25 万第纳尔；基金、非出口企业为在海外设立分支机构、子公司和参股而向海外转移资金的上限和下限分别从 6 万和 30 万第纳尔提高至 30 万至 50 万第纳尔。

7）不动产市场项目开放度分析

突尼斯不动产市场项目的流入开放度、流出开放度与总体开放度除在 2006 年和 2007 年出现较大幅度的波动情况外，总体上趋势平稳。具体而言，2006 年，突尼斯允许居民不经海关总署事先批准在国外购买房地产，前提是这些交易以外币或可兑换第纳尔记入服务提供商账户的借方。2007 年，突尼斯放开外国非居民用外汇收购工业区土地、建筑物和旅游区经济开发项目用地。

18. 赞比亚

1）货币市场项目开放度分析

1999~2019 年，赞比亚货币市场项目开放度除个别年份出现波动外，总体上呈现平稳态势。这可能与赞比亚政府实施多项针对货币市场项目开放的政策有关，具体来看：2001 年赞比亚将隔夜整体外汇和单一货币监管资本敞口限制分别从 25%和 20%降至 15%和 10%，并要求当日外汇总额和单一货币风险敞口上限不得超过监管资本的 30%和 20%；2014 年，赞比亚政府允许在国内交易中使用、支付或收取外币。

货币市场项目流入开放度、流出开放度与总体开放度在 1999~2019 年呈现阶梯式增大，并最终维持在相对开放的地位。

2）金融信贷项目开放度分析

1999~2019 年，赞比亚金融信贷项目的流入开放度、流出开放度与总体开放度除个别年份出现波动外，总体上呈现平稳态势。其中，各指标数值主要在 2001 年出现波动，流入开放度和流出开放度受到开放方向相关政策的影响出现放松，这主要是因为 2001 年赞比亚取消了外币活期存款规定。

3）直接投资项目开放度分析

1999~2019 年，赞比亚直接投资项目的流入开放度保持不变，而流出开放度与总体开放度除个别年份出现波动外，总体上呈现平稳态势。仅在 2014 年取消向持有外国银行账户或向外国支付外汇红利的人提供纳税证明和缴纳企业所得税证据的规定，直接投资项目流出开放度有所上升。

19. 津巴布韦

1）股权市场项目开放度分析

津巴布韦股权市场项目的流入开放度、流出开放度与总体开放度除在

2009 年出现较大幅度的波动情况外，总体趋势较为平稳。2009 年，股权市场项目流入开放度增大。如 2009 年 2 月，为了帮助缓解流动性挑战，该国银行被要求在海外银行账户中维持最多 25%的外汇账户余额，以满足日常的国际支付义务。

2）货币市场项目开放度分析

津巴布韦货币市场项目的流入开放度与总体开放度在 1999～2019 年没有变动，货币市场项目流出开放度在 2003 年、2007 年、2008 年有所提升，但之后出现了下降。这是由于 2003 年 5 月，所有未汇出的养老基金和未来的养老金汇款都被允许记入一个计息的整体账户，这些资金还被允许投资于货币市场工具并自由汇出；当年 12 月 24 日，所有外国借款都需要事先获得外部贷款协调委员会的批准。2007 年，居民旅客出口当地货币的限额提高到 10 万津元。2008 年，居民旅客个人或行李携带本国货币的进出口限额从 5 亿津元提高到 50 亿津元。

3）集体投资项目开放度分析

津巴布韦集体投资项目的流入开放度、流出开放度与总体开放度除在 2006 年出现较大幅度的波动情况外，总体趋势较为平稳。2006 年，该国集体投资项目流入开放有所紧缩，出现上述变动情形可能是津巴布韦政府制定相关集体投资项目政策所致，具体而言，津巴布韦对投资条例进行了修订，以防止外国投资危及津巴布韦的国防工业基础，并控制与大规模毁灭性武器有关的敏感技术的扩散。

集体投资项目流入开放度、流出开放度与总体开放度在 1999～2005 年始终稳定在水平状态。而在 2006 年，集体投资项目流出开放度有所紧缩，总体开放度因此有所下降。

4）商业信贷项目开放度分析

津巴布韦商业信贷项目的流入开放度、流出开放度与总体开放度除在

2009 年出现较大幅度的波动外，总体趋势平稳。2009 年，商业信贷项目流入开放度增大，出现上述变动情形可能是津巴布韦政府制定相关商业信贷政策所致，与前述子项目涉及政策相同。

津巴布韦商业信贷项目流入开放度、流出开放度与总体开放度在 1999～2008 年始终稳定。而在 2009 年，商业信贷项目开放度出现大幅度放松。

5）金融信贷项目开放度分析

津巴布韦金融信贷项目开放度指标存在较多波动。这是由于 2002 年所有外国借款均须经外部贷款协调委员会和津巴布韦央行批准。居民携带本国货币出境和非居民携带本国货币入境的最高限额由 5000 万津元增加到 15 000 万津元。2003 年，所有未汇出的养老基金和未来的养老金汇款都被允许记入一个计息的整体账户，这些资金还被允许投资于金融信贷工具并自由汇出。2015 年，津巴布韦居民可在未经央行批准的情况下，向国外借款最高可达 1000 万津元（以前为 750 万津元）。2016 年，对津巴布韦证券交易所上市实体的个人投资限额从 10%提高到 15%，对公司的投资限额从 40%提高到 49%。金融信贷项目在 2003～2008 年呈现受管制状态，之后受管制程度减弱。

6）直接投资项目开放度分析

津巴布韦直接投资项目的流入开放度、流出开放度与总体开放度除在 1999 年和 2016 年出现较大幅度的波动情况外，总体趋势较为平稳。1999 年，直接投资项目资本流入受到管制，出现上述变动情形可能是津巴布韦政府制定相关直接投资项目政策所致。具体而言，1999 年，津巴布韦允许用 1993 年以前投资积累的冻结利润发行 12 年期和 20 年期 4%政府债券的政策被废除。

总体而言,津巴布韦直接投资项目流入开放度和总体开放度于 1999 年出现跳跃性紧缩后，直接投资项目流入开放度、流出开放度与总体开放度在

2000~2015 年维持稳定, 2016 年直接投资项目开放度出现了一定的放松。总体来看, 直接投资项目流出开放度波动不大。

6.5　大洋洲中低收入国家指标测度及特征分析

6.5.1　资本账户开放背景

1. 巴布亚新几内亚

巴布亚新几内亚 (Papua New Guinea) 全称为巴布亚新几内亚独立国, 位于南太平洋西部, 属于发展中国家, 农业是该国主要经济来源。2019 年巴布亚新几内亚 GDP 约为 248 亿美元, GDP 增长率约为 6%, 人均国民总收入约为 2750 美元, 被世界银行归类为中低收入国家。

2. 所罗门群岛

所罗门群岛 (Solomon Islands) 位于太平洋西南部, 由南太平洋大小岛屿 900 多个组成。世界银行数据库统计显示, 所罗门群岛 2019 年的 GDP 为 15.7 亿美元, 人均 GDP 为 2373.64 美元, GDP 增长率为-1.37%。进入 21 世纪以来, 所罗门群岛的人均 GDP 年增长率逐渐正向增长。

所罗门群岛的资本账户开放历史进程与其政治发展以及国际环境大背景息息相关, 总体来看, 可以分为以下三个阶段。

开放初期 (1978~2002 年): 所罗门群岛在 1978 年宣布独立后, 作为英联邦成员国家, 经济上的多项举措效仿英国, 这一时期是所罗门群岛对其资本账户开放进行探索的时期。

快速发展时期 (2003~2008 年): 这一时期所罗门群岛资本账户开放程度大幅度放松, 出台多项有利于资本账户开放的政策, 资本账户开放进入高速发展时期。2003~2008 年所罗门群岛年均经济增长率近 6%, 经济增长状态良好。

经济恢复期（2009 年至今）：2008 年国际金融危机使所罗门群岛经济遭受重创，2009 年经济增长率下降到−2.2%。虽然所罗门群岛渔业、林业等自然资源丰富，但作为岛国，存在工业落后的情况，另外由于尚未形成完善的产业链与供应链，工业品仍需大量依赖进口，因此受到国际金融危机的影响较大。近年来，所罗门群岛政府采取多项发展措施，改善管理方式，积极吸引外资，经济开始复苏，资本账户开放出现缓慢回暖迹象，但财政方面仍需依靠国际援助。

3. 瓦努阿图

瓦努阿图（Vanuatu）位于南太平洋西部，是联合国公布的最不发达国家之一，属于中低收入国家。世界银行数据库显示，瓦努阿图 2020 年的 GDP 为 8.6 亿美元，人均 GDP 为 2880 美元。瓦努阿图的资本账户整体处于基本封闭的状态。在 1999 年，瓦努阿图央行将存款准备金率的范围扩大到所有存款机构，并且统一为 7%，导致瓦努阿图资本账户向内外流通的限制程度增强。1999 年后，瓦努阿图政府极少颁布资本账户开放的相关政策，反映出该国对资本账户开放持谨慎态度。

6.5.2　资本账户双向开放指标测度及特征分析

1. 巴布亚新几内亚

1）巴布亚新几内亚资本账户开放程度变化

1999～2019 年，巴布亚新几内亚政府仅在 2004 年、2005 年颁布政策，调控了资本账户开放力度，其余年份资本账户开放力度则保持不变。巴布亚新几内亚货币当局于 2004 年 9 月放宽了对非居民控制的居民公司的商业信贷的限制;次年 9 月,又加强了非居民对居民的商业信贷的管制。2005 年 6 月,巴布亚新几内亚货币当局放宽了关于外汇流动的限制。

1999～2003 年,巴布亚新几内亚资本账户开放程度比较平稳。2004～2005 年,巴布亚新几内亚资本账户开放程度大幅扩大。之后为了防止资本账户开放程度过大、速度过快给本国经济带来负面影响,巴布亚新几内亚对于资本账户开放保持着较为谨慎的态度,总体开放程度稳定不变。这与当时巴布亚新几内亚所处的经济环境及国际金融发展要求是匹配的。

2)巴布亚新几内亚资本账户双向开放情况

(1)资本账户流入开放。巴布亚新几内亚政府仅在 2004 年调控了资本账户流入开放程度,其他年份则未发生变化。这可能是由于 2004 年 6 月巴布亚新几内亚颁布了关于放松银行外汇管制的制度。

(2)资本账户流出开放。巴布亚新几内亚政府在鼓励外来资本流入的前提下,同样允许本国资本进入国外市场进行运作,这反映了巴布亚新几内亚资本账户开放是内外双向、同时进行的成果。巴布亚新几内亚资本对外流动限制体现了应时波动的特点,但其总体管制程度逐渐放松,巴布亚新几内亚资本账户流出开放程度增强。

2. 所罗门群岛

所罗门群岛资本账户整体开放状况呈现放松趋势,资本账户开放程度日益增大。

1)所罗门群岛资本账户开放程度变化

如图 6.60 所示,所罗门群岛于 1999～2019 年资本账户开放程度即期变化数值呈现出显著的负向波动。

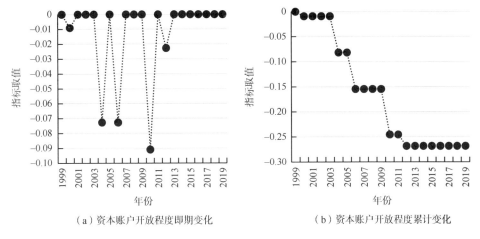

（a）资本账户开放程度即期变化　　　　（b）资本账户开放程度累计变化

图 6.60　所罗门群岛资本账户开放程度即期与累计变化

总体来看，1999～2019 年所罗门群岛资本账户开放程度即期变化数值出现大规模的负向变动，可能与不同时段内政府制定的不同政策有关。2002 年，商业银行可批准的外汇支付申请限额由 5000 美元或等值美元的外币下调至 1000 美元，其他所有正常渠道外汇申请均由中央商业银行受理，同时取消了对南斯拉夫联盟共和国国际交易的付款和转移的限制。2004 年，规定商业银行开放外汇头寸的限额从 250 万美元提高到 300 万美元或等值的额度。2006 年，各商业银行隔夜外汇头寸上限从 300 万美元增至 500 万美元。2010 年，所有银行必须保持总外汇头寸不超过金融机构总资本的 25%。2012 年，银行向所罗门群岛中央银行出售交易账户金额超过 1000 万欧元以保持隔夜限额的要求被取消。

总体而言，在 1999 年后，针对所罗门群岛中央银行所判定的所罗门群岛资本账户开放时机成熟的情况，资本账户开放的政策性导向呈现总体的积极开放趋势。1999～2019 年，其资本账户总体开放程度的累计变化速度较快，这表明了所罗门群岛在 1999 年后资本账户的总体开放程度上升，资本内外流通程度加速的状况。

2）所罗门群岛资本账户双向开放情况

（1）资本账户流入开放。所罗门群岛在 1999～2003 年资本账户流入开放程度即期变化为 0，之后资本账户的流入开放程度即期变化出现了大幅度的变动，这可能是以下政策导致的：2004 年 5 月，规定商业银行开放外汇头寸的限额从 250 万美元提高到 300 万美元或等值的额度。2006 年 7 月，各商业银行隔夜外汇头寸上限从 300 万美元增至 500 万美元。所罗门群岛的资本账户流入开放程度在 1999～2019 年呈现阶梯状上升趋势，这说明所罗门群岛针对当年的经济金融环境需要，一直保持政策放松。

（2）资本账户流出开放。所罗门群岛 1999～2019 年资本账户流出开放度负向波动较大。例如，2002 年商业银行可批准的外汇支付申请限额由 5000 美元或等值美元的外币下调至 1000 美元，其他所有正常渠道外汇申请均由中央商业银行受理，同时取消了对南斯拉夫联盟共和国国际交易的付款和转移的限制。所罗门群岛资本账户流出开放程度自 1999 年开始呈现逐年放松趋势。

3. 瓦努阿图

瓦努阿图资本账户整体开放状况呈现不变动的趋势。自瓦努阿图资本账户开放有记录以来，瓦努阿图资本内向外向流通的限制程度仅出现了一次变化。

1）瓦努阿图资本账户开放程度变化

瓦努阿图在 1999～2019 年的资本账户开放程度只出现了一次变动。主要是因为 1999 年 3 月瓦努阿图央行将存款准备金率的范围扩大到所有存款机构，统一为 7%，使 1999 年的资本账户开放程度紧缩。此后各年资本账户开放程度都未显示存在变化。

2）瓦努阿图资本账户双向开放情况

（1）资本账户流入开放。1999～2019 年，瓦努阿图资本账户流入开放程度没有变动，政府并未调整关于资本账户流入的政策。瓦努阿图资本账户流入开放程度在 1999～2019 年始终维持在稳定水平。

（2）资本账户流出开放。瓦努阿图资本账户流出开放趋势同总体开放趋势是一致的。从年度政策到政策结果累计，瓦努阿图资本对外流动开放程度是收紧的。

6.5.3　资本账户子项目双向开放指标测度及特征分析

1. 巴布亚新几内亚

巴布亚新几内亚商业信贷项目的流入、流出与总体开放度除在 2004 年、2005 年出现较大幅度的波动情况外，总体趋势较为平稳。具体而言，如 2004 年，巴布亚新几内亚政府放宽了对非居民控制的居民公司的商业信贷的管制；2005 年，非居民对居民的商业信贷需要巴布亚新几内亚中央银行批准。总体而言，巴布亚新几内亚商业信贷项目总体开放度受到了管制。

2. 所罗门群岛

1）货币市场项目开放度分析

1999～2019 年，所罗门群岛货币市场项目的流入开放度、总体开放度数值除 2012 年出现负向波动外，总体呈现平稳的特征，这可能与所罗门群岛政府在 2012 年实施的促进货币市场项目开放的政策有关。2012 年 6 月，银行向所罗门群岛中央银行出售交易账户金额超过 1000 万欧元以保持隔夜限额的要求被取消。

货币市场项目流出开放度在 1999～2019 年始终保持水平，流入开放度与总体开放度在 2012 年之前未发生任何变动，而自 2012 年以来，流入开放度有所增大，总体开放度也因此有轻微上升。

2）金融信贷项目开放度分析

所罗门群岛金融信贷项目的流入开放度、流出开放度与总体开放度在

1999～2019 年总体呈现平稳态势，在 2002 年、2004 年、2006 年以及 2010 年出现小幅度波动，可能是该段时间金融信贷项目的政策调整所致。具体而言，2002 年，商业银行可批准的外汇支付申请限额由 5000 美元或等值美元的外币下调至 1000 美元，其他所有正常渠道外汇申请均由中央商业银行受理。2004 年，商业银行开放外汇头寸的限额从 250 万美元提高到 300 万美元或等值的额度。2006 年，各商业银行隔夜外汇头寸上限从 300 万美元增至 500 万美元。2010 年，所有银行必须保持总外汇头寸不超过金融机构总资本的 25%。总体来看，金融信贷项目进一步放松。在 1999～2019 年，该国金融信贷项目从管制状态一步步走向开放状态。

3）直接投资项目开放度分析

所罗门群岛直接投资项目开放度数值在 1999～2019 年总体呈现负向变动。其中，流入开放度未发生变动，流出开放度与总体开放度在 2002 年出现开放方向变动，这可能与所罗门群岛政府在该阶段实施的促进直接投资项目开放的多项政策有关，具体来看有：2002 年 6 月，所罗门群岛政府取消了对南斯拉夫联盟共和国国际交易的付款和转移的限制。从 2002 年开始，直接投资项目流出开放度与总体开放度出现大幅度增大。

3. 瓦努阿图

1999～2019 年，瓦努阿图金融信贷项目的流出与总体开放度只在 1999 年变动了一次。出现上述变动情况可能与瓦努阿图政府金融信贷项目开放政策的调整相关。具体而言：1999 年，瓦努阿图央行将存款准备金率的范围扩大到所有存款机构，统一为 7%。此后，瓦努阿图金融信贷项目开放度保持在稳定的水平。

累计来看，1999～2019 年，瓦努阿图金融信贷项目流入开放度保持不变，流出开放度有所紧缩，总体开放度紧缩。

6.6　本章小结

根据世界银行对各个国家的划分,GKAOPEN 数据库中共有 42 个国家被划归为中低收入国家。第 6 章按照国家名称英文字母排序的方式,分别简短介绍了每个国家 1999~2019 年资本账户开放程度的变动情况。

根据各个国家的资本账户政策的变动情况,1999~2019 年资本账户总体更加开放的国家有 17 个,分别为阿尔及利亚、安哥拉、孟加拉国、贝宁、加纳、洪都拉斯、印度、莱索托、摩洛哥、尼泊尔、尼日利亚、所罗门群岛、斯里兰卡、巴布亚新几内亚、坦桑尼亚、突尼斯和赞比亚。

资本账户管制更加严格的国家有 11 个,分别为不丹、喀麦隆、玻利维亚、柬埔寨、科特迪瓦、老挝、蒙古国、缅甸、圣多美和普林西比、塞内加尔和乌兹别克斯坦。

资本账户先放松管制后收紧的国家有 3 个,分别为尼加拉瓜、越南和吉尔吉斯斯坦。

资本账户先收紧管制后放松的国家有 6 个,分别为埃及、萨尔瓦多、摩尔多瓦、巴基斯坦、菲律宾和津巴布韦。

资本账户开放程度波动变化的国家有 1 个,为乌克兰。

资本账户开放程度仅有 1 次变动的国家有 4 个,分别为刚果（布）、肯尼亚、毛里塔尼亚和瓦努阿图。

总体来讲,在中低收入国家中,有接近一半的国家采取更加积极的资本账户开放政策。

第 7 章

低收入国家资本账户双向开放测度及特征分析

　　本章共针对全球 27 个低收入国家①的资本账户开放度进行分析，每个国家分为三个部分：第一部分为各低收入国家的资本账户开放背景介绍；第二部分为资本账户开放情况，从即期开放程度与累计开放程度两方面入手，分析整体资本账户开放程度变化，随后从跨境资本流入、流出两个方向监测资本账户开放程度变动；第三部分是资本账户子项目开放情况，主要分为股权市场项目，债券市场项目，货币市场项目，集体投资项目，衍生工具项目，商业信贷项目，金融信贷项目，担保、保证和备用融资便利项目，直接投资项目、不动产市场项目以及个人资本项目等十一大项目。

　　低收入国家的经济发展大多依赖于农业生产，经济发展水平相对落后。大部分低收入国家中农业产值在国民生产总值中所占的比重比高收入国家要高，且农业的劳动力占比达 50%～70%。与中高收入国家相比，低收入国家的要素禀赋尤其是资本较为稀缺，生产技术和管理经验相对落后，政府行政效率低下，金融体系不健全且制度不完善，从而导致抵御负面冲击的能力较差，即经济的欠发达水平导致低收入国家缺乏良好的促进资本账户开放的基

---

　　① 划分标准资料来源：世界银行数据库。低收入国家：阿富汗、布基纳法索、布隆迪、中非共和国、乍得、刚果（金）、厄立特里亚、埃塞俄比亚、冈比亚、几内亚、几内亚比绍、海地、利比里亚、马达加斯加、马拉维、马里、莫桑比克、尼日尔、卢旺达、塞拉利昂、索马里、苏丹、叙利亚、塔吉克斯坦、多哥、乌达干、也门。

本条件（智琨和傅虹桥，2017）。

此外，低收入国家在国际关系中处于劣势地位。国际关系的规则和形势是由国际贸易的类型决定的，而高收入国家控制着国际贸易的类型。由于国内储蓄明显不足，大多数低收入国家发展能力差、发展水平低，它们的经济建设大多依赖出口初级产品换取外汇。另外，在一国的经济发展过程中，引进技术和外资驱动发展亦占有非常重要的地位。然而，低收入国家大多经济体量小，国际投资吸引力低下。因此，低收入国家在经济上受高收入国家支配，依附于高收入国家。这导致低收入国家的资本账户开放力度始终处于较低的水平。

具体而言，直接进入低收入国家实体经济的外国直接投资能够促进低收入国家的资本积累、技术创新和产业升级；同时，直接投资具有外溢性和稳定性，能够带来先进的生产技术和管理经验，并扩大国外市场，助力经济发展，使得部分低收入国家的直接投资项目呈现开放趋势。然而，不直接投入实体经济的股权市场流入资本有较强的投机性质且资本流动较大，会使低收入国家暴露在国际"热钱"当中，从而更容易受到外部冲击。低收入国家不具备足够的能力抵御大量资本流动带来的风险，因此，低收入国家在股权市场项目开放上一直持谨慎态度。金融信贷需要还本付息，可能存在期限错配、货币错配等问题，信贷资金使用中的低效益问题和经济泡沫的产生亦会恶化金融环境，导致其爆发危机的风险较高。如果过分放开金融信贷管制，低收入国家可能会借入过量外债，发生期限错配与货币错配，从而对经济增长造成不利影响。因此，低收入国家在金融信贷项目开放上也持谨慎态度。此外，低收入国家资本账户开放主要是通过货币市场项目采取政策，通过下调银行存款准备金率来加大开放力度。总体而言，低收入国家的资本账户开放程度低于中高收入国家，开放速度缓慢，但从 1999 年至今，低收入国家也逐步步入资本账户开放历程，推出多项政策促进资本账户稳健开放，呈现出资本账户流出、流入开放度双重波动的特点。

7.1　亚洲低收入国家指标测度及特征分析

7.1.1　资本账户开放背景

1. 阿富汗

长达三十多年的战乱导致阿富汗（Afghanistan）的交通、通信等基础设施破坏严重，经济发展受到沉重打击，物资缺乏，难民人数曾达 600 多万人。2002 年以来，该国国民经济呈现"低水平的快速增长"趋势，经济逐步恢复发展。根据阿富汗中央统计局数据，2019 年阿富汗 GDP 达到 188.9 亿美元，同比增长 3.9%。虽然阿富汗对资本账户实行严格管制的政策，但鉴于资本账户开放对于一国经济的重要作用，研究阿富汗资本账户的相关状况可以为该国推进资本账户开放、促进经济发展提供参考与借鉴。

2. 叙利亚

叙利亚（Syria）是经济以农业为主的低收入国家，矿产丰富，主要有石油、磷酸盐、天然气等。但是，国有经济占主导地位的叙利亚工业基础薄弱。2011 年，该国经济逐步向社会市场经济转轨，经济结构逐渐优化，经济发展被有效推动。根据叙利亚各时期资本账户开放工作重心的不同，将其分为如下几个阶段。

半封闭阶段（1999 年及以前）：在这一时期，叙利亚资本账户基本处于半封闭状态，资本流动较少，没有针对性政策引起资本账户开放。

初步开放阶段（2000 年至今）：2000 年叙利亚开始进行资本账户开放，该时期叙利亚呈现了资本账户开放程度收紧与放松同时进行的特点，但是总体而言，自 2000 年至今叙利亚资本账户的开放程度显著上升。

3. 塔吉克斯坦

塔吉克斯坦（Tajikistan）资源丰富，经济以石油、天然气、采矿、煤炭和农牧业为主，工业基础薄弱，发展缓慢，大部分日用消费品依靠进口。2020年，塔吉克斯坦 GDP 达 1698.37 亿美元，同比下降 2.6%；工业产值达 459.3亿美元，同比下降 0.7%；农业产值达 151.91 亿美元，同比增长 5.6%。塔吉克斯坦属于低收入国家。塔吉克斯坦的资本账户开放进程可以分为如下几个阶段。

半封闭阶段（1999 年及以前）：在这一时期，塔吉克斯坦主要实行半封闭运行模式进行资本账户管理。

初步开放阶段（2000～2010 年）：2000 年塔吉克斯坦开始进行资本账户开放，但主要集中于对资本流动进行开放，通过本币和外币存款准备金率的提高、外资进入银行业限额的扩大来开放资本账户。

高速发展阶段（2011 年至今）：2011 年至今是塔吉克斯坦资本账户开放程度变动的高峰时期，该时期塔吉克斯坦呈现出资本账户开放程度收紧与放松同时进行的特点，但总体而言，自 2011 年至今塔吉克斯坦资本账户开放程度尽管存在收紧尝试，但整体呈现出逐步扩大开放的趋势。

4. 也门

也门（Yemen）位于阿拉伯半岛西南端，经济发展主要依赖石油出口，是最不发达国家之一。2019 年，也门 GDP 达 201 亿美元，人均 GDP 达 1871美元，GDP 增长率为-8.9%，被世界银行划分为低收入国家。

在 2008 年金融危机爆发之前，也门实施了多项加强资本账户管制的政策，其资本账户开放力度整体上逐渐收紧。金融危机爆发后，也门资本账户总体开放程度趋于平稳，较少出台资本账户管制政策，仅在经济逐渐恢复的

2011 年存在一次资本账户开放尝试。

7.1.2　资本账户双向开放指标测度及特征分析

1. 阿富汗

1）阿富汗资本账户开放程度变化

2002 年，阿富汗开始对资本流动施加管制尝试，即推出居民开立和持有外汇账户需得到相关部门的批准的政策，导致总体开放程度收紧。截至 2019 年，阿富汗始终对资本流动采取严格管制，从而使总体开放程度持续下降。比如，2010 年 10 月，将《外汇拍卖条例》规定的最低出价从 5 万美元提高到 10 万美元。图 7.1 显示，阿富汗在 2002 年后逐步限制资本账户开放，资本账户管制程度逐年加强。

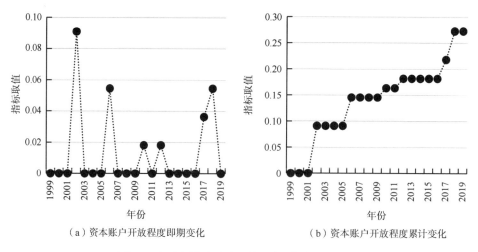

（a）资本账户开放程度即期变化　　　　（b）资本账户开放程度累计变化

图 7.1　阿富汗资本账户开放程度即期与累计变化

2）阿富汗资本账户双向开放情况

（1）资本账户流入开放。自 2002 年开始，阿富汗对资本流入进行管制，到 2019 年累计出台四次力度不同的政策以强化管制程度。整体而言，其资本账户流入开放程度呈现出明显的收紧趋势。

（2）资本账户流出开放。从资本流出层面来看，该国同样限制本国资本进入国外市场进行运作，且对资本流出进行管制的政策尝试明显多于对资本流入的管制。图 7.2 显示，阿富汗对资本外流的管制持续加强，表明受国外宏观经济条件和自身国情的影响，阿富汗极可能还未能达到全面开放资本账户的条件。

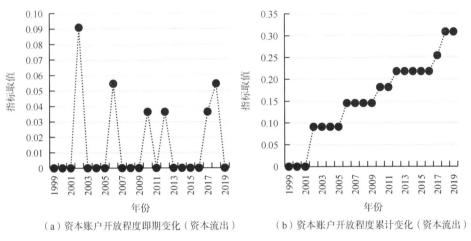

（a）资本账户开放程度即期变化（资本流出）　　（b）资本账户开放程度累计变化（资本流出）

图 7.2　阿富汗资本账户开放程度即期与累计变化（资本流出）

2. 叙利亚

1）叙利亚资本账户开放程度变化

自 2000 年开始，叙利亚资本账户开放力度逐步加大。2000 年，叙利亚规定外国银行被允许在自由经济区经营；2001 年 4 月，私人建立银行被允许，并开始引入和建立银行保密制度；2009 年 8 月，非居民可以购买在大马士革证券交易所上市的股票和其他证券等。总体来说，叙利亚对资本账户的开放秉持积极态度。

2）叙利亚资本账户双向开放情况

（1）资本账户流入开放。2000～2010 年，叙利亚资本账户流动准入的标准呈现了跳跃性放松的趋势。2000 年 5 月，根据投资法获得许可的公司可以按照"在邻国的汇率"将其资产的一部分兑换成当地货币，这些资产在叙利亚的银行中适当存放，以满足基本需求和当地债务；2000 年 6 月，外国银行被允许在自由经济区经营。总体来看，为配合经济金融环境发展的需要，叙利亚在 2000 年后积极开放资本账户，以鼓励资本流入。

（2）资本账户流出开放。相较于对资本流入的积极开放，叙利亚对资本流出的开放尝试相对谨慎，只在 2000 年和 2001 年推出了相关政策，并在此后始终保持这一开放水平，如 2000 年 6 月，外国银行被允许在自由经济区经营。

3. 塔吉克斯坦

1）塔吉克斯坦资本账户开放程度变化

图 7.3 显示，2000 年后，尽管存在管制收紧的尝试，塔吉克斯坦资本账户开放水平整体呈现波动开放的趋势。

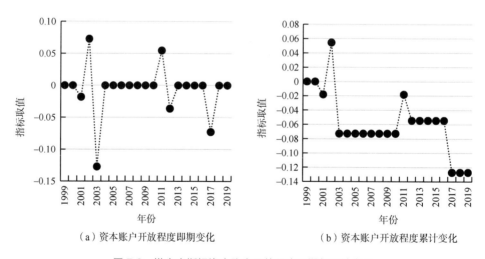

（a）资本账户开放程度即期变化　　　　　　（b）资本账户开放程度累计变化

图 7.3　塔吉克斯坦资本账户开放程度即期与累计变化

2）塔吉克斯坦资本账户双向开放情况

（1）资本账户流入开放。图 7.4 显示，自 2001 年开始，塔吉克斯坦资本账户流入开放程度变动较为频繁,收紧和放松均有尝试。例如,2002 年 5 月,塔吉克斯坦规定银行持有的总外汇多头头寸和个别外汇多头头寸不得高于资本的 20% 和 16%。整体而言,塔吉克斯坦资本账户流入最终呈现小幅开放状态。

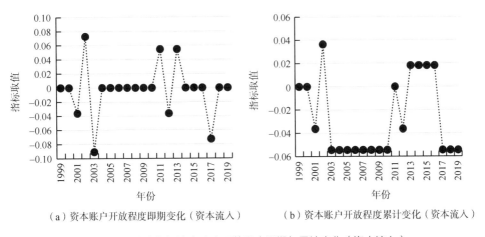

(a) 资本账户开放程度即期变化(资本流入)　　(b) 资本账户开放程度累计变化(资本流入)

图 7.4　塔吉克斯坦资本账户开放程度即期与累计变化(资本流入)

(2) 资本账户流出开放。图 7.5 显示,塔吉克斯坦资本账户流出开放的趋势较为明朗,在 1999~2019 年主要进行开放尝试,仅出台两次小幅收紧

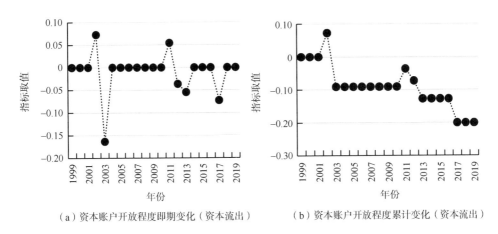

(a) 资本账户开放程度即期变化(资本流出)　　(b) 资本账户开放程度累计变化(资本流出)

图 7.5　塔吉克斯坦资本账户开放程度即期与累计变化(资本流出)

管制的政策。有关放宽流出管制的政策如下：自 2003 年 1 月起，本币和外币存款准备金率从 20%下调至 18%；自 2003 年 7 月起，银行被允许持有其授权资本的 50%的外汇交易等。整体而言，塔吉克斯坦资本账户流出开放程度逐渐扩大。

4. 也门

1）也门资本账户开放程度变化

1999 年以来，也门政府对其资本账户主要尝试加强管制，并出台了相应政策，直到 2011 年出现一次扩大资本账户开放的尝试，即 2011 年也门央行出台将外汇存款准备金率从 20%降至 10%、国内货币存款准备金率保持在 7%的政策。整体而言，1999～2019 年，也门资本账户开放力度呈现出逐渐收紧的趋势，相关政策如下：2002 年，也门当局向 IMF 通报了根据联合国安理会决议采取的冻结与恐怖主义有关的个人和组织资金的措施；2005 年，也门央行出台将外汇存款准备金率从 20%提高到 30%的政策。

2）也门资本账户双向开放情况

由于相关政策的双向管控属性，也门资本账户流入和流出开放度变化趋势始终一致。这说明也门资本账户开放程度是由流入和流出双向管控形成的，早期管制不断加强，近年出现开放尝试，但整体对资本账户开放的管制依然较强，表现出十分谨慎的开放态度。

7.1.3　资本账户子项目双向开放指标测度及特征分析

1. 阿富汗

1）货币市场项目开放度分析

阿富汗货币市场项目开放度只在个别年份出现波动，且都是政府对资本流动进行管制的结果，其余年份较为平稳。具体而言，2002 年 3 月，居民开立和持有外汇账户需要阿富汗央行批准。这表明阿富汗政府限制货币市场项目资本的内外流动。此外,《外汇拍卖条例》于 2010 年 10 月规定最低出价从 5 万美元升至 10 万美元。2012 年 2 月,根据内阁的一项决定,一个人每次可以带出该国的现金数额不得超过 2 万美元。

在 1999~2019 年,货币市场项目开放度即期变化指数分别在 2002 年、2010 年、2012 年、2017 年各出现一次阶梯式上升。从最终结果来看,阿富汗对货币市场项目资本流动持严格管制态度。

2)金融信贷项目开放度分析

1999~2019 年,阿富汗只在 2018 年对金融信贷项目资本流动进行了管制,其他年份未有任何政策措施。该国开放金融信贷项目的条件尚不成熟。具体而言,2018 年 1 月,《资产分类和资源调配条例》已修订并生效,主要变化包括:增加收回资产到期日,增加对小额、中小型信贷的限制,以及"逾期"定义的变化。可以看出阿富汗对于金融信贷项目开放持谨慎态度。

2. 叙利亚

1)股权市场项目开放度分析

从 2009 年 8 月开始,股权市场项目开放度出现负向波动,意味着叙利亚开始了股权市场项目开放进程。2010 年 12 月,叙利亚政府首次发行国库券,说明股权市场项目在流入方向上进一步开放。

整体来看,只有股权市场项目的流入在朝着逐步开放的方向发展。尤其是自 2009 年开始,开放脚步不断加快,股权市场项目流入开放度呈现放松态势,其开放程度对资本账户开放的贡献度也在不断增强。

2)债券市场项目开放度分析

叙利亚债券市场项目的流入开放度和总体开放度在 1999~2019 年的变化一致,二者只出现了一次波动。2009 年 8 月,非居民可以购买在大马士革证券交易所上市的股票和其他证券,这意味着债券市场项目流入开放度放松,而流出开放度始终未发生变动。

3)金融信贷项目开放度分析

在 1999~2019 年,叙利亚金融信贷项目的流入开放度与流出开放度总体呈现平稳态势,分别在 2000 年和 2009 年存在一次变动情况。具体而言,2000年 6 月,外国银行被允许在自由经济区经营;2009 年 3 月,对出口收益的所有遣返要求均取消。叙利亚在金融信贷项目上的资本流入和流出的双向放开带动了总体开放程度的扩大。

4)直接投资项目开放度分析

从 2000 年开始,直接投资项目开放指数变为负数,意味着直接投资项目开放政策的放松。具体而言,2000 年 5 月,根据投资法获得许可的公司可以按照"在邻国的汇率"将其资产的一部分兑换成当地货币,这些资产在叙利亚的银行中适当存放,以满足基本需求和当地债务;2001 年 4 月,一项新的银行法开始生效,允许建立私人银行,并开始引入和建立银行保密制度;2007年 1 月,新的第 8 号法允许投资者在纳税后不受时间限制地转移外汇资本(以前必须超过 5 年)。整体而言,直接投资项目在流入和流出方向上均存在开放尝试,呈加速开放的趋势。

3. 塔吉克斯坦

1)货币市场项目开放度分析

塔吉克斯坦货币市场项目的流出开放和总体开放在 1999~2019 年仅出现了一次波动。2011 年 12 月,居民必须根据交易规模和活动持续时间,遵循通知或登记中涉及居民外汇投资资金流动的交易规定,包括购买(收购)证券和股票。该通知适用于高达 500 万塔吉克卢布的交易[外币金额在运营开始时按塔吉克斯坦国家银行(National Bank of Tajikistan,NBT)汇率折算]

或为期 12 个月的金融交易活动；另外，上述两类交易须在完成后 5 天内将通知连同所需文件发送给 NBT。所需的文件必须在交易前提交给 NBT，NBT 在提交后 5 天内注册；然后通知居民注册，当地居民只能进行该操作。这导致塔吉克斯坦货币市场项目的流出开放水平降低，整体开放程度收紧。

2）集体投资项目开放度分析

1999～2019 年，塔吉克斯坦集体投资项目的流入开放度与总体开放度仅在 2001 年出现调整。具体来看，2001 年 6 月，外资进入银行业的投资限额由 35%提高到 40%，这意味着集体投资项目流入开放政策的放松，且带来总体开放度的提高，而该国资本账户在集体投资项目流出方向上的管制程度始终未发生变化。

3）金融信贷项目开放度分析

塔吉克斯坦金融信贷项目的流入开放、流出开放与总体开放政策在 1999～2019 年出现多次调整。具体而言，2002 年 5 月，总外汇多头头寸和个别外汇多头头寸不得高于该银行资本的 20%和 16%，这体现了金融信贷项目流出、流入开放政策的收紧；2003 年 1 月，本币和外币存款准备金率从 20% 下调至 18%，金融信贷项目流出、流入开放政策放松；2003 年 7 月，银行被允许持有其授权资本的 50%的外汇交易，金融信贷项目流出、流入开放政策放松；2012 年 3 月，存款准备金率从 7%下降至 5%，外汇存款准备金率从 9%下降至 8%，金融信贷项目流出、流入开放政策放松；2012 年 8 月，外汇存款准备金率从 8%降至 7%，金融信贷项目流出、流入开放政策放松。

整体来看，金融信贷项目流入开放度、流出开放度与总体开放度自 2003 年开始呈现逐渐放松的趋势。

4）担保、保证和备用融资便利项目开放度分析

在 1999～2019 年，塔吉克斯坦担保、保证和备用融资便利项目的流入、流出开放度及总体开放度同步出现了一次变动。具体来说，2017 年 10 月，贷

款机构出售现金和非现金外币的 1% 和 1.5% 的保证金限制被取消。这意味着担保、保证和备用融资便利项目的流出、流入开放政策放松,整体开放程度提高。

5)直接投资项目开放度分析

2000 年以来,塔吉克斯坦对直接投资项目的流入开放和流出开放政策进行了多次调整,具体来看有:2003 年 5 月,外资参与银行业总资本的配额从 40% 降至 35%,直接投资项目流入开放政策收紧;2003 年 7 月,银行被允许持有其授权资本的 50% 的外汇交易,直接投资项目流出、流入开放政策放松;2013 年 6 月,根据《外汇法规和外汇管理法》(第十四条、第十五条),居民的外汇业务必须向 NBT 报告,直接投资项目流出、流入开放政策收紧。

总的来看,塔吉克斯坦直接投资项目的流入开放度呈放松趋势,而流出开放度呈收紧趋势。

4. 也门

也门的资本账户子项目开放度调整以金融信贷项目为主,该子项目的流入开放、流出开放政策主要在 1999 年、2005 年和 2011 年出现调整。具体政策有:1999 年也门央行宣布将存款准备金率的范围扩大到所有存款机构,统一为 7%;2005 年央行将外汇存款准备金率从 20% 提高到 30%;2011 年将外汇存款准备金率从 20% 降至 10%,而国内货币存款准备金率保持在 7%。整体而言,也门的金融信贷项目呈现出早期收紧管制、近年尝试放开的趋势,且在流入和流出方向上存在同步调整。

7.2 美洲低收入国家指标测度及特征分析

7.2.1 资本账户开放背景

海地(Haiti)工业基础十分薄弱,且由于国内治安混乱,水电通信等基础设施严重落后，使得外国和私人投资较少。海地经济以农业为主，符合世界银行低收入国家划分标准。海地于 2009 年加入加勒比共同体，在拉美国家中属于欠发达国家。2010 年地震致使经济呈现负增长 7%。2011 年以来，灾后重建是政府工作的重心，海地积极推动国际合作，但经济恢复未能实现预期目标。

与其他拉美国家相比，海地进行资本账户开放较晚。这也进一步表明资本账户开放需要一定的初始经济条件，在自然灾害频发、政局动荡的时期，不但经济出现负增长，更无从谈起资本账户开放。总的来看，海地在近二十多年来对资本账户开放的态度是谨慎的。

7.2.2　资本账户双向开放指标测度及特征分析

1）海地资本账户开放程度变化

1999～2017 年，海地资本账户开放程度呈现平稳态势。总体来看，海地资本账户开放程度数值在 1999 年发生正向变化，2018 年发生负向变化，海地对资本账户开放持谨慎态度。2019 年虽有相关的政策变化，但该年份资本账户开放程度仍保持不变。具体来看，自 1999 年 1 月起，非居民不得购买 B 股。B 股的面值以美元计价，仅可由外国投资者购买，本国投资者无法购买。2018 年，海地实施一次资本账户管制政策和两次资本账户放松政策，总体上资本账户开放程度增加。

自 1999 年以来，海地尽管在 2018 年和 2019 年有放松资本账户管制的政策，但资本账户开放程度总体呈现下降的趋势。

2）海地资本账户双向开放情况

（1）资本账户流入开放。海地资本账户流入开放度不变，开放度数值始终位于 0.045 刻度线上。这是因为自 1999 年 1 月起，非居民不得购买 B 股。B 股的面值以美元计价，仅可由外国投资者购买，本国投资者无法购买，跨境资本流入受到管制，海地对跨境资本流入开放持谨慎态度。

（2）资本账户流出开放。以 2018 年为分界点，在此之前，海地资本账户流出开放度不变，数值始终位于 0 刻度线上。2018 年后，海地鼓励资本流出，当年 8 月，美元存款准备金的构成从 95%美元和 5%古德变为 92.5%美元和 7.5%古德；当年 12 月，美元存款准备金的构成从 92.5%美元和 7.5%古德变为 90%美元和 10%古德；2019 年 12 月，美元存款准备金的构成从 90%美元和 10%古德变为 87.5%美元和 12.5%古德。资本账户流出开放度逐步提高。从年度政策到政策结果累计，海地资本账户流出开放程度呈现了先不变，后加大的特点，放松的时间点出现在 2018 年。

7.2.3 资本账户子项目双向开放指标测度及特征分析

1999~2019 年，海地金融信贷项目流出开放度与总体开放度除 2018 年外始终保持不变，流入开放度亦没有变动，流出开放度在 2018 年发生三次变化，放松了对金融信贷项目的管制，开放度数值为-0.2。2018 年，该国明显放开管制，如 2018 年 8 月，美元存款准备金的构成从 95%美元和 5%古德变为 92.5%美元和 7.5%古德；2018 年 12 月，美元存款准备金的构成从 92.5%美元和 7.5%古德变为 90%美元和 10%古德。可见，这一时期海地对金融信贷项目的开放持积极态度。

金融信贷项目总体开放度、流入开放度与流出开放度在 1999~2019 年较为稳定，只有流出开放度数值在 2018 年发生一次负向跳跃，总体开放度相应发生一半幅度的跳跃，与上述分析一致。

7.3　非洲低收入国家指标测度及特征分析

7.3.1　资本账户开放背景

1. 布基纳法索

布基纳法索（Burkina Faso）是最不发达国家之一，2020 年人均 GDP 仅 830.93 美元，且在联合国 2020 年发布的人类发展指数列表中排在倒数第八位。布基纳法索以农牧经济为支柱，但由于本国农牧资源匮乏，农牧经济无法支持国民日常生活，每年劳动力均会大量外流，因此经济极度不发达的布基纳法索缺乏良好的促进资本账户开放的基本条件。

2. 布隆迪

布隆迪（Burundi）作为世界上最不发达国家之一，2020 年人均 GDP 仅为 274 美元，在 2020 年联合国发布的人类发展指数列表中排名倒数第五。由于经济水平过于落后，布隆迪缺少资本账户开放的国内大环境。

3. 中非共和国

中非共和国（Central African Republic）经济以农业为主，工业基础薄弱，是最不发达国家之一。2020 年中非共和国的人均 GDP 仅为 476.85 美元，在 2020 年联合国公布的人类发展指数列表中排名倒数第二。中非共和国的国内政治局势持续动荡，生产难以保证，经济形势不容乐观，缺乏资本账户开放的基本条件。

4. 乍得

乍得（Chad）经济落后，以农牧业为主，是最不发达国家之一。2020 年乍得的人均 GDP 仅为 614.47 美元，在 2020 年联合国公布的人类发展指数列表中排名倒数第三。乍得的地理环境较差，而且政治冲突不断，民族宗教问题严重。以上问题使得乍得国内的政治局势长期处于混乱的状态，缺乏资本账户开放的基本条件。

5. 刚果（金）

刚果民主共和国（Democratic Republic of the Congo），简称刚果（金），经济落后，粮食不能自给，以农业、采矿业为主，是最不发达国家之一。这个国家曾一度属于非洲经济状况较好的国家，但是政局动荡和地区冲突自 20 世纪 90 年代开始连年不断，经济常年处于负增长。从经济发展程度来看，刚果（金）1999 年调整后国民收入净额为 36.58 亿美元，人均国民收入净额为 79.67 美元，GDP 为 47.11 亿美元。2019 年调整后国民收入净额为 439.99 亿美元，增速为 1102.82%；人均国民收入净额为 506.96 美元，增速为 536.32%；GDP 为 504 亿美元，增速为 969.84%。从收入来看，刚果（金）1999 年人均 GDP 为 102.6 美元，2019 年为 580.72 美元，增速为 466.00%，但刚果（金）属于低收入国家。

6. 厄立特里亚

厄立特里亚（Eritrea）以农业为主，位于东非的最北部，全国总人口的 80%从事农牧业。从经济发展程度来看，厄立特里亚 1999 年调整后国民收入净额为 6.1 亿美元，人均国民收入净额为 272.78 美元，GDP 为 6.89 亿美元。2011 年调整后国民收入净额为 14.42 亿美元，增速为 136.39%；人均国民收入净额为 448.70 美元，增速为 64.49%；GDP 为 20.65 亿美元，增速为 199.71%。从收入来看，厄立特里亚 1999 年人均 GDP 为 307.91 美元，2011 年为 642.51 美元，增速为 108.67%，厄立特里亚属于低收入国家。

7. 埃塞俄比亚

埃塞俄比亚（Ethiopia）属于低收入国家，经济主要依赖农牧业，工业基础薄弱。门格斯图时期，经济濒临崩溃；埃塞俄比亚人民革命民主阵线执政后，实行市场经济政策，经济恢复较快，1992～1997 年年均增长 7%。埃塞俄比亚和平进程在 2001 年取得进展，经济建设成为埃政府工作重点。2002 年，政府开始实施的可持续发展和减贫计划获得国际金融机构肯定。在上述背景下，埃塞俄比亚逐渐加入资本账户开放的进程，但是开放的资本项目相对单一，而且步伐较慢，这与埃塞俄比亚初始的国内经济条件相吻合。在 2017 年和 2018 年，开放程度进一步加大。

8. 冈比亚

冈比亚（Gambia）经济落后，是最不发达国家之一，位于非洲西部，工业基础薄弱，以农业、转口贸易和旅游业为主。冈比亚实行自由贸易政策，转口贸易活跃。2018 年冈比亚旅游业总产值占 GDP 的 21%，其吸纳的就业岗位占全国的 17.2%。

从经济发展程度来看，冈比亚 1999 年人均国民收入净额为 519.63 美元，GDP 为 8.15 亿美元。2019 年人均国民收入净额为 612.18 美元，增速为 17.81%；GDP 为 18.26 亿美元，增速为 124.05%。从收入来看，冈比亚 1999 年人均 GDP 为 637.93 美元，2019 年为 777.81 美元，增速为 21.93%，冈比亚属于低收入国家。

9. 几内亚

几内亚（Guinea）经济发展水平和营商环境在世界范围内排名靠后，在西非范围内位于中游（低于塞内加尔、科特迪瓦等国，但高于几内亚比绍、塞拉利昂等国）。据世界银行统计数据，2019 年几内亚净国民收入为 107.71 亿美元，人均净国民收入为 843.56 美元。2020 年，几内亚 GDP 为 156.81 亿美元（按现价计算），同比上升 6.99%，人均 GDP 为 1194.04 美元，同比上升 4.04%。根据世界银行分类标准，几内亚属于低收入国家。

10. 几内亚比绍

几内亚比绍（Guinea-Bissau）属于低收入国家，经济总量小，人均收入低。几内亚比绍以农业经济为主，农业人口约占全国人口的85%，农业产值占GDP的60%，但生产方式落后，效益十分低下。几内亚比绍工业化水平很低，服务业十分落后。2020年，几内亚比绍的GDP为14.38亿美元，增长率为-0.5%，人均GDP为749美元。

11. 利比里亚

利比里亚（Liberia）是非洲独立最早的国家，国内拥有较为丰富的自然资源，故而相较于资本账户开放，利比里亚更注重经常账户开放，这也成为该国经济增长动力点，其GDP的增长依赖于外贸经济。对于资本账户的开放，利比里亚仍保持谨慎开放态度，自2009年起，资本账户开放度甚至不断下降，资本跨国流动约束逐步增强。在全球经济一体化趋势下，故步自封的经济发展难以持续，自2016年起，伴随着资本账户不断收紧，其经济发展于2017年达到峰值后出现拐点，故而利比里亚呈现逐步开放本国经济的政策导向，进而加速本国经济与世界经济相融合。

总体而言，利比里亚对资本账户开放重视程度不足，持保守态度，而政策的收紧主要集中于货币市场项目。

12. 马达加斯加

马达加斯加（Madagascar）经济落后，工业基础较为薄弱，以农业为主，是最不发达国家之一，经济较依赖于经常账户开放与资本账户开放。

21世纪初期，资本账户开放为经济发展带来增长红利，尤其在2007年之后，经济增速明显提升，高达33%。随着资本账户开放度不断提升，经济增速明显加快，这体现了马达加斯加对资本账户开放的重视程度。不管是旅游业的直接投资还是其他子项目的阶段性开放，都是马达加斯加进一步开放国内市场，加速融入全球经济的重要一步。

13. 马拉维

马拉维（Malawi）经济以农业为主，严重依赖国际援助，是最不发达国家之一，出口农作物是获取外汇的主要途径。该国自 1964 年独立以来经济发展的重心始终是对外贸易，高度依赖外部经济使该国相较于资本账户更重视经常账户开放。私有化和脱贫计划自 20 世纪 90 年代中期开始推行，但西方以该国吏治腐败为由冻结援助，限制了经常账户与资本账户，马拉维经济发展困难。随着对外农产品贸易的增长，马拉维政府开放经常账户比开放资本账户的力度有明显增强。2011 年该国发生外汇与燃油短缺危机，造成国内经济动荡，政府启动经济改革，逐步加大资本账户开放的力度。在该国经济改革末期的 2015 年，该国资本账户开放程度开始出现转折点，马拉维进一步开放国内市场、加速融入全球经济。

14. 马里

马里（Mali）经济以发展农牧渔业与林业为要，是最不发达国家之一，然而粮食尚不能自给，其是非洲主要产棉国与产金国，工业基本空白。马里自 1988 年起，在世界银行、IMF 支持下调整经济结构，实施金融改革政策，马里国民经济遂逐步恢复，1999 年经济增速高达 17.82%，经济发展水平加速提升。21 世纪初期，马里政府收紧本国资本账户开放程度，避免资本高频跨境流动对经济产生负向影响。

总体上看，马里开放资本账户开始于 20 世纪末。21 世纪初期，出于保护本国经济考虑，快速收紧放缓资本账户开放步伐，体现于股权市场项目、集体投资项目、衍生工具项目以及不动产市场项目等之中，该国资本账户开放水平呈阶段式下降的同时经济增速快速提升，并且该国资本账户总体上保持持续收紧趋势。

15. 莫桑比克

莫桑比克（Mozambique）经济落后，是典型的农业国，国内大多数人口从事农业产业，同时渔业也是莫桑比克的支柱产业。经常账户的开放为莫桑比克经济带来活力，该国过度依赖经常账户开放，降低了该国资本账户的开放需求。21世纪初期，莫桑比克政府快速收紧本国资本账户开放程度，避免资本高频跨境流动对经济产生负向影响，经济增速因此有所提升。

总体而言，莫桑比克是典型的发展中国家，由于世界政治环境与莫桑比克综合政治经济实力的限制，莫桑比克的资本账户基本处于严格的政府政策管制之下。在1999～2019年，莫桑比克始终坚持资本账户管制政策，较少年份基于形势开放资本账户。

16. 尼日尔

尼日尔（Niger）是典型的发展中国家，基本的经济产业是农业。尼日尔基础设施落后，缺少工业发展条件，工业基础薄弱，对外来投资依赖较大，当前仍处在经济发展的初级阶段，同时也意味着在广泛的领域里具有较大的发展潜力和机遇。整体而言，尼日尔对开放资本账户秉持着积极态度。

17. 卢旺达

卢旺达（Rwanda）是非洲中东部一个落后的农牧业国家，是联合国公布的最不发达国家之一。1999～2019年卢旺达仅出台了两条政策限制资本账户开放的力度。大部分政策都是为了吸引外资，鼓励私人投资带动国家经济发展，鼓励本国资本账户开放。其中大部分政策都是围绕货币市场放松管制，加强资本流动。

18. 塞拉利昂

位于西非大西洋海岸的塞拉利昂（Sierra Leone）经济主要依赖矿业，特别是钻矿业占了很大分量。为避免资本账户开放过快、程度过高会给本国经济带来较大的负面影响，塞拉利昂出台了不少政策限制了资本账户开放的力度，这些政策大都是货币市场加强居民海外投资的限制。同时为了吸引外资，鼓励私人投资带动国家经济发展，塞拉利昂也出台了一些政策鼓励本国资本账户开放，这些政策都是围绕货币市场和金融信贷这两个项目。

19. 索马里

索马里（Somalia）位于非洲大陆索马里半岛，1991 年 1 月以后陷入内战，成立的政权均未获国际社会承认，资本账户开放也面临停滞。

20. 苏丹

苏丹（Sudan）是低收入国家，是联合国公布的最不发达国家之一。总体而言，苏丹的资本账户呈现先放松管制后收紧的趋势。根据苏丹各时期资本账户开放工作的侧重点不同，将其分为如下几个阶段。

半封闭阶段（1999～2000 年）：在这一时期，苏丹主要实行半封闭运行模式进行资本账户管理，资本账户基本处于封闭状态，故而其资本流动较少，没有引起资本账户开放的针对性政策。

初创阶段（2001～2011 年）：2001 年苏丹开始进行资本账户开放，进入资本账户初创期。该阶段的主要特征是在原有的开放项目指导下，进行子条目的放松与调整，如苏丹允许本国居民在海外进行股票、债券、直接投资等交易。

高速开放阶段（2012 年至今）：这一阶段是苏丹资本账户开放程度变动的高峰时期，该时期苏丹呈现了资本账户开放程度收紧与放松同时进行的特点。但总体上看，2012 年至今，苏丹资本账户开放程度呈现缩小趋势。

21. 多哥

多哥（Togo）实行自由化经济政策，是低收入国家，属于联合国公布的最不发达国家之一。多哥金融部门包括中央银行及 6 家商业银行和非银行性质的中介金融组织（如保险公司等）。根据多哥各时期的资本账户开放工作重心的不同，将其分为如下几个阶段。

半封闭阶段（1998 年及以前）：在这一时期，多哥主要实行半封闭运行模式进行资本账户管理，资本流动较少，尚未出现资本账户开放政策。

初创阶段（1999 年至今）：1999 年多哥开始进行资本账户开放，但主要集中于对资本流动进行开放，允许居民通过期权购买等途径出售外国证券和非居民进行撤资。该时期多哥呈现了资本账户开放程度收紧与放松同时进行的特点，但是总体而言，自 1999 年至今多哥资本账户开放程度呈现波动化显著上升。该阶段的主要特征是在原有的开放项目指导下，进行子条目的放松与调整。

22. 乌干达

乌干达（Uganda）位于非洲东部，工业基础薄弱，以农业为主，生产力落后，是最不发达国家之一。乌干达的资本账户开放较为封闭。

乌干达资本账户在 2004 年之前开放程度很低，2004 年央行对商业银行从国外借款提出了准备金的要求，自此乌干达开始向加强限制资本账户内外流通的趋势发展，资本账户开放力度整体呈现出逐渐收紧的趋势，此后乌干达资本账户开放程度维持不变。

7.3.2 资本账户双向开放指标测度及特征分析

1. 布基纳法索

布基纳法索资本账户整体开放程度不高，资本账户总体开放程度数值于 1999 年出现一次正向波动后保持平稳；尽管资本账户（资本流入）开放程度数值在 1999 年发生一次负向波动，但由于资本账户（资本流出）开放程度数值在该年的正向波动幅度更大，因此布基纳法索的资本账户总体开放程度数值在 1999 年出现一次正向波动，并于此后保持平稳。

总的来说，布基纳法索脆弱的经济状况无力承担起资本账户开放的重担，因此资本账户整体开放程度不高。

2. 布隆迪

布隆迪资本账户整体开放程度较低，有逐步紧缩的趋势。布隆迪的资本账户总体开放程度数值于 2006 年出现正向波动，于 2010 年出现负向波动；虽然资本账户（资本流入）开放程度数值在 2006 年和 2010 年向下波动，但是由于资本账户（资本流出）开放程度于 2006 年出现较大程度的收紧，布隆迪总体开放程度呈收紧的趋势。

1）布隆迪资本账户程度变化

布隆迪资本账户总体开放程度数值于 2006 年出现正向波动，并于 2010 年出现负向波动。这与布隆迪在这些年份实施的资本账户开放政策有关。具体地，2006 年 5 月布隆迪对涉及恐怖主义个人或组织的金融交易和账户进行了限制，因此布隆迪的资本账户开放程度呈现收紧的状态。2006 年 12 月布隆迪实施了多项政策措施，首先，布隆迪要求购买股票和其他参与性质的证券以及境外直接投资都需要获得央行的批准，从而使得资本账户开放程度收紧；其次，布隆迪允许非居民以外币或合法来源的布隆迪法郎购买股权、债券和不动产，这意味着资本账户开放政策的放松。

布隆迪自 2006 年以来资本账户开放程度呈现收紧的趋势，该趋势自 2010 年起有所放缓。总的来说，布隆迪的资本账户开放力度不高，且呈现收紧趋势。

2）布隆迪资本账户双向开放情况

（1）资本账户流入开放。布隆迪资本账户（资本流入）开放程度数值在 2006 年和 2010 年出现负向波动，这可能与布隆迪实施资本账户（资本流入）开放的政策有关。具体地，2006 年 5 月布隆迪对涉及恐怖主义个人或组织的金融交易和账户进行了限制，但 2006 年 12 月布隆迪允许非居民以外币或合法来源的布隆迪法郎购买股权、债券和不动产，整体来看 2006 年布隆迪资本账户流入开放程度增大。2010 年 6 月布隆迪在国外借款不再需要审批，使得资本账户（资本流入）开放程度增大。

（2）资本账户流出开放。布隆迪资本账户流出开放程度仅在 2006 年出现一次收紧，并于其余年份保持平稳，这是因为 2006 年 12 月布隆迪要求购买股票和其他参与性质的证券以及境外直接投资都需要获得央行的批准。

3. 中非共和国

中非共和国资本账户整体开放程度不高且具有紧缩的趋势。中非共和国资本账户总体开放程度于 2009 年出现收紧，资本账户（资本流入）开放程度在样本周期内保持不变，资本账户（资本流出）开放程度仅于 2009 年出现一次收紧。这是因为 2009 年 1 月中部非洲经济与货币共同体一般规定开始生效，对非居民法人在中部非洲国家金融市场公开发行证券进行了限制，从而使得资本账户流出开放程度收紧。

4. 乍得

乍得资本账户整体开放程度不高且有紧缩的趋势。具体来说，乍得资本账户总体开放程度于 2009 年和 2019 年出现收紧，资本账户（资本流入）开放程度仅在 2019 年出现一次收紧，资本账户（资本流出）开放程度于 2009 年和 2019 年各出现一次收紧。

5. 刚果（金）

1）刚果（金）资本账户开放程度变化

刚果（金）资本账户的总体开放程度呈现出收紧的趋势，这也意味着管制在增强，变动主要源于对商业信贷项目的管制以及调整存款准备金率带来的货币市场项目和金融信贷项目管制的加深。刚果（金）自 1999 年至 2019

年资本账户总体开放程度呈收紧趋势。

2）刚果（金）资本账户双向开放情况

（1）资本账户流入开放。刚果（金）资本账户流入开放度呈现收紧趋势，这也意味着管制增强，变动主要源于对商业信贷项目资本账户流入的管制以及调整存款准备金率带来的货币市场项目和金融信贷项目资本账户流入管制的加深。整体来看，刚果（金）对资本账户流入的管制仍然是加强的。

（2）资本账户流出开放。刚果（金）资本账户流出开放度在 2015 年至 2016 年呈现收紧趋势，变动主要来源于调整存款准备金率所带来的货币市场项目和金融信贷项目管制的加深。整体来看，2015 年至 2019 年，刚果（金）对资本账户流出的管制是加强的。

6. 厄立特里亚

1）厄立特里亚资本账户开放程度变化

厄立特里亚资本账户的总体开放程度仅在 2001 年出现放松，这也意味着管制减弱，变动主要源于对金融信贷项目的管制放松。具体说来可能是因为 2001 年 8 月厄立特里亚货币当局取消了金融机构 0.75% 的售汇佣金。

2）厄立特里亚资本账户双向开放情况

1999～2019 年，由于厄立特里亚仅在 2001 年 8 月出台了一项关于金融信贷项目的开放政策，资本账户流入开放程度不变，资本账户流出开放程度与资本账户总体开放程度变动走势一致，因此本部分不再进行赘述。

7. 埃塞俄比亚

1）埃塞俄比亚资本账户开放程度变化

1999～2019 年，埃塞俄比亚资本账户开放于 2003 年、2017 年和 2018 年出现政策放松，这与埃塞俄比亚放宽金融信贷项目、商业信贷项目、直接投资项目的限制有关。

2）埃塞俄比亚资本账户双向开放情况

（1）资本账户流入开放。埃塞俄比亚资本账户流入开放的政策仅于 2017 年和 2018 年出现放松，并在其他年份保持不变。总的来说，埃塞俄比亚跨境资本流入开放呈放松趋势。

（2）资本账户流出开放。埃塞俄比亚跨境资本流出开放仅在 2003 年出现政策放松。具体来说，2003 年 10 月 28 日对直接投资项目实行开放，使用 20 座以上飞机的航空运输服务被列入预留给政府的投资活动清单中，这意味着针对政府投资活动的管制在减少。整体来看，埃塞俄比亚跨境资本流出开放呈放松趋势。

8. 冈比亚

1）冈比亚资本账户开放程度变化

1999 年冈比亚开始放松资本账户管制，2001 年开放程度进一步加深。2002～2015 年冈比亚资本账户开放情况未发生明显变化，2016 年冈比亚开始加强对资本账户的管制，这些变动均体现在金融信贷项目的变动上。冈比亚 1999～2019 年资本账户总体开放程度呈放松趋势。

2）冈比亚资本账户双向开放情况

（1）资本账户流入开放。冈比亚资本账户流入开放程度呈现出先加大后缩小的趋势，整体来看，冈比亚对资本账户流入的管制仍然放松，其变动都与金融信贷项目有关。

（2）资本账户流出开放。冈比亚在 1999～2019 年并未出台政策对资本账户流出开放进行干预，因此资本账户流出开放程度在 1999～2019 年未发生变化。

9. 几内亚

1999～2019 年，几内亚针对资本账户开放的相关政策仅有一条，涉及个人资本项目。具体地，自 2015 年 5 月 4 日起，未经总统办公室批准和事先申报，不允许携带超过 1 万美元（或等值的欧元和英镑）的外汇出境（以前为 2 万美元）。该政策反映出几内亚加强了对个人资本项目的管制力度，同时该子项目的变动导致了资本账户总体开放程度的下降。

10. 几内亚比绍

1）几内亚比绍资本账户开放程度变化

几内亚比绍资本账户开放的力度整体变动不大，仅在 1999 年和 2008 年政府出台相应政策对资本账户进行管制。具体如下：1999 年，除商业信贷外，授予非居民的贷款在获得西非国家中央银行批准后，必须获得财政部的事先授权；2008 年，在打击恐怖主义融资的背景下要求冻结个人金融资产。**整体来看，几内亚比绍资本账户开放程度呈收紧的趋势。**

2）几内亚比绍资本账户双向开放情况

（1）资本账户流入开放。资本账户流入开放程度在 2008 年出现收紧，这是因为在 2008 年，为打击恐怖主义融资，要求冻结个人金融资产。

（2）资本账户流出开放。1999 年和 2008 年，几内亚比绍资本账户流出开放程度出现收紧。具体地，1999 年，除商业信贷外，授予非居民的贷款在获得西非国家中央银行批准后，必须获得财政部的事先授权；2008 年，增强了对跨境资本流出的管制。几内亚比绍的资本账户流出开放程度呈收紧的趋势。

11. 利比里亚

1）利比里亚资本账户开放程度变化

利比里亚资本账户开放程度于 2009 年和 2016 年出现收紧，并在 2014 年出现放松。这主要与利比里亚经济改革及政策实施相关，具体地，2009 年 8 月利比里亚对外币存款投资进行限制，推进利比里亚资本账户整体开放程度收紧；2014 年与 2016 年，利比里亚调整外币存款准备金率，从而使本国资本账户开放水平出现波动。

整体来看，利比里亚资本账户开放程度呈现收紧的趋势。

2）利比里亚资本账户双向开放情况

（1）资本账户流入开放。利比里亚跨境资本流入开放程度仅于 2016 年出现收紧。具体地，2016 年 11 月利比里亚将外汇账户的存款准备金率从 22% 提高到 25%。利比里亚资本账户流入开放程度呈现收紧的趋势。

（2）资本账户流出开放。利比里亚资本账户流出开放程度仅于 2009 年和 2014 年分别出现收紧和放松。具体地，2009 年，利比里亚加强外币存款投资限制，抑制本国资本流出，故而资本账户流出开放程度收紧；而 2014 年，政府规定美元存款准备金下降，资本账户流出开放程度有所提升。总的来说，利比里亚资本账户流出开放账户呈收紧的趋势。

12. 马达加斯加

马达加斯加资本账户开放度在 2008 年之后波动幅度较大。21 世纪之前，马达加斯加政府凭借自身土地、矿藏资源优势，不断开放经常账户，加强与其他经济体的外贸联系。此外，马达加斯加大力发展本国旅游业，加强外国直接投资，推动本国资本账户开放。21 世纪初，马达加斯加增加资本账户开放深度，不再局限于直接投资项目，而从货币市场项目与衍生工具项目入手持续推进资本账户开放。总体而言，马达加斯加资本账户开放度不断提升，而这明确反映在年度政策效应的累加与总体政策趋势效应中。

1）马达加斯加资本账户开放程度变化

1999～2008 年，马达加斯加资本账户开放度并未发生明显变化，而自 2009 年开始，马达加斯加资本账户开放度不断上升。这主要与马达加斯加相关政策实施有关，具体的有：2009 年马达加斯加放宽衍生工具限制，允许外汇市场开始连续处理即期与远期操作；2015 年马达加斯加将外币存款准备金率从 15% 降至 13%；2017 年马达加斯加将外汇掉期交易引入马达加斯加中央银行（Central Bank of Madagascar，CBM）作为货币政策工具。

总体而言，自 2009 年开始，马达加斯加放松衍生工具项目与货币市场项目的资本流动限制，资本账户呈现逐步开放趋势，进一步表明资本账户开放是全球各国经济发展的必然趋势，也是马达加斯加的经济增长动力点。

2）马达加斯加资本账户双向情况

（1）资本账户流入开放。马达加斯加资本账户流入开放度自 2009 年开始阶段式上升，这主要与跨境资本流入开放政策的实施相关，包括衍生工具项目与货币市场项目的资本流动管制放松，而 1999~2008 年并未出台有关资本账户流入开放的政策。

（2）资本账户流出开放。由于政策对资本的放松存在双向性，因而跨境资本的流出开放与流入开放情况具有对称性。马达加斯加资本账户的总体趋势是逐渐放松管制的。

13. 马拉维

马拉维政府起初对经常账户开放比对资本账户开放更为重视。2011 年的外汇与燃油短缺危机使政府开始重视资本账户的开放。年度政策效应的累加与总体政策趋势效应反映出该国资本账户开放度略有提升。

1）资本账户开放程度变化

马拉维在 1999~2014 年未出台与资本账户开放相关的政策。2015 年马拉维资本账户开放程度上升，主要原因可能是马拉维 2015 年实行了与资本账户开放相关的政策，将外币存款准备金率从 15.5% 下调至 7.5%。

总体上看，马拉维自 2015 年放松对货币市场项目的资本流动限制，开放资本账户。

2）马拉维资本账户双向开放情况

（1）资本账户流入开放。该国资本账户流入开放程度在 2015 年出现上升，这主要是因为实施了放松货币市场项目资本流动管制的相关政策，而1999~2014年资本账户流入开放程度并无变化。整体来看，该国资本账户流入开放程度呈放松趋势。

（2）资本账户流出开放。2015年实施的资本账户开放政策对资本的放松均存在双向性，使跨境资本流出开放与流入开放情况完全对称，因此该国资本账户流出开放程度在2015年出现上升。整体来看，该国资本账户流出开放程度呈放松趋势。

14. 马里

马里资本账户整体开放状况自21世纪初便呈现阶段性收紧的趋势。马里对于资本流动进行管制的态度体现于各个子项目中，包括股权市场项目、债券市场项目、货币市场项目、集体投资项目、衍生工具项目以及不动产市场项目等，资本账户整体保持持续收紧趋势。总体而言，马里资本账户开放度下降始于20世纪末，并于21世纪初不断下降，而这明确反映在年度政策效应的累加与总体政策趋势效应中。

1）马里资本账户开放程度变化

马里于1999年资本账户开放度出现单次下降，这可能与1999年2月马里要求发行与营销国外实体证券及实物资产都需要事先获得马里证券管理委员会的授权有关，马里资本账户整体开放程度收紧。2007年4月马里政府要求非居民实体向公众发行债券需获取授权，马里资本账户开放程度收紧。2008年3月，马里为打击恐怖主义而冻结相关金融资产，资本账户进一步收紧。而至2017年3月，马里银行存款准备金率下调至3%，资本账户开放程度略有放松。

总体上看，马里从1999年开始收紧资本账户，到2007年开放程度快速收紧，这与当时马里所处的经济环境及国际金融发展要求相匹配，马里频繁颁布与资本账户相关的政策，主要体现于股权市场项目与债券市场项目。

2）马里资本账户双向开放情况

（1）资本账户流入开放。马里资本账户流入开放程度整体上保持持续收紧趋势，表明政府高度重视跨境资本流入对国内经济、金融系统的冲击，从而避免金融泡沫和金融危机。该国经济向全球经济融入程度较低，仍需吸收世界经济发展红利，同时积极引入国际资本，为国内经济发展注入新活力。

（2）资本账户流出开放。马里资本账户流出开放程度整体上呈现逐步收紧的趋势。

15. 莫桑比克

莫桑比克资本账户整体开放状况总体呈现波动收紧的趋势。总体而言，自 1999 年莫桑比克资本账户开放有记录以来，莫桑比克资本内向外向流通的限制政策力度整体呈现增强趋势，而这明确反映在年度政策效应的累加与总体政策趋势效应中。

1）莫桑比克资本账户开放程度变化

自 2000 年开始，莫桑比克资本账户管制力度呈现跳跃式变动，这可能是由政策收紧导致。例如，2000 年，莫桑比克将外汇账户的存款准备金率上调至 7.95%；2005 年 5 月，莫桑比克更新了信贷和金融机构将外汇资产和负债折算为本币的估值汇率的确定标准；2009 年，莫桑比克出台政策确定养老基金投资于境外证券不能超过总资产的 10%。整体而言，莫桑比克基于资本账户开放条件进行判断，2000～2009 年针对资本出入开放在短时间内颁布了许多紧缩性政策等，导致了莫桑比克资本账户整体开放力度的减少。

总体而言，自 2000 年以来，莫桑比克资本账户开放的政策性导向呈现总体收紧趋势，这与当时莫桑比克所处的经济环境及国际金融发展要求是匹配的。资本账户总体开放程度的累计变化速度较快，这表明了莫桑比克自 2000 年开始资本账户的总体开放程度逐步收紧，资本内外流通程度下降的状况。

2）莫桑比克资本账户双向开放情况

（1）资本账户流入开放。自 2000 年开始，莫桑比克资本账户流动准入的标准呈现了阶梯状收紧的趋势。这可能是由 1999～2019 年持续不断的资本流入管制政策所导致。例如，莫桑比克 2000 年 5 月将外汇账户的存款准备金率上调至 7.95%；2005 年 5 月，莫桑比克更新了信贷和金融机构将外汇资产和负债折算为本币的估值汇率的确定标准。

（2）资本账户流出开放。在之前确定了莫桑比克政府限制外来资本流入的前提下，莫桑比克同样限制本国资本进入国外市场进行运作，这反映了莫桑比克资本账户管制是内外双向、同时进行的成果累加。例如，莫桑比克 2000 年 5 月将外汇账户的存款准备金率上调至 7.95%；2005 年 5 月，莫桑比克更新了信贷和金融机构将外汇资产和负债折算为本币的估值汇率的确定标准；2009 年，莫桑比克出台政策确定养老基金投资于境外证券不能超过总资产的 10%。从年度政策到政策结果累计，反映出莫桑比克资本对外流动限制体现了应时波动的特点，其总体趋势是逐渐加强管制的。向外向内双流通管制带来莫桑比克资本账户总体管制程度的增强。

16. 尼日尔

尼日尔资本账户整体开放状况虽然总体上呈收紧趋势，但随着时间的推移，该收紧趋势逐渐减小。尼日尔的资本账户开放是应时、应需进行调整的。在某些特定的年份，尼日尔资本账户总体开放趋势出现与收紧相背离的波动状况。总体而言，自 1999 年尼日尔资本账户开放有记录以来，尼日尔资本内向外向流通的限制政策力度整体呈现减弱态势，这明确反映在年度政策效应的累加与总体政策趋势效应中。

1）尼日尔资本账户开放程度变化

1999~2019 年,尼日尔资本账户虽然呈管制状态,但是该趋势逐渐减弱。

2）尼日尔资本账户双向开放情况

（1）资本账户流入开放。1999~2019 年,持续不断的资本流入管制政策使得该国资本账户流入开放程度逐渐收紧。例如,1999 年 2 月,开立非居民账户的授权书由本国驻外国使馆签发。自 2009 年开始,尼日尔注册中介机构对所有非西非经济和货币联盟成员国的汇款收取的佣金率从 0.3%提高到 0.6%等。

（2）资本账户流出开放。在之前确定了尼日尔政府不支持外来资本流入的前提下,尼日尔却允许本国资本进入国外市场进行运作,这反映了尼日尔资本账户开放是向外单侧进行的成果。例如,1999 年,居民有权联系与货物和服务进出口相关的远期外汇保险;无证明文件授权的转账金额从 10 万非洲法郎提高到 30 万非洲法郎;外国投资不受限制,居民可在当地银行或境外银行开立外汇账户;居民对外借款变得不受限制;等等。整体来看,尼日尔资本账户流出开放程度的总体趋势是逐渐放松的。

17. 卢旺达

1）卢旺达资本账户开放程度变化

如图 7.6 所示,1999~2004 年,卢旺达资本账户总体开放程度保持不变,总体呈开放局面。2005~2007 年,卢旺达资本账户开放力度大幅提高,尤其 2006 年卢旺达资本账户开放程度即期变化出现峰值,是卢旺达制定开放政策力度最大的一年。2008 年到 2014 年,资本账户开放力度保持不变。2015~2016 年开放力度增强,2017 年开放力度保持稳定。2018 年卢旺达资本账户开放力度收紧,但是总体仍保持对外开放的情况。

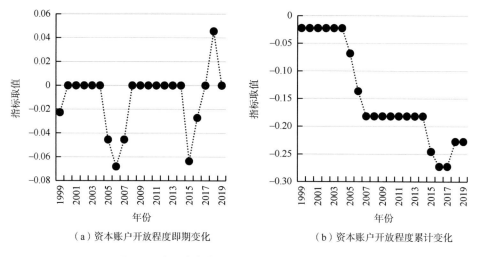

（a）资本账户开放程度即期变化　　　　（b）资本账户开放程度累计变化

图 7.6　卢旺达资本账户开放程度即期与累计变化

2）卢旺达资本账户双向开放情况

（1）资本账户流入开放。1999～2005 年，卢旺达资本账户流入开放力度为零，直到 2006 年，资本账户流入开放力度跳跃式大幅增强，原因是卢旺达允许居民从国际银行和金融机构以商业为目的承包外币贷款，放松了对商业信贷项目的管制力度，并且规定被授权的银行可以无限制地转移外汇，放松了对货币市场项目的管制力度。此后直到 2015 年流入开放力度保持不变。2016 年资本账户流入开放力度跳跃式加强，是由于对金融信贷项目放松管制。2018 年资本账户流入开放力度大幅跳跃式下降，原因是卢旺达为了保证流动性和安全性，制定了银行必须在 30 天内保持高质量的流动资产至少等于净流出的 100%的政策，并持有大量外币。

（2）资本账户流出开放。如图 7.7 所示，1999～2004 年卢旺达资本账户流出开放力度保持稳定。2005～2007 年卢旺达资本账户流出开放程度逐年加强，逐步放松流出管制力度。2008～2014 年开放程度保持不变。2015 年开放力度跳跃式加强，是因为货币市场项目和金融信贷项目管制力度放松。2016～2019 年流出开放程度再次保持不变。

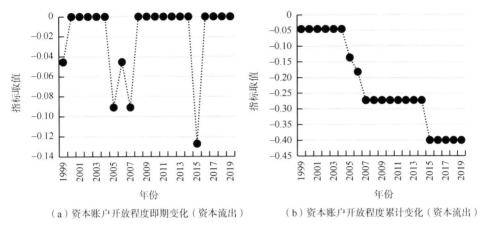

（a）资本账户开放程度即期变化（资本流出）　　（b）资本账户开放程度累计变化（资本流出）

图 7.7　卢旺达资本账户开放程度即期与累计变化（资本流出）

18. 塞拉利昂

1）塞拉利昂资本账户开放程度变化

如图 7.8 所示，2000 年塞拉利昂资本账户开放力度有所提高，2001 年到 2009 年都保持稳定。2010 年开放力度小幅下降，但是 2011 年紧接着又加大了开放力度，并且超过原有水平。2013 年开放力度大幅下降，是因为塞拉利昂规定每周拍卖金额从 100 万美元逐步减至 50 万美元并限制美元纸币从外汇

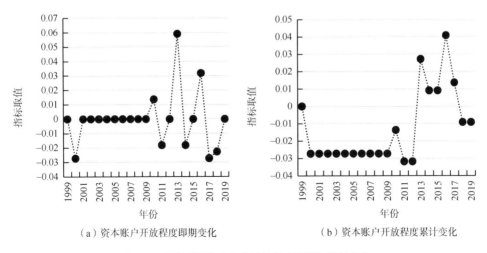

（a）资本账户开放程度即期变化　　　　　（b）资本账户开放程度累计变化

图 7.8　塞拉利昂资本账户开放程度即期与累计变化

账户中提取，整体呈现对外管制的局面。2014年开放力度虽有提高，但仍然以管制为主。2016年开放力度再次下降，加深管制程度。2017年和2018年开放力度逐年上升，并且使塞拉利昂呈现对外开放的局面。

2）塞拉利昂资本账户双向开放情况

（1）资本账户流入开放。1999~2009年，塞拉利昂并未实施与资本账户流入开放相关的政策。2010年塞拉利昂资本账户流入开放程度收紧，是因为塞拉利昂禁止银行、金融机构和经纪公司为其自身账户或客户账户办理衍生品业务或"场外零售外汇"业务，从而对衍生工具项目的管制加强了，并保持到2016年不变。2017年和2018年资本账户流入开放力度大幅提高，这与以下政策的实施有关：2017年塞拉利昂政府批准本国外汇管理局可以办理汇入资金的转账业务；2018年塞拉利昂中央银行与商业银行进行外汇拍卖，以降低货币市场资本过度波动，塞拉利昂极大程度放松了对资本流入的管制力度。

（2）资本账户流出开放。如图7.9所示，2000年塞拉利昂资本账户流出开放力度大幅提高，2011年资本账户流出开放力度再次小幅提高，放松了对

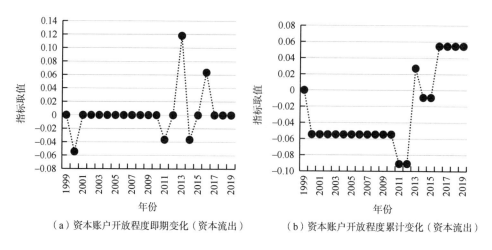

（a）资本账户开放程度即期变化（资本流出）　　（b）资本账户开放程度累计变化（资本流出）

图7.9　塞拉利昂资本账户开放程度即期与累计变化（资本流出）

资本流出的管制力度。2013 年塞拉利昂大幅加强对资本流出的管制力度，是因为塞拉利昂每周拍卖金额从 100 万美元逐步减至 50 万美元并且限制美元纸币从外汇账户中提取。2014 年稍稍加强了资本账户流出开放力度，但 2016 年又再次大幅加强对资本流出的管制力度，流出开放力度再次下降，整体管制力度超过 2013 年。

19. 索马里

索马里资本账户整体开放状况总体呈现放松趋势，索马里资本账户的整体开放程度增大。在战乱频仍、政局动荡以及资本跨境流动加大的背景下，索马里资本账户的开放程度是应时应需进行调整的。

1）索马里资本账户开放程度变化

索马里于 1999～2014 年资本账户开放处于停滞状态。而 2015 年资本账户开放力度出现小幅度提升，2016～2019 年资本账户开放力度趋于平稳。总体来看，1999～2019 年索马里资本账户开放程度数值出现小规模的负向变动。索马里联邦政府国会 2015 年 11 月通过了《外国直接投资法》。通过以上分析可以看出，总体来说，索马里资本账户开放力度是增加的。

总体而言，针对索马里中央银行所判定的索马里资本账户开放时机成熟的情况，资本账户开放的政策性导向呈现总体的积极开放趋势。2015 年其资本账户总体开放程度的变化速度较快。

2）索马里资本账户双向开放情况

（1）资本账户流入开放。2015 年之前索马里资本账户流入开放度未出现变动，以 2015 年为分界点，资本账户流入开放度呈现了波动放松的趋势。2015 年 11 月，索马里联邦政府国会通过了《外国直接投资法》，资本账户流入开放力度有了小幅度的提升。

（2）资本账户流出开放。通过对索马里跨境资本流出开放情况的评估，发现 1999～2019 年索马里资本账户流出开放度未发生变动。

20. 苏丹

苏丹资本账户整体开放状况总体呈现先放松后逐渐收紧的趋势。

1）苏丹资本账户开放程度变化

1999～2000 年苏丹资本账户开放程度呈现平稳态势，这主要与当时由于世界政治环境以及自身经济实力、调控应对能力有限，苏丹资本账户政策性暂时封闭有关。

2001～2011 年苏丹资本账户开放水平呈现波动上升的趋势。自 2001 年开始，苏丹资本账户开放力度开始加大，这可能是由于 2001 年以来苏丹允许本国居民在海外进行股票、债券、直接投资等交易。

苏丹于 2012 年资本账户开放程度缩小，这可能是由当时央行对外币和本币的存款准备金率的设定导致的。2012 年以来苏丹资本账户开放力度有小幅减少，主要是由于当地银行被禁止在海外出售股票，除非得到苏丹中央银行行长的批准，此举限制了资本流出。总体来说，苏丹资本账户整体开放力度是增大的。

1999～2019 年，苏丹资本账户开放程度呈现先上升后下降的趋势。自 2001 年到 2011 年，其资本账户总体开放程度的累计变化速度较快，这表明了苏丹在自 2001 年开始资本账户的总体开放程度急剧上升，资本内外流通程度加快的状况，自 2012 年开始资本账户开放程度呈现缩小趋势。

2）苏丹资本账户双向开放情况

（1）资本账户流入开放。以 2012 年为分界点，当年苏丹资本账户流动准入的标准呈现了跳跃性收紧的趋势，而该趋势在 2012 年后保持。这可能是由于 2012 年苏丹当地银行被禁止在海外出售股票，除非得到苏丹央行行长的批准，此举限制了外国资本流入。苏丹的资本账户流入开放程度在 2012 年后依旧呈现逐年下降，这说明 2012 年后苏丹针对当年的经济金融环境需要，一直保持政策收紧。这种规律在子项目的分析中得到了体现。

（2）资本账户流出开放。以 2001 年为分界点，资本账户流出开放力度之前是收紧的，随后是放松的。例如，2001 年外币和本币的存款准备金率从 15%降至 12%。苏丹资本账户流出开放程度自 2001 年开始逐年放松。

21. 多哥

多哥资本账户整体开放状况总体呈现逐渐放松的趋势，说明随着时间的推移，多哥资本账户开放程度在日益增大。

1）多哥资本账户开放程度变化

1999 年之前，由于世界政治环境以及自身经济实力、调控应对能力有限，多哥资本账户实施了政策性暂时封闭。1999～2019 年，多哥资本账户呈现波动开放的趋势。

2）多哥资本账户双向开放情况

（1）资本账户流入开放。以 2007 年为分界点，当年多哥资本账户流动准入的标准呈现了跳跃性放松的趋势，而该趋势在 2007 年后保持不变。这可能是由于 2007 年 4 月西非经济和货币联盟部长理事会通过了第 2 号决定CM/04/04/2007，确定了非居民实体在西非经济和货币联盟向公众发行证券所需的授权。2007 年后多哥针对当年的经济金融环境需要，一直保持政策放松。这种规律在子项目的分析中得到体现。

（2）资本账户流出开放。自 1999 年开始，资本账户流出持续保持开放倾向，相关政策如 1999 年 2 月，居民的外债变得不受限制，允许与期权购买相关的转让等。

22. 乌干达

乌干达资本账户整体开放状况总体呈现收紧的趋势。自乌干达资本账户开放有记录以来,其资本内向外向流通的限制政策的力度整体呈现增强态势,这明确反映在年度政策效应的累加与总体政策趋势效应中。

1)乌干达资本账户开放程度变化

乌干达 2004 年之前资本账户开放程度无变化，这主要与 2004 年之前由于世界政治环境以及乌干达自身经济实力、调控应对能力有限，乌干达资本账户政策性暂时封闭有关。2004 年，乌干达资本账户内外流通的限制政策力度进一步增强，此后资本账户开放程度维持在稳定水平。

1999~2003 年乌干达的资本账户开放程度无变化。乌干达资本账户开放力度 2004 年整体表现出收紧的趋势，这主要是因为 2004 年乌干达央行规定商业银行从国外借款须遵守准备金的要求。

总体而言，乌干达资本账户开放程度呈现减弱的趋势。

2)乌干达资本账户双向开放情况

（1）资本账户流入开放。以 2004 年为分界点，自 2004 年开始，乌干达资本账户流入开放程度呈现迅速收紧的趋势。在 2005~2019 年，之前设置的资本账户流入管制未做削减，反映出乌干达政府在资本账户开放方面保持审慎态度。这种规律在子项目的分析中得到体现。

（2）资本账户流出开放。2004 年乌干达央行规定商业银行从国外借款须遵守本国准备金的要求。因此，资本账户流出开放度呈现减弱的趋势，随后表现为水平分布。从年度政策到政策结果累计，可知乌干达资本对外流动总体趋势是收紧的。

7.3.3 资本账户子项目双向开放指标测度及特征分析

1. 布基纳法索

布基纳法索有关资本账户开放的政策变动较少，仅在 1999 年 2 月产生了两条政策变动。具体地，1999 年 2 月布基纳法索规定外国经济实体在本国发行证券必须事先得到授权，从而使得股权市场、债券市场、集体投资和衍生工具等资本账户子项目流出开放程度收紧。此外，布基纳法索允许与期权购买相关的资金转移，从而使得衍生工具项目下的流入和流出开放程度得到放松。

2. 布隆迪

布隆迪资本账户开放政策涉及的子项目较少，具体来说，有：2006 年 12 月布隆迪宣布购买股票和其他参与性质的证券需要得到央行的审批，从而使得股权市场项目流出开放程度收紧；2006 年 12 月布隆迪允许非居民使用外币或合法来源的布隆迪法郎购买股权、债券和房地产，从而提高了股权市场项目、债券市场项目和不动产市场项目流入开放程度；2006 年 12 月布隆迪要求境外直接投资须事先获得央行的批准，导致直接投资项目流入开放程度收紧；2010 年 6 月布隆迪宣布在国外借款不再需要央行的批准，从而放松了金融信贷项目流入开放程度。

3. 中非共和国

2009 年 1 月中部非洲经济与货币共同体一般规定开始生效，对非居民法人在中部非洲国家金融市场公开发行证券进行了限制，从而使得资本账户流出开放程度收紧。这条政策影响到股权市场项目、债券市场项目、集体投资项目，使得这三个子项目的流出开放程度收紧。

4. 乍得

虽然乍得资本账户开放程度波动很小，但是政策变动却涉及了股权市场、债券市场、货币市场、集体投资和直接投资等资本账户子项目。

1）股权市场项目开放度分析

乍得股权市场项目流出开放度数值仅于 2009 年和 2019 年出现正向波动，

流入开放度数值仅于 2019 年出现正向波动，并于其他时间保持平稳。这是因为 2009 年 1 月中部非洲经济与货币共同体一般规定开始生效，对非居民法人在中部非洲国家金融市场公开发行证券进行了限制；2019 年 3 月乍得规定，证券的发行、广告、销售如果超过 5000 万中非法郎，必须获得央行的批准；若证券交易金额超过 2000 万中非法郎，必须获得央行批准。

2）债券市场项目开放度分析

乍得债券市场项目流出开放度数值仅于 2009 年和 2019 年出现正向波动，流入开放度数值仅于 2019 年出现正向波动，并于其他时间保持平稳。这是因为 2009 年 1 月中部非洲经济与货币共同体一般规定开始生效，对非居民法人在中部非洲国家金融市场公开发行证券进行了限制；2019 年 3 月乍得规定，证券的发行、广告、销售如果超过 5000 万中非法郎，必须获得央行的批准；若证券交易金额超过 2000 万中非法郎，必须获得央行批准。

3）货币市场项目开放度分析

乍得货币市场项目流出开放度和流入开放度数值仅于 2019 年出现正向波动，并于其他年份保持平稳。这是因为 2019 年 3 月乍得规定，证券的发行、广告、销售如果超过 5000 万中非法郎，必须获得央行的批准；若证券交易金额超过 2000 万中非法郎，必须获得央行批准。

4）集体投资项目开放度分析

乍得集体投资项目流出开放度数值仅于 2009 年和 2019 年出现正向波动，并于其他年份保持平稳，流入开放度在样本周期并无波动。这是因为 2009 年 1 月中部非洲经济与货币共同体一般规定开始生效，对非居民法人在中部非洲国家金融市场公开发行证券进行了限制；2019 年 3 月乍得规定，证券的发行、广告、销售如果超过 5000 万中非法郎，必须获得央行的批准；若证券交易金额超过 2000 万中非法郎，必须获得央行批准。

5）直接投资项目

乍得直接投资项目流出开放度数值仅于 2019 年出现正向波动,并于其他年份保持平稳,流入开放度在样本周期内并无波动。这是因为 2019 年 3 月乍得要求对外投资需要获得事前审批。

5. 刚果（金）

1）货币市场项目开放度分析

刚果（金）货币市场项目开放度的变化均源自货币市场项目流入和流出开放度两个层面的变动。2016 年 2 月,货币市场项目流入和流出管制加深,是由于存款准备金率的变动,随后刚果（金）于 2016 年 10 月又对存款准备金率进行了调整,管制进一步加深。

2）商业信贷项目开放度分析

刚果（金）商业信贷项目开放度的变化均源自商业信贷项目流入开放度的变动。1999 年商业信贷项目流入管制加深,原因是规定非居民账户不能作为借方账户。

3）金融信贷项目开放度分析

刚果（金）金融信贷项目开放度的变化均源自金融信贷项目流入和流出开放度两个层面的变动。1999 年,金融信贷项目流入管制加深,2016 年 2 月和 10 月由于存款准备金率的调整,金融信贷项目的流入管制进一步加深。

6. 厄立特里亚

厄立特里亚金融信贷项目开放度的变化源自金融信贷项目流出开放度的变动。2001 年,金融信贷项目流出管制放松,这可能与取消了 0.75% 的外汇销售手续费有关。

7. 埃塞俄比亚

1）商业信贷项目开放度分析

1999～2019 年，埃塞俄比亚商业信贷项目的流入开放度、流出开放度与总体开放度除 2017 年外始终保持不变，2017 年放松了对商业信贷项目流出的管制。具体地，2017 年 10 月，规定出口商可将其出口收入的 30%（以前为 10%）以外汇形式无限期保留。余款（70%）可保留至多 28 天，之后必须按银行间每日加权平均汇率兑换为当地货币，同时规定 30% 的收益（此前为 10%）可以无限期保留。28 天后，所有余额将在下一个工作日自动转换，所以，这一时期埃塞俄比亚对商业信贷项目的开放持积极态度。

2）金融信贷项目开放度分析

1999～2019 年，埃塞俄比亚金融信贷项目的流入开放度、流出开放度与总体开放度除 2018 年外始终保持不变。2018 年放松了对金融信贷项目流入的管制。具体政策为：2018 年 8 月，取消活期存款账户的外汇存款限额，进一步对金融信贷项目放松管制。所以，这一时期埃塞俄比亚对金融信贷项目的开放持积极态度。

3）直接投资项目开放度分析

1999～2019 年，埃塞俄比亚直接投资项目的流入开放度、流出开放度与总体开放度除 2003 年外始终保持不变，在 2003 年放松了对直接投资项目流出的管制。主要是因为 2003 年 10 月 28 日使用可容纳 20 名以上乘客的飞机的航空运输服务被列入预留给政府的投资活动清单。这一时期埃塞俄比亚积极加大直接投资项目的开放。

8. 冈比亚

冈比亚金融信贷项目开放度的变化均源自金融信贷项目流入开放度的变动。2001 年冈比亚放松金融信贷项目的管制，符合冈比亚中央银行（Central

Bank of Gambia，CBG）风险控制标准的商业银行可为客户开立外币存款账户。2016 年开始加强管制，要求商业银行将其购买的外汇的 15%出售给冈比亚中央银行，并建立了一个参考汇率来指导外汇交易。

9. 几内亚

1999~2019 年，几内亚针对资本账户开放的相关政策仅有一条，涉及个人资本项目，使开放程度下降。

10. 几内亚比绍

几内亚比绍金融信贷项目流入开放度、流出开放度与总体开放度在 1999~2019 年变动较少。具体地，在 1999 年，除商业信贷外，授予非居民的贷款在获得西非国家中央银行批准后，必须获得财政部的事先授权。这一时期几内亚比绍加强了对金融信贷项目的管制。

11. 利比里亚

利比里亚货币市场项目开放指数于 2009 年、2014 年与 2016 年出现三次波动，其中 2009 年资本账户开放指数向上波动为后期本国货币市场项目开放程度走势奠定基调，整体呈净收紧状态。2009 年利比里亚货币市场项目流出开放程度收紧，2014 年与 2016 年货币市场项目开放度分别出现放松与收紧。总体而言，利比里亚的货币市场项目流出开放程度呈收紧趋势。

12. 马达加斯加

1）货币市场项目开放度分析

1999~2019 年，马达加斯加货币市场项目的总体、流出与流入开放度数值除 2015 年出现单次负向波动外，总体上呈现较为平稳的趋势。出现上述变动情形可能是马达加斯加政府制定相关货币市场政策所致，具体而言，2015 年 10 月马达加斯加向下调整外币存款准备金率，这说明马达加斯加的货币市场项目开放程度整体得到放松。

2）衍生工具项目开放度分析

2009 年 1 月与 2017 年 7 月，衍生工具项目双向开放程度均得到放松，意味着马达加斯加阶段性放宽衍生工具项目资本流动限制，该项目的开放度整体呈现阶段性的上升趋势。

13. 马拉维

由马拉维货币市场项目开放程度即期变化可知，1999～2019 年，马拉维货币市场项目的总体开放度、流出开放度与流入开放度数值除 2015 年出现单次负向波动外，总体上呈现较为平稳的趋势，均处于 0 刻度线之上，而 2015 年货币市场项目开放度数值自 0 向下波动至 −0.1，出现上述变动情形可能是马拉维政府制定相关货币市场政策所致，具体而言，如 2015 年 8 月马拉维向下调整外币存款准备金率，这表明马拉维的货币市场项目开放程度整体得到放松。

14. 马里

1）股权市场项目开放度分析

马里的股权市场项目开放度逐步下降。1999 年股权市场项目呈开放状态，这与马里放宽海外投资限制，允许居民购买由非居民发行或营销的证券相关，而 2007 年 4 月政府当局规定非居民实体向公众发行债券需要授权，表明股权市场项目资本流动限制逐步增强，随着 2007 年 11 月马里对非居民实体的募资范围进行限制，马里资本账户再度收紧。累计来看，股权市场项目开放度分别于 1999 年与 2007 年出现波动。

2）债券市场项目开放度分析

1999 年 2 月，债券市场项目开放指数变为负数，意味着马里开始了债券市场项目开放进程，然而自 2007 年 4 月起，马里开始加强对债券市场项目的限制,资本账户开放度逐步下降。累计来看,债券市场项目开放度分别于 1999 年与 2007 年出现波动。

3)货币市场项目开放度分析

1999~2016 年,货币市场项目开放程度没有变化,而 2017 年 3 月,货币市场项目总体、流入与流出开放程度上升,意味着马里开始了货币市场项目开放进程。出现上述变动情形,可能是马里政府制定相关货币市场政策所致,如 2017 年 3 月马里允许商业银行下调存款准备金率,这说明马里的货币市场项目开放程度整体得到放松。

4)集体投资项目开放度分析

1999 年 2 月马里加强对集体投资项目的管制。具体政策表现为 1999 年 2 月马里颁布《非洲保险市场会议法律》,对保险市场实施控制,并且对海外集体投资进行相关约束,集体投资项目开放度出现下降。

5)衍生工具项目开放度分析

马里衍生工具项目的流出开放度与总体开放度在 1999 年出现小幅波动,表明马里政府正逐步收紧衍生工具项目约束。具体政策对应于 1999 年 2 月马里要求发行和营销国外实物资产需事先获得马里证券管理委员会的授权。

6)直接投资项目开放度分析

马里直接投资项目的流出开放度与总体开放度在 1999 年 2 月出现小幅波动,表明马里政府正逐步放开直接投资项目约束。具体政策对应于 1999 年 2 月马里放松居民对西非经济和货币联盟国家的直接投资限制。

7)不动产市场项目开放度分析

马里不动产市场项目的流出开放程度于 1999 年 2 月收紧,表明马里政府正逐步加强不动产市场项目约束。具体政策对应于 1999 年 2 月马里加强居民海外投资不动产管制。

15. 莫桑比克

1）集体投资项目开放度分析

莫桑比克集体投资项目的流入开放度、流出开放度与总体开放度主要在2009年出现波动，这可能与莫桑比克政府在该年份实施针对集体投资项目开放的政策有关，具体来看，2009年莫桑比克出台政策确定养老基金投资于境外证券不能超过总资产的10%。

2）金融信贷项目开放度分析

莫桑比克金融信贷项目的流入开放度、流出开放度与总体开放度在2005年存在大幅度的波动情况，可能是该段时间出现金融信贷项目的政策调整所致，具体而言，如2005年5月，莫桑比克更新了信贷和金融机构将外汇资产和负债折算为本币的估值汇率的确定标准，该政策限制了莫桑比克金融信贷项目的开放力度。

3）直接投资项目开放度分析

在2000年，莫桑比克出台了针对直接投资项目的管制政策，从而使得直接投资项目的开放程度下降。具体政策为，莫桑比克2000年5月将外汇账户的存款准备金率上调至7.95%。

16. 尼日尔

1）股权市场项目开放度分析

1999年尼日尔实施了股权市场项目管制政策，这使得该国股权市场项目总体开放程度和流入开放程度下降。

2）债券市场项目开放度分析

尼日尔债券市场项目的流入开放度、流出开放度和总体开放度在1999年出现波动，这与该时间内出台的相关政策有关。具体来看，1999年2月，取消了对居民出售外国证券和收益有关的转让的限制。

3）衍生工具项目开放度分析

尼日尔的衍生工具项目开放程度变动主要出现在 1999 年和 2002 年，主要政策表现为：1999 年，居民有权联系与货物和服务进出口相关的远期外汇保险。2002 年，境内国民外汇账户有效期为一年，续期需经财政部批准；境内外侨外汇账户的有效期延长为两年，续期也需要获得财政部批准。上述分析表明，尼日尔政府对衍生工具项目开放持谨慎态度。

4）金融信贷项目开放度分析

尼日尔金融信贷项目的流出开放度仅在 1999 年存在大幅度的波动情况，可能是该段时间出现金融信贷项目的政策调整所致，具体而言，如 1999 年起，居民对外借款变得不受限制；向非居民提供贷款和其他援助需要财政部的批准。以上几条政策表明尼日尔金融信贷项目的开放力度减小。

5）直接投资项目开放度分析

在 1999 年，尼日尔直接投资项目开放进程呈现出双向波动。这主要与时事政策相关，具体政策为：1999 年 2 月，无证明文件授权的转账金额从 10 万非洲法郎提高到 30 万非洲法郎；允许居民出售外国证券和购入外侨撤资的股份；外国投资不受限制，居民可在当地银行或境外银行开立外汇账户。在流入开放上，直接投资项目一直处于管制状态。而在整体和流出开放上，直接投资项目一直处于不断放松状态。

17. 卢旺达

1）货币市场项目开放度分析

1999 年货币市场项目流出开放程度下降，原因是卢旺达出台了公开外汇头寸提高为银行资本和储备的 20% 的政策，对货币市场项目的管控力度下降。2006 年 12 月卢旺达授权银行可以无限制地转移外汇，使货币市场项目开放指数下降了相同幅度。2007 年卢旺达国家银行（National Bank of Rwanda,

NBR）废除了外汇拍卖，开始根据预先确定的参考价格直接向银行出售外汇。两项规定都放松了对货币市场项目的管制。2015年货币市场项目流出开放指数大幅下降，是因为卢旺达规定多头和空头外汇头寸的限额提高为银行资本和准备金的20%。

2）商业信贷项目开放度分析

2006年12月，卢旺达允许居民从国际银行和金融机构以商业为目的承包外币贷款，商业信贷项目流入开放程度大幅提升，放松了对商业信贷项目的管制。除此之外，其他年度卢旺达没有影响商业信贷项目的政策改变。

3）金融信贷项目开放度分析

2005年卢旺达金融信贷项目流出开放程度加强，是因为银行可以向出口商提供外币贷款。2015年卢旺达金融信贷项目流出开放程度上升，是因为卢旺达国家银行行长可以通过指令确定外币贷款发放条件。2018年2月，卢旺达为了保证流动性和安全性，规定银行必须在30天内保持高质量的流动资产至少等于净流出的100%，并持有大量外币。这项规定使得金融信贷项目流入开放程度大幅下降，说明卢旺达加强了对金融信贷项目的管制。

18. 塞拉利昂

1）货币市场项目开放度分析

2011年塞拉利昂货币市场项目流出开放程度上升，是因为塞拉利昂规定每周拍卖金额增加到100万美元，放松了管制力度。2013年流出开放程度两次收紧，货币市场项目管制力度加强，是因为1月塞拉利昂规定每周拍卖金额减至50万美元，7月限制将美元纸币从外汇账户中提取这两项规定。2014年货币市场项目流出开放程度再次上升，是因为塞拉利昂允许从客户外币账户提取场外外币现钞，金额不超过1万美元或等值的其他可转换外币，放松了货币市场居民海外投资的限制。2016年2月塞拉利昂暂停了每周外汇拍卖，

3月规定在外汇拍卖会上的投标书以 5 万美元的倍数提交，每个投标者最多 20 万美元，这使得开放力度下降。2018 年流出开放程度加大，是因为塞拉利昂中央银行与商业银行进行外汇拍卖，以降低货币市场资本过度波动。

2）衍生工具项目开放度分析

塞拉利昂 2010 年衍生工具项目流入开放程度收紧，是因为塞拉利昂禁止银行、金融机构和经纪公司为其自身账户或客户账户在非居民部门开展衍生品业务或"场外零售外汇"业务，从而加强了对衍生工具项目的管制。其他年度塞拉利昂并未出台与衍生工具项目开放相关的政策。

3）金融信贷项目开放度分析

2000 年塞拉利昂金融信贷项目流出开放程度大幅上升，是因为塞拉利昂开始每周拍卖预定数额的外汇储备，从而结束了直接分配外汇，放松了对金融信贷资金流出的管制力度。2017 年塞拉利昂金融信贷项目流入开放程度大幅上升，是因为塞拉利昂批准其外汇管理局可以办理汇入资金的转账业务。

19. 索马里

索马里直接投资项目流入开放度与总体开放度数值在 2015 年出现负向变动，这可能与索马里政府在该阶段实施的促进直接投资项目开放的政策有关，具体来看有：索马里联邦政府国会 2015 年 11 月通过了《外国直接投资法》。

20. 苏丹

1）股权市场项目开放度分析

从 2012 年 7 月开始，苏丹实施了股权市场项目管制政策，使得股权市场项目的总体和流入开放程度收紧。具体政策为，2012 年 7 月，当地银行只有在得到苏丹央行行长批准后才可在海外出售股票，以此限制外国资本流入。

2）金融信贷项目开放度分析

苏丹金融信贷项目的流入开放度、流出开放度与总体开放度在 2000～

2001 年存在波动情况，可能是该段时间出现金融信贷项目的政策调整所致，具体而言，如 2000 年 1 月，央行将外币和本币的存款准备金率设定为 15%，2001 年 1 月央行又将外币和本币的存款准备金率从 15% 降至 12%。此外，2002 年 5 月，非银行交易商被允许转移资金进出国外，是金融信贷项目开放程度加深的又一例证。

21. 多哥

1）股权市场项目开放度分析

多哥于 1999 年和 2007 年实施了股权市场项目开放的相关政策。具体来看，1999 年 2 月，居民出售外国证券和非居民撤出投资的收益相关的转移是允许的，外商在西非经济和货币联盟国家的投资变得不受限制，居民在国外的任何投资都需要事先得到财政部的批准；2007 年 4 月，西非经济和货币联盟部长理事会通过了第 2 号决定，确定了非居民实体在西非经济和货币联盟向公众发行证券所需的授权，这使得股权市场项目流入开放程度上升。

整体来看，无论是股权市场项目的总体开放度还是流入、流出开放度均朝着逐步放松的方向发展。尤其是自 2007 年开始，随着开放脚步不断加快，其股权市场项目的开放对资本账户开放的贡献度也在不断增强，这主要是受政策变动的影响。

2）债券市场项目开放度分析

多哥债券市场项目的流入开放度在 1999~2019 年出现了一次波动，这可能与多哥政府在该阶段实施的促进债券市场项目开放的政策是相关的。在 2007 年，债券市场项目流入开放度大幅提升。

3）货币市场项目开放度分析

多哥货币市场项目的流出开放度和总体开放度在 1999~2019 年出现了一次波动，这可能与多哥政府在该阶段实施的促进货币市场项目开放的政策是相关的，具体来看：根据 1999 年 2 月的非洲保险市场会议保险法典的规定，相关限制得到了修改，货币市场项目流入、流出开放度得到提升。

4）集体投资项目开放度分析

多哥集体投资项目的流入开放度、流出开放度与总体开放度主要在 1999 年和 2007 年出现波动，这可能与多哥政府在该年份实施多项针对集体投资项目开放的政策有关，具体来看，1999 年 2 月，允许居民出售外国证券和非居民撤出投资的收益相关的转移；西非经济和货币联盟部长理事会 2007 年 4 月通过了第 2 号决定 CM/04/04/2007，确定了非居民实体在西非经济和货币联盟向公众发行证券所需的授权。

5）衍生工具项目开放度分析

多哥衍生工具项目的流入开放度和总体开放程度在 1999 年出现了一次波动，这与当年执行的相关政策有关。具体来看，1999 年 2 月，多哥允许与期权购买相关的转让。

6）金融信贷项目开放度分析

多哥金融信贷项目的流出开放程度在 1999 年出现收紧，可能是该段时间出现金融信贷项目的政策调整所致。金融信贷项目流入开放程度在 1999～2019 年始终稳定保持不变。

7）直接投资项目开放度分析

多哥的直接投资项目流出开放程度于 1999 年 2 月出现大幅放松，直接投资项目流出开放程度上升。

22. 乌干达

乌干达金融信贷项目的流出开放度与总体开放度在 1999～2019 年几乎没有明显的变动，仅于 2004 年变动了一次。出现上述变动情况，可能与乌干达金融信贷开放政策的调整相关。具体而言：2004 年乌干达央行规定商业银行从国外借款须遵守准备金的要求。此后，乌干达金融信贷项目开放度保持在稳定的水平。

7.4　本章小结

根据世界银行对各个国家的划分，共有 27 个国家为低收入国家。第 7 章按照国家名称英文字母排序的方式，分别简短介绍了各个国家 1999～2019 年资本账户开放程度的变动情况。

根据各个国家的资本账户政策的变动情况，1999～2019 年资本账户总体更加开放的国家有 8 个，分别为埃塞俄比亚、冈比亚、马达加斯加、尼日尔、卢旺达、叙利亚、塔吉克斯坦、多哥。

资本账户管制更加严格的国家有 10 个，分别为阿富汗、布隆迪、乍得、刚果（金）、几内亚比绍、海地、利比里亚、马里、莫桑比克和也门。

资本账户先放松管制后收紧的国家有 2 个，分别为苏丹和塞拉利昂。

资本账户开放程度仅有 1 次变动的国家有 7 个，分别为布基纳法索、中非共和国、厄立特里亚、几内亚、马拉维、索马里和乌干达。

总体来讲，在低收入国家中，相当一部分国家处于战争或局部冲突中，这些国家的资本账户开放程度通常处于不变或者收紧的状态。根据本章统计，仅有 8 个国家资本账户有明显的放松，其比例远低于其他类别。

第8章

全球资本账户双向开放测度的横向对比

及特征分析

8.1 全球资本账户开放主流数据库的比较

基于 GKAOPEN 数据库特征，本章进一步从总项层面、资本双向流动层面和子项层面，对比分析 GKAOPEN 数据库与 KAOPEN 数据库、FKRSU 数据库、EWN 数据库的差异[①]。

8.1.1 资本账户总项开放度测度结果的对比分析

图 8.1 从全球资本账户总体开放程度的角度展示了 GKAOPEN 数据库与其他三个数据库的差异。不难发现，KAOPEN 数据库、EWN 数据库在整个观察区间内几乎没有明显波动。在观察期间内，全球发生的重大冲击事件包括"9·11"恐怖袭击、金融危机、欧债危机、贸易摩擦等。在这些事件冲击下，全球资本账户整体收紧以隔离风险，但这并未在 KAOPEN 数据库和 EWN 数据库中体现。

---

① 由于 Chen 和 Qian（2016）的 C&Q 数据库仅测度了中国资本账户开放程度，因此 GKAOPEN 数据库与 C&Q 数据库的对比置于 8.2.1 节。本部分只对 GKAOPEN、KAOPEN（总项）、FKRSU（子项，流入与流出）和 EWN（总项）进行比较分析。

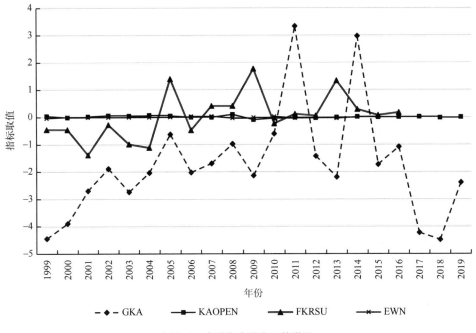

图 8.1　全球资本账户开放进程

GKA 曲线利用 GKAOPEN 数据库绘制，本节对 GKAOPEN 数据加总获得年度当期值（GKA），对其他数据库进行差分处理获得年度当期值，从而使数据统计口径一致。零轴以下表示资本账户管制程度放松，零轴以上表示资本账户管制程度加强。后续图表如无特殊说明，与此一致

　　通过对比分析可以发现，GKAOPEN 数据库与其他三个数据库相比，表现出更大波动性，且细节部分更能够贴合现实情况。例如，图 8.1 中 GKA 曲线表明，资本账户管制力度在 2009 年后和 2013 年后经历了较大程度的加强，在 2009～2010 年，GKA 曲线走势显著抬升，反映了在全球金融危机后各个国家加强了资本账户管制；而 FKRSU 数据库则在此阶段显示出明显下降趋势，走势与 GKA 曲线相反，FKRSU 曲线实际上偏离了当时全球经历金融危机后各个国家加强资本账户管制的事实。在指数的波动性方面，GKAOPEN 数据库以每个月为时间节点记录各国资本账户管制程度的变化状况，从而相较于 FKRSU 数据库表现出更多的波动性，展现出资本账户管制的更多细节性特征。由于 GKAOPEN 数据库设置了不同的政策权重，其能够较为准确地

表现出不同风险事件冲击下政策管制力度的变化。观察图 8.1 不难发现,在局部性风险事件发生时间点上,GKA 曲线仍然能够保持响应,并且 GKA 曲线基本在零轴以下波动。

图 8.1 中,GKAOPEN 数据库与 FKRSU 数据库的走势具有一定的协同性,但也存在一些差异,而 KAOPEN 数据库和 EWN 数据库并未表现出波动性。从指标含义上来看,FKRSU 数据库、KAOPEN 数据库、EWN 数据库和 C&Q 数据库均表示资本账户开放程度的累计水平。其中,与 GKAOPEN 数据库在时间跨度和数据结构上更为类似的 FKRSU 数据库是从 1995 年至 2019 年每年资本账户开放程度的静态累计值,而 GKAOPEN 数据库则记录的是每个国家每年资本账户开放程度的当期变化情况。当资本账户管制政策在某个时间点上发生变化,对于 FKRSU 数据库来说可能影响不大,但是对 GKAOPEN 数据库来说则影响较为明显。例如,假设某国本年度资本账户管制程度下降 0.1,那么 FKRSU 数据库资本账户开放度可能在上一年的 1 的基础上变为 0.9,资本账户仍然存在较强的管制,0.1 的变化幅度并未改变这一现实(其他数据库亦是如此)。而 GKAOPEN 数据库仅关注 0.1 的当期变化,那么在 GKAOPEN 数据库上显示为 "−0.1",这就造成了 GKAOPEN 数据库显示 "−0.1" 和 FKRSU 数据库显示 "0.9" 的差异。

理论上,如果既有数据库都能准确表示资本账户开放水平,当我们把其他数据库,特别是 FKRSU 数据库,通过年度差分转换为当期值后,那么其与 GKAOPEN 数据库的走势应该较为一致。之所以在图像细节呈现上略有不同,可能有如下两个原因。

第一,数据库的文本信息来源不同,FKRSU 数据库依据 IMF《汇兑安排与汇兑限制年报》(Yearly Reports)对资本账户管制情况进行赋值,以年为周期的数据可能会丢失一些重要信息。而 GKAOPEN 数据库使用《汇兑安排与汇兑限制年报》(Country Reports),报告中详细记录了该国在过去一年资本账户管制措施的具体政策安排和时间点①。

　　第二,数据库指标设计逻辑不同。FKRSU数据库的赋值方式是:存在相关政策则为1,不存在相关政策则为0。这使得资本账户开放度数值在0~1波动。实际上,FKRSU数据库并没有考虑某项与资本账户相关的政策的实际含义到底是加强管制还是放松管制,而仅仅把推出政策本身设定为1。GKAOPEN数据库则更加接近现实,研究团队对政策语义进行了分析,将带有管制语义的政策设定为1,将带有放松语义的政策设定为-1,并且根据政策潜在的影响力度,设置了0.2、0.4、0.6、0.8和1的5级权重。正是FKRSU数据库与GKAOPEN数据库在指标设置逻辑上的区别,使得两个数据库在一些时间点上存在差异,特别是政策较为密集的金融危机后期。以图8.1中2009年为例,GKAOPEN数据库与FKRSU数据库走势出现较大差异。我们从《汇兑安排与汇兑限制年报》中找了每个国家资本账户管制政策,发现大多数国家都在金融危机后推出了一些旨在缓解金融冲击和有序开放本国市场促进复苏的措施。按照GKAOPEN数据库的计算逻辑,这些政策将被赋值为“-1”。而对于FKRSU数据库来说,这些政策的存在足以使综合得分达到一个较高的水平,代表全球各国都在对本国市场施加“管制”。

　　我们进一步以2009年的中国为例,列举GKAOPEN数据库和FKRSU数据库在文本处理中的差异。2009年中国出台的部分资本账户管制政策如表8.1所示,其中《境内机构境外直接投资外汇管理规定》是旨在鼓励企业“走出去”的放松资本账户流出管制政策,因此将其赋值为-1,其他政策亦被赋负值居多,总体上呈现不断开放的趋势。而FKRSU数据库把这些规定均视为中国加强了资本账户管制,因此被赋值为1,导致2009年中国资本

---

① 《汇兑安排与汇兑限制年报》下载网站为:https://www.elibrary-areaer.imf.org/Pages/Data.aspx。

账户为管制状态（数值为 1）。实际上，近二十年来，FKRSU 数据库均显示中国资本账户处于管制状态，2000～2012 年处于完全管制状态（数值为 1），2013～2019 年介于 0.8 和 0.9，这实际上与 Chinn 和 Ito 的数据库没有本质区别。

表 8.1　中国 2009 年资本账户管制政策变化

政策内容	受影响的资本账户子项	流动方向	权重赋值	指标赋值	加权指标=权重×指标
《境内机构境外直接投资外汇管理规定》对境外直接投资外汇管理方式和程序进行了简化和规范	dio	out	1	−1	−1
自 2009 年 9 月 29 日起，合格境内机构投资者方面，证券交易商汇往国外投资证券的资金净额不得超过批准的投资限额	bo_pabr	out	0.6	1	0.6
	eq_pabr	out	0.6	1	0.6
	ci_pabr	out	0.6	1	0.6
	de_pabr	out	0.6	1	0.6
合格境外机构投资者投资上限提高，中长期投资养老基金、保险基金、开放式基金的投资禁售期从 6～12 个月减少到 3 个月	ci_plbn	in	0.8	−1	−0.8
	eq_plbn	in	0.8	−1	−0.8
	bo_plbn	in	0.8	−1	−0.8
	mm_plbn	in	0.8	−1	−0.8

8.1.2　资本流入与流出开放度测度结果的对比分析

在既有数据库中，GKAOPEN 数据库和 FKRSU 数据库对资本流入与资本流出进行了区分，因此本部分仅对上述两个数据库进行对比分析。图 8.2 和图 8.3 分别从资本流入与资本流出层面展示了 GKAOPEN 数据库和 FKRSU 数据库的差异。

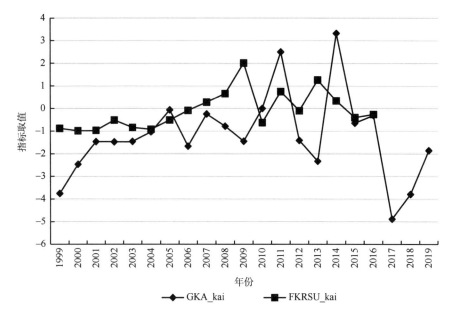

图 8.2　全球资本账户开放进程（资本流入）

GKA_kai 和 FKRSU_kai 曲线表示资本流入管制程度，分别由 GKAOPEN 数据库和 FKRSU 数据库绘制

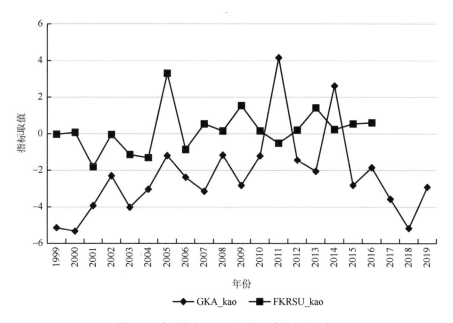

图 8.3　全球资本账户开放进程（资本流出）

GKA_kao 和 FKRSU_kao 曲线表示资本流出管制程度，分别由 GKAOPEN 数据库和 FKRSU 数据库绘制

如图 8.2 所示，对比 GKA_kai 和 FKRSU_kai 可以发现，1999 年至 2009 年，GKA_kai 和 FKRSU_kai 曲线均缓慢上升，表明资本流入管制整体趋于收紧。虽然 GKA_kai 和 FKRSU_kai 具有相似的趋势性，但是 GKA_kai 曲线在细节上更为丰富。例如，1999 年至 2009 年，GKA_kai 曲线出现两次波动，其中两次波峰分别出现在 2005 年与 2007 年，对应全球经济失衡加剧下的资本流动逆转风险和次贷危机，而 FKRSU_kai 曲线仅表现为单调上升，没有表现出风险冲击。图 8.3 展示了全球资本流出管制程度的变化。其中，GKA_kao 曲线基本在零轴以下波动，FKRSU_kao 曲线基本在零轴以上波动。结合经济全球化和金融自由化的现实背景，GKA_kao 曲线更加符合全球资本流动管制的自由化进程。

与 FKRSU 数据库显示全球资本账户最强管制出现在 2005 年（流出）和 2009 年（流入）不同，GKAOPEN 数据库显示，全球资本流出与流入的最强管制均出现在 2011 年至 2014 年的后金融危机时期。金融危机后，以美国为代表的发达经济体进入金融部门缩表和去杠杆进程，一部分国际资本频繁进出新兴经济体，导致新兴经济体金融失衡扩大和信用稳定性降低，放大了其资产负债表的脆弱性和资产价格的波动程度，并冲击币值的稳定性，不少新兴经济体亦加强了对国际资本流动的管制，由此全球资本账户管制出现两次收紧的过程。

8.1.3　资本账户子项开放度测度结果的对比分析

GKAOPEN 数据库和 FKRSU 数据库对资本账户子项进行了细分，并衡量了子项总体、子项流入与子项流出管制程度，本部分以子项总体开放度为例，对 GKAOPEN 数据库和 FKRSU 数据库进行比较。

　　图 8.4～图 8.14 展示了 11 个资本账户子项管制程度,"GKA_x"和
"FKRSU_x"分别表示 GKAOPEN 数据库和 FKRSU 数据库的子项。对比
各子项曲线可以发现,GKAOPEN 数据库相比于 FKRSU 数据库有两个显
著特征。一是,GKAOPEN 数据库在衡量子项管制方面具有更高的波动性,
这主要源于 GKAOPEN 数据库为月度频率数据,对相关子项政策变化更具
有敏感性。二是,GKAOPEN 数据库对于子项的衡量偏宽松,除重大经济
和金融风险发生的特殊时点外,基本在零轴以下波动。同时,GKAOPEN
数据库在重大时间节点(如金融危机)上表现出更高的波动性,而 FKRSU
数据库的波动与重大时间节点的呼应程度较低,在一些局部风险事件上反
应过度或响应不充分。以债券市场为例,2011 年至 2012 年,是欧债危机
进一步扩散的时间点,各国加强对债券市场资本流动的管制以防范金融风
险。欧债危机相对于金融危机,对债券市场的影响更加深刻,因此 GKA_bo
曲线峰值出现在 2012 年欧债危机时间点上。这一时期,GKA_bo 曲线向
上波动,表示债券市场管制的加强,而 FKRSU_bo 则向下波动,与全球债
券市场现实背景的契合度较低。

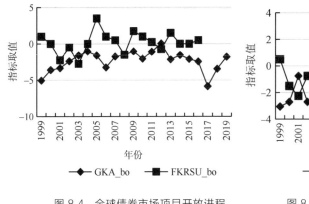

图 8.4　全球债券市场项目开放进程

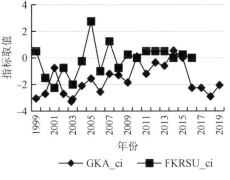

图 8.5　全球集体投资项目开放进程

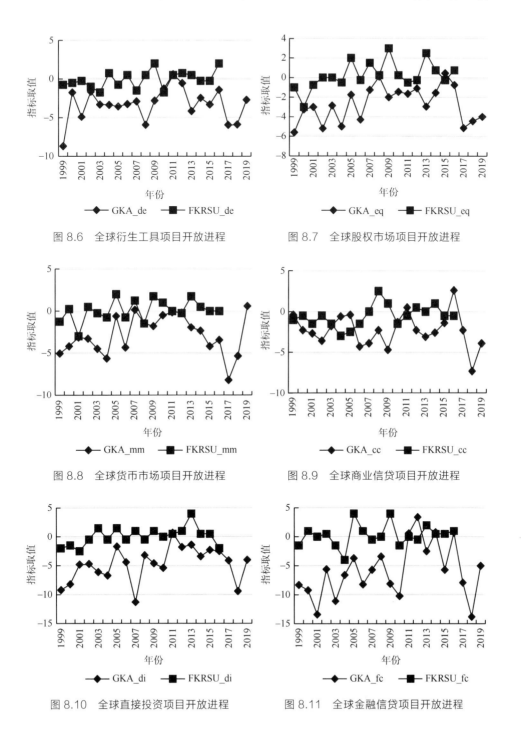

图 8.6　全球衍生工具项目开放进程

图 8.7　全球股权市场项目开放进程

图 8.8　全球货币市场项目开放进程

图 8.9　全球商业信贷项目开放进程

图 8.10　全球直接投资项目开放进程

图 8.11　全球金融信贷项目开放进程

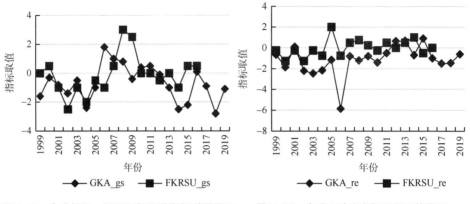

图 8.12　全球担保、保证和备用融资便利项目开　　图 8.13　全球不动产市场项目开放进程
　　　　　放进程

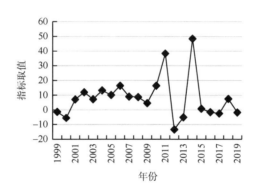

图 8.14　全球其他资本市场开放进程（GKAOPEN 数据库独有）

8.2　基于中国资本账户开放特征的横向对比分析

近二十年来,中国资本项下交易规模迅速扩大。但是,Chinn 和 Ito（2006）的 KAOPEN 数据库显示,中国资本账户开放度长期以来保持在−1.23 水平上,表明资本账户呈现开放状态,无法表现出我国资本账户开放程度的动态变化。同时, FKRSU 数据库显示中国资本账户处于管制状态, 其中 2000 年至 2012 年处于完全管制状态（数值为 1）, 2013 年至 2019 年介于 0.8 和 0.9,这实际

上与 Chinn 和 Ito 的数据库没有本质区别。基于此，GKAOPEN 数据库基于
对中国资本账户管制政策的月度观察，实现了对中国资本账户总体开放特征、
资本流入与流出特征、资本账户子项开放程度变化的月度测算，发现了中国
资本账户开放进程中的新特征，相比于 C&Q 数据库亦有较高的准确性。

8.2.1 中国资本账户总体开放特征

图 8.15 展示了中国资本账户开放进程，为了观察 GKAOPEN 数据库的准
确性，我们同时绘制了 C&Q 曲线，其中 GKA 曲线依据 GKAOPEN 数据库绘
制，C&Q 曲线依据 C&Q 数据库绘制。可以发现，GKA 曲线和 C&Q 曲线走
势较为相似，除 2008 年金融危机期间我国资本账户短暂收紧外，整个观察区
间内，GKA 曲线和 C&Q 曲线基本在零轴以下波动，表明我国资本账户基本
处于不断开放的进程之中。

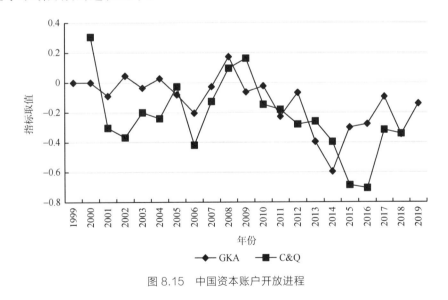

图 8.15　中国资本账户开放进程

从关键时间节点来看，2008 年金融危机期间，为阻挡金融风险的传导，
确保国内金融和经济不发生系统性风险，我国适时收紧了对资本账户的管制；

2013 年以来，伴随着利率和汇率市场化改革，我国加快推进资本账户开放步伐、沪（深）港通、自贸（港）区、"一带一路"倡议等全面深化改革开放的措施极大地推动了我国资本账户的开放进程。2013 年至 2014 年，我国资本账户开放进程进一步加快，管制政策逐步放松。2015 年起，我国资本账户开放进程有所放缓。此后，随着我国经济向高质量发展阶段迈进，我国资本账户在保持适度开放的同时，更加注重资本结构的优化和资本利用水平的提升。

8.2.2　中国资本账户流入与流出开放特征

图 8.16 和图 8.17 分别展示了中国资本账户流入与流出双向开放进程。其中，GKAi 曲线和 GKAo 曲线代表 GKAOPEN 数据库资本流入与流出指标，C&Qi 曲线和 C&Qo 曲线代表 Chen 和 Qian（2016）的 C&Q 数据库资本流入与流出指标。总体来看，四条曲线多数时间段内在零轴以下波动，表明我国对于资本流入与流出的管制趋向于宽松。

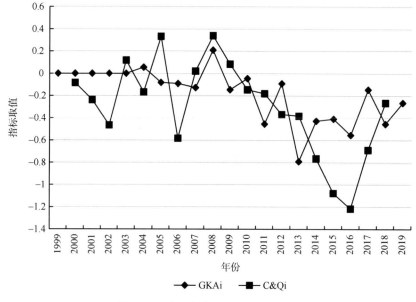

图 8.16　中国资本账户流入开放进程

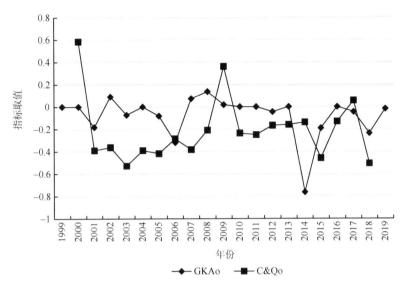

图 8.17　中国资本账户流出开放进程

对于资本流入，图 8.16 中 GKAi 曲线和 C&Qi 曲线在金融危机后表现出了较为一致的走势：先向零轴以下波动，并在 2017 年向零轴收敛。对比 GKAi 曲线和 C&Qi 曲线可以发现，C&Qi 曲线在 2008 年之前有较好的波动性，在 2008 年后，GKAi 曲线和 C&Qi 曲线虽然有相同的趋势性特征，但是 GKAi 曲线的波动性更强，在细节上更为丰富。对于资本流出，图 8.17 中 C&Qo 曲线基本在 GKAo 曲线以下波动，表明 C&Q 数据库在描述资本流出管制方面更为宽松。在特殊时间点，GKAo 曲线和 C&Qo 曲线能够得出一致的结论。例如，2008 年至 2009 年金融危机期间，我国对资本流出管制程度加强，对应 GKAo 曲线和 C&Qo 曲线均在零轴以上出现极大值。

同时，横向对比图 8.16 和图 8.17 中的 GKAi 曲线和 GKAo 曲线可以发现，GKAi 曲线在 2008 年之后波动更加频繁，GKAo 曲线在 2008 年之前波动更为频繁。这说明，我国对资本流入的管制多集中在金融危机后，并且以宽松的政策导向为主；我国对资本流出的干预多集中在金融危机前，以宽松的政策导向为主。在金融危机后，我国对资本流出的干预减少，在 2014～2015

年，资本流出自由化程度有所加强。

8.2.3   中国资本账户子项开放特征

图 8.18～图 8.28 展示了中国资本账户 11 个子项的开放进程。其中，C&Q
数据库主要包含中国债券市场项目、股权市场项目、货币市场项目、商业信
贷项目、直接投资项目和金融信贷项目，GKAOPEN 数据库则包含上述 6 个
子项在内的 11 个子项。总体来看，GKA 曲线所描绘的债券市场项目、股权
市场项目、货币市场项目、商业信贷项目、直接投资项目和金融信贷项目与
C&Q 曲线基本一致，二者相互印证。

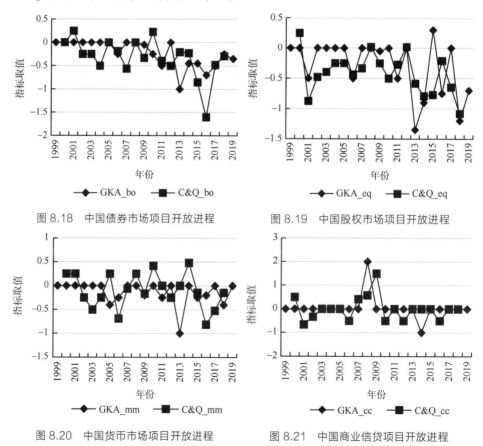

图 8.18   中国债券市场项目开放进程   图 8.19   中国股权市场项目开放进程

图 8.20   中国货币市场项目开放进程   图 8.21   中国商业信贷项目开放进程

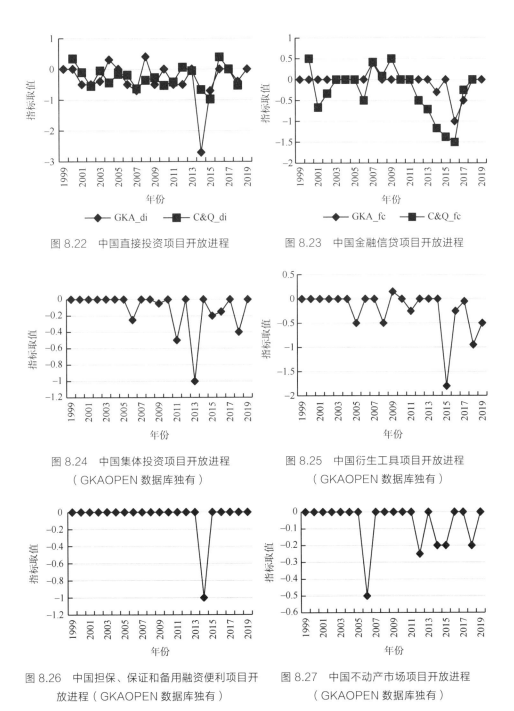

图 8.22　中国直接投资项目开放进程

图 8.23　中国金融信贷项目开放进程

图 8.24　中国集体投资项目开放进程
（GKAOPEN 数据库独有）

图 8.25　中国衍生工具项目开放进程
（GKAOPEN 数据库独有）

图 8.26　中国担保、保证和备用融资便利项目开
放进程（GKAOPEN 数据库独有）

图 8.27　中国不动产市场项目开放进程
（GKAOPEN 数据库独有）

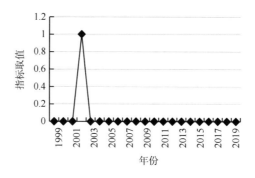

图 8.28　中国其他资本市场开放进程（GKAOPEN 数据库独有）

　　从资本账户不同子项的开放顺序来看，我国股权市场项目和直接投资项目开放较早，如图 8.19 和图 8.22 所示，在整个观察周期内，股权市场项目开放度曲线和直接投资项目开放度曲线均有明显波动，代表相关政策不断推出，这与我国改革开放以来的招商引资和 20 世纪 90 年代发展股权市场的时代背景相契合。2004 年，国务院发布《关于推进资本市场改革开放和稳定发展的若干意见》，2005 年至 2006 年，我国债券市场项目、货币市场项目、集体投资项目、衍生工具项目、不动产市场项目开始出现对外资放松管制的趋势，如图 8.18、图 8.20、图 8.24、图 8.25、图 8.27 所示。我国商业信贷项目，金融信贷项目，担保、保证和备用融资便利项目在此期间则未发生明显变动，如图 8.21、图 8.23 和图 8.26 所示。对于由战争、恐怖主义等引发的资本账户管制，我国其他资本市场仅在"9·11"事件爆发后有短暂的收紧，如图 8.28 所示。

　　从当前的资本账户子项自由化程度来看，我国资本账户中绝大部分子项已经开启了自由化进程。其中，我国对股权市场项目、直接投资项目、衍生工具项目的管制分别在 2013 年、2014 年和 2015 年出现最大程度放松；集体投资项目，货币市场项目，金融信贷项目，担保、保证和备用融资便利项目，以及商业信贷项目的放松幅度次之。

8.3　基于 GKAOPEN 数据库的全球资本账户开放特征

通过上述分析可以发现，GKAOPEN 数据库具有更好的翔实性和全面性。为得出更多经验证据，本节以世界银行数据库为参照，将 GKAOPEN 数据库样本分为高收入国家（high）、中等偏高收入国家（uppermiddle）、中等偏低收入国家（lowermiddle）和低收入国家（low），观察全球资本账户动态开放进程。

8.3.1　资本账户总体开放水平的组间差异

图 8.29 展示了不同收入水平国家的资本账户开放进程。其中，高收入国家资本账户开放进程有明显的阶段性特征，如 ka_high 曲线所示。自 2008 年金融危机后，高收入国家资本账户管制趋于收紧，特别是 2014 年至 2016 年，ka_high 曲线居于零轴上方。这表示金融危机后，高收入国家资本账户管制明显加强，波动性也远高于金融危机前的状态，说明金融危机对高收入国家造成了较大的风险冲击，需要加强资本账户管制控制外部冲击。中等偏高收入国家对资本账户的管制更为宽松，与中等偏低收入国家逐渐拉开差距。从低收入国家资本账户开放进程来看，未有明显变化，仅在 2018 年后资本账户管制稍有加强。

从特殊时点来看，"9·11"事件、金融危机、欧债危机等重大事件对低收入国家的冲击不明显。而上述风险事件对高收入国家资本账户开放趋势的影响较为显著，特别是后金融危机时期，高收入国家资本账户呈现出明显的收紧趋势。这说明，风险事件对资本账户开放进程的影响具有组间差异性特征，对高收入国家的影响更为深刻，对其他组别国家的影响较小。

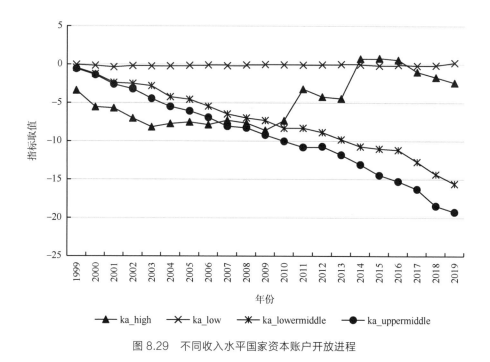

图 8.29   不同收入水平国家资本账户开放进程

8.3.2   资本流入与流出开放度的组别特征

1. 资本流入开放度的组间差异

图 8.30 展示了不同收入水平国家资本流入自由化进程。不难发现，2008年金融危机之前，高收入国家资本流入自由化程度（kai_high）高于其他组别国家，但是开放进程趋于缓和，资本流入自由化趋势相对较为稳定。自 2008年金融危机后，高收入国家对资本流入的管制逐渐加强，以隔离金融风险和不确定性经济冲击对本国资本市场的影响。2016 年，受当时单边主义和贸易保护主义的影响，短期资本流动异常，高收入国家对资本流入的管制程度达到最高。

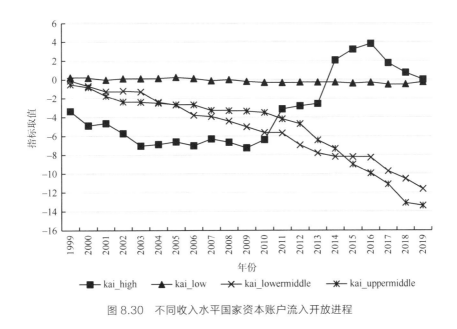

图 8.30　不同收入水平国家资本账户流入开放进程

与高收入国家不同，中等偏高收入国家与中等偏低收入国家对资本流入的管制均处于不断放松的状态，并呈现出不同的阶段性特征。例如，2004 年之前，中等偏高收入国家资本流入管制更为宽松；2004 年至 2014 年是中等偏低收入国家加快放松资本流入的十年，资本流入自由化程度高于中等偏高收入国家。对于低收入国家来说，虽然近年来对资本流入的管制程度稍有放松，但是相较于其他三类国家来说，低收入国家资本流入的自由化程度仍然不高。

2. 资本流出开放度的组间差异

图 8.31 展示了不同收入水平国家资本流出自由化进程。其中，高收入国家资本流出自由化程度（kao_high）在 1999 年至 2003 年呈放松趋势，2004 年至 2014 年，高收入国家对资本流出的管制明显加强。自 2015 年起，高收入国家对资本流出的管制再度呈现放松趋势，但总体上资本流出自由化程度仍未超过危机前的平均水平。

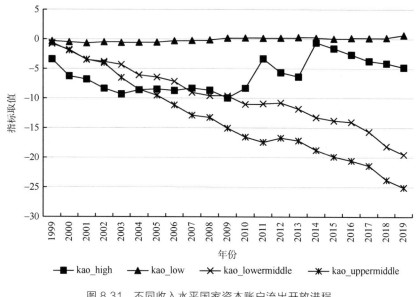

图 8.31　不同收入水平国家资本账户流出开放进程

中等偏高收入国家和中等偏低收入国家的资本流出管制均呈现放松的趋势。2002 年以前，两组中等收入国家的资本流出自由化程度基本一致。2004年起，中等偏高收入国家资本流出自由化程度超过高收入国家；2007 年，中等偏低收入国家资本流出自由化程度首次超过高收入国家，并且二者的差值自 2010 年开始呈现出放大趋势。相比于高收入国家对于资本流出表现出的保守立场，两组中等收入国家表现出了积极开放的姿态。

样本观察周期内，低收入国家对于资本流出的管制程度稍有加强，kao_low 曲线呈现出从零轴以下向零轴以上波动的微妙变化，这说明低收入国家更希望资本流入，不希望资本流出。

3. 同组别国家资本流入与流出开放度的典型特征

研究团队分别将同一收入水平国家的资本账户总项、流入与流出开放度绘制到一个图中，寻找资本账户动态开放进程的细节特征。图 8.32～图8.35 分别展示了高收入国家、中等偏高收入国家、中等偏低收入国家和低收入国家资本账户总体、流入和流出开放进程。

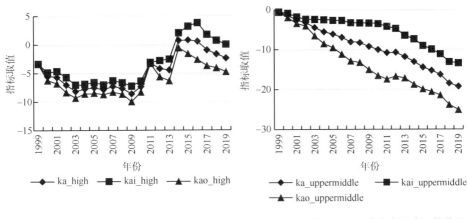

图 8.32　高收入国家资本账户开放进程　　　图 8.33　中等偏高收入国家资本账户开放进程

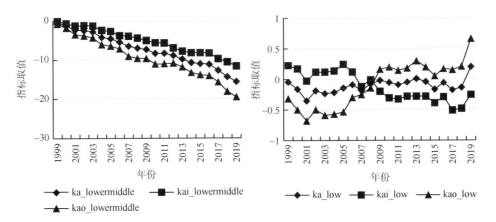

图 8.34　中等偏低收入国家资本账户开放进程　　　图 8.35　低收入国家资本账户开放进程

从高收入国家资本账户开放进程来看，资本流出开放水平（kao_high）高于资本账户总体开放水平（ka_high），亦高于资本流入开放水平（kai_high），如图 8.32 所示。金融危机后，高收入国家资本账户明显收紧，其中资本流入管制明显加强，2016 年资本流入管制程度达到最高水平。

对于中等偏高收入国家，资本流出开放水平（kao_uppermiddle）要明显大于资本流入开放水平（kai_uppermiddle），资本流出开放进程除 2011 年至

2013 年稍显缓慢外，一直处于快速发展阶段，如图 8.33 所示。2011 年之前，资本账户流入开放进程较为缓慢，2012 年之后，资本流入开放进程加快。

对于中等偏低收入国家，其资本账户总体开放进程、流入与流出开放进程，与中等偏高收入国家较为相似，如图 8.34 所示。资本流入开放水平（kai_lowermiddle）波动幅度较小，对资本流入的管制政策在不断放松。资本流出开放水平（kao_ lowermiddle）呈现出较为明显的波动性特征，2002～2003 年、2008～2009 年、2011～2012 年 kao_lowermiddle 曲线趋于平缓，表明中等偏低收入国家对资本流出的开放具有阶段性特征。

对于低收入国家，如图 8.35 所示，kao_low 曲线向右上方倾斜，说明资本流出管制明显加强；kai_low 曲线向右下方倾斜，说明低收入国家对资本流入的管制趋于放松。总体来看，ka_low 曲线向右上方缓慢倾斜，说明低收入国家资本账户呈现出管制缓慢加强的特征。比较 kao_low 曲线和 kai_low 曲线可以发现，低收入国家资本流出和流入的开放进程以 2008 年为时间节点呈现高度对称性。2008 年之前，资本流出开放水平高于资本流入开放水平，2008 年之后，资本流入开放程度加深，资本流出管制逐渐加强。低收入国家在资本流入和流出开放方面的差异，表明了其在 2008 年金融危机前后对待国际资本立场的变化：危机前，宽流出、紧流入，经济处于封闭状态；危机后，宽流入、紧流出，注重利用外部资本发展经济。

8.3.3 资本账户子项开放特征

对于全球主要经济体来说，股权市场项目、债券市场项目、货币市场项目和直接投资项目是跨境资本流动规模最大、资本流动最为频繁的子项。为此，本部分进一步从上述四大子项开放进程的视角，观察资本账户开放的组间差异。

1. 资本账户子项开放度的组间差异

图 8.36 至图 8.39 展示了不同收入水平国家资本账户四大子项的动态开放进程。从股权市场项目来看，如图 8.36 所示，1999～2019 年全球股权市场项目开放度（eq_all）呈不断扩大的趋势。从组间差异来看，高收入国家股权市场项目开放度（eq_high）较高，中等偏高收入国家股权市场项目开放度（eq_uppermiddle）自 2013 年开始与高收入国家相差无几，中等偏低收入国

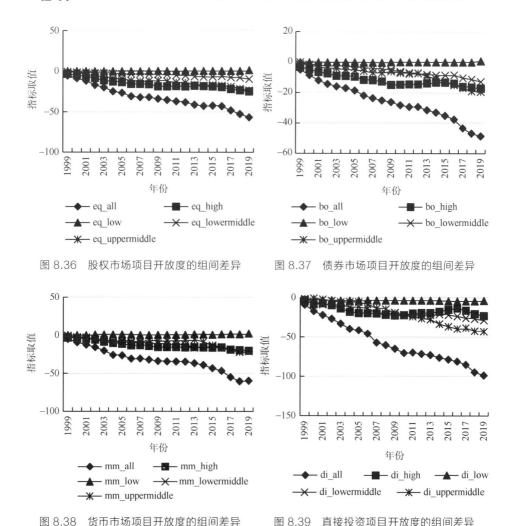

图 8.36　股权市场项目开放度的组间差异　图 8.37　债券市场项目开放度的组间差异

图 8.38　货币市场项目开放度的组间差异　图 8.39　直接投资项目开放度的组间差异

家股权市场项目开放度（eq_lowermiddle）较低，低收入国家股权市场项目开放度（eq_low）最低。

从债券市场项目来看，如图 8.37 所示，其开放度（bo_all）亦在不断扩大，不同组别国家间债券市场项目开放度存在差异。2015 年之前，高收入国家债券市场项目开放度（bo_high）为四组国家中最高，但是从 2010 年开始，高收入国家债券市场项目开放进程趋缓。从 2015 年起，中等偏高收入国家债券市场项目开放度（bo_uppermiddle）逐渐超过高收入国家，成为债券市场项目开放度最高的组别。中等偏低收入国家债券市场项目开放度（bo_lowermiddle）在 2012 年之前与中等偏高收入国家债券市场项目开放度相差较小，但是从 2013 年开始，中等偏高收入国家债券市场项目开放进程加快，与中等偏低收入国家拉开显著差距。低收入国家债券市场项目开放度（bo_low）最低，2019 年开始呈现出收紧的迹象。

从货币市场项目来看，如图 8.38 所示，全球货币市场项目开放度（mm_all）经历了四个阶段：1999 年至 2004 年加速开放阶段；2005 年至 2012 年缓慢开放阶段；2013 年至 2018 年加速开放阶段；2019 年重新收紧阶段。从组间差异来看，高收入国家货币市场项目开放度（mm_high）和中等偏低收入国家货币市场项目开放度（mm_lowermiddle）相似，开放进程平稳。中等偏高收入国家货币市场项目开放度（mm_uppermiddle）在 2013 年之前均较低，在 2007 年至 2013 年甚至有趋于收紧的特征。但是从 2014 年开始，中等偏高收入国家货币市场项目开放进程加快，开放度在 2017 年超过高收入国家。低收入国家货币市场项目开放度（mm_low）最低，2018～2019 年出现了缓慢收紧的趋势。

从直接投资项目来看，如图 8.39 所示，全球直接投资项目开放度（di_all）主要经历了 1999 年至 2010 年加速开放阶段、2011 至 2017 年缓慢开放阶段、2018 年至 2019 年加速开放阶段。其中，2010 年是一个重要时间节点。2010 年之前，直接投资项目开放度由高到低分别为高收入国家（di_high）、中等偏低收入国家（di_lowermiddle）、中等偏高收入国家（di_uppermiddle）、低收入国家（di_low）。金融危机后，高收入国家直接投资项目开放度趋紧，中等偏低收入国家直接投资项目开放度趋于平缓，中等偏高收入国家并未受到金融危机的影响，直接投资项目处于较快开放阶段，低收入国家直接投资项目并未表现出明显的开放趋势。

2. 同组别国家资本账户子项流入与流出开放程度差异

图 8.40 至图 8.43 展示了同一组别国家四大子项的相对开放状态。由图 8.40 可以发现，高收入国家各子项开放程度较为均衡，并未有较大差距。其中，开放程度最高的是股权市场项目资本流出项（eqo_high），波动幅度最大的是直接投资项目资本流入项（dii_high）。债券市场项目资本流出项（boo_high）和货币市场项目资本流出项（mmo_high）开放进程较为类似，且开放程度较高；股权市场项目资本流入项（eqi_high）和货币市场项目资本流入项（mmi_high）开放进程较为相似，且开放程度较低；债券市场项目资本流入项（boi_high）开放程度最低；直接投资项目资本流出项（dio_high）开放程度在上述子项中处于居中位置。

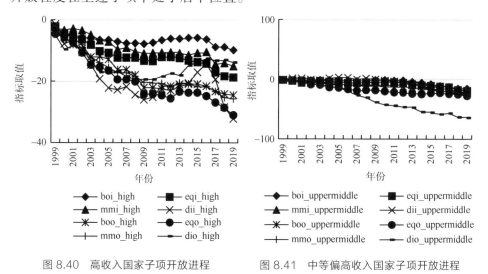

图 8.40　高收入国家子项开放进程　　　图 8.41　中等偏高收入国家子项开放进程

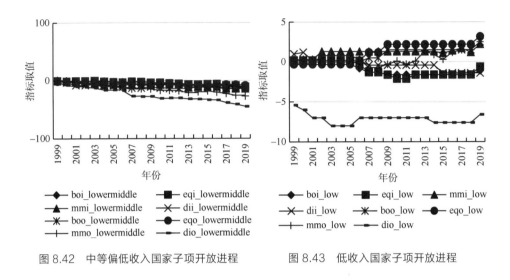

图 8.42　中等偏低收入国家子项开放进程　　　图 8.43　低收入国家子项开放进程

中等偏高收入国家直接投资项目资本流出项（dio_uppermiddle）开放程度最高，其次为股权市场项目资本流出项（eqo_uppermiddle），其他子项之间开放进程差距较小，并且相较于前述两个子项而言开放程度较低，如图 8.41 所示。中等偏低收入国家直接投资项目资本流出项（dio_lowermiddle）开放程度最高，货币市场项目资本流出项（mmo_lowermiddle）开放程度次之，再次为直接投资项目资本流入项（dii_lowermiddle），其他子项开放进程差距较小，如图 8.42 所示。

低收入国家直接投资项目资本流出项（dio_low）开放程度最高。对于其他子项，在 2007 年以前均处于较低的开放状态或管制状态，自 2007 年开始，各子项出现了明显分化。其中，股权市场项目资本流出项（eqo_low）、债券市场项目资本流出项（boo_low）管制程度提升，货币市场项目资本流出项（mmo_low）由开放向绝对管制状态转变，波动性加强表明对货币市场项目资本流出的政策调整频率增加；直接投资项目资本流入项（dii_low）、股权市场项目资本流入项（eqi_low）、债券市场项目资本流入项（boi_low）开放程度加强，如图 8.43 所示。总体来看，2019 年，低收入国家对相关子项的管制力度加强，开放程度收紧。

对于四个组别的国家来说，资本流出的开放程度普遍高于资本流入的开放程度。中等偏高收入国家、中等偏低收入国家和低收入国家开放程度最高的是直接投资项目资本流出项,其他子项开放程度较低,明显落后于直接投资项目资本流出项的开放进程。中等偏高收入国家与中等偏低收入国家资本账户子项开放进程较为相似,但是中等偏高收入国家资本账户子项开放程度更高。

8.4　本 章 小 结

本研究团队开发的 GKAOPEN 数据库实现了对 188 个国家和地区资本账户开放程度的月度动态描述。与既有数据库相比,更为科学、客观和翔实。在资本账户子项开放程度上,本数据库区分了资本流入和资本流出开放程度的相对差异,从而实现了对资本账户开放程度的双向动态测度。

与其他数据库相比,GKAOPEN 数据库在衡量子项开放程度方面具有更高的波动频率,对资本账户子项政策变化更具有敏感性。通过对政策力度进行加权处理,GKAOPEN 数据库较好地反映了不同事件冲击下资本流入与流出政策调控力度的变化,除重大经济和金融风险发生的特殊时点外,基本在零轴以下波动,这符合全球资本账户自由化的趋势性特征。从中国资本账户开放进程看,我国始终秉持金融开放原则,资本流入与流出管制方面,宽松多于收紧;绝大部分子项已经开启了自由化进程,债券市场项目、集体投资项目、衍生工具项目、货币市场项目、不动产市场项目开始出现对外资放松管制的趋势。同时,我国商业信贷项目,金融信贷项目,担保、保证和备用融资便利项目开放度依然较小。基于 GKAOPEN 数据库丰富的细节特征,本章以不同收入水平国家资本账户开放为切入点观察发现,高收入国家资本账户子项间开放水平较为均衡,开放水平较高;中等偏高收入国家和中等偏低收入国家资本账户开放水平差距较小,在直接投资项目等重要领域均有较高的开放水平;低收入国家资本账户总体与子项开放水平仍然较低。

第9章

资本账户双向开放下的跨境资本流动

9.1　资本账户双向开放与跨境资本流动的关联机制分析

　　明晰资本账户双向开放与跨境资本流动的关联机制是厘清资本账户双向开放与跨境资本流动之间的双向因果作用关系的重要前提，可为后文资本账户双向开放与跨境资本流动的实证研究提供理论参考与逻辑支撑。故本节将从资本账户开放的理论基础、跨境资本流动的成因分析、资本账户双向开放对跨境资本流动的影响机制、跨境资本流动对资本账户双向开放的影响机制以及资本账户开放与跨境资本流动的相关研究发现展开分析。

9.1.1　资本账户开放的理论基础

　　资本账户开放理论主要以金融抑制论与金融自由化理论为基础。其中"金融抑制论"由 McKinnon（1973）提出，多指降低实际利率、严格监管金融机构、调高法定准备金率、实施资本管制措施等金融现象，这是一国为干预金融活动与金融体系所实施的政策。金融抑制下，利率受政府严格管控，存款收益处于相对低位，货币亦不可自由兑换，这是导致金融体系运作效率处于较低水平，金融中介缺乏创新主动性的重要原因，因此经济增长严重受阻。此外，金融抑制往往存在于发展中国家（McKinnon，1973），发展中国家为了鼓励投资，人为地压低名义利率，假如通货膨胀率很高，那么实际利率往往为负数，在此背景下储蓄者便会减少货币与准货币持有量，这将致使货币持有量大大低于社会最优水平。此外，金融抑制仍将催生融资模式单一、信贷分配不均等问题，为一国经济发展带来上行阻力（王彦超，2014）。基于此，各国为稳步推进国内经济可持续发展，相继取消利率管制，降低政府对金融机构的干预力度，加速利率市场化改革，以金融自由化政策替代金融抑制政策，而这一转变引起了学术界的广泛关注，学者们纷纷对金融自由化政策展开讨论与研究，遂金融自由化理论逐步兴起。在金融自由化理论发展过程中，由于各派学者对其理解不同，金融自由化理论逐步衍生出分支理论，具体包括：金融结构理论、金融自由化理论以及金融约束理论。其中金融结构理论表示金融发展水平与金融结构的变化紧密相关，金融结构越完整，该国金融发展水平与国内资金配置效率越高，经济增长动力越充足。值得注意的是，金融结构理论的出现为各国推动金融开放提供契机，如金融开放条件下，各国可相互了解彼此的金融发展进程与金融结构变化，进而达到优化本国金融结构的目的；而反之各国金融开放亦加速了金融结构理论的传播（王舒健和李钊，2006）。金融自由化理论即政府应减少对金融活动的进一步干预，充分发挥市场调节作用以优化一国资源配置，同时加速国内金融开放，保证本国经济与世界经济相融合，继而推动经济稳定增长。然而由于部分国家难以获取完整的市场信息，仅凭市场手段对金融体系进行调控难以达到帕累托最优，金融约束理论遂指出政府在金融自由化的基础上适度地使用行政干预，或可有效提升经济效率，因此金融约束理论逐步得以流行与发展。

　　上述理论均在不同时期与不同经济背景下应运而生，而资本账户开放理论则基于上述理论不断演进与发展，在现阶段贸易保护主义趋势与逆全球化趋势加剧的背景下，审慎开放资本账户，加强国家间的多边经贸关系以提升经济韧性，保证经济高质量发展尤为关键。

9.1.2　跨境资本流动的成因分析

一国的跨境资本流动往往与国内外汇率水平差异、利率水平差异、价格水平差异、风险因素以及交易成本密切相关。其中汇差与利差往往相互映衬，关联作用，如随着各国逐步放开资本账户，资本得以自由流动，然而实施浮动汇率制度的国家与其他国家之间一旦存在利差，资本受自身的逐利性驱动，加速向直接标价法下利率相对较高的国家流动，并且只要资本套利收益大于套利成本，资本便将频繁地跨境套利，该套利行为将持续至远期汇率贴水额等于本外币利差为止；在此过程中，资本的高频跨境流动难免对汇率产生影响，一旦一国汇率发生波动，在岸市场与离岸市场之间出现汇差，那么跨境套汇以赚取汇差利润则成为资本跨境流动的另一目标。故随国内外利差水平与汇差水平不断变化，跨境资本流动热情与规模将水涨船高，因此跨境资本的流动趋势与流动方向始终受到利差与汇差的驱使，二者为影响跨境资本流动的首要因素。

除套利动机、套汇动机外，套价动机对跨境资本流动产生了较强的驱动作用（彭红枫和祝小全，2019；吕光明和徐曼，2012；张谊浩等，2007）。其中彭红枫和祝小全（2019）构建了跨境资本流动套价动机的理论模型，对国内外资产价差对跨境资本流动的影响进行分析，研究指出非货币性金融资产（如股票等风险证券、房屋销售市场上的商品房等）的价格指数上升扩大了东道国和他国股票市场综合指数收益率的差异，诱发短期资本进行"套价"，同时国内外大宗商品价格指数比（或消费者物价指数比）的变动会影响短期资本的"套价"空间和流入动机强度，其影响方向不仅取决于某一时间区间内国内外商品物价水平高低，还取决于国内外物价之比的变化趋势。

不容忽视的是，风险因素亦为资本跨境流动的重要影响因素，因为平衡风险与收益亦为投资者实现利益最大化的重要前提。因此在重大突发事件冲击下，全球系统性金融风险滋生，跨境资本往往出于避险目的由发展中国家涌入发达国家兑换"安全资产"，尤其为美国。

而伴随金融、经济全球一体化，国际资本出现大规模、多方向的流动，为解释资本流动的全球化特征，Kin（1999）提出交易成本模型，交易成本理论遂诞生，该理论表明交易成本亦为跨境资本流动的关键影响因素之一，并且与利率互为条件，即当两国利率水平一致时，国际资本将由高成本国向低成本国跨境流动，而当两国交易成本一致时，资本将由低利率国向高利率国跨境流动。

基于此，上述因素可对各类跨境资本流动现象提供较为合理的解释。

9.1.3　资本账户双向开放对跨境资本流动的影响机制研究

超额收益渠道与风险承担渠道的存在为资本账户开放催生跨境资本流动效应的重要原因。其一，超额收益渠道可具体划分为利率渠道与证券再平衡渠道，其中①利率渠道：一国的资本账户开放将引发国内利率水平发生变化，各国间利差的存在将不可避免，故在非抛补利率平价下国际资本为减缓信贷市场摩擦成本、寻求超额收益而加速跨境流动（Aoki et al.，2010；McCauley et al.，2015；张明，2016），因此利率因素为资本账户开放推动跨境资本流动规模与国际资本跨境流动频率增加的关键原因之一；②证券再平衡渠道：资本账户开放将带来更高的股本回报率，而国际投资者为获取超额收益而在国际进行"低买高卖"操作，促进资本跨境流动（Sedik and Sun，2012）。基于此，超额收益渠道为资本账户开放影响跨境资本流动提供了充足条件。其二，风险承担渠道：伴随全球各国国内经济增长持续承压，部分国家地缘政治冲突加剧，风险因素成为投资者不容忽视的问题，因此资本账户开放下国际资本或出于安全动机等因素加速流动（杨海珍和陈金贤，2000）；然而风险与收益并存，对于高风险偏好的资本而言，一国经济风险的增加抑或对其产生较强吸引力，进而加速资本流入（Bruno and Shin，2014，2015；Bekaert et al.，2012；Rey，2013）。

此外，就资本账户开放的方向而言，资本账户开放又可划分为流入方向资本账户开放与流出方向资本账户开放，值得注意的是超额收益因素与风险因素仍为二者对跨境资本流动的主要作用机理，然而由于资本账户流入开放与资本账户流出开放存在方向性差异，故二者对跨境资本流动的影响机制侧重点稍有不同。具体而言，资本账户流出开放降低了跨境资本流动成本，增加了跨境资本流动的波动性；同时，资本账户流出开放仍为国内资本跨境流出提供便捷通道，同时拓宽了境内资本获取超额收益的机会，因此在某种程度上，资本账户流出开放将加速跨境资本流出。然而资本账户流出开放往往表现出东道国政府利用财政政策与货币政策调节经济的信心与能力，亦释放了东道国对国内宏观经济发展具有乐观预期的积极信号，故资本账户流出开放亦将在一定程度上抑制跨境资本流出（Obstfeld，1998；Stiglitz，2000；Kose，2009c）。而资本账户流入开放一方面为境外资本进入国内提供机会，吸引境外资本跨境流入，另一方面则使得国内经济条件发生变化，进而对跨境流入的资本产生反馈调节作用，最终甚至将抑制资本跨境流入。

故资本账户总体、流入与流出开放对跨境资本流动的影响存在多重机制。

9.1.4　跨境资本流动对资本账户双向开放的影响机制研究

跨境资本流动对资本账户双向开放的影响具有双重性特征。

一方面，跨境资本的高频流动将倒逼一国收紧本国资本账户（包括流入方向与流出方向）。如随着全球经济、金融一体化程度不断增加，全球超额收益机会（即套利、套汇与套价可能）与避险机会将面向各国资本，国际资本跨境流入、流出频率得以大幅提升，这无疑对经济体宏观经济产生了不容忽视的影响。假设东道国存在超额收益机会或避险机会，跨境资本将持续、快速涌入，致使东道国汇率上行、信用膨胀，跨境资本流入同时亦推动了资产价格上升，这对银行对企业真实盈利能力与偿债水平的评估产生了影响。故在此条件下企业的信贷需求得到极大满足，这将进一步导致国内投资（投机）需求急剧扩张，加速经济升温与泡沫形成。值得注意的是，当这一系统性风险经过多次循环积聚至临界点后，资产价格滞胀风险将持续扩大，货币与财政政策则开始逐步收紧，致使跨境资本加速流出，大量资产遭到抛售，在负反馈冲击下，投资者恐慌情绪被引爆，投资需求锐减，资产价格泡沫破灭，经济陷入衰退期。因此，跨境资本流动冲击将触发金融加速器机制，最终引发潜在系统性金融风险。而为有效应对跨境资本流动的负面影响，全球各国往往将双向收紧资本账户作为关键调控手段，具体包括总量限制手段、限定比例手段以及征收额外税费等。上述冲击-调节过程具体如图 9.1 所示。

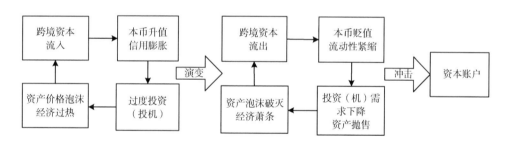

图 9.1 跨境资本流动对资本账户开放的影响过程

而另一方面，跨境资本流动亦可通过对经济发挥积极作用来推动资本账户流入、流出开放。如国际资本跨境流入将为东道国市场带来新增流动性，有效拓宽国内融资渠道，降低融资门槛，这部分解决了境内企业，尤其是制造业企业融资"难与贵"的问题，同时，境外资本的涌入亦分担了国内的杠杆风险，缓释了投资者情绪，甚至可进一步提升境内投资者的风险偏好水平，因此在某些条件下的境外资本流入将成为助力国内经济企稳的重要力量，而管理部门为放大该积极作用，将逐步提升资本账户流入开放水平。此外，东道国国内资本的跨境流出，如对外直接投资、绿地投资等，在增加国内资本要素的外部收益的同时，仍可拉近国家间的经济关联与发展紧密度，推动国家间由双边关联向多边关联、区域经济一体化向全球经济一体化迈进，而推动资本账户流出开放为重要前提，故跨境资本流出抑或为推动资本账户开放的重要因素。

9.1.5 资本账户开放与跨境资本流动的相关研究发现

现阶段学术界对资本账户开放与跨境资本流动之间的作用关系的相关研究成果较为丰富，然而对于资本账户开放将如何影响跨境资本流动，学者们并未达成一致，当前学术界主要存在三种观点。第一种观点认为，资本账户开放将促进跨境资本流动。如王子博（2015）指出，资本账户开放将为跨境资本打开流动通道，提升资本流入、流出便捷性，增加跨境资本流动规模，降低资本投资成本，增厚资本投资回报，刺激国内外资本跨境流动。张广婷（2016）以新兴国家为研究样本，同样发现资本账户开放将显著扩大跨境资本流入规模。而唐国强和王彬（2017）的研究进一步表明，一些国家出现金融危机时，资本账户开放会加速跨境资本流动，具体而言，资本账户开放在加速短期跨境资本外流的同时将吸引长期跨境资本流入。此外，杨小海等（2017）在动态随机一般均衡（dynamic stochastic general equilibrium，DSGE）两国模型的框架下，对中国资本账户开放政策进行研究，结果发现推动资本账户开放将加剧跨境资本流动，致使中国面临资本外流压力，并且资本跨境流出速度会随着资本账户管制程度的放松而加快。而以征税或限额的形式收紧资本账户将对投资者投资收益产生影响，最终限制跨境资本流动（Eun and Janakiramanan，1986；Bacchetta and Wincoop，2000；Magud et al.，2011）。过彦博和吴信如（2021）亦发现相同结论。第二种观点认为，资本账户开放将抑制跨境资本流动。如 Lensink 等（1998）基于事实测算法对资本账户开放程度进行衡量，随后采用 9 个非洲国家的线性面板数据对资本账户开放与跨境资本流动的关系进行实证研究，发现资本账户开放显著抑制跨境资本流动。并且 Guillermo 和 Calvo（1998）还认为资本账户的开放会导致一个国家的金融危机和国际收支的恶化，因为资本的快速流动会导致跨境资本异常流动，如跨境资本流动激增、中断、外逃与回撤。第三种观点认为，资本账户开放对跨境资本流动的影响非常有限。如 Montiel 和 Reinhart（1999）与 Carvalho 和 Garcia（2008）等学者一致认为，资本管制对国际资本流动规模的影响微乎其微。刘莉亚等（2013）亦研究表明，资本账户开放将放大国内产出波动，导致其对国内外跨境资本流动的作用非常有限。基于此，已有文献对资本账户开放对跨境资本流动的冲击影响多聚焦于资本账户总体开放，而较少对资本账户开放的方向性加以考虑，而资本账户流入开放与资本账户流出开放下的经济效应具有较为明显的异质性（彭红枫和万洋，2022）。

部分学者研究表明资本账户开放与跨境资本流动间存在门槛效应，二者间的作用关系具有典型的非线性特征。其中邓敏与蓝发钦（2013）提出金融发展程度为调控资本账户开放对跨境资本流动影响的重要条件之一。随后杨子晖和陈创练（2015）、陈若愚等（2019）和杨继梅等（2020）即指出资本账户开放与跨境资本流动间的作用关系受到金融深化程度与金融发展水平的影响。马勇等（2018）也同样认为金融发展水平为调节资本账户开放与跨境资本流动间的作用关系的关键因素，其构建包含金融摩擦的一般均衡模型对二者的关系进行研究，发现资本账户开放将增加中国国内资本外流压力，而加快金融体系改革可对资本账户开放下的资本外流压力发挥有益的调节作用。利率与汇率亦在资本账户开放冲击跨境资本流动的过程中发挥了不容忽视的作用，如苟琴等（2012）充分考虑了利率与汇率因素，通过引入资本账户管制与利率、汇率的交叉项，判断出资本管制在长期与短期均未完全失效。然而值得注意的是，当前研究对资本账户开放对跨境资本流动影响的调节效应的分析多以第三变量为调节变量，而忽视了资本账户开放自身变化所带来的影响，厘清当资本账户开放的变化处于不同水平时，放松资本管制对跨境资本流动的具体影响至关重要，这是当前各国继续推动资本账户开放的重要基础与前提。

此外，遗憾的是，当前文献多聚焦于资本账户开放对跨境资本流动的影响，而鲜有文献对跨境资本流动对资本账户开放的反作用进行实证或相关理论分析。通过前文分析不难发现，跨境资本流动或同样为资本账户是否开放，何时开放，在多大程度上开放所要考虑的重要条件，明晰跨境资本流动对资本账户开放的作用不仅可丰富相关领域的研究，还可为政府有针对性、有选择性地打开资本账户提供理论支撑与决策参考。

基于上述考虑，本章运用基于滚动窗口技术的分位数格兰杰因果检验法对资本账户总体、流入开放与流出开放与跨境资本流动间的双向动态因果关系进行探究。本章的贡献如下：①研究了不同分位数下的资本账户开放对跨境资本流动的动态影响以及不同分位数下跨境资本流动对资本账户开放的动态影响，以期细化资本账户开放的相关研究，明晰二者间的动态因果作用关系，同时厘清该作用关系的成立条件，进而为政府在不同经济、政策条件下的资本账户开放策略制定提供理论依据。②将资本账户开放划分为资本账户总体开放、流入方向资本账户开放以及流出方向资本账户开放，以求探明不同方向的资本账户开放与跨境资本流动间的作用差异，并为资本账户择序、择向开放提供相关政策建议。

9.2　研究方法与数据说明

9.2.1　基于滚动窗口技术的分位数格兰杰因果关系检验方法设计

为研究不同分位数下资本管制与跨境资本流动间的非对称作用关系，本章采用了基于滚动窗口技术的分位数格兰杰因果关系检验法，该方法将传统格兰杰因果检验（Granger，1969）、分位数回归技术（Koenker and Bassett，1978）与滚动窗口技术相结合。

首先，传统格兰杰因果检验的方法构建过程具体如下所示。

传统全样本格兰杰因果检验将模型参数为常数作为潜在假定，然而这一假设在多数情形下并不成立，其所检验的时间序列并非总能获得标准渐进分布，这极大限制了向量自回归模型（vector autoregression model，VAR 模型）的构建，基于此，本书借鉴了 Shukur 和 Mantolos（2000）的方法，对 VAR 模型参数的联合检验均采用基于蒙特卡洛模拟的修正 Wald 检验。具体而言，一个 VAR（q）过程可如下表示：

$$\chi_t = \varphi_0 + \varphi_1 \chi_{t-1} + \cdots + \varphi_q \chi_{t-q} + \delta_t, t = 1, 2, \cdots, T \tag{9.1}$$

其中，$\delta_t = (\delta_{1t}, \delta_{2t})'$ 表示白噪声，q 表示最佳滞后期，本书采用施瓦兹信息准则（Schwarz information criterion，SIC）确定 VAR 模型最佳滞后期。χ_t 表示所要检验的变量。式（9.1）仍可以矩阵形式表示，具体如下所示：

$$\begin{bmatrix} Y_t \\ X_t \end{bmatrix} = \begin{bmatrix} \varphi_{10} \\ \varphi_{20} \end{bmatrix} + \begin{bmatrix} \varphi_{11}(L) & \varphi_{12}(L) \\ \varphi_{21}(L) & \varphi_{22}(L) \end{bmatrix} \begin{bmatrix} Y_t \\ X_t \end{bmatrix} + \begin{bmatrix} \delta_{1t} \\ \delta_{2t} \end{bmatrix} \tag{9.2}$$

其中，X_t 与 Y_t 分别表示解释变量与被解释变量，L 表示滞后期数。据此，若拒绝 $\varphi_{12}(L) = 0$ 这一原假设，则表明存在因果关系。

基于此，本节进而对分位数格兰杰因果检验进行构建，构建过程如下所示

$$Q_{y_t}(\tau \mid (y,x)_{t-1}) = Q_{y_t}(\tau \mid y_{t-1}), \forall \tau \in [a,b] \tag{9.3}$$

其中 $Q_{y_t}(\tau \mid F)$ 表示 $F_{y_t}(\cdot \mid F)$ 的第 τ 个分位数区间，若式（9.1）成立，则在分位数区间 $[a,b]$ 内，x_t 不是 y_t 的格兰杰原因。本章分位数格兰杰因果关系检验的构建可基于 Koenker 和 Bassett（1978）所研发的分位数回归技术。y_t 的条件分位数方程可表示如下：

$$Q_{y_t}(\tau \mid z_{t-1}) = \omega(\tau) + \sum_{i=1}^{p} \alpha_i(\tau) y_{t-i} + \sum_{j=1}^{p} \beta_j(\tau) x_{t-j} = z'_{t-1}\theta(\tau) \tag{9.4}$$

其中，$z_{t-1} = \left[1, y'_{t-1,p}, x'_{t-1,p} \right]$，$y_{t-1,p} = \left[y_{t-1}, y_{t-2}, \cdots, y_{t-p} \right]'$，$x_{t-1,p} = \left[x_{t-1}, x_{t-2}, \cdots; \right.$

x_{t-p} ，并且 $\theta(\tau)=\left[\omega(\tau),\alpha_1(\tau),\cdots,\alpha_p(\tau),\beta_1(\tau),\cdots,\beta_p(\tau)\right]'$ 。于式（9.2）中，本章通过最小化渐进绝对值离差来估计 $\hat{\theta}(\tau)$ ，也就是最小一乘法。在某些特定条件下，$\hat{\theta}(\tau)$ 满足一致性与渐进常态性：

$$\sqrt{T}\left(\hat{\theta}_T(\tau)-\theta(\tau)\right)\rightsquigarrow\left[\tau(1-\tau)\right]^{\frac{1}{2}}\Omega(\tau)^{\frac{1}{2}}\mathcal{N}\left(0,\mathcal{I}_k\right) \tag{9.5}$$

其中，$\Omega(\tau)=D(\tau)^{-1}M_{zz}Z(\tau)^{-1}$ ，$M_{zz}=\lim_{T\to\infty}\sum_{t=1}^{T}z_{t-1}z'_{t-1}$ ，$D(\tau)=\lim_{T\to\infty}$

$\sum_{t=1}^{T}f_{t-1}\left(F_{t-1}^{-1}(\tau)\right)z_{t-1}z'_{t-1}$ ，以及 $\rightsquigarrow$ 表示依分布收敛。F_{t-1} 和 f_{t-1} 分别表示 y_t 关于 z_{t-1} 的条件分布和条件概率密度函数。$\mathcal{Z}_{t-1}$ 为 z_{t-1} ，z_{t-2} ，$\cdots$ ，z_{t-n} 产生的信息集。其中分位数因果关系检验的虚无假定如下所示：

$$H_0:\beta(\tau)=0,\forall\tau\in[a,b] \tag{9.6}$$

其中，$\beta(\tau)=\left[\beta_1(\tau),\beta_2(\tau),\cdots,\beta_p(\tau)\right]'$ 。对于给定的 τ ，$\beta_i(\tau)=0$ 的 Wald 检验统计量（ $i=1,2,\cdots,p$ ）如下所示：

$$\mathcal{W}_T(\tau)=T\frac{\hat{\beta}_i(\tau)'\left(\psi\hat{\Omega}(\tau)\psi'\right)^{-1}\hat{\beta}_T(\tau)}{\tau(1-\tau)} \tag{9.7}$$

其中，$\hat{\Omega}(\tau)$ 表示 $\Omega(\tau)$ 的一致估计，ψ 表示一个 $q\times k$ 矩阵，并且 $\psi\theta(\tau)=\beta(\tau)$ 。然而，以上 Wald 检验不能直接用来检验 H_0 ，原因在于它只能针对特定分为点 $\tau(\forall\tau\in[a,b])$ 进行估计。Koenker 和 Machado（1999）指出，可以采用 Sup-Wald 检验考察 H_0 是否成立。以 p 个布朗运动作为连接，可以得到 $B_p(\tau)=\left[\tau(1-\tau)\right]^{\frac{1}{2}}$ ，$\mathcal{N}(0,I_p)$ ，因此，可得式（9.8）：

$$\sqrt{T}\left(\hat{\theta}_T(\tau)-\theta(\tau)\right)\rightsquigarrow\left[\psi\Omega(\tau)\psi'\right]^{1/2}B_p(\tau) \tag{9.8}$$

在适当条件下，式（9.8）在封闭区间 $\mathcal{T}\subset[a,b]$ 内可以保持一致性。故在虚无假定条件下，可以将 Wald 检验写成下式：

$$\mathcal{W}_T(\tau) \Rightarrow \frac{B_p(\tau)^2}{\sqrt{\tau(1-\tau)}}, \text{for } \tau \in \mathcal{T} \tag{9.9}$$

其中，弱极限是 p 个独立贝塞尔过程（Bessel processes）的平方和，$\Rightarrow$ 表示弱收敛。然而，值得注意的是，当 a 和 b 分别非常接近 0 和 1 时。$\mathcal{W}_T(\tau)$，$\tau \in \mathcal{T}$ 可能不具有良好渐进性质。原因在于 $\dfrac{B_p(\tau)}{\sqrt{\tau(1-\tau)}}$ 有偏（Andrews，1993）

根据以上分析，可得到式（9.10）：

$$\sup_{\tau \in \mathcal{T}} \mathcal{W}_T(\tau) \leadsto \frac{B_p(\tau)^2}{\sqrt{\tau(1-\tau)}} \tag{9.10}$$

当进行以上检验时，本章考虑 n 个点，即 $\tau_1 < \cdots < \tau_n = b$，然而通过 $\sup \mathcal{W}_T = \sup_{i=1,2,\cdots,n} \mathcal{W}_T(\tau_i)$ 来计算 Sup-Wald 统计量。通过对 [a, b] 区间内各个分位点进行估计，可以明确捕捉到区间内因果关系是否存在。为获得 Sup-Wald 统计量的临界值，采用蒙特卡洛模拟创造 10 000 个常态随机游走序列，并以此寻找临界值。

最后，为识别资本管制与跨境资本流动于不同分位数区间内因果关系的时变特征，本书将滚动窗口技术与分位数格兰杰因果检验法相结合，即可构建基于滚动窗口技术的分位数格兰杰因果关系检验，这可克服参数不稳定性问题，亦可解决样本分割技术所存在的先验偏差等问题（Balcilar et al.，2010），增强结果检验结果的合理性与准确性。具体而言，该方法将全样本按照一定尺寸分割成小样本进行因果关系检验，并将分成的小样本从全样本首段逐步滚动，直至全样本末端。

值得注意的是，滚动回归数目的增加可以转化为更多细节性信息，故适当窗口尺寸的选择至关重要。其中较大窗口宽度能够提升检验结果精准度，并且 Balacilar 等（2010）表明，在窗口宽度选择上并不存在严格统一标准，而就均方根误差而言，Pesaran 和 Timmerman（2005）发现最佳窗口宽度的选择依赖于持久性和突变的规模，当存在经常性突变时，窗口宽度应不低于 20。

9.2.2 资本账户双向开放与跨境资本流动数据说明

为了对高频跨境资本流动进行研究，本章选用了月度频率的跨境资本流动数据，并以股权类资本跨境流动与债券类资本跨境流动之和对跨境资本流动（capital flow）加以表示，其中数据来源于 Koepke 和 Paetzold（2020）所构建的高频跨境资本流动数据库。此外，为突出资本账户开放与高频跨境资本流动之间的双向作用关系，选择高频政策变动的国家作为研究样本尤为必要，故本章对汇兑安排与汇兑限制年报（annual report on exchange arrangements and exchange restrictions，AREAER）中样本区间内各国资本账户开放政策个数进行筛选，最终选取了十个资本账户开放程度高频变动的国家①作为研究样本。然而鉴于高频跨境资本流动数据库中样本国家的可选择性与样本数据的可获取性，最终仅印度、乌克兰以及中国三个国家存在高频跨境资本流动数据，其中样本时间跨度为 2014 年 3 月至 2019 年 12 月。由于其他国家难以匹配到月度频率的跨境资本流动数据，故本章采用了季度数据加以替代，并以一国总跨境资本流入（capital inflow）作为跨境资本流动的代理变量，数据来源于 Forbes 和 Warnock（2021）所构建的极端资本流动数据库，同样考虑到样本数据的可获取性，余下七国的研究时间跨度为 1999 年第 2 季度至 2018 年第 4 季度。

此外，本书采用了 GKAOPEN 数据库中的资本账户总体开放指标（Gkaopen）、资本账户流入开放指标（Gkaopeni）以及资本账户流出开放指标（Gkaopeno），分别对各样本国资本账户总体开放程度变化、流入开放程度变化以及流出开放程度变化进行表示。该数据库中的资本账户开放数据为月频数据，本书通过对月度指标进行算数加总以获取季度指标。

值得注意的是，汇率因素在资本账户开放与跨境资本流动间的双向作用

---

① 样本国包括：中国、印度、乌克兰、阿根廷、玻利维亚、马来西亚、秘鲁、南非、加拿大以及德国。

过程中扮演着极为重要的角色，故本章选取实际有效汇率（real effective exchange rate，REER）作为本书的控制变量，由于资本账户开放与跨境资本流动均为增量变量，故本书对实际有效汇率变量进行一阶差分处理，表示实际有效汇率变动趋势（difference REER，DREER），数据来源于世界银行数据库。

此外，滚动窗口宽度的合理选择是保证研究结果具有合理性的重要前提。本书出于对样本数据的持久性、突变规模以及检验结果精准度考虑，最终选择了一个相对较大的窗口宽度，两组国家的窗口宽度选择如表 9.1 所示，该窗口尺寸能够保证在滞后期存在的条件下 VAR 模型拥有足够的观测值数目。

表 9.1　各样本国的滚动窗口宽度选择

样本国家	滚动窗口宽度
中国、印度、乌克兰	60 个月
阿根廷、玻利维亚、马来西亚、秘鲁、南非、加拿大、德国	59 个季度

9.2.3　资本账户双向开放与跨境资本流动数据检验与分析

由于样本数据均为时间序列数据，为保证实证结果的稳定性与准确性，本书对样本国资本账户总体开放、流入开放与流出开放，跨境资本流动以及实际有效汇率变动趋势数据进行 ADF 单位根检验，结果如表 9.2 所示，可以发现，各国资本账户总体、流入以及流出开放数据、跨境资本流动数据以及实际有效汇率变动趋势数据均为平稳序列。

表 9.2　单位根检验结果

国家	变量	ADF 检验	国家	变量	ADF 检验
中国	Gkaopen	−5.513***	印度	Gkaopen	−5.440***
	Gkaopeni	−6.502***		Gkaopeni	−5.144***
	Gkaopeno	−5.030***		Gkaopeno	−6.127***
	Capital Flow	−3.850***		Capital Flow	−4.037***
	DREER	−4.832***		DREER	−6.803***

续表

国家	变量	ADF 检验	国家	变量	ADF 检验
乌克兰	Gkaopen	−5.057***	阿根廷	Gkaopen	−5.931***
	Gkaopeni	−3.553***		Gkaopeni	−5.814***
	Gkaopeno	−4.537***		Gkaopeno	−5.910***
	Capital Flow	−6.033***		Capital Inflow	−3.345***
	DREER	−8.809***		DREER	−5.949***
玻利维亚	Gkaopen	−6.240***	秘鲁	Gkaopen	−4.466***
	Gkaopeni	−5.065***		Gkaopeni	−4.285***
	Gkaopeno	−6.498***		Gkaopeno	−4.872***
	Capital Inflow	−2.713*		Capital Inflow	−2.963**
	DREER	−5.418***		DREER	−6.498***
马来西亚	Gkaopen	−5.117***	南非	Gkaopen	−8.075***
	Gkaopeni	−5.257***		Gkaopeni	−7.610***
	Gkaopeno	−5.247***		Gkaopeno	−7.760***
	Capital Inflow	−4.946***		Capital Inflow	−3.769***
	DREER	−6.177***		DREER	−6.064***
加拿大	Gkaopen	−4.113***	德国	Gkaopen	−4.478***
	Gkaopeni	−4.571***		Gkaopeni	−4.789***
	Gkaopeno	−3.876***		Gkaopeno	−4.520***
	Capital Inflow	−3.689***		Capital Inflow	−4.869***
	DREER	−6.167***		DREER	−5.392***

注：Gkaopen 为资本账户总体开放指标，Gkaopeni 为资本账户流入开放指标，Gkaopeno 为资本账户流出开放指标，Capital Flow 为股权类资本跨境流动与债券类资本跨境流动之和，Capital Inflow 为总跨境资本流入，DREER 为实际有效汇率变动趋势。

***、**、*分别表示在 1%、5% 和 10% 的显著性水平上显著。

其中各国数据序列变化趋势如图 9.2[每个国家均报告了 GKAOPEN 数据库中的资本账户总体开放指标（Gkaopen）、资本账户流入开放指标（Gkaopeni）、资本账户流出开放指标（Gkaopeno）、跨境资本流动（Capital Inflow）以及实际有效汇率变动趋势（DREER）]所示，可以发现各数据序列均随时间变化而呈现出明显的波动性与时点集聚性，具有较强的时变性特征。仅基于静态视角难以有效捕捉资本账户开放与跨境资本流动交互影响的完整特征，故本书从动态视角入手探究二者间的双向作用关系具有较强的理论意义与现实意义。

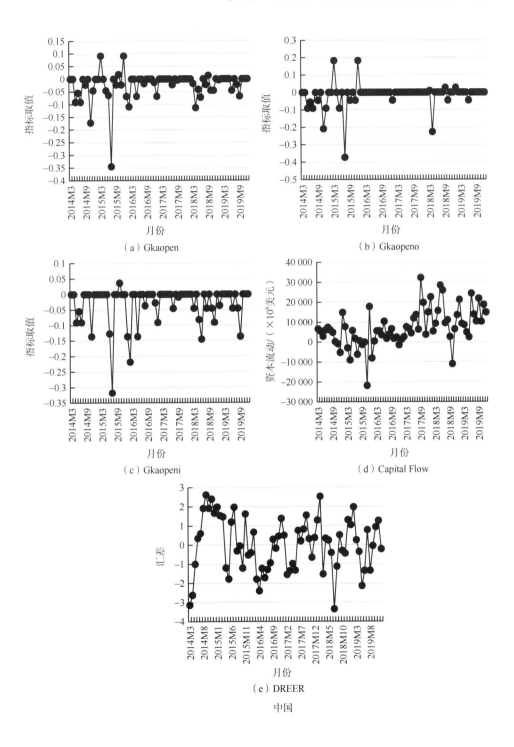

（a）Gkaopen

（b）Gkaopeno

（c）Gkaopeni

（d）Capital Flow

（e）DREER

中国

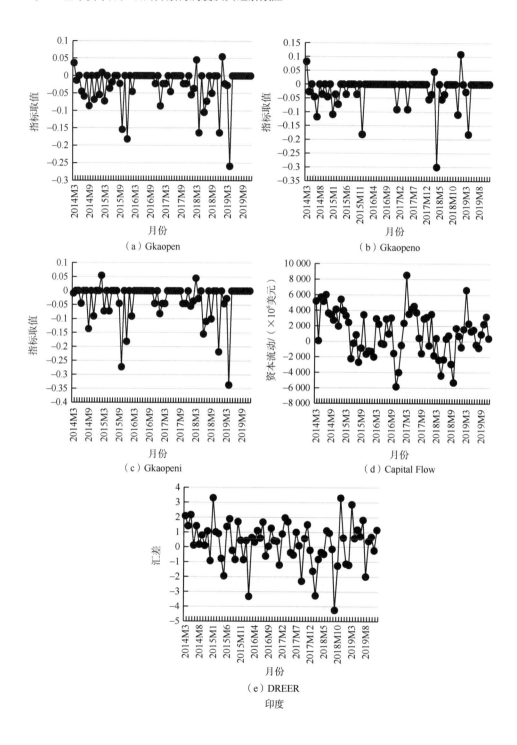

（a）Gkaopen

（b）Gkaopeno

（c）Gkaopeni

（d）Capital Flow

（e）DREER

印度

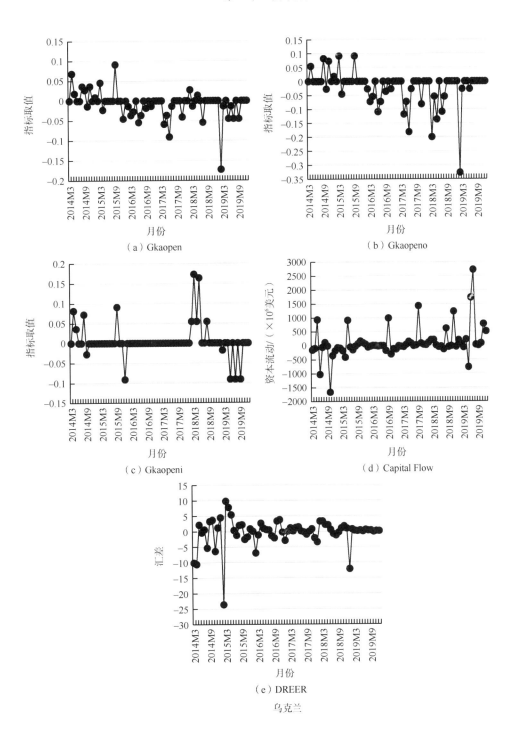

（a）Gkaopen

（b）Gkaopeno

（c）Gkaopeni

（d）Capital Flow

（e）DREER

乌克兰

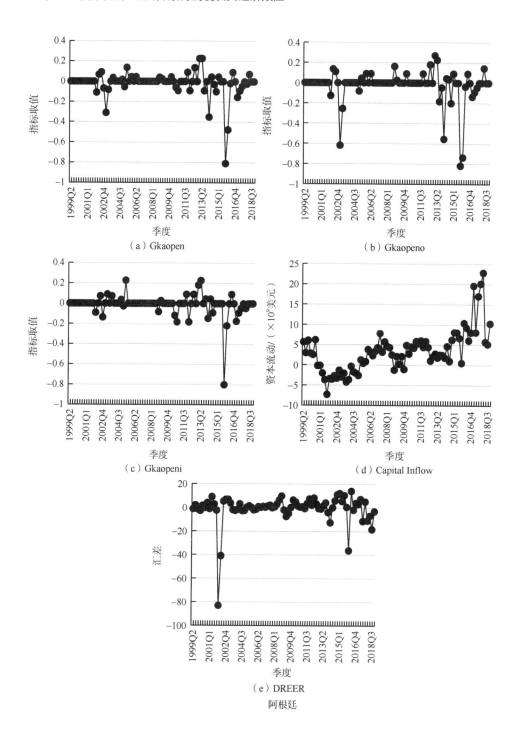

（a）Gkaopen

（b）Gkaopeno

（c）Gkaopeni

（d）Capital Inflow

（e）DREER

阿根廷

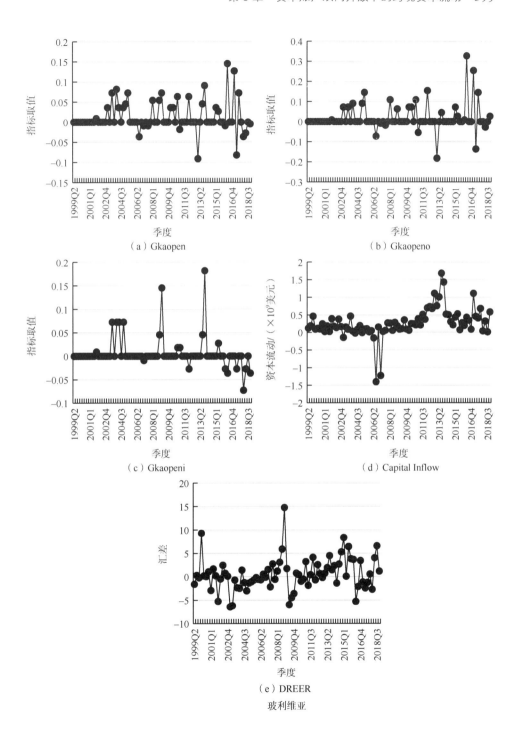

（a）Gkaopen

（b）Gkaopeno

（c）Gkaopeni

（d）Capital Inflow

（e）DREER

玻利维亚

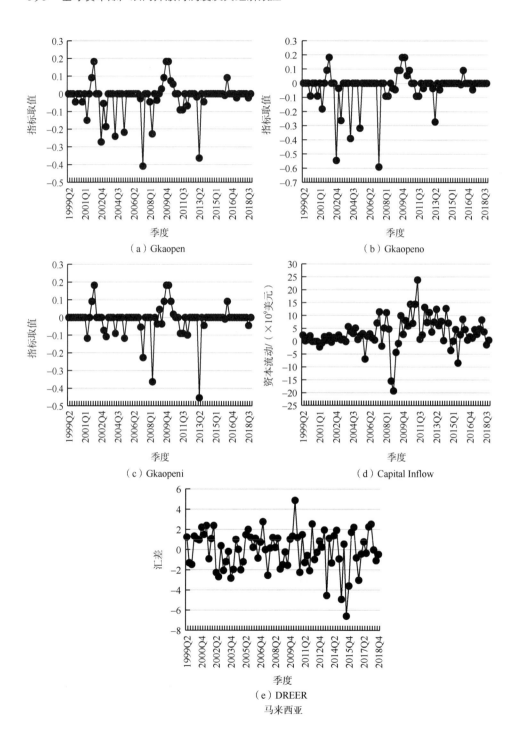

（a）Gkaopen

（b）Gkaopeno

（c）Gkaopeni

（d）Capital Inflow

（e）DREER

马来西亚

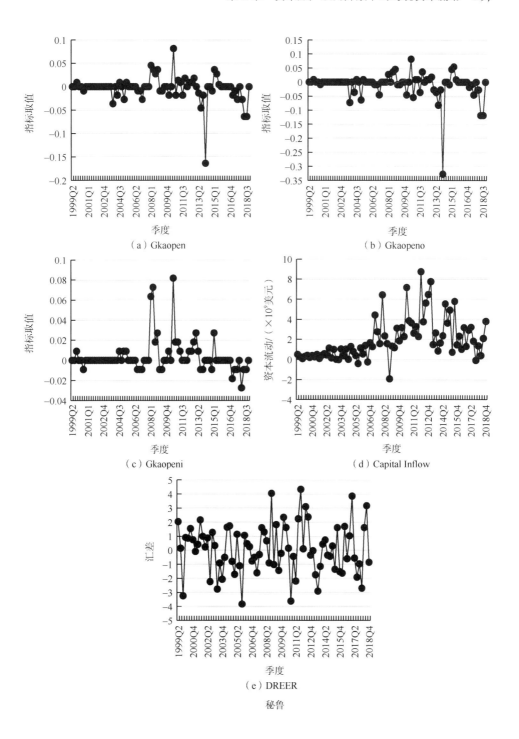

（a）Gkaopen

（b）Gkaopeno

（c）Gkaopeni

（d）Capital Inflow

（e）DREER

秘鲁

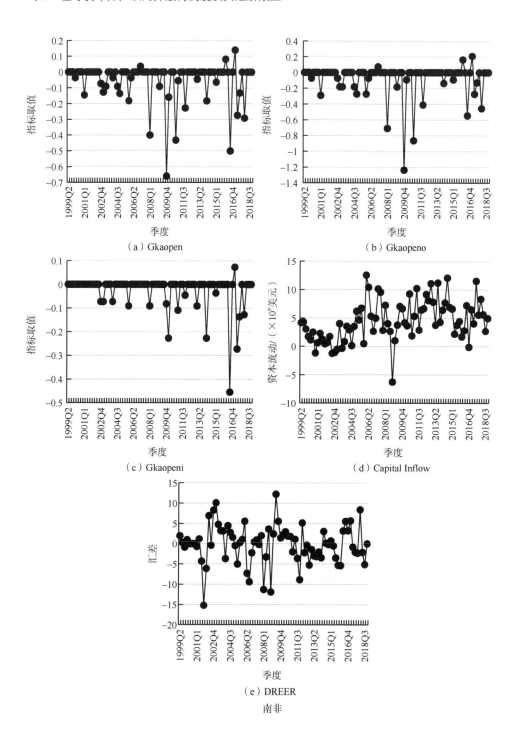

（a）Gkaopen

（b）Gkaopeno

（c）Gkaopeni

（d）Capital Inflow

（e）DREER

南非

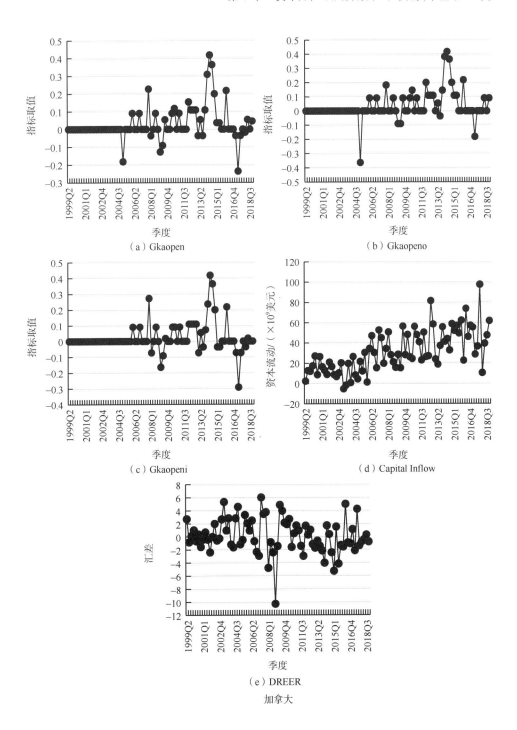

（a）Gkaopen

（b）Gkaopeno

（c）Gkaopeni

（d）Capital Inflow

（e）DREER

加拿大

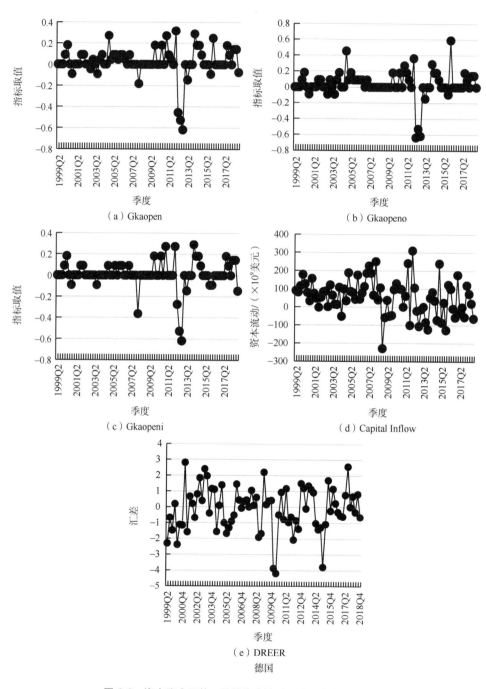

图 9.2 资本账户开放、跨境资本流动及实际有效汇率变化趋势

9.3 资本账户总体开放与跨境资本流动的分位数动态因果关系研究

9.3.1 资本账户总体开放对跨境资本流动的分位数动态影响研究

厘清资本账户总体开放是否一定对跨境资本流动存在影响，以及当资本账户开放程度的变化处于何种水平下继续实施资本账户开放将对跨境资本流动产生影响是本节的研究要点，其中各国的实证估计结果具体如图9.3至9.12所示。

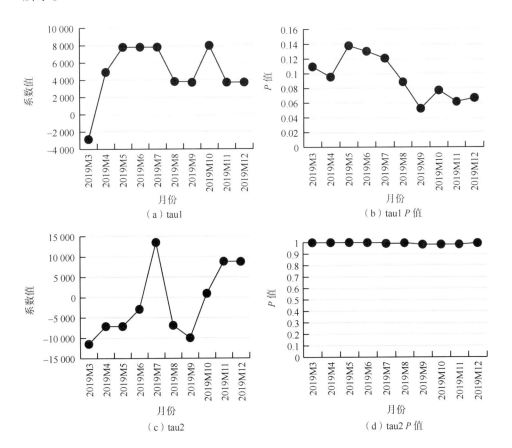

（a）tau1　　　　　　　　　（b）tau1 *P* 值

（c）tau2　　　　　　　　　（d）tau2 *P* 值

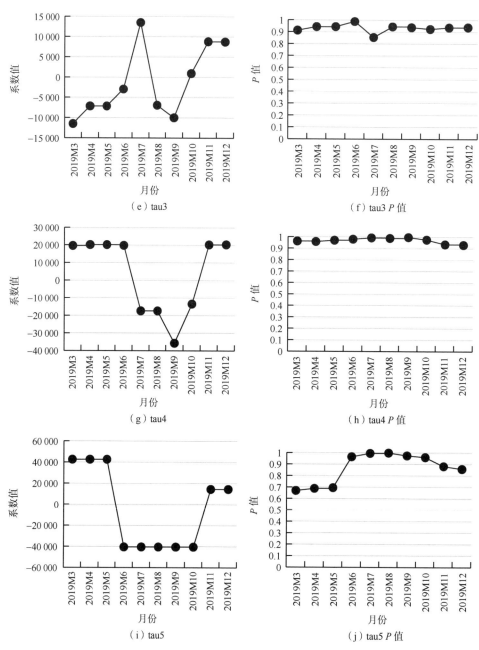

图 9.3 中国资本账户总体开放对高频跨境资本流动的影响及显著性

tau 表示分位数区间，tau1 至 tau5 分别表示区间[0.05–0.25）、[0.25–0.5）、[0.5–0.5]、（0.5–0.75）、

[0.75–0.95]

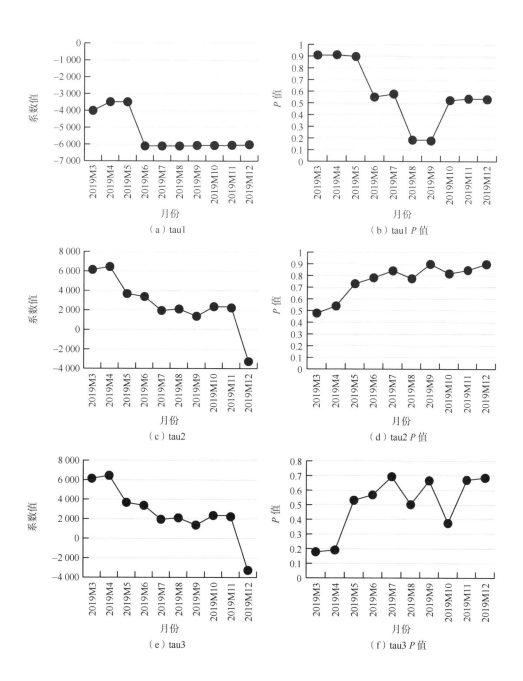

（a）tau1

（b）tau1 *P* 值

（c）tau2

（d）tau2 *P* 值

（e）tau3

（f）tau3 *P* 值

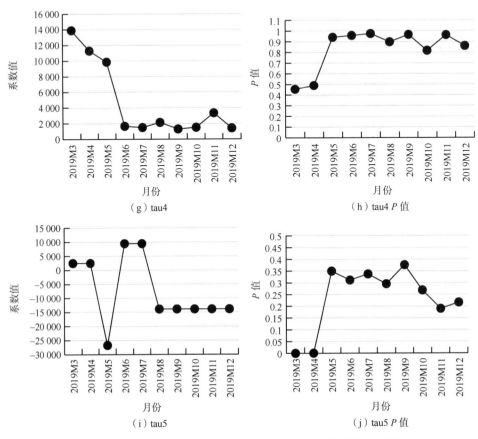

图 9.4 印度资本账户总体开放对高频跨境资本流动的影响及显著性

tau 表示分位数区间，tau1 至 tau5 分别表示区间[0.05–0.25)、[0.25–0.5)、[0.5–0.5]、(0.5–0.75)、[0.75–0.95]

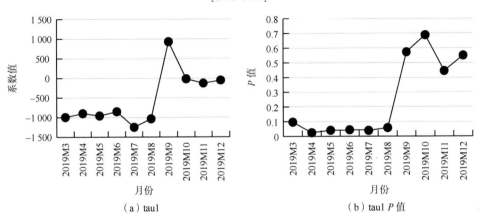

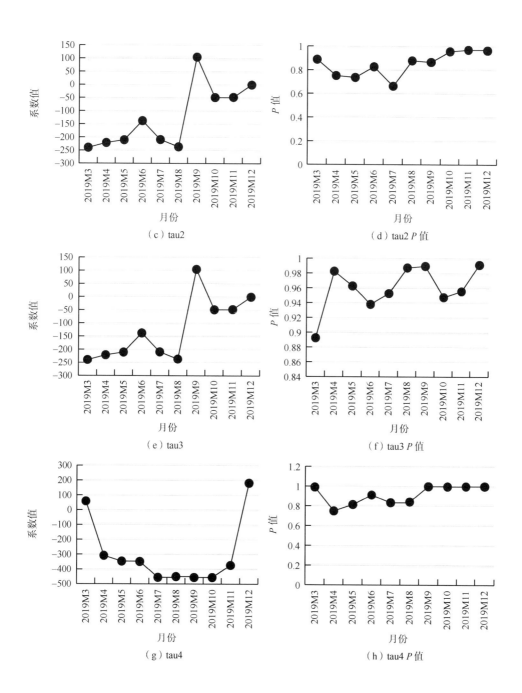

（c）tau2

（d）tau2 P 值

（e）tau3

（f）tau3 P 值

（g）tau4

（h）tau4 P 值

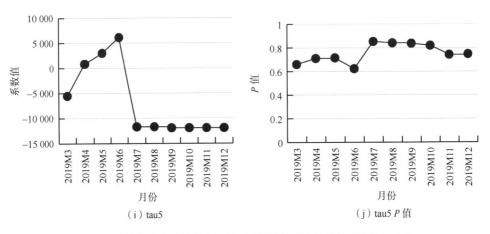

（i）tau5 （j）tau5 P 值

图 9.5 乌克兰资本账户总体开放对高频跨境资本流动的影响及显著性

tau 表示分位数区间,tau1 至 tau5 分别表示区间[0.05–0.25）、[0.25–0.5）、[0.5–0.5]、(0.5–0.75)、[0.75–0.95]

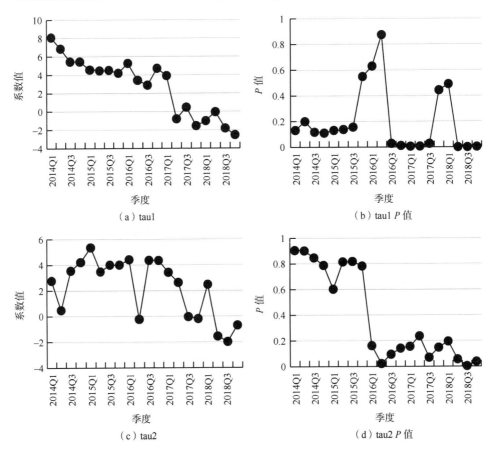

（a）tau1 （b）tau1 P 值

（c）tau2 （d）tau2 P 值

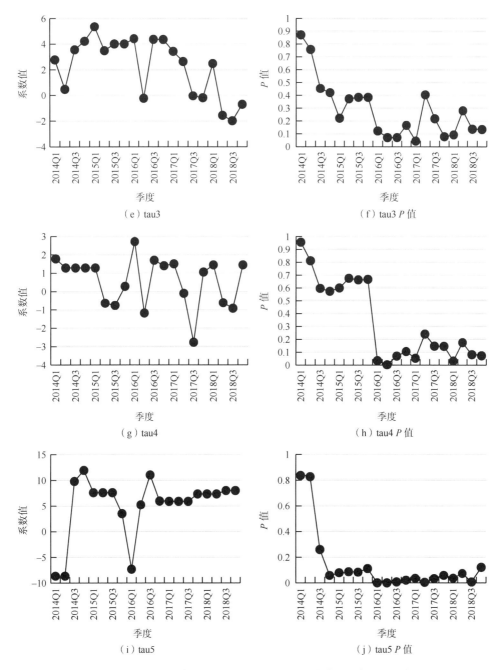

图 9.6　阿根廷资本账户总体开放对跨境资本流动的影响及显著性

tau 表示分位数区间,tau1 至 tau5 分别表示区间[0.05–0.25)、[0.25–0.5)、[0.5–0.5]、(0.5–0.75)、[0.75–0.95]

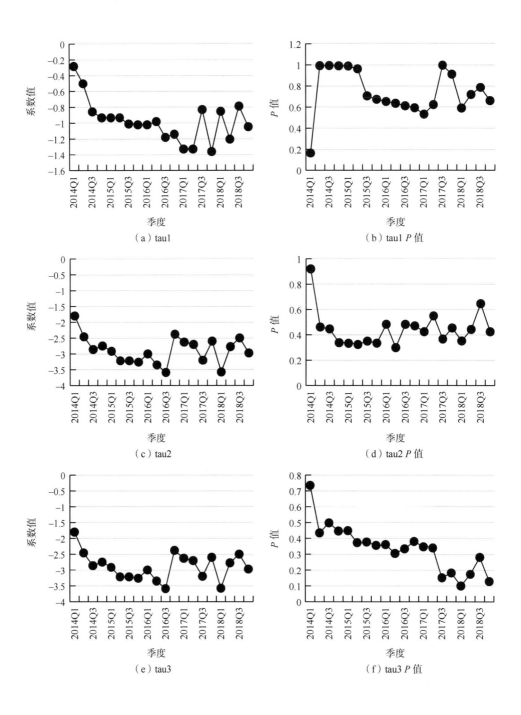

（a）tau1

（b）tau1 *P* 值

（c）tau2

（d）tau2 *P* 值

（e）tau3

（f）tau3 *P* 值

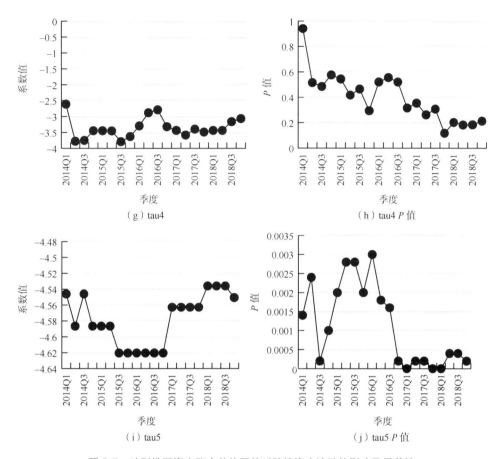

(g) tau4　　　　　　　　　　　(h) tau4 P 值

(i) tau5　　　　　　　　　　　(j) tau5 P 值

图 9.7　玻利维亚资本账户总体开放对跨境资本流动的影响及显著性

tau 表示分位数区间,tau1 至 tau5 分别表示区间[0.05–0.25)、[0.25–0.5)、[0.5–0.5]、(0.5–0.75)、[0.75–0.95]

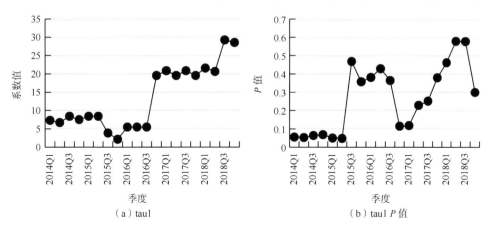

(a) tau1　　　　　　　　　　　(b) tau1 P 值

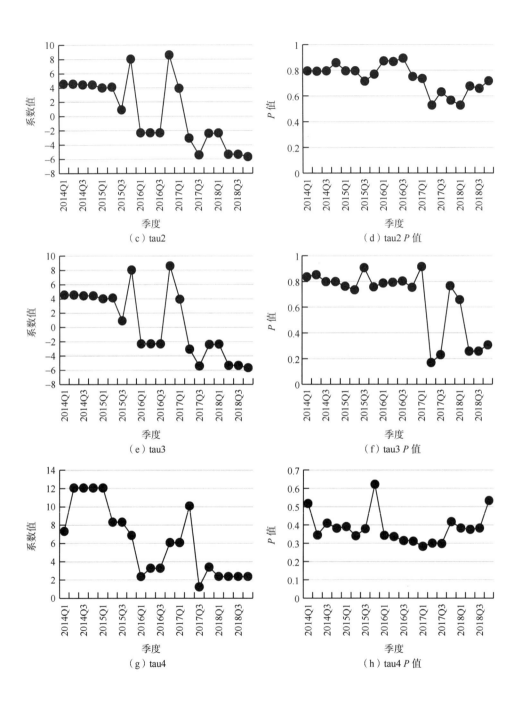

（c）tau2

（d）tau2 *P* 值

（e）tau3

（f）tau3 *P* 值

（g）tau4

（h）tau4 *P* 值

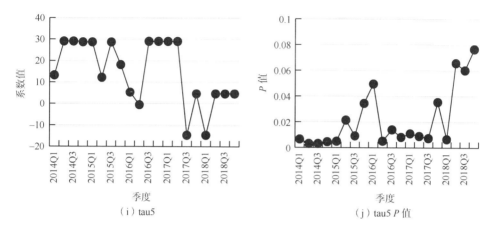

（i）tau5　　　　　　　　　　　　　（j）tau5 P 值

图 9.8　马来西亚资本账户总体开放对跨境资本流动的影响及显著性

tau 表示分位数区间,tau1 至 tau5 分别表示区间[0.05–0.25）、[0.25–0.5）、[0.5–0.5]、（0.5–0.75）、[0.75–0.95]

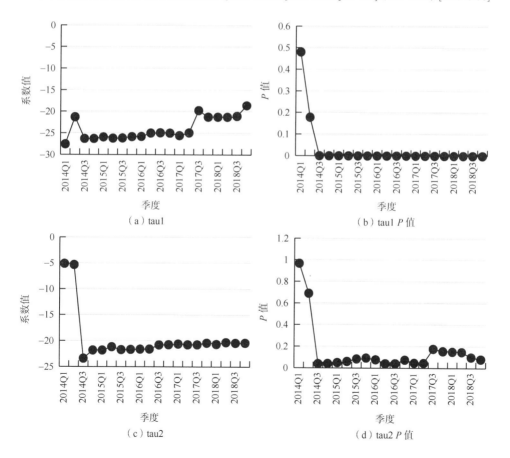

（a）tau1　　　　　　　　　　　　　（b）tau1 P 值

（c）tau2　　　　　　　　　　　　　（d）tau2 P 值

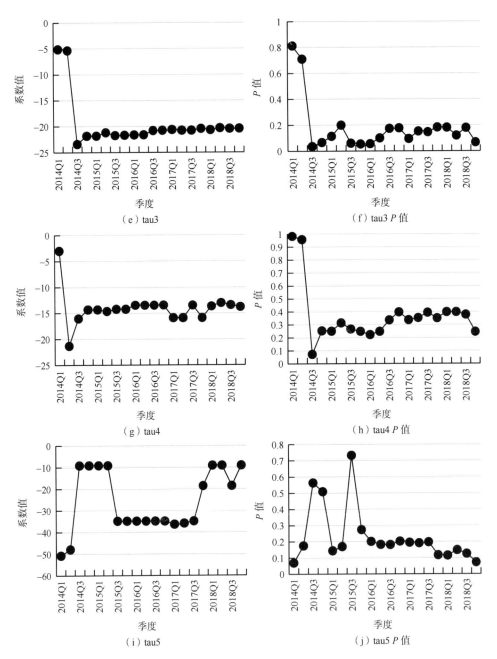

图 9.9 秘鲁资本账户总体开放对跨境资本流动的影响及显著性

tau 表示分位数区间，tau1 至 tau5 分别表示区间[0.05–0.25）、[0.25–0.5）、[0.5–0.5]、（0.5–0.75）、

[0.75–0.95]

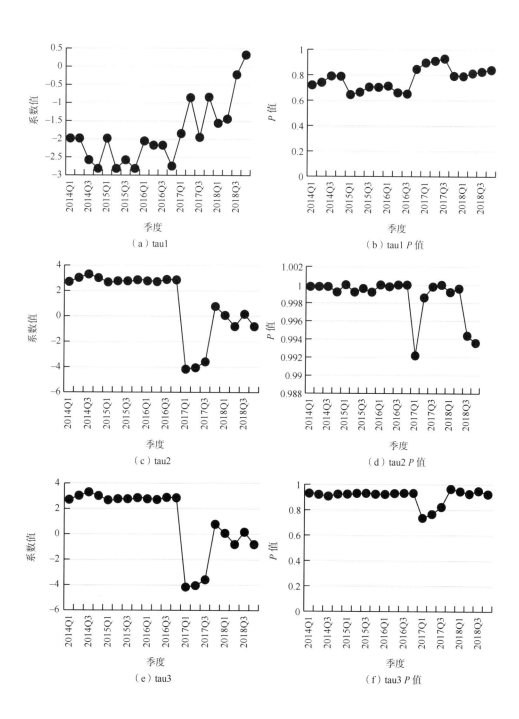

（a）tau1

（b）tau1 P 值

（c）tau2

（d）tau2 P 值

（e）tau3

（f）tau3 P 值

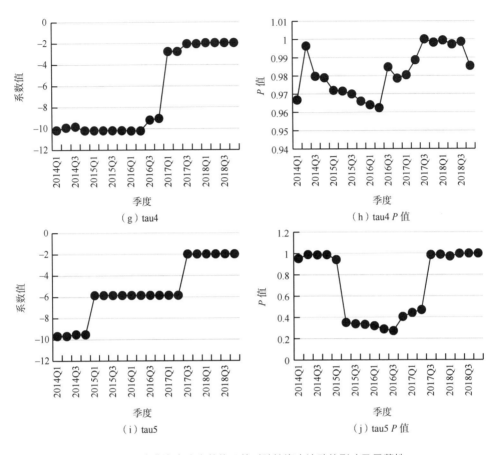

图 9.10　南非资本账户总体开放对跨境资本流动的影响及显著性

tau 表示分位数区间，tau1 至 tau5 分别表示区间[0.05–0.25）、[0.25–0.5）、[0.5–0.5]、（0.5–0.75）、[0.75–0.95]

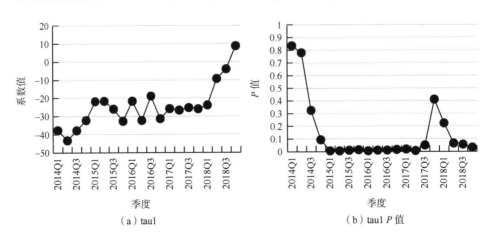

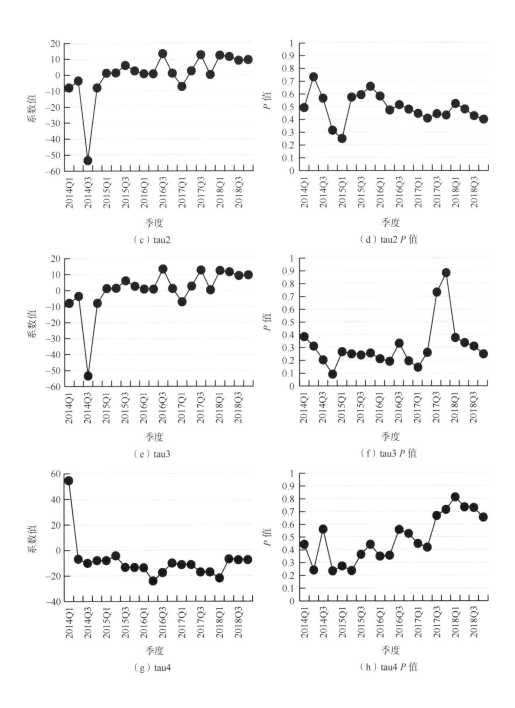

（c）tau2

（d）tau2 P 值

（e）tau3

（f）tau3 P 值

（g）tau4

（h）tau4 P 值

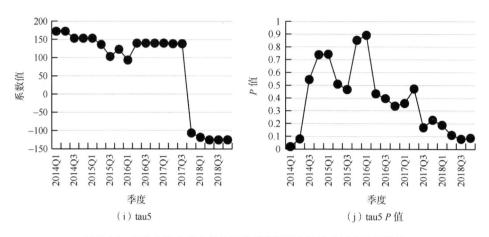

（i）tau5　　　　　　　　　　　　（j）tau5 *P* 值

图 9.11　加拿大资本账户总体开放对跨境资本流动的影响及显著性

tau 表示分位数区间,tau1 至 tau5 分别表示区间[0.05–0.25)、[0.25–0.5)、[0.5–0.5]、(0.5–0.75)、[0.75–0.95]

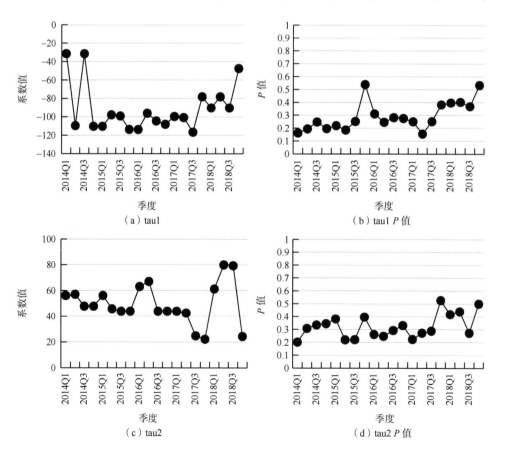

（a）tau1　　　　　　　　　　　　（b）tau1 *P* 值

（c）tau2　　　　　　　　　　　　（d）tau2 *P* 值

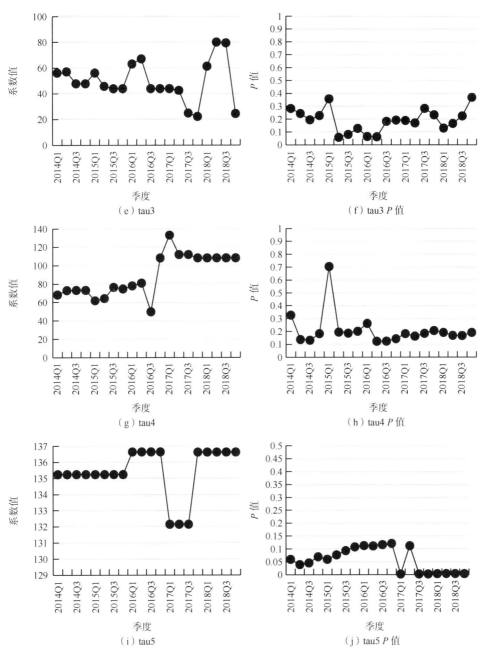

图 9.12　德国资本账户总体开放对跨境资本流动的影响及显著性

tau 表示分位数区间，tau1 至 tau5 分别表示区间[0.05–0.25)、[0.25–0.5)、[0.5–0.5]、(0.5–0.75)、
[0.75–0.95]

可以发现，资本账户开放对跨境资本流动的影响因国家经济发展特点与水平、国内投资者风险偏好、国内投资者情绪等因素而异，并且资本账户开放程度的变化并非一定影响跨境资本流动，仍需考虑资本账户开放程度变化的分布特征，即资本账户开放程度变化的水平高低，故已有研究基于同一样本所获取的统一性结论或缺乏针对性。如就印度而言，当资本账户管制政策实施较多并且跨境资本流动水平较高时，即二者处于 0.75 至 0.95 分位数区间时，资本账户开放程度的进一步降低将进一步加剧跨境资本流动，并且该作用随时间窗口的推移而愈发微弱。这主要与投资者情绪即其对国内经济的预期相关，当一国资本账户开放水平接连降低时，国内外资本流动开始受限，这导致国内经济发展的阻力逐步增加，此外，这也表明了国内宏观经济受外部不确定性的冲击较为严重，经济脆弱性有所增加，而在此背景下管理部门再度收紧资本账户将引发投资者对国内经济发展的担忧，从而产生经济发展的悲观预期与恐慌情绪，故短期内资本账户的再收紧将加剧跨境资本流动，尤其为金融类资本，而随时间推移，投资者恐慌情绪得以平缓，此时资本账户开放与跨境资本流动之间的作用关联不复存在。当印度资本账户处于其他开放水平时，资本账户的收放并不影响跨境资本流动。

就中国而言，当资本账户开放政策实施得较多时，收紧资本账户将加速金融资本（即股权类资本与债券类资本）跨境流动。而这主要与资本类别属性与资本的跨境流动成本相关，如股权类资本与债券类资本多属短期资本，高频性为其跨境流动的主要特征之一，而当中国频繁实施资本账户开放政策时，国际金融资本跨境出入东道国的门槛降低，故国内市场中国际资本的占比逐步增高。而随着资本账户开放水平下降，该类短期资本的跨境流动门槛提升，故资本流动成本将随之增加，而资本流动的高频特征又将放大这一成本，因此当一国在资本账户开放政策频繁实施时收紧资本账户将加速国内的境外资本流出与境外的国内资本流入；此外，资本账户管制政策的实施亦将收窄资本流动渠道，资本获取超额收益的机会将有所减少，故资本继续留在东道国的机会成本增加，这亦为跨境资本流动加剧的另一重要原因。而当资本账户开放程度变化处于其他分位数水平时，资本账户的放松与收紧对金融类资本的跨境流动并不存在显著影响。

阿根廷的资本账户开放对跨境资本流动的影响亦充分印证了上述观点。即当资本账户开放政策实施较多时，再度收紧资本账户将促进跨境资本流入，而随时间推移，该促进作用逐步转为抑制作用，此时资本管制对跨境资本流入主要发挥渠道限制作用。然而当改变初始条件，即资本账户开放政策的实施不断减少，资本管制政策频频出台时，再度加强资本管制对跨境资本流入的促进作用将愈发明显。主要原因或在于安全与稳定因素为阿根廷的主要关注点，而加强资本账户管制是阿根廷提升国内经济安全的重要措施，这从AREAER 报告中即可发现，如随着国内经济波动加剧，为避免外部不确定性的冲击，阿根廷往往选择频繁出台资本管制政策，持续、快速地收紧资本账户，故于 2004 年之前，阿根廷资本账户开放程度持续下降，故阿根廷资本流动管制的不断增强可有效提升国内经济体系与金融系统的稳定性，进而吸引国际避险资金跨境流入。而在资本账户开放政策频出、跨境资本流动处于较高水平的条件下，即资本账户开放程度变化与跨境资本流动处于 0.75 至 0.95 分位数区间内时，马来西亚资本账户开放对跨境资本流动产生的影响与阿根廷相同，而对跨境资本避险需求的调动亦为马来西亚资本管制加剧跨境资本流动的重要机制；玻利维亚收紧资本账户对跨境资本流动的作用则与阿根廷恰恰相反，资本账户开放水平的下降主要发挥资本流动渠道限制作用，将显著抑制跨境资本流动。

此外，资本账户开放对跨境资本流动的影响具有较强的时变性特征。就加拿大而言，当资本管制程度的变化处于 0.05～0.25 分位数与 0.75～0.95 分位数时，资本账户开放程度的下降对跨境资本流入存在影响，并且该影响具有显著的时变性特征，如当资本管制程度变化处于 0.05～0.25 分位数，即加拿大实施资本账户开放政策较多时，随时间推移，收紧资本账户对跨境资本流入的抑制作用逐渐减弱，最终转变为促进作用。而当资本管制程度变化处于 0.75～0.95 分位数时，随时间窗口滑动，二者间的动态作用过程与上述作用恰恰相反，资本账户开放水平的降低对跨境资本流入的促进作用向抑制作用转变。值得注意的是，前者的作用过程恰好为近些年加拿大频繁实施资本账户紧缩政策的重要原因，即随单边主义抬头与经济摩擦加剧，全球不确定性快速增加，资本出于避险目的在全球范围内快速流动，故以资本账户开放为主流政策方向的国家往往选择适当收紧资本账户，这虽然提高了跨境资本流入的门槛，但亦可有效增强国内金融系统稳定性，满足跨境资本的安全需求，故资本管制程度的增加对跨境资本流入的抑制作用逐步转变为促进作用。

值得注意的是，秘鲁资本账户开放将加剧跨境资本流动，并且在秘鲁实施的资本账户开放政策增多时，该加剧作用将明显增强。

9.3.2 跨境资本流动对资本账户总体开放的分位数动态影响研究

各样本国跨境资本流动对资本账户总体开放影响的估计结果如图 9.13 至图 9.22 所示。研究发现，一国跨境资本流动状况亦为资本账户开放的影响因素之一，即跨境资本流动对资本账户开放存在显著的反作用，但该作用是否存在依赖于跨境资本流动水平的高低与资本账户开放程度变化的大小，即二者共处于哪一类分位数区间内。就马来西亚而言，当资本账户开放程度变化与跨境资本流动处于 0.05～0.25 分位数区间时，跨境资本的大幅流入将增加马来西亚的资本管制压力，迫使政府实施资本账户收紧政策加以应对，因此跨境资本流入将导致马来西亚降低本国资本账户开放水平；此外，印度跨境资本流动对资本账户开放度的影响也仅在此区间内存在，并且跨境资本的涌入对印度资本账户开放度带来的影响与马来西亚相同,而主要原因或在于，资本账户开放政策的频频出台将增强政府对国际资本跨境流动的敏感性，因此即便跨境资本流动处于 0.05 至 0.25 分位数水平，国际资本跨境流入依然会触发政府收紧资本账户的冲动以预防外部不确定性的内向溢出，故就印度而言，资本跨境流动同样将倒逼政策收紧资本账户，降低资本账户开放水平；同样条件下，德国的潜在应对政策存在动态变化，即跨境资本流入将推动德国开放资本账户，但最终在跨境资本流入带来的资本管制压力下，其资本账户开放水平将逐步下降。而当一国频频出台资本账户管制政策并且跨境资本流动水平处于高位时，即二者处于 0.75～0.95 分位数区间时，跨境资本流动将给各国带来资本账户开放压力，使各国放缓资本管制步伐，推动资本账户开放。如阿根廷、乌克兰与玻利维亚的估计结果表明，当资本管制程度变化水平与跨境资本流动水平处于 0.75 至 0.95 分位数区间时，跨境资本流动将对各国放开资本账户产生较强的反作用力。基于此，可以发现，跨境资本流动的加剧将为一国资本账户开放程度变化方向带来扭转压力，即改变一国资本账户开放程度变化的状态，并且当一国资本账户处于开放变化时，其对跨境资本流动将更加敏感，换言之，当跨境资本流动推动资本账户由开放变化向管制变化转变时，其所需要的跨境资本流动门槛更低，当跨境资本流动水平处于 0.05～0.25 分位数时，跨境资本流动的加剧即可增加一国资本账户管制压力；而只有当跨境资本流动水平处于 0.75～0.95 分位数时，跨境资本流动才对资本账户的管制变化方向产生反向作用力。

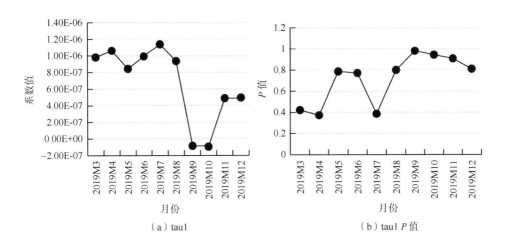

（a）tau1　　　　　　　　　　　（b）tau1 P 值

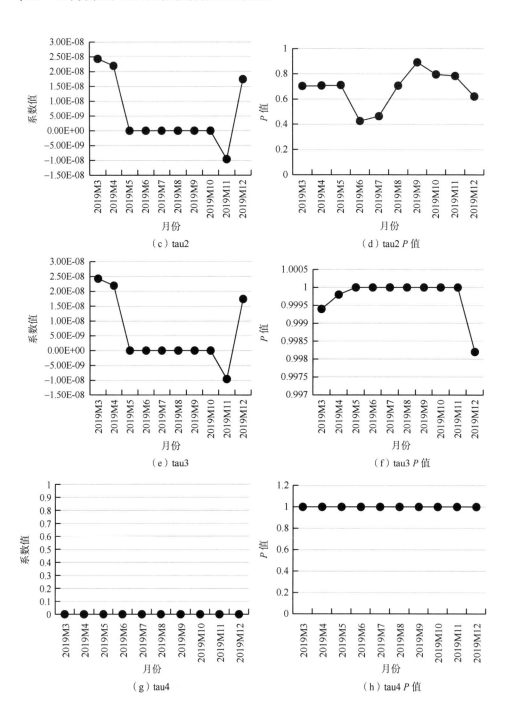

（c）tau2

（d）tau2 P 值

（e）tau3

（f）tau3 P 值

（g）tau4

（h）tau4 P 值

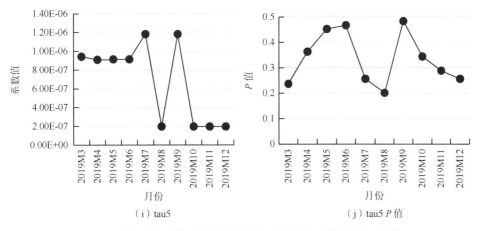

（i）tau5　　　　　　　　　　　　（j）tau5 P 值

图 9.13　中国高频跨境资本流动对资本账户总体开放的影响及显著性

tau 表示分位数区间,tau1 至 tau5 分别表示区间[0.05–0.25)、[0.25–0.5)、[0.5–0.5]、(0.5–0.75)、[0.75–0.95]

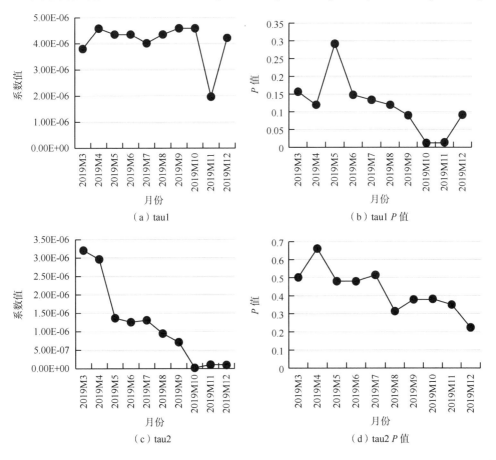

（a）tau1　　　　　　　　　　　　（b）tau1 P 值

（c）tau2　　　　　　　　　　　　（d）tau2 P 值

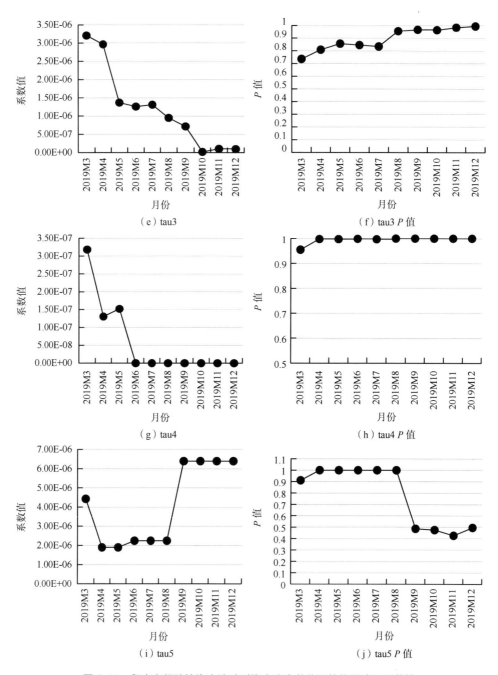

图 9.14　印度高频跨境资本流动对资本账户总体开放的影响及显著性

tau 表示分位数区间,tau1 至 tau5 分别表示区间[0.05–0.25)、[0.25–0.5)、[0.5–0.5]、(0.5–0.75)、[0.75–0.95]

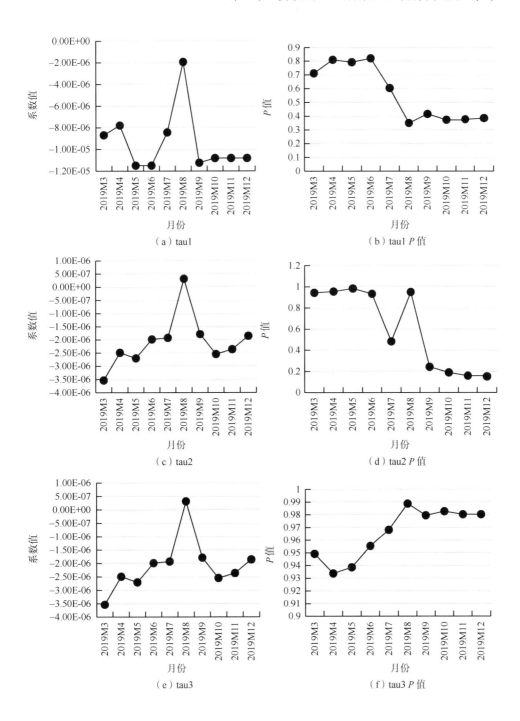

（a）tau1

（b）tau1 P 值

（c）tau2

（d）tau2 P 值

（e）tau3

（f）tau3 P 值

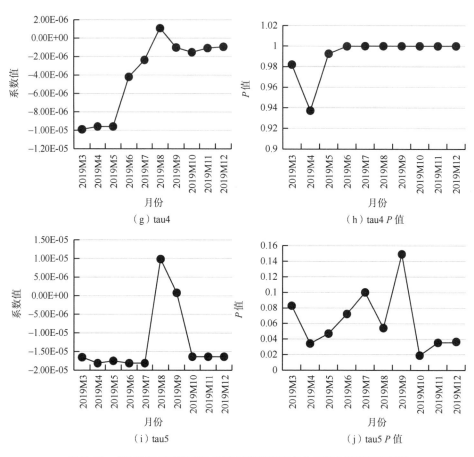

图 9.15　乌克兰高频跨境资本流动对资本账户总体开放的影响及显著性

tau 表示分位数区间,tau1 至 tau5 分别表示区间[0.05–0.25)、[0.25–0.5)、[0.5–0.5]、(0.5–0.75)、[0.75–0.95]

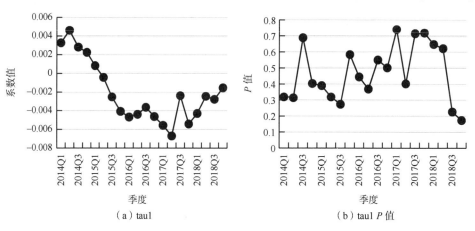

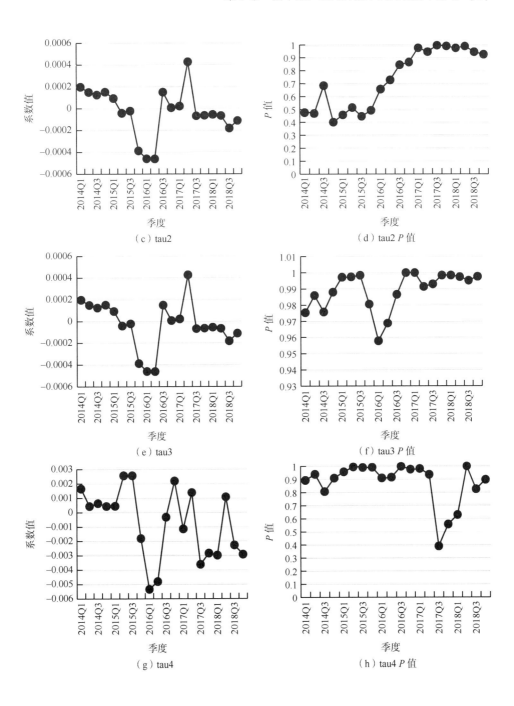

（c）tau2

（d）tau2 P 值

（e）tau3

（f）tau3 P 值

（g）tau4

（h）tau4 P 值

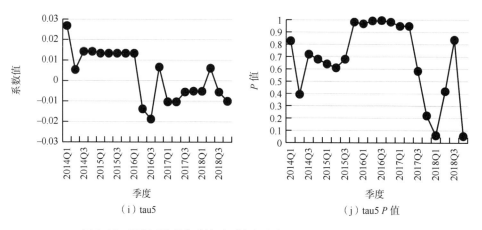

图 9.16　阿根廷跨境资本流动对资本账户总体开放的影响及显著性

tau 表示分位数区间,tau1 至 tau5 分别表示区间[0.05–0.25)、[0.25–0.5)、[0.5–0.5]、(0.5–0.75)、[0.75–0.95]

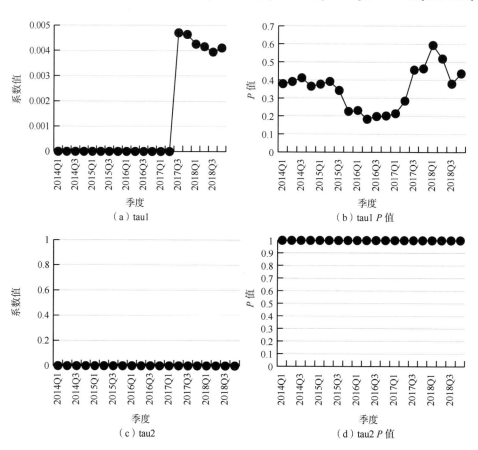

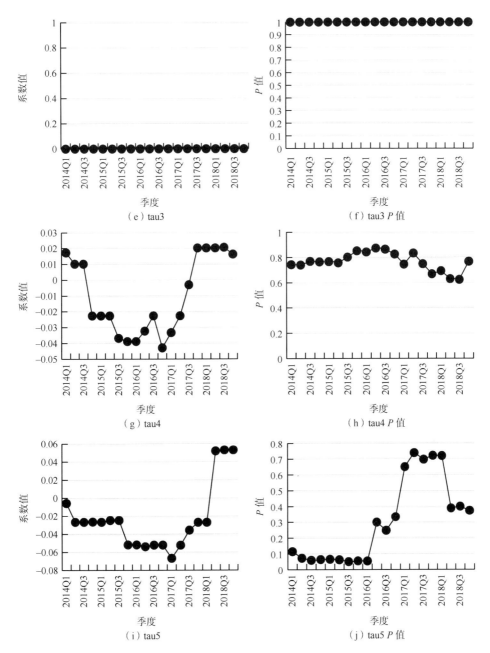

图 9.17　玻利维亚跨境资本流动对资本账户总体开放的影响及显著性

tau 表示分位数区间，tau1 至 tau5 分别表示区间[0.05–0.25）、[0.25–0.5）、[0.5–0.5]、（0.5–0.75）、
[0.75–0.95]

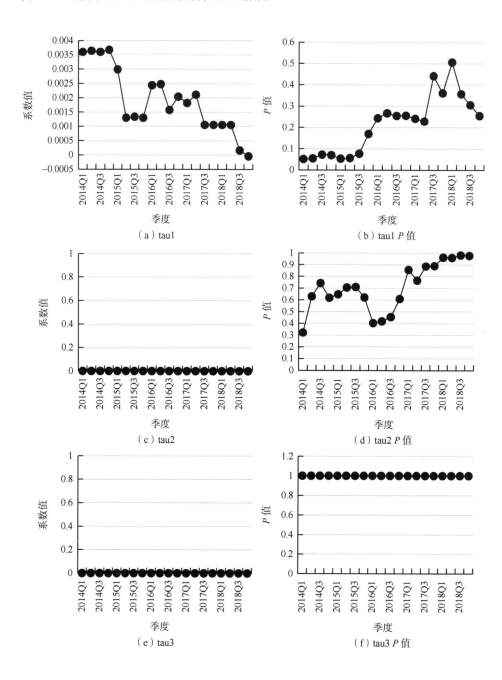

（a）tau1 （b）tau1 *P* 值

（c）tau2 （d）tau2 *P* 值

（e）tau3 （f）tau3 *P* 值

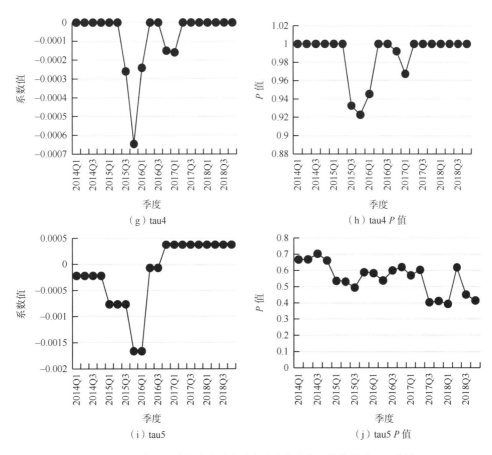

图 9.18　马来西亚跨境资本流动对资本账户总体开放的影响及显著性

tau 表示分位数区间，tau1 至 tau5 分别表示区间[0.05–0.25)、[0.25–0.5)、[0.5–0.5)、(0.5–0.75)、[0.75–0.95]

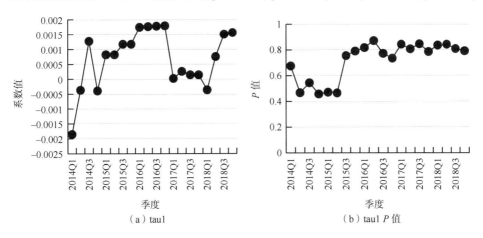

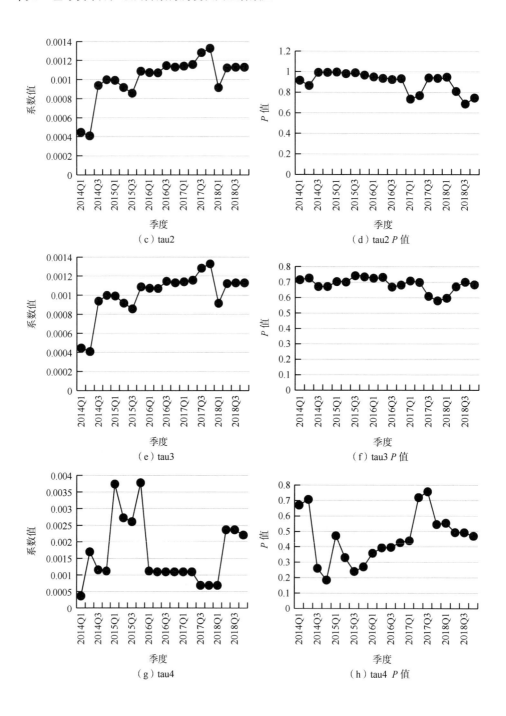

（c）tau2　　　　　　　　　　　（d）tau2 *P* 值

（e）tau3　　　　　　　　　　　（f）tau3 *P* 值

（g）tau4　　　　　　　　　　　（h）tau4 *P* 值

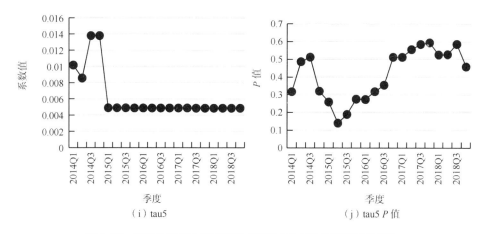

图 9.19 秘鲁跨境资本流动对资本账户总体开放的影响及显著性

tau 表示分位数区间,tau1 至 tau5 分别表示区间[0.05–0.25)、[0.25–0.5)、[0.5–0.5)、(0.5–0.75)、[0.75–0.95]

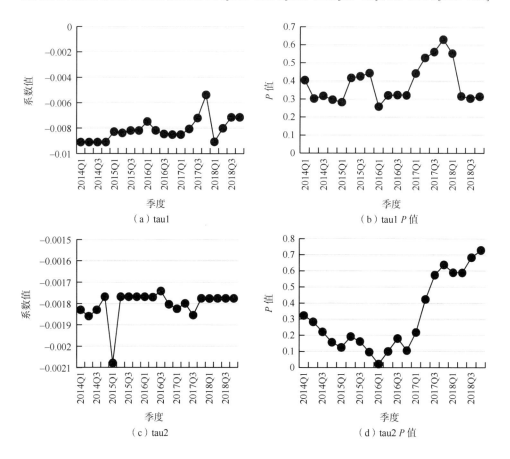

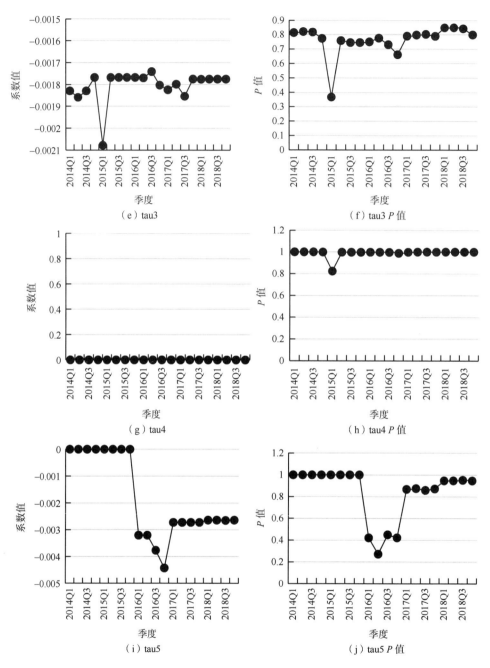

图 9.20　南非跨境资本流动对资本账户总体开放的影响及显著性

tau 表示分位数区间,tau1 至 tau5 分别表示区间[0.05–0.25)、[0.25–0.5)、[0.5–0.5]、(0.5–0.75)、[0.75–0.95]

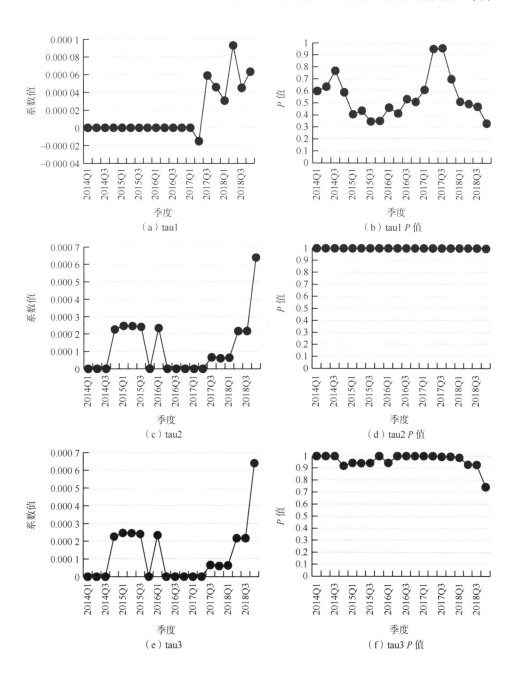

（a）tau1

（b）tau1 P 值

（c）tau2

（d）tau2 P 值

（e）tau3

（f）tau3 P 值

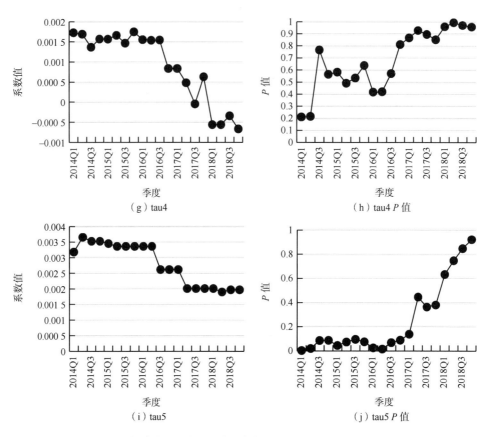

图 9.21　加拿大跨境资本流动对资本账户总体开放的影响及显著性

tau 表示分位数区间，tau1 至 tau5 分别表示区间[0.05–0.25）、[0.25–0.5）、[0.5–0.5]、（0.5–0.75）、[0.75–0.95]

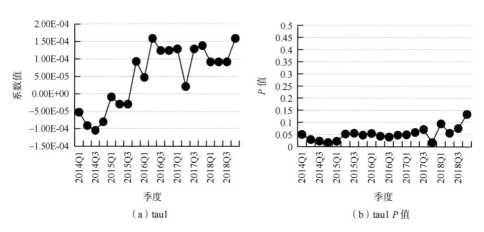

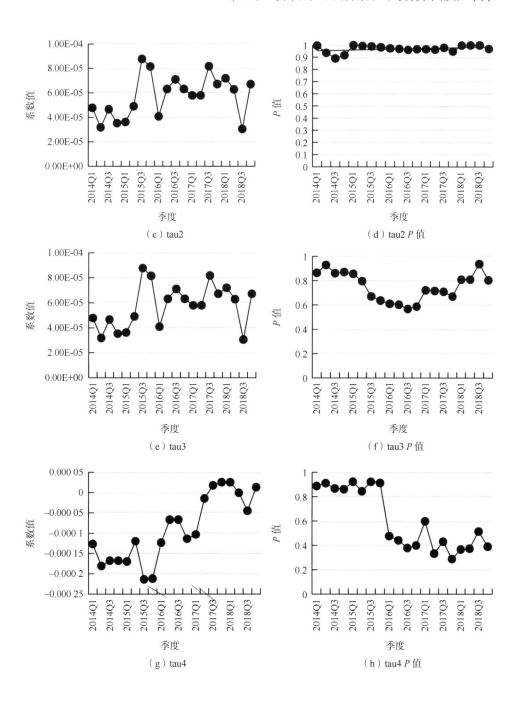

（c）tau2

（d）tau2 P 值

（e）tau3

（f）tau3 P 值

（g）tau4

（h）tau4 P 值

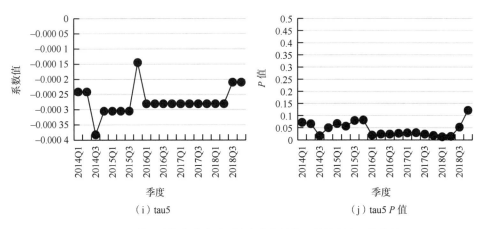

图 9.22　德国跨境资本流动对资本账户总体开放的影响及显著性

tau 表示分位数区间，tau1 至 tau5 分别表示区间[0.05-0.25）、[0.25-0.5）、[0.5-0.5]、（0.5-0.75）、
[0.75-0.95]

　　就中国而言,跨境资本流动对资本账户开放政策的出台几乎不存在影响，这表明中国的资本账户开放政策具有较强的独立性与自主性，外部冲击难以使中国资本账户进入被动调控状态。

　　此外，值得注意的是，资本账户总体开放与跨境资本流动之间的双向作用关系具有非对称性，其中跨境资本流动对一国资本账户开放的反作用远远小于资本账户开放对跨境资本流动的干预影响，表明资本账户开放对跨境资本流动的影响在二者的双向作用关系中居于主导地位。故一国资本账户开放并非主要取决于本国是否受到国内外资本跨境流动的负面冲击，然而跨境资本流动所带来的负反馈可为一国资本账户开放政策的实施提供决策依据与参考。

9.4　资本账户双向开放与跨境资本流动的分位数动态因果关系研究

　　基于上述研究结论,为探究资本账户开放对跨境资本流动的结构性影响，同时回答资本账户开放的方向选择问题，本书将进一步探究资本账户流入开放、流出开放与跨境资本流动的分位数动态因果关系研究，以期明晰资本账户双向开放下的跨境资本效应与资本账户总体开放下的跨境资本效应的异同点，厘清跨境资本流动对资本账户流入开放与流出开放影响的针对性与差异性，进而为一国资本账户开放政策的制定提供相关政策建议。其中部分样本国的估计结果因数据量不足而无法获取。

9.4.1　资本账户流入开放对跨境资本流动的分位数动态影响研究

各样本国资本账户流入开放对跨境资本流动的分位数动态影响估计结果如图 9.23 至图 9.27 所示，可以发现，资本账户流入开放对跨境资本流动的作用条件与资本账户总体开放存在差异。就中国而言，当资本账户流入开放政策实施较少、管制政策实施较多，并且跨境资本流动处于高水平时，资本账户流入开放水平的下降将加剧跨境资本流动，并且在其他条件下，资本账户流入开放程度变化对跨境资本流动并不存在影响。其原因仍在于在国内外跨境资本流动处于较高水平的条件下，对资本流入开放程度的收紧可有效防止外部政策、经济不确定性借由跨境资本向内部溢出，保证了国内金融系统与经济发展的稳定性，同时为境内资本提供了避风港，因此中国对流入方向资本账户的收紧反而将加剧境外资本跨境流入。相同情况仍出现于玻利维亚与加拿大，如在 0.75 至 0.95 分位数区间内，玻利维亚资本账户流入开放水平的下降对跨境资本流动产生的影响与资本账户总体开放下的跨境资本流动效应恰恰相反，由此可以发现，当跨境资本流动程度处于较高水平，并且一国实施资本流入管制政策较多时，流入方向资本账户的连续收紧对跨境资本流动的约束作用失效，反而对跨境资本流动产生加剧作用。

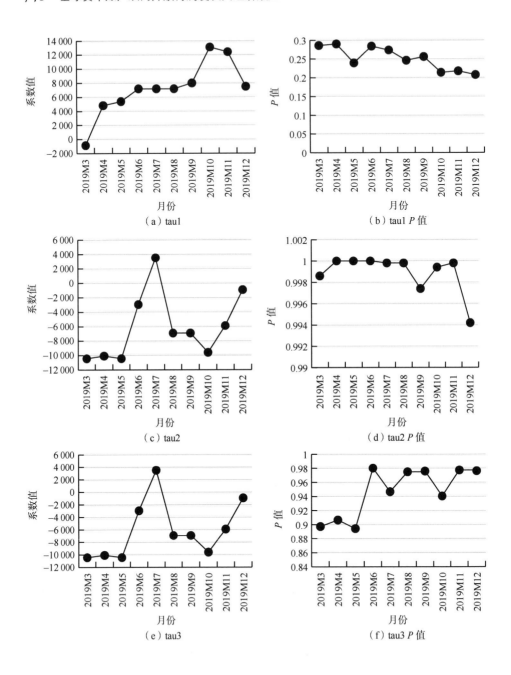

（a）tau1

（b）tau1 *P* 值

（c）tau2

（d）tau2 *P* 值

（e）tau3

（f）tau3 *P* 值

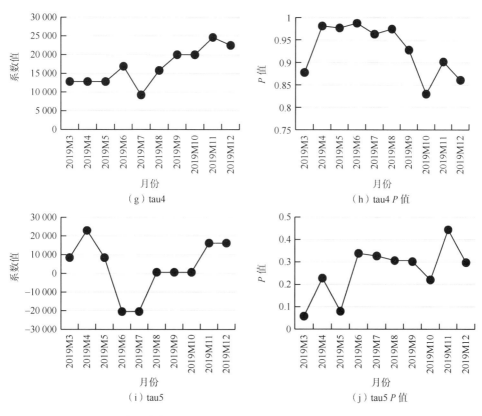

图 9.23　中国资本账户流入开放对高频跨境资本流动的影响及显著性

tau 表示分位数区间，tau1 至 tau5 分别表示区间[0.05–0.25）、[0.25–0.5）、[0.5–0.5]、（0.5–0.75）、[0.75–0.95]

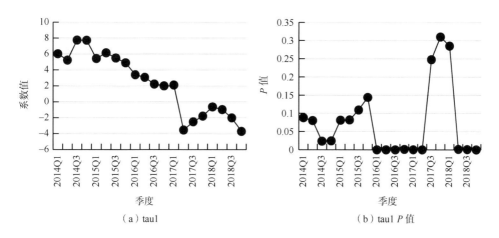

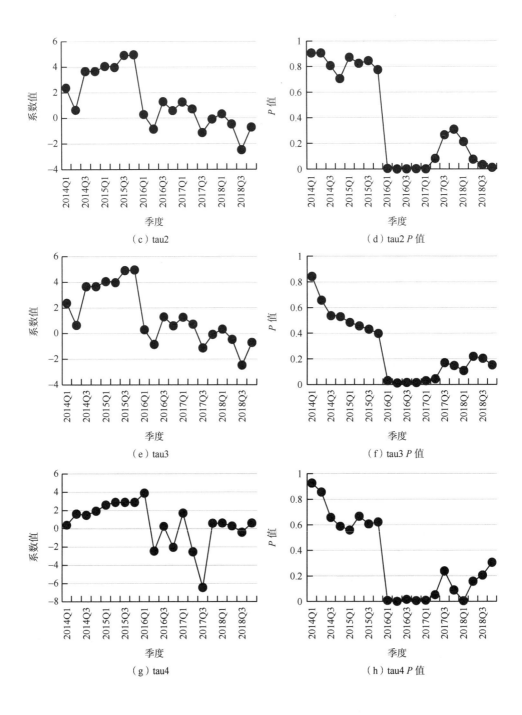

（c）tau2　　　　　　　　　　　　（d）tau2 P 值

（e）tau3　　　　　　　　　　　　（f）tau3 P 值

（g）tau4　　　　　　　　　　　　（h）tau4 P 值

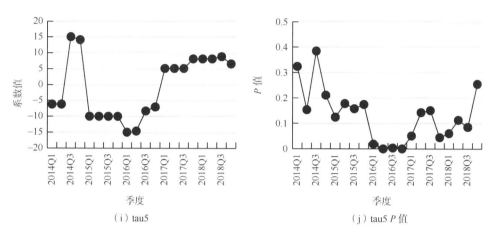

（i）tau5 　　　　　　　　　　　　（j）tau5 P 值

图 9.24　阿根廷资本账户流入开放对跨境资本流动的影响及显著性

tau 表示分位数区间,tau1 至 tau5 分别表示区间[0.05–0.25）、[0.25–0.5）、[0.5–0.5]、（0.5–0.75）、[0.75–0.95]

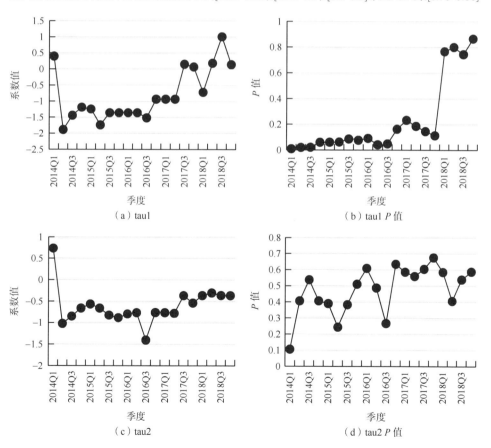

（a）tau1 　　　　　　　　　　　　（b）tau1 P 值

（c）tau2 　　　　　　　　　　　　（d）tau2 P 值

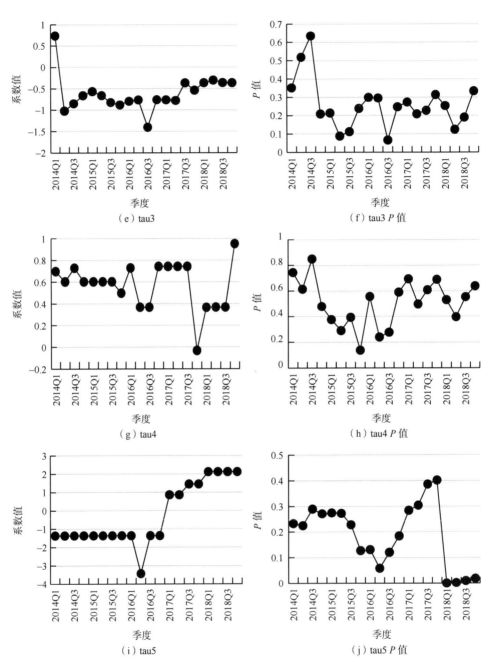

图 9.25　玻利维亚资本账户流入开放对跨境资本流动的影响及显著性

tau 表示分位数区间,tau1 至 tau5 分别表示区间[0.05–0.25)、[0.25–0.5)、[0.5–0.5](0.5–0.75)、[0.75–0.95]

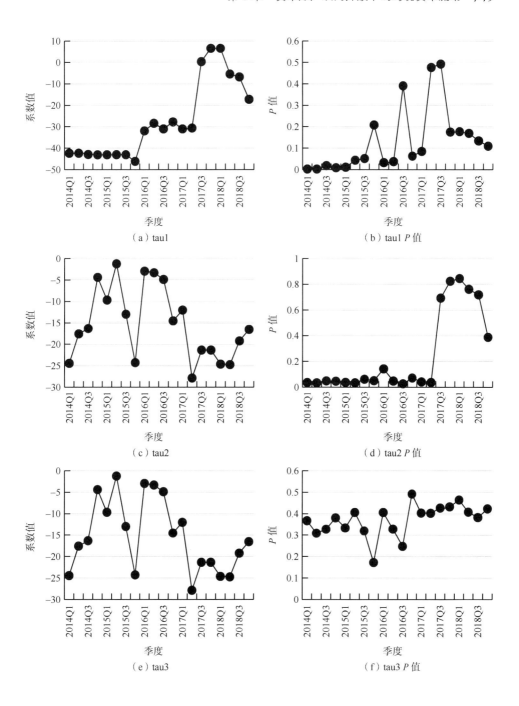

（a）tau1

（b）tau1 P 值

（c）tau2

（d）tau2 P 值

（e）tau3

（f）tau3 P 值

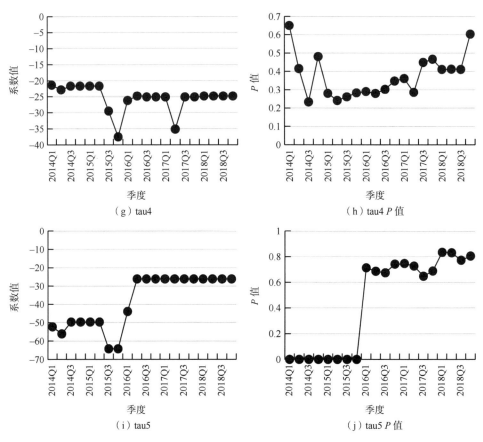

图 9.26   秘鲁资本账户流入开放对跨境资本流动的影响及显著性

tau 表示分位数区间，tau1 至 tau5 分别表示区间[0.05–0.25)、[0.25–0.5)、[0.5–0.5)、(0.5–0.75)、[0.75–0.95]

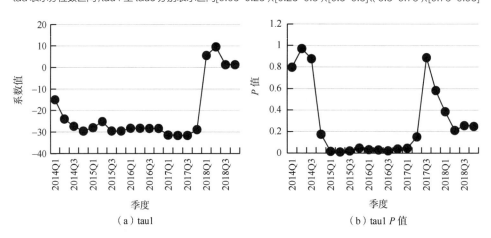

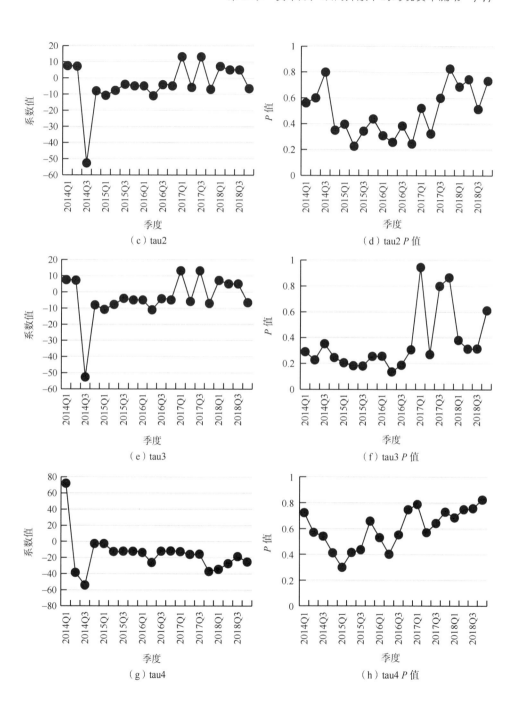

（c）tau2

（d）tau2 *P* 值

（e）tau3

（f）tau3 *P* 值

（g）tau4

（h）tau4 *P* 值

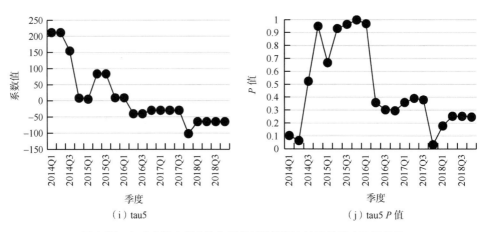

图 9.27   加拿大资本账户流入开放对跨境资本流动的影响及显著性

tau 表示分位数区间,tau1 至 tau5 分别表示区间[0.05–0.25)、[0.25–0.5)、[0.5–0.5]、(0.5–0.75)、[0.75–0.95]

此外,仍可发现,当一国实施资本账户流入开放政策较多,并且国内外跨境资本流动水平处于 0.05 至 0.25 分位数水平时,加强对资本账户开放水平的控制可有效发挥其资本流动渠道限制作用,抑制跨境资本流动。如就玻利维亚与加拿大而言,当处于 0.05~0.25 分位数区间内,两国降低国内资本账户开放水平将有效限制境外跨境资本流动流入。因此,当跨境资本流动水平较低时,资本账户流入开放预期的下调将有效限制跨境资本流动,即在一国连续实施资本账户流入开放政策的条件下,相关资本管制政策的灵活、适度实施可限制跨境资本流动,对冲外部跨境资本冲击。

就秘鲁而言,无论资本账户管制程度变化与跨境资本流动处于何种分位数区间内,资本账户流入开放水平的降低均有效抑制跨境资本流动,并且该作用随资本账户开放政策实施的增加而有效提升,这与秘鲁资本账户总体开放下的跨境资本流动效应相反。

9.4.2   跨境资本流动对资本账户流入开放的分位数动态影响研究

各样本国跨境资本流动对资本账户流入开放影响的实证估计结果如

图 9.28 至图 9.31 所示。

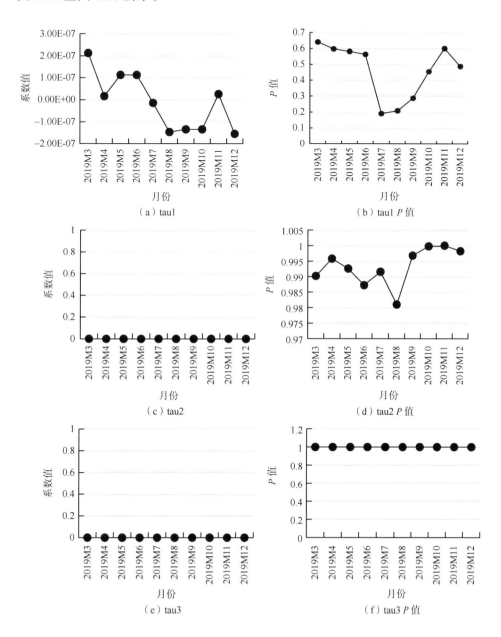

（a）tau1

（b）tau1 *P* 值

（c）tau2

（d）tau2 *P* 值

（e）tau3

（f）tau3 *P* 值

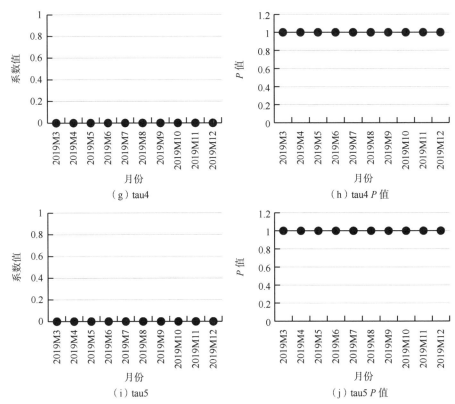

图 9.28　中国高频跨境资本流动对资本账户流入开放的影响及显著性

tau 表示分位数区间,tau1 至 tau5 分别表示区间[0.05–0.25)、[0.25–0.5)、[0.5–0.5)、(0.5–0.75)、[0.75–0.95]

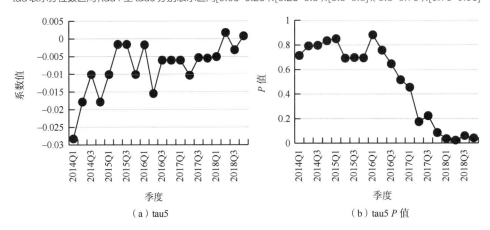

图 9.29　阿根廷跨境资本流动对资本账户流入开放的影响及显著性

tau 表示分位数区间,tau1 至 tau5 分别表示区间[0.05-0.25)、[0.25-0.5)、[0.5-0.5)、(0.5-0.75)、[0.75-0.95]

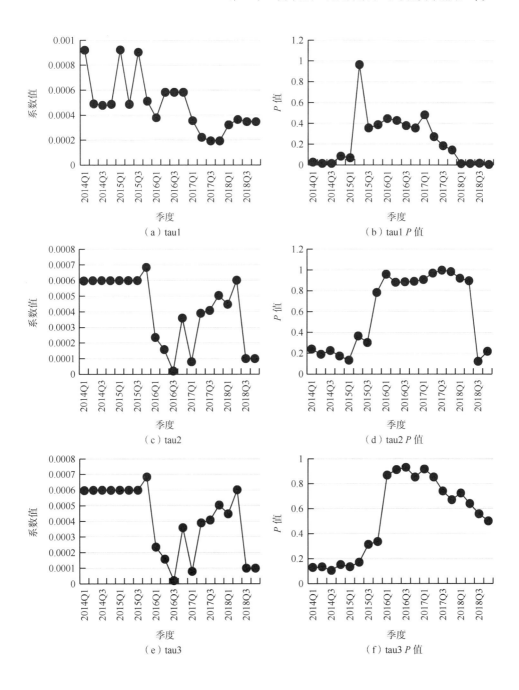

（a）tau1

（b）tau1 *P* 值

（c）tau2

（d）tau2 *P* 值

（e）tau3

（f）tau3 *P* 值

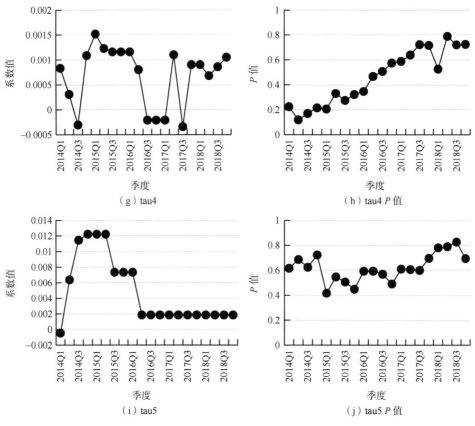

图 9.30 秘鲁跨境资本流动对资本账户流入开放的影响及显著性

tau 表示分位数区间, tau1 至 tau5 分别表示区间[0.05–0.25）、[0.25–0.5）、[0.5–0.5]、(0.5–0.75）、[0.75–0.95]

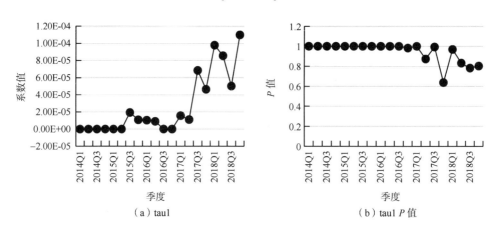

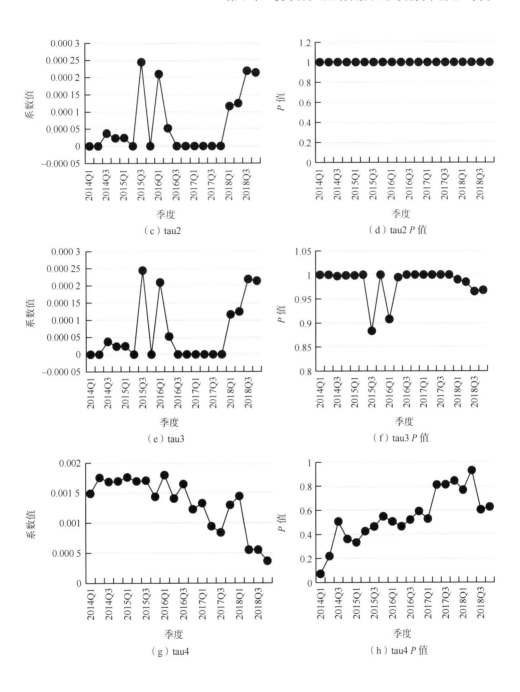

（c）tau2

（d）tau2 P 值

（e）tau3

（f）tau3 P 值

（g）tau4

（h）tau4 P 值

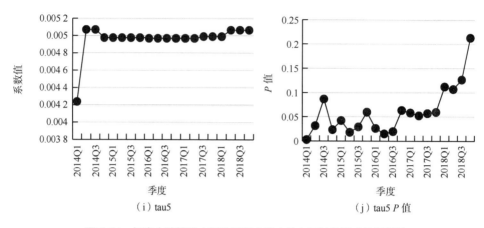

图 9.31 加拿大跨境资本流动对资本账户流入开放的影响及显著性

tau 表示分位数区间，tau1 至 tau5 分别表示区间[0.05–0.25）、[0.25–0.5）、[0.5–0.5]、（0.5–0.75）、
[0.75–0.95]

可以发现，跨境资本流动对资本账户流入开放的倒逼作用在方向上与跨境资本流动对资本账户总体开放度影响相同。如跨境资本流动对中国资本账户流入开放仍然不存在影响，这印证了中国资本账户开放政策的独立性与自主性不随资本账户开放方向的改变而出现变化，具有较强的稳定性。而跨境资本流入为阿根廷与加拿大带来的资本账户收放压力仍然相反，当两国实施资本流入管制政策较多并且跨境资本流动水平处于高位时，跨境资本流入将为阿根廷带来资本账户开放压力，推动其开放本国资本账户，而将使加拿大产生收紧流入方向资本账户冲动以规避外部逐利与避险资本对国内经济的扰动。然而值得注意的是，相较于跨境资本流动对资本账户总体开放的作用水平，其对资本账户流入开放的整体影响较弱。

而就秘鲁而言，跨境资本流动虽然对秘鲁的资本账户总体开放不存在影响，但对其资本账户流入开放存在约束作用，尤其当本国实施资本账户开放政策较多并且跨境资本流动水平较低时，然而该作用存在较强的时变性特征，将随时间推移而逐步减弱。

9.4.3　资本账户流出开放对跨境资本流动的分位数动态影响研究

基于滚动窗口技术的分位数格兰杰因果检验法，本书获取了阿根廷、乌克兰、秘鲁与德国的实证估计结果，具体如图 9.32 至图 9.35 所示。

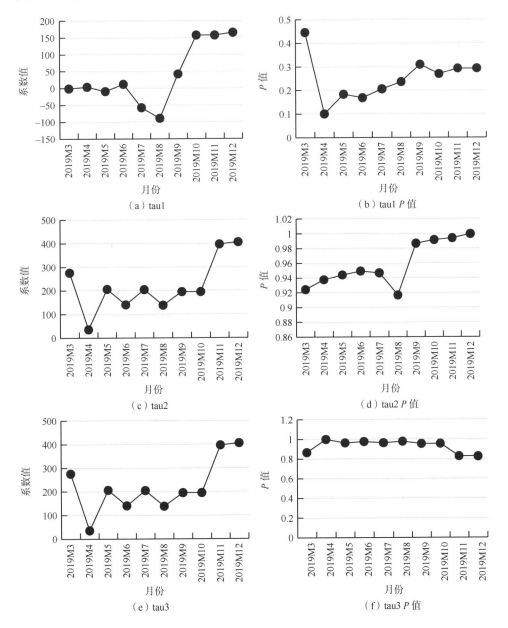

（a）tau1

（b）tau1 P 值

（c）tau2

（d）tau2 P 值

（e）tau3

（f）tau3 P 值

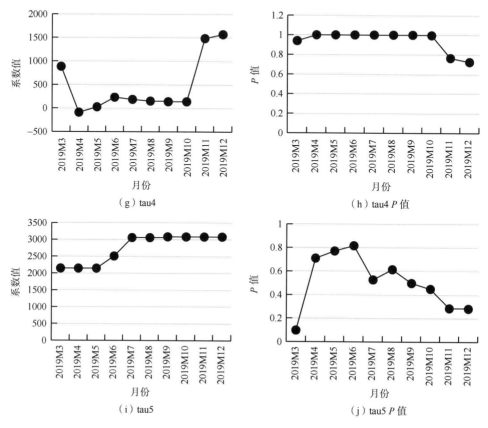

图 9.32　乌克兰资本账户流出开放对高频跨境资本流动的影响及显著性

tau 表示分位数区间,tau1 至 tau5 分别表示区间[0.05–0.25)、[0.25–0.5)、[0.5–0.5)、(0.5–0.75)、[0.75–0.95]

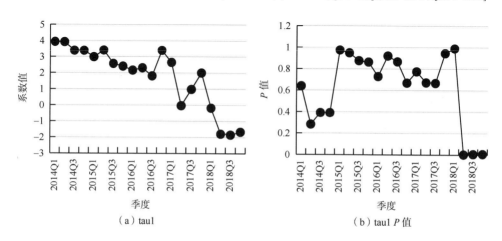

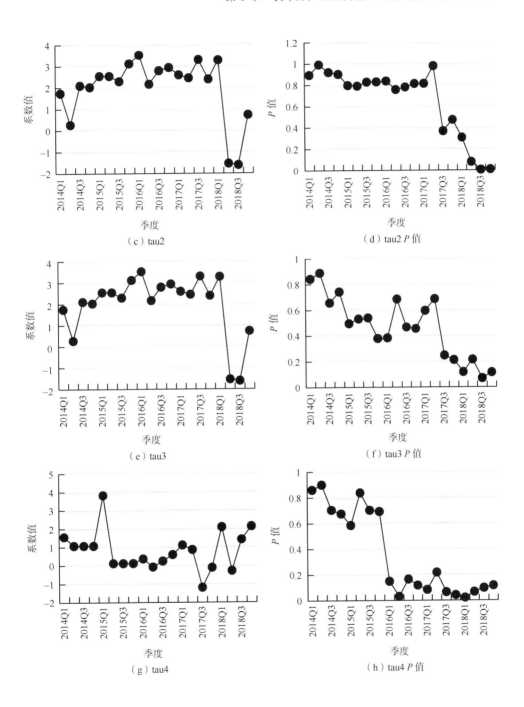

（c）tau2

（d）tau2 P 值

（e）tau3

（f）tau3 P 值

（g）tau4

（h）tau4 P 值

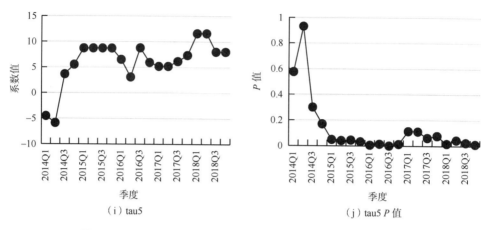

（i）tau5　　　　　　　　　　　（j）tau5 *P* 值

图 9.33　阿根廷资本账户流出开放对跨境资本流动的影响及显著性

tau 表示分位数区间,tau1 至 tau5 分别表示区间[0.05–0.25）、[0.25–0.5）、[0.5–0.5]、（0.5–0.75）、[0.75–0.95]

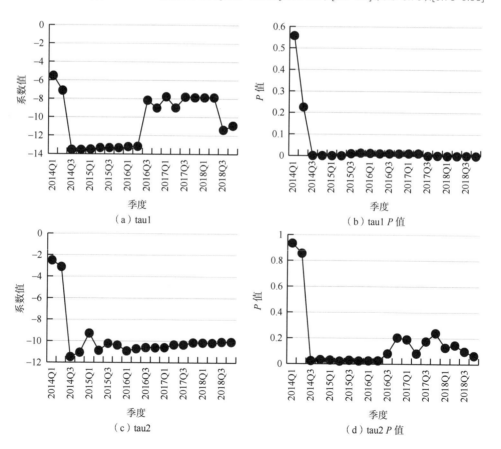

（a）tau1　　　　　　　　　　　（b）tau1 *P* 值

（c）tau2　　　　　　　　　　　（d）tau2 *P* 值

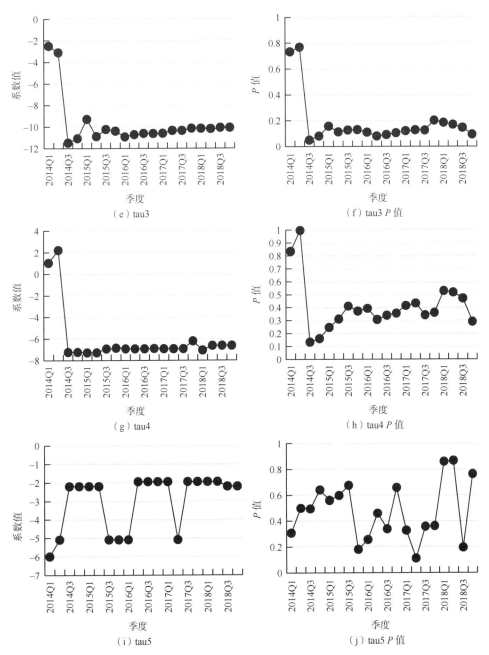

图 9.34 秘鲁资本账户流出开放对跨境资本流动的影响及显著性

tau 表示分位数区间，tau1 至 tau5 分别表示区间[0.05–0.25）、[0.25–0.5）、[0.5–0.5]、(0.5–0.75)、[0.75–0.95]

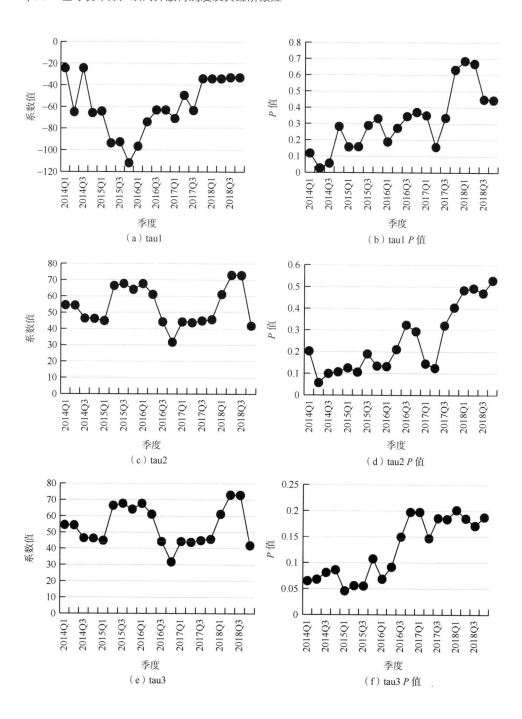

（a）tau1

（b）tau1 P 值

（c）tau2

（d）tau2 P 值

（e）tau3

（f）tau3 P 值

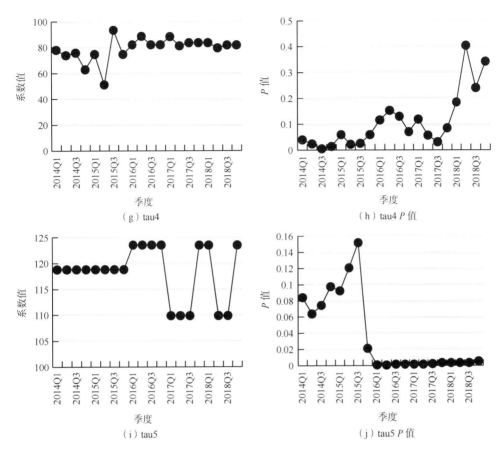

图 9.35　德国资本账户流出开放对跨境资本流动的影响及显著性

tau 表示分位数区间，tau1 至 tau5 分别表示区间[0.05–0.25)、[0.25–0.5)、[0.5–0.5]、(0.5–0.75)、

[0.75–0.95]

相较于资本账户总体开放与资本账户流入开放对跨境资本流动的影响，资本账户流出开放对跨境资本流动的作用具有较强的稳定性。如就阿根廷而言，在资本账户管制程度变化与跨境资本流动水平的每个分位数区间内，流出方向资本账户的收紧对跨境资本流动的作用未出现方向转变，呈现出一致性特征。并且随一国资本账户流出开放政策实施的增加与跨境资本流动水平的下降，资本账户流出开放水平的下降逐步由加剧跨境资本流动转向抑制跨

境资本流动。

值得注意的是，资本账户流出开放下的跨境资本流动效应主要体现于 0.05～0.25 分位数区间内，即当跨境资本流动处于较低水平，并且资本账户流出开放政策实施较多时，此时加强资本流出管制将有效抑制跨境资本流动，这与资本账户流入开放下的跨境资本流动效应相同，但该抑制作用具有较强的稳定性，如阿根廷、秘鲁与德国在此条件下的资本账户流出开放均仅对跨境资本流动产生抑制作用，而其他分位数区间内，资本账户流出开放并不影响本国跨境资本流动。故在跨境资本流动水平较低，并且资本账户处于流出开放趋势下，对流出方向资本账户的调控可作为调节跨境资本流动更为有效的手段。

此外，相较于资本账户流入开放，资本账户流出开放对跨境资本流动的作用具有更强的主导作用。如就秘鲁而言，虽然无论资本账户管制程度变化与跨境资本流动水平处于哪一类分位数区间内，资本账户流出开放均对跨境资本流动产生抑制作用，但与资本账户流入开放下的跨境资本流动效应区别在于，随着秘鲁资本账户开放政策实施数量增加，该抑制作用逐步递增，而这一作用结果与资本账户总体开放对跨境资本流动的作用结果相同。

9.4.4　跨境资本流动对资本账户流出开放的分位数动态影响研究

乌克兰、阿根廷、秘鲁以及德国跨境资本流动对资本账户流出开放影响的实证结果如图 9.36 至图 9.39 所示，据此可以发现两个有趣的结论，其一，跨境资本流动对资本账户流出开放的作用大小与跨境资本自身的流动水平相关，即跨境资本流动对资本账户流出开放的影响大小随分位数区间的提升而不断增强，具体而言，当跨境资本流动水平提升，跨境资本流动为一国流出方向资本账户带来的收放压力增加，对资本账户开放程度变化的作用增强。

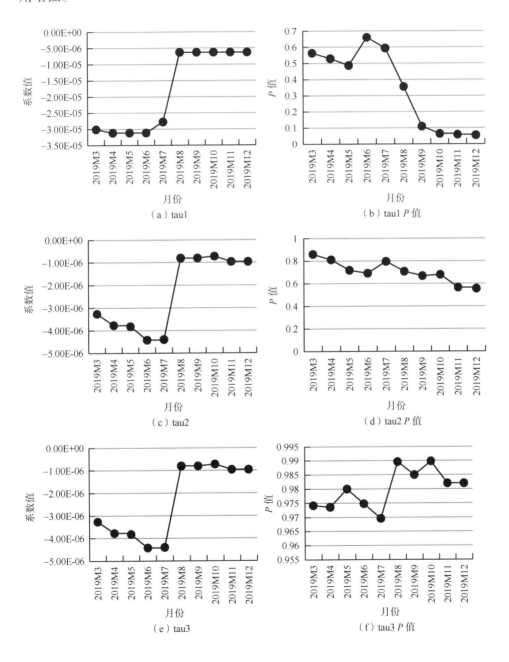

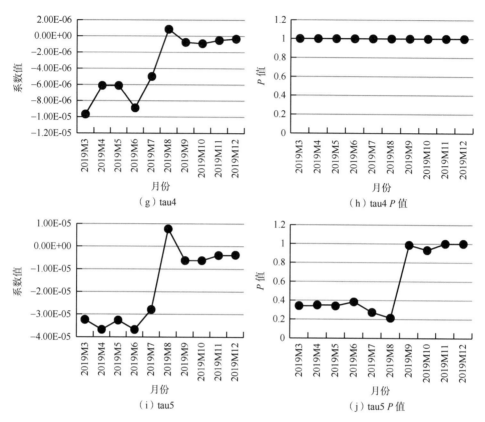

图 9.36　乌克兰高频跨境资本流动对资本账户流出开放的影响及显著性

tau 表示分位数区间，tau1 至 tau5 分别表示区间[0.05–0.25）、[0.25–0.5）、[0.5–0.5]、（0.5–0.75）、[0.75–0.95]

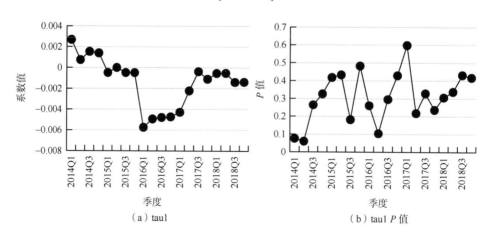

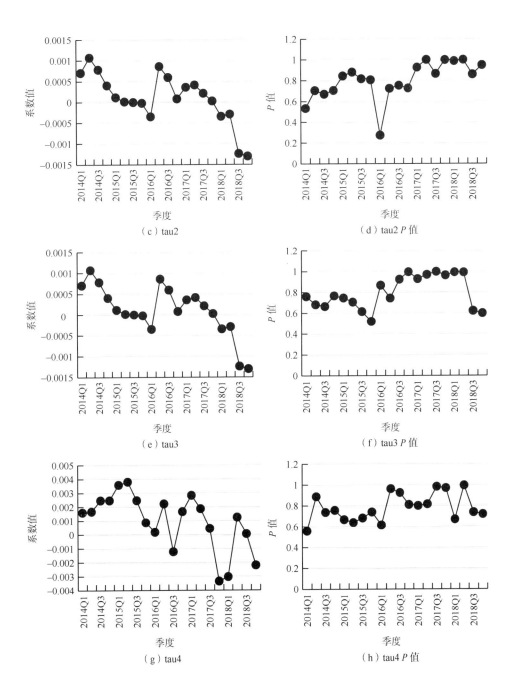

（c）tau2

（d）tau2 P 值

（e）tau3

（f）tau3 P 值

（g）tau4

（h）tau4 P 值

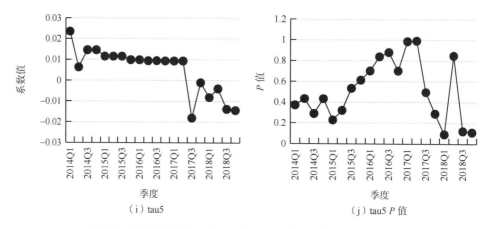

图 9.37 阿根廷跨境资本流动对资本账户流出开放的影响及显著性

tau 表示分位数区间,tau1 至 tau5 分别表示区间[0.05–0.25)、[0.25–0.5)、[0.5–0.5]、(0.5–0.75)、[0.75–0.95]

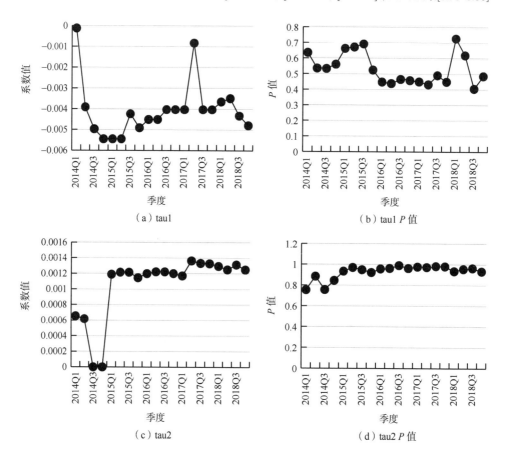

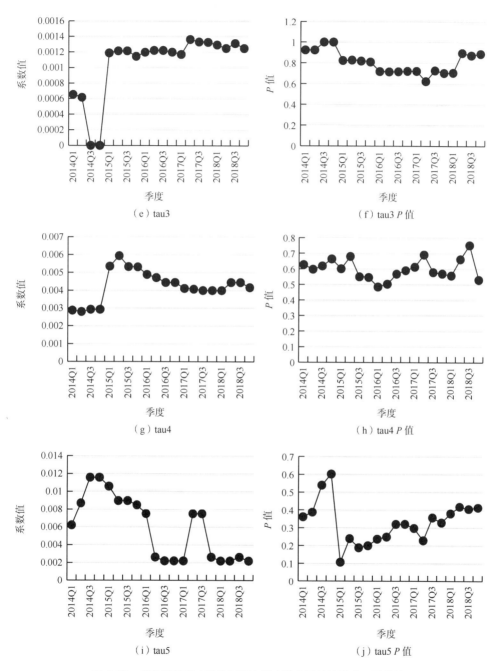

图 9.38　秘鲁跨境资本流动对资本账户流出开放的影响及显著性

tau 表示分位数区间，tau1 至 tau5 分别表示区间[0.05–0.25）、[0.25–0.5）、[0.5–0.5]、（0.5–0.75）、[0.75–0.95]

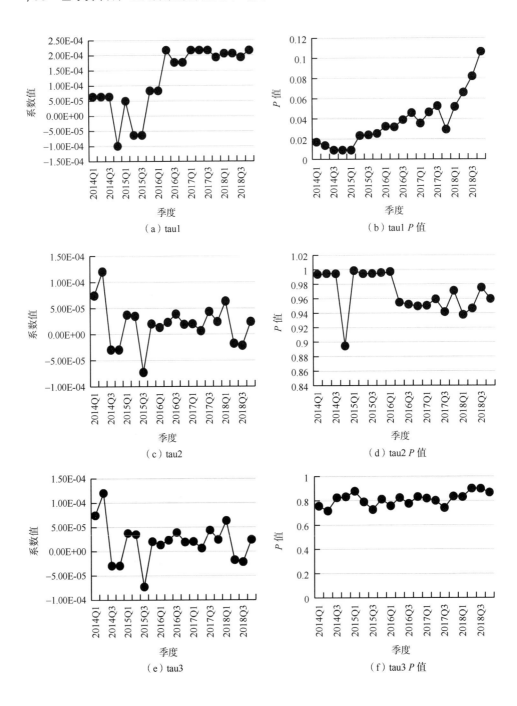

（a）tau1

（b）tau1 *P* 值

（c）tau2

（d）tau2 *P* 值

（e）tau3

（f）tau3 *P* 值

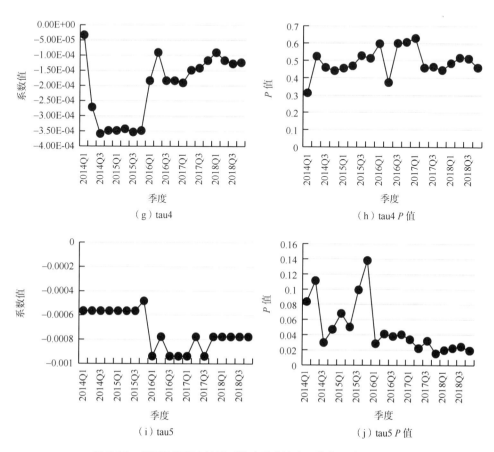

图 9.39　德国跨境资本流动对资本账户流出开放的影响及显著性

tau 表示分位数区间，tau1 至 tau5 分别表示区间[0.05–0.25)、[0.25–0.5)、[0.5–0.5]、(0.5–0.75)、
[0.75–0.95]

其二，跨境资本流动对资本账户流出开放的影响具有较强的主导性。如就秘鲁而言，虽然在 0.05～0.25 分位数区间内跨境资本流动将抑制资本账户开放，但跨境资本流动在全分位数区间内均不对资本账户流出开放带来影响，而这一作用关系与跨境资本流动对资本账户总体开放的影响相同。

9.5　本章结论及政策建议

9.5.1　研究结论

本章采用基于滚动窗口技术的分位数格兰杰因果检验法对资本账户双向开放与跨境资本流动的双向因果关系进行深入探究，主要结论如下。

资本账户总体开放对跨境资本流动的影响。第一，资本账户总体开放程度的变化并非一定影响跨境资本流动，该作用关系是否存在取决于资本账户开放程度变化与跨境资本流动水平的分布特征，即二者所处的分位数区间；第二，资本账户总体开放对跨境资本流动的影响具有国别异质性，因国家的经济发展特点、水平，国内投资者风险偏好、情绪而异；第三，资本账户总体开放对跨境资本流动的影响并非持续贯穿于整个样本区间，具有较强的时变性特征；第四，值得注意的是，上述三点结论同样存在于跨境资本流动对资本账户总体开放的影响过程以及资本账户双向开放与跨境资本流动的双向作用过程之中。

跨境资本流动对资本账户总体开放的影响。第一，跨境资本流动的加剧将为一国资本账户开放程度变化方向带来扭转压力，即改变一国资本账户开放程度变化的状态，并且当一国资本账户处于开放变化时，其对跨境资本流动更加敏感。当跨境资本流动处于 0.05～0.25 分位数时，跨境资本流动的加剧即可产生降低资本账户开放程度的压力；而只有当跨境资本流动水平处于 0.75～0.95 分位数时，跨境资本流动才对资本账户的管制变化方向产生反向作用力；第二，资本账户总体开放与跨境资本流动之间的双向作用关系具有较强的非对称性，其中跨境资本流动对一国资本账户开放的反作用较弱，即资本账户开放对跨境资本流动的影响在二者的双向作用关系中居于主导地位，故一国资本账户开放并非主要取决于本国是否受到国内外资本跨境流动的负面冲击，然而跨境资本流动所带来的负反馈可为一国资本账户开放政策的实施提供决策依据与参考。

资本账户双向开放对跨境资本流动的影响。第一，当跨境资本流动处于较高水平并且一国实施资本流入管制政策较多时，流入方向资本账户的连续收紧对跨境资本流动失去限制作用，反将加剧跨境资本流动；第二，当跨境资本流动水平较低时，资本账户流入开放预期的下调将有效限制跨境资本流动，即一国资本账户流入开放政策的接连实施将加剧跨境资本流动，而在此过程中灵活、适度地实施资本管制政策可有效对冲外部跨境资本流动冲击，同时在相同条件下，当资本账户流出开放政策实施得较多时，适当收紧流出方向资本账户亦将有效抑制跨境资本流动，并且该抑制作用具有更强的稳定性,故对流出方向资本账户的调控可作为调节跨境资本流动更为有效的手段；第三,相较于资本账户总体开放与资本账户流入开放对跨境资本流动的影响，资本账户流出开放对跨境资本流动的影响具有较强的稳定性；第四，相较于资本账户流入开放，资本账户流出开放对跨境资本流动的作用具有更强的主导作用。

跨境资本流动对资本账户双向开放的影响。第一，相较于跨境资本流动对资本账户总体开放的作用水平，其对资本账户流入开放的整体影响较弱；第二，跨境资本流动对资本账户流出开放的作用大小与跨境资本自身的流动水平相关，即跨境资本流动对资本账户流出开放的影响大小随分位数区间的提升而不断增强；第三，相较于跨境资本流动对资本账户流入开放的影响，跨境资本流动对资本账户流出开放的影响具有较强的主导性。

就中国而言，资本账户总体开放与资本账户流出开放对跨境资本流动产生不同作用，当资本账户总体开放政策实施得较多时，收紧资本账户将加速金融类资本跨境流动,而这主要与资本类别属性与资本的跨境流动成本相关；

而当资本账户流入管制政策实施得较多时，资本账户流入开放水平的下降亦将加剧跨境资本流入。值得注意的是，跨境资本流动对中国资本账户总体、双向开放政策的出台几乎不存在影响，这表明中国的资本账户开放政策具有较强的独立自主性，外部冲击难以使资本账户进入被动调控状态。

9.5.2 政策建议

第一，加强跨境资本流动的动态监测，实时把控跨境资本流动水平变化。由于资本账户开放与跨境资本流动间的双向作用关系具有时变性特征，并且跨境资本流动对资本账户开放亦存在明显的反作用力，因此在资本账户开放的进程中密切关注跨境资本流动的异常变化尤为必要，可为一国择向、择时开放资本账户提供理论依据与支撑。基于此，各国应建立跨境资本流动预警机制与风险量化机制，以实时把握国内外资本跨境流动规模水平、频率以及风险大小的变化，厘清各阶段下跨境资本流动状态，为各国灵活调控资本账户总体、双向开放程度提供决策参考。

第二，注重资本账户收-放政策与跨境资本流动状态的匹配选择。现阶段，各应建立资本账户开放-管制的动态调节机制，并且应保证跨境资本流动预警机制、风险量化机制与资本账户开放的动态调节机制协调运转以增强资本账户收放政策与跨境资本流动状态的匹配度，这是一国能够避免跨境资本流动冲击干预本国资本账户开放政策的实施、增强资本账户调控政策效果的关键点。具体而言，当跨境资本流动处于较高水平时，跨境资本流动将对一国施加资本账户开放压力，打破资本管制政策实施计划，削弱资本管制效果，因此一国应避免在跨境资本处于高水平流动状态下收紧资本账户。此外，在一国加速资本账户开放的进程中，资本账户开放水平对跨境资本流动尤为敏感，低水平的跨境资本波动亦将对一国产生资本管制压力，因此各经济体应在跨境资本流动处于平稳、低频状态下放开资本账户，以降低资本账户开放政策的实施阻力。

第三，平滑资本账户双向开放与管制政策。高频政策的实施为触发跨境资本流动的重要原因，为有效约束国内外跨境资本高频流动，熨平跨境资本流动波动性，各国应主动平滑资本账户双向开放政策与管制政策，放缓施政节奏，保证跨境资本平稳流动。具体而言，当跨境资本流动处于较低水平时，一国频繁实施资本账户流入、流出开放政策均将加剧国内外跨境资本流动，而阶段性地调节资本账户双向开放程度，放缓资本账户双向开放政策实施节奏尤为必要，如在资本账户双向开放进程中选择性地出台资本管制政策可有效降低跨境资本流动冲动；此外，当跨境资本流动处于较高水平时，各国应格外注重资本账户流入开放政策与流入管制政策的实施，在此条件下，一国频繁实施资本账户流入管制政策将加剧跨境资本流动，而在此过程中适当地放松资本管制、推动资本账户开放以平滑资本账户流入管制政策亦可缓释跨境资本流动压力，抑制跨境资本流动。基于此，各国应加强对资本账户流入开放与资本账户流出开放节奏的把控。

第四，跨境资本流动背景下的中国资本账户开放稳步推进。中国资本账户开放政策的实施亦应选择适当的跨境资本流动环境，而低水平的跨境资本流动状态为中国加速资本账户开放的择优时机。即当中国跨境资本流动水平较低时，即处于 0.05 至 0.25 分位数区间时，中国稳步推动资本账户开放可有效抑制跨境资本流动，故该水平下的跨境资本流动状态为中国加速资本账户开放进程提供了良性、稳定的环境。然而对于流入方向的资本账户而言，在跨境资本流动处于较高水平时，中国应慎重地将加强资本流入管制作为控制外部不确定性内向溢出的手段，此时中国连续实施资本账户流入管制政策将刺激跨境资本流动，故为规避跨境资本流动风险，中国应合理控制政策实施节奏，加强资本账户流入开放政策与管制政策的弹性。

第 10 章
资本账户双向开放下的汇率失衡调整

在过去的几十年间，为服务于我国经济发展，顺应改革开放的要求，促进我国贸易发展，人民币汇率制度和形成机制经过多次改革。为纠正不同时期由我国经济发展造成的人民币汇率失衡，人民币汇率制度的历次改革适时推出，具有至关重要的作用。

基于 10.2 节中对汇率失衡的测算，本书将人民币实际有效汇率和人民币汇率失衡描述在图 10.1 中，其中左侧纵坐标标注了人民币实际有效汇率，右侧纵坐标标注了人民币汇率失衡程度。人民币实际有效汇率在我国加入 WTO 之后有小幅下降，但在 2005 年人民币汇率制度改革后开启了上升通道，在 2014 年底达到顶峰，其间在 2008 年全球金融危机期间有小幅下降，2015 年人民币汇率中间价改革以后，人民币实际有效汇率变动幅度较小。

与之相对应的则是人民币汇率失衡程度，在我国加入 WTO 之前，人民币由短暂的低估转变高估，并在加入 WTO 一年后，重新回到低估的状态。2005 年第二季度前，人民币持续地处于汇率低估状态。在 2005 年人民币汇率制度改革后，人民币低估的程度开始逐渐缓和，但在 2007 年全球金融危机前有短暂的汇率高估。在 2008 年全球金融危机后，全球经济萧条，为支援全球经济复苏，人民币保持了较长时间的汇率高估，牺牲了出口利益。人民币

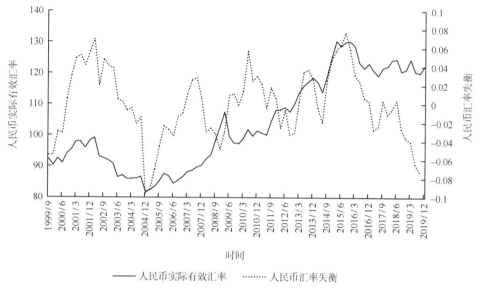

图 10.1　人民币实际有效汇率和人民币汇率失衡

汇率在经历了较长时间的高估后,在 2015 年人民币汇率高估达到顶峰并开始转弱,2018 年后人民币汇率转为低估的状态。

对比人民币实际有效汇率的变动以及人民币汇率失衡的动态历史,可以看出,人民币汇率失衡的变动是随经济发展和制度变迁发生变化的。随着持续推进的对外开放,我国在对外贸易中逐渐积累了大量外汇,而这使得人民币实际汇率升值,中国人民银行为解决人民币汇率失衡的问题,适时地推出新一轮的人民币汇率制度改革。从全球金融危机中人民币的表现可以看出,中国货币当局是有担当的,为全球经济的复苏做出了巨大贡献。

人民币币值稳定、定价合理是加强贸易合作、金融合作,增强投资者信心的重要保障。为此,在我国经济对外开放过程中,如何通过搭配资本账户的开放政策,辅助人民币币值稳定,调整人民币汇率失衡有着重要意义。

10.1　资本账户双向开放与汇率失衡调整的关联机制

10.1.1　资本账户双向开放与汇率稳定机制

资本账户开放措施是为应对资本异常跨境流动对本国经济和金融市场造成冲击而采取的措施。资本异常跨境流动的后果之一就是汇率的异常波动，汇率异常波动对本国对外贸易产生负面影响。资本自由流动、货币政策独立性和汇率稳定在三元悖论的理论体系中是不可兼得的，需要牺牲一定程度的资本开放，才能增强货币政策独立性，同时稳定汇率。

资本账户开放能够通过降低资本异常跨境流动，进而影响到外汇市场压力，从而影响到汇率的稳定。从汇率失衡角度看，资本账户开放对汇率失衡调整速度存在潜在影响。本书就全球主要经济体资本账户开放经验，研究资本账户开放强度对汇率失衡调整速度的作用，研究目标为探究资本账户对外和对内双向开放对汇率失衡持续期的作用，从而为解决汇率失衡问题提供政策建议。

由于经济环境的变化，汇率偏离均衡价格，在市场调节的作用下，汇率在市场因素的驱动下回归均衡水平。然而资本账户的管制减弱了资本跨境流动，从而影响了市场对汇率的调整作用，汇率失衡的调整受到资本账户开放的影响。本书从资本账户对外和对内开放两方面的影响出发，区分对外和对内开放对于汇率失衡调整的作用差异。另外，在此基础上，进一步讨论当汇率处于低估和高估时，资本账户双向开放对汇率失衡调整作用模式的区别。基于不同收入水平的经济体子样本，检验资本账户开放调整模式受经济体发展水平的影响。汇率政策直接影响到汇率浮动区间，不同经济体汇率政策的差异也会影响到汇率失衡的调整速度；全球金融市场环境也会影响投资者的投资信心，全球经济不确定性高，风险大时，资本跨境流动变得更加谨慎，资本开放的作用也会受到相应的影响；由于资本账户开放涉及多种类型子账户开放，如股票账户、债券账户等，区分这些资本账户子项开放的影响对政策设计和实施有重要的意义。因此本书进一步从汇率政策区分、全球金融环境和资本账户子项角度研究资本账户开放对汇率失衡调整速度的影响。

10.1.2　三元悖论视角下资本账户开放与汇率调整机制

20 世纪 90 年代，大多数经济学家认为资本账户开放会带来更高的福利，对于资本流入国而言，资本流入可以用于生产性投资，增加本国产出；对于资本提供国而言，投资者可以获取更高的资本回报并实现投资的分散化（Erten et al.，2021）。1997 年亚洲金融危机和 2008 年全球金融危机的发生使得越来越多的经济学家开始反思资本账户开放的效果，认为资本的大幅进出不利于一国经济发展，资本管制可以带来福利提升。

在传统的经济学理论下存在"三元悖论"，即独立的货币政策、稳定的汇率水平、自由的资本流动三者不可兼得。Rey（2015）认为，在全球的资本流动、资产价格和信贷增长方面存在金融周期,全球金融周期高度相关于 VIX 指数（Chicago Board Options Exchange Volatility Index），基于 VAR 模型进行实证研究发现中心国的货币政策是全球金融周期的重要决定因素。即使该国的汇率自由浮动，若该国资本自由流动，此时独立的货币政策也难以保持，"三元悖论"转变为"二元悖论"。

又有学者在"二元悖论"和"三元悖论"之间提出了 2.5 元悖论。Han 和 Wei（2018）研究了"二元悖论"和"三元悖论"是否成立的问题，并探讨了发达国家货币政策传导机制的问题，文章提出：当中心国家提升利率时，外围国家在浮动汇率制下能够具有货币政策独立性,当中心国家降低利率时，外围国家在浮动汇率制下也不能具有货币政策独立性。

很多文献认为逆周期操作是资本管制的特点之一，应该在经济繁荣时期加大对资本流入的管制，放松对资本流出的管制，在经济衰退时期，则采取相反的操作。Fernández 等（2015）实证检验了这一理论，发现资本管制几乎不具有周期性，经济活动的繁荣和衰退与资本管制程度的变动无关。

资本账户开放会直接影响跨境资本的流动，Wang 和 Wu（2021）实证研究了当面对美国货币政策冲击时，资本流动受新兴市场国家采取的资本管制措施的影响。文章假设美国货币政策只能通过影响资本管制措施来影响资本流动，不存在其他的影响渠道。研究发现，资本流入限制措施会显著减少负债端资本流动，资本流出放松措施对资产端资本流动没有显著影响，资本净流入措施会显著减少净资本流动。

货币政策独立性与资本账户开放密切相关，一般认为，当采取资本管制时，一国的货币政策独立性会提高。Pasricha 等（2018）采用一个全新的数据集研究了新兴市场国家资本管制措施的国内和国外影响，研究发现，当资本账户开放程度提高时，货币政策独立性减少、汇率的波动性增加，这与"三元悖论"的结论一致。从对国外的影响来看，更紧的资本流入管制措施可以在国际产生显著的溢出效应，特别是在 2008 年全球金融危机之后流动性非常充裕的时期。Davis 和 Presno（2017）构建了一个 DSGE 模型来研究资本控制与货币政策独立性的关系，结果表明，相比于浮动汇率制国家，固定汇率制国家制定货币政策时会将更多的权重置于外国利率上，更少的权重置于国内通胀上。即便是对于浮动汇率制国家，资本管制也会增强货币政策独立性，资本管制的存在可以纠正信贷约束扭曲，使货币政策将更多的权重置于国内通胀之上。

另外有学者研究了资本管制如何影响不同金融脆弱性（financial vulnerability）行业的贸易。Lai 等（2021）使用 Fernández 等（2016）的数据来测算资本管制的强度，研究发现，出口国家的外部融资水平越高的行业受资本控制的负面影响越大，行业的有形资产额越高，受资本控制冲击的影响越小；对于进口国家而言，资本控制的强度越大，贸易量越小，并且这种效应在不同行业之间具有同质性。

10.1.3　资本账户开放与汇率失衡的相关研究发现

关于资本账户开放的研究角度很多，对于经济的影响是其中的重点问题之一。Arteta 等（2001）研究了资本账户开放是否与经济增长有关的问题，作者实证检验了资本账户开放对经济增长的影响，并进一步检验了这一影响是否与国家的发展阶段有关，研究结果表明，资本账户开放的效应与一国的法律制度有关，与一国金融市场的深度不相关。另外作者还发现，尽管贸易开放度能显著影响经济增长，但资本账户开放的效果不取决于贸易开放度，而是取决于一国的宏观经济失衡状况。Quinn 和 Toyoda（2008）采用 94 个国家资本账户和金融经常账户的数据实证检验了资本账户开放是否能导致更高的经济增速的问题。作者使用混合时间序列、跨面板 OLS（ordinary least squareuo，普通最小二乘法）和系统 GMM 方法，检验了经济增长率的影响因素。研究发现，在发达国家和发展中国家中，资本账户开放与经济增长显著正相关，其中，股票市场开放对经济增长有独立的作用。Klein 和 Oliver（2008）采用 1986～1995 年和 1976～1995 年时期的数据，证实了资本账户开放对金融深化和经济增长的显著影响，资本账户开放通常会导致一国的金融深度显著加深，并且导致更高的经济增长速度。但是，上述结论主要对于发达国家成立，对于发展中国家则不成立，发展中国家资本账户开放并不一定带来金融深化程度的加深和更高的经济增长速度，因此应该谨慎考虑在发展中国家推进资本账户开放的程度。Eichengreen 等（2011）综合研究了在控制住金融危机、国内金融发展和制度力量等因素后，资本账户开放对产业增长的影响。作者发现，尽管资本账户对增长的影响在金融危机期间会消失，但是资本账户开放通常会对金融依赖产业的增长有正向作用。进一步的研究表明，这一正向影响仅限于金融体系发达、会计制度良好、法律制度完善的国家，这也表明一国如果要享受资本账户开放带来的红利，那么它的制度建设首先要达到一定的阈值。Honig（2008）对传统的检验资本账户开放对增长影响的结论提出了质疑，认为即使控制了国内金融市场制度的影响，很多文献依然发现资本账户开放不会影响国内增长。反向因果是一个可能的解释，如果低增长的国家通过资本账户开放来拉动经济增长，那么资本账户开放的影响会被低估，为了消除这一影响，作者使用其他国家的开放程度作为工具变量，研究发现资本账户开放能正向影响经济增长。

Bumann 和 Lensink（2016）从理论和实证的角度研究了资本账户开放与收入不平等的关系。文章首先构架了一个带有银行部门的理论模型进行研究，发现资本账户开放能够显著提升银行部门的效率，并带来利率的调整，从而影响投资者和储户的收入。理论上讲，收入不平等受资本账户开放的影响是不确定的，但是资本账户开放能够改善金融深化程度比较深的国家的收入分配。实证结果表明，当金融深化程度超过 25% 时，加大资本账户开放会降低收入不平等。

Gruben 和 McLeod（2002）采用 100 个国家的数据实证研究了资本账户开放与通货膨胀的联系，研究发现资本账户开放与低通胀之间存在非常强的正向关系。特别是，20 世纪 90 年代，大规模的资本账户开放使得全球范围内出现通缩。如果采用其他衡量资本账户开放的指数，上述结论依然成立。

Furceri 和 Loungani（2018）采用 149 个国家 1970～2010 年的面板数据实证研究了资本账户开放与全球不平等上升的问题。作者提出了三个资本账户开放影响不平等的渠道，首先，如果信贷市场缺乏深度、金融市场包容性比较低，则资本账户开放能较大影响不平等，并且如果金融市场包容性比较低，资本账户开放不会对贫困率有正向影响；其次，发生金融危机以后，资本账户开放对不平等的影响加大；最后，企业和工人之间的议价能力受资本账户开放影响而改变，在资本账户开放之后，劳动收入的份额有所下降。

Liu 等（2021）通过构建一个 DSGE 模型研究了中国的资本账户开放问题，模型包含了中国的金融抑制特点，尽管国有企业的生产率比民营企业要更低，银行要求以一个较低的利率向国有企业贷款。文章将上述特点纳入到了一般均衡模型，研究发现，在国有企业占比下降的转移路径上，福利最大化要求快速去掉金融抑制的影响，逐渐推进资本账户开放。

Glick 等（2006）研究了资本账户开放与货币危机之间的问题，要研究这一问题必须控制住自我选择偏误问题，由于实施资本账户开放的国家通常具有更好的经济基本面，因此更不容易遭受货币危机。作者使用得分倾向匹配方法研究了发展中国家的这一问题，在控制住样本选择偏误后，研究发现资本账户开放会减小国家遭受货币危机的可能性。

汇率失衡的定义为汇率相对于均衡水平的偏离（Mahraddika，2020；Nouira and Sekkat，2015）。目前从不同的角度研究汇率失衡的原因和影响的文献有很多。Montecino（2018）研究了实际汇率的动态调整与资本管制之间的关系，作者使用发展中国家和发达国家的数据，研究发现资本管制能够显著减缓实际汇率向长期均衡水平的调整速度，这一结论在汇率被低估时更加显著，并且与其他异质性因素无关。作者进一步研究发现，资本流入的管制效果要大于资本流出的管制效果，如果资本管制与固定汇率制或有管理的汇率制度组合，这会使得汇率失衡的持续性增加。Engel（2011）构建了一个两国模型，文章假设 Calvo 定价机制，并且引入了当地货币定价，得到了货币政策合作情形下的福利损失函数，研究发现福利损失除了与本国和外国的产出缺口、本国和外国的价格分散有关，还与货币失衡有关，并且求解了承诺和相机抉择两种情形下的最优货币政策。

20 世纪 90 年代，对于很多新兴市场国家而言，实际汇率在金融危机之前通常经历较大的高估。较高的汇率失衡通常增加了发生危机的概率。Holtemöller 和 Mallick（2013）使用 69 个国家的数据实证研究了汇率制度对货币高估或低估的解释，研究发现，一国的汇率制度越灵活，那么货币失衡的程度越低，发生危机的可能性越低。

汇率失衡对经济的影响是多方面的。Béreau 等（2012）研究了汇率失衡与经济增长之间的关系，文章将汇率失衡定义为实际汇率对均衡水平的偏离，研究发现，实际汇率对经济增长的影响与它们的符号有关，实际汇率高估会负向影响经济增长，实际汇率低估会使本国的出口增加，从而显著提升经济增长水平。Giannellis 和 Koukouritakis（2013）研究了汇率失衡与通货膨胀之间的关系，发现汇率低估与通胀之间没有明显的关系，然而通货膨胀与汇率波动有关，在本国汇率贬值时期，本国通胀通常具有较强的持续性，相反，当本国货币贬值较慢或者币值稳定时，通货膨胀短暂存在。Sekkat（2016）研究了汇率失衡与出口多样化之间的关系。

不同学者对于汇率失衡的影响因素得出的结论各不相同。Mahraddika（2020）使用 60 个发展中国家 1980～2014 年的数据，研究了实际汇率失衡、汇率制度灵活性和资本账户开放之间的关系，研究发现汇率制度和资本账户开放程度能够显著影响实际汇率失衡，如果一国的汇率制度越灵活、资本账户开放程度越高，那么实际汇率调整到均衡水平的速度越快。Nouira 和 Sekkat（2015）研究了汇率失衡的决定因素，除了考虑传统的汇率制度因素，文章还考虑了制度水平和金融发展程度的影响。研究发现在中间汇率制度下，汇率失衡的程度比固定汇率制和浮动汇率制下更大。除此之外，通胀压力和石油出口都伴随着更大的汇率失衡，而更高的制度水平会带来较小的汇率失衡，金融发展对汇率失衡没有明显影响。Jeanne（2012）构建了小国开放模型来探究外汇干预政策如何持续影响一国汇率的升值。

另外有一些文献具体研究了国家汇率失衡的问题。Cheung 等（2009）采用传统统计推断的方法，实证检验了人民币是否被低估的问题，研究发现，如果考虑了样本不确定性和线性相关问题的影响，那么实证上来看人民币几乎没有被低估。Kemme 和 Roy（2006）建立了基于宏观基本面的经济模型，计算了波兰和俄罗斯 20 世纪 90 年代汇率失衡的程度及相关因素。研究发现，波兰的汇率制度越灵活，实际汇率失衡程度越低；对于俄罗斯而言，卢布的高估、名义汇率的黏性和错误的宏观经济政策是俄罗斯货币危机发生的原因。

基于上述讨论，本章依托对资本账户双向开放和汇率失衡的测度，研究资本账户双向开放对汇率失衡调整速度的作用。本章的贡献如下：①本章采用协整模型对各国汇率失衡的程度进行测算，继而采用误差修正模型对资本账户双向开放在汇率失衡调整中的速度进行分析，证明了资本账户开放有利于加快汇率恢复均衡，并发现资本账户开放的作用在汇率高估和低估时的效果存在差异。②本章从多个维度探讨了资本账户开放的作用，发现资本账户开放对汇率失衡调整的作用随国家收入差异、国家汇率制度差异存在区别，但全球经济环境变化对资本账户开放的作用影响较小，最后本章验证了资本账户几个代表性子项对汇率失衡调整的异质性作用。③基于本章的研究结论，从全球各国经验探讨了我国应对人民币汇率稳定，发挥人民币对经济发展、贸易合作等作用过程中，应当实施的资本账户双向开放组合及子项开放组合的政策建议。

10.2　资本账户双向开放与汇率失衡调整的基准实证检验

10.2.1　汇率及经济基本面数据说明

为研究资本双向开放对汇率失衡调整的作用，首先需要对汇率失衡进行度量，然后对汇率失衡的均值回复速度进行检验。为此本书搜集了实际有效汇率和各经济体经济基本面变量的数据，并采用资本账户开放数据库中对样本资本账户总体及双向开放的数据，最后形成了一个包含 37 个国家的季度平衡面板数据，时间跨度为 1999 年 1 季度至 2019 年 4 季度。

受限于数据的可得性，本章选取的样本为国际清算银行（Bank for International Settlements，BIS）公布的实际有效汇率和信贷数据所包含样本的交集，共包含澳大利亚、希腊、波兰、中国、奥地利、葡萄牙、墨西哥、比利时、匈牙利、沙特阿拉伯、俄罗斯、加拿大、以色列、新加坡、南非、智利、意大利、西班牙、泰国、捷克、日本、瑞典、土耳其、丹麦、韩国、瑞士、芬兰、卢森堡、英国、印度、法国、新西兰、美国、印度尼西亚、德国、挪威、巴西等 37 个国家。

为度量各国汇率失衡，本书搜集了各国实际有效汇率（real effective exchange rate，REER）、消费者价格指数（consumer price index，CPI）、名义 GDP 和中央银行政策利率。其中本书从国际货币基金组织的国际金融统计（International Financial Statistics，IFS）数据库整理了各国的 CPI 和名义 GDP 的数据，从国际清算银行整理了各地区的中央银行政策利率，其中政策利率为季末数据。

作为控制变量，本书搜集了各国信贷与 GDP 之比缺口（credit-to-GDP gap）、各国商品贸易条件（commodity terms-of-trade）、全球经济政策不确定指数（economic policy uncertainty，EPU）和全球流动性指标（global liquidity）。其中各国信贷与 GDP 之比缺口和全球流动性指标来源于 BIS，各国商品贸易条件来源于 IMF，全球经济政策不确定指数来源于 EPU 网站。

通常 REER、CPI、名义 GDP 和中央银行政策利率存在单位根，本书对实际有效汇率、CPI 和名义 GDP 取对数后，采用协整模型分析变量间长期均衡关系，测度汇率失衡程度。对于控制变量，本书采用对数差分或差分的形式，将变量变为平稳序列。其中全球经济政策不确定指数和全球流动性指标用于检验全球经济环境变化对资本账户开放效果，采用对数的方式取这两个变量的水平值。

根据 GKAOPEN 数据库对各地区资本账户开放变化的度量，本书以 1998 年末作为基准，逐步加总各国每个季度资本账户开放变化，构建了每个国家资本账户开放程度，时间跨度为 1999 年 1 季度至 2019 年 4 季度，kc 等指标数值为正，代表样本当年资本开放程度相较 1998 年末有所下降。

表 10.1 是所有变量的描述性统计结果。

表 10.1　变量的描述性统计

变量	均值	标准差	最小值	最大值	备注
REER.l	4.574	0.127	3.813	5.015	对数
CPI.l	4.582	0.188	3.754	5.503	对数
GDP.l	13.504	2.454	8.481	22.126	对数
EPU.l	4.722	0.396	4.012	5.643	对数
Liquidity.l	3.817	0.156	3.512	4.201	对数
Policy.Rates.l	3.703	4.332	−0.750	54.000	水平值
REER.c	0.000	0.034	−0.312	0.214	对数差分
CPI.c	0.007	0.009	−0.035	0.087	对数差分
GDP.c	0.014	0.059	−0.387	0.196	对数差分
Policy.Rates.c	−0.065	0.699	−9.000	9.750	差分
Credit.c	0.005	0.022	−0.150	0.189	对数差分
CTOT.c	−0.002	0.048	−0.432	0.367	对数差分
EPU.c	0.018	0.189	−0.384	0.560	对数差分
Liquidity.c	0.002	0.032	−0.089	0.065	对数差分
kc	−0.139	0.800	−4.277	2.664	资本账户开放
kci	−0.082	0.688	−5.282	2.391	资本账户流入开放
kco	−0.196	1.070	−6.418	3.000	资本账户流出开放

续表

变量	均值	标准差	最小值	最大值	备注
eq	-0.429	0.922	-6.15	0.75	股票账户开放
eqi	-0.293	0.804	-8.30	1.00	股票账户流入开放
eqo	-0.565	1.348	-9.50	1.00	股票账户流出开放
bo	-0.318	0.847	-4.95	1.00	债券账户开放
boi	-0.202	0.593	-4.80	1.00	债券账户流入开放
boo	-0.433	1.302	-8.20	1.50	债券账户流出开放
ci	-0.324	0.679	-4.75	1.50	集合投资账户开放
cii	0.206	0.573	-4.60	1.00	集合投资账户流入开放
cio	0.443	1.111	-7.50	2.00	集合投资账户流出开放
di	-0.416	1.608	-12.10	5.00	直接投资账户开放
dii	-0.241	1.725	-17.00	7.20	直接投资账户流入开放
dio	-0.590	2.264	-20.20	5.00	直接投资账户流出开放
mm	-0.332	0.767	-4.25	1.85	货币市场账户开放
mmi	-0.296	0.951	-6.70	4.90	货币市场账户流入开放
mmo	-0.369	0.830	-4.90	1.00	货币市场账户流出开放
fc	-0.432	1.801	-10.20	14.20	金融信贷账户开放
fci	-0.304	1.633	-8.00	14.20	金融信贷账户流入开放
fco	-0.559	2.094	-12.40	14.20	金融信贷账户流出开放

从表 10.1 中可以看到，由于 REER 和 CPI 都是指数的形式，取对数后，各国存在小幅区别，但 GDP 的跨地区较大差异反映出大经济体和小经济体间经济水平差异存在显著差异。就全球环境而言，EPU 的历史标准差说明全球经济政策不确定性在 21 世纪初的 20 年间有较大幅度的变化，Liquidity 则说明全球流动性在每个年份也有区别，但变化不大。Policyrate 的最大值和最小值相差 54.75，标准差更达到 4.332，反映出在样本的 37 个国家内，政策利率受到 2008 年全球金融危机的冲击，在各个样本各个时期差异明显。

就变量的平均变动率而言，各样本呈现出经济增长态势和温和的通货膨胀，各经济体的政策利率在后期均有所下降，但信用有所增长。从 EPU 数据看出，在样本期内，全球经济政策不确定性提升。

表 10.1 中，kc、eq、bo、ci、di、mm 和 fc 分别表示资本账户、股票账户、债券账户、集体投资、直接投资、货币市场和金融信贷的总体开放程度，kci、eqi、boi、cii、dii、mmi 和 fci 分别表示资本账户、股票账户、债券账户、集体投资、直接投资、货币市场和金融信贷的资本流入开放程度，kco、eqo、boo、cio、dio、mmo 和 fco 分别表示资本账户、股票账户、债券账户、集体投资、直接投资、货币市场和金融信贷的资本流出开放程度。从平均值上可以看出，全球总体的趋势是经济开放，资本账户和各类子账户在总体、资本流入和资本流出方面均为负数。从绝对值角度看，资本账户开放程度的变化主要由股票账户、集体投资、直接投资、金融信贷这四类子项账户的变化组成。在样本期内，资本流出的开放变化高于对资本流入的开放变化，并且这个模式也体现在各个资本账户子项账户的资本流入和流出的开放变化中。

10.2.2　汇率失衡度量与汇率失衡调整的实证模型设计

本书包含两个阶段的实证研究：首先是对各样本货币汇率失衡程度进行度量；进而进一步分析汇率失衡调整的速度。

在汇率理论的框架下，货币的实际汇率围绕一个均衡实际汇率进行波动变化。均衡汇率的决定因素及影响随时间发生变化。但由于决定因素对市场冲击的反应速度不同，最终造成汇率的超调或低调，如在价格刚性等因素的存在下，Dornbush（1976）提出了汇率超调理论。汇率的超调或低调都是汇率失衡的表现。

目前货币汇率理论包含购买力平价理论、利率平价理论、货币汇率理论、

Taylor rule 模型（泰勒规则模型）、BEER 模型（行为均衡汇率模型）和 FEER 模型（基本要素均衡汇率模型）。不同的汇率模型对汇率的决定因素描述存在差异：购买力平价理论和利率平价理论分别认为价格水平和利率水平是两国货币汇率的决定因素；货币汇率理论从费雪的货币模型出发，认为货币供应量、通货膨胀率、经济增长、利率差异是汇率形成的决定因素；Taylor rule 模型则基于利率平价理论，从货币当局对利率形成机制的讨论出发，认为产出缺口和通货膨胀率通过影响利率作用于汇率形成；BEER 模型和 FEER 模型则是基于政府财政支出、国际贸易条件、利率等因素探讨本国货币的均衡价值。虽然目前提出了多种货币汇率理论，然而实证数据表明这些汇率理论难以对现实数据进行解释，而这被称为汇率脱离之谜。受制于数据的原因，基于 BEER 模型和 FEER 模型需要搜集各国财政支出数据，而本书的 37 个样本国家公布的财政支出的数据难以获得；购买力平价理论和利率平价理论仅依托两国的物价水平和利率水平，得到的误差结果较大；Taylor rule 模型则受限于各国利率政策及利率形成机制，不满足 Taylor rule 利率形成机制的国家，采用此模型得到的均衡汇率存在较大误差；货币汇率模型需要各个国家的货币供应量等数据，然而大部分国家并未公布货币供应量的数据。

　　考虑到各个汇率模型的特点，为测度各样本货币汇率失衡，受限于数据的可得性，本书最终采用简化的货币汇率模型。简化的货币汇率模型将汇率、CPI、GDP 和政策利率进行统筹分析。在对单一国家数据进行分析中，这几个变量通常存在单位根，直接回归会产生估计偏误的问题，需要借助协整模型进行分析。因此本书采用协整模型中动态最小二乘（dynamic ordinary least square，DOLS）方法，估计实际有效汇率、CPI、GDP 和政策利率的协整关系。DOLS 在小样本、联立性偏误等方面具有优越性。具体模型如下：

$$\text{reer}_{i,t} = a_i + b_i' x_{i,t} + \sum_{j=-1}^{1} d_i' D x_{i,t-j} + e_{i,t} \qquad (10.1)$$

其中，$\mathrm{reer}_{i,t}$ 为对数实际有效汇率；$x_{i,t}$ 为对数 CPI、对数 GDP 和政策利率。考虑到每个国家均衡汇率模型不同，基于模型（10.1），本书分别对每个样本进行回归估计，根据估计结果，误差项 $\hat{e}_{i,t}$ 即为 i 国家汇率偏离长期均衡的程度，即汇率失衡的估计值。

汇率失衡出现后，实际汇率在市场和经济因素的作用下向均衡汇率移动，然而汇率失衡的均值回复调整速度受到各种因素的影响，需要进行检验。基于对汇率失衡的估计，本书采用误差修正模型对汇率失衡调整的速度进行估计。基准模型如下：

$$\Delta \mathrm{reer}_{i,t} = \alpha + \theta_{i,t-1}\hat{e}_{i,t-1} + \gamma'\Delta x_{i,t} + \delta_i'\Delta z_{i,t} + \lambda_i + \lambda_y + \lambda_q + \varepsilon_{i,t} \qquad （10.2）$$

其中 $z_{i,t}$ 为控制变量；λ_i、λ_y、λ_q 分别为个体固定效应、年度固定效应和季度固定效应。$\hat{e}_{i,t-1}$ 为滞后一期的汇率失衡估计值，系数直接表明了滞后期的汇率失衡对当期实际汇率变动的影响，反映了汇率失衡的均值回复速度，根据均值汇率半衰期的计算公式 $\ln(1/2)/\ln(1+\theta_{i,t})$，$1+\theta_{i,t}\in(0,1)$ 数值越大半衰期越短，半衰期与均值回复时间是正相关的。

为研究资本账户开放对汇率失衡调整的影响，本书认为 $\theta_{i,t}$ 的数值变动与资本账户开放程度有关，故将 $\theta_{i,t}$ 设定为

$$\theta_{i,t} = \theta_1 + \theta_2 \mathrm{OP}_{i,t} \qquad （10.3）$$

其中，$\mathrm{OP}_{i,t}$ 为资本账户总体开放或资本账户资本流入和资本流出双向开放的指标向量；θ_1 反映了资本账户初始开放水平下，汇率失衡均值回复速度；θ_2 则反映了资本账户开放过程中，资本账户开放程度对汇率失衡均值回复速度的作用。本书资本账户开放指标为负代表资本账户开放，因此 θ_2 为正，代表资本账户开放时，有利于缩短汇率失衡调整的时长。

货币汇率高估和低估时造成的经济效应不同，汇率高估时，有利于进口而不利于出口，汇率低估时的经济效应正好相反。在不同环境中，汇率

变动受到的驱动因素不同，汇率均值回复的模式也会产生不同，资本账户开放对汇率失衡调整的作用存在差异，因此本书继续将非对称效果加入到 $\theta_{i,t}$ 设定中：

$$\theta_{i,t} = \theta_1 + \theta_2 \text{OP}_{i,t} + \theta_3 I(\hat{e}_{i,t} < 0) + \theta_4 \text{OP}_{i,t} I(\hat{e}_{i,t} < 0) \qquad （10.4）$$

除此之外，20 世纪 70 年代布雷顿森林体系崩溃以来，许多国家和地区脱离了绑定美元的固定汇率制度，随着时间的演化，全球出现了不同类型的汇率制度，如完全浮动汇率制度、爬行钉住汇率制度、有管理的浮动汇率制度等。不同汇率制度下，名义汇率的波动区间不同，市场出现冲击时，汇率的反应程度存在区别。在汇率出现失衡时，不同类型的汇率制度下，中央银行采取调整汇率的措施有所不同，造成汇率失衡调整的速度各不相同。因此需要检验汇率制度是否会对汇率失衡调整产生影响。考虑到汇率制度对汇率浮动区间的影响，本书依据 Ilzetzki 等（2019）对全球各国货币汇率制度的研究，将汇率制度自固定汇率制度到完全浮动汇率制度划分为 5 种汇率制度。另外，在全球货币投资活动中，风险因素是跨境投资者的重要考量因素，其中全球经济政策不确定性和全球资本流动性是造成投资者损失的直接因素。汇率通常受到跨境投资者带来的资本流动的因素影响，考虑到全球经济环境对国际资本流动产生的影响，本书从全球经济政策不确定性和全球流动性两个角度探讨资本开放对汇率失衡调整的作用是否受到全球经济环境的影响。最后，资本账户开放是基于不同子项金融账户的开放进行的，不同类型的子项账户对汇率失衡调整存在不同驱动因素，因此，本书对每个资本账户子项开放进行检验。具体对 $\theta_{i,t}$ 设定分别为

$$\begin{aligned}\theta_{i,t} = {} & \theta_1 + \theta_2 \text{OP}_{i,t} + \theta_{1,1} \text{Rg}_1 + \theta_{2,1} \text{OP}_{i,t} \text{Rg}_1 + \theta_{1,2} \text{Rg}_2 + \theta_{2,2} \text{OP}_{i,t} \text{Rg}_2 \\ & + \theta_{1,3} \text{Rg}_3 + \theta_{2,3} \text{OP}_{i,t} \text{Rg}_3 + \theta_{1,4} \text{Rg}_4 + \theta_{2,4} \text{OP}_{i,t} \text{Rg}_4\end{aligned} \qquad （10.5）$$

$$\theta_{i,t} = \theta_1 + \theta_2 \text{OP}_{i,t} + \theta_3 \text{EPU}_t + \theta_4 \text{OP}_{i,t} \text{EPU}_t + \theta_5 \text{Liquidity}_t + \theta_6 \text{OP}_{i,t} \text{Liquidity}_t \qquad （10.6）$$

$$\theta_{i,t} = \theta_1 + \theta_2 \text{subOP}_{i,t} \qquad (10.7)$$

其中，Rg_i 代表第 i 类汇率政策；EPU 和 Liquidity 分别为对数经济政策不确定性和对数全球流动性；subOP 代表资本账户子项开放程度。

10.2.3　样本汇率失衡的测度分析

基于对模型（10.1）的估计，可以得到 1999 年 1 季度到 2019 年 4 季度各样本货币汇率失衡的数据。表 10.2 是对样本汇率失衡数据进行的统计分析，其中最大值和最小值是样本汇率历史失衡中的最大高估和最小低估数值，标准差为汇率失衡的波动幅度，低估比例为汇率低估的时期占比。

表 10.2　样本汇率失衡的统计分析

收入水平	国家	最大值	最小值	标准差	低估比例
高收入经济体	澳大利亚	0.148	−0.142	0.065	0.506
	奥地利	0.031	−0.031	0.014	0.506
	比利时	0.043	−0.053	0.022	0.457
	加拿大	0.179	−0.148	0.077	0.556
	智利	0.116	−0.098	0.046	0.457
	捷克	0.142	−0.138	0.059	0.519
	丹麦	0.055	−0.07	0.029	0.481
	芬兰	0.038	−0.04	0.019	0.531
	法国	0.068	−0.083	0.033	0.469
	德国	0.055	−0.059	0.030	0.469
	希腊	0.058	−0.052	0.025	0.593
	匈牙利	0.148	−0.15	0.061	0.506
	以色列	0.136	−0.118	0.059	0.506
	意大利	0.056	−0.059	0.028	0.469
	日本	0.278	−0.204	0.102	0.529
	韩国	0.128	−0.114	0.053	0.538
	卢森堡	0.028	−0.031	0.013	0.519
	新西兰	0.133	−0.136	0.056	0.519

续表

收入水平	国家	最大值	最小值	标准差	低估比例
高收入经济体	挪威	0.144	−0.098	0.045	0.469
	波兰	0.200	−0.142	0.064	0.605
	葡萄牙	0.047	−0.043	0.021	0.519
	沙特阿拉伯	0.055	−0.04	0.02	0.491
	新加坡	0.026	−0.031	0.011	0.543
	西班牙	0.048	−0.048	0.024	0.481
	瑞典	0.061	−0.084	0.036	0.432
	瑞士	0.098	−0.081	0.032	0.519
	英国	0.084	−0.07	0.033	0.568
	美国	0.109	−0.116	0.047	0.519
中高收入经济体	巴西	0.169	−0.222	0.082	0.469
	中国	0.076	−0.096	0.038	0.481
	墨西哥	0.134	−0.152	0.057	0.494
	俄罗斯	0.136	−0.112	0.056	0.508
	南非	0.149	−0.241	0.082	0.432
	泰国	0.094	−0.059	0.033	0.553
	土耳其	0.171	−0.138	0.064	0.522
中低收入经济体	印度	0.054	−0.079	0.035	0.450
	印度尼西亚	0.072	−0.096	0.037	0.556

从表 10.2 中，我们可以看到大部分国家的汇率失衡处于[−0.1，0.1]区间内，汇率失衡幅度较小。但日本和波兰的汇率失衡最大值都超过或等于 0.2，表明这两个国家汇率高估幅度较大；而南非、巴西和日本的汇率失衡最小值均低于−0.2，说明这三个国家汇率在历史上曾出现过较大程度的低估。就标准差而言，有 23 个国家和地区汇率失衡波动低于 0.05，汇率失衡幅度较小。从汇率低估的时长而言，22 个国家和地区的低估比例高于 50%，说明大多数国家汇率失衡在较长的历史时期内保持汇率低估；其中在波兰、希腊和英国，货币汇率低估的时期占比分别为 60.5%、59.3%和 56.8%；而中国汇率被低估的时期占比仅为 48.1%，说明人民币大部分时间是被高估的。

在高收入的 28 个经济体中，低估比例低于 50%的仅有 10 个，分别为比利时、智利、丹麦、法国、德国、意大利、挪威、沙特阿拉伯、西班牙和瑞典，而其他的大多数低估比例高于 50%。这反映出高收入经济体货币低估的时期比货币高估的时期多，在国际贸易中，出口优势更加明显。在中高收入的 7 个经济体中，巴西、中国、墨西哥和南非的货币低估时期占总时期的比例低于 50%，说明这些经济体在出口贸易中并未长期采用汇率低估的方式来占据出口贸易中的优势。在金砖五国中，只有俄罗斯的汇率低估比例时期略高于 50%。金砖五国在过去几十年的经济发展中，贸易为经济增长提供原动力，但金砖五国的出口贸易并不是通过汇率低估的方式，获得产品在国际市场上的价格竞争力，而是通过贸易部门的努力，使产品得到广泛认可。

图 10.2 为不同收入类型的样本货币平均汇率失衡情况。可以看出，高收入国家样本自 2002 年底到 2014 年底，大部分季度保持着汇率高估的状态，但在 2008 年全球金融危机期间出现了汇率的短暂低估，但 2014 年之后，高收入国家货币一直保持着汇率低估的状态。中高收入国家的汇率失衡状态则

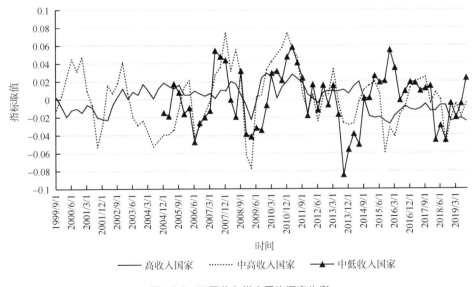

图 10.2　不同收入样本平均汇率失衡

表现出较大的变化，在 2001 年金融危机期间，2004 年前后，2008 年全球金融危机期间以及 2015 年前后，汇率的低估程度较大，但在其他时期汇率的高估程度较大。中低收入国家汇率失衡状态与中高收入国家汇率失衡状态类似。

各国汇率失衡状态与经济变化、全球金融风险环境存在很大关系。金融危机期间，大多数国家和地区通过汇率贬值，使汇率低估，从而获取出口贸易优势，而在经济繁荣时期，大多数发达国家和地区通过汇率升值，在进口贸易中获取优势。

10.2.4　资本双向开放与汇率失衡调整的实证结果分析

基于对汇率失衡的估计，本书进一步验证讨论资本账户开放对汇率失衡调整的作用。回归模型主要基于误差修正模型（10.2）和对均值回复系数的设定（10.3）。资本账户开放意味着资本可以以更小的成本进行跨境流动，资本流动的过程产生了不同货币的供给和需求，市场根据货币的供需关系调整汇率价格。某个货币汇率高估时，市场发现了货币的高估，就会通过兑换的方式抛出这种货币，购买其他货币，在市场供求关系的影响下，货币就会贬值，回归均衡位置。

资本账户开放分为资本流入的开放和资本流出的开放。资本流入开放面向境外投资者，可以以更小的成本将资金流入东道国内，从而增大本国货币在全球外汇市场的需求；资本流出的开放面向境内投资者，以更小的成本将资金流出东道国，资金流出本国需要兑换成外国货币，从而增大本国货币在全球外汇市场的供给。因此资本流入和资本流出的开放，对货币汇率失衡的调整模式存在潜在差别因素，资本流入开放通过增大本国货币的需求或者降低本国货币的供给调整汇率，而资本流出开放的作用渠道恰好相反。基于此考虑，本书除探讨资本账户总体开放程度的作用外，也讨论资本账户双向开放对汇率失衡调整的作用。

表 10.3 为基于模型（10.2）的回归结果，（1）列为未考虑资本账户开放的汇率失衡调整模型，（2）和（3）为考虑资本账户总体开放的汇率失衡调整模型，（4）和（5）为同时考虑资本流入开放和流出开放的汇率失衡调整模型。

表 10.3　资本账户开放与汇率失衡调整基准模型

变量 1	变量 2	（1）	（2）	（3）	（4）	（5）
e		−0.103***	−0.095***	−0.094***	−0.095***	−0.094***
		（0.016）	（0.014）	（0.014）	（0.014）	（0.014）
e	kc		0.036***	0.038***		
			（0.009）	（0.010）		
e	kci				0.024	0.027
					（0.022）	（0.023）
e	kco				0.015**	0.015**
					（0.007）	（0.007）
CPI.c		0.551***	0.457***	0.549***	0.457***	0.549***
		（0.122）	（0.094）	（0.121）	（0.094）	（0.121）
GDP.c		−0.023	−0.025	−0.022	−0.025	−0.022
		（0.016）	（0.015）	（0.016）	（0.015）	（0.016）
Policy.Rates.c		−0.008***	−0.008***	−0.009***	−0.008***	−0.009***
		（0.002）	（0.002）	（0.002）	（0.002）	（0.002）
Credit.c		−0.430***	−0.423***	−0.428***	−0.423***	−0.428***
		（0.069）	（0.070）	（0.069）	（0.070）	（0.069）
CTOT.c		−0.033	−0.037	−0.034	−0.037	−0.034
		（0.027）	（0.026）	（0.027）	（0.026）	（0.027）
EPU.c		−0.018***	−0.018***	−0.018***	−0.018***	−0.018***
		（0.006）	（0.006）	（0.006）	（0.006）	（0.006）
Liquidity.c		0.161***	0.162***	0.161***	0.162***	0.161***
		（0.046）	（0.046）	（0.046）	（0.046）	（0.046）
常数项		−0.004	−0.005	−0.004	−0.005	−0.004
		（0.005）	（0.004）	（0.005）	（0.004）	（0.005）

续表

变量 1	变量 2	（1）	（2）	（3）	（4）	（5）
年度固定		固定	固定	固定	固定	固定
季度固定		固定	固定	固定	固定	固定
样本固定		固定	不固定	固定	不固定	固定
观测值		2914	2914	2914	2914	2914
R^2		0.198	0.191	0.200	0.191	0.200

注：括号内为以国家和地区为聚簇的聚簇稳健标准误。表中变量 1 为模型中加入的变量，变量 2 为在模型中与变量 1 交互的变量。变量 e 为测度的汇率失衡程度。

***、**和*分别表示变量在 1%、5%和 10%水平上显著。

　　表 10.3 中所展示的结果说明，汇率失衡项在所有模型中均在 1%的水平上显著为负，并且系数的估计值在 0 和 1 之间，表明货币汇率出现失衡后会进行回复的变动，即汇率出现失衡后在下一期对实际有效汇率的变动存在负向作用，从而在汇率偏离时向均衡汇率移动。根据（1）列的估计，汇率失衡的平均半衰期为 6.38 个季度。这个测算结果与 Montecino（2018）的估计结果相似。（2）列和（3）列的结果对比说明在加入样本固定效应后，估计结果仅发生细微的变化，但资本账户开放与汇率失衡的交乘项均显著，并为正，说明资本账户开放会显著地缩短汇率失衡的调整时间。根据表 10.1 中对各国资本账户开放程度的刻画，最大值为 2.664，最小值为-4.277，在各国最大管制程度下，汇率失衡将不会调整，但在最大的开放程度下，汇率失衡的半衰期缩短为 2.34 个季度。大多数国家的平均开放程度在[-0.939，0.661]之间①，以此测算出的汇率失衡的半衰期为[4.990，9.712]季度。（4）列和（5）列的估计结果中，资本流入开放程度的交互系数估计值为正，说明对资本流入的开放也会加快汇率失衡调整的速度，但资本流入开放的加速作用在统计意义上并不显著；与之对应的资本流出开放程度的交互系数为 0.015，小于资本

---

① 均值偏离一个标准差。

流入开放程度的交互系数，说明资本流出开放对汇率失衡调整同样起到加速作用，但作用小于资本流入开放的加速作用，相比资本流入开放不显著的加速作用，资本流入开放对汇率失衡调整的作用在统计意义上是显著的。

除均值回复项为显著外，同期的通货膨胀率、政策利率、信贷增长、全球经济政策不确定和全球流动性在模型中均表现出统计显著特征，这也反映出这几个变量能够显著地作用于实际汇率的变动。通货膨胀率代表了本国物价水平变化，物价水平提高意味着实际汇率增大，这符合购买力平价理论的论断；政策利率和信贷增长都与货币政策有关，宽松的货币政策意味着降低政策利率，降低政策利率会使本国和地区货币升值，这符合利率平价理论的论断，而信贷增长则代表了宽松的货币政策，货币供给增大，本国汇率贬值，这符合货币汇率理论的论断；全球经济政策不确定性增大代表了全球经济大环境恶化，大部分国家和地区货币汇率在此环境中会发生贬值；全球流动性增大，意味着全球投资环境优化，国际资金流动性增大，这会使得大部分国家和地区货币升值。控制变量系数的估计值在各个模型中相差不大，具备估计的一致性。模型的 R^2 在 0.2 左右，说明了这些变量能够解释相当大程度的实际汇率的变动。

总的来讲，实证结果表明，在不改变资本账户开放的情境下，汇率失衡调整的半衰期在 1.5 年左右，资本账户开放能够显著地缩短汇率失衡调整的时长，并且缩短的效果与资本账户开放程度有关，其中资本账户资金流入开放和资金流出开放均能缩短汇率失衡的调整时长，但资金流出开放的作用效果在统计意义上更加显著。

10.2.5　汇率失衡不对称调整效果模式分析

汇率失衡存在汇率的高估和低估两种状态，在汇率高估时，进口价格优势明显，有利于本地区的进口贸易，汇率低估时，存在出口的价格优势，有利于本地区的出口贸易。经济体的产出由本经济体消费、投资、支出以及贸易净出口组成，因此出口贸易净增长能够刺激经济增长。2008年全球金融危机以来，全球各经济体经济形势疲软，各地区纷纷推出经济刺激计划，同时出台各项贸易保护措施保护本经济体贸易产业的发展。因此汇率处于高估时，各经济体货币当局有动机调整汇率失衡的状态，但在汇率处于低估时，各经济体货币当局缺乏动机调整汇率失衡。基于此思考，汇率在高估和低估状态下，汇率失衡的调整速度存在潜在的差异动因。

为进一步探讨资本账户开放在汇率失衡中呈现不同状态时的作用模式区别，本书基于汇率高估和低估的区别，基于误差修正模型（10.2）和对均值回复系数的设定（10.4）进行回归分析。表10.4展示了对汇率失衡不对称调整效果的估计结果，在本书的研究中以货币汇率高估为基准，探讨汇率低估与资本开放效果的交互影响。其中（1）列为区分汇率高估和汇率低估时的汇率调整速度，（2）列和（3）列为讨论资本总体开放程度在汇率高估和低估时对汇率调整速度的作用区别，（4）列和（5）列则分别检验了资本流入开放和资本流出开放在汇率不同状态下的非对称效果。

表 10.4　资本账户开放与汇率失衡调整基准模型

变量1	变量2	变量3	（1）	（2）	（3）	（4）	（5）
e			−0.079**	−0.091***	−0.067**	−0.089***	−0.066**
			（0.036）	（0.027）	（0.032）	（0.027）	（0.033）
e		$e<0$	−0.051	−0.006	−0.054	−0.013	−0.059
			（0.060）	（0.043）	（0.058）	（0.041）	（0.055）
e	kc			0.063***	0.054**		
				（0.022）	（0.024）		
e	kc	$e<0$		−0.046	−0.029		
				（0.037）	（0.049）		
e	kci					−0.022	−0.048
						（0.052）	（0.046）

续表

变量 1	变量 2	变量 3	（1）	（2）	（3）	（4）	（5）
e	kci	$e<0$				0.078	0.126*
						（0.056）	（0.067）
e	kco					0.054***	0.060***
						（0.016）	（0.017）
e	kco	$e<0$				−0.069***	−0.081**
						（0.025）	（0.033）
控制变量			控制	控制	控制	控制	控制
年度固定			固定	固定	固定	固定	固定
季度固定			固定	固定	固定	固定	固定
样本固定			固定	不固定	固定	不固定	固定
观测值			2914	2914	2914	2914	2914
R^2			0.198	0.192	0.200	0.193	0.202

注：括号内为以样本为聚簇的聚簇稳健标准误。表中变量 1 为模型中加入的变量，变量 2 和变量 3 分别为在模型中与变量 1 交互的变量。变量 e 为测度的汇率失衡程度。

***、**和*分别表示变量在 1%、5%和 10%水平上显著。

从回归结果中可以看出，汇率失衡为正时，系数显著为负，即汇率高估存在均值回复的现象；而汇率低估的调整系数约在−0.110，系数小于汇率高估时的系数。这反映出汇率高估时汇率失衡的调整速度慢于汇率低估时的调整速度，然而两者的差距在统计意义上并不显著。（2）列和（3）列对应了资本账户开放与汇率失衡不同状态下的效果差距。同样，可以发现资本账户开放有利于提升汇率失衡调整速度。但是汇率低估与资本账户的交互项系数为负，这反映出汇率低估时资本账户开放对汇率失衡调整的作用比在汇率高估时的作用小。根据汇率低估时资本账户开放作用的绝对值及显著性可以看出，在汇率低估时，资本账户开放对汇率调整速度的作用不显著，因此汇率低估时，资本账户开放程度的调整对汇率重回均衡的作用效果不明显。

表 10.4 的（4）列和（5）列则更加细化地阐述了资本流入和流出开放程度变化对汇率失衡调整的作用。在（5）列中可以看出，在基准情况下，即汇

率高估情况下，资本流入开放程度的变化会减慢汇率失衡调整的速度，但效果并不显著，而资本流出开放程度的变化则会显著地加快汇率失衡的调整速度。这与预期相符，在汇率高估时，投资者预期汇率未来会进行负向变动，因此资金有逃离东道国的驱动力，此时，即使加大资本流入的开放程度，对于资金流出也无任何作用，但如果增大了资本流出的开放程度，降低了资本流出的成本，资本在流出的过程中对外汇市场产生压力，从而加快汇率调整速度。与之对应的，资本流入开放与汇率低估的交互项在10%的水平上显著为正，并且在汇率低估时，资本流入开放的作用效果的绝对值为正，反映了在汇率低估时，资本流入的开放会加快汇率失衡调整的速度，使汇率能够更快地调整到均衡水平。而资本流出开放与汇率低估的交互项显著为负，并且在汇率低估时，资本流出开放的作用效果的绝对值为负，说明了在汇率低估时，资本流出的开放会延长汇率失衡调整的时长，延缓了汇率调整到均衡水平的速度。其中原理与汇率高估时资本流出开放的显著效果相同，在汇率低估时，资本有流入东道国的动因，此时资本流入的开放降低资本流入的成本，资本跨境流动对外汇市场产生影响，从而加速汇率的调整，而资本流出的开放，对汇率失衡的调节并无益处。

10.3　资本账户双向开放与汇率失衡调整的异质性效果检验

现有文献已对异质性视角下汇率变动的影响进行了大量研究，但是目前对于汇率失衡调整的异质性影响关注较少。事实上，资本账户双向开放与汇率失衡调整之间，存在诸多影响因素，本节主要从经济体收入水平差异、经济体汇率制度差异、全球经济环境变化的差异、资本账户子项开放的差异等方面进行异质性效果检验。

10.3.1　基于经济体收入水平差异的异质性效果检验

汇率波动短期会受到两经济体利差等金融因素的影响，但长期还是取决于经济基本面。经济体收入水平的高低对于汇率波动会有长期影响，因此不同发展阶段中，资本账户开放对均值回复时间的影响不同，结果甚至可能是相反的，在资本账户开放的推进进程中，应当根据经济体所处的不同发展阶段实施不同的政策，根据经济体的收入水平区别对待，这样才能更加有效地判断资本账户开放对汇率失衡的影响。

本小节的主要内容是对经济体收入水平的影响进行异质性检验，研究收入异质性对汇率失衡调整的不同影响,所有样本经济体被分为高收入经济体、中高收入经济体和中低收入经济体三组，分别进行回归。

表 10.5 汇报了不同收入水平的经济体资本管制对实际有效汇率的影响。（1）列报告了对高收入经济体回归的结果。误差项的系数为−0.080，在 1%水平上显著，说明有汇率的均值回复。资本管制与误差项的交互项的影响系数为 0.048，在 1%水平上显著，表示资本账户开放与汇率调整时间显著相关，资本账户开放会使得实际有效汇率的调整时间显著减少。（2）列展示了对中高收入经济体回归的结果。误差项的系数为−0.101，在 1%水平上显著，相比于高收入经济体数值上有所增加，说明汇率有均值回复。资本管制与误差项的交互项的系数为 0.023，系数不显著，表示资本账户开放能够减少均值回复的时间，但是二者没有显著关系。（3）列汇报了对中低收入经济体回归的结果。误差项的系数为−0.504，误差项对实际有效汇率变动的影响系数为−0.504，比高收入经济体和中高收入经济体在数值上都要大。kc 交互项的系数为−0.037，在 1%的水平上显著，与前面两列的系数符号不同，表明资本账户开放与汇率均值回复时间有显著关系，资本账户开放能够显著增加均值回复时间。

表 10.5　国家收入差异的资本账户开放效果检验

变量 1	变量 2	（1）高收入	（2）中高收入	（3）中低收入	（4）高收入	（5）中高收入	（6）中低收入
e		−0.080***	−0.101***	−0.504***	−0.080***	−0.114***	−0.503***
		（0.014）	（0.038）	（0.093）	（0.014）	（0.043）	（0.113）
e	kc	0.048***	0.023	−0.037***			
		（0.018）	（0.016）	（0.000）			
e	kci				0.020	−0.079*	−0.184**
					（0.038）	（0.047）	（0.079）
e	kco				0.027	0.034***	0.333*
					（0.023）	（0.010）	（0.179）
控制变量		控制	控制	控制	控制	控制	控制
年度固定		固定	固定	固定	固定	固定	固定
季度固定		固定	固定	固定	固定	固定	固定
样本固定		固定	固定	固定	固定	固定	固定
观测值		2284	527	103	2284	527	103
R^2		0.153	0.369	0.430	0.153	0.370	0.432

注：括号内为以样本为聚簇的聚簇稳健标准误。表中变量 1 为模型中加入的变量，变量 2 为在模型中与变量 1 交互的变量。变量 e 为测度的汇率失衡程度。

***、**和*分别表示变量在 1%、5%和 10%水平上显著。

上述三列的回归结果表明，汇率失衡的调整时间，随经济体收入水平提高而增长，即高收入经济体调整时间最长，中低收入经济体调整时间最短，并且资本账户开放对调整时间的效果随收入提升而减弱，中低收入经济体资本账户开放会使得调整时间增加。

（4）列汇报了对高收入经济体资本流入管制和资本流出管制回归的结果。误差项的回归系数为−0.080，在 1%水平上显著，说明汇率有均值回复。资本流入管制与误差项的交互项的系数为 0.020，系数不显著，说明资本流入开放与均值回复时间没有显著关系。资本流出管制与误差项的系数同样不显著，表示资本流出开放与均值回复时间没有明显关系，可见如果分开对资本流入管制与资本流出管制进行回归，各项系数都不再显著了。

（5）列报告了对中高收入经济体资本流入管制与资本流出管制回归的结果。误差项的回归系数为 -0.114，在 1%水平上显著，说明汇率有均值回复。与（4）列不同，资本流入管制与误差项的交互项的系数为 -0.079，在 10%水平上显著，代表资本流入开放与均值回复时间有显著关系，资本流入开放能够显著增加均值回复时间。资本流出管制与误差项的交互项的系数为 0.034，在 1%水平上显著，表示资本流出开放能够显著减少均值回复的时间。

（6）列报告了对中低收入经济体资本流入管制与资本流出管制回归的结果。误差项的回归系数为 -0.503，在 1%水平上显著，数值上大于（4）列和（5）列的结果，说明汇率有均值回复。资本流入管制与误差项的交互项的系数为 -0.184，在 5%水平上显著，代表资本流入开放与均值回复时间有显著关系，资本流入开放能够显著增加均值回复时间，并且调整速度快于高收入经济体、中高收入经济体。资本流出管制与误差项的交互项系数为 0.333，在 10%水平上显著，表示资本流出开放能够显著减少均值回复时间，并且调整速度慢于高收入经济体、中高收入经济体。

上述三列的回归结果表明，分项来看，资本流入开放对汇率均值回复时间的影响随着收入水平的提高而减少，即收入水平越高，资本流入开放越会减少均值回复时间。资本流出开放的影响效果相反，收入水平越高，资本流出开放对均值回复时间的影响越长。

10.3.2　基于经济体汇率制度差异的异质性效果检验

经济体汇率制度安排对于汇率波动有重要影响，汇率制度的差异会对资本账户开放的效果产生不同的影响，本小节主要对汇率制度差异的异质性效果进行检验，本书将汇率制度分为五级，从完全固定汇率制到完全浮动汇率制，并且将完全浮动汇率制选作基准，对其他四种类型的汇率制度引入虚拟变量，来检验汇率制度差异的影响。表 10.6 展示了不同汇率制度的影响，reg1～reg5 是从完全固定汇率制度到完全浮动汇率制度。

表 10.6　异质性汇率政策下资本账户开放效果检验

变量 1	变量 2	变量 3	（1）	（2）	（3）	（4）
e			−0.435**	−0.834***	−0.433**	−0.468***
			（0.209）	（0.069）	（0.207）	（0.128）
e		reg1	0.285	0.682***	0.281	0.314**
			（0.207）	（0.066）	（0.204）	（0.124）
e		reg2	0.315	0.708***	0.313	0.334**
			（0.218）	（0.064）	（0.216）	（0.156）
e		reg3	0.334	0.738***	0.330	0.372***
			（0.205）	（0.065）	（0.203）	（0.134）
e		reg4	0.374*	0.774***	0.374*	0.405***
			（0.208）	（0.067）	（0.205）	（0.131）
e	kc		0.038***	−1.482***		
			（0.009）	（0.215）		
e	kc	reg1		1.457***		
				（0.221）		
e	kc	reg2		1.363***		
				（0.368）		
e	kc	reg3		1.540***		
				（0.217）		
e	kc	reg4		1.524***		
				（0.216）		
e	kci				0.010	−0.816***
					（0.027）	（0.096）
e	kci	reg1				0.781***
						（0.108）
e	kci	reg2				0.798***
						（0.207）
e	kci	reg3				0.847***
						（0.100）
e	kci	reg4				0.853***
						（0.104）

续表

变量 1	变量 2	变量 3	（1）	（2）	（3）	（4）
e	kci				0.023***	−0.064
					（0.008）	（0.261）
e	kco	reg1				0.072
						（0.263）
e	kco	reg2				−0.051
						（0.444）
e	kco	reg3				0.091
						（0.260）
e	kco	reg4				0.080
						（0.265）
控制变量			控　制	控　制	控　制	控　制
年度固定			固定	固定	固定	固定
季度固定			固定	固定	固定	固定
样本固定			固定	固定	固定	固定
观测值			2914	2914	2914	2914
R^2			0.203	0.205	0.203	0.205

注：括号内为以样本为聚簇的聚簇稳健标准误。表中变量 1 为模型中加入的变量，变量 2 和变量 3 为在模型中与变量 1 交互的变量。变量 e 为测度的汇率失衡程度，reg1～reg4 分别为从完全固定汇率制度到完全浮动汇率制度对应的虚拟变量。回归分析中以 reg5（完全浮动汇率制度）为基准，故 reg5 不体现在回归结果中。表中 reg1～reg4 对应的估计系数为相比完全浮动汇率制度下，其他不同汇率制度的效果。

***、**和*分别表示变量在 1%、5%和 10%水平上显著。

（1）列为基准模型，其中误差项的影响系数为−0.435，在 5%水平上显著，说明汇率有均值回复。在完全固定的汇率制度（reg1）下，汇率制度与误差项的交互项系数为 0.285，系数不显著。在爬行钉住汇率制度（reg2）下，汇率制度与误差项的交互项系数为 0.315，系数不显著。在有管理的浮动汇率制度（reg3）下，汇率制度与误差项的交互项系数为 0.334，系数不显著。在自由浮动汇率制度（reg4）下，汇率制度与误差项的交互项系数为 0.374，在 10%水平上显著。可见，在其他有管理或固定汇率制度下，汇率制度与误差项的交互项系数在不断增加，显著性也有所增加。kc 交互项的系数为 0.038，在 1%水平上显著，表明资本账户开放与均值回复时间显著相关，资本账户开放会使得均值回复的时间显著减少。

（2）列报告了引入资本管制与汇率制度、误差项交互项的结果。误差项的系数为-0.834，相比于基准模型数值上有所增加。当引入资本管制与汇率制度、误差项交互项后，在完全固定的汇率制度下，汇率制度与误差项的交互项系数为 0.682，在 1%水平上显著。在爬行钉住汇率制度下，汇率制度与误差项的交互项系数为 0.708，在 1%水平上显著。在有管理的浮动汇率制度下，汇率制度与误差项的交互项系数为 0.738，在 1%水平上显著。在自由浮动汇率制度下，汇率制度与误差项的交互项系数为 0.774，在 1%水平上显著。可见，汇率制度与误差项的交互项的影响系数均显著为正，并且不断增加，代表在其他有管理或固定汇率制度下，如果汇率制度黏性减弱，均值回复的时间会增加。

kc 交互项的系数为-1.482，在 1%水平上显著，表示在浮动汇率制下，资本账户开放与均值回复的时间有显著关系，资本账户开放能够使得均值回复的时间显著增加。在完全固定的汇率制度下，资本管制与汇率制度、误差项交互项为 1.457，在 1%水平上显著。在爬行钉住汇率制度下，资本管制与汇率制度、误差项交互项为 1.363，在 1%水平上显著。在有管理的浮动汇率制度下，资本管制与汇率制度、误差项交互项为 1.540，在 1%水平上显著。在自由浮动汇率制度下，资本管制与汇率制度、误差项交互项为 1.524，在 1%水平上显著。因此，在其他有管理或固定汇率制度下，资本管制与汇率制度、误差项交互项均为正，并且在 1%水平上显著，表明在其他有管理或固定汇率制度下，资本账户开放会使得均值回复时间显著减少。

（3）列报告了引入资本流入管制和资本流出管制的结果。误差项的系数为-0.433，说明汇率有均值回复。在完全固定的汇率制度下，汇率制度与误差项的交互项系数为 0.281，系数不显著。在爬行钉住汇率制度下，汇率制度与误差项的交互项系数为 0.313，系数不显著。在有管理的浮动汇率制度下，汇率制度与误差项的交互项系数为 0.330，系数不显著。在自由浮动汇率制度下，汇率制度与误差项的交互项系数为 0.374，在 10%水平上显著。与（1）列一样，在其他有管理或固定汇率制度下，汇率制度与误差项的系数均为正，系数取值的大小在不断增加，显著性也有所增加，代表当处于这些汇率制度下时，均值回复的时间会增加。

（4）列报告了引入资本流入管制和资本流出管制交互项的结果。误差项的系数数值上有所增大。在完全固定的汇率制度下，汇率制度与误差项的交互项系数为 0.314，在 5%水平上显著。在爬行钉住汇率制度下，汇率制度与误差项的交互项系数为 0.334，在 5%水平上显著。在有管理的浮动汇率制度下，汇率制度与误差项的交互项系数为 0.372，在 1%水平上显著。在自由浮动汇率制度下，汇率制度与误差项的交互项系数为 0.405，在 1%水平上显著。在其他有管理或固定汇率制度下，汇率制度与误差项的系数均显著为正，表示汇率制度与均值回复时间有显著关系，有管理或固定汇率制度能够显著增加均值回复时间。

kci 交互项的系数为–0.816，在 1%水平上显著，说明在浮动汇率制下，资本流入开放能够使得均值回复时间显著增加。在固定汇率制度下，资本流入管制与汇率制度、误差项的交互项系数为 0.781，在 1%水平显著。在爬行钉住汇率制度下，资本流入管制与汇率制度、误差项的交互项系数为 0.798，在 1%水平显著。在有管理的浮动汇率制度下，资本流入管制与汇率制度、误差项的交互项系数为 0.847，在 1%水平显著。在自由浮动汇率制度下，资本流入管制与汇率制度、误差项的交互项系数为 0.853，在 1%水平显著。说明在其他有管理或固定汇率制度下，资本流入开放与均值回复时间关系显著为正，并且随着汇率制度黏性的降低，系数的数值在不断变大，代表资本流入开放能够显著减少均值回复时间。

kco 交互项的系数为–0.064，系数不显著，说明浮动汇率制下，资本流出开放与均值回复时间没有显著关系。在固定汇率制度下，资本流出管制与汇率制度、误差项的交互项系数为 0.072，系数不显著。在爬行钉住汇率制度下，资本流出管制与汇率制度、误差项的交互项系数为−0.051，系数不显著。在有管理的浮动汇率制度下，资本流出管制与汇率制度、误差项的交互项系数为 0.091，系数不显著。在自由浮动汇率制度下，资本流出管制与汇率制度、误差项的交互项系数为 0.080，系数不显著。资本流出开放与均值回复时间的交互项不显著。说明在其他有管理或固定汇率制度下，资本流出管制与均值回复时间没有显著关系。

10.3.3　全球经济环境变化的差异性效果检验

全球经济环境变化对于汇率变动可能产生显著影响，本章选取全球经济政策不确定指数和全球流动性指标作为全球经济环境变化的代表变量，用于检验资本账户开放效果。本章从全球经济政策不确定性和全球流动性两个角度探讨资本开放对汇率失衡调整的作用是否受到全球经济环境的影响。表 10.7 报告了全球经济政策不确定性和全球金融市场流动性的回归结果。

表 10.7　全球经济环境变化中资本账户开放的效果检验

变量 1	变量 2	变量 3	（1）	（2）	（3）	（4）
e			0.200	0.193	−0.388	−0.535
			（0.174）	（0.182）	（0.441）	（0.401）
e	kc		0.035***	−0.006	0.038***	−0.679
			（0.012）	（0.198）	（0.010）	（0.931）
e		EPU.l	−0.063*	−0.062		
			（0.037）	（0.039）		
e	kc	EPU.l		0.008		
				（0.039）		
e		Liquidity.l			0.077	0.117
					（0.117）	（0.106）

续表

变量 1	变量 2	变量 3	（1）	（2）	（3）	（4）
e	kc	Liquidity.l				0.189
						（0.245）
控制变量			控制	控制	控制	控制
年度固定			固定	固定	固定	固定
季度固定			固定	固定	固定	固定
样本固定			固定	固定	固定	固定
观测值			2914	2914	2914	2914
R^2			0.201	0.201	0.200	0.201

注：括号内为以样本为聚簇的聚簇稳健标准误。表中变量 1 为模型中加入的变量，变量 2 和变量 3 为在模型中与变量 1 交互的变量。变量 e 为测度的汇率失衡程度。

***、**和*分别表示变量在 1%、5% 和 10% 水平上显著。

（1）列中，误差项的系数为 0.200，系数不显著，表明当资本账户开放的强度处于和初始时刻 1999 年相同时，误差项与均值回复时间不显著相关。kc 交互项的系数为 0.035，在 1% 水平上显著，说明资本账户开放会显著减少实际有效汇率均值回复的时间。EPU 交互项的系数为 -0.063，在 10% 水平上显著，表示全球经济政策不确定性会显著缩短均值回复时间。

（2）列报告了引入资本管制、不确定性指数与误差项的结果，误差项的系数为 0.193，相比于（1）列有所减小，但依然不显著。kc 交互项的影响系数变为 -0.006，系数不显著，代表资本账户开放于实际有效汇率的均值回复时间没有显著关系。EPU 交互项的系数为 -0.062，系数不显著，表示全球经济政策不确定指数与均值回复时间没有显著关系。kc 与 EPU 交互项的系数为 0.008，同样不显著，说明全球经济政策不确定性不会显著影响资本管制对汇率均值回复时间。

（3）列报告了全球金融市场流动性与误差项的结果，误差项的系数为 -0.388，系数不显著，相对于前两列系数符号发生改变，代表误差项能够显著减少均值回复的时间。kc 交互项的系数为 0.038，在 1% 水平上显著，表示资本账户开放能使汇率均值回复的时间显著减少。全球金融市场流动性指数与误差项的系数为 0.077，系数不显著，代表全球金融市场与均值回复时间没有显著关系。

（4）列报告了资本管制、全球金融市场流动性与误差项的结果，误差项的系数为−0.535，数值上有所增大，但依然不显著。kc 交互项的系数为−0.679，系数不显著，资本账户开放与均值回复时间没有显著关系。Liquidity 交互项的系数为 0.117，系数不显著，说明全球金融市场流动性与均值回复时间不显著相关。kc 和 Liquidity 交互项的系数为 0.189，系数不显著，表明全球金融市场流动性不会对资本账户开放对均值回复时间产生显著影响。

10.3.4 资本账户子项开放的差异性效果检验

资本账户开放程度的变化主要受到股票账户、债券投资、集体投资、直接投资、货币市场、金融信贷等子项账户影响。过去的 20 年，资本流出开放程度要高于资本流入的开放程度，并且这也体现在各个资本账户子项账户资本流入和流出的开放中。本小节主要分析资本账户子项账户对汇率失衡的影响，分别讨论资本账户子项账户的不同效应。表 10.8 和表 10.9 报告了对资本管制子项的回归结果。

表 10.8 资本账户子项开放对汇率失衡调节效果检验（一）

变量 1	变量 2	（1）	（2）	（3）	（4）	（5）	（6）
e		−0.092***	−0.092***	−0.096***	−0.097***	−0.097***	−0.098***
		（0.017）	（0.017）	（0.017）	（0.017）	（0.018）	（0.018）
e	eq	0.024**					
		（0.010）					
e	eqi		0.007				
			（0.019）				
e	eqo		0.013***				
			（0.004）				

续表

变量 1	变量 2	（1）	（2）	（3）	（4）	（5）	（6）
e	bo			0.021*			
				（0.011）			
e	boi				−0.007		
					（0.021）		
e	boo				0.015***		
					（0.004）		
e	ci					0.016	
						（0.017）	
e	cii						−0.005
							（0.018）
e	cio						0.012
							（0.009）
控制变量		控制	控制	控制	控制	控制	控制
年度固定		固定	固定	固定	固定	固定	固定
季度固定		固定	固定	固定	固定	固定	固定
样本固定		固定	固定	固定	固定	固定	固定
观测值		2914	2914	2914	2914	2914	2914
R^2		0.199	0.199	0.199	0.199	0.198	0.198

注：括号内为以样本为聚簇的聚簇稳健标准误。表中变量 1 为模型中加入的变量，变量 2 为在模型中与变量 1 交互的变量。变量 e 为测度的汇率失衡程度。

***、**和*分别表示变量在 1%、5% 和 10% 水平上显著。

表 10.9 资本账户子项开放对汇率失衡调节效果检验（二）

变量 1	变量 2	（7）	（8）	（9）	（10）	（11）	（12）
e		−0.097***	−0.096***	−0.101***	−0.098***	−0.094***	−0.095***
		（0.014）	（0.015）	（0.019）	（0.017）	（0.015）	（0.017）
e	di	0.011***					
		（0.003）					
e	dii		0.003				
			（0.009）				

续表

变量 1	变量 2	（7）	（8）	（9）	（10）	（11）	（12）
e	dio		0.006**				
			（0.003）				
e	mm			0.006			
				（0.016）			
e	mmi				−0.020		
					（0.029）		
e	mmo				0.031		
					（0.021）		
e	fc					0.011***	
						（0.003）	
e	fci						−0.011
							（0.031）
e	fco						0.017
							（0.019）
控制变量		控制	控制	控制	控制	控制	控制
年度固定		固定	固定	固定	固定	固定	固定
季度固定		固定	固定	固定	固定	固定	固定
样本固定		固定	固定	固定	固定	固定	固定
观测值		2914	2914	2914	2914	2914	2914
R^2		0.199	0.199	0.198	0.199	0.199	0.199

注：括号内为以样本为聚簇的聚簇稳健标准误。表中变量 1 为模型中加入的变量，变量 2 为在模型中与变量 1 交互的变量。变量 e 为测度的汇率失衡程度。

***、**和*分别表示变量在 1%、5%和 10%水平上显著。

（1）列和（2）列展示了股票市场的结果，（1）列误差项的系数为−0.092，在 1%水平上显著，说明汇率有均值回复，eq 交互项的系数为 0.024，在 5%水平上显著，代表股票市场账户开放能使得均值回复的时间显著减少。（2）列报告了区分股票流入账户开放和股票流出账户开放的结果，误差项的系数为−0.092，在 1%水平上显著，和（1）列结果一致，说明汇率有均值回复。eqi 交互项的系数为 0.007，系数不显著，说明股票市场资本流入账户开放与均值回复没有显著关系。eqo 交互项的系数为 0.013，在 1% 水平上显著，说明股票市场资本流出账户开放与均值回复显著相关，股票市场资本流出账户开放能够显著减少均值回复时间。

（3）列和（4）列报告了债券市场的结果，（3）列误差项的系数为 –0.096，在 1% 水平上显著，说明汇率有均值回复。bo 交互项的系数为 0.021，在 10% 水平上显著，代表债券市场账户开放能够显著减少均值回复的时间。（4）列报告了区分债券流入账户开放和债券流出账户开放的结果，误差项的系数为 –0.097，与（3）列系数几乎一样，说明汇率有均值回复。boi 交互项的系数为 –0.007，系数不显著，说明债券市场资本流入账户开放与均值回复没有显著关系。boo 交互项的系数为 0.015，在 1% 水平上显著，表示债券市场资本流出账户开放与均值回复有显著关系，债券市场资本流出账户开放能显著减少均值回复的时间。

（5）列和（6）列报告了集体投资的结果，（5）列误差项系数为 –0.097，在 1% 水平上显著，说明汇率有均值回复。ci 交互项的系数为 0.016，系数不显著，代表集合投资账户开放与均值回复时间没有显著关系。（6）列报告了区分集合投资流入账户开放和集合投资流出账户开放的结果，误差项的系数为 –0.098，在 1% 水平上显著，说明汇率有均值回复。cii 交互项的系数为 –0.005，系数不显著，说明集合投资资本流入账户开放与均值回复没有显著关系。cio 交互项的系数为 0.012，系数不显著，表示集合投资资本流出账户开放与均值回复没有显著关系。

（7）列和（8）列报告了直接投资的结果，（7）列误差项系数为 –0.097，在 1% 水平上显著，说明汇率有均值回复。di 交互项的系数为 0.011，在 1% 水平上显著，代表直接投资账户开放与均值回复时间有显著关系，直接投资账户开放能够显著减少均值回复时间。（8）列报告了区分直接投资流入账户开放和直接投资流出账户开放的结果，误差项的系数为 –0.096，在 1% 水平上显著，说明汇率有均值回复。dii 交互项的系数为 0.003，系数不显著，表明直接投资资本流入账户与均值回复没有显著关系。dio 交互项为 0.006，在 5% 水平上显著，代表直接投资资本流出账户开放与均值回复有显著关系，直接投资资本流出账户开放能够显著减少均值回复时间。

（9）列和（10）列报告了货币市场的结果，（9）列误差项系数为 −0.101，在 1% 水平上显著，说明汇率有均值回复。mm 交互项的系数为 0.006，系数不显著，说明货币市场账户开放与均值回复时间没有显著关系。（10）列报告了区分货币市场流入账户开放和货币市场流出账户开放的结果，误差项的系数 −0.098，在 1% 水平上显著，说明汇率有均值回复。mmi 交互项的系数为 −0.020，系数不显著，表明货币市场流入账户开放与均值回复没有显著关系。mmo 交互项的系数为 0.031，系数不显著，表示货币市场流出账户开放与均值回复没有显著关系

（11）列和（12）列报告了金融信贷的结果，（11）列误差项系数为 −0.094，在 1% 水平上显著，说明汇率有均值回复。fc 交互项的系数为 0.011，在 1% 水平上显著，说明金融信贷账户开放与均值回复时间显著相关，金融信贷账户开放能够显著减少均值回复时间。（12）列报告了区分金融信贷流入账户开放与金融信贷流出账户开放的结果，误差项的系数为 −0.095，在 1% 水平上显著，说明汇率有均值回复。fci 交互项的系数为 −0.011，系数不显著，说明金融信贷流入账户与均值回复时间没有显著关系。fco 交互项的系数为 0.017，系数不显著，说明金融信贷流出账户与均值回复时间没有显著关系。

以上结果显示，股票市场账户开放、债券市场账户开放、直接投资账户开放和金融信用子账户开放，都会对汇率失衡调整时间产生影响。影响系数为正，代表这些开放措施会减少实际有效汇率均值回复时间。另外，将资本流入开放与资本流出开放分开来看，资本流入开放对汇率失衡的影响不显著，资本流出开放对汇率失衡的作用更加显著。

10.4　本章结论及政策建议

10.4.1　研究结论

本书采用 DOLS 对实际有效汇率与经济变量进行协整分析，并通过估计均衡汇率测度了 37 个样本汇率的失衡程度，继而采用面板误差修正模型对汇率失衡调整速度及其与资本账户开放程度的关系进行研究。主要研究结论如下。

首先，本书发现大多数样本的汇率失衡程度较小，并且大部分经济体较长时间地保持了汇率低估状态，然而人民币被低估的时期占比低于 50%，反映出人民币大部分时间是被高估的。另外，各经济体在金融危机期间，大多采用汇率贬值和汇率低估的方式获得出口贸易优势，但在经济繁荣时期，采用汇率升值的方式在进口贸易中获得优势。

其次，基于对汇率调整速度的研究，本书发现汇率失衡后会出现均值回复的变动，平均而言，汇率失衡的半衰期为 6.38 个季度。另外，汇率失衡的回复速度与资本账户管制存在显著关系，其中资本账户开放增大汇率失衡回复的速度，而资本账户管制会增大汇率失衡回复的时间。而且，资本账户开放的作用在汇率高估和汇率低估时不同，其中汇率高估时汇率失衡的调整速度慢于汇率低估时的调整速度，然而两者的差距在统计意义上并不显著。对资本流出的开放和资本流入的开放，对汇率失衡的调整也存在差异。

最后，本书对资本账户开放的效果进行了异质性分析，分别从经济体收入水平差异、汇率制度差异、全球经济环境变化和资本账户子项效果进行讨论。首先基于对高收入、中高收入和中低收入经济体效果的区分，本书发现汇率失衡的调整时间，随经济体收入水平提高而增长，并且资本账户开放对调整时间的效果随收入提升而减弱；资本流入开放对汇率均值回复时间的影响随着收入水平的提高而减少，但资本流出开放的影响效果相反。基于对汇率制度的区分，本书发现在浮动汇率制下，资本账户开放能够使得均值回复的时间显著增加，在有管理或固定汇率制度下，资本账户开放会使得均值回复时间显著减少，其中资本流入开放存在显著作用，但资本流出开放显著性较弱。本书发现全球经济环境的变化对资本账户开放的效果作用不显著，说明全球经济风险水平和金融市场流动性不会影响均值回复的时间。就几个代表性子项效果而言，股票市场、债券市场、直接投资和金融信贷子账户的开放，对汇率均值回复的时间有显著作用。

10.4.2 我国资本双向开放政策措施的搭配建议

根据统计，自 1999 年至 2019 年，我国资本账户开放政策改变共有 174 次，其中 99 次涉及资本流入的开放，75 次涉及资本流出的开放。在 21 世纪的前 20 年中，我国的资本开放政策主要集中在对资本流入的开放中。资本流入开放通过对外资产生吸引力，推动了我国经济的迅速发展。对资本流出的开放，我国以审慎稳健的态度逐步开放。资本流出的开放有助于我国资本流出境外寻找优质利益点。然而对于资本账户的开放，同样也会引起潜在的负面结果。如热钱的涌入和资本流动的急停，这些都影响到我国经济的稳定发展。

汇率在国际贸易中反映了交易双方的成本，本国货币汇率高估有利于降低进口的实际成本，从而有利于本国进口的发展，进口交易中通过动用本国的外汇进行支付交易，进口贸易的繁荣也反映出本国居民消费水平的提高。本国货币汇率低估则有利于降低出口产品价格，从而在国际贸易竞争中具备价格竞争力。汇率在资本流动中则直接反映了投资者的损益。汇率高估，则意味着货币未来贬值，资本有逃离货币东道国的动因；汇率低估，则意味着货币未来升值, 资本有输入东道国的动因。因此, 汇率失衡的回复速度对国际贸易和跨境资本流动有着重要作用。

对于汇率失衡的经济损益, 不能一概而论, 在经济繁荣时期, 可以保持适当高估的汇率刺激本国进口消费, 提高居民福利; 在经济萧条时期, 保持适当低估的汇率可以激励本国出口贸易, 保护本国产业链。另外, 随着我国在全球治理中显现出越来越重要的作用, 国际贸易往来作为重要的政治手段, 对提升我国国际话语权也有着重要的作用。因此需要适时地保持一定程度的汇率失衡, 服务于我国经济发展和提升国际地位的需要。在人民币未来国际化的征程中, 提升人民币信用, 保持人民币汇率稳定, 缓和国内外市场对人民币汇率的冲击, 也需要适时地保持和调整人民币汇率有限的失衡。

基于本书的研究结果, 中国人民银行等政策制定者可以适时地依据我国经济发展状况、人民币汇率失衡状态, 采用资本账户不同类型的政策组合, 调整汇率失衡的调整时长, 从而服务于我国的经济和政治话语权。

10.4.3　我国资本账户子项开放措施的搭配建议

资本账户的开放指的是资本账户下属的各类子项账户开放。根据 IMF 所公布的《汇兑安排与汇兑限制年报》, 资本账户开放政策涉及 11 类子项账户开放政策。这些子类账户包含金融市场账户, 如股票、债券、衍生品账户, 也包含信用账户, 如商业信用、金融信用, 还有如房地产账户和直接投资账户等。各个子类账户的开放直接作用于单一的金融市场及相应的市场类型内部的投资者。靳玉英等 (2020) 在对资本流动管理策略的研究中发现, 国际金融市场发生变化时, 股票市场资金和债券市场资金流出后, 去向各不相同, 说明了不同类型的资本账户子账户开放程度发生变化后, 对应的子类账户的资本流入和资本流出受到的驱动因素存在区别。因此对资本账户子项的开放组合政策可以更精细地作用于跨境资本流动，进而影响到汇率失衡调整的速度。

由于大多数子项账户的变动程度较小，因此本书仅就 6 类潜在影响较大的子类账户开放进行分析讨论，即股票账户、债券账户、集体投资、直接投资、货币市场和金融信贷。实证结果表明所有的这 6 类子类账户的开放，都有助于提高汇率失衡调整速度，其中股票账户变化、债券账户变化、直接投资变化和金融信贷变化表现出显著的作用；几乎所有的子类账户对资金流入的开放会延长汇率调整的速度，但统计意义上不显著，有 3 类子类账户资本流出的开放会显著缩短汇率失衡调整速度，分别是股票账户变化、债券账户变化和直接投资变化。

因此，基于对我国国内外经济环境的考量，以及对人民币汇率适度失衡维持的需要，以中国人民银行为主的政策制定者，可以精细地进行结构性的政策组合，对资本账户子类账户进行开放或管制的政策调节。通过搭配不同类型的子类开放精准调节各类市场资金跨境流动，最终作用于人民币汇率稳定。

第 11 章
资本账户双向开放下的长期经济平衡增长

过去几十年，我们见证了历史上规模最大的资本账户开放和国际资本流动增长最快的时期。作为金融全球化的制度安排，20 世纪 90 年代以来各国资本项目的开放极大地提升了金融全球化的深度和广度。世界银行世界发展指标（World Development Indicators，WDI）数据库的数据表明，全球外国直接投资净流入占 GDP 的百分比从 80 年代的约 0.7%上升到 2001～2010/2011～2019 年的约 3%。资本账户开放对未来世界经济增长的影响至关重要，包含资本账户开放在内的一系列金融开放政策，其根本目的即促进经济发展、提高社会福利。因此，探究资本账户开放的宏观经济效应具有充分的学术价值和现实意义。

在中国等资本账户仍处于未完全开放状态的国家，人们就是否将开放资本账户作为推动经济改革和经济增长的一项重要政策措施展开了激烈辩论。相关研究认为资本账户的开放促进了金融发展和经济增长（Klein and Olivei，2008；Kose et al.，2009a，2009b；Levine and Zervos，1998；Mishkin，2007）。Caprio 和 Honohan（2001）强调资本账户开放等金融全球化措施是应对金融发展挑战的良药。然而，2007 年美国的次贷危机因不稳定的金融全球化演变为席卷全球的金融危机，导致许多国家金融业的脆弱性骤然上升、经济大幅度衰退。

　　主要的发展中经济体是否进一步开放资本账户，将对未来的世界经济版图产生巨大影响。特别地，近期的国际形势变动愈发复杂，贸易保护主义抬头、石油价格下跌等问题可能会减少世界经济的贸易顺差总额，从而导致全球美元流动性萎缩。尽管美联储为应对新冠病毒（COVID-19）大流行而新启动的量化宽松政策可以作为主要通过证券投资向世界资本市场注入流动性的工具，但其实际效果取决于证券资本的性质，可能是有限且不稳定的。此外，在经济和政治不确定性增加的情况下，新兴经济体的资本账户开放战略可能会发生变化，国际金融市场可能会经历巨大而频繁的波动。作为最大的贸易国和国际储备持有国，中国的资本账户开放政策选择至关重要，可能对其他新兴市场的资本账户管制选择和实施效果产生影响。因此，考察中国是否以及如何从资本账户开放中受益对于评估我国甚至世界的资本账户开放政策导向至关重要。

　　1996 年 12 月，中国实现人民币经常项目可兑换，在"先流入后流出、先长期后短期、先直接后间接、先机构后个人"的基本原则指导下，逐步开放资本项目下的子项目；2002 年明确"逐步实现资本项目可兑换"起，中国资本账户开放稳步推进；2002 年 12 月，《合格境外机构投资者境内证券投资管理暂行办法》正式实施，标志着 QFII（Qualified Foreign Institutional Investor，合格境外机构投资者）机制在我国的落地；2007 年 7 月，《合格境内机构投资者境外证券投资管理试行办法》的正式实施打通了 QDII（Qualified Domestic Institutional Investor，合格境内机构投资者）机制；2011 年 12 月，《基金管理公司、证券公司人民币合格境外机构投资者境内证券投资试点办法》允许各试点机构开放 RQFII（RMB Qualified Foreign Institutional Investor，人民币合格境外机构投资者）业务；2014 年 11 月，《中国人民银行关于人民币合格境内机构投资者境外证券投资有关事项的通知》推出 RQDII（RMB Qualified Domestic Institutional Investor，人民币合格境内机构投资者）机制，使得境内人民币可以直接投资境外人民币计价的资本市场，即中国资本账户开放进程中的各种过渡性机制相继引入并持续扩容。

现有文献大多通过研究多个国家的资本账户开放数据，以期找到一个普适的规律，而具体研究中国资本账户开放经济效应的文献则相对较少。此外，鲜有研究将金融部门纳入统一分析框架。事实上，学界和业界关于资本账户开放对一国金融市场、实体经济影响的争论一直没有停止，但也正是由于无法从理论和经验上证明资本账户开放具有某种特定的效应，资本账户开放的利弊问题需要针对具体的国家加以分析（余永定，2014）。因此，本书引入TVP-SV-VAR（time varying parameter-stochastic volatility-tector auto regression，时变参数随机波动向量自回归）方法，探究中国资本账户开放的时变性效应，并从金融稳定的视角，分析中国资本账户开放为何会在不同的时期对实体经济造成不同的影响，进而对中国金融市场改革提出相关建议。

11.1　资本账户开放对经济增长的影响机制

11.1.1　资本账户开放对经济增长的直接影响机制

在开放经济的新古典主义模型中，减少或消除跨境资本流动的摩擦对发展中国家有两个主要好处：第一，减少与国际资本流动有关的摩擦有助于平衡各国之间的资本成本，进而提高投资。由于一个典型的发展中国家资本相对稀缺（即资本与劳动力的比率较低），其资本成本往往会随着跨国资本流动成本的降低而下降。Forbes（2007）利用智利 1991～1998 年资本管制之前、期间和之后的企业层面数据，发现在资本管制时期小型贸易公司的资本成本变得更高。相反，大型企业似乎没有受到更多的流动性限制，这可能是因为它们可以更容易地利用国内储蓄。Wei 和 Zhang（2007）进一步指出，一旦实施资本管制，当局就不得不担心企业通过虚报进出口发票来逃避管制。这可能会导致对跨境交易甚至合法货物贸易进行更多的监测，并对出口商和进口商在海关提出更多的报告要求。这即意味着，更多的资本管制可能带来更高的国际贸易成本。外汇交易限制增加一个标准差，对贸易的负面影响与关税增加 11 个百分点相同。如果资本账户开放降低了资本成本，原则上就能刺激更多的投资，尤其是小企业的投资，从而提高经济效率，提高产出和潜在的经济增长。Bekaert 等（2005，2011）报告称，随着国际股票市场投资壁垒的消除，实物投资往往会激增。这一研究支持了资本账户开放促进经济效率的观点。

第二，减少与国际资本流动有关的摩擦可以提高国内外家庭分担风险的能力（Cole and Obstfeld，1991）。这意味着，随着更多跨国资产的交叉持有，国内消费对国内产出波动的敏感度应该会降低。增加家庭的风险分担本身就能改善经济福利。由于发展中国家的国内生产总值增长比富裕国家更不稳定，因此风险分担的好处原则上对发展中国家更为重要。此外，更大的风险分担可以让企业进行更多的投资，这也可能提高经济效率。与资本管制成本相比，改善风险分担的影响机制缺乏足够的实证证据，特别是对发展中国家（Bai and Zhang，2009）。这意味着尽管跨境资本流动与国内生产总值之比有所上升，但消费对产出波动的敏感性似乎并未大幅下降。然而，Levy 和 Williams（2016）通过其跨境资产和负债与整个经济的资产和负债的比率来衡量一个国家在金融全球化中的风险敞口，发现拉丁美洲国家在风险分担方面没有改善的一个重要原因是，近几十年来金融全球化程度实际上没有多大变化。

资本账户开放的第三个潜在好处来自于政治经济学文献。随着资本流动更加自由，政府做出错误选择的可能会受到更多限制，从而使得这一经济结果比其他情况更优（Tytell and Wei，2004；Cai and Treisman，2005；Blouin et al.，2017）。Tytell 和 Wei（2004）指出，更多地参与金融全球化有助于国家远离糟糕的货币政策（如高通胀）。原则上，资本账户开放带来的政策纪律效应既适用于发达国家，亦适用于发展中国家。就宏观经济政策无条件地更有可能偏离最优的程度而言，这种纪律效应对于发展中国家来说应该更加重要。

实际上，发展中国家很可能无法从资本账户开放中受益。Edison 等（2002）使用多种指标测度金融开放水平，未能发现金融开放促进经济增长的直接证据。学术界一般认为，资本账户开放会促进高收入国家的经济增长，但是阻碍低收入国家的经济增长（Klein and Olivei，2008；李丽玲和王曦，2016；唐琳等，2015）。现有文献主要从四个方面对这一现象进行解读：第一，扭曲的金融体系可能会让开放的资本账户变得不可取。在资本账户开放之前，如果扭曲的金融体系将一国国内储蓄引向效率较低的企业或部门，来自开放资本账户的额外融资可能会加剧资源的不当分配（Eichengreen and Leblang，2003）。这一理论的论证逻辑是可信的，但相对缺乏正式的理论来阐明这种联系。部分文献通过分析国际资本流动的波动与国内金融危机相互影响，验证了资本流入对一国金融体系扭曲的放大作用（Kaminsky and Reinhart，1999；Frankel and Wei，2005）。研究指出，开放的资本账户会助长资产价格泡沫，并提高发生国内金融危机的可能性。

金融市场扭曲的一个来源是较差的机构质量，这将拉低发展中国家的国内储蓄回报，即使这个国家的资本非常少（Ju and Wei，2010，2011）。在这种情况下，资本账户开放只会让储蓄流出本国，从而产生看似矛盾的资本从穷国流向富国的模式。此外，政策当局也可能通过减少公司投资者的回报来改善他们的个人福利。如果没有有效的机构约束这些"孪生代理问题"，金融全球化的好处可能是有限的。此外，这些代理问题也可能推动跨境资本流入的构成，包括较少的外国直接投资（Wei，2000a，2000b）和更不稳定的资本流动类型（Wei，2001），并缩短外债的期限（Wei and Zhou，2017）。

第二，国际资本市场的扭曲也可能导致资本账户开放出现负面影响。一个典型的事实是，发展中国家经常面临来自国际资本市场的总体借贷限制且国际资本流动可能出现"突然停止"。例如，美国加息就可能引发这种逆转。当一个私人部门的个体（企业或家庭）从国外借款时，它的行为会收紧经济中其他机构的借款约束，尤其是在"全球资本逆转"时期。如果借贷人不考虑其借贷行为对其他代理人的影响，则借贷行为存在外部性。因此，相对于社会最优状态，私营部门在"好时期"可能会借贷过多。当国家抵押品的价值取决于价格时，这种"过度借贷"就会造成一个问题：在"全球资本流动逆转"或国际资本流动"突然停止"的情况下，不断下降的资产价格（更严格的借贷限制）和不断萎缩的融资能力叠加，产生比其他情况下更大的产出损失（Jeanne and Korinek，2010）。对这种"过度借贷"的一种可能的修正是对借贷征税（Jeanne and Korinek，2010）。限制私营部门从国际资本市场借款的能力可以被解释为一种税收，完全禁止借贷是一种极端形式的税收，其税率是无限的。

第三，发展中国家对外负债的结构对危机的可能性和严重性都至关重要。特别是那些相对于 FDI 更依赖外债融资的国家，它们的企业在 2008 年全球金融危机期间存在更严重的流动性短缺（Tong and Wei，2010）。此外，以外币计价的债务在总负债中所占比例较高，也被发现预示着未来的国际收支危机（Eichengreen and Hausmann，1999）。如果外币债务增加了一个国家遭受外币债务危机或国际收支危机的脆弱性，那么对外币借款征税可以通过减少未来发生金融危机的可能性来改善国家福利。Du 等（2015）发现至少有 14 个主要新兴市场经济体的本币外债份额有所上升。

第四，劳动力刚性也会阻碍发展中国家从资本账户开放中获益（Du et al.，2017）。劳动力刚性可能来自于紧张的劳资关系或对当地劳动力市场的过度监管，这使得公司雇佣或解雇员工的成本高昂。Du 等（2017）为了集中研究当地劳动力市场刚性的影响，特意消除了国内金融市场的扭曲和国际资本市场的扭曲。结果发现劳动力市场制度对于发展中国家比发达国家更重要。对发展中国家来说，劳动力市场改革和资本账户开放是互补的：在灵活的劳动力市场下，更开放的资本账户意味着更多的就业（更低的失业率）；但在劳动力市场僵化的情况下，更多的资本账户开放会导致相反的结果。直觉上，对发展中国家来说，僵化的劳动力市场阻碍了企业进入，从而降低了对资本的需求。一旦资本账户开放，部分国内储蓄就会离开本国，到国外寻求更好的回报。国内资本成本的增加进一步减少了就业。对于发达国家来说，开放资本账户的国内就业率总是更高。这意味着，就国内劳动力市场的刚性程度而言，开放资本账户总是对发达国家有利。

11.1.2　资本账户开放对金融稳定的影响机制

放宽对跨境资本流动的限制是金融全球化的重要标志（Klein and Olivei，2008；Kose et al.，2009a，2009b）。现有文献表明，资本账户开放为国际金融风险分担、获取较高资本、有效配置资本和产业专业化提供了跳板（Kose et al.，2009a，2009b；Stulz，2005）。第一，关于风险分担，国际风险分散化使全球经济能够从低风险/低回报的投资组合转变为具有更高风险/更高回报的投资组合（Obstfeld，1994）。第二，资本账户开放为外资银行在其他国家设立子公司铺平道路，这扩大并提升了东道国的银行部门规模（Klein and Olivei，2008；Kose et al.，2009a，2009b）。第三，资本账户开放也促进了金融体系的竞争。Obstfeld（2015）认为，从长远来看，由于金融全球化程度的提高，将实现更具竞争力、透明度和效率的金融部门，资本账户开放可以充分利用国外先进的管理技术，进而提高国内金融市场效率和系统处理能力（庄起善和张广婷，2013）；同时，金融市场规模扩大，金融产品日趋丰富，市场参与主体不断增加（鄂志寰，2000），证券投资的风险得以分散，带来了投资收益率的提高（Henry，2000）。第四，资本账户开放还伴随着信息不对称、代理成本和交易成本的减少（Stulz，1999）。它还与改进的公司治理、国内监管和监督框架以及更大的流动性有关（Kose et al.，2009a，2009b；Stulz，1999）。因此，资本账户开放对金融发展是至关重要的（Klein and Olivei，2008）。

在资本账户开放的巨大好处之外，资本账户开放引发的金融不稳定亦存在许多传导机制。第一，资本账户开放带来资本流动的不确定性，资本的过度流入诱发泡沫形成，而资本的恐慌性外逃同样会扭曲一国的经济金融结构（李成和白璐，2013）。在金融体系中，国际资本流动首先冲击外汇市场，由于中国目前仍采取结售汇制度，国际资本流动会直接反映外汇储备和外汇占款的变化；国际资本的大量流入形成对本币的升值预期，反之，则为贬值预期，从而加剧了本币汇率的波动性（戴淑庚和胡逸闻，2016）。第二，资本账户开放恶化银行体系的脆弱性。国际资本的大量流入容易诱发银行过度借贷，而国际资本的大量流出则会造成贷款规模收缩，这种银行贷款规模波动性增加很可能引发影响全局的风险（鄂志寰，2000）。第三，资本账户开放容易对金融市场各资产价格产生冲击。这一方面是因为国内与国际金融市场的关联性增强（鄂志寰，2000）；另一方面则是由国际短期流动资本的逐利性决定（李成和白璐，2013）。总的来说，当资本流入肆无忌惮时，经济就会面临崩溃的风险（Stiglitz，2002）。Mishkin（2007）在一次开创性演讲中指出，金融全球化可能导致金融危机，如果经济体管理不当，可能会恶化经济福利。金融机构尤其是银行，随着资本流动性的增加，往往会承担过多的金融全球化造成的风险。Reinhart和Rogoff（2008）指出，国际资本流动性高的时期易引发国际银行业危机。事实上，发展迅速的国家在金融全球化方面的程度较低（Rodrik and Subramanian，2009）。

11.1.3　金融稳定对经济增长的非对称影响机制

一直以来，金融的稳定性对于一国的经济发展起到至关重要的作用。美国经济学家 Fisher 在 1932 年提出了"债务—通货紧缩"的理论，认为在经济处于繁荣的时期经济主体的过度举债将会导致市场的通货紧缩，而通货紧缩又将反过来促使机构进一步加大债务杠杆，这将导致金融机构面临违约风险大幅上升。当市场上出现大面积违约事件时，则会导致金融危机的出现，而经济增长也会随着危机的爆发而出现大幅波动。1963 年美国经济学家 Minsky 发表的《它，会再发生吗?》一书中首次提出了"金融不稳定假说"，认为现代商业银行的自身结构性特征以及资本逐利的本质决定了金融体系的脆弱性；金融危机具有周期性的特征因此是不可避免的，金融危机的发生将会对经济的增长造成严重的损害。

早期学者从金融体系的职能入手，分析金融稳定对经济增长的影响渠道。第一，由于金融体系的功能是为实体经济提供资金支持，稳定的金融系统能够拓宽宏观经济活动的信息渠道，缓解信息不对称现象，降低交易成本，并引导市场资金进入优质的生产项目中（Greenwood and Jovanovic，1990）；第二，金融机构有助于分散风险，不仅可以增进投资者信心，还可以提高资本的边际生产效率，最终实现资金的供需平衡（Pagano，1993；Obsffeld，1994）；第三，金融机构是保障实体经济资金流动性的重要工具，金融的稳定性可以有效提振投资者的信心，带动市场流动性（Ang，2008；石洋，2010）。总的来说，金融稳定有助于经济中的微观个体实现资源的合理配置、刺激市场流动性，因此，金融机构稳定性对一国的经济增长起到积极的促进作用（Kindlebergen，1974；King and Levine，1993；Dhal，2011；林珏和杨荣海，2011）。

除了单向影响外，金融稳定的宏观外溢效应还存在状态依存的特征。

Minsky（1991）认为当宏观经济整体上处于升阶段时会给金融体系带来潜在的不稳定因素，容易引发投资者的非理性投机行为，为了获取更多利益，投资者将会提高杠杆率（如过高的信贷发放），积聚了金融不稳定的潜在风险因素；而当经济增长放缓后，金融体系潜在的风险将会显露出来，任何一个微观经济体发生违约行为，都会导致连锁反应，进而危及整个宏观经济。在2008年全球金融危机之前，美国经历了一个从2002年初开始的增长周期。在这一阶段资本的逐利性促使金融机构将大规模的资金投放于房地产市场，并将住房按揭贷款转化成证券投入金融市场，整个金融体系的潜在风险成倍数地放大；而当房地产价格出现下行时，金融机构的风险由隐性转为显性并开始迅速传导，最终成为实体经济衰退的导火索。部分国内学者通过理论建模和实证分析也进一步验证了这种时变关联（邓创和徐曼，2014；戴金平和刘东坡，2015；陈雨露等，2016）。欧洲中央银行体系（The European System of Central Banks，ESCB）强调，金融不稳定性对宏观经济的影响是非线性、非对称的，会随着经济状态的变化而变化。在理论分析方面，Gertler 等（2020）、He 和 Krishnamurthy（2019）、Boissay 等（2013）、Aoki 和 Nikolov（2011）等在动态一般均衡模型（DSGE）中引入多重均衡或危机概率研究系统性风险对宏观经济的非线性溢出，为基于系统性风险测度的宏观经济非线性预测提供理论支持。

　　在实证检验方面，最常见的解决办法是将马尔可夫区制转换引入宏观–金融向量自回归模型（Macro-Finance VAR），通过区制特征识别实现非线性研究，有效地反映了系统性风险宏观溢出的状态依存特征（Kremer，2016；Abildgren，2012；Fornari and Stracca，2012；Guarda and Jeanfls，2012；Alessi，2011；Tamási and Világi，2011）。Hartmann 等（2012）构建欧元区的金融系统压力指标（composite indicator of systemic stress，CISS）用以衡量系统金融不稳定性，并引入贝叶斯马尔可夫转换向量自回归（Markov switching-vector autoregression，MS-VAR）模型中。CISS 涵盖了金融市场中的主要金融压力，并较好地反映了最近的金融危机和主权债务危机。MS-VAR 中的其他经济变量是生产增长、通货膨胀、贷款增长和短期利率。模型允许两种类型的区制变化：一是链接内生变量的模型参数可在三个区制间进行转换；二是反映系统性风险冲击大小和不确定性的误差项的方差可在两个区制间进行转换。模型的设定基于这样一个潜在的事实：一个经济体在系统不稳定时期的运行方式可能与在稳定时期截然不同。这种转变也可能是高度非线性的。实证结果发现，最剧烈的区制转换恰好与最严重的金融危机相吻合，这说明了系统性风险对宏观经济的影响取决于经济所处的状态。与此相似的研究还包括 Aboura 和 van Roye（2017）、Hubrich 和 Tetlow（2015）、Davig 和 Hakkio（2010）等。

然而，基于该方法的多数研究发现，在经济平稳时期系统性风险对经济增长的影响十分微弱。这些研究结果忽略了系统性风险累积的负面影响，因而无法起到有效的预警作用。De Nicolò 和 Lucchetta（2011）与 Giglio 等（2016）将分位数回归引入宏观经济预测中，重点关注系统性风险对宏观经济下行风险的影响。由于分位数回归允许回归系数在分位数之间有所不同，因而分位数回归提供了比条件均值函数更全面的目标分布估计。研究表明，尽管在经济平稳时期系统性风险对经济增长的中心趋势没有显著的影响，但极大地增加了宏观经济潜在的下行风险。此外，基于系统性风险的分位数回归可以实现时间序列上的连续预测，是一个较为理想的预警模型。国际货币基金组织于 2017 年在《全球金融稳定报告》中用金融条件指数估计了经济下行风险，并将这种下行风险命名为经济增长在险水平（growth at risk，GaR）。何青等（2018）在 Giglio 等（2016）的基础上研究了我国系统性风险外溢效应，弥补了我国在这一领域的空白。

11.2　双向资本账户开放与预期经济增长的实证分析

本节采用 TVP-SV-VAR 模型探究双向资本账户开放对预期经济增长的影响，并兼顾讨论金融稳定对双向资本账户开放的传导机制。从总的影响来看，资本账户流入开放政策在短期内对经济增长有抑制作用，在长期却可以促进经济增长，但随着我国经济逐步发展和流入开放水平逐步提高，资本账户流入开放政策对经济增长的影响程度越来越小；而随着资本账户流入与流出的非同步开放，资本账户流出开放成为打通资本账户开放对经济增长促进机制的关键点，提高资本账户流出开放水平，可以有效促进预期经济增长。

从金融稳定的传导机制来看，双向资本账户开放均会导致金融稳定性下降，然而，金融稳定性与预期经济增长的关系却存在较大的变化。在经济危机时期，双向资本账户开放会通过金融稳定性传导机制对经济增长产生长期的负面影响；而在经济平稳时期，双向资本账户开放对经济增长的间接影响则没有一个特定的模式。

11.2.1　经济增长及金融稳定的指标构建

1. 经济增长指标的构建

宏观经济一致指数（coincident index，CI）涵盖我国经济运行的各个方面，且按月公布，相较于一般宏观数据具有较高的数据频率，是一个较为理想的经济增长指标。然而，宏观经济一致指数直接反映了经济发展的绝对水平，由于我国经济发展常年保持稳固上升的态势，宏观经济一致指数存在一定的非平稳特性。我们采用 ARMA（auto-regressive and moving average，自回归滑动平均）模型，对宏观经济一致指数进行过滤，将模型残差项的三个月移动平均定义为经济增长：

$$Y_t = c + \sum_{i=1}^{p} \alpha_i Y_{t-i} + \sum_{j=1}^{q} \theta_j \varepsilon_{t-j} + \varepsilon_t \qquad (11.1)$$

其中，Y_t 代表宏观经济一致指数。经济增长指标的估计使用固定 120 个月（10 年）的滚动窗口。我们根据赤池信息准则（Akaike information criterion，AIC），在每个时点上动态选择 ARMA 模型的滞后参数（p，q）。

2. 金融不稳定指标的构建

我们采用条件在险价值（conditional value at risk，CoVaR）来反映金融系统的不稳定性。条件风险价值是由 Adrian 和 Brunnermeier（2016）提出的，定义为当单个金融机构收益处于给定分位数的在险价值（VaR）时，金融系统收益在相同分位数下的在险价值。如下所示：

$$P\left(r_i \leqslant \mathrm{VaR}_\tau^i\right) = \tau \qquad (11.2)$$

$$P\left(r_j \leqslant \mathrm{CoVaR}_\tau^{j,i} \mid r_i = \mathrm{VaR}_\tau^i\right) = \tau \qquad (11.3)$$

CoVaR 直接确定系统内每个金融机构对其他机构或整个系统的风险贡献程度。高意味着金融体系往往会伴随单个机构陷入困境。ΔCoVaR 表示中位数 CoVaR 和下分位数 CoVaR 之间的差值：

$$\Delta\mathrm{CoVaR}_\tau^{j,i} = \mathrm{CoVaR}_\tau^{j,i} - \mathrm{CoVaR}_{0.5}^{j,i} \qquad (11.4)$$

因此，ΔCoVaR 更关注金融系统的尾部风险。ΔCoVaR 越大，金融系统稳定性越差；ΔCoVaR 越小，金融系统稳定性越强。我们通过 DCC-GARCH（dynamic conditional corelational-generalized autoregressive conditional heteroscedasticity，动态条件相关广义自回归条件异方差）模型构建 ΔCoVaR。

3. 指标分析

图 11.1 显示了中国金融不稳定指标和经济增长指标的走势。为了更直观地对比，我们将金融不稳定指标原始序列取负值，即数值越大，金融系统稳

定性越差。总体而言，金融不稳定指标和经济增长指标的线性依存度较低。我国经济在 2011 年前震荡较大，此后则逐渐趋于稳定，而金融不稳定指标在 2011 年以后依旧存在显著的波动。

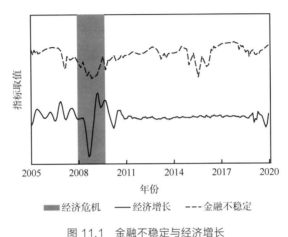

图 11.1　金融不稳定与经济增长

指标均经过标准化处理。为了便于对比，指标进行了纵向平移，因此，纵坐标取值无意义

　　但在经济危机时期，两者走势的相似度较高，揭示了金融不稳定指标和经济增长指标的某种非线性尾部关联。流动性问题于 2007 年 2 月在美国首先爆发，随后引发了全球经济衰退，而中国直到 2008 年 8 月才正式陷入经济危机。中国经济在危机中受到了沉重的打击，经济增长大幅度下降。金融不稳定指标在金融危机之前就开始攀升，及时发出预警信号，在全球金融危机期间出现峰值。这表明我们构造的金融不稳定指标能够及时应对系统性风险事件。

　　2018 年下半年至今，我国经济增长的波动性上升。中美贸易摩擦升级，经济转型期新旧动能转换等多种因素，使得我国经济发展存在一定的变数。在宏观经济波动的大环境下，我国金融不稳定水平虽有所上升，但上升幅度不大。这得益于我国近几年对金融风险的管理工作，2017 年 7 月，习近平总书记在第五次全国金融工作会议上强调："要把主动防范化解系统性金融风险放在更加重要的位置，科学防范，早识别、早预警、早发现、早处置，着力防范化解重点领域风险，着力完善金融安全防线和风险应急处置机制。"[①]一系列重大隐患"及时排雷"，如金融部门的杠杆率降幅显著、对银行业不良资产的处置在有序进行、影子银行规模得到有效压缩、房地产泡沫得到及时控制，地方政府债务处置工作也在稳步推进中。

11.2.2　双向资本账户开放与预期经济增长的实证模型设计

向量自回归模型（VAR）已经作为一种基础的计量分析工具被广泛应用，Sims（1980）在传统 VAR 模型的基础上提出结构向量自回归（structural vector autoregression，SVAR）模型，以对变量之间的相互影响关系进行更加清晰的刻画。为了能够更加灵活、准确地分析双向资本账户开放对预期经济增长的影响，我们将时变特征加入到传统 SVAR 模型中，通过构建 TVP-SV-VAR 模型动态分析二者之间的关系。首先构建一个 VAR 模型：

$$Ay_t = F_1 y_{t-1} + \cdots + F_s y_{t-s} + u_t, \quad t = s+1, \cdots, n \tag{11.5}$$

其中 y_t 是的可观察变量，A，F_1，$\cdots$，F_s 是 $k \times k$ 的系数矩阵。扰动项 u_t 是 $k \times 1$ 维。

假设 $u_t \sim N(0, \Sigma^2)$，其中

$$\Sigma = \begin{pmatrix} \sigma_1 & 0 & \cdots & 0 \\ 0 & \ddots & \ddots & \vdots \\ \vdots & \ddots & \ddots & 0 \\ 0 & \cdots & 0 & \sigma_k \end{pmatrix}$$

假设矩阵 A 是一个下三角矩阵

$$A = \begin{pmatrix} 1 & 0 & \cdots & 0 \\ a_{21} & \ddots & \ddots & \vdots \\ \vdots & \ddots & \ddots & 0 \\ a_{k1} & \cdots & a_{k,k-1} & 1 \end{pmatrix}$$

① 全国金融工作会议在京召开，http://www.gov.cn/xinwen/2017-07/15/content_5210774.htm，2017-07-15。

因此，我们就可以将（11.5）式改写为

$$y_t = B_1 y_{t-1} + \cdots + B_s y_{t-s} + A^{-1}\Sigma\varepsilon_t, \quad \varepsilon_t \sim N(0, I_k) \qquad (11.6)$$

其中，$B_i = A^{-1}F_i$，$i = 1, \cdots, s$。定义 $X_t = I_k \otimes (y'_{t-1}, \cdots, y'_{t-s})$，$\otimes$ 代表克罗内克积。模型可以改写为下面形式：

$$y_t = X_t\beta + A^{-1}\Sigma\varepsilon_t \qquad (11.7)$$

在（11.7）式中，模型系数和参数是固定的，不随时间发生变动。当我们允许所有参数与系数随时间发生变动，并将其改写成（11.7）式的形式，就得到了 TVP-SV-VAR 模型：

$$y_t = X_t\beta_t + A_t^{-1}\Sigma_t\varepsilon_t, \quad t = s+1, \cdots, n \qquad (11.8)$$

其中，系数 β、参数与 Σ_t 都是随时间发生变化的。借鉴 Primiceri（2005）的做法，将下三角矩阵 A_t 中的非零和元素组合为列向量 $a_t = (a_{21}, a_{31}, a_{32}, a_{41}, \cdots, a_{k,k-1})'$。此外，令 $h_t = (h_{1t}, \cdots, h_{kt})'$，$h_{jt} = \log\sigma_{jt}^2$，其中，$j = 1, \cdots, k$，$t = s+1, \cdots, n$。假设上述参数遵循随机游走：

$$\beta_{t+1} = \beta_t + u_{\beta t}, \quad a_{t+1} = a_t + u_{at}, \quad h_{t+1} = h_t + u_{ht},$$

$$\begin{pmatrix} \varepsilon_t \\ u_{\beta t} \\ u_{at} \\ u_{ht} \end{pmatrix} = N\left(0, \begin{pmatrix} I & O & O & O \\ O & \Sigma_\beta & O & O \\ O & O & \Sigma_a & O \\ O & O & O & \Sigma_h \end{pmatrix}\right) \qquad (11.9)$$

其中 $\beta_{s+1} \sim N(\mu_{\beta_0}, \Sigma_{\beta_0})$，$a_{s+1} \sim N(\mu_{a_0}, \Sigma_{a_0})$，$h_{s+1} \sim N(\mu_{h_0}, \Sigma_{h_0})$。$\Sigma_{\beta_0}$、$\Sigma_{a_0}$ 和 Σ_{h_0} 分别为方差协方差矩阵，由于模型中的参数可以随时间永久性或暂时性变化，所以可以解释经济结构中的突变或渐变特性。

随机波动率虽然会增加模型灵活性，但同时也增加了参数估计难度，使得传统 SVAR 模型估计所采用的估计方法（最小二乘或最大似然）容易造成模型参数过度识别问题，所以本书参考 Nakajima（2011），采用贝叶斯分析中常用的马尔可夫链蒙特卡洛（Markov Chain Monte Carlo，MCMC）法对模型进行估计。采用马尔可夫蒙特卡洛法（MCMC）进行 10 000 次抽样对参数进行估计。前 1000 次抽样作为预烧值被舍弃，后 9000 次的抽样被用来估计参数的后验分布。沿用 Chan 和 Eisenstat（2018）的方法，我们根据对数边际似然函数值和偏差信息量准则（deviance information criterion，DIC）选取 TVP-SV-VAR 模型的滞后阶数。在此基础上通过脉冲响应函数分析各变量之间的影响。

TVP-SV-VAR 模型中的变量排序影响实证结果，在楚列斯基分解法下，为了使模型能够识别，会对变量当期关系加以约束，这就使得排序在后的变量对排序在前的变量不存在当期作用而仅仅有滞后期影响。参考李戎等（2017）和钱宗鑫等（2021）的设定，按照实体经济变量、金融变量的顺序将模型中变量排序，因而 y_t 的构成为：$y_t = (\text{EG}_t, \text{FS}_t, \text{KC}_t)$，其中 EG_t 为经济增长指标，FS_t 为金融不稳定指标，KC_t 为资本账户开放指标。资本账户开放指标包括资本账户流入开放指标 KCI_t 和资本账户流出开放指标 KCO_t，将资本账户流入开放指标和资本账户流出开放指标分别纳入 TVP-SV-VAR 模型，可探究资本账户双向开放对经济增长的影响。

11.2.3　资本账户流入开放与预期经济增长的实证结果分析

首先将经济增长指标、金融不稳定指标和资本账户流入开放指标带入 TVP-SV-VAR 模型，即 $y_t = (\text{EG}_t, \text{FS}_t, \text{KC}_t)$，探究资本账户流入开放对预期经济增长的影响。根据对数边际似然函数值和 DIC 准则，选取 TVP-SV-VAR 模型的滞后阶数 $p=2$。

1. 资本账户流入开放→经济增长

分析"资本账户流入开放→经济增长"的脉冲响应，可以探究资本账户流入开放对经济增长的实际影响。图 11.2 显示了经济增长对资本账户流入开放冲击的等间隔脉冲响应函数，滞后期（t）分别为 1 期、6 期、12 期与 24 期（1 期为 1 个月，下同），横轴表示时间节点，纵轴表示各变量脉冲响应值。由于本书采用的是月度数据，滞后 1 期的脉冲响应可以看成资本账户流入开放对经济增长的即期影响。总体来看，资本账户流入开放对经济增长的滞后 1 期影响随时间推移呈下降趋势，2008 年经济危机之前，资本账户流入开放对经济增长滞后 1 期的影响为正，即资本账户流入开放有助于即期经济增长；2008 年经济危机之后，资本账户流入开放对经济增长滞后 1 期的影响开始转为负值，即资本账户流入开放抑制了即期经济增长。滞后 6 期的脉冲响应可以看成资本账户流入开放对经济增长的短期影响。整个样本期内，滞后 6 期的脉冲响应一直为负值，即资本账户流入开放对经济增长存在负面的短期影响。滞后 12 期的脉冲响应可以看成资本账户流入开放对经济增长的中期影响。整个样本期内，滞后 12 期的脉冲响应一直为正值，即资本账户流入开放对经济增长存在正面的中期影响。滞后 24 期的脉冲响应可以看成资本账户流入开放对经济增长的长期影响。可以看出，资本账户流入开放对经济增长的影响在长期变得十分微弱。

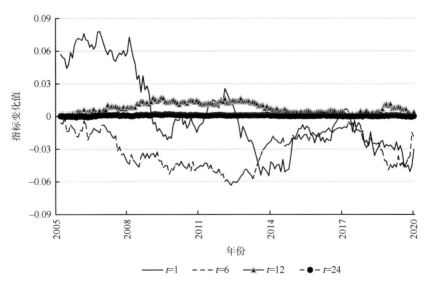

图 11.2　经济增长对资本账户流入开放冲击的等间隔脉冲响应

为了对上述观测期内不同滞后脉冲响应的分析结果形成有效补充,本书选择 2009 年 7 月、2011 年 12 月、2015 年 12 月这 3 个时点,分析不同观测时期各滞后期脉冲响应结果。其中,2009 年 7 月,跨境贸易人民币结算试点工作正式启动;2011 年央行会同有关部门在推动人民币跨境使用方面积极开展工作,2011 年 12 月推出 RQFII 试点,跨境人民币业务取得重大突破;2015 年 11 月,国际货币基金组织决定将人民币纳入 SDR 货币篮子。

图 11.3 显示了经济增长对资本账户流入开放冲击的 3 个观测时点的脉冲响应函数。3 个观测时点上的脉冲响应函数走势大体相同。在第 8 期之前,资本账户流入开放对经济增长的影响为负,即资本账户流入开放政策在短期内会抑制经济增长。这种负面影响在第 3～4 期的时候达到顶峰。第 8 期之后,资本账户流入开放对经济增长的影响由负转正,即资本账户流入开放政策在中长期内可以对经济增长有正向的促进作用。对比 3 个观测时点上的脉冲响应程度可以发现,随着时间推移,资本账户流入开放政策对经济增长的影响逐渐变弱,无论是短期的抑制作用还是中长期的促进作用。

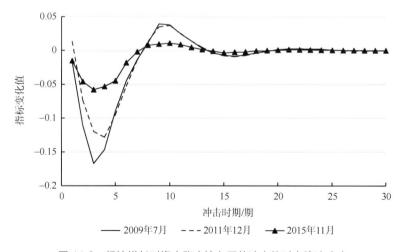

图 11.3 经济增长对资本账户流入开放冲击的时点脉冲响应

结合等间隔脉冲响应分析和时点脉冲响应分析,可以得出这样一个结论:资本账户流入开放政策在短期内对经济增长有抑制作用,在长期却可以促进经济增长,但随着我国经济逐步发展和流入开放水平逐步提高,资本账户流入开放政策对经济增长的影响程度越来越小。

2. 资本账户流入开放→金融稳定→经济增长

分析"资本账户流入开放→金融稳定→经济增长"的脉冲响应,可以探究金融系统稳定性的传导机制,即资本账户流入开放通过改变金融系统稳定性对经济增长产生的间接影响。图 11.4 显示了金融稳定对资本账户流入开放冲击的等间隔脉冲响应函数。总体来看,资本账户流入开放会降低金融系统的稳定性。资本账户流入开放对金融稳定的滞后 1 期影响较为平稳,在 0.4～0.6 区间徘徊。即资本账户流入开放上升 1 个单位,即期金融稳定性下降 0.4～0.6 个单位。资本账户流入开放对金融稳定的影响在两年内快速下降,在样本期的大多数时间里,滞后 6 期的脉冲响应小于 0.2、滞后 12 期的脉冲响应小于 0.1、滞后 24 期的脉冲响应小于 0.03,2016 年以后,滞后 6 期、滞后 12 期和滞后 24 期的脉冲响应开始在 0 点附近上下徘徊。

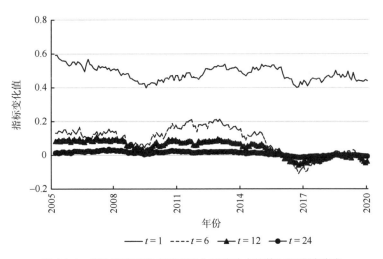

图 11.4　金融稳定对资本账户流入开放冲击的等间隔脉冲响应

图 11.5 显示了金融稳定对资本账户流入开放冲击的时点脉冲响应函数。
3 个观测时点上的脉冲响应函数走势大体相同。资本账户流入开放政策对金
融稳定有个较强的即期负面影响，资本账户流入开放上升 1 个单位，即期金
融稳定性下降超过 0.4 个单位。这种负面影响在第 2 期快速下降，特别是在
2009 年 7 月和 2015 年 11 月，金融稳定性几乎回到稳态水平。第 2 期之后，
资本账户流入开放政策对金融稳定性的影响是逐步收敛于 0。

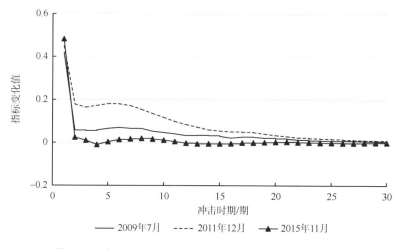

图 11.5　金融稳定对资本账户流入开放冲击的时点脉冲响应

图 11.6 显示了经济增长对金融稳定冲击的等间隔脉冲响应函数。从图中
可以看出，在经济危机前后，金融稳定性下降会大幅度降低预期经济增长且
影响时间较长，滞后 1 期、6 期、12 期和 24 期的脉冲响应函数均为负值。2008
年经济危机爆发前，随着金融风险的快速积累，金融稳定性下降对经济增长
的负面影响越来越大；随着经济危机的爆发，金融风险逐步释放，金融稳定
性下降对经济增长的负面影响逐渐变弱。而在经济平稳时期，金融稳定下降
对经济增长的影响比较模糊，滞后 1 期、6 期、12 期和 24 期的脉冲响应函数
在全样本期内一直在 0 上下徘徊。

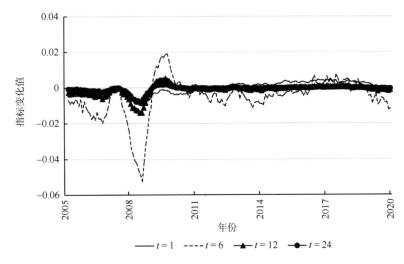

图 11.6　经济增长对金融稳定冲击的等间隔脉冲响应

图 11.7 显示了经济增长对金融稳定冲击的时点脉冲响应。3 个观测时点的脉冲响应函数走势存在较大的差别。在 2009 年 7 月，金融稳定性下降会促进经济增长，随着 2008 年经济危机爆发、金融风险逐步释放，适度的金融风险承担可以刺激经济增长，这种正面影响在第 6 期时达到顶峰，此时金融稳定性下降 1 个单位，经济增长会上升 0.017 个单位；在 2011 年 12 月，金融

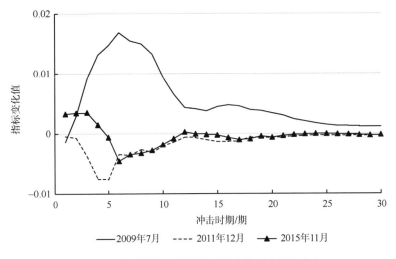

图 11.7　经济增长对金融稳定冲击的时点脉冲响应

稳定性下降会降低经济增长水平，这种负面影响在第 4～5 期达到顶峰，金融稳定性下降 1 个单位，经济增长随之下降 0.08 个单位；在 2015 年 11 月，随着金融稳定性下降，经济增长存在先上升后下降的趋势，从短期来看，金融风险承担可以对经济增长有刺激作用，而在中长期却会危害经济的健康发展。

结合等间隔脉冲响应分析和时点脉冲响应分析，可以得出这样的一个结论：在经济危机时期，资本账户流入开放会通过金融稳定性传导机制对经济增长产生长期的负面影响；而在经济平稳时期，资本账户流入开放对经济增长的间接影响则没有一个特定的模式。

3. 经济增长→金融稳定

此外，我们还探讨了经济环境对金融稳定性的负反馈影响。图 11.8 显示了金融稳定对经济增长冲击的等间隔脉冲响应函数。从图中可以看出，金融稳定对经济增长冲击的滞后 1 期、6 期、12 期和 24 期的脉冲响应函数均为负值。总的来说，经济增长上升会提升金融稳定性，即经济增长会对金融风险有托底作用。

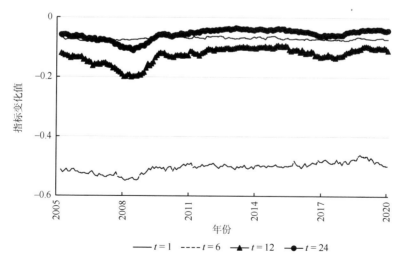

图 11.8　金融稳定对经济增长冲击的等间隔脉冲响应

图 11.9 显示了金融稳定对经济增长冲击的时点脉冲响应。3 个观测时点上脉冲响应函数的走势几乎完全一致，经济增长对金融稳定的托底作用存在先增强后变弱的演化。这种正向影响在第 5 期达到顶峰，经济增长上升 1 个单位，第 5 期后的金融稳定性可以上升 0.5 个单位左右。此后，经济增长对金融稳定的托底作用开始变弱，金融稳定性逐步收敛到稳态水平。

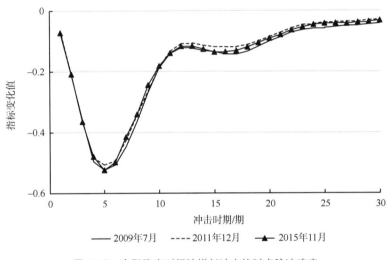

图 11.9　金融稳定对经济增长冲击的时点脉冲响应

结合等间隔脉冲响应分析和时点脉冲响应分析，可以得出这样的一个结论：经济增长上升会提升金融稳定性，即经济增长会对金融风险有托底作用。

11.2.4　资本账户流出开放与预期经济增长的实证结果分析

首先将经济增长指标、金融不稳定指标和资本账户流出开放指标带入 TVP-SV-VAR 模型，即 $y_t = (\mathrm{EG}_t, \mathrm{FS}_t, \mathrm{KCO}_t)$，探究资本账户流出开放对预期经济增长的影响。根据对数边际似然函数值和 DIC 准则，选取 TVP-SV-VAR 模型的滞后阶数 $p=2$。

1. 资本账户流出开放→经济增长

分析"资本账户流出开放→经济增长"的脉冲响应，可以探究资本账户流出开放对经济增长的实际影响。图 11.10 显示了经济增长对资本账户流出开放冲击的等间隔脉冲响应函数。资本账户流出开放对经济增长的滞后 1 期影响随时间推移呈先上升后下降的趋势，2008 年经济危机之前，资本账户流出开放对即期经济增长的促进作用达到顶峰，此后逐步衰弱；2014 年之后，资本账户流出开放对即期经济增长的影响由正转负。滞后 6 期的脉冲响应则正好相反，随时间推移呈先下降后上升的趋势，2008 年经济危机之前，资本账户流出开放对短期经济增长的抑制作用逐步增强；经济危机爆发时，资本账户流出开放更是让短期经济运行雪上加霜，抑制作用进一步增强；经济危机之后，抑制作用逐步变弱，2014 年之后，资本账户流出开放对短期经济增长的影响由负转正。滞后 12 期和 24 期在 2015 年之前为正，即资本账户流出开放有助于中长期的经济增长，这种促进作用同样在经济危机时期达到顶峰；2015 年之后，资本账户流出开放政策对中长期经济增长的

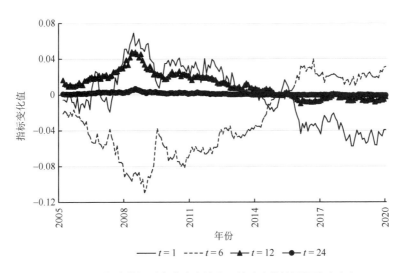

图 11.10　经济增长对资本账户流出开放冲击的等间隔脉冲响应

影响变得十分微弱，脉冲响应函数在 0 上下徘徊。总的来说，资本账户流出开放政策加剧了经济波动，而资本账户流出开放政策对经济增长的影响在 2015 年出现了翻转。

为了对上述观测期内不同滞后脉冲响应的分析结果形成有效补充，本书选择 2009 年 7 月、2011 年 12 月、2015 年 12 月这 3 个时点，分析不同观测时期各滞后期脉冲响应结果。图 11.11 显示了经济增长对资本账户流出开放冲击的 3 个观测时点的脉冲响应函数。3 个观测时点上的脉冲响应函数走势存在较大的不同。在 2009 年 7 月和 2011 年 12 月，资本账户流出开放对中短期经济增长的影响为负，即资本账户流出开放政策在短期内会抑制经济增长，这种负面影响在第 3~4 期的时候达到顶峰，资本账户流出开放上升 1 个单位，经济增长下降超过 0.14 个单位；而资本账户流出开放对中长期经济增长的影响为正，即资本账户流出开放政策在中长期可以促进经济增长。在 2015 年 11 月，资本账户流出开放对经济增长的影响为正，即资本账户流出开放政策可以对经济增长有正向的促进作用，这种正向影响在第 4 期达到顶峰，资

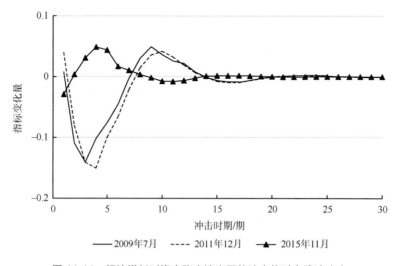

图 11.11　经济增长对资本账户流出开放冲击的时点脉冲响应

本账户流出开放上升 1 个单位, 经济增长随之上升 0.05 个单位。对比 3 个观测时点上的脉冲响应程度可以发现, 随着时间推移, 资本账户流出开放政策对经济增长的影响由负转正, 提高资本账户流出开放水平可以提高经济增长水平。

结合等间隔脉冲响应分析和时点脉冲响应分析, 可以得出这样一个结论: 资本账户流出开放政策会导致经济波动增加, 随着我国经济逐步发展和流出开放水平逐步提高, 资本账户流出开放政策可以促进经济增长。

2. 资本账户流出开放→金融稳定→经济增长

分析"资本账户流出开放→金融稳定→经济增长"的脉冲响应, 可以探究金融系统稳定性的传导机制, 即资本账户流出开放通过改变金融系统稳定性对经济增长产生的间接影响。图 11.12 显示了金融稳定对资本账户流出开放冲击的等间隔脉冲响应函数。总体来看, 资本账户流出开放会降低金融系统的稳定性, 随着时间推移, 这种负面影响呈下降趋势(经济危机时期除外)。在经济危机爆发前, 资本账户流出开放对金融稳定性的负面影响持续下降,

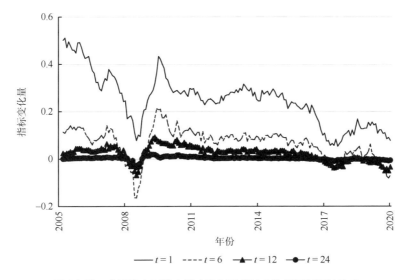

图 11.12 金融稳定对资本账户流出开放冲击的等间隔脉冲响应

滞后 1 期、6 期、12 期和 24 期的脉冲响应函数逐步走低，到 2008 年初，资本账户流出开放甚至开始有助于提高金融系统的稳定性；但是随着经济危机的爆发，资本账户流出开放对金融稳定性的负面影响开始逐步扩大，这种扩大的势头直到 2009 年底才得到遏制。

图 11.13 显示了金融稳定对资本账户流出开放冲击的时点脉冲响应函数。3 个观测时点上的脉冲响应函数走势大体相同。资本账户流出开放政策对金融稳定有个较强的即期负面影响，此后，这种负面影响逐步下降，但收敛速度较慢，第 20 期之后才近于消失。对比 3 个时点上的脉冲响应程度可以发现，随着时间推移，资本账户流出开放政策对金融稳定性的负面影响逐渐变弱，2009 年 7 月，资本账户流出开放上升 1 个单位，金融稳定性下降超过 0.4 个单位；而在 2011 年 12 月和 2015 年 11 月，资本账户流出开放上升 1 个单位，金融稳定性下降不超过 0.25 个单位。

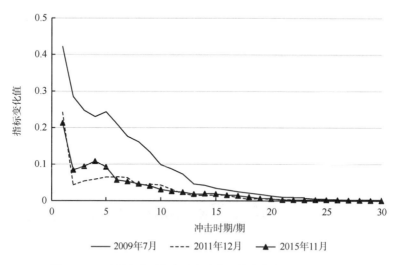

图 11.13　金融稳定对资本账户流出开放冲击的时点脉冲响应

图 11.14 显示了经济增长对金融稳定冲击的等间隔脉冲响应函数。从图中可以看出，在经济危机前后，金融稳定性下降会大幅度降低预期经济增长

且影响时间较长，滞后 1 期、6 期、12 期和 24 期的脉冲响应函数均为负值。
2008 年经济危机爆发前，随着金融风险的快速积累，金融稳定性下降对经济
增长的负面影响越来越大；随着经济危机的爆发，金融风险逐步释放，金融
稳定性下降对经济增长的负面影响逐渐变弱。而在经济平稳时期，金融稳定
下降对经济增长的影响比较模糊，滞后 1 期、6 期、12 期和 24 期的脉冲响应
函数在全样本期内一直在 0 上下徘徊。

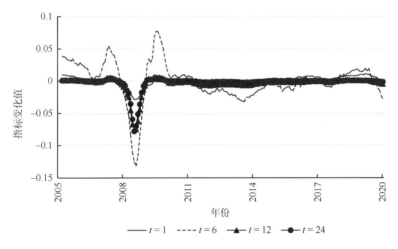

图 11.14　经济增长对金融稳定冲击的等间隔脉冲响应

图 11.15 显示了经济增长对金融稳定冲击的时点脉冲响应。3 个观测时点
的脉冲响应函数走势存在较大的差别。在 2009 年 7 月，金融稳定性下降会促
进经济增长，随着 2008 年经济危机爆发、金融风险逐步释放，适度的金融
风险承担可以刺激经济增长，这种正面影响在第 5 期时达到顶峰，此时金
融稳定性下降 1 个单位，经济增长会上升 0.08 个单位；在 2011 年 12 月，
金融稳定性下降会降低经济增长水平，这种负面影响在第 5 期达到顶峰，
金融稳定性下降 1 个单位，经济增长随之下降 0.024 个单位；在 2015 年 11
月，随着金融稳定性下降，经济增长存在先上升后下降的趋势，从短期来

看，金融风险承担可以对经济增长有刺激作用，而在中长期却会危害经济的健康发展。

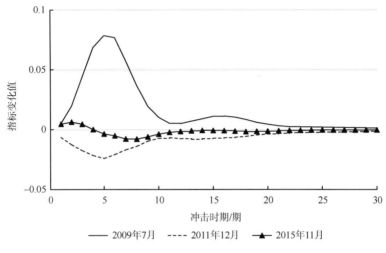

图 11.15　经济增长对金融稳定冲击的时点脉冲响应

结合等间隔脉冲响应分析和时点脉冲响应分析，可以得出这样的一个结论：在经济危机时期，资本账户流出开放会通过金融稳定性传导机制对经济增长产生长期的负面影响；而在经济平稳时期，资本账户流出开放对经济增长的间接影响则没有一个特定的模式。

3. 经济增长→金融稳定

此外，我们还探讨了经济环境对金融稳定性的负反馈影响。图 11.16 显示了金融稳定对经济增长冲击的等间隔脉冲响应函数。从图中可以看出，金融稳定对经济增长冲击的滞后 1 期、6 期、12 期和 24 期的脉冲响应函数均为负值。总的来说，经济增长上升会提升金融稳定性，即经济增长会对金融风险有托底作用。这种托底作用在 2008 年经济危机前后达到顶峰。

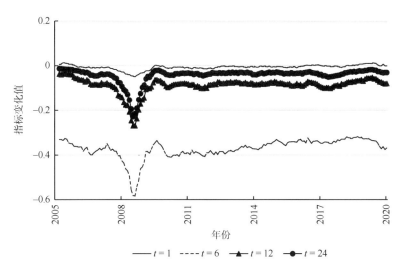

图 11.16　金融稳定对经济增长冲击的等间隔脉冲响应

图 11.17 显示了金融稳定对经济增长冲击的时点脉冲响应。3 个观测时点上脉冲响应函数的走势几乎完全一致，经济增长对金融稳定的托底作用存在先增强后减弱的演化。这种正向影响在第 5 期达到顶峰，经济增长上升 1 个单位，第 5 期后的金融稳定性可以上升 0.3～0.4 个单位。此后，经济增长对金融稳定的托底作用开始变弱，金融稳定性逐步收敛到稳态水平。

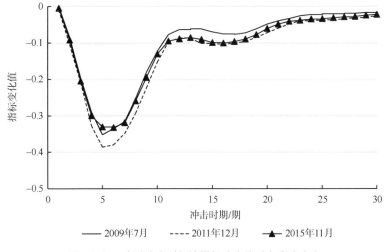

图 11.17　金融稳定对经济增长冲击的时点脉冲响应

结合等间隔脉冲响应分析和时点脉冲响应分析，可以得出这样的一个结论：经济增长上升会提升金融稳定性，即经济增长会对金融风险有托底作用。

11.3　双向资本账户开放与经济增长尾部风险的实证分析

本节通过将脉冲响应与分位数回归相结合探究双向资本账户开放与经济增长尾部风险的影响。实证结果表明，资本账户流入开放与资本账户流出开放均对经济增长的尾部风险具有正向的直接影响，但会通过降低金融稳定性间接地加剧经济增长的尾部风险。由于后者的影响程度更大，双向资本账户开放导致经济承受极端下行的压力更强也更久。

11.3.1　经济增长尾部风险的测度方式

现有研究表明，金融稳定性是资本账户开放对经济增长的重要影响传导渠道，即资本账户开放会影响金融系统稳定性（鄂志寰，2000；李成和白璐，2013；Reinhart and Rogoff，2008），而金融系统稳定性的变化又会传至实体经济（邓创和徐曼，2014；戴金平和刘东坡，2015；陈雨露等，2016）。因而，厘清金融稳定对经济增长的影响有助于探究资本账户开放的实际经济效应。

以往的研究大多关注于金融稳定性与预期经济增长（经济增长均值）的影响（Chen et al.，2022；Kremer，2016；Roye，2014；Allen et al.，2012；Fornari and Stracca，2012）。然而，在经济平稳时期，我们很难找到金融稳定性与经济增长直接关联的证据（Chen et al.，2022），上一节的研究也同样证明了这个结论。相反，在经济衰退时期，各类金融风险外溢极易引发金融系统的系统性风险，导致整个金融系统的瘫痪，进而将宏观经济拖入严重的衰退之中，对经济运行产生难以估量的影响（FSB et al.，2011）。正如欧洲中央银行体系强调，金融不稳定对宏观经济的溢出效应是非线性、非对称的，会随着经济状态的变化而变化。

事实上，金融稳定对经济增长的非对称、状态依存影响才是政策制定者更为关心的。金融危机爆发（经济增长的尾部风险）的概率虽小，但却会对宏观经济健康发展产生严重的危害，因而，维护金融稳定、防控经济增长风险成为很多国家的经济调控目标。

经济在险增长（Growth at Risk，GaR）的提出，为经济增长尾部风险的度量打开了新思路。Giglio 等（2016）引入分位数回归，对这一巨大的负面影响进行了估算，探讨了金融风险对宏观经济下行风险的影响，其中宏观经济下行风险用经济增长的低分位数表示。这个研究为金融风险和经济增长之间搭起了沟通桥梁，量化了系统性风险爆发的经济成本。Adrian 等（2019）在此基础上，将基于金融风险估计的经济增长尾部风险（经济增长 5%条件分位数值）定义为经济在险增长。本质上，经济在险增长就是基于当下金融风险状况对未来经济增长较坏的结果进行预估。这一概念已被许多国家的政策机构采用，用以监测风险。国际货币基金组织更是将经济在险增长指标写入宏观金融监管工具包中。这一全新的研究框架诠释了"防风险就是稳增长"的论点，为经济长期平衡发展的研究提供了新思路。

11.3.2 双向资本账户开放与经济增长尾部风险的实证模型设计

传统的回归模型着眼于因变量的条件均值，也就是因变量的中心趋势变化。事实上，特别是在经济领域，政策制定者往往更关心经济变量的尾部数值。分位数回归则可以捕捉这种分位数上的影响。它最早由 Koenker 和 Bassett（1978）提出。首先假定随机变量 X 的分布函数为

$$F(X) = P(X \leqslant x) \tag{11.10}$$

随机变量 X 的 τ 分位数可定义为：$Q_\tau(X) = \arginf\{x \in \mathbb{R}; F(x) \geqslant \tau\}(0 < \tau < 1)$，若将分布函数 $F(X)$ 的逆定义为 $F_X^{-1}(\tau) = \inf[y \in \mathbb{R}; F(y) \geqslant \tau]$，则 $Q_\tau(X) = F_X^{-1}(\tau)$。再来看一下二元随机变量 (X, Y)，其中 Y 在给定 $X=x$ 的情况下的条件累积分布函数为 $F_{Y|X=x}(y|x)$，则随机变量 Y 的条件 τ 分位数可表示为：

$$Q_\tau(Y|X = x) = \arginf\{y \in \mathbb{R} : F(y|x) \geqslant \tau\}(0 < \tau < 1) \tag{11.11}$$

给定样本 $\{(X_i, Y_i), (i = 1, \cdots, n)\}$，构建如下的回归模型：

$$Y = m(X) + \varepsilon, \quad X \in \mathbb{R} \tag{11.12}$$

其中，$\epsilon_i\{i = 1, \cdots, n\}$ 服从独立同分布的假定，而具体分布未知。随机变量 Y 的条件 τ 分位数可改写为：

$$m_\tau(x) = \argmin_{\theta \in \mathbb{R}} \mathbb{E}\{\rho_\tau(Y - \theta)|X = x\} \tag{11.13}$$

其中，$\rho_\tau(u) = u[\tau I(u \geqslant 0) - (1 - \tau)I(u < 0)]$ 为分位数回归的损失函数，$I(\cdot)$ 为指示函数。分位数回归参数估计的核心思想是损失函数 $E\rho_\tau(x - \hat{X})$ 最小化。

将分位数回归引入本项研究中。首先，构建一个简单的分位数回归式：

$$Q_\tau(EG_{t+h}|I_t) = \beta_{\tau,0} + \beta_{\tau,1}EG_t + \beta_{\tau,2}FS_t + \beta_{\tau,1}KC_t \tag{11.14}$$

其中 EG_t 为经济增长指标，FS_t 为金融不稳定指标，KC_t 为资本账户开放指标。资本账户开放指标包括资本账户流入开放指标 KCI_t 和资本账户流出开放指标 KCO_t。h 代表向前预测期数。我们将 $\tau=5\%$ 的经济增长分位数值定义为经济增长的尾部风险，通过估计分位数回归系数，可以探究资本账户开放与金融稳定性对经济增长尾部风险的影响。

其次，我们将第二节中的 TVP-SV-VAR 模型与分位数回归相结合，将金融稳定与经济增长在均值上的脉冲响应数值带入到估计好的分位数回归中，作为分位数回归的自变量，可推算出经济增长尾部风险的脉冲响应。

11.3.3 资本账户流入开放与经济增长尾部风险的实证结果分析

我们首先关注资本账户流入开放对经济增长尾部风险的影响。表 11.1 显示了资本账户流入开放和金融稳定对经济增长尾部风险的静态影响。结果表明，资本账户流入开放可以直接降低经济增长的尾部风险，且这一正向影响持续时间较长，分位数回归系数在 24 期（两年）后都仍显著为正。与之相反，金融稳定性下降则会加剧经济增长的尾部风险，这一负面影响在 12 期（1 年）后才逐渐变得不显著。根据本章第二节的研究可知，资本账户流入开放会导致金融系统的稳定性下降。因而，在金融稳定性传导渠道上，资本账户流入开放对经济增长尾部风险的间接影响为负，即资本账户流入开放通过降低金融稳定性进而加剧经济增长的尾部风险。

表 11.1 基于资本账户流入开放的分位数回归结果

变量	$h=1$	$h=6$	$h=12$	$h=24$
Constant	0.716***	1.820***	1.329***	1.094***
EG	1.074***	0.138	0.893***	0.228**
FS	0.236***	1.233***	0.436*	0.150
KCI	0.128***	0.241***	0.107*	0.122***
Control	Yes	Yes	Yes	Yes
Observations	202	202	202	202

注：h 代表向前预测期数。

***、**和*分别代表 1%、5%和 10%的显著水平。

那么正向的直接影响和负向的间接影响哪个程度更大？为了回答这个问题，我们把第二节中的 TVP-SV-VAR 模型与分位数回归相结合，将金融稳定与经济增长在均值上的脉冲响应数值带入到估计好的分位数回归中，作为分位数回归的自变量，推算出经济增长尾部风险的脉冲响应。图 11.18～图 11.20

显示了不同观测时点上的预期经济增长与经济增长尾部风险对资本账户流入开放冲击的脉冲响应。

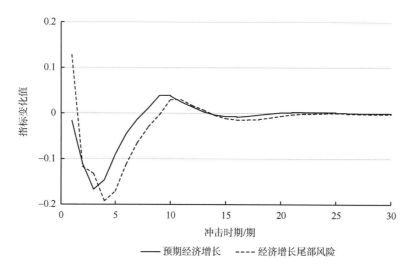

图 11.18　经济尾部风险对资本账户流入开放冲击的脉冲响应（2009 年 7 月）

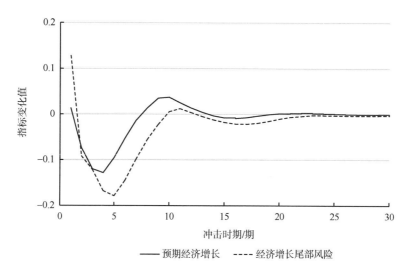

图 11.19　经济尾部风险对资本账户流入开放冲击的脉冲响应（2011 年 12 月）

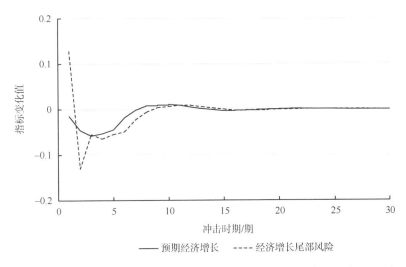

图 11.20　经济尾部风险对资本账户流入开放冲击的脉冲响应（2015 年 11 月）

在 3 个观测时点，资本账户流入开放均增大了中短期的经济增长尾部风险。相比于预期经济增长，资本账户流入开放对经济增长尾部风险的负面影响更强。这表明，资本账户流入开放通过降低金融稳定性进而对经济增长尾部风险产生的间接影响程度比直接影响程度更大。由于金融稳定的传导渠道具有一定的滞后性，加之资本账户流入开放对金融稳定的影响较为持久，相比于预期经济增长，资本账户流入开放对经济增长尾部风险的影响收敛速度更慢，即经济承受极端下行的压力更久。

结合分位数回归的系数显著性分析和脉冲响应分析，可得出这样一个结论：资本账户流入开放对经济增长的尾部风险具有正向的直接影响，但会通过降低金融稳定性间接地加剧经济增长的尾部风险。由于后者的影响程度更大，资本账户流入开放导致经济承受极端下行的压力更强也更久。

11.3.4　资本账户流出开放与经济增长尾部风险的实证结果分析

我们继续关注资本账户流出开放对经济增长尾部风险的影响。表 11.2 显示了资本账户流出开放和金融稳定对经济增长尾部风险的静态影响。金融稳定对经济增长尾部风险的影响结果较为稳健，与资本账户流入开放下的研究保持一致，即金融稳定性下降则会加剧经济增长的尾部风险，这一负面影响在 12 期（1 年）后才逐渐变得不显著。根据本章第二节的研究可知，资本账户流出开放会导致金融系统的稳定性下降。因而，在金融稳定性传导渠道上，资本账户流出开放对经济增长尾部风险的间接影响为负，即资本账户流出开放通过降低金融稳定性进而加剧经济增长的尾部风险。相比之下，资本账户流出开放对经济增长尾部风险的直接影响则较为复杂。资本账户流出开放对即期的经济增长尾部风险没有显著的影响，在短期内（半年）则会加剧经济增长的尾部风险，但在中长期（一年）又转而开始缓解经济增长的尾部风险。

表 11.2 基于资本账户流出开放的分位数回归结果

变量	$h=1$	$h=6$	$h=12$	$h=24$
Constant	−0.669***	−1.920***	−1.325***	−1.168***
EG	1.014***	−0.017	−0.896***	−0.245**
FS	−0.216***	−1.254***	−0.431**	0.129
KCO	0.018	−0.488*	0.205**	−0.017
Control	Yes	Yes	Yes	Yes
Observations	202	202	202	202

注：h 代表向前预测期数。

***、**和*分别代表 1%、5%和 10%的显著水平。

　　为了探究资本账户开放对经济增长尾部风险的总影响，即直接影响与通过金融稳定传导的间接影响总和，我们依旧将 TVP-SV-VAR 模型与分位数回归相结合，推算出经济增长尾部风险对账户流出开放的脉冲响应。图 11.21～图 11.23 显示了不同观测时点上的预期经济增长与经济增长尾部风险对资本账户流出开放冲击的脉冲响应。

　　在 2009 年 7 月和 2011 年 12 月，资本账户流出开放均增大了中短期的经

济增长尾部风险。相比于预期经济增长，资本账户流出开放对经济增长尾部
风险的负面影响更强。在 2015 年 11 月，资本账户流出开放对经济增长尾部
风险的负面影响时间大大缩短，在第 4 期就由负转正，即资本账户流出开放
开始有助于缓解经济增长的尾部风险。但这种正面影响程度仍低于对预期经
济增长的影响，这主要归因于金融稳定传导机制。

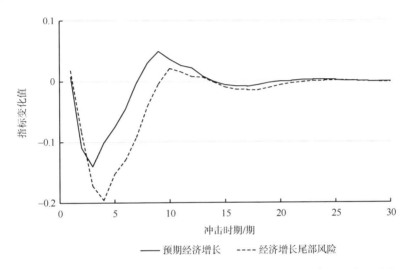

图 11.21　经济尾部风险对资本账户流出开放冲击的脉冲响应（2009 年 7 月）

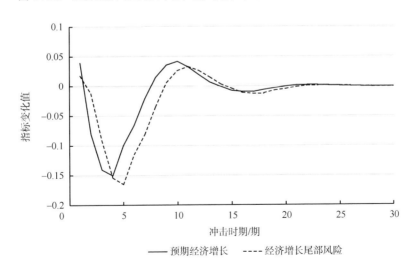

图 11.22　经济尾部风险对资本账户流出开放冲击的脉冲响应（2011 年 12 月）

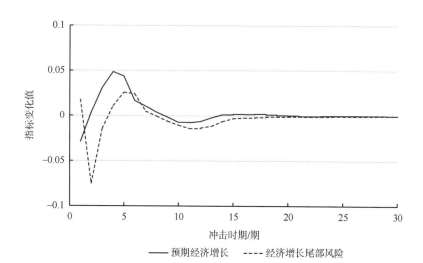

图 11.23　经济尾部风险对资本账户流出开放冲击的脉冲响应（2015 年 12 月）

结合分位数回归的系数显著性分析和脉冲响应分析，可得出这样一个结论：随着我国经济发展与资本账户开放项目的推进，资本账户流出开放政策开始有助于提升预期经济增长水平，但要在短期内承担一定的经济极端下行压力。

11.4　双向资本账户开放与经济增长完整分布的实证分析

本节通过将脉冲响应函数与分布拟合法相结合探究了双向资本账户开放与经济增长完整分布的影响。实证结果表明，总的来说，早期资本账户流入开放对经济增长具有显著的正向影响，而随着经济发展和资本账户开放水平提高，资本账户流入开放政策存在抑制经济增长、扩大经济增长波动的负面影响；与之相反，资本账户流出开放政策对经济增长的拉动作用开始显现，资本账户流出开放对经济增长全分布都有促进作用。但在资本账户流出开放中，仍要警惕经济增长尾部风险受到的冲击。

11.4.1　经济增长完整分布的测度方式

单分位数估计缺乏对宏观经济冲击变化的全面理解，如何在分位数预测的基础上重现宏观经济冲击的完整分布是很有必要的。分布估计的方法大致可分为两大类：非参数估计和参数估计。非参数估计虽然不需要对分布做任何设定，但是要求样本量不能太小（Li and Racine，2006；Pagan and Ullah，1999）。本章研究的是基于资本账户开放对经济增长的分布影响，由于相关金融数据和宏观经济数据的时间跨度较短，仅有 202 个观测值（2003 年 4 月至2019 年 12 月的月度数据）。

11.4.2　双向资本账户开放与经济增长完整分布的实证模型设计

我们参考 Adrian 等（2019）的方法，通过拟合偏态 t 分布，将不同分位数上的脉冲响应转化为经济增长的概率密度分布的脉冲响应：

$$f(y;\mu,\sigma,\alpha,\upsilon)=\frac{2}{\sigma}t\left(\frac{y-\mu}{\sigma};\upsilon\right)T\left(\alpha\frac{y-\mu}{\sigma}\sqrt{\frac{\upsilon+1}{\upsilon+\left(\frac{y-\mu}{\sigma}\right)^{2}}};\upsilon+1\right) \qquad (11.15)$$

偏态 t 分布的具体形态取决于四个可调整的参数：位置参数 μ、尺度参数 σ、肥尾参数 υ 和形状参数 α。我们通过调整这四个参数，使得拟合出的偏态 t 分布与复合分位数预测值之间的距离平方和最小：

$$\{\hat{\mu}_{t+h},\hat{\sigma}_{t+h},\hat{\alpha}_{t+h},\hat{\upsilon}_{t+h}\}=\underset{\mu,\sigma,\alpha,\upsilon}{\arg\min}\sum_{\tau}(\hat{Q}_{\tau}(y_{t+h}\,|\,x_{t})-F^{-1}(\tau;\mu,\sigma,\alpha,\upsilon))^{2} \qquad (11.16)$$

我们选取分位数 τ=5%,20%,30%,40%,50%,60%,70%,80%,95% 上的复合预测值 $\hat{Q}_{\tau}(y_{t+h}\,|\,x_{t})$ 作为被拟合点，拟合出基于资本账户开放与金融稳定衡量指标的条件概率密度分布。

我们从两个方面阐述设定偏态 t 分布的理由及其合理性：第一，偏态 t 分布与我国经济增长分布的吻合程度。图 11.24 显示了经济增长的频数直方图与基于偏态 t 分布设定的分布估计的对比。可知，两者的吻合程度较高，基于偏态 t 分布设定的分布估计很好地体现了原始数据中"尖峰厚尾"的特性。

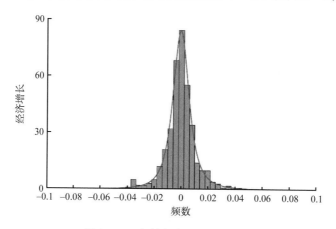

图 11.24　频数直方图与分布拟合

第二，偏态 t 分布的限制较小。偏态 t 分布之所以被广泛应用于宏观经济变量分布的设定，其中一个重要的原因是偏态 t 分布的限制较小。偏态 t 分布放开了对前四阶矩的限制，这体现在四个可调整的参数上：位置参数 μ、尺度参数 σ、肥尾参数 υ 和形状参数 α。当肥尾参数 $\upsilon \to \infty$ 时，偏态 t 分布退化为偏态正态分布；当肥尾参数 $\upsilon=1$ 时，偏态 t 分布退化为偏态柯西分布；当形状参数 $\alpha=0$ 时，偏态 t 分布退化为 t 分布；当形状参数 $\alpha=0$、肥尾参数 $\upsilon \to \infty$ 时，偏态 t 分布退化为正态分布；当形状参数 $\alpha=0$、肥尾参数 $\upsilon=1$ 时，偏态 t 分布退化为柯西分布。也就是说，偏态 t 分布同时涵盖了多种常见的分布。

前四阶矩的参数随着时间而变化，使得整体分布形态也会随着时间而变化。这可以为我们提供很多有用的信息：我们可以通过观测峰值位置变化判断经济预期走向；可以通过观测分布的宽阔程度判断经济波动水平；可以通过观测分布的偏斜程度判断经济的尾部风险。

11.4.3　资本账户流入开放与经济增长完整分布的实证结果分析

我们首先探究资本账户流入开放对经济增长完整分布的影响。图 11.25～图 11.28 显示了不同观测时点上经济增长分布对资本账户流入开放冲击的脉冲响应。从短期影响来看，2009 年 7 月，我国刚刚走出金融危机的阴霾，经济增长上行动力增强，经济增长整体呈现出右偏态，资本账户流入开放在短期大幅度降低经济增长的左侧尾部风险，并提高经济上行概率（经济增长分布右尾）；在 2011 年 12 月、2015 年 11 月，本账户流入开放对经济增长分布的影响方向大致相同，虽然可以适度降低短期的经济增长下行风险，但影响程度明显下降；在 2019 年 12 月，资本账户流入开放在短期内会同时增加经济增长的上行风险和下行风险（经济增长的左尾和右尾概率同时增加），即资本账户流入开放增大了经济增长的波动。从中期影响来看，在四个不同的观测时点上，资本账户流入开放均会对经济增长全分布产生抑制作用，经济增长分布整体左移。从长期来看，在四个不同的观测时点上，资本账户流入开放均有利于促进经济增长，但影响程度不高。

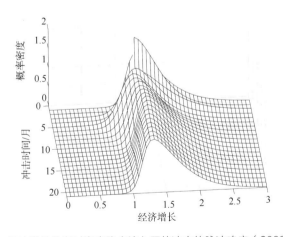

图 11.25　经济增长分布对资本账户流入开放冲击的脉冲响应（2009 年 7 月）

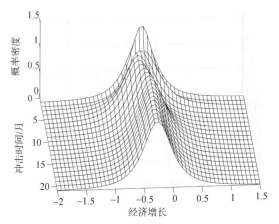

图 11.26　经济增长分布对资本账户流入开放冲击的脉冲响应（2011 年 12 月）

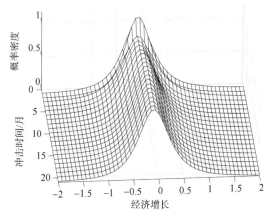

图 11.27　经济增长分布对资本账户流入开放冲击的脉冲响应（2015 年 11 月）

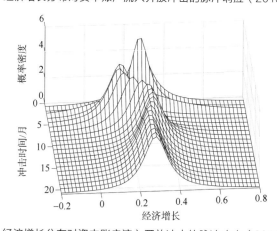

图 11.28　经济增长分布对资本账户流入开放冲击的脉冲响应（2019 年 12 月）

总的来说，早期资本账户流入开放对经济增长具有显著的正向影响，而随着经济发展和资本账户开放进程，资本账户流入开放政策存在抑制经济增长、扩大经济增长波动的负面影响。

11.4.4　资本账户流出开放与经济增长完整分布的实证结果分析

我们继而探究资本账户流入开放对经济增长完整分布的影响。图11.29～图 11.32 显示了不同观测时点上经济增长分布对资本账户流出开放冲击的脉冲响应。在 2009 年 7 月、2011 年 12 月和 2015 年 11 月这 3 个观测时点上，与资本账户流入开放的实证结果相似，资本账户流出开放可以适度降低短期的经济增长下行风险，虽然会对中期经济增长全分布产生抑制作用，导致经济增长分布整体左移，但在中长期可以促进经济全分布的增长。在 2019 年 12 月，资本账户流出开放对经济增长的拉动作用开始显现，经济增长分布整体右移；但同时，经济增长左侧尾部风险概率在短期内也有明显的上升。

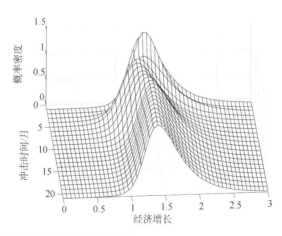

图 11.29　经济增长分布对资本账户流出开放冲击的脉冲响应（2009 年 7 月）

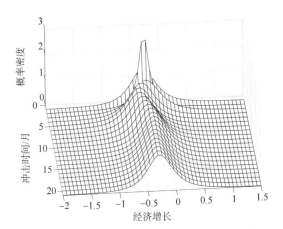

图 11.30   经济增长分布对资本账户流出开放冲击的脉冲响应（2011 年 12 月）

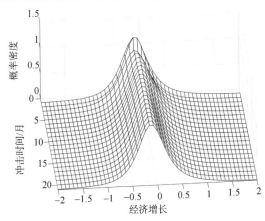

图 11.31   经济增长分布对资本账户流出开放冲击的脉冲响应（2015 年 11 月）

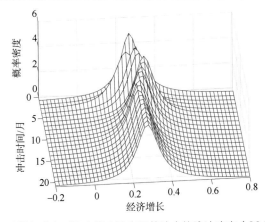

图 11.32   经济增长分布对资本账户流出开放冲击的脉冲响应（2019 年 12 月）

总的来说，随着经济发展和资本账户开放进程推进，资本账户流出开放政策对经济增长的拉动作用开始显现，但在资本账户流出开放中，仍要警惕经济增长尾部风险受到的冲击。

11.5　本章结论及政策建议

11.5.1　研究结论

近年来，随着经济的持续快速增长，中国在国际资本流动的参与状态从过去的被动吸收开始向主动选择转变。与此同时，虽然我国的金融部门发展建设已经取得了长足的进步，但随着我国资本账户开放程度的提升，国际资本流动的波动和风险，会在金融一体化的大环境下对国内金融体系产生影响。因此，在考虑资本账户开放的进一步推进时，仍需要审时度势，协调金融部门的稳定性，方能充分利用资本账户开放给经济增长带来的收益。

具体而言，本章研究的核心内容是双向资本账户开放对经济增长的影响分析，既包括双向资本账户开放对经济增长的直接影响，也包括双向资本账户开放通过改变金融系统稳定性从而对经济增长产生的间接影响。在传统均值分析的基础上，本章将资本账户开放的经济效益研究与前沿的经济在险增长框架相结合，进一步探究双向资本账户开放对经济增长尾部风险，乃至经济增长完整分布的影响，为资本账户开放的合理规划提供一定的参考。

11.5.2　资本账户开放顺序的调整建议

本章探讨了资本账户流入和流出管制放松对经济增长的不同影响。①资本账户流入管制放松。总的来说，资本账户流入管制放松在短期内会降低预期经济增长并加剧宏观经济尾部风险。但在中长期，资本账户流入管制放松可以改善经济运行状况，提高预期经济增长并缓解宏观经济尾部风险。②资本账户流出管制放松。在 2015 年之前，资本账户流出管制放松在短期内会降低预期经济增长并加剧宏观经济尾部风险，但在中长期可以改善经济运行状况，提高预期经济增长并缓解宏观经济尾部风险，长期与短期影响的差值在 2008 年经济危机前后达到顶峰。2015 年之后，资本账户流出管制在短期内就可以实现对经济增长的促进作用，且对宏观经济尾部风险的影响程度和影响时间都大大降低。

基于上述实证观点，我们提出：放松资本账户流出管制应是下一步资本账户开放的重点。疫情冲击下，我国较高的经济增长业已成为全球经济复苏的强劲动力，利率和汇率的双双走高很有可能导致"双顺差"局面的出现。在此背景下，稳步推进资本账户流出开放有利于实现经济的平衡发展并加快构建"双循环"的战略格局。事实上，我国资本账户开放一直循序"先进后出""宽进严出"的基本思路，相比于"引进来"，我国"走出去"的步伐还相对较慢。鼓励便利跨境投资、企业海外并购已成为我国经济新的增长点，不仅可以提高资源配置效率，还可以为技术进步提供强力支持。此外，打通资本流出机制还可以提高我国对外资的长久吸引力。

11.5.3 资本账户开放与金融风险管理的协调建议

本章提出了资本账户开放与宏观经济尾部风险的新观点。传统研究大多着眼于资本账户开放对预期经济增长（即经济增长均值）的影响，然而，在经济长期平衡发展的要求下，资本账户开放通过降低金融系统稳定性进而加剧宏观经济尾部风险的影响路径则更值得的关注。普遍的观点是，当一国的金融体系还不够完善时，资本账户开放会导致金融部门极容易遭到外部冲击。资本账户管制放松后，资本大规模流入会导致过度投资和投机性繁荣，此时，金融部门的脆弱性上升，此时，一旦发生大规模的资本外逃，经济随时都有可能陷入危机之中。实证结果表明，资本账户开放，无论是流入还是流出管制放松，都会造成系统性金融风险的上升，且对经济增长尾部风险的影响要大于经济增长中心趋势的影响。

基于上述实证观点，我们提出：资本账户开放要与金融市场管理相配合。在资本账户开放的国际背景下，金融部门的稳定性很容易受到国际资本流动的影响。因此，完善金融监管体系、强化宏观审慎监管，既是金融工作的重中之重，也是资本账户开放的重要基础。在资本账户开放政策实施前，要对金融部门的重大隐患进行及时排雷，降低金融系统的风险水平，合理监督和控制金融系统内部的资本风险、信用风险、市场风险、流动性风险、利率风险、操作风险等；对于严厉打击非法金融机构和非法金融活动，进一步提升金融秩序的规范性；完善宏观审慎政策对金融机构的逆周期监管，提高金融部门的抵抗风险能力。在资本账户开放政策实施时，应将"稳风险"放在首位，不过度追求降低金融部门的风险水平，注意经济政策的连贯性和稳定性，防止金融部门短期内出现较大的波动。

11.5.4 加强资本引导的改革建议

过去数十年，新兴市场国家经历的金融危机大多伴随着国际资本外逃，一旦国内投资环境对国际资本的吸引力下降，便有可能面临着资本流入的中止甚至逆转，并进一步对实体经济产生严重的负面影响。因此，改善投资环境，提升对优质国际投资的持续吸引力，应当是我国长期关注的命题，不仅可以提升对国际资本的吸引力，还可以引导外来资本更有效地支持实体企业，降低资本的投机性与在金融系统内的空转。具体措施包括：

第一，建立多层次金融市场体系，增强市场抵御资本流动冲击的能力。

实践表明，完备的多层次金融市场在抵御国际金融危机冲击和维护金融稳定方面发挥了重要作用，有效地支持了国民经济发展。我国应继续积极推动债券、外汇、黄金和金融衍生品等金融市场的构建，深化金融市场改革，不断提高金融市场服务实体经济的能力。

第二，优化营商环境，提升投资吸引力。优化营商环境对吸引外资、推动高水平对外开放有着非常重要的作用。中国正加速进入以高水平开放推动经济高质量发展的阶段，过去靠资源要素成本推动开放的道路已行不通，只有靠制度改革打造最优营商环境，才能吸引全球最优质的资源，推动区域经济乃至全国高质量发展。"营商环境"是一个更加综合的概念，涵盖了聚焦市场主体全生命周期重点环节、打造高效便民政务服务、营造优质平等经营环境、创新融资便利模式、提升监管执法效能、健全权益保障机制六大领域，让政策法规和体制机制真正有利于资源要素自由流动，有利于科技创新。

第三，倡导资本开放与经济结构优化相促进。通过制定实施税收、政策等方面的优惠措施，主动改善国内外资金在区域和产业上的均衡分布，引导国际资本流向与地区发展规划相协调的区域，或流向与国家产业结构调整政策相配套的部门，这会对减少区域经济发展不平衡、产业结构优化升级和整体经济效率的改善产生积极的影响。

第 12 章
资本账户双向开放与全要素生产率

资本账户开放对经济的影响一直是广受关注的研究话题。当前，已经有众多学者从多个不同视角出发研究了资本账户开放对经济增长的影响（Cline，2010；Prasad et al.，2003；陈中飞和王曦，2019）。学者们在研究中发现，一国的金融市场和宏观政策等均能够通过不同渠道影响到资本账户开放对经济增长的作用效果。而且，资本账户下存在诸多不同类别的子项目，不同的子项目对经济增长的影响也存在差异性。从经济增长角度对资本账户开放的经济效应做出的分析已经足够丰富，但鲜有学者从全要素生产率角度对资本账户开放的经济效应做出分析。从全要素生产率的角度来对资本账户开放的经济效应做出研究，也能够探究其内在动力。全要素生产率可以反映出一国生产效率的水平，生产效率的提升也是实现经济高质量增长的渠道之一。因此，有必要从全要素生产率的角度，探究资本账户双向开放对其影响，这也可以反映资本账户开放对经济高质量增长的作用效果。为对此问题做出解答，本章将构建面板回归模型，探究资本账户双向开放对全要素生产的影响。

当前，在少部分对资本账户开放影响全要素生产率的文献中（江春等，2019；邓创和谢敬轩，2021），多将资本账户作为一个整体指标进行研究，而未对资本账户进行细分，本章将进一步探讨各子类资本账户，研究资本账户子账户对全要素生产率的影响。资本账户包括股权市场和债券市场等在内的多个不同的子类项目。仅研究资本账户整体开放水平远远不够。不同类型的资本账户子项目具有不同的特点,资本流动的特点不同,面临的风险也存在差异。因此,有必要考虑不同子项目的差异性做出分析。本章也将从子项角度出发,分析资本账户管制程度对全要素生产率的影响。同时,为探讨不同国家所受影响的差异,本章将基于制度质量、人均 GDP 增速、收入水平和贸易开放度四个指标对国家做出分组,进行异质性分析。我国经济已经开始逐步地转向高质量发展阶段,全要素生产率的提升将成为我国经济增长的主要动力之一,本章的研究有助于更加深刻理解全要素生产率的相关问题并给政策制定提供参考。

12.1　研　究　背　景

12.1.1　全要素生产率与经济增长

Solow(1957)将全要素生产率定义为,在规模报酬不变和希克斯技术中性的生产函数中,除资本和劳动两大要素外其他所有生产要素对产量增长的贡献总和。Solow(1957)在使用美国数据的研究中发现,全要素生产率能够有效地促进经济的增长。对于一国而言,全要素生产率能够反映技术水平和管理能力等变动,能够体现经济的增长质量水平。一国的技术进步、资源配置效率的改善、产业结构的调整和制度体系的优化等都能促进全要素生产率的提升,进而能够促进经济的高质量增长。Denison(1962)使用索洛模型和美国数据对全要素生产率与经济增长之间的关系进行了研究,研究结果表明,美国经济增长的两大动因分别来自于生产要素投入和生产率,生产率对经济增长的促进作用体现在改善资源配置、节约生产规模以及发展和运用知识方面。Herrendorf and Valentinyi（2012）从产业角度对全要素生产率与经济发展之间的关系进行了研究，研究结果表明，部分产业的低生产率情况会造成整体的生产率降低，从而会影响到整体经济发展。当前，伴随着中国经济发展逐步进入新常态阶段，过去以资本和劳动等生产要素增长带动经济发展的模式将逐渐被通过创新驱动的高质量发展模式所替代，这意味着未来在促进经济发展的动力中，全要素生产率也会发挥越来越重要的作用（赵晓军和王开元，2021）。整体而言，诸多学者均从不同的角度出发，证实了全要素生产率对经济增长的重要作用（刘伟和张辉，2008；干春晖和郑若谷，2009；于井远，2022；金绍荣等，2022）。赵晓军和王开元（2021）研究发现部门全要素生产率结合产业网络的放大效应会影响总产出，其中由部门间的投入结构决定的放大作用最为显著。

12.1.2　资本账户开放与经济增长

是否能够有效地促进经济增长，是在开放资本账户过程中所要考虑的重要问题。当前，众多学者已经围绕资本账户开放与经济增长之间的关系做出了细致的研究并从不同的视角得到了丰富的研究结论。当前学者们对资本账户开放经济效应的研究也主要是基于是否能够促进经济增长的视角。

诸多学者的研究表明，资本账户的开放能够促进经济增长水平。在对渠道的研究方面，学者们研究发现在资本账户开放条件下，会存在技术溢出效应，伴随资本的流动，发展中国家可以得到来自发达国家先进的技术水平和管理经济的注入（Kose et al.，2009c；Eichengreen et al.，2011），资本账户开放还可能通过多种渠道来促进经济增长，例如分散金融风险和提高治理水平等（Prasad et al.，2003）。何剑等（2020）研究了资本账户开放向经济的高质量发展的传导渠道，结果表明，不同时期的传导具有不同的特点，从时期长短范围内看，短期内传导渠道显著，而中长期传导并不明确。资本账户开放对不同国家的经济增长促进作用不同，李丽玲和王曦（2016）以收入水平作为标准，对国家做出了分组，研究发现，资本账户开放对不同组别的国家经济增长的促进作用并不相同，能够促进高收入国家增长，但对低收入国家而言，则会产生相反的影响。胡亚楠（2020）也在研究中发现，资本账户开放对高收入国家的促进作用要更明显，同时，其在研究中还引入了包括制度质量和对外开放度等在内的变量构建门槛模型，研究结果表明资本账户在促进经济增长时存在门槛效应，超过门槛值后促进作用更为明显。苟琴等（2018）对不同时期范围内资本账户促进经济增长效应进行了研究，研究结果表明，无论是短期还是长期促进作用都是成立的，对于不同时期而言，促进渠道并不相同。其中，短期内是由于资本积累的提升，长期内则是源自技术进步率的提高。也有学者在研究中发现，资本账户开放并非对经济都是正面影响，也有可能会加剧经济的不稳定性，Grilli 和 Milesi-Ferretti（1995）通过实证研究发现，资本账户开放促进增长的结论并不是在所有国家中都成立，整体来看，促进作用并不是稳健的。其他学者也得到了类似结论（Rodrik，1998；Bekaert et al.，2005）。李巍和张志超（2008）从是否存在国际直接投资的角度出发研究了资本账户开放与经济增长之间的关系，结果发现开放会对经济增长稳定性产生不利影响。也有学者发现，资本账户开放对经济增长的促进作用存在非线性的关系。雷文妮和金莹（2017）资本账户对经济增长不仅存在正面的影响，也存在负面的影响，从而使得存在"倒 U"关系。郭桂霞和彭艳（2016）从国家和省份两个视角做出了研究，结果表明，资本账户对经济增长的促进作用存在门槛效应，不同地区存在差异。

资本账户下不同子类具有不同的特点，因此其开放顺序也存在先后（余永定，2014）。在资本账户开放过程中，如何确定子项目的开放次序是需要解决的核心问题之一，也将会影响到改革的效果（Jeanne et al.，2012；中国人民银行调查统计司课题组，2012）。资本账户不同子项开放对经济增长的影响并不相同，存在异质性特点，因此仅从总项角度出发做出的研究，不足以反映此问题。彭红枫等（2020）考虑了子项的异质性特点，通过实证分析了资本账户各子项目对经济增长的影响，结果显示，不同子项对经济增长的影响并不相同，对于金融发展程度较高的国家而言，制度质量的提升对经济增长的促进作用更大。进一步地，考虑流入和流出的差异，结论表明，资本流入开放对经济增长有更大的负面影响。陈中飞和王曦（2019）通过构建线性门槛模型，实证分析了我国资本账户子项目对经济增长的影响，结果表明当以初始人均 GDP 和制度质量作为门槛变量时，各子项目表现出了较为明显的门槛效应。

12.1.3　资本账户开放与全要素生产率

资本账户开放促进经济的增长有两个渠道，分别是资本积累和生产效率（江春等，2019）。而学者们在使用跨国数据的研究中发现，资本账户开放对经济增长的促进作用主要是通过提高生产效率的渠道来实现的（Bekaert et al.，2011）。

资本账户开放对全要素生产率的具有正负两个方向的影响。从正向影响来看，Bonfiglioli（2008）通过实证方式做出了分析，分析结果表明，资本账户开放对全要素生产率具有正向影响。Ferreira 等（2008）也在研究中得到了类似结论，并认为正向影响源自经济体制和制度质量的完善。Kose 等（2009c）和 Bekaert 等（2011）研究发现，资本账户开放能够通过资本积累和生产效率的提升进而推动经济的增长，其中促进效果方面，后者占据着主要地位。从金融方面来看，资本账户开放也能够促进金融的开放水平，从而可以提升信贷配给率（Rajan and Zingales，1998）以及市场中资本的配置效率（Klein and Olivei，2008；Larrain and Stumpnery，2017）。从金融发展来看，资本账户开放过程中，跨境资本交易管制的取消，可以有效缓解一国国内存在的金融约束，提升金融机构运行效率，增强投资多样性并提高资金使用效率，在促进金融市场发展的同时也提高了资本的配置效率。从利率的角度来看，实际利率与市场利率的差距也会逐渐减少，无论是机构投资者、个人投资者还是企业都会得到更多的投资和融资的选择机会，从而能够有效地降低使用资金的成本（Henry，2007），扩大金融中介规模、挤出低效率金融中介机构、促进金融市场深化、缓解信息不对称程度、提高金融系统的运行效率（Stiglitz，2000；Beck et al.，2001）。从微观企业层面来看，资本账户开放带来的更完善的金融市场和高效的资本配置，可以使得企业的融资约束下降，扩大企业的融资范围，降低企业的资金成本，这有利于缓解企业融资困境，扩大融资水平，进而增加科技研发投入以及扩大生产规模，促进企业提高全要素生产率（Larrain and Stumpnery，2017；Varela，2018）。此外，资本账户开放通过改善公司治理水平、促进经济体制度质量提高的方式推动全要素生产率提升（Acemoglu and Zili- botti，2001；Ferreira and Matos，2008）。Larrain 和 Stumpnery（2017）通过使用微观企业层面的数据进行实证研究发现，在企业层面，资本账户也能够促进全要素生产率的提升。

但资本账户开放对全要素生产率也并不都是正向的影响，学者们在研究中发现，资本账户开放对全要素生产率也存在着负向影响。在开放资本账户的进程中，跨境资本的交易限制会被逐步取消，对资本交易管制的放松有可能会对金融系统产生冲击，增加金融风险发生的可能性（Demirgü-Kunt and Detragiache，2002）。而随着金融风险的发生，金融体系的平稳性和运行效率都会受到负面影响，进而影响到资源配置效率、劳动力市场和中间品市场等（Neumeyer and Perri，2005；Mendoza and Yue，2008；Gopinath et al.，2017）。

当前，我国的经济增速逐步放缓，生产要素的成本呈现出上升的趋势，在此背景下为更有效地促进经济增长的结构性转变，有必要从生产效率角度入手，通过提升生产效率来促进经济的高质量增长。虽然，我国资本账户开放进程一直以来都是积极和有序的（郭桂霞和彭艳，2016），但是一直没有实现完全开放的原因有一部分是出于对金融稳定性的考虑，因此开放可能会对金融系统造成不利的冲击。所以，从全要素生产率角度对资本账户开放的经济效应做出研究，不仅能够为下一步实现经济高质量增长提供建议，也能够为扩大金融开放提供支撑。在促进金融自由化和生产要素流动的基础上，如何能更好地提高经济发展水平是资本账户开放进程中所要解决的重要问题。全要素生产率是推动经济增长的内在动力，全要素生产率所带来的生产效率的提升不仅可以促进资源配置效率的提升，也能够对生产规模产生节约作用。如何通过更好地利用资本账户开放程度来促进全要素生产率的提升，也是实现经济增长要回答的关键问题之一。探究资本账户开放对全要素生产率的影响，对于推动资本账户开放进程和促进经济高质量发展具有重要意义。

本章主要有以下两个创新点：第一，从全要素生产率角度，采用衡量方式更为细致的 GKAOPEN 数据库计算的资本账户开放指标分析资本账户开放对全要素生产率的影响，同时区分不同的资本流向并细化到不同的子项，从更全面的视角做出分析。第二，考虑不同类型的国家在制度质量、人均 GDP 增速、收入水平和贸易开放度方面存在的差别，探究在不同社会发展与经济发展情形下不同国家之间的影响差别。本章的研究可以从促进经济高质量发展，提升生产效率的角度，为当前推进资本账户开放的速度与次序选择提供政策参照。

12.2　资本账户开放对全要素生产率影响的实证分析

12.2.1　资本账户开放对全要素生产率影响的实证模型设定及变量说明

为了从总项和子项两个层面对资本账户开放影响全要素生产率的效果做

出探究，本章构建如下模型：

$$\text{ctfp}_{it} = \alpha + \beta_1 \text{kc}_{it} + \beta_2 \text{kci}_{it} + \beta_3 \text{kco}_{it} + \beta_4 \text{ckc}_{it} + \beta_5 X_{it} + \varepsilon_i + \varepsilon_t + \varepsilon_{it} \qquad （12.1）$$

其中，被解释变量 ctfp_{it} 为全要素生产率，解释变量包括两个方面，一是资本账户总项管制程度 kc_{it} 以及反映资本流向的资本流入管制程度 kci_{it} 和资本流出管制程度 kco_{it}。二是资本账户子项管制程度，具体包括股权市场管制程度 eq_{it}，衍生金融资产管制程度 de_{it}，商业信贷管制程度 cc_{it}，债券市场管制程度 bo_{it}，金融贷款管制程度 fc_{it}，保证、担保和财务支持工具管制程度 gs_{it}，货币市场管制程度 mm_{it}，直接投资管制程度 di_{it}，房地产管制程度 re_{it}，集体投资管制程度 ci_{it} 以及个人资本交易的管制程度 pct_{it}。控制变量方面，借鉴陈中飞和王曦（2019）的做法，选取固定资本形成占 GDP 比重代表一国的固定资本支出水平 fixed_assets，选取政府消费支出占 GDP 比重代表一国政府财政支出水平 consumption，选取 15 岁以上 65 岁以下人口比代表一国人口抚养比 Work_population，选取人口增长率代表一国人口增速水平 population_growth。

选取 GDP 平减指数代表一国通货膨胀水平 inflation，选取进出口占 GDP 的比重代表一国的贸易开放度 imxegdp。本章所选取的数据样本为包括中国在内的全球 153 个国家 2000～2019 年的数据。通过划分不同的资本流向以及区分不同子项，能够为探究资本账户开放对全要素生产率的影响提供更多详细信息，从而能更有效地为政策的制定提供更多参考。表 12.1 和表 12.2 给出了变量的具体说明及描述性统计。表 12.3、表 12.4 和表 12.5 为相关系数表，通过检验发现，方差膨胀因子为 1.57，数值低于 5，存在多重共线的可能性很小。

表 12.1　变量说明

变量	变量符号	变量含义	数据来源
被解释变量	ctfp	全要素生产率	佩恩表
解释变量	kc	资本账户总项管制程度	GKAOPEN 数据库
解释变量	kci	资本流入管制程度	GKAOPEN 数据库
解释变量	kco	资本流出管制程度	GKAOPEN 数据库
解释变量	eq	股权市场管制程度	GKAOPEN 数据库
解释变量	de	衍生金融资产管制程度	GKAOPEN 数据库
解释变量	cc	商业信贷管制程度	GKAOPEN 数据库
解释变量	bo	债券市场管制程度	GKAOPEN 数据库
解释变量	fc	金融贷款管制程度	GKAOPEN 数据库
解释变量	gs	保证、担保和财务支持工具管制程度	GKAOPEN 数据库
解释变量	mm	货币市场管制程度	GKAOPEN 数据库
解释变量	di	直接投资管制程度	GKAOPEN 数据库
解释变量	re	房地产管制程度	GKAOPEN 数据库
解释变量	ci	集体投资管制程度	GKAOPEN 数据库
解释变量	pct	个人资本交易的管制程度	GKAOPEN 数据库
控制变量	fixed_assets	固定资本形成占 GDP 比重	世界银行数据库
控制变量	consumption	政府消费支出占 GDP 比重	世界银行数据库
控制变量	Work_population	15～65 岁人口占比	世界银行数据库
控制变量	population_growth	人口增速	世界银行数据库
控制变量	inflation	通货膨胀水平	世界银行数据库
控制变量	imxegdp	进出口占 GDP 比重	世界银行数据库

表 12.2　描述性统计

变量	观察值	均值	标准差	最小值	最大值
ctfp	2020	0.621	0.235	0.142	1.45
kc	2020	−0.015	0.124	−1.282	1.291
kci	2020	−0.009	0.122	−1.718	1.218
kco	2020	−0.02	0.167	−2.164	1.364
eq	2020	−0.026	0.151	−1.85	0.6
de	2020	−0.025	0.21	−4.6	2

变量	观察值	均值	标准差	最小值	最大值
cc	2020	−0.023	0.227	−4.6	2
bo	2020	−0.02	0.132	−1.45	1.25
fc	2020	−0.051	0.376	−4.5	4.6
gs	2020	−0.003	0.113	−2	2.5
mm	2020	−0.022	0.223	−2.9	2.5
di	2020	−0.041	0.297	−3.5	2
re	2020	−0.01	0.102	−1	1
ci	2020	−0.017	0.119	−1.5	1
pct	2020	−0.093	0.668	−9	6
fixed_assets	2020	3.059	0.316	0.092	3.88
consumption	2020	2.75	0.331	−0.049	3.772
Work_population	2020	4.142	0.103	3.854	4.366
population_growth	2020	1.236	1.245	−3.848	7.776
inflation	2020	6.216	15.244	−30.2	418.019
imxegdp	2020	4.327	0.547	0	6.083

表 12.3　相关系数表（一）

变量	ctfp	kc	kci	kco	eq	de	cc
ctfp	1.00						
kc	0.07	1.00					
kci	0.06	0.81	1.00				
kco	0.05	0.90	0.47	1.00			
eq	−0.01	0.54	0.46	0.47	1.00		
de	0.01	0.42	0.38	0.35	0.32	1.00	
cc	0.04	0.37	0.35	0.29	0.13	0.20	1.00
bo	0.01	0.50	0.42	0.44	0.63	0.33	0.10
fc	0.02	0.52	0.43	0.46	0.22	0.14	0.23
gs	0.01	0.20	0.29	0.09	0.19	0.08	0.01
mm	0.01	0.47	0.44	0.38	0.35	0.23	0.09
di	−0.01	0.46	0.37	0.41	0.30	0.20	0.20
re	0.00	0.27	0.24	0.22	0.23	0.15	0.05
ci	0.02	0.42	0.30	0.40	0.51	0.25	0.10
pct	0.05	0.33	0.25	0.31	0.26	0.15	0.16

续表

变量	ctfp	kc	kci	kco	eq	de	cc
fixed_assets	0.05	−0.03	−0.05	−0.01	−0.05	−0.07	−0.04
consumption	0.31	0.03	0.03	0.03	−0.04	0.03	0.05
Work_population	0.51	−0.05	−0.03	−0.05	−0.11	−0.08	−0.03
population_growth	−0.27	0.02	−0.01	0.04	0.07	0.02	0.03
inflation	−0.17	−0.02	−0.01	−0.02	0.01	−0.01	−0.01
imxegdp	0.19	0.01	0.04	−0.01	−0.01	0.03	−0.01

表 12.4　相关系数表（二）

变量	bo	fc	gs	mm	di	re	ci
bo	1.00						
fc	0.20	1.00					
gs	0.10	0.10	1.00				
mm	0.37	0.26	0.16	1.00			
di	0.29	0.19	0.05	0.16	1.00		
re	0.11	0.13	0.00	0.11	0.22	1.00	
ci	0.48	0.21	0.03	0.26	0.23	0.15	1.00
pct	0.16	0.17	0.11	0.35	0.17	0.12	0.16
fixed_assets	−0.07	0.01	0.03	0.01	−0.06	−0.03	−0.03
consumption	−0.01	0.02	0.01	−0.02	−0.04	−0.04	−0.02
Work_population	−0.08	−0.03	0.00	−0.04	−0.07	−0.05	−0.09
population_growth	0.03	0.04	0.01	0.04	0.03	0.04	0.04
inflation	0.01	−0.02	0.00	−0.04	0.00	−0.01	0.01
imxegdp	0.01	−0.02	0.03	0.02	−0.03	−0.02	−0.01

表 12.5　相关系数表（三）

变量	pct	fixed_assets	consumption	Work_population	population_growth	inflation	imxegdp
pct	1.00						
fixed_assets	0.00	1.00					
consumption	−0.02	0.04	1.00				
Work_population	−0.04	0.27	0.24	1.00			
population_growth	0.03	0.01	−0.27	−0.61	1.00		
inflation	−0.01	−0.08	−0.08	−0.14	0.08	1.00	
imxegdp	0.01	0.15	0.20	0.36	−0.15	−0.12	1.00

12.2.2 资本账户双向开放对全要素生产率影响的实证结果及分析

本节我们将根据模型回归结果分析资本账户总项开放程度对全要素生产率的影响效果，并结合回归结果对影响机制做出分析。分析从两个方面进行，首先对资本账户总项开放对全要素生产率影响做出分析。其次，区分不同的资本流向，分别分析总项中的资本流入开放程度和资本流出开放程度对全要素生产率的影响。

由表 12.6 可知，资本账户总项管制程度对全要素生产率并不存在显著的影响。原因可能是资本账户开放程度的提升对全要素生产率不仅存在正向的影响，也存在负向的影响，二者可能会相互抵消。从正向影响来看，资本账户开放程度提升，放松管制，可以促进金融市场的开放，促进利率市场化，这有助于缓解一国国内存在的金融抑制情况。一方面，可以促进国内外资金的流通，改善信息不对称问题提高金融系统的运行效率，为投融资提供更多选择，提升资金的配置效率，降低企业生产的资本成本，从而能够扩大企业生产规模，增加企业对研发的投入，这些都能够促进生产效率的提升，进而使得全要素生产率提升。另一方面，资本账户开放程度的提升，从宏观的视角来看，对于一国而言，也意味经济体制改革取得了进步，制度质量也在不断完善，整体的宏观经济环境的正向变动也将会促进全要素生产率的提升。但资本账户开放也会对全要素生产率带来负向影响。从负向影响来看，资本账户开放程度的提升，意味着对跨境资本流动管制的放松，降低或者取消对跨境资本流动的限制也意味着金融风险的提升。金融系统可能会遭受国际游资的攻击，从而影响金融系统运行的稳定性，对资本配置效率也会产生负向影响。大量国外资本涌入本国时，将会威胁到金融体系的稳定性，增加金融风险发展的可能性，从而对全要素生产率产生不利影响。这两部分影响相互作用，最终会相互抵消，从而使得整体影响并不显著。在表 12.6 的回归结果

中，资本账户总项开放程度对全要素生产率的影响并不显著，这意味着可能
正向影响与负向影响都存在，但二者的影响相互抵消，因此造成了回归中资
本账户总项开放程度变量不显著的现象。而进一步区分不同资本流向后可以
发现，不同资本流向的资本账户管制程度对全球要素生产率的影响也存在差
异。其中，资本流入管制程度变量在 5%的显著水平上显著为负。这意味着
资本流入管制程度的加深会对全要素生产率产生负向影响，对全要素生产率
产生抑制作用。其中，资本流入管制程度每提升 10%将会使得全要素生产率
降低 0.3%。资本账户流出管制程度对全要素生产率则没有显著影响。可能的
原因是，资本流入开放程度的提升能够有效缓解一国所面临的资本不足的现
状，从宏观层面来看，资本流入开放程度的提升，有利于国外资本的注入，
解决经济发展过程中所面临的资金短缺问题，扩大经济规模，稳定经济增长。
从微观层面来看，资本流入开放程度的提升能够带来高质量的国外资本的流
入，不仅能给企业带来资金流入，缓解企业的融资问题，也能够带来先进的
生产技术和管理经验。从而，能够有效提升企业生产效率，促进全要素生产
率的提升。虽然，资本流入同样也存在着可能带来金融风险冲击金融市场的
问题，但根据回归结果来看，正向影响占主导。资本流出开放程度的提升对
全要素生产率的影响并不显著。资本流出开放对全要素生产率的影响也体
现在正负两个方向。从正向影响来看，资本流出开放程度的提升，意味着
一国可以在海外建厂或者投资，一方面，可以推动低端产业的输出，更好
地对生产进行布局，有助于生产结构的转型升级，此外还能够借助逆向的
技术溢出效应提高技术水平。另一方面，资本流出开放程度的提升也能够
促进投资组合的多样化程度，有利于转移风险。这两方面都能够促进全要
素生产率的提升。但资本流出开放程度的提升对全要素生产率也存在着负
向影响。从负向影响来看，资本流出开放水平的提升，可能会使资本大量
外流，造成国内资金供给不足，资金使用成本提升的情况。另一方面，资

本大量外流也会加剧国内的金融风险，给本币带来贬值的压力。因此，资本流出开放水平对全要素生产率影响不显著的原因可能是正负两方面的影响相互抵消。

表 12.6　资本账户总项管制程度对全要素生产率影响的回归结果

解释变量	（1）	（2）	（3）
kc	−0.020		
	（−1.24）		
kci		−0.030**	
		（−2.21）	
kco			−0.005
			（−0.43）
fixed_assets	0.012	0.011	0.012
	（0.52）	（0.50）	（0.52）
consumption	−0.002	−0.002	−0.002
	（−0.05）	（−0.05）	（−0.05）
Work_population	0.637***	0.631***	0.638***
	（3.12）	（3.10）	（3.12）
population_growth	0.023*	0.023*	0.023*
	（1.87）	（1.86）	（1.87）
inflation	−0.001***	−0.001***	−0.001***
	（−3.28）	（−3.28）	（−3.27）
imxegdp	−0.032*	−0.032*	−0.032*
	（−1.80）	（−1.80）	（−1.79）
时间效应	控制	控制	控制
个体效应	控制	控制	控制
_cons	−1.913**	−1.887**	−1.919**
	（−2.26）	（−2.23）	（−2.26）
N	2020	2020	2020
r2_a	0.083	0.084	0.082
F	12.455	11.760	12.777

***，**，*分别表示在 1%、5%和 10%的显著性水平上显著。

控制变量方面，人口抚养比和人口增速变量在回归结果中均显著为正。其中人口抚养比在 1% 的显著水平上显著为正，人口增速在 10% 的显著水平上显著为正。这意味着人口抚养比和人口增速对全要素生产率的影响是正向的，人口抚养比和人口增速的提升能够促进全要素生产率的提升。而通货膨胀率和贸易开放度变量则在回归结果中显著为负。其中，通货膨胀率在 1% 的显著水平上限制为负，贸易开放度在 10% 的显著水平上显著为负。这意味着通货膨胀率和贸易开放度对全要素生产率的影响是负向的，通货膨胀率和贸易开放度的提升将会抑制全要素生产率的提升。

12.2.3 资本账户子项开放对全要素生产率影响的实证结果及分析

资本账户下存在不同的子项目，不同子项下的资金流动和风险水平也存在区别。仅仅是探讨总项情况不足以详尽地分析资本账户开放水平对全要素生产率的影响。因此，本节我们将对资本账户开放水平做出进一步细分，从子项的角度探讨资本账户开放对全要素生产率的影响。根据模型回归结果分析资本账户子项开放程度对全要素生产率的影响效果，并结合回归结果对影响机制做出分析。其中表 12.7 为债券市场、集体投资、衍生金融资产、股权市场、货币市场和商业信贷六个子项开放程度变动对全要素生产率影响的模型回归结果。表 12.8 给出了金融贷款、保证、担保和财务支持工具、直接投资、房地产和个人资本交易六个子项开放程度变动对全要素生产率影响的模型回归结果。通过对回归结果的分析可以发现：

表 12.7 资本账户子项管制程度对全要素生产率影响的回归结果（一）

解释变量	（1）	（2）	（3）	（4）	（5）	（6）
bo	−0.005					
	（−0.28）					

续表

解释变量	（1）	（2）	（3）	（4）	（5）	（6）
ci		0.008				
		（0.68）				
de			−0.006			
			（−0.64）			
eq				−0.023		
				（−1.09）		
mm					0.005	
					（0.51）	
cc						−0.017**
						（−2.39）
fixed_assets	0.012	0.012	0.012	0.011	0.012	0.011
	（0.52）	（0.52）	（0.52）	（0.50）	（0.52）	（0.51）
consumption	−0.002	−0.002	−0.002	−0.002	−0.002	−0.002
	（−0.05）	（−0.05）	（−0.06）	（−0.05）	（−0.05）	（−0.04）
Work_population	0.637***	0.639***	0.635***	0.641***	0.638***	0.635***
	（3.12）	（3.12）	（3.09）	（3.13）	（3.12）	（3.12）
population_growth	0.023*	0.023*	0.023*	0.023*	0.023*	0.023*
	（1.87）	（1.87）	（1.87）	（1.87）	（1.87）	（1.87）
inflation	−0.001***	−0.001***	−0.001***	−0.001***	−0.001***	−0.001***
	（−3.26）	（−3.25）	（−3.27）	（−3.28）	（−3.27）	（−3.29）
imxegdp	−0.032*	−0.032*	−0.032*	−0.032*	−0.032*	−0.033*
	（−1.79）	（−1.79）	（−1.79）	（−1.80）	（−1.79）	（−1.80）
时间效应	控制	控制	控制	控制	控制	控制
个体效应	控制	控制	控制	控制	控制	控制
_cons	−1.914**	−1.922**	−1.905**	−1.928**	−1.917**	−1.907**
	（−2.26）	（−2.26）	（−2.23）	（−2.27）	（−2.26）	（−2.25）
N	2020	2020	2020	2020	2020	2020
r2_a	0.082	0.082	0.082	0.084	0.082	0.085
F	12.568	12.564	12.500	11.862	12.758	12.664

***，**，*分别表示在1%、5%和10%的显著性水平上显著。

表 12.8　资本账户子项管制程度对全要素生产率影响的回归结果（二）

解释变量	（1）	（2）	（3）	（4）	（5）
di	−0.004				
	（−0.56）				
fc		−0.008			
		（−1.59）			
gs			0.012		
			（0.88）		
re				−0.001	
				（−0.07）	
pct					−0.001
					（−0.36）
fixed_assets	0.012	0.011	0.012	0.012	0.012
	（0.52）	（0.51）	（0.52）	（0.52）	（0.53）
consumption	−0.002	−0.002	−0.002	−0.002	−0.002
	（−0.05）	（−0.05）	（−0.05）	（−0.05）	（−0.05）
Work_population	0.637***	0.640***	0.636***	0.638***	0.637***
	（3.11）	（3.14）	（3.11）	（3.11）	（3.11）
population_growth	0.023*	0.023*	0.023*	0.023*	0.023*
	（1.87）	（1.87）	（1.87）	（1.87）	（1.86）
inflation	−0.001***	−0.001***	−0.001***	−0.001***	−0.001***
	（−3.28）	（−3.28）	（−3.26）	（−3.26）	（−3.26）
imxegdp	−0.032*	−0.032*	−0.032*	−0.032*	−0.032*
	（−1.80）	（−1.80）	（−1.79）	（−1.79）	（−1.80）
时间效应	控制	控制	控制	控制	控制
个体效应	控制	控制	控制	控制	控制
_cons	−1.912**	−1.926**	−1.911**	−1.916**	−1.915**
	（−2.25）	（−2.28）	（−2.25）	（−2.25）	（−2.25）
N	2020	2020	2020	2020	2020
r2_a	0.082	0.084	0.083	0.082	0.082
F	12.388	12.400	13.197	12.726	12.461

***，**，*分别表示在 1%、5%和 10%的显著性水平上显著。

由表 12.7 和表 12.8 可知，仅有商业信贷管制程度变量在回归中显著，其在 5%的显著水平上显著为负。这意味着商业信贷项目管制程度的加深对全要素生产率有负面影响，会抑制全要素生产率的提升。商业信贷项目管制程度每提升 10%，将会使全要素生产率降低 0.17%。从资本流入的角度来看，国内企业不仅可以利用国内信贷也可以利用国外信贷来拓展资金获取渠道，这有助于解决企业的融资问题，提高生产中信贷资金的投入，能够促进生产规模的和生产效率的提升，进而促进全要素生产率的提高。从资本流出的角度来看，商业信贷开放程度的提升，能够拓展资金投向，提升资产回报率。但商业信贷开放程度的提升同样也存在着负面影响，例如贷出资金可能会存在无法收回的风险，这时不仅资金会受损，当资金流出量较大时国外风险可能会传染至国内。这将会威胁到国内经济环境的稳定性，从而对经济发展和全要素生产率的提升产生不利影响。但从回归结果来看，整体而言，商业信贷项目开放对全要素生产率的影响是正向影响占主导，即商业信贷项目开放程度的提升能够促进全要素生产率的提升。而其他子项开放程度的变化对全要素生产率则均不存在显著影响，可能的原因是其他子项目开放给全要素生产率所带来的正向影响和负向影响存在相互抵消的现象，由此造成了从整体来看其他子项目开放程度对全要素生产率没有显著影响的现象。例如股权市场和债券市场等资本市场的开放虽然能够提供更多的投融资机会，分散投资风险，提高资金配置效率，促进全要素生产率水平的提升，但同样也会存在短期和不稳定的特征，多数资本市场工具例如股票和衍生品等，是以投机属性为主，大部分会用于资本运作获取短期收益。不适用于长期投入实体经济，其资产价格的波动也会对金融体系运作的稳定性产生不利影响，由于资本具有逐利性特征，易发生非理性行为，当发生大规模的撤资和转向行为时，此时会带来更大的金融风险。这时，也会对全要素生产率产生不利影响。因此，由于正负两个方向的影响同时存在，各资本账户子项开放水平的提升也未必都能够促进全要素生产率的提升。

12.3 资本账户双向开放对全要素生产率影响的异质性分析

对于处于不同的社会和经济发展水平的国家而言,资本账户开放程度对全要素生产率的影响也会存在差异。这种差别也使得资本账户开放所面临的环境不同,因此,资本账户是否能有效地促进全要素生产率的提升也值得结合各国的实际发展情况做出进一步探讨。一些学者研究认为资本账户开放能够通过促进金融发展、完善制度和公司治理等间接渠道促进经济增长(Quinn,1997),而有些学者则认为资本账户开放会加大经济的不稳定性,尤其是对那些金融市场尚不完善的发展中国家而言,这种影响更为显著(Yan,2007)。此外,还有一些学者认为资本账户开放对经济增长并不存在显著影响(Grilli and Milesi-Ferretti,1995)。对于一国而言,是否开放资本账户的决策也需要结合自身经济与社会发展的情况来进行,根据所处的发展阶段制定不同的资本账户开放策略,选择适当的开放速度。因此,为探讨不同国家资本账户管制程度对全要素生产率影响的差异,本部分将对各国在制度发展、经济发展、收入水平和金融发展四个方面的差异性做出异质性分析。具体而言,本部分将基于制度质量、人均 GDP 增速、收入水平和金融发展水平四个指标做出异质性分析。制度质量方面,使用分位数分组,以 50%为界,将所有的样本国划分低制度质量与高制度质量两类。制度质量变量是将话语权和责任、政治稳定性和无暴力、政府效率、管制质量、法治、腐败控制六个子指标加总,对于描述一国的制度质量发展水平具有较好的代表性。人均 GDP 增速方面,同样使用分位数分组,以 50%为界,划分为低人均 GDP 增速和高人均 GDP 增速两类。收入方面,按照收入水平将国家划分为中低收入国家和中高收入国家两组,按照世界银行数据库提供的划分标准。金融发展水平方面,使用分位数分组,以 50%为界,将国家划分为高金融发展水平与低金融发展水平两组。

12.3.1　基于制度质量的异质性分析

表 12.9 为不同制度质量下资本账户总项管制程度对全要素生产率影响的回归结果，其中（1）（3）（5）列为低制度质量国家的分组回归结果，（2）（4）（6）列为高制度质量国家的分组回归结果。[①]

表 12.9　不同制度质量下资本账户总项管制程度对全要素生产率影响的回归结果

解释变量	（1）	（2）	（3）	（4）	（5）	（6）
kc	−0.023	0.010				
	（−0.81）	（0.84）				
kci			−0.038*	0.004		
			（−1.87）	（0.33）		
kco					0.002	0.009
					（0.09）	（0.93）
fixed_assets	−0.021	0.006	−0.021	0.006	−0.021	0.006
	（−0.77）	（0.15）	（−0.76）	（0.15）	（−0.76）	（0.13）
consumption	−0.005	0.042	−0.005	0.043	−0.005	0.042
	（−0.13）	（0.33）	（−0.13）	（0.33）	（−0.13）	（0.32）
Work_population	−0.167	0.789***	−0.173	0.789***	−0.172	0.787***
	（−0.51）	（2.71）	（−0.52）	（2.71）	（−0.51）	（2.71）
population_growth	0.026	0.020*	0.026	0.020*	0.025	0.020*
	（1.41）	（1.96）	（1.43）	（1.96）	（1.41）	（1.96）
inflation	−0.000***	0.001	−0.000***	0.001	−0.000***	0.001
	（−4.44）	（0.99）	（−4.46）	（0.98）	（−4.42）	（1.00）
imxegdp	−0.024*	0.035	−0.024*	0.035	−0.024*	0.035
	（−1.79）	（0.47）	（−1.79）	（0.46）	（−1.78）	（0.47）
时间效应	控制	控制	控制	控制	控制	控制
个体效应	控制	控制	控制	控制	控制	控制

[①] 制度质量高低的划分以 50% 为界，50% 以上为高制度质量，50% 以下为低制度质量。制度质量使用世界银行的全球治理指数来衡量。

续表

解释变量	（1）	（2）	（3）	（4）	（5）	（6）
_cons	1.250	−2.805*	1.270	−2.803*	1.269	−2.793*
	（0.93）	（−1.77）	（0.95）	（−1.77）	（0.94）	（−1.76）
N	1010	1010	1010	1010	1010	1010
r2_a	0.166	0.225	0.168	0.225	0.165	0.225
F	12.095	9.625	11.098	9.687	11.094	9.553

***，**，*分别表示在 1%、5%和 10%的显著性水平上显著。

由考虑制度质量异质性之后的分组回归结果可知，不同制度质量下资本账户总项管制程度对全要素生产率影响的确存在异质性。主要表现在资本流入管制程度对全要素生产率的影响方面。在资本总项管制程度和资本流出管制程度方面则并未呈现出异质性。对于高制度质量国家和低制度质量国家而言，资本总项管制程度和资本流出管制程度变量在回归中均不显著。这就意味着资本账户总项开放和资本流出开放程度的变动并不会对全要素生产率产生影响。而资本流入变量则呈现出与前两者不同的特点。由表 12.9 中的回归结果可知资本流入管制程度在对低制度质量国家的分组回归中显著为负，而在对高制度质量国家的分组回归中则不再显著。其中，在对低制度质量国家的回归中，资本流入管制程度在 10%的显著水平上显著为负，这意味着对于低制度质量的国家而言，资本流入管制程度的提升会对全要素生产率产生抑制作用，即资本流入开放程度的提升能够促进低制度质量国家全要素生产率水平的提升。资本流入管制程度每提升 10%，将会使得低制度质量国家的全要素生产率降低 0.38%。该结论似乎与当前多数学者在研究中的发现并不相同。在对制度质量与资本账户开放水平之间关系的研究方面，学者们也进行过研究，研究发现一国能否从资本账户开放中获益，取决于其是否拥有良好的制度，良好的制度包括较高的政治制度、反腐力度、完善的金融体系、良好的会计准则、强有力的债权人保护制度和法律制度以及经济体制自由化的深入等（涂红，

2006），提高制度质量有利于推动 FDI 促进东道国的经济增长（邵军和徐康宁，2008）。这些研究是基于经济增长的视角，而本章则是基于全要素生产率的视角，侧重于研究经济增长的质量与内生动力，因此结果会存在差异。

12.3.2　基于人均 GDP 增速的异质性分析

表 12.10 为不同人均 GDP 水平下资本账户总项管制程度对全要素生产率影响的回归结果，其中（1）（3）（5）列为低人均 GDP 增速国家的分组回归结果，（2）（4）（6）列为高人均 GDP 增速国家的分组回归结果。[①]

表 12.10　不同人均 GDP 增速下资本账户总项管制程度对全要素生产率影响的回归结果

解释变量	（1）	（2）	（3）	（4）	（5）	（6）
kc	−0.017	−0.050**				
	（−0.96）	（−2.15）				
kci			−0.009	−0.059***		
			（−0.74）	（−3.56）		
kco					−0.013	−0.016
					（−0.90）	（−0.76）
consumption	−0.006	0.002	−0.007	0.002	−0.006	0.002
	（−0.14）	（0.05）	（−0.14）	（0.05）	（−0.13）	（0.05）
Work_population	0.763***	0.677**	0.762***	0.662**	0.765***	0.679**
	（3.63）	（2.60）	（3.62）	（2.54）	（3.63）	（2.59）
population_growth	0.012	0.037***	0.012	0.038***	0.012	0.037***
	（1.12）	（2.79）	（1.11）	（2.83）	（1.12）	（2.78）
inflation	−0.000**	−0.001***	−0.000**	−0.001***	−0.000**	−0.001***
	（−2.51）	（−2.87）	（−2.49）	（−2.92）	（−2.54）	（−2.81）
imxegdp	−0.059***	−0.022	−0.058***	−0.022	−0.059***	−0.022
	（−2.74）	（−1.37）	（−2.70）	（−1.37）	（−2.76）	（−1.36）
时间效应	控制	控制	控制	控制	控制	控制
个体效应	控制	控制	控制	控制	控制	控制

---

① 人均 GDP 增速使用分位数分组，以 50% 为界，50% 以上为高人均 GDP 增速，50% 以下为低人均 GDP 增速。

续表

解释变量	（1）	（2）	（3）	（4）	（5）	（6）
_cons	−2.349***	−2.095*	−2.343***	−2.032*	−2.359***	−2.103*
	（−2.67）	（−1.94）	（−2.67）	（−1.88）	（−2.67）	（−1.93）
N	1010	1010	1010	1010	1010	1010
r2_a	0.154	0.163	0.153	0.166	0.154	0.159
F	4.503	5.607	4.487	6.682	4.418	5.463

***、**、*分别表示在 1%、5% 和 10% 的显著性水平上显著。

由考虑人均 GDP 增速异质性之后的分组回归结果可知，不同人均 GDP 增速下资本账户总项管制程度对全要素生产率影响也存在异质性。主要表现在资本账户总项管制程度和资本流入管制程度对全要素生产率的影响方面。在资本总项管制程度和资本流出管制程度方面则并未呈现出异质性。对于高人均 GDP 增速国家和低人均 GDP 增速国家而言，资本流出管制程度变量在回归中并不显著。这就意味着资本流出开放程度的变动并不会对全要素生产率产生影响，而资本总项管制程度和资本流入管制程度则呈现出不同的特点。资本账户总项管制程度在对高人均 GDP 增速国家的分组回归中显著为负，而在对低人均 GDP 增速国家的分组回归中不显著。其中，在对高人均 GDP 增速国家的回归中，资本账户总项管制程度在 5% 的显著水平上显著为负，这意味着对于高人均 GDP 增速的国家而言，资本总项管制程度的提升会对全要素生产率产生抑制作用，即资本总项开放程度的提升能够促进全要素生产率的提升。资本总项管制程度每提升 10%，将会使得高人均 GDP 增速国家的全要素生产率降低 0.5%。进一步区分资本流向后，回归结果表明，资本流入管制程度也在不同人均 GDP 增速下的分组回归中呈现出异质性。其中，在对高人均 GDP 增速国家的回归中，资本账户流入管制程度在 1% 的显著水平上显著为负，这意味着对于高人均 GDP 增速的国家而言，资本流入管制程度的提升会对全要素生产率产生抑制作用，即资本流入开放程度的提升能够促进全要素生产率的提升。资本流入管制程度每提升 10%，将会使得高人均 GDP 增速国家的全要素生产率降低 0.59%。整体来看，对于高人均 GDP 增速国家而言，资本账户开放促进全要素生产率提升的效果更为显著。

12.3.3　基于收入水平的异质性分析

表 12.11 为不同收入水平下资本账户总项管制程度对全要素生产率影响的回归结果，其中（1）（3）（5）列为低收入水平国家的分组回归结果，（2）（4）（6）列为高收入水平国家的分组回归结果。[①]

表 12.11　不同收入水平下资本账户总项管制程度对全要素生产率影响的回归结果

解释变量	（1）	（2）	（3）	（4）	（5）	（6）
kc	−0.033	−0.016				
	（−0.78）	（−0.98）				
kci			−0.058*	−0.023*		
			（−1.82）	（−1.68）		
kco					−0.003	−0.005
					（−0.11）	（−0.43）

---

① 收入水平根据世界银行划分标准进行分组。将世界银行划分的低收入和中低收入国家分类为低收入水平国家，包括安哥拉、布隆迪、贝宁、布基纳法索、玻利维亚、中非共和国、喀麦隆、洪都拉斯、印度尼西亚、印度、肯尼亚、吉尔吉斯斯坦、斯里兰卡、摩洛哥、蒙古国、莫桑比克、毛里塔尼亚、尼日尔、尼日利亚、菲律宾、卢旺达、苏丹、塞内加尔、塞拉利昂、斯威士兰、多哥、塔吉克斯坦、突尼斯、坦桑尼亚、乌克兰、津巴布韦。

将世界银行划分的高收入和中高收入国家分类为高收入水平国家，包括：阿根廷、亚美尼亚、澳大利亚、奥地利、比利时、保加利亚、巴林、巴西、巴巴多斯、博茨瓦纳、加拿大、瑞士、智利、中国、哥斯达黎加、塞浦路斯、捷克共和国、德国、丹麦、多米尼加共和国、厄瓜多尔、西班牙、爱沙尼亚、芬兰、斐济、法国、加蓬、英国、希腊、危地马拉、克罗地亚、匈牙利、伊拉克、冰岛、以色列、意大利、牙买加、约旦、日本、哈萨克斯坦、立陶宛、卢森堡、拉脱维亚、摩尔多瓦、墨西哥、马耳他、毛里求斯、马来西亚、纳米比亚、挪威、新西兰、秘鲁、波兰、葡萄牙、巴拉圭、罗马尼亚、俄罗斯联邦、沙特阿拉伯、新加坡、塞尔维亚、斯洛伐克共和国、斯洛文尼亚、瑞典、泰国、土耳其、乌拉圭、美国、南非。

续表

解释变量	（1）	（2）	（3）	（4）	（5）	（6）
consumption	0.018	−0.104	0.017	−0.104	0.017	−0.104
	（0.45）	（−1.11）	（0.44）	（−1.11）	（0.44）	（−1.10）
Work_population	−0.108	0.762***	−0.130	0.760***	−0.108	0.763***
	（−0.30）	（2.71）	（−0.36）	（2.70）	（−0.30）	（2.71）
population_growth	0.012	0.024	0.012	0.024	0.012	0.024
	（0.62）	（1.53）	（0.63）	（1.53）	（0.62）	（1.53）
inflation	−0.000***	−0.001	−0.000***	−0.001	−0.000***	−0.001
	（−2.92）	（−1.16）	（−2.95）	（−1.17）	（−2.91）	（−1.16）
imxegdp	−0.020	−0.079	−0.020	−0.078	−0.020	−0.080
	（−1.57）	（−1.22）	（−1.59）	（−1.21）	（−1.55）	（−1.22）
时间效应	控制	控制	控制	控制	控制	控制
个体效应	控制	控制	控制	控制	控制	控制
_cons	0.834	−1.832	0.928	−1.826	0.837	−1.836
	（0.59）	（−1.25）	（0.65）	（−1.25）	（0.59）	（−1.26）
N	660	1360	660	1360	660	1360
r2_a	0.077	0.117	0.081	0.118	0.076	0.117
F	47.220	17.780	39.617	17.225	35.308	18.319

***、**、*分别表示在 1%、5%和 10%的显著性水平上显著

　　由考虑收入水平异质性之后的分组回归结果可知，不同收入水平下资本账户总项管制程度对全要素生产率影响并未表现出异质性。对于高收入国家和低收入国家而言，资本总项管制程度和资本流出管制程度变量在回归中均不显著。这就意味着资本账户总项开放和资本流出开放程度的变动并不会对全要素生产率产生影响。而资本流入管制程度则呈现出与二者不同的特点，无论是在对低收入水平国家还是高收入水平国家的回归结果中，在 10%的显著水平上显著为负。这意味着对于低收入水平的国家和高收入水平国家而言，资本流入管制程度的提升均会对全要素生产率产生抑制作用，即资本流入开放程度的提升能够促进全要素生产率的提升。其中，资本流入管制程度每提升 10%，将会使得低收入水平国家的全要素生产率降

低 0.58%，高收入水平国家的全要素生产率降低 0.23%。整体来看，对于不同收入水平的国家而言，资本账户开放均能够有效促进全要素生产率提升，这主要体现在对资本流入的开放方面。此外，该促进作用在低收入国家的表现中更为明显。

12.3.4　基于金融发展水平的异质性分析

表 12.12 为不同金融发展水平下资本账户总项管制程度对全要素生产率影响的回归结果，其中（1）（3）（5）列为低金融发展水平国家的分组回归结果，（2）（4）（6）列为高金融发展水平国家的分组回归结果。[①]

表 12.12　不同金融发展水平下资本账户总项管制程度对全要素生产率影响的回归结果

解释变量	（1）	（2）	（3）	（4）	（5）	（6）
kc	−0.049	−0.009				
	（−1.12）	（−0.64）				
kci			−0.063**	−0.015		
			（−2.10）	（−1.12）		
kco					−0.012	−0.002
					（−0.34）	（−0.20）
fixed_assets	−0.018	0.028	−0.018	0.028	−0.018	0.029
	（−0.69）	（0.83）	（−0.68）	（0.81）	（−0.69）	（0.84）
consumption	−0.026	0.026	−0.026	0.026	−0.026	0.026
	（−0.63）	（0.37）	（−0.64）	（0.37）	（−0.63）	（0.37）
Work_population	−0.281	0.860***	−0.286	0.855***	−0.288	0.862***
	（−0.63）	（3.45）	（−0.64）	（3.44）	（−0.64）	（3.45）
population_growth	0.037*	0.014	0.038*	0.014	0.037*	0.014
	（1.83）	（1.02）	（1.86）	（1.02）	（1.83）	（1.02）

① 金融发展水平使用分位数分组，以 50% 为界，50% 以上为高金融发展水平，50% 以下为低金融发展水平。

续表

解释变量	（1）	（2）	（3）	（4）	（5）	（6）
inflation	−0.000***	0.001	−0.000***	0.001	−0.000***	0.001
	（−5.27）	（0.70）	（−5.20）	（0.71）	（−5.23）	（0.70）
imxegdp	−0.022	−0.006	−0.021	−0.006	−0.021	−0.005
	（−1.67）	（−0.10）	（−1.66）	（−0.10）	（−1.66）	（−0.09）
时间效应	控制	控制	控制	控制	控制	控制
个体效应	控制	控制	控制	控制	控制	控制
_cons	1.718	−2.986**	1.734	−2.965**	1.743	−2.997**
	（0.95）	（−2.56）	（0.97）	（−2.55）	（0.96）	（−2.56）
N	819	1201	819	1201	819	1201
r2_a	0.189	0.155	0.191	0.155	0.187	0.154
F	13.754	7.989	12.705	7.909	12.970	7.979

***，**，*分别表示在 1%、5%和 10%的显著性水平上显著。

由考虑金融发展水平异质性之后的分组回归结果可知，不同金融发展水平下资本账户总项管制程度和资本流出管制程度对全要素生产率影响并未表现出异质性。对于高金融发展国家和低金融发展国家而言，资本总项管制程度和资本流出管制程度变量在回归中均不显著。这就意味着资本账户总项开放和资本流出开放程度的变动并不会对全要素生产率产生影响。而资本流入管制程度则呈现出与二者不同的特点，在对低金融发展水平国家的回归中在5%的显著水平上显著为负，在对高金融发展水平的国家的回归中则并不显著。这意味着对于低金融发展水平的国家和而言，资本流入管制程度的提升会对全要素生产率产生抑制作用，即资本流入开放程度的提升能够促进全要素生产率的提升。其中，资本流入管制程度每提升 10%，将会使得低金融发展水平国家的全要素生产率降低 0.63%。整体而言，对于低金融发展水平的国家而言，资本账户开放促进全要素生产率提升的效果更为明显，这主要体现在对资本流入的开放方面。

12.4　本章结论及政策建议

本章通过构建双固定效应面板回归模型研究了资本账户双向开放对全要素生产率的影响。首先,对资本账户总项开放程度对全要素生产率的影响做出了分析,分别考虑流入和流出两个不同方向的资本流向开放,探讨不同资本流向下资本账户开放对全要素生产率的影响;其次,考虑到仅研究资本账户整体的开放水平不足以呈现子账户的特点,因此本章进而从子项角度出发,探讨了不同资本账户子项目开放程度的变动对全要素生产率的影响;最后,进一步考虑各国社会和经济发展水平的差异,做出了异质性分析,具体而言,对各国在制度发展、经济发展、收入水平和金融发展四个方面的差异性做出异质性分析。

12.4.1　研究结论

第一,资本账户总项开放程度对全要素生产率的影响并不显著。主要原因是资本账户总项开放程度对全要素生产率存在正向与负向两个方面的影响。从正向影响来看,资本账户开放程度提升,一方面可以促进国内外资金的流通,改善信息不对称问题提高金融系统的运行效率,为投融资提供更多选择,提升资金的配置效率,降低资本成本,从而有助于企业扩大生产规模和增加研发投入,从而促进生产效率的提升,进而使得全要素生产率提升;另一方面也意味着一国经济体制改革的进步和制度质量的完善,宏观经济环境的改善也将会促进整个社会全要素生产率的提升。从负向影响来看,资本账户开放程度的提升,意味着对跨境资本流动管制的放松,降低或者取消对跨境资本流动的限制也意味着金融风险的提升。金融系统可能会遭受国际游资的供给，从而影响金融系统运行的稳定性，对资本配置效率也会产生负向影响。正负影响相互抵消造成了资本账户总项开放对全要素生产率没有显著影响的现象。

第二，资本流入开放程度的提升能够有效促进全要素生产率的提升。资本流入开放程度的提升能够有效缓解一国所面临的资本不足的现状。从宏观层面来看，资本流入开放程度的提升，有利于国外资本的注入，解决经济发展过程中所面临的资金短缺问题，扩大经济规模，稳定经济增长；从微观层面来看，资本流入开放程度的提升能够带来高质量的国外资本的流入，不仅能够缓解企业的融资问题，给企业带来新的资金注入，也能够带来先进的生产技术和管理经验，从而有效提升企业生产效率，促进全要素生产率的提升。虽然资本流入同样也存在着可能带来金融风险冲击金融市场的问题，但整体来看对全要素生产率的正向影响占主导地位。

第三，资本账户流入开放对各国的全要素生产率存在异质性影响。制度质量方面，资本流入开放能够促进低制度质量国家全要素生产率水平的提升，但对高制度质量国家的全要素生产率则无显著影响；人均 GDP 增速方面，资本流入开放能够促进高人均 GDP 增速国家全要素生产率的提升，但对低人均GDP 增速国家的全要素生产率则无显著影响；收入水平方面，资本流入开放对全要素生产率的促进作用在低收入国家的表现中更为明显；金融发展水平方面，资本流入开放能够促进低金融发展国家全要素生产率的提升，对高金融发展水平的国家而言资本流入开放程度提升则对全要素生产率没有显著影响。

第四，在资本账户子项中，商业信贷项目开放对全要素生产率的提升效果最为明显。从资本流入的角度来看，国内企业可以利用国内信贷也可以利用国外信贷来拓展资金获取渠道，这有助于解决企业的融资问题，提高生产中信贷资金的投入，能够促进生产规模和生产效率的提升，进而促进全要素生产率的提高；从资本流出的角度来看，商业信贷开放程度的提升，能够拓展资金投向，提升资产回报率。

12.4.2　基于全要素生产率提升视角的资本账户开放速度与次序建议

从资本账户双向开放的方向来看，要优先考虑放松流入管制。目前，我国经济已经逐渐转向高质量发展阶段，本章通过研究资本账户双向开放对全要素生产率的影响，从资本账户开放视角入手为实现经济高质量增长提供政策参考。整体来看，伴随着世界经济形势不确定性的提升、各类贸易摩擦事件的频发，以及我国资本积累和人口红利优势的下降，经济发展面临着较大压力。当前，从促进全要素生产率提升保持经济高质量发展的视角来看，开放资本账户应当保持稳中求进的脚步，通过逐步扩大资本账户开放范围，提升生产效率来实现经济的高质量增长，逐步采用以生产效率推动经济增长的方式。本章的实证结果表明资本流入开放程度的提升能够有效提升全要素生产率，因此，从提高全要素生产率，实现经济增长质量的角度来看，在开放资本账户的过程中，应当首先考虑从流入方向进行。在此过程中，也要合理把握开放资本账户的速度，在放松对资本账户管制的同时也要密切监测和关注跨境资本的流动，深化从行政性管制到基于市场的审慎规制管理体系的转变，提高对跨境资本流动的管制效率，降低管理成本。

从资本账户开放的子项来看，资本账户开放进程要优先考虑放松商业信贷项目管制。资本账户包含多个子类，不同子项目具有不同的资金流向、波动性和风险特点。在开放资本账户，推动全要素生产率提升的进程中，也要对不同子项目的特点加以考虑。在推进资本账户开放进程，通过提升全要素生产率促进经济高质量的同时，要合理规划资本账户各子项目的开放速度与开放顺序，推进子项目的开放进程时应当结合经济发展状况保持渐进可控水平，持续性释放改革红利。分类管理资本账户子项目资本流动，在稳外贸与稳外资的前提下，审慎、渐进、可控地推进资本账户开放，合理安排资本账户开放速度与次序。不同子项目开放程度的变化对全要素生产率的影响也存在差异。从提升全要素生产率的角度来看，在确定资本账户子项目开放顺序时，应当首先开放商业信贷项目，再逐步开放其他子项目。

12.4.3　基于全要素生产率提升视角的资本账户开放与风险防范

资本账户开放对全要素生产率的负向影响主要来自于跨境资本流动带来的金融风险问题，因此在开放资本账户的进程中也要关注风险防范问题。对于我国而言，尚未取消对资本账户管制的部分原因也是担忧取消跨境资本交易限制可能给金融稳定和经济发展带来不利影响。因此，如何能有效降低资本账户开放带来的负面影响，提升其对全要素生产率的促进作用进而增强经济的高质量水平，也是目前亟待解决的问题。

第一，我国应当提升对金融管制的力度，完善相关法规，提升管制的效率。在资本账户开放的进程中，金融市场发挥着重要的作用，开放资本账户需要有稳定和完善的金融市场来作为保障，要防范开放资本账户带来的跨境资本流动对金融系统造成冲击。第二，在逐步开放资本账户的进程中，对于异常的跨境资本流动活动，要做好预警工作，不同类型资本流动影响具有不同的特点，有必要区分不同的资本流向，并根据资本流动的不同特点制定不同的管理策略，跟踪资本流向的部门，引导外资更多地流向实体经济，既促进实体经济的长远发展，又防控外部风险输入。

12.4.4　基于全要素生产率提升视角的制度与经济发展建议

合理安排资本账户开放速度与次序，需要结合一国的经济以及社会发展的实际水平和所处阶段。根据经济与社会发展水平做出合理的安排。根据本书所得出的研究结论,当一个国家制度质量和金融发展处于较低的发展阶段时,开放资本账户能够更有效地促进全要素生产率的提升。因此,从促进经济高质量发展的角度来看,当一国处于这个阶段时,资本账户开放进程可以适度加快。当处于经济发展水平较高的发展阶段时,开放资本账户和资本流入均能够更有效地促进全要素生产率的提升。因此,从促进经济高质量发展的角度来看,当一国处于这个阶段时,资本账户开放进程也可以适度加快。

诸多研究表明,良好的制度能够为一国经济增长提供有利环境。我国在发展经济的同时要加强制度建设,尤其要注意发挥经济制度对一国经济增长的促进作用。同时,加强对相关法律法规的设立与调整,加大产权保护力度,鼓励金融创新,提高公共管理效率为生产率提升创造良好条件。在此过程中,也要不断深化金融体制改革,增强金融体系的稳定性,为制度的发挥提供良好的金融环境。

第 13 章

资本账户双向开放、收入分配与共同富裕

过去的二十年全球金融化不断深入推进，资本账户开放这一金融自由化手段成为越来越多的发达与发展中国家对国际资本交易的渠道、方向、总量等层面进行管理，以达成本国的宏观经济、金融发展等目的的重要措施。目前，尽管有研究认为资本账户自由化水平的提升会给经济体带来更高的经济增长速度与质量（Quinn and Toyoda，2008），但资本账户开放程度的变动与其说是与一国的经济增长、发展存在直接的显著相关关系，不如以通过间接渠道对宏观经济产生潜移默化的影响为解释更加合理（陈超，2020）。相关研究诸如 Kraay（1998）和 McKenzie（2001）的结论证明了间接渠道的作用，过往研究者均得到了由资本账户自由度升高导致的国际资本的流入对经济体内部投资利用的正向拉动效应的相关证据，但其研究却无法直接获得资本账户开放与经济增长间是否存在稳健关系。传统观点认为，资本账户开放程度的变化改变了资本的获得渠道与投入渠道，这样将有利于不同经济体根据发展需要，进行全球范围内资本配置，从而降低配置成本、提高资本利用效率，并最终达成实现经济增长的目的。

那么，资本账户的自由化对于经济体来讲，资本账户的双向开放是否能够改善原有的收入-分配结构抑或者使得其更加恶化？其伴随而来的经济效益是否能够平等地惠及不同收入水平的国民？不同经济发展水平、社会制度

的经济体应如何利用资本账户开放政策以达成解决本国经济社会问题的目标？巴黎经济学院的"世界不平等实验室（World Inequality Lab）"发布的《2018 全球不平等报告》从收入不平等的角度首次对全球的收入差距状况进行了全面评估，并得出全球收入分配不均情况逐年扩大的现状。报告指出："虽然半数以上的全球最高收入群体的收入增长规模约为最低收入群体收入增长规模的两倍，但收入差距的不平等并非必然现象，不同国家可以采取不同的措施促使更加公平增长的形成。"

通过对已有研究的总结发现，首先，以资本账户双向开放作为缓解收入差距问题、优化收入分配结构的手段存在一定的正向作用（Bumann and Lensink, 2016），已有研究如 Alesina 和 Rodrick（1994）、Persson 和 Tabellini（1999）的结论都证明了收入不平等将会对经济的未来增长产生显著的负面影响。其次，不同经济体的收入分配差距对资本账户开放方向调整、资本账户开放程度变动的敏感性存在极大差异。在研究二者的直接关系时可发现，一方面，关于资本账户流入方向开放的研究认为以 FDI、权益投资流入限制放松为主要类型的资本账户开放虽然对于经济体具有短期内的整体经济增长效应，但却可能对经济体的整体收入结构产生非正面的影响（Chase-Dunn, 1975）。另一方面，关于资本账户流出方向开放的研究指出其对一国收入分配变动的影响具有不确定性，如资本突然转向或撤出会对以新兴市场为代表的国家经济稳定产生严重的负面影响（Calvo, 1998）。

关于资本账户开放-收入分配的直接效应的研究结果莫衷一是，究其原因，往往是由于忽略了经济体初始条件，如社会制度、本身经济发展阶段、发展特点等客观外在因素。实际上，资本账户的双向开放除了会影响一国的经济之外还会产生国内收入的再分配。资本账户开放能够通过多种渠道作用于经济体，但低收入水平群体无法同等享用资本账户开放带来的收入分配红利，亦无法享受较高收入群体所获得的风险分担效益。本书进一步的研究除关注资本账户双向开放与收入分配直接关系外，对于一国如何利用初始禀赋条件-资本账户开放方向政策组合以达成经济目标进行更具针对性的分析。

目前，已有研究存在样本选择与细分研究的问题，本书将基于已有研究及存在的问题，对于资本账户双向开放与收入分配问题进行进一步细化研究。同时，虽然通过放松对资本项目的管制等手段推进资本账户开放进程是以中国为代表的新兴经济体参与金融全球化的必经之路（吕承超和王媛媛，2019），但现如今对中国而言，虽然资本账户双向开放带来了生产、资本与金融市场效率大幅度提高，同时中国也面临着社会收入群体结构大幅度改变的状况。如何施策才能发挥资本账户双向开放的促进效应，将国民收入这块"蛋糕"做大，通过收入-分配制度的完善实现共同富裕，以促进全体人民更公平地享用资本账户开放带来的成果，是需要审慎考虑的。在本部分，我们通过以下渠道、机制分析，对资本账户双向开放可能对收入分配与实现共同富裕造成的影响渠道与机制进行梳理。

13.1　研　究　背　景

13.1.1　金融开放下的收入不平等

金融的全球化促进了国际的贸易、投资与合作的发展，而金融自由化提升了金融资本在世界范围的流动性。国际资本的流动与随之而来的人力、技术等资本生产要素的大规模增加与流动，推动了世界经济的增长与发展。然而，随着金融全球化的发展，世界范围内经济体收入水平差距逐渐扩大，"南北差异"问题日益严重。Cingano（2014）通过 30 年的跨国面板数据研究，发现 OECD 国家的贫富差距达到了迄今为止的最高水平，且国内、国际贫富差距比重不断上升。

金融开放的前提下，经济体金融发展的程度被证明与资本账户双向开放对收入差距的影响程度相关（孙永强和万玉琳，2011）。且研究进一步指出，金融开放与收入分配不平等存在显著负相关关系（Beck et al.，2007；Bekaert et al.，2011；Bertola and Prete，2013）；以新兴经济体为样本的研究则进一步表明，金融市场开放造成的资本流入与流出会使得收入的增长效应更多惠及富裕群体而非低收入群体，从而扩大了收入分配差距（Jaumotte et al.，2013）。阙澄宇和程立燕（2018）认为，当金融发展达到特定门槛时，发达的金融市场能够通过较完善的金融产品或服务对冲外部冲击，且能够抵消跨境资本大进大出的资本缺口，此时金融发展能够降低资本账户双向开放过程中跨境资本流动冲击带来的负向影响。一方面，资本账户双向开放有利于资本跨境流动，有助于资本在全球范围内实现合理配置，提高资本配置效率，促进经济和金融发展（Kose et al.，2009c）。另一方面，资本账户的双向开放也会使一国或地区遭受到国际资本流动的冲击，国际资本流入的"激增"会造成信贷体系的膨胀与资产价格泡沫；而国际资本流入方向逆转则会带来汇率贬值与资产价格泡沫破灭，从而加大危机发生的概率。

由此可见，从世界范围内总体观察，资本账户双向开放对于不同经济体的收入分配改善效应存在一定的非线性。此外，一国的金融市场的深化、机制的完善、政府的管理与金融中介等的发展均会对二者间的作用渠道产生影响。

13.1.2　收入分配公平与共同富裕实现的现实困境

习近平总书记在中央财经委员会第十次会议中讲话强调，共同富裕是社会主义的本质要求，是中国式现代化的重要特征。[①]而收入分配制度被认为是中国实现共同富裕的必要基础性制度安排（赵峥等，2022）。社会成员相对容易地实现其收入水平的跃迁是一个经济体收入分配制度健康的体现之一。

---

① 习近平主持召开中央财经委员会第十次会议，http://www.gov.cn/xinwen/2021-08/17/content_5631780.htm?platform=win,2021-08-17。

唐世平（2006）的研究也同样认为，较好的社会流动性（以低收入居民收入水平提高为代表）对于经济的增长起到关键的支撑作用，社会流动性的通畅是支持经济增长的关键基础制度。然而，实现公平性收入分配壁垒的增加与社会流动性的缺失会阻碍共同富裕的形成，最终可能对长期的经济增长造成负面作用。

然而，在实现收入分配公平并达成共同富裕道路上，现实因素存在的阻碍是多种多样的。社会学将实现共同富裕的障碍归因于由政治、经济、社会等多因素。第一，就微观社会结构（如个人、家庭等）先赋因素而言，其先天位置的优势-劣势会带来收入流通性的差异。从社会学-复杂网络角度来看，垂直社会流动渠道的阻塞会造成小至社会结构、大至社会群体的团状性、模块性，使得群体的上升-退化通道被堵塞，继而造成收入分配不公、实现共同富裕受阻的状况。第二，由于收入分配不公并非短期内形成的，而这过程中造成的优质信息与生产资料向高收入群体的倾斜与积累，久而久之将闭塞社会流动通道中本属于低收入群体的资源与信息路径。第三，从纵向的代际流动上来看，由于家庭的经济、社会流动性趋于闭锁，逐渐形成"强者愈强，弱者愈弱"的马太效应。在横向的代内流动方面，社会资源特别是信息资源和人际资源的不对等，使得代内流动渠道也趋向于闭合。

由上述叙述可见，实现收入分配公平与共同富裕遇到的困境本质上来源于资源与分配渠道、制度的摩擦。共同富裕与收入分配公平并非遥不可及，但现实情况中却面临着诸多挑战。

13.1.3　资本账户双向开放对收入分配的影响

关于资本账户开放的研究认为资本账户的双向开放程度对处于不同经济发展水平、社会收入分配结构制度的经济体的收入不平等的相关影响效应并不相同。一方面，资本账户开放对收入不平等的影响会受到一国金融发展程度等先赋环境因素的影响；另一方面，资本账户开放程度变动在发展中经济体中加剧收入分配不平等的效应相对更加显著。Bumann 和 Lensink（2016）利用资本账户自由化作为影响收入不平等的主要渠道并进行研究，其研究发现，资本账户的自由度深化将改善金融深度较高的国家的收入分配状况，却会进一步恶化金融深度较低的国家的收入分配。Furceri 等（2017）通过用Chinn-Ito 指数（钦和伊藤指数）划分经济体资本账户开放程度的研究发现了上述研究相似的结果：对于金融深度较低且资本账户管制变动与该国金融市场波动紧密的国家而言，其国内收入差距状况更容易通过资本账户开放程度提升渠道得到改善。关于资本账户双向开放-收入群体差距-国家经济发展区间的内容将在 13.1.5 中进行讨论。

13.1.4　资本账户开放对共同富裕的影响

学界将经济增长、收入分配和实现共同富裕的关键界定为"涓滴增长""亲贫式增长""包容性增长"三个发展时期。经济学家在初步研究经济增长与收入分配关系时提出了"涓滴理论"，并普遍认为经济增长带来的收入不平等会随着经济增长的深化——即低收入阶层从高收入阶层的"财富溢出"中受益，贫困会随着社会普遍经济增长的环境而消失。而事实上该情况并未发生，而当社会收入分配不平等上升至抵消经济增长的减贫作用是非均衡的，经济的增长反而带来经济体贫困状况的恶化，即出现"贫困化增长"现象。

实际上，在实现共同富裕的过程中，解决贫困问题不仅需要解决收入低下的问题，相反非货币收入分配，如教育、医疗等基础服务的分配不均导致共同富裕的无法达成。要实现共同富裕，除了依靠经济增长外，合理的分配格局也格外重要。"亲贫式增长理论"认为，共同富裕的形成是经济增长和收入分配改善二者共同作用的结果,其中收入分配对贫困变动的影响更为关键。"包容性增长"的理念在此基础上被提出,该理论在关注经济增长的模式与速度的基础上,更加重视提高不同收入群体实现市场准入和资源拥有的平等,并强调"对社会排斥以及权利缺失"的重视,对于不同收入群体均进行不平等来源与程度的调查。

从资本账户开放的视角看,中等收入群体的扩大主要来自于低收入群体的向上流动。在资本账户双向开放的背景下,低收入群体能否实现群体垂直流动,除去受到微观个体的家庭、教育、公共资源分配等特征的影响外,宏观的经济、金融条件的变动对其也有显著影响。

13.1.5　资本账户双向开放对收入分配和共同富裕的差异化影响

共同富裕通过提高收入、实现资源交流和合理分配等方式来实现。由于收入分配的公平反映了一国的社会流动性,而社会流动性又与代际的职业、收入、财富、社会资源等方面的继承与差异存在长期的紧密动态关系,故而要判断资本账户双向开放对于不同国家收入的不同作用时,需要综合各国社会群体跃迁的成本差异与收入分配效应的改变,进行长期、同时、同步的考虑。从资本账户双向开放与发达国家-发展中国家可能产生的不同收入水平差异效应的视角进行的研究相对较少,而以侯晓霞(2012)为代表的部分研究者认为,收入水平不同的国家中,经济体内的不同收入群体对于资本账户双向开放的敏感性具有差异。具体体现在资本账户流出方向的管制放松仅为发达国家带来经济增长促进效应,而对于发展中国家和处于经济转型中的国家的经济效益并不明显。关注共同富裕-收入分配-资本账户双向开放差异的研究目前相对较为空白,而这也是本书实证中重点关注的问题。

13.2　理论分析与研究假设

近些年来虽然大量研究表明资本账户开放促进了经济增长，但经济增长是否给每个收入群体带来更加公平的分配效应仍值得商榷。一般认为，资本账户开放对于不同国家与不同收入水平群体分配效应的影响均存在一定的差异。但是，过往研究对于"资本账户开放"的定义与研究相对笼统，未能将其方向、频率、具体到金融市场部分的变动进行展现。那么，究竟什么因素能够左右资本账户开放对一国收入分配效应的改善抑或是恶化效果？而资本账户开放对于不同收入群体、不同收入水平的国家是否具有同等的改善效应，抑或是恶化本身存在的资源分配问题？本书通过不同的角度的探索与对国内外文献的梳理，认为资本账户开放可以通过以下几个方面对收入分配产生影响。

本书借鉴梅冬州等（2019）的研究，本书从金融危机（Agnello et al.，2012）、"资本-劳动力互补"假说（Larrain，2015）、"产业结构-劳动技能"等角度对资本账户开放影响收入分配的机制进行研究。本书认为资本账户对收入再分配可能存在的影响关联渠道如下。

13.2.1　金融危机渠道

目前，研究主要从金融稳定与金融危机两个方面入手，分析资本账户开放对收入不平等的影响。以 Moel（2001）为代表的研究认为，一国资本账户的开放会导致市场的分裂并造成宏观经济的波动。Kaminsky 和 Schmukler（2008）在针对 25 年内全球 20 个国家发生的 102 次金融危机进行研究后发现，包括资本账户开放在内的金融自由化进程，以及随之而来的金融监管制度的放松会对金融系统的稳定性产生负面影响，导致金融危机爆发的可能性、危害性增大，乃至造成世界性的金融危机关联可能性的增加。

从资本账户双向开放的角度看，金融自由化与金融监管的放松造成了资本的跨国频繁流动，增加了一国的金融不稳定性，从而增加了银行危机发生的可能性（Demirgüç-Kunt et al.，2008），而银行危机的挤兑效应容易引发金融危机。Calvo 等（1994）指出，资本账户开放往往伴随着外国资本流入（FDI），而资本的流入会促使经济体内的宏观经济过热，从而使得银行对经济前景与企业偿付能力有着过于乐观的判断，并倾向过度放款，继而诱发银行危机。

从金融危机与资本账户开放角度看，金融危机与金融自由化、资本账户的双向开放之间存在较大的相关关系。金融危机可能会通过金融资产价格渠道，也可能由于其对国民经济会产生长期衰退的影响从而恶化收入分配状况并加剧贫富收入不平等（Haan and Sturm，2017）。Grabka（2015）基于德国的研究也表明，在德国的金融危机存续期间，该国资本账户的双向开放对于收入不平等的加剧效应会更加显著。以上二者的研究证明了金融危机通过资本账户开放渠道反作用于经济体收入分配公平的实现。

由此可见，资本账户的双向开放自由化有可能会对经济体金融稳定性产生负面影响，增加金融危机发生的可能，甚至将进一步影响收入分配机制的平等程度。对于金融市场稳定性程度不同的国家而言，资本账户双向开放所能带来的边际效用不尽相同。在资本账户开放与金融危机冲击渠道下，资本账户开放作用于不同经济体的收入不平等的效应也将各不相同。

13.2.2　"资本-劳动力"互补假说

Larrian（2015）在研究资本账户开放与收入不平等的关系时，认为资本账户带来的外国资本流入（FDI）使得东道国得到足够生产资本后，基于资本与熟练劳动力呈现相对互补关系的事实，外国资本的流入会为本土企业带来更多资本用于雇佣更多熟练劳动力。因此，在资本流入国，熟练工人与非熟练工人之间的工资差距将逐渐扩大。由于资本和劳动力之间的互补关系，技术劳动力对于非技术劳动力的相对需求也被增加，因此招致了更高程度的工资不平等。资本账户开放从而加剧了行业工资不平等，特别是在金融需求高、薪酬高的行业体现得更加明显。资本开放可能会通过资本-劳动力渠道，通过不同行业与劳动力素质的差异，最终加剧收入的不平等性。

Asteriou 等（2014）基于欧盟国家的研究发现资本账户开放带来的 FDI 变动是造成各国收入不平等现象剧增的主要元凶。罗小明（2012）等研究了外商直接投资（FDI）对中国中部地区城乡收入不平等水平的影响。其研究结果认为，由于外商直接投资具有产业的选择性（如制造业、劳动密集型产业等），该特点造成了城乡劳动者之间工资差距的事实存在（由于中国现实中城乡间的产业分布差距），最终使得中部地区的城乡收入差距随着外商直接投资的流入而提高。

资本账户开放不仅通过提高技能劳动力的溢价和可能的资本回报来影响不平等，甚至会通过资本-劳动力的议价渠道影响劳动收入份额来影响收入分配：当资本账户开放促使资本流向经济体外进行生产，则其在本国可能会导致利润工资比的增加与劳动收入份额的减少。通过资本-劳动力议价渠道影响收入分配的途径在发达国家中的体现更为明显。同时，对于高度依赖外部融资资本和技能互补性很强的行业，收入差距的扩大现象更加明显，从而导致更高程度的收入不平等。

人口结构资本-劳动力互补渠道密切相关。从单纯的经济-人口结构角度看，Chinn 和 Prasad（2003）使用 18 个工业化国家和 71 个发展中国家 1971～1995 年的跨国面板数据研究发现，一国少年的抚养比与经常项目之间的增长关系呈现负相关关系。同样的，Ito（2009）在对比了影响中日两国经常项目增长的因素后，从金融市场、人口结构、经济发展水平等方面进行分析，发现了未成年人抚养比的增高会一定程度上对一国经常项目产生负面影响。关于中国的研究中，朱超和张林杰（2012）也认为人口结构效应能在一定程度上解释经常账户的顺差与逆差以及国际资本的流动量与方向，且老年人口结构效应比少儿人口结构效应在对经常项目的顺差和逆差-国际资本流动量与方向中的解释能力更加显著。

13.2.3 "产业结构-劳动技能"渠道

由于资本账户开放可以缓解信贷约束，继而帮助经济体拓宽融资渠道，因此有助于其经济金融发展，并且给对资本流动有较高依赖性的产业带来了更广泛的融资渠道，进而给对资本充足率需求较高、依赖较高的产业带来了发展前景。Eichengreen 等（2011）与 Larrain（2015）都证明了高程度的金融市场与资本账户开放对于外部融资依赖性较高的产业具有较好的增长促进作用，而这些产业大多为高新技术产业。梅冬州等（2019）也发现，资本账户开放促进了非 OECD 国家高技术产业的发展，资本账户双向开放通过提高对高技能劳动力的相对需求增加了高技能劳动力的相对工资，而收入不平等现象因此扩大。

关于一国人口结构与劳动力结构与资本账户开放关系方面，Acemoglu（2002）也进一步指出，当高技能劳动力在劳动力市场中占比较高时将使得经济体对高技术研发投入增加并促进技术进步。事实上，资本账户开放带来了高新技术产业偏向型的技术进步，并通过改变高、中、低技能劳动力的有效供给结构，影响不同技能水平劳动力的相对工资，进而加剧了收入的不平等。

关于资本账户开放与人口结构的研究相对较少，而更多关注人口结构、收入分配不平等与经济增长的关系。资本账户开放作为中间变量，间接影响收入分配与经济增长的波动。普遍而言，经济越发达的国家，其资本账户开放的程度越高，而资本账户开放程度较高的经济体中，在经常账户实现了自由兑换的前提下资本便可通过经常项目渠道进行出入。一般实现了越高程度的资本账户对外开放的经济体，其资本在国际的自由流动越不受限，经常项目的活跃度与健康程度则越强。

同时，在经常项目与收入不平等的研究中，许多研究者注意到了二者存在长期的关系与影响。Chinn 和 Ito（2008）通过对东亚经济体和美国的经常项目及其影响因素进行研究发现，发达经济体国内收入分配不平等的加剧会恶化经常项目。对于非发达国家而言，其研究证明发展中国家的收入差距水平将随着金融的发展与开放越来越悬殊，但其于经济发展之间没有显著的负相关关系。换言之，资本账户开放带来的金融自由化没有使得发展中国家的收入结构向着平等方向进行转化。

13.3 资本账户开放对收入不平等的影响

既有研究多从资本账户总体开放的程度层面研究其对于收入不平等与实现共同富裕的影响，而对于资本账户开放方向对二者的影响不加区分。实际上资本账户不同开放水平的效用可能是非对称的。关于资本账户的流入、流出分向的系统研究相对较少，部分学者对于独立国家的金融自由化收紧-放松带来的收入分配结构与结果的变动研究十分值得参考。

13.3.1 资本账户开放对收入不平等的影响

关于资本流入、流出开放的变动程度对于经济体收入分配影响的研究尚未形成统一结论。一方面，以 Kose et al.（2009c）为代表的研究者主要关注资本账户流入限制的减弱对收入分配合理化的影响，其研究指出了资本账户程度的变动与基尼系数之间存在显著的负相关关系，以 Frost 和 Stralen

（2017）为代表的研究者同样考察了经济体的宏观经济金融审慎政策与基尼系数之间的关系，他们从资本账户流出管制的角度出发，认为资产集中限制与收入不平等呈正相关；贷款价值和债务收入限制更高的国家存在更明显的净收入不平等情况。另一方面，以新兴市场国家为样本的研究发现，即便资本账户流入与流出的管制程度得到放松，但资本的流动更加向富裕群体倾斜，金融自由化对于相对贫困人群的经济改善程度有限，可能会加剧收入分配不均衡的现象。Jaumotte 等（2013）发现以外商直接投资（FDI）度量的金融自由化与全球化加剧了全球特别是发展中国家的收入失衡问题。

　　进一步来看，在资本总体的流入-流出开放限制管理程度基础上，细分经济体、金融市场的相关资本流入流出对于收入再分配也存在着一定的影响。资本账户流入-流出的分向开放对收入不平等的效应不但受到金融危机冲击、金融开放深度、宏观经济状况等因素的影响，同时单一经济体的金融发展水平与外部宏观经济环境的影响也会在不同程度上对收入不平等现状产生影响。Graciela 和 Carmen（1999）通过对 26 次银行危机的研究发现，有过半数的金融危机发生于资本市场的金融项目开放之初。Ang（2010）通过对印度的研究发现，虽然金融发展会减轻印度的收入不平等状况，但是以资本账户开放为代表的金融自由化会加剧新兴经济体的收入不平等问题。

　　最后，也有充分的研究指出，分方向的资本账户开放与收入不平等之间可能存在非线性关系，即资本账户开放对收入分配的作用近似于库兹涅茨曲线，其效用随着经济发展阶段呈现显著差异（张莹等，2020）。进一步来说，在经济体经济发展的起步和初期阶段，金融账户的过早开放与自由化对于本国存在的收入差距问题将起到恶化作用。但一旦当经济发展达到一定的阶段，伴随着以资本账户开放为代表的金融开放深化、市场交易、监管制度的完善、金融中介机构的发展，金融开放本身又将反而促进收入分配的公平性进步。故而，我们称资本账户开放与收入分配二者呈现"倒 U 形"关系。Aghion

和 Bolton（1997），Clarke 等（2003）基于信贷市场不完备发展的前提，发现了资本账户中，信贷市场管制的变动会随着政府管制放松-收紧的力度呈现倒 U 形变化。Delis 等（2014）通过对 1997～2005 年期间金融自由化指数与收入分配的关系的细分研究也发现了这一点，即较高开放程度的资本账户与证券市场自由水平的显著正相关关系在低收入国家中并不显著，且证券市场的自由化反而会导致收入不平等加剧。

13.3.2　资本账户流入开放对收入不平等的影响

目前已有的研究对于资本账户开放带来的资本流入特别是外国投资的流入对于收入不平等现象的改善程度的看法与态度不同，但资本账户流入方向的开放被认为会给双方经济体带来经济效益。

首先，对于资本账户流入开放的东道国而言，流入的资本能够带来更多的生产要素，有利于本国扩大投入产出规模，而这将改善该国劳动者的收入分配状况，并起到可观的收入增长作用。其次，资本账户流入方向的开放极大地拓宽了投融资渠道，降低了资本的风险溢价从而使融资成本下降（Stulz，1994；Kunt，1998）。外国资本的流入同时有助于降低本国的用资成本。再次，资本账户流入方向的开放程度增强对于一国国际收支与国际头寸的规模与结构具有改进作用：国内外资产因为投融资渠道的扩大、投资总量与类别的增加从而增强了替代性和流动性，加之国内外资产的收益和风险特性存在显著差异（徐涛和王璇，2018），以逐利和避险为根本动机的国际资本流动规模迅速增加，而且其中长期资本的比重下降，中短期资本的比重大幅上升（Calvo，1994、2000；Lane，2007；Forbes，2012）。

但同时，一些研究也认为，资本内向流入限制的松动，对于本国资本市场与投资者而言可能产生挤兑现象，继而对于收入均衡问题产生负向影响。

这是由于，外资的进入会带来更高的投资需求，而投入需求与产品的供给之间存在竞争，这种情况将提高东道国企业的经营生产成本，并且降低其利润。而外资企业通过投入资本所获得的投资高额利润将流向国际投资者，且不会全部为东道国的劳动者、投资者所用。该情况可能恶化东道国的本身收入分配状况，并造成资本流入国的收入差距水平扩大（陈超，2020）。陈琪和欧阳立华（2006）在对中国的研究中认为，由于外国资本的流动具有偏向性，其更多地集中在中国东部沿海地区与技术-资本密集型企业，从而收入分配上的不均衡情况恶化，并恶化了整个国家的收入分配状况。

由上述研究可知，虽然关于流入方向的资本账户开放降低了企业的用资成本，但该政策也将给家庭储蓄部门带来负面影响，从而在资本市场中形成供求缺口。资本账户流入开放的后果之一为国际资本涌入造成信贷和流动性的短期过度扩张，一国借贷利率因此降低，从而降低了东道国的资本积累速度。短期内金融资产供给缺乏弹性，而在市场信贷继续扩张、资产价格继续上涨的前提下，容易造成本币币值的高估与资产泡沫。

收入分配受到资本账户对内开放的影响被认为是通过两个渠道进行的。一方面，在宏观经济政策中，政府部门的资本积累对于统筹支出与开放带来的通货膨胀管控政策可以通过填补资本市场缺口的方式来弥补资本账户的流入开放对私人储蓄部门的冲击。另一方面，由于外国投资资本的参与，一国的收入可能会产生转移效应，进而可能对投资来源国的收入分配同样造成挤兑现象。再者，对于金融市场不成熟的发展中国家而言，资本的大量涌入容易对其资本市场带来冲击，对经济产生负面影响。研究认为当权益与债务资本在东道国的投资机会与东道国的金融市场、资本市场的开放程度达成一定平衡后，对其收入分配状况的改善仍具有一定的正向作用。

综上所述，资本账户流入方向的开放有助于为东道国带来资本输入，但是也可能给东道国的资本市场带来供求缺口，进而影响东道国的收入分配现状。由于供给-需求的失衡会对居民的消费-储蓄情绪产生影响，并且最终可能造成收入和产出的不均衡，且一国的产出无法由本国的投资和消费完全消耗（因为外国投资的存在），从而可能给本国经济带来泡沫。综上所述，资本账户流入开放的变动对不同收入水平的群体、不同经济发展阶段的国家的收入分配造成了差异性影响。

13.3.3　资本账户流出开放对收入不平等的影响

过往研究倾向于将一国的金融深化水平与资本账户流出方向开放进行联系，并从对于收入不平等作用的正反两方向进行阐述。事实上，国际投资者本身依托于某个国家或者经济体，由于资本流动，其依托国存在获益或者受损可能性。从资本流入与流出两方面探讨东道国受到的收入不平等以及其他经济层面的影响，看法更加全面且有助于一国制定其资本账户开放政策。

大多数研究认为，与资本账户流出相关的监管政策的宽松化对于收入分配的公平化具有负向的影响。具体而言，彭欢欢（2015）采用跨国数据实证检验资本账户自由化对金融深化的影响的结果表明，虽然资本管制的放松对金融深化存在正向影响，但一国资本流出管制的放松却不利于金融深化，而金融深化程度与一国收入分配状况呈现显著的紧密正向关系。同时，FDI 流动作为资本账户开放的主要体现结果之一，被证明当其流入国内资本尚无能力进行投资的项目时，有利于资本流入国投资回报率的提升与东道国经济收入的增加；但当 FDI 的流入无法改变投资回报率时，其会降低流入国的国内储蓄状况，对于收入分配情况起到负向的恶化作用。

资本流出也具有不能被忽视的经济增长效应。由于国际投资者对非本国经济体进行投资的目的是追求更高的经济收益，而资本账户流出开放程度增高，国际投资者进行对外直接投资、权益投资更加便利，而更低的生产成本和更高的利润空间是促使经济主体进行对外投资的动力所在。同样的，信贷市场资本由一国流出至另一国也是追求更高的投资收益与利率水平。对于流出资本的经济体而言，该国对外投资的行为也表明本国经济发展水平较高，从而形成了相对的稳态，以至于在国内进行投资可能难以通过成本与报酬率获得更高的收益。

因此，发达国家往往成为资本账户流出方向开放政策变更的主要受众，资本流出是发达经济体从金融一体化中获利的主要方式，其往往向经济增速极快（以新兴市场经济体为代表）的经济体注入资本，从而获得高额的资本投资报酬。对于发达经济体而言，资本账户开放政策的放松有利于其从国际贸易、跨国投资中获益；而对于新兴经济体与发展中国家而言，以上经济体可能因此面对跨国投资造成的经济泡沫风险。

从收入分配与共同富裕角度来看，一般来说，较高收入群体与富裕国家对资本账户流出开放方面政策的变动更为敏感。高收入群体更加倾向于并有能力将资本转移到其他国家以获得资本利得。对于流出国而言，该国收入分配情况可能会因为资本的流出乃至外逃效应受到一定的影响。而对于流入国而言，由于资本流入带来的经济过热与货币增发带来的通货膨胀，国内低收入群体的利益可能因此而受损，Dornbush（1987）认为，由资本流出带来的扩张性政策所导致的通货膨胀的发生，主要由资本流入国的群众所负担。Eaton（1987）描述了由税收总量与税率高低导致的收入分配失衡现象，认为投资冲击会倒逼该国资本进行流出以寻求资本利得。其结果往往是，一国高收入群体会因为持有资本并且拥有对外投资转移资产的途径变得更加富裕，而低收入群体则变得更加贫困。由此可见，资本账户流出方向开放对于不同国家、不同收入群体的作用不同，且其作用的体现是联系的、动态的。

13.4　模型构建与实证分析

13.4.1　模型构建

本书参考 Jauch and Watzka（2012）和 Furceri and Loungani（2018）所构建的实证模型以研究资本账户双向开放对收入分配、共同富裕存在的影响，并且构建如下基准回归模型：

$$income_{it} = \alpha_0 + \alpha_1 kcopeness_{it-1} + \alpha_2 logpgdpper_{it} + \alpha_3 gdpgrowth_{it}$$
$$+ \alpha_4 inflation_{it} + \alpha_5 populationgrowth_{it} + \alpha_6 rural_{it} + \alpha_7 age_{it} + \varepsilon_{it} \quad (13.1)$$

$$rich_{it} = \beta_0 + \beta_1 kcopeness_{it-1} + \beta_2 logpgdpper_{it} + \beta_3 gdpgrowth_{it}$$
$$+ \beta_4 inflation_{it} + \beta_5 populationgrowth_{it} + \beta_6 rural_{it} + \beta_7 age_{it} + \varepsilon_{it} \quad (13.2)$$

其中，$income_{it}$ 和 $rich_{it}$ 分别表示收入分配和共同富裕指标；$kcopeness_{it-1}$ 表示资本账户开放程度，使用滞后一期表示其对收入不平等和群体跃迁的滞后影响，其中，kc（资本账户总体开放度）、kci（资本账户流入开放度）、kco（资本账户流出开放度）也被该模型包括在内并进行研究。

13.4.2　收入分配与共同富裕指标设计

对于收入分配，学界大多使用基尼系数来衡量。考虑到基尼系数指标来源众多、测算标准不统一、数据质量参差不齐等问题，为了保证基尼系数在测度方法上的权威性，本章选取标准化世界收入不平等数据库（Standardized World Income Inequality Database，SWIID）披露的全球主要国家（地区）的基尼系数作为收入分配的代理变量（gini）。①然而，基尼系数不能精确地反

①　SWIID 数据库综合卢森堡收入研究（Luxembourg Income Study，LIS）与世界收入不平等数据库（World Income Inequality Database，WIID）相关数据，基于各国总收入和净收入数据对基尼系数进行标准化所得到，其主要优势在于数值标准化带来的跨国可比性提升以及丰富的时间和样本跨度。

映收入分配的不均等程度。由其计算逻辑可知，基尼系数的值完全取决于洛伦兹曲线与绝对平均线之间的面积的大小，这意味着基尼系数对于中等收入群体更为敏感，因为该群体收入变动频率较低。而对于极高和极低收入群体收入不平等情形，基尼系数则缺乏敏感性。这一特性使得基尼系数无法表现出收入结构问题。为了衡量收入分配的极端情形，本章还选取帕尔马指数（Palma Index）衡量极高收入和极低收入群体的收入分配状况。该指数由 Cobbham 和 Summer（2013）提出，用于反映收入极端变化的情况。他们研究发现，当底层 40% 人口的收入减半，会提高最富有的 10% 人口的收入，导致帕尔马指数从 5 升至 10，而在同样情形下，基尼系数仅略有上升。因此，帕尔马指数与基尼系数互为补充，可实现对收入分配的综合考量。

对于共同富裕，从包括中国在内的诸多实践可以看出，其基本内涵是消除极度贫困、减少低收入群体占比。为此，我们基于 SWIID 数据库构造相关变量，从上述两个方面衡量共同富裕。一是，选取最低收入 5% 的人口占比（bottom5）作为极度贫困代理变量；二是，将按收入由低到高排序的第 1 分位数 $q1$（首位分位数）、第 3 分位数 $q3$（中间分位数）和第 5 分位数 $q5$（末尾分位数）人口占比作为低收入群体占比、中等收入群体占比和高收入群体占比的代理变量，衡量收入群体占比。

13.4.3　解释变量与控制变量

本书选取资本账户总体开放程度的变化（kc）、资本流入开放程度的变化（kci）与资本流出开放程度的变化（kco）作为解释变量。

同时，结合既有研究本书还选取了人均国民收入水平（gdpper）、国民收入增长率（gdpgrowth）、通胀率（inflation）、人口增长率（population）、城镇化率（rural）和就业率（employ）作为影响收入差距和阶层跃迁的控制变量。控制变量数据来源为世界银行世界发展指数数据库（WDI）。

综上，本书最终整合得到的样本数据时间跨度为 1999～2019 年，涵盖 184 个国家（地区）进行研究，相关变量的描述性统计如表 13.1 所示。

表 13.1 变量的描述性统计

变量名	计算方法	观测数	均值	标准差	最小值	最大值	数据来源
gini	中等收入群体收入不平等	1753	37.75	8.65	18.20	72.00	SWIID
palma	极高或低收入群体收入不平等	826	2.01	1.27	0.55	15.15	SWIID
q_1	低收入群体占比	848	6.43	2.35	1.01	13.95	SWIID
q_3	中等收入群体占比	844	15.43	2.21	5.96	18.80	SWIID
q_5	高收入群体占比	851	45.34	8.03	29.24	76.89	SWIID
$bottom_5$	极度贫困群体占比	345	0.98	0.47	−0.33	2.04	SWIID
kc	资本账户总体开放程度的变化	1781	−0.01	0.09	−0.86	0.95	GKAOPEN
kci	资本流入开放程度的变化	1781	−0.01	0.10	−0.91	1.02	GKAOPEN
kco	资本流出开放程度的变化	1781	−0.01	0.13	−1.42	0.98	GKAOPEN
gdpper	衡量一国的经济水平	1747	3.93	6.13	−62.08	123.14	WDI
gdpgrowth	GDP 的增长速度	1764	11647.03	18145.55	111.93	123514.00	WDI
inflation	用一国的居民消费价格指数进行替代	1630	6.46	16.44	−14.07	293.68	WDI
population	一国人口的增长率	1777	1.54	4.02	−4.30	93.60	WDI
rural	城镇人口占总人口的比重	1766	56.99	22.87	0.53	100.00	WDI
empoy	有工作的人占总人口的比重	995	55.55	14.98	7.35	92.97	WDI

13.4.4 实证结果分析

对于全部样本国家（地区），本章分别以基尼系数和帕尔马指数衡量所有国家（地区）中等收入群体收入不平衡状况和极端收入群体收入不平等状况。

1. 资本账户开放对收入分配的影响

表 13.2 展示了资本账户开放对收入分配的影响。其中，基尼系数用于反映中等收入群体收入分配状况，帕尔马指数用于分析极高收入和极低收入群体收入分配状况。

表 13.2　资本账户开放对收入分配的影响

变量名	中等收入群体收入不平等（gini）			极高和极低收入群体收入不平等（palma）		
kc	3.398*			−0.406*		
	（1.723）			（−1.630）		
kci		4.663**			−0.091	
		（2.341）			（−0.370）	
kco			1.437			−0.428**
			（0.917）			（−2.234）
gdpper	0.027	0.029	0.036	0.001	0.000	0.001
	（0.183）	（0.200）	（0.246）	（0.087）	（0.055）	（0.148）
gdpgrowth	0.000***	0.000***	0.000***	−0.000**	−0.000***	−0.000**
	（2.733）	（2.662）	（2.834）	（−2.572）	（−2.720）	（−2.548）
inflation	0.252**	0.233**	0.261**	0.006	0.006	0.006
	（2.196）	（2.041）	（2.257）	（1.104）	（1.034）	（1.102）
population	0.986	0.911	0.957	0.033	0.032	0.032
	（0.748）	（0.698）	（0.719）	（0.909）	（0.886）	（0.898）
rural	−0.330**	−0.316**	−0.336**	−0.014	−0.013	−0.014
	（−2.090）	（−2.018）	（−2.108）	（−1.414）	（−1.321）	（−1.448）
empoy	−0.160	−0.171	−0.149	0.004	0.003	0.003
	（−1.510）	（−1.627）	（−1.402）	（0.568）	（0.491）	（0.548）
c	3.522***	2.641***	2.331***	1.235***	1.559***	2.424***
	（1.470）	（1.221）	（1.088）	（0.108）	（0.071）	（1.151）
Year Fixed	Yes	Yes	Yes	Yes	Yes	Yes
Country Fixed	Yes	Yes	Yes	Yes	Yes	Yes
N	765	854	732	957	663	846
r2_a	0.326	0.402	0.448	0.348	0.524	0.732

*代表变量在 90% 置信区间显著；**代表变量在 95% 置信区间显著；***代表变量在 99% 置信区间显著。

从表 13.2 可以发现，资本账户管制对基尼系数的影响为正，也就是说，资本账户管制程度越高，基尼系数越高，收入分配差异越大，资本账户开放水平越高，越有助于收入分配的平等。基于基尼系数的回归与学界既有研究得出的结论相似，但是我们并不能就此推断资本账户开放对缓解全体居民的收入分配不平衡是有益的，因为基尼系数的计算方式决定了其对中等收入水平变化更为敏感，对高收入和低收入变化不敏感，基尼系数的回归结果可能对于中等收入群体的收入差距问题更具有代表性。为了考察资本账户开放对于极高收入或极低收入群体收入差距的影响，我们进一步使用帕尔马指数作为代理变量进行回归。我们发现，使用帕尔马指数的回归结果与基尼系数的结果相反，资本账户开放对帕尔马指数产生显著的负向影响。

基于上述回归分析，我们得出了一个重要结论，资本账户开放对不同收入群体有不同的影响。在中等收入水平下，资本账户开放有助于缓解收入分配不平衡问题，但是在极端情形下，资本账户开放无法改变收入分配不平衡的现状。

2. 资本账户开放对共同富裕的影响

收入差距和财富差距分别是增量和存量，二者都是构成贫富差距的引致因素，收入不平等会不断扩大财富的不平等，因此本章进一步从共同富裕的角度进行实证分析，检验资本账户开放对共同富裕的影响。回归结果如表 13.3 所示。

表 13.3　资本账户开放对共同富裕的影响

变量名	高收入群体占比	中等收入群体占比	低收入群体占比	极低收入群体占比
	q_5	q_3	q_1	bottom5
kc	−1.043	0.089	0.632*	0.175*
	（−0.873）	（0.260）	（1.699）	（1.780）
gdpper	0.016	−0.014	−0.003	0.001
	（0.396）	（−1.188）	（−0.207）	（0.059）
gdpgrowth	−0.000***	0.000***	0.000***	0.000
	（−4.788）	（4.726）	（4.487）	（0.963）

续表

变量名	高收入群体占比	中等收入群体占比	低收入群体占比	极低收入群体占比
inflation	0.035	−0.010	−0.011	−0.015
	（1.323）	（−1.322）	（−1.289）	（−0.835）
population	0.307*	−0.055	−0.049	0.043
	（1.799）	（−1.107）	（−0.914）	（0.194）
rural	−0.002	0.010	−0.019	0.024
	（−0.051）	（0.846）	（−1.427）	（0.514）
empoy	0.042	−0.011	−0.008	−0.023
	（1.442）	（−1.349）	（−0.895）	（−1.206）
c	3.781***	4.647***	1.643***	0.198
	（1.634）	（1.774）	（0.706）	（0.065）
Year Fixed	Yes	Yes	Yes	Yes
Country Fixed	Yes	Yes	Yes	Yes
N	857	846	849	973
r2_a	0.374	0.781	0.509	0.774

*代表变量在 90%置信区间显著；**代表变量在 95%置信区间显著；***代表变量在 99%置信区间显著。

分析表 13.3 可见，资本账户开放对高收入和中等收入群体的影响不显著，对于低收入群体来说，资本账户管制程度对低收入群体的影响系数为 0.632，说明资本账户管制程度提高 1 个单位，会使低收入群体增加 0.632 个单位；或者资本账户开放程度提高 1 个单位，低收入群体将减少 0.632 个单位。

对于极低收入群体而言，我们发现，资本账户管制对极低收入群体占比的影响为 0.175，表明资本账户管制程度提高 1 个单位，极低收入群体增加 0.175 个单位，或者资本账户开放程度提高 1 个单位，极低收入群体占比减少 0.175 个单位。由 q_5、q_1 和 bottom$_5$ 的分析可知，资本账户开放对于 q_5（高收入群体）的影响不显著，对于 q_1（低收入群体）和 bottom$_5$（极低收入群体）则会使该群体占比下降。因此，资本账户开放下，低收入群体和极低收入群体占比下降，意味着资本账户开放有助于通过减少低收入人群占比，从而促进共同富裕。

3. 资本账户双向开放对收入分配和共同富裕的影响

既有研究多从资本账户总体开放程度上展开相关研究，实际上资本账户开放的方向对收入分配和共同富裕的影响可能是非对称的。为此，我们把资本账户开放细分为资本流入开放和资本流出开放，分别研究其对收入分配和共同富裕的影响。

如表 13.4 所示，kci 和 kco 分别表示资本流入和资本流出。不难发现，资本账户流入管制对基尼系数的影响为 4.663，表明资本流入管制程度提高 1 个单位，中等收入群体收入分配不平等程度提高 4.663 个单位，或者资本流入开放程度提高 1 个单位，中等收入群体收入分配不平等程度下降 4.663 个单位。对于高收入或者低收入群体而言，资本账户流入管制对其收入不平等的影响不显著。资本账户流出管制对基尼系数的影响不显著，对帕尔马系数的影响为 -0.428，表明资本账户流出管制程度加强 1 单位，高收入或者低收入群体的收入分配差距减少 0.428 个单位，抑或是资本账户流出开放程度提升 1 个单位，高收入或者低收入群体收入分配差距提高 0.428 个单位。可见，资本账户双向开放对不同收入群体收入不平等的影响是不同的。在中等收入水平下，资本账户流入开放水平的提升有助于缓解收入分配不平等的现状。在高收入或低收入情形下，加强对资本流出的管制，有助于缓解收入分配不平衡问题。

从共同富裕的角度看。不难发现，资本流入和流出开放度的作用效果呈现出不对称性特征。资本流入管制程度对极低收入群体占比的影响为 0.210，即资本流入管制程度加强 1 个单位，极低收入群体占比增加 0.210 个单位，或者资本流入开放程度提高 1 个单位，极低收入群体占比下降约 0.210 个单位。对于其他指标，资本账户流入开放对其影响不显著。从资本流出角度看，资本流出开放主要影响高收入群体占比、低收入群体占比和共同富裕偏离度。

表 13.4　资本账户双向开放对共同富裕的影响

变量名	高收中等收入群体收入不平等	中等收入群体收入不平等	极高或极低收入分配不平等	极高或极低收入分配不平等	高收入群体占比	高收入群体占比	中等收入群体占比	中等收入群体占比	低收入群体占比	低收入群体占比	极度贫困群体占比	极度贫困群体占比
	gini	gini	palma	palma	q_5	q_5	q_3	q_3	q_1	q_1	bottom5	bottom5
kci	4.663** (2.341)		-0.091 (-0.370)		0.409 (0.363)		-0.364 (-1.132)		0.437 (1.244)		0.210** (2.321)	
kco		1.437 (0.917)		-0.428** (-2.234)		-1.516* (-1.650)		0.351 (1.333)		0.460* (1.599)		0.129 (1.273)
gdpper	0.029 (0.200)	0.036 (0.246)	0.000 (0.055)	0.001 (0.148)	0.016 (0.397)	0.017 (0.418)	-0.014 (-1.202)	-0.014 (-1.207)	-0.002 (-0.187)	-0.003 (-0.223)	0.001 (0.055)	-0.000 (-0.002)
gdpgrowth	0.000*** (2.662)	0.000*** (2.834)	-0.000*** (-2.720)	-0.000*** (-2.548)	-0.000*** (-4.934)	-0.000*** (-4.750)	0.000*** (4.889)	0.000*** (4.649)	0.000*** (4.562)	0.000*** (4.535)	0.000 (1.077)	0.000 (0.799)
inflation	0.233** (2.041)	0.261** (2.257)	0.006 (1.034)	0.006 (1.102)	0.033 (1.265)	0.035 (1.347)	-0.009 (-1.262)	-0.010 (-1.364)	-0.010 (-1.262)	-0.010 (-1.267)	-0.015 (-0.912)	-0.014 (-0.731)
population	0.911 (0.698)	0.957 (0.719)	0.032 (0.886)	0.032 (0.898)	0.303* (1.773)	0.306* (1.801)	-0.053 (-1.080)	-0.055 (-1.116)	-0.049 (-0.913)	-0.048 (-0.898)	-0.018 (-0.084)	0.097 (0.419)
rural	-0.316** (-2.018)	-0.336** (-2.108)	-0.013 (-1.321)	-0.014 (-1.448)	0.002 (0.057)	-0.002 (-0.041)	0.009 (0.706)	0.011 (0.878)	-0.019 (-1.425)	-0.020 (-1.507)	0.030 (0.690)	0.021 (0.419)
empoy	-0.171 (-1.627)	-0.149 (-1.402)	0.003 (0.491)	0.003 (0.548)	0.040 (1.354)	0.042 (1.427)	-0.010 (-1.234)	-0.011 (-1.365)	-0.008 (-0.902)	-0.008 (-0.824)	-0.026 (-1.475)	-0.020 (-1.006)
c	2.641*** (1.221)	2.331*** (1.088)	1.559*** (0.071)	2.424*** (1.151)	3.874*** (2.846)	3.634*** (2.932)	5.245*** (3.659)	5.635*** (3.634)	2.536*** (2.954)	2.966*** (2.000)	-0.021 (-0.008)	0.259 (0.083)
Year Fixed	Yes	Yes	Yes	Yes	Yes	Yes	Yes	Yes	Yes	Yes	Yes	Yes
Country Fixed	Yes	Yes	Yes	Yes	Yes	Yes	Yes	Yes	Yes	Yes	Yes	Yes
N	854	732	663	846	927	925	584	835	467	573	635	753
r2_a	0.402	0.448	0.524	0.732	0.635	0.535	0.276	0.5374	0.633	0.632	0.673	0.653

*代表变量在 90%置信区间显著；**代表变量在 95%置信区间显著；***代表变量在 99%置信区间显著。

其中，对高收入群体占比的影响为−1.516，表明资本账户流出管制程度提高 1 个单位，高收入群体占比减少 1.516 个单位，或者资本账户流出开放程度提高 1 个单位，高收入群体占比增加 1.516 个单位。资本流出管制对低收入群体比重的影响为 0.460，表明资本账户流出管制程度提高 1 个单位，低收入群体占比增加 0.460 个单位；或者资本账户流出开放程度提高 1 个单位，低收入群体占比下降 0.460 个单位。因此，我们可以得出结论，提高资本流入开放度，有助于减少极低收入人群的比重；加强资本账户流出管制可以减少高收入群体占比，增加低收入人群占比，有助于实现共同富裕。

4. 资本账户双向开放对于收入分配-共同富裕综合影响结果分析

至此，本书已经完成对资本账户开放是否影响收入分配、资本账户开放是否影响共同富裕、资本账户双向开放的影响差异的实证分析。为了明确在资本账户开放条件下如何实现收入分配公平和共同富裕目标，本书进一步对前述结论做出总结，如表 13.5 所示。

表 13.5 资本账户双向开放对收入分配-共同富裕的影响方向

影响程度	现实情境	资本账户总体开放水平提高	资本流入开放水平提高	资本流出开放水平提高
收入分配	高收入群体收入差距	↑	—	↑
	低收入群体收入差距	↑	—	↑
	中等收入群体收入差距	↓	↓	—
共同富裕	高收入群体占比	—	—	↑
	中等收入群体占比	—	—	—
	低收入群体占比	↓		↓
	极低收入群体占比	↓	↓	—

"—"代表没有影响。

对于收入分配问题，资本账户开放对不同收入群体有不同的影响。在中等收入水平下，资本账户开放有助于缓解收入分配不平衡问题，但是在经济体收入分配极端不平衡的情形下，资本账户的开放程度改变（无论是流入方

向还是流出方向的改变）均无法改变收入分配不平衡的现状。资本账户双向
开放对不同收入群体的收入差距影响是不同的，具体体现为在中等收入水平
下，资本账户流入开放度提高有助于缓解收入分配不平衡；而在高收入或低
收入情形下，加强对资本流出的管制，有助于缓解收入分配不平衡问题。提
高资本流入开放度，有助于减少极低收入人群的比重；加强资本账户流出管
制可以减少高收入群体占比，增加低收入人群占比，有助于实现共同富裕。

5. 国家分组后的再检验

考虑到资本账户开放对收入不平等的影响可能因国家所处的经济发展阶
段以及先赋的经济因素类型而存在差异，本书将进一步通过两种方式对样本
进行分组回归。我们对高收入国家、中等收入国家和低收入国家进行分组回
归，考察前述研究结论在不同收入水平国家中是否适用。此外，我们按照
OECD 和非 OECD 国家进行区分，OECD 国家贫富差距持续拉大，成员国的
收入不平等程度达到近 50 年以来的峰值，其中最富裕 10% 人口的平均收入
为最贫穷 10% 人口的 9 倍。实证结果如表 13.6、表 13.7 所示。

表 13.6 展示了不同收入水平国家的回归结果。可以发现，从高收入国家
到中等收入国家再到低收入国家，回归结果越发不显著，但是并未得到与前
述相悖的结论。收入分配不均衡是经济发展到一定阶段的产物，对于低收
入国家回归结果不显著，可能主要有两个原因。一是其经济发展水平不高，
贫富差距问题不突出；二是低收入国家资本账户开放水平不高，而中等收
入国家和高收入国家多数正在推进或已完成资本账户开放进程。表 13.7 展
示了 OECD 国家和非 OECD 国家的回归结果，也并未呈现出与前述相悖的
结论。

表 13.6 高收入国家、中等收入国家和低收入国家回归结果

变量名称	gini	gini	gini	palma	palma	palma
高收入国家						
kc	5.073*			−0.383*		
	−1.508			（−1.969）		
kci		6.333*			−0.262	
		−1.86			（−1.313）	
kco			3.083			−0.393**
			−1.042			（−2.321）
Controls	Yes	Yes	Yes	Yes	Yes	Yes
Year Fixed	Yes	Yes	Yes	Yes	Yes	Yes
Country Fixed	Yes	Yes	Yes	Yes	Yes	Yes
N	171	171	171	172	172	172
r2	0.135	0.143	0.127	0.292	0.28	0.301
r2_a	−0.215	−0.204	−0.227	0.008	−0.009	0.02
中等收入国家						
变量名称	gini	gini	gini	palma	palma	palma
kc	1.227*			−1.174*		
	−0.178			（−1.428）		
kci		2.541*			−0.499	
		−0.317			（−0.849）	
kco			2.175			−1.839*
			−0.445			（−1.939）
Controls	Yes	Yes	Yes	Yes	Yes	Yes
Year Fixed	Yes	Yes	Yes	Yes	Yes	Yes
Country Fixed	Yes	Yes	Yes	Yes	Yes	Yes
N	253	253	253	253	253	253
r2	0.658	0.648	0.656	0.684	0.69	0.67
r2_a	0.316	0.297	0.312	0.368	0.381	0.34
低收入国家						
变量名称	gini	gini	gini	palma	palma	palma
kc	13.226			−3.07		
	−0.884			（−1.076）		
kci		2.72			−2.583	
		−0.258			（−1.315）	

续表

低收入国家

变量名称	gini	gini	gini	palma	palma	palma
kco			6.739			−0.258
			−0.789			（−0.156）
Controls	Yes	Yes	Yes	Yes	Yes	Yes
Year Fixed	Yes	Yes	Yes	Yes	Yes	Yes
Country Fixed	Yes	Yes	Yes	Yes	Yes	Yes
N	253	253	253	253	253	253
r2	0.658	0.648	0.656	0.684	0.69	0.67
r2_a	0.316	0.297	0.312	0.368	0.381	0.34

表 13.7　OECD 国家和非 OECD 国家回归结果

OECD 国家

变量名称	gini	gini	gini	palma	palma	palma
kc	5.6			−0.316**		
	−1.362			（−2.054）		
kci		7.136*			−0.201	
		−1.75			（−1.284）	
kco			3.433			−0.363**
			−0.902			（−2.618）
Controls	Yes	Yes	Yes	Yes	Yes	Yes
Year Fixed	Yes	Yes	Yes	Yes	Yes	Yes
Country Fixed	Yes	Yes	Yes	Yes	Yes	Yes
N	98	98	98	98	98	98
r2	0.164	0.177	0.152	0.235	0.208	0.261
r2_a	−0.142	−0.124	−0.159	−0.045	−0.081	−0.009

非 OECD 国家

变量名称	gini	gini	gini	palma	palma	palma
kc	3.562			−1.349*		
	−0.583			（−1.792）		
kci		1.959			−0.519	
		−0.295			（−0.944）	
kco			2.828			−2.000**
			−0.644			（−2.492）

非 OECD 国家					
变量名称	gini	gini	gini	palma	palma	palma
Controls	Yes	Yes	Yes	Yes	Yes	Yes
Year Fixed	Yes	Yes	Yes	Yes	Yes	Yes
Country Fixed	Yes	Yes	Yes	Yes	Yes	Yes
N	126	126	126	127	127	127
r2	0.12	0.117	0.121	0.383	0.405	0.365
r2_a	−0.447	−0.452	−0.446	−0.01	0.027	−0.04

13.5　本章结论及政策建议

13.5.1　研究结论

本章从资本账户开放程度变动的视角切入,通过 1999~2019 年全球 188 个国家和地区的宏观经济面板数据,考察了资本账户开放对于收入分配和实现共同富裕进程的影响,并从资本流入、流出开放角度的变动探究了资本账户开放的差异化影响。研究发现,资本账户开放对不同收入群体有不同的影响,在中等收入水平下,资本账户开放有助于缓解收入分配不平衡问题,但是在极端情形下,资本账户开放无法改变收入分配不平衡的现状。资本账户开放下,低收入群体和极低收入群体占比下降,意味着资本账户开放有助于通过减少低收入人群占比,从而促进共同富裕。从双向开放角度看,资本账户双向开放对不同收入群体收入不平等的影响是不同的。对于中等收入群体,资本账户流入开放水平的提升有助于缓解收入分配不平等的现状。在高收入或低收入情形下,加强对资本流出的管制,有助于缓解收入分配不平衡问题。提高资本流入开放度,有助于减少极低收入人群的比重;加强资本账户流出管制可以减少高收入群体占比,增加低收入人群占比,有助于实现共同富裕。

由于收入分配不均衡是经济发展到一定阶段的产物，而资本账户双向开放的进程很大程度上由国家经济发展水平决定，不同国家的经济"初始条件"不同，其资本账户开放效益的研究结果也存在差异。分组检验结果表明，关于OECD 与非 OECD 国家的实证结果证明，对于高收入国家与中等收入国家，资本账户双向开放有助于缓解其中等收入群体的收入分配情况，但对于极高、极低收入群体之间存在的收入差距现象无法改善；对于低收入国家，回归结果愈发不明显，无法发现收入分配、共同富裕与资本账户开放之间的相关关系。

因此，合理利用资本账户双向开放的政策有助于对收入差距问题起到辅助改善作用。值得注意的是，资本账户的双向开放程度增加对于经济增长一般具有正面效应，它能够使经济体从社会总体群体层面上更好地创造、利用财富，但对于财富的分配与流动方面却可能起到"双刃剑"的作用，而这与参与资本账户开放政策与全球金融活动的经济体自身情况有着很大关联。

13.5.2 收入不平等视角下的资本账户开放程度的协调

本书认为，在资本账户开放进程中，对于低收入人群，应采取较低的税率与适当的免税政策，通过社会保障渠道、失业补贴、工资补助等，通过再次分配对于低收入群体进行社会福利方面的扶持，保证低收入人群的生活水平。

第一，由于资本账户的开放有助于解决中等收入水平下的收入不平等问题，而在已存在极端的收入分配差距的情况下无法缓解其现状。本书认为，在进行资本账户的双向开放时，各经济体应对本国所处的经济发展阶段、水平进行正确判断。各国应根据自身禀赋，谨慎考量资本账户双向开放的可能结果，审慎采取适合的政策与措施。

第二，资本账户双向开放对不同收入群体的影响不同：资本账户流入水平开放度的提高有助于缓解经济体中等收入水平下的收入分配不平等现象，资本账户流出方向管制的加强,有助于缓解经济体在收入水平相对极端(高、低)时期收入不平衡的问题。本书认为,对于分向的资本账户开放政策的选择应成为下一阶段各国进行资本账户开放变更的重点。从资本的流入管制方向看,尤其以新兴市场为代表的国家在进行外资流入限制改变时必须对本国金融市场的韧性大小做出较准确的度量与预测,以防止热钱造成的本国经济过热、币值虚高等问题。最终力争形成一个以中等收入群体为主的呈正态分布且具有高流动性的国家收入分配结构。

第三,从目标上来看,保持资本账户开放对于本国金融稳定性不产生较大的风险冲击是必然的选择;从实现手段上看,收入结构相对不合理的国家应避免采用激进的资本账户流出开放手段,尽量采取吸引外资以发展国内产业的手段,但也应当谨慎面对经济发展速度虚高、金融过热的情况。

综上而言,在资本账户开放机制选择方面,各国应更重视开放方向的选择与开放市场的调整,而非只关注开放总程度的高低。在资本账户双向开放背景下,尽量减轻收入问题给低收入群体带来的教育、医疗、就业等公共资源相对紧张的问题;对于垄断性行业应给予管制,应继续完善市场与政府结合的基本国家治理体系,建立成熟完善的市场经济,更好地发挥政府的作用,对于中等收入群体进行公平竞争,提升收入水平进行保障;同时,鼓励三次分配的发展作为社会福利的补充,打击高收入群体灰色收入、资本外逃等现象。从资本的流出方来看,控制高收入群体转移资本以逐利。

13.5.3 不同国别视角下的资本账户双向开放协调

基于国别差异的资本账户双向开放程度研究结果与基于收入差距水平的研究结果具有一定的相似性。而处于不同发展阶段的经济体,可以从以下方面关注并利用资本账户开放以达成经济目标、缓解收入分配差距。

第一，对于低收入国家而言，政治的稳定性比起其他可能存在的环境与宏观经济因素，对资本账户开放效果的影响效果将更为明显。而相对于低收入国家，发达国家由于政治环境相对安全、完善，因此其改善将不会在很大程度上对该国进行资本账户开放政策的选择产生较大的影响。低收入国家通过提高政治稳定性，配合其资本账户的进一步开放，结合弹性汇率制度、对外贸易开放程度的提升，并通过资本账户开放方向、程度的关联渠道，缓解了其存在的收入分配问题。

第二，综合治理能力的加强有利于低收入国家按照本国的经济具体情况，实现政府管理-资本账户开放政策的合理定位，既避免过度干预、也避免因缺乏资本开放管制而造成危机。同时，各国应加强对资本项目流动的监管与监控，尤其应加强对处于监管死角的"地下"资本流动情况的严格监控和管理，并应及时对相关法律、政策适时进行调整和更新，调整监管中可能存在的滞后现象。

第三，从低、中、高收入国家金融发展角度来看，当金融市场发展程度不够健全时，要合理控制金融体系中国内融资和外国流入资产的数量与结构，避免将金融市场中尚不完善的资本运作方式所蕴含的风险转嫁给整个经济体系。同时，应促进跨国公司的发展以及外部国家参与本国证券、信贷等金融机构的经营，有助于国内金融机构与在本国参与运作的国外金融市场中交易的金融机构形成良好的竞争和互补关系。新兴市场经济体应稳定推进资本账户开放政策的变更与改革，并且与本国的政治环境、宏观经济环境条件等相结合，在保证本国金融稳定、经济安全的前提下实施。

13.5.4　共同富裕视角下的中国资本账户双向开放启示

习近平总书记中央财经委员会第十次会议上指出："共同富裕是社会主义

的本质要求，是中国式现代化的重要特征"①。我国资本账户开放带来生产、资本与金融市场效率大幅度提高的同时，也伴随着收入差距增加、社会收入阶层结构改变的状况。而当前，随着中国经济进入新常态，经济增长逐渐放缓，政府与央行的工作重点转移到经济结构的调整与稳定增长相结合的现实需求上。

资本账户的双向开放可以作为一种经济手段以促进中国的经济结构改善，从而达到优化经济产业结构、改善分配的目的。但是资本账户的开放一直都存在"双刃剑"效应，其既能为中国带来外国资本从而降低中国企业的融资成本、分散投资风险；也可能通过开放管制的渠道和手段，引起中国金融波动与经济的非平稳性，甚至会造成收入结构、分配结构的恶化，并间接影响经济增长效应。对于中国的政策实践来说，如何选择能够发挥资本账户开放正向效果的政策，并且同时保证中国经济金融的稳定增长，是需要审慎深入研究的。特别的，中国金融开放战略的推进是否将对中国资本账户开放的作用机制产生影响，以及资本账户开放程度的变化、不同方面的资本账户的开放将如何影响经济增长等问题需要深入探讨。

从资本账户开放对于实现共同富裕的改善作用来看，收入效应的增长从整体上实现了"蛋糕"的做大，而资本账户的双向开放对于收入分配差距的影响，有助于将经济增长效益"蛋糕"分配得更加合理。根据资本账户开放带来的总体影响与分向资本账户开放可能产生的作用，本书认为可以从以下几个角度进行改进。

第一，共同富裕中的"共同"以"富裕"为基础，在"富裕"的同时维护社会各成员之间的"公平"。由于第一次分配是基于市场机制的利益、资源分配，政府基本无法参与；再次分配是基于行政机制的强制性调节以保证社

---

① 习近平主持召开中央财经委员会第十次会议，http://www.gov.cn/xinwen/2021-08/17/content_5631780.htm?platform=win,2021-08-17。

会的公平与平稳发展以及动用民间社会主体力量以实现有形资源的投入分配；三次分配则是出于自愿的公益、捐赠等行为，利用民间力量鼓舞的资源再分配手段。因此政府应关注再分配渠道、三次分配渠道对收入分配的补充作用。

第二，从中国的收入结构来看，中国过去实现了经济的螺旋式上升增长历程，但全面小康社会建成以后，我国多数家庭收入水平仍然较低。促进低收入群体增收、扩大中等收入群体是中国可以采取的改善收入分配局面的有效方法。以"精准扶贫"政策为代表的政策不仅提供货币收入支持，更加注重诸如教育扶贫、社保扶贫、金融扶贫等系列精准渠道，进行多头并举。不仅实现了货币意义上的拓扑，也促进了低收入群体的非货币福利的增长，而以上政策对于中国家庭收入增长的收入分配改善效应大于家庭经济增长所带来的改善效应。

第三，基于资本账户双向开放具有为不同收入群体带来的收入来源不同的事实，即高收入群体的收入有相当大的部分得益于资本收益。因此，资本账户开放最终将利好高收入群体通过资本投资获得报酬。在实现"共同富裕"的道路上，我国政府通过关注资本账户中经常账户的流入流出状况，进一步完善以税收为代表的经常账户收入分配制度方法，对资本市场交易进行一定限制，有助于遏制高收入群体逐利、资本外逃的现象。中等收入群体在社会结构中占较大比重是共同富裕的表现形式，扩大中等收入群体不仅需要根据我国的国情提供制度保障，也需要借鉴过往的发达国家的经验教训。从开放资本账户的角度而言，在扩大中等收入群体过程中，在发挥资本账户吸引、分配市场资源作用的同时，不能放任市场力量单独进行调节收入分配，政府需要采取一系列措施保障低收入群体收入的正常增长，防止高-中-低收入群体的收入进一步分化与财富的过度集中。

第四，扩大中等收入群体规模是实现共同富裕的重要路径，而资本账户开放对于中国而言，其中等收入群体对其开放程度变化的敏感性更高。而要提升中等收入群体占人口比重，除去利用再分配与三次分配等方法外，采用劳动力素质渠道、技术进步渠道、社会保障渠道、教育医疗公共资源渠道等方法也同样重要。中国应重视教育，提高劳动力素质，增加教育和培训支出，加大人力资本投资，促进低技能劳动力向高技能劳动力的转化，并着重提高低收入水平、中等收入水平群体的劳动收入水平。同时，加强社会保障措施，完善社会保险政策、失业补助、工资补贴、职业再教育等，将能够在一定程度上提高低收入群体的生活水平的效果。再次，通过维护社会的公平竞争秩序，加快推进要素市场化配置，打破要素市场的垄断，提升民营经济、外资经济等体制外部门的劳动生产率。同时，工会与劳动者集体的工资协商制度的建立也至关重要，通过工会议价与政府辅助、企业谈判的渠道，对初次收入分配的机制进行改善。健全的工资分配与工资提升机制，有助于最终提高劳动者的报酬在初次分配中的比重，进一步推动共同富裕的进程。

第 14 章
结论及政策建议

14.1　主要结论及观点

14.1.1　全球资本账户双向开放的特征与趋势

"人民币国际化、资本账户开放及风险管理"研究团队开发的全球资本账户开放数据库（GKAOPEN）实现了对 188 个国家和地区资本账户管制程度的月度动态描述。与既有数据库相比，更为科学、客观和翔实。在资本账户子项管制程度上，本书区分了对资本流入和资本流出管制的相对差异，从而实现了对资本账户管制的双向动态测度。与其他数据库相比，GKAOPEN 数据库在衡量子项管制方面具有更高的波动频率，对资本账户子项政策变化更具有敏感性。通过对政策力度进行加权处理，GKAOPEN 数据库较好地反映了不同事件冲击下资本流入与流出政策调控力度的变化，除重大经济和金融风险发生的特殊时点外，基本在零轴以下波动，这符合全球资本账户自由化的趋势性特征。

从中国资本账户开放进程看，我国始终秉持金融开放原则，资本流入与流出管制方面，宽松多于收紧；绝大部分子项已经开启了自由化进程，债券市场、集体投资市场、衍生金融资产市场、货币市场、房地产市场开始出现对外资放松管制的趋势。同时，我国商业信贷市场，金融贷款市场，保证、担保、财务支持工具市场开放度依然较小。

GKAOPEN 数据库丰富的细节特征为分析不同收入水平国家的资本账户开放情况提供了便利。我们按照收入水平，分类总结了各个国家自 1999 年以来资本账户开放的变动情况。高收入国家资本账户开放水平较高，资本账户子项间开放水平较为均衡；中等偏高和中等偏低收入国家资本账户开放水平差距较小，在直接投资等重要领域均有较高的开放水平。与之相比，低收入国家资本账户总体与子项开放水平仍然较低。

14.1.2 资本账户双向开放下的政策联动效应

为了应对他国资本账户开放对本国经济产生的溢出性影响，本国资本账户开放政策通常也会进行相应的调整，体现出不同国家之间资本账户开放政策的联动性。从实证结果上来看，全球主要经济体资本账户总体开放存在显著的联动效应，国家间联动效应强度存在一定的异质性。

第一，资本账户双向开放的联动效应存在异质性。资本账户开放具有方向性，不同开放方向的溢出效应在国家间的表现有所不同。资本账户流入开放的溢出效应相较于流出开放的溢出效应显著性更强。

第二，单向与双向的资本账户开放政策联动效应存在异质性。资本账户开放程度较高的国家多以溢入效应为主，而资本账户开放程度相对较低的国家多以溢出效应为主。

第三，资本账户开放政策的联动效应具有较强的时变性特征。从实证结果上分析，当一国资本账户开放受到包括金融危机、次贷危机、疫情等外部因素冲击时，联动效应的程度会跟随变化。

14.1.3 资本账户双向开放下的跨境资本流动

资本账户双向开放与跨境资本流动之间的因果作用关系具有较强的时变

性与国别异质性，并且该作用关系成立与否仍取决于资本账户开放程度变化与跨境资本流动水平的分布特征，即二者所处的分位数区间。

首先，跨境资本流动的加剧将为一国资本账户总体开放程度变化的方向带来扭转压力，并且当一国资本账户处于开放状态时，其对跨境资本流动将更为敏感；其次，跨境资本流动与资本账户开放之间的双向作用关系具有较强的非对称性，其中跨境资本流动对一国资本账户开放的反作用较弱，故一国资本账户开放并非主要取决于本国是否受到国内外资本跨境流动的负面冲击，然而跨境资本流动所带来的负反馈可为一国资本账户开放政策的实施提供决策依据与参考；最后，跨境资本流动对资本账户流出开放的影响大小随跨境资本自身流动规模的扩大而逐步增强。

当跨境资本流动处于较高水平时，流入方向资本账户的连续收紧将对跨境资本流动失去限制作用，会加剧跨境资本流动；当跨境资本流动处于较低水平时，资本账户双向开放政策的接连实施将加剧跨境资本流动，而灵活、适度地实施资本管制政策可有效对冲外部跨境资本流动冲击，其中资本账户流出开放对跨境资本流动的作用具有更强的稳定性。

就中国而言，跨境资本流动的低水平状态可为中国加速推进资本账户开放提供良性、稳定的环境；然而当跨境资本流动处于较高水平时，中国应慎重地将加强资本流入管制作为控制外部不确定性内向溢出的手段，此时中国连续实施资本账户流入管制政策将刺激跨境资本流动。

14.1.4　资本账户双向开放下的汇率失衡调整

汇率失衡在各国是普遍现象。在 1999 年到 2019 年间，大多数高收入国家货币汇率低估时期长于高估时期，而金砖五国的货币汇率高估时期长于低估时期，这反映出金砖五国在过去几十年的高速发展并不是通过操控汇率，保持汇率低估以获得出口贸易优势的。就中国而言，在 21 世纪初的历次全球金融危机中，人民币保持着汇率的高估，牺牲了一部分的贸易优势，体现了大国的担当。

在不考虑资本账户开放情况下，各国汇率失衡均表现出均值回复的特征，并且汇率失衡调整的半衰期为 6.38 个季度。在考虑资本账户开放时，发现资本账户的总体开放能够加快汇率失衡的调整速度，在样本期中各国最大资本账户开放情况下，汇率失衡调整的半衰期缩短为 2.34 个季度，然而在样本中的最大管制程度下，汇率失衡不会出现回复的现象。在资本账户资本流入和资本流出的效果研究中，发现资本流入开放对汇率失衡调整的作用不显著，但资本流出开放对汇率失衡调整有显著的缩短作用。除此之外，资本账户开放对汇率失衡调整速度的影响在货币汇率高估和低估时存在差异，货币汇率高估时，促进资本流出的开放措施能够显著地缩短汇率失衡的调整时间，但在货币汇率低估时，促进资本流入的开放措施能够显著地缩短汇率失衡的调整时间。

从国别异质性角度看，相比高收入国家，中高收入国家和中低收入国家的汇率失衡均值回复速度更快，汇率失衡半衰期更短，但资本账户开放对汇率失衡调整的作用减弱。在不同汇率制度下，汇率失衡的均值回复时长差异不显著，但资本账户开放的效果存在显著差异，相比完全浮动汇率制度，在其他类型的汇率制度下，资本账户开放能够显著地降低汇率失衡调整的半衰期，但这种差异性的效果体现在促进资本流入的开放政策上。进一步考虑全球经济金融环境变化带来的影响，研究表明经济政策不确定性和全球流动性的变化对资本账户双向开放的效果作用不显著。在资本账户开放的各类子项账户中，股票账户、债券账户、直接投资和金融信贷账户的双向开放对汇率失衡调整速度有显著的加速作用。

14.1.5　资本账户双向开放下的长期经济平衡增长

资本账户流入和流出管制放松对经济增长存在不同的影响。①资本账户流入管制放松。总的来说,资本账户流入管制放松在短期内会降低预期经济增长并加剧宏观经济尾部风险。但在中长期,资本账户流入管制放松可以改善经济运行状况,提高预期经济增长并缓解宏观经济尾部风险。②资本账户流出管制放松。在 2015 年之前,资本账户流出管制放松在短期内会降低预期经济增长并加剧宏观经济尾部风险,但在中长期可以改善经济运行状况,提高预期经济增长并缓解宏观经济尾部风险,长期与短期影响的差值在 2008 年经济危机前后达到顶峰。2015 年之后,资本账户流出管制在短期内就可以实现对经济增长的促进作用,且对宏观经济尾部风险的影响程度和影响时间都大大降低。

传统研究大多着眼于资本账户开放对预期经济增长(即经济增长均值)的影响,然而,在经济长期平衡发展的要求下,资本账户开放通过降低金融系统稳定性进而加剧宏观经济尾部风险的影响路径则更值得的关注。普遍的观点是,当一国的金融体系还不够完善时,资本账户开放会导致金融部门极容易遭到外部冲击。资本账户管制放松后,资本大规模流入会导致过度投资和投机性繁荣,此时,金融部门的脆弱性上升,此时,一旦发生大规模的资本外逃,经济随时都有可能陷入危机之中。实证结果表明,资本账户开放,无论是流入还是流出管制放松,都会造成系统性金融风险的上升,且对经济增长尾部风险的影响要大于经济增长中心趋势的影响。

14.1.6　资本账户双向开放下的全要素生产率

本书基于构建双固定效应面板回归模型研究了资本账户双向开放对全要素生产率的影响。首先,对资本账户总项开放程度对全要素生产率的影响做出了分析，同时，也区分了流入和流出两个不同方向的资本流向开放，探讨了不同资本流向下资本账户开放对全要素生产率的影响。其次，考虑到各子类资本账户具有不同于总体的特点，仅研究资本账户整体的开放水平不足以呈现子账户的特点，因此从子项角度出发，探讨了不同资本账户子项目开放程度的变动对全要素生产率的影响。最后，进一步考虑各国社会和经济发展水平的差异，做出了异质性分析。具体而言，分别基于制度质量、人均 GDP水平、收入水平和金融发展水平四个指标做出异质性分析并得出研究结论。

资本流入开放程度的提升能够有效促进全要素生产率的提升。资本流入开放程度的提升能够有效缓解一国所面临的资本不足的现状。从宏观层面来看，资本流入开放程度的提升，有利于国外资本的注入，解决经济发展过程中所面临的资金短缺问题，扩大经济规模，稳定经济增长；从微观层面来看，资本流入开放程度的提升能够带来高质量的国外资本的流入，不仅能够缓解企业的融资问题，给企业带来新的资金注入，也能够带来先进的生产技术和管理经验，从而有效提升企业生产效率，促进全要素生产率的提升。虽然资本流入同样也存在着可能带来金融风险冲击金融市场的问题，但对全要素生产率的正向影响占主导地位。

14.1.7　资本账户双向开放下的共同富裕

从资本账户开放视角切入,通过整合 1999～2019 年全球 188 个国家和地区的面板数据,本书考察了资本账户开放对于收入不平等和群体跃迁的影响,并从资本流入与流出角度探究了资本账户开放的差异化影响。研究发现，资本账户开放有助于缓解收入分配不平衡问题，但是在极端情形下，资本账户开放无法改变收入分配不平衡的现状。资本账户开放程度提高，能够减少低收入群体占比和极低收入群体占比。资本账户开放有助于通过减少低收入人群占比，从而促进共同富裕。资本账户双向开放对不同收入群体收入差距的影响是不同的。资本账户流入开放度提高有助于减少极低收入人群的比重，缓解收入分配不平衡。在高收入或低收入情形下，加强对资本流出的管制，减少高收入群体占比，增加低收入人群占比，有助于缓解收入分配不平衡问题，实现共同富裕。

因此，各国需要在资本账户开放过程中考虑资本账户开放对收入不平等的冲击的影响，慎重做出资本账户开放的决策。对于世界各国而言，资本账户双向开放方面，要把握流入和流出开放对收入不平等的影响，防范资本大规模流出对本国低收入群体的冲击。

14.2　政　策　建　议

14.2.1　拓宽资本账户双向开放政策的国际视野

第一，妥善处理资本账户双向开放政策的他国溢入与本国溢出效应之间的关系。不同国家间资本账户开放的溢出效应存在一定的异质性，本国在制定资本账户开放政策时需要充分考虑到其他国家资本的溢入效应与本国资本的溢出效应，由于本国的净溢出指数是由本国溢出测度指数减去他国溢入测度指数测算得到的，也即本国的溢出效应取决于本国溢出与他国溢入效应的强度，因此应当加强对本国溢出与他国溢入情况的动态监测，善用博弈思想，寻求二者之间的平衡。通过充分了解世界主要经济体以及友好往来国家之间的货币政策措施，把握货币政策动向，从而从宏观上深刻认识资本账户的开放状态，继而发挥好资本溢出效应的正向作用，规避其负向风险。

第二，审慎推进本国资本账户开放。通过实证结论可以看出，资本账户双向开放的溢出效应存在异质性、单边国家以及双边国家的资本账户开放的溢出效应存在异质性，由于上述复杂的溢出关系存在，故而本国资本账户开放政策在制定时需要谋篇布局，通盘考虑，合理规划，审慎开放。在考虑多方因素之后，稳步渐进有序开放。

第三，充分考虑外部环境因素对本国资本账户开放进程的影响。鉴于资本账户开放的溢出效应具有较强的时变性特征，因此外部环境因素的变动对资本账户开放的进程有着重要的影响。区域金融危机爆发、新冠疫情的发展、本币汇率贬值以及与其他国家的经贸摩擦等"推动因素"都应被纳入资本账户开放速度所考虑的范围。在这些"推动因素"存在时，资本账户开放应更加遵循渐进推动原则，在内容、程度与方法上保持谨慎。反之，当外部环境改善、国与国之间经贸问题得到较稳妥的解决或未出现其他不利"推动因素"时，是资本账户开放的窗口期，如果本国国内"拉动因素"改善顺利，应在窗口期内加大资本账户开放的进程。

14.2.2　资本账户双向开放与跨境资本流动相协调

第一，加强跨境资本流动的动态监测，实时把控跨境资本流动水平变化。

各国应建立跨境资本流动预警机制与风险量化机制，以实时把握国内外资本跨境流动规模水平、频率以及风险大小的变化，厘清各阶段下跨境资本流动状态，为各国灵活调控资本账户总体、双向开放程度提供决策参考。

第二，注重资本账户收-放政策与跨境资本流动状态的匹配选择。

各国应建立资本账户开放的动态调节机制，并且应保证跨境资本流动预警机制、风险量化机制与资本账户开放的动态调节机制协调运转以增强资本账户收-放政策与跨境资本流动状态的匹配度。具体而言，当跨境资本流动处于较高水平时，一国应审慎使用资本账户紧缩政策；各国的资本账户开放政策应于跨境资本流动处于平稳、低频状态下实施，以降低资本账户开放政策的实施阻力，增强资本账户开放政策的有效性。

第三，平滑资本账户双向开放与管制政策，放缓施政节奏。

高频施政为触发跨境资本流动的重要原因，为有效约束国内外跨境资本高频流动，熨平跨境资本流动波动性，各国应主动平滑资本账户双向开放政策与管制政策，放缓施政节奏，保证跨境资本平稳流动。具体而言，当跨境资本流动处于较低水平时，各国应阶段性地调节资本账户双向开放程度，放缓资本账户双向开放政策实施节奏，如在资本账户双向开放进程中选择性地出台资本管制政策可有效降低跨境资本流动冲动；当跨境资本流动处于较高水平时，各国应格外注重资本账户流入开放政策与流入管制政策的实施，在连续实施资本账户流入管制政策时应适当地放松资本管制、推动资本账户开放以平滑资本账户流入管制政策，这可有效缓释跨境资本流动压力，抑制跨境资本流动。

第四，跨境资本流动背景下的中国资本账户开放。

中国资本账户开放政策的实施亦应选择适当的跨境资本流动环境，而低水平的跨境资本流动状态为中国加速资本账户开放的择优时机。如当中国跨境资本流动水平较低时，即处于 0.05 至 0.25 分位数区间时，中国稳步推动资本账户开放可有效抑制跨境资本流动，故该水平下的跨境资本流动状态为中国加速资本账户开放进程提供了良性、稳定的环境。然而对于流入方向的资本账户而言，在跨境资本流动处于较高水平时，中国应慎重地将加强资本流入管制作为控制外部不确定性内向溢出的手段，此时中国连续实施资本账户流入管制政策将刺激跨境资本流动，故为规避跨境资本流动风险，中国应合理控制政策实施节奏，加强资本账户流入开放政策与管制政策的伸缩性。

14.2.3　资本账户双向开放应保证汇率稳定

基于对汇率失衡的测算，人民币汇率失衡的变动是随经济发展和制度变迁发生变化的,人民币汇率制度的历次改革是对人民币汇率失衡的适时纠正,并且在危机时期为全球经济复苏做出了巨大贡献。伴随着世界疫情和全球复杂多变的经济局势,如何通过搭配资本账户的开放政策,辅助人民币币值稳定,调整人民币汇率失衡有着重要意义。

就资本账户开放具体政策而言,首先,需要结合我国实时的经济发展状况和全球经济局势,判断人民币汇率失衡的状态以及人民币汇率的有限失衡给我国经济带来的成本和收益。在此基础上,本书的研究发现资本账户流入的开放在汇率低估时会加快汇率失衡调整,而资本账户流出的开放在汇率高估时会加快汇率失衡调整,我国可据此适时地调整资本账户的开放政策。

其次,就资本账户子市场开放的差异性效果,在调整我国资本账户开放政策时,可以采用结构性调整政策,精细地将如股票账户、债券账户、直接投资和金融信贷在内的各类子项账户开放程度进行微调,从而作用于不同类型资本的跨境流动,进而对人民币汇率失衡调整速度产生影响。

最后,在人民币国际化道路上,最终必然要实现人民币的自由结算,人民币币值稳定和定价合理对人民币国际化进程起到至关重要的作用。在1999年至2019年间,全球共出现7293次针对资本账户开放程度的政策调节。在人民币国际化的不同阶段,可以借鉴这些措施的历史经验,辅助人民币平稳地走向国际舞台。

14.2.4 资本账户双向开放应以长期经济平衡增长为导向

放松资本账户流出管制应是下一步资本账户开放的重点。新冠疫情肆虐全球,中国的制度优势逐渐凸显。社会稳定方面,疫情在中国得到了有效的控制,新增确诊始终维持在较低的水平;经济运行方面,2020年3月起,各省区市就逐步复工复产,经济迅速复苏;宏观调控方面,各类精准补贴效果显著，我国始终保持较为充足的政策空间。疫情冲击下，我国较高的经济增长业已成为全球经济复苏的强劲动力，利率和汇率的双双走高很有可能导致"双顺差"局面的出现。在此背景下，稳步推进资本账户流出开放有利于实现经济的平衡发展并加快构建"双循环"的战略格局。事实上，我国资本账户开放一直循序"先进后出""宽进严出"的基本思路，相比于"引进来"，我国"走出去"的步伐还相对较慢。鼓励便利跨境投资、企业海外并购已成为我国经济新的增长点，不仅可以提高资源配置效率，还可以为技术进步提供强力支持。此外，打通资本流出机制还可以提高我国对外资的长久吸引力。

资本账户开放要与金融市场管理相配合。在资本账户开放的国际背景下，金融部门的稳定性很容易受到国际资本流动的影响。因此，完善金融监管体系、强化宏观审慎监管，既是金融工作的重中之重，也是资本账户开放的重要基础。在资本账户开放政策实施前，要对金融部门的重大隐患进行及时排雷，降低金融系统的风险水平，合理监督和控制金融系统内部的资本风险、信用风险、市场风险、流动性风险、利率风险、操作风险等；严厉打击非法金融机构和非法金融活动，进一步提升金融秩序的规范性；完善宏观审慎政策对金融机构的逆周期监管，提高金融部门的抵抗风险能力。在资本账户开放政策实施时，应将"稳风险"放在首位，不过度追求降低金融部门的风险水平，注意经济政策的连贯性和稳定性，防止金融部门短期内出现较大的波动。

过去数十年，新兴市场国家经历的金融危机大多伴随着国际资本外逃，一旦国内投资环境对国际资本的吸引力下降，便有可能面临着资本流入的中止甚至逆转，并进一步对实体经济产生严重的负面影响。因此，改善投资环境，提升对优质国际投资的持续吸引力，应当是我国长期关注的命题，这不仅可以提升对国际资本的吸引力，还可以引导外来资本更有效地支持实体企业，降低资本的投机性与在金融系统内的空转。

14.2.5 全要素生产率视角下的资本账户双向开放次序

第一,基于全要素生产率提升视角的资本账户双向开放速度与次序建议。

资本流入开放程度的提升能够有效提升全要素生产率,因此,从提高全要素生产率,实现经济增长质量的角度来看,在开放资本账户的过程中,应当首先考虑从流入方向进行。在此过程中,也要合理把握开放资本账户的速度,在放松对资本账户管制的同时也要密切监测和关注跨境资本的流动,深化从行政性管制到基于市场的审慎规制管理体系的转变,提高对跨境资本流动的管制效率,降低管理成本。

第二,基于全要素生产率提升视角的资本账户子项开放速度与次序建议。

开放资本账户子项目的进程也应当循序渐进。应当在改善国内金融市场环境和监督机制的基础上,先开放商业信贷账户,再逐步放开对其他账户的管制。不断深化金融体制改革,在深化国内金融体制改革的同时,警惕大量资本流入引致的经济过热现象和资本流出开放程度提高可能引致的资本外逃,防范系统性金融风险。注重对资本流动的结构性管理,由于不同类型资本流动影响的大小和方向不同,有必要对不同类型以及流向的资本流动进行差别化管控,应跟踪资本流向的部门,引导外资更多地流向实体经济,既促进实体经济的长远发展,又防控外部风险输入,最后,针对跨境资本流动实施宏观审慎逆周期调节,减轻资本流动的顺周期性,同时,稳定国际投资者的预期,减少投机性资本冲击,避免跨境资本大幅进出带来的外汇市场风险。

第三,基于全要素生产率提升视角的制度与经济发展建议。

良好的制度能够为一国经济增长提供有利环境。我国在发展经济的同时要加强制度建设,尤其要注意发挥经济制度对一国经济增长的直接促进作用。同时,加强对相关法律法规的设立与调整,加大产权保护力度,鼓励金融创新,提高公共管理效率以此为生产率提升创造良好条件。在此过程中,也要不断深化金融体制改革，增强金融体系的稳定性，为制度的发挥提供良好的金融环境。

14.2.6　资本账户双向开放应兼顾共同富裕政策目标

第一，基于收入不平等视角的资本账户开放程度协调。

合理利用资本账户双向开放的政策有助于对收入差距问题起到辅助改善作用。基于改善收入不平等的视角，资本账户的双向开放政策制定可参考如下几点建议：①在进行资本账户的双向开放时，各经济体应对本国所处的经济发展阶段、水平进行正确判断。各国应根据本身先赋条件，综合考量利用资本账户双向开放手段可能产生的结果，审慎采取适合的政策与措施。②对于分向的资本账户开放政策的选择应成为下一阶段各国进行资本账户开放变更的重点。③从目标上来看，保持资本账户开放对于本国金融稳定性不产生较大的风险冲击是必然的选择；从实现手段上看，收入结构相对不合理的国家应避免采用激进的资本账户流出开放手段，尽量采取吸引外资以发展国内产业的手段，但也应当谨慎面对经济发展速度虚高、金融过热的情况。

第二，基于不同收入水平国别视角下的资本账户双向开放协调。

本章认为，基于国别差异的资本账户双向开放研究结果与基于收入水平差距的研究结果具有一定的相似性。而处于不同发展阶段的经济体，可以从以下方面关注并利用资本账户开放以达成经济目标、缓解收入分配差距：①政治稳定性的改善有利于资本账户的进一步放开。汇率制度的弹性、贸易开放度等与资本账户开放方向、程度的关联渠道也将助力低收入国家缓解收入分配问题。②综合治理能力的加强有利于低收入国家按照本国的经济具体情况，实现政府管理-资本账户开放政策的合理定位，既避免过度干预、也避免因缺乏资本开放管制而造成危机。③应合理控制、利用金融体系安全，避免将金融市场中尚不完善的资本运作方式所蕴含的风险转嫁给整个经济体系，保证资本账户开放在国内的政治环境和宏观经济稳定的基础上进行。

第三，共同富裕视角下的中国资本账户双向开放启示。

资本账户的双向开放可以作为一种经济手段以促进中国的经济结构改善，从而达到优化经济产业结构、改善分配的作用。根据资本账户开放带来的总体影响与分向资本账户开放可能产生的作用，可以进行如下改进：①要切实维护社会各成员之间的"公平"原则，要切实运用好起决定作用的"劳主资辅"分配方式。②促进低收入群体增收、扩大中等收入群体是改善收入分配局面的有效方式。对中国的较低收入群体而言，坚持共同富裕政策将为中国低收入家庭提供更多非货币福利发展的机会。在实现"共同富裕"的道路上，通过关注资本账户中经常账户的流入流出，进一步完善以税收为代表的经常账户收入分配制度方法，对资本市场交易进行一定限制，有助于遏制高收入群体逐利、资本外逃的现象。③扩大中等收入群体是实现共同富裕的重要路径，而资本账户开放对于中国而言，其中等收入群体对其开放程度变化的敏感性更高。而要提升中等收入群体占人口比重，除去利用再分配与三次分配等主观方法外，劳动力素质渠道、技术进步渠道、社会保障渠道、教育医疗公共资源渠道等方法也十分重要。

参考文献

曹勇. 2005. 印度资本账户开放：经验与启示. 世界经济与政治论坛，（4）：79-84.

曹誉波，刘猛. 2021. "双循环"新发展格局下人民币国际化路径研究. 中国货币市场，（9）：37-42.

曹远征，陈世波，林晖. 2018. 三元悖论非角点解与人民币国际化路径选择——理论与实证. 国际金融研究，（3）：3-13.

陈超. 2020. 资本账户开放增长效应的经验证据、模型框架与中国应用. 吉林大学.

陈雷，张哲，陈平. 2021. 三元悖论还是二元悖论——基于跨境资本流动波动视角的分析. 国际金融研究，（6）：34-44.

陈若愚，霍伟东，杨碧琴. 2019. 金融发展与资本账户开放的跨境资本流动效应——基于 PSTR 模型的非线性实证检验. 商业研究，（8）：81-89.

陈雨露，马勇，阮卓阳. 2016. 金融周期和金融波动如何影响经济增长与金融稳定. 金融研究，（2）：1-22.

陈中飞，王曦. 2019. 资本账户子项目开放的经济增长效应及中国应用. 管理世界，35（1）：97-114.

戴金平，刘东坡. 2015. 金融稳定与物价稳定、经济增长的动态关联性. 财经科学，（10）：14-25.

戴淑庚，胡逸闻. 2016. 资本账户开放风险指数的构建与测度. 经济与管理研究，37（1）：46-54.

邓创，谢敬轩. 2021. 资本账户开放对全要素生产率的影响效应——基于金融稳定的分析视角. 南京社会科学，（9）：26-36.

邓创，徐曼. 2014. 中国的金融周期波动及其宏观经济效应的时变特征研究. 数量经济技术经济研究，31（9）：75-91.

邓敏，蓝发钦. 2013. 金融开放条件的成熟度评估：基于综合效益的门槛模型分析. 经济研究，48（12）：120-133.

丁剑平，胡昊，叶伟. 2020. 在岸与离岸人民币汇率动态研究——基于美元因素和套利因素的视角. 金融研究，（6）：78-95.

丁剑平，刘璐. 2020. 中国货币政策不确定性和宏观经济新闻的人民币汇率效应. 财贸经济，41（5）：19-34.

丁剑平，刘敏. 2016. 中欧双边贸易的规模效应研究：一个引力模型的扩展应用. 世界经济，39（6）：100-123.

鄂志寰. 2000. 资本流动与金融稳定相关关系研究. 金融研究，（7）：80-87.

范小云，刘粮，陈雷. 2018. 从"货币三元悖论"到"金融三元悖论"——国际资本流动研究的新思路. 国际经济评论，136（4）：126-144.

范小云，张少东，王博. 2020. 跨境资本流动对股市波动的影响——基于分部门资本流动波动性视角的研究. 国际金融研究，（10）：24-33.

范小云，朱张元，肖立晟. 2018. 从净资本流动到总资本流动——外部脆弱性理论的新发展. 国际金融研究，（1）：16-24.

干春晖，郑若谷. 2009. 改革开放以来产业结构演进与生产率增长研究——对中国 1978～2007 年"结构红利假说"的检验. 中国工业经济，（2）：55-65.

苟琴，蔡辉，徐建国. 2018. 资本账户开放与经济增长——长短期效应及渠道研究. 经济科学，（2）：45-59.

苟琴，王戴黎，鄢萍，等.2012.中国短期资本流动管制是否有效.世界经济，
　　（2）：26-44.

郭桂霞，彭艳.2016.我国资本账户开放的门槛效应研究.金融研究，（3）：
　　42-58.

过彦博，吴信如.2021.全球流动性变化对中国短期跨境资本流动的影响——
　　基于 TVP-SV-VAR 模型的实证分析.工业技术经济，40（2）：89-98.

韩琪，欧阳立华.2006.FDI 分布对中国收入差距影响研究.国际经济合作，
　　（6）：25-28.

何国华，彭意.2014.美、日货币政策对中国产出的溢出效应研究.国际金融
　　研究，2：19-28.

何剑，郑智勇，张梦婷.2020.资本账户开放、系统性金融风险与经济高质量
　　发展.经济与管理研究，41（5）：91-106.

何青，钱宗鑫，刘伟.2018.中国系统性金融风险的度量——基于实体经济的
　　视角.金融研究，（4）：53-70.

何迎新，唐鳌.2013.香港人民币离岸市场对境内货币政策的影响研究.湖南
　　财政经济学院学报，29（3）：86-91.

侯晓霞.2012.国际资本流动对经济增长的影响分析——基于国际数据的实
　　证研究.经济问题，（10）：97-100.

胡亚楠.2020.资本账户开放的门槛效应及路径研究.世界经济研究，（1）：
　　68-81.

黄继炜.2009a.印度的资本流动与资本账户开放.金融理论与实践，（7）：
　　105-110.

黄继炜.2009b.印度资本账户开放研究——兼论印度的汇率制度.亚太经济，
　　（5）：27-31.

江春，张沛，袁庆禄.2019.资本账户开放对全要素生产率的影响：考虑金融

危机因素的跨国实证研究. 世界经济研究，（1）：31-43.

金绍荣，任赞杰，慕天媛. 2022. 农业保险、农业全要素生产率与农业经济增长. 宏观经济研究，（1）：102-114.

靳玉英，罗子嫄，聂光宇. 2020. 国际基金投资视角下中国资本流动管理：有效性和外溢性. 经济研究，55（7）：21-40.

雷文妮，金莹. 2017. 资本账户开放与经济增长——基于跨国面板数据的研究. 国际金融研究，（1）：59-67.

李成，白璐. 2013. 资本项目开放、金融风险传导与危机临界点预测. 金融论坛，18（40）：3-8.

李丽玲，王曦. 2016. 资本账户开放、汇率波动与经济增长：国际经验与启示. 国际金融研究，（11）：24-35.

李戎，钱宗鑫，孙挺. 2017. 我国货币政策有效性及其与股票市场的交互影响——基于 SVAR 模型的实证研究. 经济理论与经济管理，（3）：48-60.

李巍，张志超. 2008. 不同类型资本账户开放的效应：实际汇率和经济增长波动. 世界经济，（10）：33-45.

李增来，梁东黎. 2011. 美国货币政策对中国经济动态冲击效应研究——SVAR 模型的一个应用. 经济与管理研究，（3）：77-83.

李自磊，张云. 2013. 美国量化宽松政策是否影响了中国的通货膨胀？——基于 SVAR 模型的实证研究. 国际金融研究，（8）：13-21.

林珏，杨荣海. 2011. 金融稳定性与经济增长的机制分析——基于新兴市场国家和发达国家的两组数据. 财经研究，37（2）：49-59.

林毅夫，章奇，刘明兴. 2003. 金融结构与经济增长：以制造业为例. 中国金融，（4）：63.

刘金全，张菀庭，徐宁. 2018. 资本账户开放度，货币政策独立性与汇率制度选择：三元悖论还是二元悖论？. 世界经济研究，（5）：3-13.

刘莉亚，程天笑，关益众，等.2013.资本管制能够影响国际资本流动吗?.经济研究，48（5）：33-46.

刘伟，张辉.2008.中国经济增长中的产业结构变迁和技术进步.经济研究，43（11）：4-15.

刘尧成.2016.国际货币政策溢出效应，人民币汇率与中国贸易差额——基于TVP-VAR-SV模型的动态影响关系分析.世界经济研究，（6）：69-81.

刘一楠，徐雅婷.2019.信贷抵押约束、资产价格与二元悖论——基于开放经济下的DSGE模型分析.国际金融研究，（8）：25-34.

刘元春，林垚.2020."不可能三角"还是"不可能二元"——评述传统开放宏观理论面临的新挑战.国际金融研究，（7）：3-12.

吕承超，王媛媛.2019.金融市场分割、信贷失衡与技术创新产出——基于企业异质性的制造业上市公司数据分析.产业经济研究，（6）：63-75.

吕光明，徐曼.2012.中国的短期国际资本流动——基于月度VAR模型的三重动因解析.国际金融研究，（4）：61-68.

马理，余慧娟.2016.基于PVAR模型的美国宽松货币政策的溢出效应研究——以10个经济发达国家的数据为例.财贸研究，（1）：80-88.

马勇，王芳.2018.金融开放、经济波动与金融波动.世界经济，41（2）：20-44.

梅冬州，王思卿，雷文妮.2019.资本账户开放会扩大收入不平等吗?——基于跨国面板数据的研究.国际金融研究，（4）：45-54.

彭红枫，刘海莹.2021.双边出口全球价值链实际有效汇率弹性理论测度及解析.金融研究，（2）：56-74.

彭红枫，刘海莹，肖祖沔.2020.基于全球价值链的中国出口国内增加值需求理论测度及特征研究.系统工程理论与实践，40（6）：1557-1577.

彭红枫，商璨，肖祖沔.2020.分类资本账户开放、制度质量与经济增长.国际贸易问题，（9）：129-143.

彭红枫, 万洋. 2022. 资本市场双向开放如何影响我国股票定价效率?. 证券市场导报, (3): 22-32.

彭红枫, 肖祖沔, 祝小全. 2018. 汇率市场化与资本账户开放的路径选择. 世界经济, 4 (8): 26-50.

彭红枫, 祝小全. 2019. 短期资本流动的多重动机和冲击: 基于 TVP-VAR 模型的动态分析. 经济研究, 54 (8): 36-52.

钱宗鑫, 王芳, 孙挺. 2021. 金融周期对房地产价格的影响——基于 SV-TVP-VAR 模型的实证研究. 金融研究, (3): 58-76.

尚玉皇, 赵芮, 董青马. 2021. 混频数据信息下的时变货币政策传导行为研究——基于混频 TVP-FAVAR 模型. 金融研究, (1): 13-30.

邵军, 徐康宁. 2008. 制度质量、外资进入与增长效应: 一个跨国的经验研究. 世界经济, (7): 3-14.

盛松成. 2012. 我国加快资本账户开放的条件基本成熟. 中国金融, (5): 14-17.

孙力, 吴宏伟. 2016. 中亚国家发展报告. 北京: 社会科学文献出版社.

孙永强, 万玉琳. 2011. 金融发展、对外开放与城乡居民收入差距——基于 1978~2008 年省际面板数据的实证分析. 金融研究, (1): 28-39.

谭小芬, 虞梦微. 2021. 全球金融周期: 驱动因素、传导机制与政策应对. 国际经济评论, (6): 94-116.

唐国强, 王彬. 2017. 汇率调整、资本项目开放与跨境资本流动——新兴市场经验对我国的启示. 中央财经大学学报, (4): 104-116.

唐琳, 谈正达, 胡海鸥. 2015. 基于 MS-VAR 的 "三元悖论" 约束及对经济影响研究. 国际金融研究, (9): 35-44.

唐世平. 2006. 社会流动、地位市场与经济增长. 中国社会科学, (3): 85-97.

田原, 王志芳, 孔维升, 等. 2017. 柬埔寨外向型经济发展与中柬经贸合作. 国际经济合作,（6）：60-66.

涂红.2006.贸易开放、制度变迁与经济增长——基于不同国家规模和发展水平的比较分析.南开学报,（3）：45-53.

王海峰.2015.将牙买加作为中拉经济合作的战略桥头堡来加以经略.当代世界,（2）：57-59.

王华庆.2010.国际货币、国际货币体系和人民币国际化.复旦学报（社会科学版）,（1）：16-23.

王琼,刘惠好.2014.金砖国家资本账户开放度研究.武汉金融,（10）：12-15.

王舒健,李钊.2006.金融开放能促进经济增长吗?.世界经济研究,（10）：53-58.

王曦,李佳阳,陈中飞.2021.资本账户开放促进经济增长的组合门槛条件分析——兼论中国局部开放策略.统计研究,38（3）：89-106.

王晓芳,鲁科技.2021.三元悖论非角点解与人民币国际化推进政策研究.世界经济研究,（10）：25-38.

王彦超.2014.金融抑制与商业信用二次配置功能.经济研究,49（6）：86-99.

王子博.2015.国际资本流动冲击有利于经济增长吗?.统计研究,32（7）：24-31.

肖祖沔,彭红枫,向丽锦.2020.贸易摩擦、宏观经济波动与经济开放程度的选择.金融研究,（10）：74-91.

肖祖沔,向丽锦.2019.资本管制与中国非抛补利率平价扭曲.世界经济研究,（4）：17-28.

邢自强.2015.日本资本账户开放经验.中国金融,（1）：79-80.

徐涛,王璇.2018.境外直接投资对居民收入分配的影响——基于山东省的数据研究.山东社会科学,（9）：154-160.

严佳佳,黄文彬.2014.资本账户开放进程中的货币国际化研究——以日本为例的分析. 东南学术，（4）：113-121.

杨海珍，陈金贤. 2000. 中国资本外逃：估计与国际比较. 世界经济，（1）：21-29.

杨继梅，马洁，吕婕. 2020. 金融开放背景下金融发展对跨境资本流动的影响研究. 国际金融研究，（4）：33-42.

杨小海，刘红忠，王弟海. 2017. 中国应加速推进资本账户开放吗?——基于DSGE 的政策模拟研究. 经济研究，52（8）：49-64.

杨子晖，陈创练. 2015. 金融深化条件下的跨境资本流动效应研究. 金融研究，（5）：34-49.

尹智超，彭红枫，肖祖沔，等. 2021. 融资约束视角下非公有制企业的"党建红利"，经济评论，（4）：3-19

尹智超，彭红枫. 2020. 新中国 70 年对外贸易发展及其对经济增长的贡献：历程、机理与未来展望. 世界经济研究，（9）：19-37.

于井远. 2022. 税制结构优化与地区经济增长质量——基于包容性全要素生产率视角. 经济评论，（2）：36-50.

余丹. 2018. 资本账户开放会影响收入不平等吗——来自 149 个国家或地区的经验证据. 财会月刊，（20）：169-176.

余永定. 2014. 寻求资本项目开放问题的共识. 国际金融研究，（7）：3-6.

张弛. 2009. 中国资本管制研究. 成都：西南财经大学.

张广婷. 2016. 新兴市场国家跨境资本流动的驱动因素研究——基于因子分析法的实证分析. 世界经济研究，（10）：42-61.

张菁菁. 2017. 阿根廷、智利资本账户开放对比分析和对我国启示. 北京：对外经济贸易大学.

张明，刘瑶. 2021. 经常账户恶化是否会加大国内资产价格波动?——基于G20 数据的作用机制及时变效应研究. 国际金融研究，（5）：34-43.

张明. 2010. 亚洲债券市场的发展与中国地位的提升. 国际金融研究，（10）：27-36.

张明. 2016. 中国资本账户开放：行为逻辑与情景分析. 世界经济与政治，（4）：139-155.

张谊浩，裴平，方先明，等. 2007. 中国的短期国际资本流入及其动机——基于利率、汇率和价格三重套利模型的实证研究. 国际金融研究，（9）：41-52.

张莹，符大海，向鹏飞. 2020. 金融开放与收入不平等：一个倒 U 型关系. 首都经济贸易大学学报，22（06）：59-82.

张勇，赵军柱，姜伟. 2021. 二元悖论是否是真实的货币政策约束. 世界经济，44（4）：84-102.

赵晓军，王开元. 2021. 全要素生产率、产业网络与经济发展. 经济科学，（5）：5-19.

赵峥，冯文猛，王炳文. 2022. 共同富裕视域下的我国再分配制度：成效、挑战与建议. 改革与战略，38（2）：24-33.

智琨，傅虹桥. 2017. 不同类型资本账户开放与经济增长：来自中低收入国家的证据. 经济评论，（4）：73-89.

钟伟. 2005. 美联储加息、资本流动和人民币汇率. 世界经济，（3）：10-16.

周克. 2007. 固定汇率下资本账户开放对经济的影响——基于修正的 Mundell 模型的动态分析. 世界经济研究，（3）：35-38.

周文. 2020. 发展中国家如何缩小与发达国家的收入差距?——基于跨越低收入均衡和中等收入均衡视角. 云南财经大学学报，36（4）：3-18.

朱超，张林杰. 2012. 人口结构能解释经常账户平衡吗. 金融研究，（5）：30-44.

朱孟楠，丁冰茜，闫帅. 2017. 人民币汇率预期、短期国际资本流动与房价. 世界经济研究，（7）：17-29.

朱孟楠, 金朝辉. 2022. 人民币汇率变化对出口贸易结构转型的影响研究. 世界经济研究, (1): 47-61.

中国人民银行调查统计司课题组, 盛松成. 2012. 我国加快资本账户开放的条件基本成熟. 中国金融, (05): 14-17.

庄起善, 张广婷. 2013. 国际资本流动与金融稳定性研究——基于中东欧和独联体国家的比较. 复旦学报 (社会科学版), 55 (5): 94-107.

Abiad A, Detragiache E, Tressel T. 2010. A new database of financial reforms. IMF Staff Papers, 57 (2): 281-302.

Abildgren K. 2012. Business cycles, monetary transmission and shocks to financial stability: Empirical evidence from a new set of Danish quarterly national accounts 1948-2010. ECB Working Paper.

Aboura S, Roye B V. 2017. Financial stress and economic dynamics: the case of France. International Economics, 149: 57-73.

Acemoglu D, Zilibotti F. 2001. Productivity differences. The Quarterly Journal of Economics, 116 (2): 563-606.

Acemoglu D. 2002. Technical change, inequality, and the labor market. Journal of Economic Literature, 40 (1): 7-72.

Adrian T, Boyarchenko N, Giannone D. 2019. Vulnerable growth. American Economic Review, 109 (4): 1263-1289.

Adrian T, Brunnermier M K. 2016. CoVaR. American Economic Review, 106 (7): 1705-1741.

Aghion P, Bolton P. 1997. A theory of trickle-down growth and development. The Review of Economic Studies, 64 (2): 151-172.

Aghion P, Burgess R, Redding S, et al. 2005. Entry liberalization and inequality in industrial performance. Journal of the European Economic Association, 3

（2-3）：291-302.

Agnello L，Sousa R M. 2012. How do banking crises impact on income inequality?. Applied Economics Letters，19（15）：1425-1429.

Alesina A，Rodrik D. 1994. Distributive politics and economic growth. The Quarterly Journal of Economics，109（2）：465-490.

Alessi L. 2011. The real effects of financial shocks：evidence from a structural factor model. ECB Working Paper.

Allen L，Bali T G，Tang Y. 2012. Does systemic risk in the financial sector predict future moderate downturn risks? . Review of Financial Studies，25（10）：3000-3036.

Andrews D W K. 1994. Empirical process methods in econometrics. Handbook of Econometrics，4：2247-2294.

Ang J B. 2008. What are the mechanisms linking financial development and economic growth in Malaysia. Economic Modelling，25（1）：38-53.

Ang J B. 2010. Research，Technological change and financial liberalization in South Korea. Journal of Macroeconomics，32（1）：457-468.

Aoki K，Benigno G，Kiyotaki N. 2010. Adjusting to capital account liberalization. CEPR Discussion Papers，（4）：561-562.

Aoki K，Nikolov K. 2011. Bubbles，banks，and financial stability. ECB Working Paper.

Arteta C，Eichengreen B，Wyplosz C. 2001. When does capital account liberalization help more than it hurts?. CERP Disscussion Working Papers.

Asteriou D，Dimelis S，Moudatsou A. 2014. Globalization and income inequality：A panel data econometric approach for the EU27 countries. Economic Modelling，36（1）：592-599.

Bacchetta P, Wincoop E V. 2000. Capital Flows to Emerging Markets: Liberalization, Overshooting, and Volatility. National Bureau of Economic Research: 61-68.

Bai Y, Zhang J. 2009. Financial integration and international risk sharing. Working Papers, 86 (1): 17-32.

Balcilar M, Ozdemir Z A, Arslanturk Y. 2010. Economic growth and energy consumption causal nexus viewed through a bootstrap rolling window. Energy Economics, 32 (6): 1398-1410.

Beck T, Demirgüç-Kunt A, Levine R. 2007. Finance, inequality and the poor. Journal of Economic Growth, 12 (1): 27-49.

Beck T, Levine R, Loayza N. 2000. Finance and the sources of growth. Journal of Financial Economics, 58 (1-2): 261-300.

Bekaert G, Harvey C R, Lundblad C T, et al. 2011. What segments equity markets?. The Review of Financial Studies, 24 (12): 3841-3890.

Bekaert G, Harvey C R, Lundblad C. 2005. Does financial liberalization spur growth?. Journal of Financial Economics, 77: 3-55.

Bekaert G, Harvey C R, Lundblad C. 2011. Financial openness and productivity. World Development, 39 (1): 1-19.

Bekaert G, Hodrick R J, Zhang X. 2012. Aggregate idiosyncratic volatility. Journal of Financial and Quantitative Analysis, 47 (6): 1155-1185

Benigno P. 2004. Optimal monetary policy in a currency area. Journal of International Economics, 63 (2): 293-320.

Béreau S, Villavicencio A L, Mignon V. 2012. Currency misalignments and growth: A new look using nonlinear panel data methods. Applied Economics, 44 (27): 3503-3511.

Bertola G, Lo Prete A. 2013. Finance, governments, and trade. Review of World Economics, 149（2）：273-294.

Bhattarai S, Chatterjee A, Park W Y. 2020. Global spillover effects of US uncertainty. Journal of Monetary Economics, 114：71-89.

Blouin A, Ghosal S, Mukand S.2017. Globalization, State Capacity, and the（In）Disciplining of Nations. Working Papers.

Boissay F, Collard F, Smets F. 2013. Booms and systemic banking crises. ECB Working Papers.

Bonfiglioli A. 2008. Financial integration, productivity and capital accumulation. Journal of International Economics, 76（2）：337-355.

Brotman L M, Klein R G, Kamboukos D, et al. 2003. Preventive intervention for urban, low-income preschoolers at familial risk for conduct problems：A randomized pilot study. Journal of Clinical Child and Adolescent Psychology, 32（2）：246-257.

Brune N, Garrett G, Guisinger A, et al. 2001. The political economy of capital account liberalization//Annual Meeting of the American Political Science Association, San Francisco.

Bruno V, Shin H S. 2014. Assessing macroprudential policies：case of South Korea. The Scandinavian Journal of Economics, 116（1）：128-157.

Bruno V, Shin H S. 2015. Capital flows and the risk-taking channel of monetary policy. Journal of Monetary Economics, 71：119-132.

Bumann S, Lensink R. 2016. Capital account liberalization and income inequality. Journal of International Money and Finance, 61：143-162.

Cai H, Treisman D. 2005. Does competition for capital discipline governments：decentralization, globalization, and public policy. American Economic

Review, 95（3）: 817-830.

Calvo G A . 1998. Capital flows and capital-market crises: The simple economics of sudden stops. Journal of Applied Economics, 1（1）: 35-54.

Calvo G A, Leiderman L, Reinhart C M. 1994. The capital inflows problem: concepts and issues. Contemporary Economic Policy, 12（3）: 54-66.

Caprio G, Honohan P. 2001. Finance for Growth: Policy Choices in a Volatile World. Oxford: Oxford University Press.

Carmen R, Giovanni M, Richard M L. 2002. Ratings, Rating Agencies and the Global Financial System. Springer Science & Business Media.

Carvalho B S M, Garcia M G P. 2008. Ineffective Controls on Capital Inflows Under Sophisticated Financial Markets: Brazil in the Nineties//Financial Markets Volatility and Performance in Emerging Markets. Chicago: University of Chicago Press: 29-96.

Carvalho B, Garcia M G P. 2006. Ineffective controls on capital inflows under sophisticated financial markets: Brazil in the nineties. NBER Working Papers.

Chan J C, Eisenstat E. 2018. Bayesian model comparison for time−varying parameter VARs with stochastic volatility. Journal of Applied Econometrics, 33（4）: 509-532.

Chase-Dunn C. 1975. The effects of international economic dependence on development and inequality: A cross-national study. American Sociological Review, 40（6）: 720-738.

Chen G, Liu Y, Zhang Y. 2022. Systemic risk measures and macroeconomy forecasting: based on FQGLS estimation with structural break. Emerging Markets Finance and Trade, 58（2）: 584-600.

Chen J, Qian X. 2016. Measuring on-going changes in China's capital controls: A de jure and a hybrid index data set. China Economic Review, 38: 167-182.

Cheung Y W, Chinn M D, Fujii E. 2009. Pitfalls in measuring exchange rate misalignment. Open Economies Review, 20 (2): 183-206.

Cheung Y W, Wang W. 2020. A jackknife model averaging analysis of RMB misalignment estimates. Journal of International Commerce, Economics and Policy, 11 (2): 584-596.

Chibaya N. 2018. The Impact of Foreign Trade on Malawi Economic Growth. Available at SSRN 3510501.

Chinn M D, Ito H. 2006. What matters for financial development? Capital controls, institutions, and interactions. Journal of Development Economics, 81 (1): 163-192.

Chinn M D, Ito H. 2008. A new measure of financial openness. Journal of Comparative Policy Analysis, 10 (3): 309-322.

Chinn M D, Prasad E S. 2003. Medium-term determinants of current accounts in industrial and developing countries: An empirical exploration. Journal of International Economics, 59 (1): 47-76.

Cingano F. 2014. Trends in Income Inequality and its Impact on Economic Growth. Paris: OECD Publishing.

Clarke G, Zou H, Xu L C. 2003. Finance and Income Inequality: Test of Alternative Theories. World Bank Publications.

Cline W R. 2010. Financial globalization, economic growth, and the crisis of 2007-2009. Peterson Institute.

Cobham A, Summer A. 2013. Is it all about the tails? The palma measure of income inequality. Working Papers.

Cole H, Obstfeld M. 1991. Commodity trade and international risk sharing: How much do financial markets matter?. Journal of Monetary Economics, 28(1): 3-24.

Cooper K H. 1968. A means of assessing maximal oxygen intake: Correlation between field and treadmill testing. Jama, 203 (3): 201-204.

Davig T A, Hakkio C S. 2010. What is the effect of financial stress on economic activity?. Economic Review, 95: 35-62.

Davis J S, Presno I. 2017. Capital controls and monetary policy autonomy in a small open economy. Journal of Monetary Economics, 85: 114-130.

De Haan J, Sturm J E. 2017. Finance and income inequality: A review and new evidence. European Journal of Political Economy, 50: 171-195.

De Nicolò G, Lucchetta M. 2011. Systemic risks and the macroeconomy. Working Paper.

De Paoli B, Lipinska A. 2013. Capital controls: A normative analysis. FRB of New York Staff Report, 2013 (600).

Delis M D, Hasan I, Kazakis P. 2014. Bank regulations and income inequality: Empirical evidence. Review of Finance, 18 (5): 1811-1846.

Demirgü-Kunt A, Detragiache E. 2002. Does deposit insurance increase banking system stability? An empirical investigation. Journal of Monetary Economics, 49 (7): 1373-1406.

Demirgü-Kunt A, Levine R. 2009. Finance and inequality: Theory and evidence. Annual Review of Financial Economics, 1 (1): 287-318.

Denison E F. 1962. Sources of economic growth in the United States and the alternatives before us. Washington, DC: Committee for Economic Development.

Dhal S, Kumar P, Ansari J. 2011. Financial stability, economic growth, inflation and monetary policy linkages in India: An empirical reflection. Reserve Bank of India Occasional Papers, 32（3）: 1-35.

Diebold F X, Yilmaz K. 2014. On the network topology of variance decompositions: Measuring the connectedness of financial firms. Journal of Econometrics, 182（1）: 119-134.

Dornbusch R. 1976. Expectations and exchange rate dynamics. Journal of Political Economy, 84（6）: 1161-1176.

Dornbusch R. 1992. The case for trade liberalization in developing countries. Journal of Economic Perspectives, 6（1）: 69-85.

Dornbush R L, Singer P, Brownstein E J, et al. 1987. Academic qualifications and nonacademic characteristics of science and nonscience majors applying to medical school. Academic Medicine, 62（10）: 850-852.

Du Q, Nie J, Wei S J. 2017. When do developing countries benefit from capital account liberalization? The role of labor market institutions. Working Paper.

Du W, Pflueger C E, Schreger J. 2015. Sovereign debt portfolios, bond risks, and the credibility of monetary policy.Journal of Finance, 75（6）: 3097-3138.

Eaton J, Kortum S, Neiman B. 2016. Obstfeld and Rogoffs international macro puzzles: A quantitative assessment. Journal of Economic Dynamics and Control, 72: 5-23.

Edison H J, Levine R, Ricci L, et al. 2002. International financial integration and economic growth. Journal of International Money and Finance, 21（6）: 749-776.

Edwards S. 2001. Are devaluations contractionary?. National Bureau of

Economic Research，68（3）：501-508.

Eichengreen B，Gullapalli R，Panizza U. 2011. Capital account liberalization，financial development and industry growth：A synthetic view. Journal of International Money and Finance，30（6）：1090-1106.

Eichengreen B，Hausmann R. 1999. Exchange rates and financial fragility. Working Paper.

Eichengreen B，Leblang D. 2003. Capital account liberalization and growth：Was Mr. Mahathir right?. International Journal of Finance & Economics，8（3）：205-224.

Engel C. 2011. Currency misalignments and optimal monetary policy：A reexamination. American Economic Review，101（6）：2796-2822.

Erten B，Korinek A，Ocampo J A. 2021. Capital controls：Theory and evidence. Journal of Economic Literature，59（1）：45-89.

Eun C S，Janakiramanan S. 1986. A model of international asset pricing with a constraint on the foreign equity ownership. The Journal of Finance，41（4）：897-914.

Feldstein M S. 1983. Inflation，tax rules，and investment：Some econometric evidence.National Bureau of Economic Research：243-286.

Fernández A，Klein M W，Rebucci A，et al. 2016. Capital control measures：A new dataset. IMF Economic Review，64（3）：548-574.

Fernández A，Rebucci A，Uribe M. 2015. Are capital controls countercyclical?. Journal of Monetary Economics，76：1-14.

Ferreira M A，Matos P. 2008. The colors of investors' money：The role of institutional investors around the world. Journal of Financial Economics，88（3）：499-533.

Fleming W H. 1962. On the oriented plateau problem. Rendiconti del Circolo Matematico di Palermo，11（1）：69-90.

Forbes K J，Warnock F E. 2012. Capital flow waves：Surges，stops，flight，and retrenchment. Journal of International Economics，88（2）：235-251.

Forbes K J，Warnock F E. 2021. Capital flow waves-or ripples? Extreme capital flow movements since the crisis. Journal of International Money and Finance，116：102394.

Forbes K. 2007. Capital Controls and Capital Flows in Emerging Economies：Policies，Practices，and Consequences. Chicago：University of Chicago Press.

Fornari F，Stracca L. 2012. What does a financial shock do? First international evidence. Economic Policy，27（71）：407-445.

Frankel J，Wei S J. 2005. Managing Macroeconomic Crises：Policy Lessons// Managing Economic Volatility and Crises ：A Practitioner's Guide. Cambridge：Cambridge University Press.

Frost J，van Stralen R. 2018. Macroprudential policy and income inequality. Journal of International Money and Finance，85：278-290.

FSB，IMF，BIS. 2011. Macroprudential policy tools and frameworks. Progress Report to G20.

Furceri D，Ge J，Loungani P. 2017. Financial liberalization，inequality and inclusion in low-income countries.//Dynamic Modeling and Econometrics in Economics and Finance.Berlin:Springer International Publishing.

Furceri D，Loungani P. 2018. The distributional effects of capital account liberalization. Journal of Development Economics，130：127-144.

Gabauer D. 2021. Dynamic measures of asymmetric & pairwise connectedness within an optimal currency area: Evidence from the ERM I system. Journal of Multinational Financial Management, 60: 100680.

Gertler M, Kiyotaki N, Prestipino A. 2020. A macroeconomic model with financial panics. The Review of Economic Studies, 87 (1): 240-288.

Giannellis N, Koukouritakis M. 2013. Exchange rate misalignment and inflation rate persistence: Evidence from Latin American countries. International Review of Economics & Finance, 25: 202-218.

Giglio S, Kelly B, Pruitt S. 2016. Systemic risk and the macroeconomy: An empirical evaluation. Journal of Financial Economics, 119: 457-471.

Glick R, Guo X, Hutchison M. 2006. Currency crises, capital-account liberalization, and selection bias. The Review of Economics and Statistics, 88 (4): 698-714.

Glick R, Hutchison M. 1990. Financial liberalization in the pacific basin: Implications for real interest rate linkages. Journal of the Japanese and International Economies, 4 (1): 36-48.

Gopinath G, Kalemli-Ozcan, Karabarbounis L, et al. 2017. Capital allocation and productivity in South Europe. The Quarterly Journal of Economics, 132(4): 1915-1967.

Grabka M M. 2015. Income and wealth inequality after the financial crisis: The case of Germany. Empirica, 42 (2): 371-390.

Graciela K, Carmen R. 1999. The twin crises: The causes of banking and balance-of-payments problems. American Economic Review, 3: 544.

Granger C W J. 1969. Investigating causal relations by econometric models and cross-spectral methods. Econometrica, 37 (3): 424-438.

Greenwood J, Jovanovie B. 1990 . Financial development, growth and the distribution of income. Journal of Political Economy, （98）: 1076-1107.

Greenwood-Nimmo M, Nguyen V H, Shin Y. 2021. Measuring the connectedness of the global economy.International Journal of Forecasting, 37(2): 899-919.

Grilli V, Milesi-Ferretti G M. 1995, Economic effects and structural determinants of capital controls. IMF Staff Papers, 42（3）: 517-551.

Gruben W C, McLeod D. 2002. Capital account liberalization and inflation. Economics Letters, 77（2）: 221-225.

Guarda P, Rouabah A, Theal J. 2012. An MVAR framework to capture extreme events in macro-prudential stress tests. ECB Working Paper.

Hamada K. 1976. A strategic analysis of monetary interdependence. Journal of Political Economy, 84: 677-700.

Han X, Wei S J. 2018. International transmissions of monetary shocks: Between a trilemma and a dilemma. Journal of International Economics, 110: 205-219.

Haque N U, Montiel P. 1991. The macroeconomics of public sector deficits: The case of Pakistan. The World Bank.

Hartmann P, Hubrich K, Kremer M, et al. 2012. Melting down: systemic financial instability and the macroeconomy. Working Paper.

He Z, Krishnamurthy A. 2019. A macroeconomic framework for quantifying systemic risk. American Economic Journal: Macroeconomics, 11(4): 1-37.

Heathcote J, Perri F. 2016. On the desirability of capital controls. IMF Economic Review, 64（1）: 75-102.

Henry P B. 2000. Do stock market liberalizations cause investment booms?. Journal of Financial Economics, 58（1-2）: 301-334.

Henry P B. 2000. Stock market liberalization, economic reform, and emerging market equity prices. The Journal of Finance, 55 (2): 529-564.

Herrendorf B, Valentinyi A. 2012. Which sectors make poor countries so unproductive?. Journal of the European Economic Association, 10 (2): 323-341.

Holtemller O, Mallick S. 2013. Exchange rate regime, real misalignment and currency crises. Economic Modelling, 34 (34): 5-14.

Honig A. 2008. Addressing causality in the effect of capital account liberalization on growth. Journal of Macroeconomics, 30 (4): 1602-1616.

Hubrich K, Tetlow R J. 2015. Financial stress and economic dynamics: The transmission of crises. Journal of Monetary Economics, 70: 100-115.

Ilzetzki E, Reinhart C M, Rogoff K S. 2019. Exchange arrangements entering the twenty-first century: Which anchor will hold?. The Quarterly Journal of Economics, 134 (2): 599-646.

Janakiramanan C S E. 1986. A model of international asset pricing with a constraint on the foreign equity ownership. Journal of Finance, 41 (4): 897-914.

Jaumotte F, Lall S, Papageorgiou C. 2013. Rising income inequality: technology, or trade and financial globalization?. IMF Economic Review, 61 (2): 271-309.

Jeanne O, Korinek A. 2010. Excessive volatility in capital flows: A pigouvian taxation approach. American Economic Review, 100 (2): 403-407.

Jeanne O, Subramanian A, Williamson J. 2012. Who needs to open the capital account. Peterson Institute.

Jeanne O. 2013. Capital account policies and the real exchange rate//NBER International Seminar On Macroeconomics. Chicago: University of Chicago

Press，9（1）：7-42.

Johnston M R B，Tamirisa M N T. 1998. Why do countries use capital controls?. International Monetary Fund.

Ju J，Wei S J. 2010. Domestic institutions and the bypass effect of financial globalization. American Economic Journal：Economic Policy，2（4）：173-204.

Ju J，Wei S J. 2011. When is quality of financial system a source of comparative advantage?. Journal of International Economics，84（2）：178-187.

Kaminsky G L，Schmukler S L. 2008. Short-run pain，long-run gain：Financial liberalization and stock market cycles. Review of Finance, 12（2）: 253-292.

Kaminsky G，Reinhart C. 1999. The twin crises：the causes of banking and balance-of-payments problems. American Economic Review，89（3）：473-500.

Kazi A K，Mannan M A. 2013. Factors affecting adoption of mobile banking in Pakistan：Empirical evidence. International Journal of Research in Business and Social Science（2147-4478），2（3）：54-61.

Kemme D M，Roy S. 2006. Real exchange rate misalignment：Prelude to crisis?. Economic Systems，30（3）：207-230.

Kindleberger C. P. 1974. The formation of financial centers：A study of comparative economic history. Working Paper，

King R G，Levine R. 1993. Finance and growth：schumpeter might be right. Quarterly Journal of Economics，108（3）：717-737.

Klein M W，Olive G P. 2008. Capital account liberalization，financial depth，and economic growth. Journal of International Money and Finance，27（6）：861-875.

Koenker R, Bassett G. 1978. Regression quantiles. Econometrica, 46（1）: 33-50.

Koenker R, Machado J A F. 1999. Goodness of fit and related inference processes for quantile regression. Journal of the American Statistical Association, 94（448）: 1296-1310.

Koepke R, Paetzold S. 2020. Capital flow data-a guide for empirical analysis and real-time tracking. IMF Working Papers.

Koop G, Korobilis D. 2014. A new index of financial conditions. European Economic Review, 71: 101-116.

Koop G, Pesaran M H, Potter S M. 1996. Impulse response analysis in nonlinear multivariate models. Journal of Econometrics, 74（1）: 119-147.

Kose M A, Prasad E S, Rogoff K, et al. 2009a. Financial globalization: a reappraisal. IMF Staff Papers, 56（1）: 8-62.

Kose M A, Prasad E S, Terrones M E. 2009b. Does financial globalization promote risk sharing?. Journal of Development Economics, 89（2）: 258-270.

Kose M A, Prasad E S, Terrones M E. 2009c. Does openness to international financial flows raise productivity growth?. Journal of International Money and Finance, 28（4）: 554-580.

Kraay A. 1998. In search of the macroeconomic effects of capital account liberalization. The World Bank.

Kremer M. 2016. Macroeconomic effects of financial stress and the role of monetary policy: A VAR analysis for the Euro area. International Economics and Economic Policy, 13（1）: 105-138.

La Garda G, Linares J, Gallagher K P. 2016. Capital openness and income inequality: A cross-country study and the role of CCTs in Latin America. MPRA Paper 74181.

Lai K, Wang T, Xu D. 2021. Capital controls and international trade: An industry financial vulnerability perspective. Journal of International Money and Finance, 116: 102399.

Landi V N. 2020. Capital controls spillovers. Journal of International Money and Finance, 109: 102238.

Lane P R, Milesi-Ferretti G M. 2007. The external wealth of nations mark II: Revised and extended estimates of foreign assets and liabilities, 1970-2004. Journal of International Economics, 73 (2): 223-250.

Lang L H P, Stulz R M. 1994. Tobin's Q, corporate diversification, and firm performance. Journal of Political Economy, 102 (6): 1248-1280.

Larrain M, Stumpner S. 2017. Capital account liberalization and aggregate productivity: The role of firm capital allocation. The Journal of Finance, 72 (4): 1825-1857.

Larrain M. 2015. Capital account opening and wage inequality. The Review of Financial Studies, 28 (6): 1555-1587.

Lensink R, Hermes N, Murinde V. 1998. Capital flight and political risk. Journal of International Money and Finance, 19 (1): 73-92.

Levine R, Zervos S. 1998. Capital control liberalization and stock market development. World Development, 26 (7): 1169-1183.

Levy Yeyati E, Williams T. 2011. Financial globalization in emerging economies: much ado about nothing?. Working Paper,

Li Q, Racine J S. 2006. Nonparametric Econometrics: Theory and Practice. Princeton: Princeton University Press.

Liu Z, Spiegel M M, Zhang J. 2021. Optimal capital account liberalization in China. Journal of Monetary Economics, 117: 1041-1061.

Magud N E, Reinhart C M, Rogoff K S . 2011. Capital controls: myth and reality-a portfolio balance approach. NBER Working Papers, 41（3）: 343-371.

Mahraddika W. 2020. Real exchange rate misalignments in developing countries: The role of exchange rate flexibility and capital account openness. International Economics, 163: 1-24.

Maurice Obstfeld. 1998. The global capital market: benefactor or menace? Journal of Economic Perspectives,（4）: 9-30.

McCauley R N, McGuire P, Sushko V. 2015. Global dollar credit: links to US monetary policy and leverage. Economic Policy, 30（82）: 187-229.

McKenzie D J. 2001. The impact of capital controls on growth convergence. Journal of Economic Development, 26（1）: 1-24.

McKinnon R I. 1973. Money and Capital in Economic Development. Washington, DC: Brookings Institution.

McKinnon R I. 1991. Financial Control in the Transition from Classical Socialism to a Market Economy. Journal of Economic Perspectives, 5(4): 107-122.

Meade J E. 1951. The Theory of International Economic Policy: Mathematical Supplement. London: Oxford University Press.

Mendoza E G, Yue V Z. 2008. A solution to the default risk-business cycle disconnect. FRB International Finance Discussion Paper.

Miller W R. 1985. Motivation for treatment: a review with special emphasis on alcoholism. Psychological Bulletin, 98（1）: 84-107.

Minsky H. 1991. The financial instability hypothesis: a clarification//In The Risk of Economic Crisis. Chicago: University of Chicago Press.

Mishkin F S. 2007. Is financial globalization beneficial?. Journal of Money,

Credit and Banking，39（2-3）：259-294.

Miyakoshi J，Hayashi Y，Tamura K，et al. 1998. Damage ratio functions of buildings using damage data of the 1995 Hyogo-Ken Nanbu earthquake// Proceedings of the 7th International Conference on Structural Safety and Reliability（ICOSSAR'97），1：349-354.

Moel A. 2001. The role of American depositary receipts in the development of emerging markets//Financial innovations and the welfare of nations. Boston：Springer，Boston.

Montecino J A. 2018. Capital controls and the real exchange rate：Do controls promote disequilibria?. Journal of International Economics，114：80-95.

Mundell R A. 1961. A theory of optimum currency areas. The American Economic Review，51（4）：657-665.

Mundell R A. 1963. Capital mobility and stabilization policy under fixed and flexible exchange rates. Canadian Journal of Economics and Political Science/Revue Canadienne de Economiques et Science Politique，29（4）：475-485.

Mundell R A. 1960. The monetary dynamics of international adjustment under fixed and flexible exchange rates. The Quarterly Journal of Economics，74（2）：227-257.

Nakajima J，Kasuya M，Watanabe T. 2011. Bayesian analysis of time-varying parameter vector auto-regressive model for the Japanese economy and monetary policy. Journal of the Japanese and International Economies，25（3）：225-245.

Nakajima J. 2011. Time-varying parameter VAR model with stochastic volatility：An overview of methodology and empirical applications. Jouchi Nakajima，

29：107-142

Neumeyer P A, Perri F. 2005. Business cycles in emerging economies: the role of interest rates. Journal of Monetary Economics, 52（2）: 345-380.

Nouira R, Sekkat K. 2015. What determines the extent of real exchange rate misalignment in developing countries?. International Economics, 141: 135-151.

Obstfeld M. 1994. The logic of currency crises. Cahiers Economiques et Mo-netaires,（43）: 189-213.

Obstfeld M. 2015. Trilemma and tradeoffs: living with financial globalization. Working Paper.

Pagan A R, Ullah A. 1999. Nonparametric Econometrics. Cambridge: Cambridge University Press.

Pagano M. 1993. Financial markets and growth: An overview. European Economic Review, 37（2-3）: 613-622.

Pasricha G K, Falagiarda M, Bijsterbosch M, et al. 2018. Domestic and multilateral effects of capital controls in emerging markets. Journal of International Economics, 115: 48-58.

Pesaran H H, Shin Y. 1998. Generalized impulse response analysis in linear multivariate models. Economics Letters, 58（1）: 17-29.

Pesaran M H, Timmermann A. 2005. Small sample properties of forecasts from autoregressive models under structural breaks. Journal of Econometrics, 129（1-2）: 183-217.

Prasad M E S, Wei S J, Rogoff M K, et al. 2003. Effects of financial globalization on developing countries: Some empirical evidence. IMF Occasional Papers.

Primiceri G E. 2005. Time varying structural vector autoregressions and monetary policy. Review of Economic Studies，（3）：821-852.

Quinn D P, Toyoda A M. 2008. Does capital account liberalization lead to growth?. The Review of Financial Studies，21（3）：1403-1449.

Quinn D. 1997. The correlates of change in international financial regulation. American Political science review，91（3）：531-551.

Rajan R，Zingales L. 1998. Financial dependence and growth.Journal of Economic Literature，88（3）：559-586.

Reinhart C，Montiel P . 1999. Do capital controls and marcoeconomic police influence the volume and composition of capital flows? Evidence from the 1990s.Journal of International Money and Finance，18（4）：619-635.

Reinhart C，Rogoff K. 2008. The aftermath of financial crises.American Economic Review，99（2）：466-472.

Rey H. 2013. The global financial cycle and monetary policy independence. Federal Reserve Bank of Kansas City Working Paper.

Rey H. 2015. Dilemma not trilemma：the global financial cycle and monetary policy independence.NBER Working Papper.

Rodrik D，Subramanian A. 2008. Why did financial globalization disappoint?. IMF Staff Papers.

Rodrik D. 1998. Who needs capital-account convertibility?. Princeton Essays in International Finance，207：55-65.

Roye B V. 2014. Financial stress and economic activity in Germany. Empirica，41（1）：101-126.

Schindler M. 2009. Measuring financial integration：A new data set. IMF Staff Papers，56（1）：222-238.

Sedik T S, Sun T. 2012. Effects of Capital Flow Liberalization：What is the

Evidence from Recent Experiences of Emerging Market Economies?. IMF Working Papers.

Sekkat K. 2016. Exchange rate misalignment and export diversification in developing countries. The Quarterly Review of Economics and Finance, 59: 1-14.

Shukur G, Mantalos P. 2016. A simple investigation of the Granger-causality test in integrated-cointegrated VAR systems. Journal of Applied Statistics, 27 (8): 1021-1031.

Sims C A. 1980. Macroeconomics and reality. Econometrica, 48 (1): 1-48.

Solow R M. 1957. Technical change and the aggregate production function. The Review of Economics and Statistics, 39 (3): 312-320.

Stiglitz J E. 2008. Capital market liberalization, economic growth, and instability. World Development, 28 (6): 1075-1086.

Stulz R, 2005. The limits of financial globalization. Journal of Finance, 60 (4): 1595-1638.

Stulz R. 1999. Globalization of equity markets and the cost of capital. NBER Working Papers.

Tamási B, Világi B. 2011. Identification of credit supply shocks in a Bayesian SVAR model of the Hungarian economy. MNB Working Paper.

Tong H, Wei S J. 2010. The composition matters: Capital inflows and liquidity crunch during a global economic crisis. Review of Financial Studies, 24 (6): 2023-2052.

Tytell I, Wei S. 2004. Does Financial Globalization Induce Better Macroeconomic Policies?. IMF Working Papers.

Varela L. 2018. Reallocation, competition, and productivity: Evidence from a financial liberalization episode. The Review of Economic Studies, 85 (2): 1279-1313.

Wang J, Wu J. 2021. Is capital flow management effective? Evidence based on US monetary policy shocks. Journal of International Money and Finance, 118: 102451.

Wei S J, Zhou J. 2017. Quality of public governance and the capital structure of nations and firms. NEBR Working Paper.

Wei S J. 2000a. How taxing is corruption on international investors?. Review of Economics and Statistics, 82 (1): 1-11.

Wei S J. 2000b. Local corruption and global capital flows. Brookings Papers on Economic Activity, 2: 303-354.

Wei S J. 2001. Domestic crony capitalism and international fickle capital: Is there a connection?. International Finance, 4 (1): 15-45.

Wei S J, Zhang Z. 2007. Collateral damage: exchange controls and international trade. Journal of International Money and Finance, 26 (5): 841-863.

Xiao Z, Peng H, Pan Z. 2022. Innovation, external technological environment and the total factor productivity of enterprises. Accounting & Finance, 62(1): 3-29.

Yan H. 2007. Does capital mobility finance or cause a current account imbalance?. The Quarterly Review of Economics and Finance, 47(1): 1-25.

Yin Z, Peng H, Xiao W, et al. 2021. Capital control and monetary policy coordination: Tobin tax revisited. Research in International Business and Finance, 59 (3): 101514.

Zoback M D, Zoback M L, Mount V S, et al. 1987. New evidence on the state of stress of the San Andreas fault system. Science, 238 (4830): 1105-1111.

索　引

116，138，139，145，177，179，181，
184，187，189，192，195—197，201，
208，211—213，216，220，225，230，
256，258，259，262，280，303，304，
312，313，315，316，318，321，325，
328，332，334，352，354，361，391，
394，396，397，399，401，403，405—
408，413，419，423，431，470，471，
476，482，485—489，491，494，495，
506，509，522，523，526，542，561，
565，566，569，574，594，613，622—
624，630，635，640，641，643，645，
647，657，663，664，675

债券市场

29，40，55—58，60，84—86，89，100，
104，107—109，113，115，120，139，
176，179，180，182，186，189—191，
194，197，199，206，207，211，213，
215，219，223，228，232，235，255，
258，259，261，285，303—305，313—
315，320，324，327，331，333，344，
350，351，353，355，356，358，360，
372，390，393，395—399，401—403，
406，408，413，416，418，419，422，
423，429，431，470，473—475，482，
484，486，488，490，493，496，505，
506，508，521，525，527，528，542，
546，549，561，562，564，566—568，
571—573，579，581，594，603，604，
624，635，636，640—642，646，656，

662，664，670—675，813，814，816，
817，870，876，877，883，886，937

直接投资

11—13，26，27，29，30，40，43，47，
49，51，76—79，85，90，100，104，
106—108，110—112，114，116，136，
139，166，178，181，187—189，192，
193，196，203，209，210，212，222，
226—228，232，235，243，245，246，
254，257，259，260，263，264，271，
278，279，285，305，317—319，323，
326，330，332，333，335，339，344，
350，352，354，355，357，359，362，
364，392，395，398，400，403，404，
408，410，411，413—416，419，421，
424，430，435，436，438，439，442，
446，449，450，472，473，478，479，
483，486，489，492，495，496，498，
499，506，507，511，524，534，545，
553，555，561—563，567，570，571，
575，576，578，580，582，583，585，
586，592，594，595，604，606，612，
615，617—620，622，631，632，635，
637，638，641—643，645，647，652，
653，657，662—664，670—675，682，
786，787，810，813，814，816—819，
821，823，872，876，877，883，910，
913，916，938，940，946

资本流出开放

2，51，60，89，98，100，130，133，